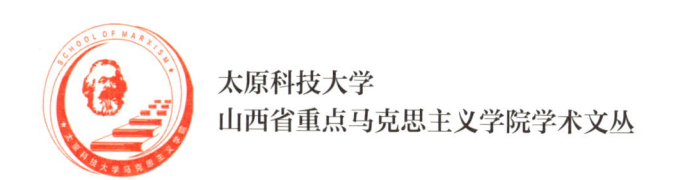

太原科技大学
山西省重点马克思主义学院学术文丛

高校辅导员职业认同研究

基于京、晋、沪三地高校辅导员的访谈调查

樊艳丽 著

社会科学文献出版社
SOCIAL SCIENCES ACADEMIC PRESS (CHINA)

本书受山西省"1331工程"重点马克思主义学院项目资助

总 序

马克思主义是照亮我们党航行的灯塔,而马克思主义学院则是守护灯塔的主阵地。加强马克思主义学院建设,对增强与巩固社会主义意识形态的凝聚力和引领力,进一步丰富与发展当代中国马克思主义,打造马克思主义理论教学、研究、宣传和人才培养的坚强阵地意义非凡。2015 年,中宣部、教育部印发了《关于加强马克思主义学院建设的意见》。根据中宣部、教育部发布的《关于加强马克思主义学院建设的意见》和山西省人民政府发布的《关于实施"1331 工程"统筹推进"双一流"建设的意见》的精神,中共山西省委宣传部、中共山西省委教育工委结合山西省实际,研究制定了《山西省建设重点马克思主义学院实施方案》,并于 2017 年 7 月 17 日联合下发了《关于印发〈山西省建设重点马克思主义学院实施方案〉的通知》。

2017 年 10 月,经中共山西省委宣传部、中共山西省委教育工委组织专家评审,太原科技大学马克思主义学院与山西大学、太原理工大学、山西财经大学、山西师范大学等四所高校马克思主义学院被评为山西省重点马克思主义学院,并列入山西省"1331 工程"予以重点建设。

近年来,在校党委的高度重视与领导下,太原科技大学马克思主义学院得到了较快发展。学院现有专任教师 68 人,其中教授 9 人,副教授 18 人,博士 24 人。教师中"全国模范教师"1 人、教育部"全国高校优秀中青年思想政治理论课教师择优资助计划"1 人、山西省学术技术带头人 1 人、山西省"1331 工程"领军人才 1 人、山西省优秀中青年拔尖创新人才 1 人、山西省宣传文化系统"四个一批"人才 2 人、"三晋英才"拔尖骨干人才 1 人,形成了一支基础扎实、教风严谨、结构合理、充满活力的师资队伍。

学院现有马克思主义理论一级学科硕士点,六个研究生社会实践基地;拥有山西省中国特色社会主义理论研究中心太原科技大学基地、山西省高校思想政治理论课名师工作室、哲学研究所、山西红色文化研究中心(校级)以及"马克思主义基本原理""毛泽东思想和中国特色社会主义理论体系概论""中国近现代史纲要""思想道德与法治""形势与政策"五个教研室。

学院坚持教学与科研并重，教研相长。近年来，学院教师在《哲学研究》《自然辩证法研究》《自然辩证法通讯》《科学技术哲学研究》《复旦学报》《科学与社会》《光明日报》《华中师范大学学报》《思想理论教育导刊》《社会科学辑刊》等国家和省部级刊物上发表学术论文200余篇，出版学术专著20余部。获山西省社会科学研究优秀成果二等奖3项，第二届全国高校思政课教学展示暨优秀课程观摩活动一等奖2项，省级教学竞赛思政课组二等奖1项。承担纵横向科研项目110余项，其中国家社科基金项目3项，教育部人文社科项目6项，总经费达265.1万元。

学院一向注重加强和扩大教师国内外学术交流。近年来学院教师参加全国性学术会议30余次，两名教师赴美国丹佛大学（University of Denver）、得克萨斯大学奥斯汀分校（University of Texas at Austin）访学；学院曾邀请北京大学、复旦大学、中国人民大学、中国政法大学、中央财经大学、北京理工大学等高校知名专家学者来校讲学。

回溯过往，在校党委的坚强领导下，太原科技大学马克思主义学院在诸方面取得了长足进步；展望未来，太原科技大学马克思主义学院发展仍任重道远。为进一步推进马克思主义学院的建设与发展，学院从重点马克思主义学院建设经费中拨出部分经费用于资助学院教师在教学研究与学科建设方面研究成果的出版，以期助力学院马克思主义理论学科的高质量发展。

马克思主义学院
二〇二二年四月

目 录
CONTENTS

绪　论 ·· 001

第一章
高校辅导员职业认同的理论依据 ························· 042

第一节　高校辅导员职业认同内涵解析 ························ 042
第二节　高校辅导员职业认同解析的理论基础 ············· 063
第三节　高校辅导员职业认同建构的理论借鉴 ············· 082

第二章
高校辅导员职业认同问题呈现 ···························· 116

第一节　高校辅导员职业认知与职业情感问题 ············· 116
第二节　高校辅导员职业意志与职业行为问题 ············· 152
本章小结 ·· 179

第三章
高校辅导员职业认同的影响因素 ························ 183

第一节　影响高校辅导员职业认同的政策因素 ············· 184
第二节　影响高校辅导员职业认同的组织因素 ············· 208
第三节　影响高校辅导员职业认同的个人因素 ············· 248
本章小结 ·· 271

第四章
推动政策调整，提升高校辅导员职业认同 …… 274

- 第一节　高校辅导员职业发展政策的创新 …… 274
- 第二节　社会创造策略之一：高校辅导员职称评聘单列政策的分析 …… 278
- 第三节　社会创造策略之二：高校辅导员职级制政策的分析 …… 310
- 第四节　高校辅导员社会创造策略的保障与延伸 …… 327
- 本章小结 …… 337

第五章
优化组织结构，改善高校辅导员职业认同 …… 339

- 第一节　高校辅导员实践共同体的建构 …… 340
- 第二节　高校辅导员实践共同体的优化 …… 364
- 本章小结 …… 382

第六章
倡导自我努力，内化高校辅导员职业认同 …… 385

- 第一节　高校辅导员自我职业认同建构的主体基础 …… 385
- 第二节　高校辅导员自我职业认同建构的途径 …… 404
- 本章小结 …… 433

结　语 …… 434

参考文献 …… 437

附　录 …… 454

- 附录1　辅导员职业认同访谈提纲 …… 454
- 附录2　基本信息调查问卷 …… 457
- 附录3　《首都师范大学关于申报专职学生思想政治教育高级职务基本条件的规定》 …… 458

附录 4　东华大学 2015 年学生思想政治教育教师正高级职务聘任
　　　　申报材料一览表 ·· 460
附录 5　太原理工大学辅导员职级制待遇与职级认定办法 ············ 463

后　记 ··· 465

绪 论

一 研究缘起与意义

选择高校辅导员职业认同为研究主题,直接动机是研究者作为高校辅导员的个人经历。转眼,我已经在辅导员岗位上工作了近13年。

在工作和学习之余,我时常会问自己这样的问题:我是谁?我做辅导员工作的信念是什么?这项研究从某种意义上讲,是我自己潜意识中长期以来对于自己的寻找,分析同样从事一线高校辅导员工作的专职辅导员的职业认同问题,也是对自己的职业认同进行的一次深入探索。

(一)研究缘起:队伍建设不断加强,人员流动状况堪忧

1. 高校辅导员政策不断出台

21世纪以来,国家对高校辅导员队伍建设的配套政策建设态度更为积极,相继出台了一系列相关文件及其配套文件。

2000年,教育部就学生思想政治工作队伍建设问题出台了专门的指导意见,这是进入21世纪之后,教育部第一次针对辅导员队伍建设出台的文件,对高校辅导员的培养问题尤其是继续攻读学位问题及高校辅导员的评聘问题给出了十分详细的说明。[①]

2004年,在《中共中央 国务院关于进一步加强和改进大学生思想政治教育的意见》(中发〔2004〕16号)中,第一次明确了"辅导员"这一称谓,而且在该文件中还明确了,在大学生思想政治教育工作中,辅导员发挥着重要作用,属于骨干人员,必须通过积极有效的措施,来打造高水平的辅

[①] 《关于进一步加强高等学校学生思想政治工作队伍建设的若干意见》,教育部网站,http://www.moe.edu.cn/jyb_sjzl/moe_364/moe_369/moe_405/tnull_4729.html,最后访问日期:2017年6月9日。

导员队伍。

为了确保中发〔2004〕16号文件能够得到贯彻落实，我国在2005年出台了《教育部关于加强高等学校辅导员班主任队伍建设的意见》（教社政〔2005〕2号），在该文件中明确了对于辅导员骨干应当加大鼓励和支持力度，使其能够长期从事辅导员工作，并向专家化方向发展。

2006年，在《普通高等学校辅导员队伍建设规定》（教育部令第24号）中，进一步明确了高校辅导员"具有教师和干部的双重身份"，"按师生比不低于1∶200的比例设置本、专科生一线专职辅导员"，同时要求高校"把辅导员队伍建设放在与学校教学、科研队伍建设同样重要位置"，而且在文件中还详细说明了辅导员的工作职责、选聘标准、考核依据、管理方法等，使专职辅导员能够逐步成长为更加专业的思政教育专业人才。

为了使辅导员队伍能够日益职业化、专业化，2014年3月，教育部出台《高等学校辅导员职业能力标准（暂行）》，对辅导员的职业名称、职业定义做了明确规定。该文件对辅导员职业概况、职业基本要求及职业能力标准做了相关规定，并把辅导员职业分为初级、中级、高级三个等级，对辅导员的职业知识与各级别的职业能力以及培训做出要求。① 该文件是探索辅导员职业独立化的尝试。

2016年，在全国高校思政工作会议上，习近平总书记对包括辅导员队伍在内的高校思想政治教育工作者提出了新的要求。2017年2月，中共中央、国务院印发《关于加强和改进新形势下高校思想政治工作的意见》，该文件对高校思想政治工作做了新部署。2017年8月31日，教育部对2006年制定的《普通高等学校辅导员队伍建设规定》进行修订，然后出台了第43号文件，而且明确了将会从当年的10月1日正式开始实施。第43号文件再次强调高校辅导员的九项工作职责，并对辅导员专业技术职务评聘做了补充，同时规定高校应当制定辅导员管理岗位聘任办法。此次《普通高等学校辅导员队伍建设规定》修订出台，着力解决高校辅导员队伍建设存在的重点、难点问题，是确保习近平总书记讲话精神以及中央相关决策能够有效贯彻的重要举措，也是提升高校辅导员队伍专业水平和职业能力的重要制度安排。2017年10月，在党的十九大报告中，习近平总书记再次强调要落实立德树人根

---

① 《教育部关于印发〈高等学校辅导员职业能力标准（暂行）〉的通知》，教育部网站，http://www.moe.gov.cn/srcsite/A12/s7060/201403/t20140327-167113.html，最后访问日期：2017年6月9日。

本任务，培养高素质教师队伍。①

2017年12月，教育部印发的《高校思想政治工作质量提升工程实施纲要》再次强调，"推动中央关于高校思想政治工作队伍和党务工作队伍建设的政策要求和量化指标落地"。②

2019年，习近平总书记在学校思想政治理论课教师座谈会上明确提出："思政课教师政治要强、情怀要深、思维要新、视野要广、自律要严、人格要正。"③ 习近平总书记的讲话既揭示了新时代辅导员的素质要求，又指明了新时代辅导员的成长方向。

2. 高校辅导员队伍不断壮大，学历层次显著提高

首先，我国高校辅导员的队伍在不断壮大，总人数在日益增多。"2004年全国高校有专职辅导员4万多人，2006年为69198人，2009年为91808人，到2014年达到12.7万人。"④ 截至2021年11月，全国高校辅导员人数从2017年的14.4万人增加到21.1万人。⑤ 可见，辅导员队伍在4年的时间内增长了近7万人，辅导员人数的增多与规模的扩大为高校思想政治教育提供了人员保障。

其次，专职辅导员队伍的学历结构不断优化，学历层次显著提高。虽然21世纪以来所有有关辅导员的文件中，都明确了高校辅导员选聘要求是本科以上的学历，但是在21世纪初的几年里，高校在选拔辅导员时一般原则上要求硕士研究生学历，如中北大学从2004年起要求新聘专职辅导员为硕士研究生学历，太原科技大学从2005年起也要求新聘专职辅导员为硕士研究生学历。近年来，高校对辅导员的要求还在不断提高，部分高校明确要求辅导员需是211或985高校的研究生，还有的要求是博士生。比如上海在《上海高校辅导员队伍建设发展规划（2012—2015年）》中，明确了辅导员需要达到硕士以上学历，对于985、211之类的高校，则应当将博士生作为主要的辅导

---

① 习近平：《决胜全面建成小康社会 夺取新时代中国特色社会主义伟大胜利——在中国共产党第十九次全国代表大会上的报告》，人民出版社，2017，第45~46页。
② 《中共教育部党组关于印发〈高校思想政治工作质量提升工程实施纲要〉的通知》，教育部网站，http://www.moe.edu.cn/srcsite/A12/s7060/201712/t20171206_320698.html。
③ 《习近平主持召开学校思想政治理论课教师座谈会强调 用新时代中国特色社会主义思想铸魂育人》，《人民日报》2019年3月19日，第1版。
④ 任晓康：《我国高校辅导员队伍建设政策研究》，硕士学位论文，四川师范大学，2012，第28页。
⑤ 《立德树人 培根铸魂 为民族复兴提供人才支撑》，共产党员网，https://www.12371.cn/2021/12/02/VIDE1638453001228532.shtml。

员招聘对象。① "2013年，上海交大政策变了，交大辅导员招聘政策变为每年按博士和硕士1∶1的比例进行招聘，所以之前辅导员招聘可能还是以硕士为主，还有部分年纪大一点的本科生，但是从2013年开始，交大所有新留下来的辅导员博士比例是50%。"② 其他省、市和地区对新入职专职辅导员的学历要求也逐渐提高。太原理工大学和中北大学从2015年开始招聘博士做辅导员。"到2018年12月止，首都师范大学110多位专职辅导员中，博士在读25人左右，已有博士学位的9人，其余均为研究生。"③ 根据《武汉大学2021年学生辅导员和心理健康教育教师招聘启事》，经资格审查、初试和复试等环节的考核评估，武汉大学人事部确定了30人为学生辅导员拟聘用人选，其中有22位博士毕业生入选。④ 孟帅的调查得出的结果也表明了高校辅导员的学历已提升："在学历方面，具有硕士及以上学历者共计149人，其中博士14人，占8.92%，硕士135人，占85.99%。"⑤

随着辅导员人数的增加、学历的提高，辅导员的职业素质和职业能力也相对有所提高，辅导员在促进高校稳定与发展，培养大学生成长、成才方面发挥的作用越来越大。

3. 高校辅导员培训不断加强

党和国家高度重视高校辅导员培训，当前已基本形成了国家、省级、高校三级培训体系。各研修基地和高等学校按照教育部要求，初步落实了辅导员培训机制的建设问题，而且进一步探索了辅导员培训的详细内容，是21世纪之前辅导员培训所未达到的高度。培训对高校辅导员职业理论知识的完善及专业技能水平的提升是十分重要的，而且还使辅导员工作的专业化、科学化水平不断提高。

"培训对提高新进辅导员的业务水平和政治理论水平是十分必要的。之前，我只是对辅导员职业有个简单的了解。参加了辅导员岗前培训后，我对这个职业有了更深层次的理解。"（辅导员TYLG：A）

---

① 《上海高校辅导员队伍建设发展规划（2012—2015年）》，http://www.sbs.edu.cn/xsgzb/zcfg/dfzc/3574.htm，最后访问日期：2022年11月16日。
② 辅导员（SHJT：B）访谈资料。
③ 学生处人员（SDSF：B）访谈资料。
④ 《武汉大学招聘大批博士担任辅导员引热议，名校博士也难逃内卷了》，https://new.qq.com/rain/a20210126A0ASLL00.html。
⑤ 孟帅：《高校辅导员队伍专业化建设十年发展研究——以东、中、西部三所高校为例》，硕士学位论文，南京师范大学，2016，第17页。

4. 高校辅导员科研经费投入有所增加

科研项目是提升高校辅导员科研能力的重要助推剂。21 世纪以来，高校辅导员专项课题项目不断增加。当前，教育部每年单列 200 项高校辅导员骨干专项课题专门用于全国高校辅导员申报立项；就各省份而言，部分地区根据本地区高校辅导员队伍发展情况增设专项课题，课题的设立以各省份教委人文社会科学研究项目形式设立，也有的单独设立。例如，上海市设立上海学校德育课题，上海市教卫系统思研会每年会发布相关课题通知，德育课题分为德育理论研究课题、德育决策咨文课题、德育实践研究课题三类。上海市每年有很多辅导员会申报比较对口的德育实践研究课题，省市级高校辅导员专项课题的设立已使部分高校辅导员获益。

就高校而言，部分高校划拨专项经费设立辅导员专项课题，专门用于本校辅导员申报立项；设立高校辅导员专项科研基金用于辅导员科研奖励。如首都师范大学的"三个一"工程建设，就是为了实现每个学生工作专职人员能够讲授一门学生思想政治教育类课程，承担一项学生思想政治教育类研究课题，主持一个学生事务精品工作项目的目标。①

必要的科研经费投入，不仅满足了辅导员队伍对科研方面的研究需求，而且对辅导员实现知识的更新，自觉追求职业发展具有重要意义。

5. 高校辅导员各类评选活动不断丰富

2008 年，教育部开始举办"全国高校辅导员年度人物"评选活动，目前第十二届全国高校辅导员年度人物评选已经结束。评选活动为我国树立了一批高校辅导员先进典型，这对于高校辅导员队伍来讲，对其立德树人的使命起到了一定引导、激励作用，而且让其他社会群体对辅导员职业有了进一步的了解。另外，从 2008 年开始，中国高等教育学会辅导员工作研究分会每年主办一次全国高校辅导员工作优秀论文评选活动。全国高校辅导员工作优秀论文评选活动旨在提升辅导员理论研究水平与大学生思想政治教育工作的质量。优秀论文评选活动有利于激发辅导员开展科研工作的积极性和主动性，为辅导员不断提升职业素养，提高思想政治教育工作科学化水平提供了平台。

2012 年全国高校辅导员职业能力大赛开始举办，2018 年改为全国高校辅导员素质能力大赛，到 2020 年已经举办了八届。自 2018 年起，全国高校辅

---

① 《首都师范大学学工系统"三个一"工程建设实施方案》（首都师范大学学发〔2007〕35号）。

导员素质能力大赛分为省（区、市）初赛、全国决赛两个环节。参加全国高校辅导员素质能力大赛的辅导员要经过层层选拔，通过参加院级、校级、省级比赛，再依据本地区高校数量按比例择优推荐选手参加全国决赛。全国高校辅导员素质能力大赛不但使辅导员职业能力提高的动力得以增强，而且能够使辅导员的职业风采更好地对外展示。

辅导员队伍建设取得了显著的成绩，是有目共睹的。然而，相当一部分辅导员选择转行，整个辅导员队伍具有较高的流动性，这些都说明辅导员在职业发展方面依旧面临很多问题。

第一，高校辅导员职业寿命短，所带学生人数偏多。

目前，高校辅导员职业被看成"中转站""临时岗"，研究者通过访谈了解到很多辅导员工作三到四年就跳槽或转岗，职业寿命短，非常不利于辅导员队伍建设。杨玉、贾鹏的研究发现，"已离职辅导员中，工作年限为1~5年的比例最高，占56.9%"。[①] 王爱祥的研究也发现，"该校辅导员离职时平均工作年限是5.1年。还有一些辅导员在入职2~3年便选择离职"。[②] 辅导员职业寿命短不利于职业经验的积累，也造成辅导员职业培训资源的浪费与辅导员职业低水平重复建设。

另外，教育部要求辅导员与学生的配备比例应当是1∶200，但是现实情况和这一标准之间具有差距。大部分辅导员所带的学生远远超过了200人，研究者目前所带的2020级本科生就达339人，研究者所在学院的另外3名辅导员所带学生人数也超过200人。"25.3%的辅导员带班人数在200到300人之间，25.3%的辅导员带班人数在300到400人之间，40.36%的辅导员带班人数在400人以上。"[③] 高校辅导员数量严重不足，不仅导致辅导员长期超负荷工作，甚至还剥夺了辅导员参加培训学习的机会。为解决专职辅导员的数量不足问题，山西H高校采取学生、教师兼职辅导员和招聘人事代理的办法。然而，根据研究者自身经历和访谈其他专职辅导员的过程发现，兼职辅导员工作的功利性很强，有的是新来的专业教师，学校规定必须先从事2~3年的辅导员工作，有的是为了评职称，总之做兼职辅导员是"不得已"的事

[①] 杨玉、贾鹏：《高校辅导员职业发展状况调查与思考——基于山东大学（威海）建校30年来辅导员队伍的调查》，《山东青年政治学院学报》2016年第2期。
[②] 王爱祥：《高校辅导员职业发展评估与分析——基于E校2005—2015年辅导员流动的实证研究》，《思想理论教育》2016年第3期。
[③] 冼敏杰：《高校辅导员职业发展困境及对策研究——以广州大学城10所高校为例》，硕士学位论文，广东外语外贸大学，2014，第10页。

情，因此做起工作来非常被动，专职辅导员的工作负担并没减轻多少。

第二，高校辅导员职称、职务晋升艰难。

教育部令第43号文件中，对辅导员的双重身份进行了明确说明，即既是教师也是管理人员，辅导员可以"双线晋升"。理论上，辅导员与高校其他教职工群体相比有更大的发展空间，但实际上对绝大多数辅导员而言，这两条路走起来都异常艰难。

在职称方面，大部分辅导员是助教和讲师；在职务方面，大部分辅导员在科级以下。冼敏杰以广州大学城10所高校166名辅导员为研究对象，研究结果显示："职称方面：没有任何职称的占20.48%，助教占44.58%，讲师占31.93%，副教授占3.01%，教授占0%；职务方面：没有获得任何职务的占28.31%，科员占25.30%，副科占22.29%，正科占21.08%，副处只占3.01%，正处级别占0%。"[①] 胡文斌、黄黎对浙江省某地方高校2006~2015年10年间招聘入职的72名一线专职辅导员职业成长情况进行分析，结果显示"72名辅导员中，只有3人被提拔为科长，使得很多辅导员认为自己做得再好也没有晋升机会；另外2006年以来入职的辅导员没有一人被评聘为副教授"[②]。高校辅导员职称职务晋升艰难导致很少有人安心长期从事辅导员工作，要么通过各方努力，转向其他行政管理岗位；要么继续深造，提高学历，转为专职教师。"因为辅导员的职业发展路径并不通畅，发展空间也相对有限，这些都使得辅导员的职业认同水平受到了影响。"[③]

第三，高校辅导员转岗意愿强烈。

"身在曹营心在汉"是高校辅导员的普遍心理现象。研究者通过访谈与观察发现，很多辅导员从入职起就千方百计想离开高校辅导员队伍，为了转岗而想方设法上专业课，为转岗部分辅导员会兼任本学院教学秘书、办公室主任或者科研秘书，但却对本职工作应付了事，不能深入细致地做好大学生思想政治教育工作。

张华敏在《高校辅导员自我效能感的提升途径研究》中提出，"只有

---

① 冼敏杰：《高校辅导员职业发展困境及对策研究——以广州大学城10所高校为例》，硕士学位论文，广东外语外贸大学，2014，第11页。
② 胡文斌、黄黎：《地方高校辅导员职业成长困境及对策思考——以某高校近10年入职辅导员为例》，《高教论坛》2016年第3期。
③ 杨妍艳、娄燕伟：《高校辅导员职业困境及对策研究》，《科教文汇》（下旬刊）2014年第7期。

7.9%的辅导员表示会选择终身从事辅导员工作"。① 吴勇、蔡丙丙的研究也证实:"在您是否想调离辅导员岗位问题中,17%的受访者表示非常想调离;46%比较想调离。"② 可见辅导员转岗意愿强烈。辅导员思想不稳定,导致工作劲头不足,对工作开拓创新不够,既不会对大学生进行深入细致的思想政治教育,又不会潜心钻研学生工作方面的学术问题。

第四,高校辅导员缺乏职业认同。

结合已有的研究成果能够发现,在当前高校辅导员职业发展中面临的又一问题就是缺乏职业认同。郑金鹏、邵晓波对当前我国高校辅导员队伍建设进行了研究,就其职业化发展面临的困境展开了分析,结果显示:"辅导员具有较低的职业认同度;辅导员职业规范性差;辅导员职业缺乏专业学科理论指导。"③ 李韶杰、晏志勇的研究也发现,"当前,辅导员队伍面临职业认同感弱、岗位边缘化、职责不明确、队伍变动性大等诸多问题,辅导员队伍职业化建设陷入困境"。④ 冼敏杰通过对广州大学城10所高校辅导员的研究,也认为"辅导员对自身职业的认同感非常低,绝大部分辅导员都不愿意长期或终身从事这项工作"。⑤ 缺乏职业认同不仅制约着辅导员职业的进一步发展,而且影响大学生思想政治教育的质量与效果。

从上述两方面情况来看,在国家政策的支持及各个高校的共同努力下,高校辅导员队伍建设取得了显著成绩,队伍面貌发生了明显变化。但同时也应看到,高校辅导员队伍建设仍然存在诸多薄弱环节,面临新课题、新挑战。辅导员队伍建设不仅需要人员充足、配备足额,还需要相对稳定;不仅需要学历结构的优化,还需要专业结构的合理与专业水平的提升;不仅需要充满活力的年轻辅导员,还要求有专家化辅导员;不仅要求在规模上日益壮大,还需要职业内涵的提升。辅导员队伍建设需要从"过渡主体"向"真正主体"转变。

---

① 张华敏:《高校辅导员自我效能感的提升途径研究》,硕士学位论文,华东师范大学,2010,第24页。
② 吴勇、蔡丙丙:《辅导员职业认同度研究——以宁波高校为例》,《太原城市职业技术学院学报》2015年第1期。
③ 郑金鹏、邵晓波:《高校辅导员职业化发展困境与对策研究》,《山东青年政治学院学报》2014年第2期。
④ 李韶杰、晏志勇:《高校政治辅导员的职业发展困境及对策探析》,《理论导报》2011年第7期。
⑤ 冼敏杰:《高校辅导员职业发展困境及对策研究——以广州大学城10所高校为例》,硕士学位论文,广东外语外贸大学,2014,第18页。

当前高校思想政治教育面临经济全球化与国际形势复杂多变的挑战，面临改革开放深入发展和市场经济体制逐步建立导致的思想观念多元化和复杂化的挑战，面临网络技术双刃剑的挑战，面临高校扩招与高校内部系列体制改革引发诸多新问题的挑战，加强辅导员队伍建设，发挥辅导员在大学生思想政治教育中的作用显得尤为迫切。因此需要调整辅导员职业发展的相关政策，不断完善组织结构，使辅导员能够更加自觉地发展，来应对目前的挑战，以实现辅导员队伍建设从量变到质变的发展。

正是基于对上述问题的思考，本书试图运用质性研究方法，通过研究辅导员用自己的话语所讲述的故事来深入探究辅导员职业发展中遇到的冲突和矛盾，分析辅导员职业认同影响因素，探究辅导员与其职业现实环境之间的深层互动，聆听辅导员自己被喧哗淹没了的声音，为辅导员职业认同的提高提供解决策略，也为辅导员队伍建设实现从量变到质变的发展贡献微薄力量。

（二）研究意义

截至 2021 年 11 月，全国高校辅导员的总人数已达到了 21.1 万人[①]，对这样一个组织规模日益扩大的群体的职业认同问题进行研究是非常有必要的。本研究以高校专职辅导员群体为研究对象，就其职业认同中存在的问题展开分析，对其职业认同的影响因素进行探讨，在此基础上提出相应的对策，具有重要的理论与现实意义。

1. 理论意义

首先，补充、修正职业认同理论研究的部分内容。

结合社会认同、实践共同体、自我认同等相关理论，就职业认同的内涵重新进行考评；总结借鉴前人研究成果，结合辅导员的工作实际以及辅导员职业具有的特征，进一步改进和完善辅导员职业认同的结构维度；对职业认同与组织认同关系的理论进行修正，研究者认为，先前学者关于企业群体、教师群体的职业认同与组织认同的关系研究所得出的结论"组织认同受到职业认同的较大影响，而且两者之间具有正相关性"，和当前辅导员实际并不相符，本研究通过对大量访谈资料以及前人研究成果的分析，发现辅导员组织认同是先于职业认同的，而且辅导员组织认同高于职业认同；同时，辅导

---

① 《立德树人　培根铸魂　为民族复兴提供人才支撑》，共产党员网，https://www.12371.cn/2021/12/02/VIDE1638453001228532.shtml。

员组织认同对其职业认同并不一定就具有积极、正向的影响。

其次，深化高校辅导员职业认同建构的理论。

当前，诸多学者就如何提高辅导员职业认同所提出的策略，多数是较为直接的解决策略，提出的策略通常缺乏理论指导，不仅导致策略缺乏系统性，而且对辅导员职业认同提高的指导也缺乏针对性。本研究借鉴社会心理学等理论就辅导员职业认同进行研究和分析，希望能够为辅导员职业认同建构提供更强的理论支持。在政策制定层面上，借鉴社会创造理论，对辅导员职业政策进行优化；在组织层面上，借鉴实践共同体理论，对辅导员职业组织结构进行改善；在辅导员个人层面上，借鉴自我认同理论，构建辅导员职业认同。

再次，充实思想政治教育主体研究的内容。

目前，高校思想政治教育主体研究主要集中在学生和专职思想政治理论课教师两方面。然而在学生思想政治教育中，辅导员也是重要的主体，也构成了高校思想政治教育过程中最基本的要素，还是高校思想政治教育得以高效实施的重要人员保障。在辅导员主体建设中，职业认同属于十分重要的组成部分，对其进行综合系统的研究，不仅是推动高校思想政治教育主体建设与提高大学生思想政治教育实效性的必然选择，也是完善思想政治教育理论的重要方面。

本研究就辅导员职业认同问题展开研究和分析，为其在职业发展道路上尽快地确立职业角色，树立职业意识，培养职业精神，适应与改造职业环境等提供理论指导，同时补充了高校思想政治教育主体建设的内容。

最后，实现社会心理学理论与马克思主义理论、思想政治教育理论的融合。

本研究在政策、组织影响因素分析与政策、组织层面辅导员职业认同提升策略提炼中，将社会认同理论、实践共同体理论与思想政治教育环境理论融合；在个人层面影响因素分析与该层面职业认同策略提炼中，将自我认同理论与思想政治教育主体性理论、自我教育理论融合，并用马克思主义职业价值观理论、社会主义核心价值观思想统领本研究所有理论。把社会学的方法和理论引入思想政治教育学科，不仅有利于思想政治教育学科体系的积极发展，而且也能够推动相关理论的不断丰富，同时还有助于实现思想政治教育相关研究方法的转变与革新。

2. 实践意义

针对辅导员职业认同问题展开研究，能够有效解决辅导员队伍建设中的相关理论问题，更重要的是为辅导员队伍管理的实践服务。其实践意义主要体现在以下几个方面。

第一，了解我国高校辅导员职业认同存在的问题及影响因素，提供构建辅导员职业认同的策略，为辅导员职业认同的提高服务。

张炳武认为"辅导员职业发展的心理基础是职业认同"。[①] 当前，分析相关辅导员职业认同的调查结果能够发现，辅导员队伍整体具有较低的职业认同。故此，为了实现辅导员队伍建设从量变到质变的转化，必须注重提高辅导员的职业认同水平。本研究通过对京、晋、沪三地高校辅导员访谈调查，了解我国高校辅导员职业认同存在的问题，并对现行辅导员职业发展政策、组织结构、辅导员个体因素进行分析，期望探索出更加有效的措施，使辅导员的职业认同水平能够得到提高。

第二，为辅导员个体层面上进行职业认同建构提供参照。

职业个体是职业认同的重要因素，这意味着辅导员在职业认同建构过程中必须是积极主动的，必须是具有主体意识的人。针对辅导员进行职业认同研究，就要求从辅导员职业发展的自我反思视角进行职业主体关注。辅导员是发展中的人，是整体的人，是具有主体意识的人。因此，基于个体层面分析，本研究认为应当将辅导员职业主体建设作为其职业认同水平提高的首要着力点。主体建设就是要使辅导员在高校"场域"内作为一个真正的职业主体存在，坚定职业意志，对其职业价值认可，能够以一种积极的态度进行辅导员工作，具有主动提高育人能力的意识并付诸行动。针对辅导员职业认同进行的研究，其中一个重要的方面就是针对当前辅导员职业主体意识缺失及"碎片化""被动式"的工作方式的现实症结提出解决问题的办法。因此，研究者期望通过研究使辅导员真正认识到自身是作为大学生思想政治教育的主体而存在，而不是作为向"行政岗或专职教师"方向发展的过渡主体，自己的努力不仅决定辅导员职业的可持续发展，还会进一步影响大学生思想政治教育的质量；尽管职业环境将会对辅导员队伍建设产生较大影响，但可以发挥主观能动性去应对各种职业困境并对职业环境进行积极改善，为群体与个体职业认同的提高提供良好的条件，而不是选择逃离职业环境。故此，本研究能够就个体层面上辅导员职业认同水平的提高提供策略参照。

---

① 张炳武：《高校辅导员职业认同分析》，《合肥工业大学学报》（社会科学版）2008年第6期。

第三，为辅导员组织管理体制的改善提供一定的现实依据。

组织因素作为影响辅导员职业认同的关键性因素，也是本研究的一个重点研究对象，我国高校目前对辅导员实行校、院两级管理模式，此模式的优点在于，辅导员便于熟悉学生情况，这对于管理学生来讲大有裨益。但是存在的不足在于，使辅导员职业认同建构的实践共同体环境遭到了破坏，背离了现代社会对辅导员专业化发展的要求；此外，还会产生辅导员职业边界界定不够清晰，工作量加大，辅导员很难有职业归属感等问题。长远来讲，这并不利于辅导员专业化的发展和职业认同的建构。在这种模式下，辅导员无法实现所谓的专业化分工，只能把大部分的精力用于事务性工作的处理上。有些学者建议借鉴西方发达国家学生事务管理人员的管理模式，只在学校层面设立专门的学生事务处理部门，包括心理咨询中心、就业创业服务中心等，这些部门直接为学生提供服务与帮助。然而这种模式的劣势便是弱化辅导员的思想政治教育功能，因此研究者提出在现有辅导员两级管理模式下，建立辅导员实践共同体。高校辅导员实践共同体的建立不仅能优化高校辅导员组织管理体制，而且"实践共同体的各种关系中的互动与互构"被认为是探索职业认同建构最强有力的理论工具之一，认同建构离不开实践共同体场域。当前，高校辅导员实践共同体建设仅处于自发阶段，本研究不仅指出目前高校辅导员实践共同体建设存在的问题，而且提出改进意见，可以为目前正在建立辅导员实践共同体以及尚未建立辅导员实践共同体的高校提供参照。

第四，为辅导员职业发展政策的制定提供一定的实践依据。

在诸多影响因素中，职业发展政策属于其中的主导因素，是本研究的一个重点研究对象。辅导员职称评聘单列与辅导员职级制都属于社会创造政策的范畴，虽然社会创造政策从量上来说，确实提高了辅导员职业认同水平，然而在访谈中，研究者也发现社会创造政策存在很多问题，真正从质上提高辅导员职业认同水平，社会创造政策还有很多需要改进的地方，因此研究者提出社会创造政策的优化策略。另外给各政策不一的高校提出建议。对辅导员职业政策的研究分析，可以反馈给政策制定者和大学管理者，有助于他们进一步深入了解辅导员职业政策存在的问题，更理性地思考辅导员工作，从而采取更加有力的措施推进辅导员队伍建设。高校辅导员是一个渴望得到理解、信任、尊重和发展的特殊群体，完善辅导员职业发展政策，创造一个有助于辅导员职业发展的环境，是政策制定者与高校管理者加强辅导员职业认同建设的一项必不可少的重要举措。

二 研究现状综述

（一）职业认同的相关研究

职业认同作为一个专有名词诞生于 20 世纪中叶,从现有的文献分析来看,我国对职业认同的研究开始于 20 世纪 90 年代初。国内外就职业认同进行的研究主要是针对某特定群体进行个案分析,不同学者在研究视角以及研究指向等方面的不同,导致就职业认同进行的界定,以及做出的理解都是不同的,关于职业认同的理论基础也不统一。本书从职业认同的理论基础出发对已有研究成果进行梳理与分析。

目前关于职业认同的理论基础,存在的观点如下。①以文化理论为基础的职业认同研究。如谢天的《当代中国建筑师的职业角色与自我认同危机——基于文化研究视野的批判性分析》,以文化研究的视角来阐释和分析建筑师及其作品的存在价值与意义问题,并从社会关系、社会交往、文化政治当中去寻找意义的根源,探求个体的"主体"身份是如何由社会构建而成的;Ling Li 的 Constructing Teacher's Professional Identity in China and Canada: Life Stories in Context 阐释和分析了自己在中国和加拿大不同文化环境下职业认同的建构;Katharina Glas 的 Teaching English in Chile: A Study of Teacher Perceptions of Their Professional Identity, Student Motivation and Pertinent Learning Contents 研究了智利跨文化范式下,英语教师职业认同的建构;Julia Hallam 的 Nursing the Image: Media, Culture, and Professional Identity 则以女权主义文化为理论框架来分析护士职业形象与职业认同的建构。[1] ②以 Wenger 实践共同体理论为基础的职业认同研究。刘熠的《叙事视角下的大学公共英语教师职业认同建构研究》[2] 借鉴 Wenger 实践共同体理论对六名普通大学公共英语教师的英语学习和教学经历进行研究,从建构主义的叙事视角论述了其职业认同的建构过程。③以组织行为学与人事管理学为理论基础的职业认同研究。20 世纪 90 年代,Allen 和 Meyer 主动将自己对组织承诺的理论以及测量

---

[1] Julia Hallam, Nursing the Image: Media, Culture, and Professional Identity (London/New York: Routledge, 2000), pp. 1 - 9.
[2] 刘熠:《叙事视角下的大学公共英语教师职业认同建构研究》,外语教学与研究出版社, 2011。

方法拓展到职业认同研究中并创造了职业认同的三维结构维度;① 汤国杰的《职业认同与职业生涯规划的关系机制——基于普通高校体育教师的实证分析》② 借鉴了 Meyer 的三维职业认同理论设置了《普通高校体育教师职业认同问卷》，并运用 Judge 的核心自我评价和目标自我和谐的整合性理论来探讨普通高校体育教师职业认同理论模型建构。④以人本主义心理学为理论基础的职业认同研究。在辅导员职业认同研究的硕士学位论文中，学者们主要根据马斯洛需要层次理论以及公平理论，探讨辅导员职业认同偏低的原因，并在此基础上提出提高辅导员职业认同的策略。⑤以社会认同理论为基础的职业认同研究。Ronnie Davey 的 The Professional Identity of Teacher Educators: Career on the Cusp 侧重研究教师教育者的集体认同、群体类似性以及与其他职业群体的区别，认为职业认同由"职业意愿、职业行为、职业认知、职业形象与职业情感以及群体归属"五个维度进行架构;③ Alan Thornton 的 Artist, Researcher, Teacher: A Study of Professional Identity in Art and Education 对艺术家教师的双重身份即研究者艺术家和教师研究者的认同进行了分析，并提出虽然强大的艺术文化、教育文化、研究文化有时使个体感到迫不得已在其中进行选择，甚至有时对不同场域中文化的理解是冲突的，然而这些可以采取协商或对话的方式去解决，为此不同场域中身份认同的选择不一定是相互敌对和冲突的。④ 张宁俊等的《高校教师职业认同与组织认同：理论与实证研究》以社会认同理论、社会交换理论为基础对高校教师的职业认同、组织认同及二者关系进行了研究。⑥以自我认同理论为基础的职业认同研究。如蔡辰梅的《教师职业生活中的自我认同危机》以自我认同理论为基础，利用参与观察、深度访谈等研究方法对教师职业生活中的自我认同危机进行了分析和研究，并提出通过内在自我主体意识的唤醒和外在组织、制度的保障及社会力量的支持，使教师的自我认同得到重建。⑤ 上述关于职业认同的六种理论基

---

① Natalie J. Allen and John P. Meyer, "The Measurement and Antecedents of Affecetive, Continuance and Normative Commitment to the Organization," *Journal of Occupational Psychology* 63, 1 (1990): 1 – 18.
② 汤国杰:《职业认同与职业生涯规划的关系机制——基于普通高校体育教师的实证分析》，浙江大学出版社，2012。
③ Ronnie Davey, *The Professional Identity of Teacher Educators: Career on the Cusp* (Abingdon, Oxon/New York: Routledge, 2013), pp. 38 – 39.
④ Alan Thornton, *Artist, Researcher, Teacher: A Study of Professional Identity in Art and Education* (Bristol: Intellect, 2013), p. 135.
⑤ 蔡辰梅:《教师职业生活中的自我认同危机》，中国社会科学出版社，2016，第 2 页。

础中，后两种观点是职业认同研究中最具代表性的观点，且前四种是以后两种为前提和基础的，本研究重点就后两种观点进行分析。

1. 社会认同理论视域下的职业认同研究

Schein 提出，职业认同属于社会认同的一种形式，和人们进行自身与其他团体的个体区分、对比等是相关联的，涵盖了对职业实践的认识以及对职业价值、个人才能的感知。① McGowen 和 Hart 对职业认同做出了如下描述：在某职业群体中，群体成员所共有的比如技能、信念、价值、知识等，而这些都会关系到个体的职业角色承担，它属于一种基于主体接纳的工作角色的主观自我概念。② Gaziel 提出，应当将职业认同定义为与表征职业的各个方面的相关项目相类似的概念。③ Nixin 提出，职业认同指的是利用特定工作条件来刻画某个职业团体的特征的东西。④ Judyth Sachs 把职业认同视为"由别人及职业主体在其自身职业上加上的相关特征，并对能够将某一群体和其他群体有效区分的共有价值以及特征进行了规定"。⑤ Smith 等人经过研究后提出，职业认同是具有不稳定性特征的，无法将其视为固定的、单一的，职业认同可以使人们更加清楚地明确自身与环境或他人的关系。⑥ 潘杨则提出"个体的职业认同以及组织认同都属于社会认同的范畴，因此对二者的研究也应建立在社会认同理论的基础上"。⑦ 朱伏平、张宁俊认为"职业指的是人们通过某些连续性活动来得到经常性收入的工作类别，是在社会分工体系中人们对应的劳动角色。职业群体中成员职业认同的形成与发展必定遵从社会认同形成过程的基本规律"，⑧ 而且基于教师认知，结合社会认同等相关理论，研究分析了影响高校教师职业认同、组织认同的内部因素与外部因素，并就职业

---

① 陈祥丽、张乐华、杨昭宁：《护士职业认同量表的编制》，《中国健康心理学杂志》2007年第12期。

② Ramsey K. McGowen and Lorraine E. Hart, "Still Ddifferent After All These Years: Gender Differences in Professional Identity Formation," *Professional Psychology: Research and Practice* 21, 2 (1990): 118 – 123.

③ Haim H. Gaziel, "Sabbatical Leave, Job Burnout and Turnover Intentions among Teachers," *International Journal of Lifelong Education* 14, 4 (1995): 331 – 338.

④ John Nixin, "Professional Identity and the Restructuring of Higher Education," *Studies in Higher Education* 21, 1 (1996): 5 – 16.

⑤ Judyth Sachs, "Teacher Professional Identity: Competing Discourses, Competing Outcomes," *Journal of Education Policy* 16, 2 (2001): 149 – 161.

⑥ 赵伟：《职业认同理论文献综述》，《合作经济与科技》2013年第17期。

⑦ 潘杨：《高校教师职业认同、组织认同与创新行为研究》，博士学位论文，西南财经大学，2014，第18页。

⑧ 朱伏平、张宁俊：《职业认同与组织认同关系研究》，《商业研究》2010年第1期。

认同和组织认同两者的内在联系与作用机制进行了探索。① 刘世勇基于社会认同等相关理论对辅导员职业认同进行研究并认为，作为内群体，辅导员能够从群体中感受到价值意义以及情感意义，同时通过社会认同使其自尊水平得到提高；通常通过和一些外群体，比如管理干部、高校教师等进行对比以及努力工作来使社会认同水平提高，以维护自尊。如果无法满足其自尊的需要，那么其对所属群体的认同水平将会降低，并利用社会流动来转入新的群体。为了使辅导员职业认同水平提高，辅导员的自尊必须得到保护，故此，高校应当制定必要的措施来确保辅导员职业群体的相关利益得以维护。②

基于社会认同理论的职业认同，指的是个体对其所处的某社会群体、类别、范畴等具有的意识。"职业认同能够使个体意识到在某社会范畴上，自己和一部分人是具有相似性的，相对的，和另一部分人是具有差异性的，在差异和冲突中实现了认同构建。唯有和他人进行对比参照，这种同一性才能够被发现，并且这种意识才能够不断得到强化。"③ 故此，基于社会认同理论的职业认同将侧重点放在职业主体对自己所在职业群体的成员身份的认知如何影响其社会态度、社会知觉以及行为的解释上，其主要强调职业群体间的区分。

2. 自我认同理论视域下的职业认同研究

基于自我认同理论的职业认同，其概念是从埃里克森的自我同一性逐步发展形成的。埃里克森对自我同一性理论进行了十分系统的阐述，他认为青少年时期面临很多问题，包括社会角色以及生理、心理等方面的巨大变化，故此，同一性问题是十分突出的问题。对于青少年来讲，应当将同一性的建立视为中心发展问题，而在同一性发展中，职业身份认同是最为重要的，这是由于同一性的建立将会受到职业行为特别是职业决策的较大影响。Holland 等基于同一性理论并结合职业决策困难的相关研究，设计了《我的职业情境量表》(My Vocational Situation Scale，MVS)，同时就职业认同进行了说明，界定职业认同为个体就自己的天赋、职业兴趣及目标等方面的认识清晰、稳定，对于具有这些特质的个体来讲，在进行职业抉择时是能够做出较好的决

---

① 朱伏平：《中国高校教师职业认同与组织认同研究》，博士学位论文，西南财经大学，2012，第4页。
② 刘世勇：《高校辅导员职业认同研究》，博士学位论文，中国地质大学，2014，第20页。
③ 张淑梅：《高校辅导员职业认同研究》，硕士学位论文，华东师范大学，2011，第5页。

定的，而且其具有的决策困惑水平比较低，具有的自信心水平比较高。[1] Rowe 和 Marcia 对职业认同做出的定义为，属于一种内在自我建构结构，而且是通过个体所形成的一种独特性、连续性与自我一致性。[2] Meijers 对职业认同的理解为，是随着心理发展而逐步成熟、构建的概念，利用这一概念，个体能够使自己的能力、兴趣以及职业目标有效联系起来，而且伴随着社会学习过程，该概念也将不断变化。[3] Bullough 认为教师认同就是教师在教学中的焦点关注、教学意义建构和教学决策制定等过程中体现出的一种自我概念。[4] 尼米（Niemi）提出应当将职业认同视为职业人的自我概念，通常指的是在某职业活动的长期从事过程中，人们在对其职业内容、性质、个人意义及社会价值等熟悉并产生一定认可的基础上逐步形成的，是人们本职工作能够更好完成、组织目标得以顺利实现的重要基础，也是职业领域中自我意识的发展过程。[5]

Samuel 和 Stephens 提出教师职业认同是教师基于自身形成的生活经验对职业发展中一系列矛盾或冲突的价值观、行为的一种自我理解和自我接纳的态度。[6] Fugate 等认为职业认同可以较为清晰地解释不同的职业经历、愿望。职业领域的同一性，可以将职业认同理解为通过未来或当前从事的职业，回答"我是谁"。[7]

自我概念构成了职业认同建立的基础，而且是以自我认同中的心理成分推论演化形成的。Doug Hamman 等人认为能够将教师认同界定为教师就当前

---

[1] J. L. Holland, D. C. Gottfredson, and P. G. Power, "Some Diagnostic Scales for Research in Decision Making and Personality: Identity, Information, and Barriers," *Journal of Personality and Social Psychology* 39 (1980): 1191–1200.

[2] Ian S. Rowe and James E. Marcia, "Ego Identity Status, Formal Operations, and Moral Development," *Journal of Youth and Adolescence* 9, 2 (1980): 87–99.

[3] F. Meijers, "The Development of a Career Identity," *International Journal for the Advancement of Counselling* 20, 3 (1988): 191–207.

[4] Robert V. Bullough, "Practicing Theory and Theorizing Practice in Teacher Education," in J. Loughran and T. Russell, eds., Teaching about Teaching: *Purpose, Passion and Pedagogy in Teacher Education* (London: Falmer Press, 1997), pp. 13–31.

[5] 车文博主编《心理咨询大百科全书》，浙江科学技术出版社，2001，第556页。

[6] Michael Samuel and David Stephens, "Critical Dialogues with Self: Developing Teacher Identities and Roles—A Case Study of South African Student Teachers," *International Journal of Educational Research* 33, 5 (2000): 475–491.

[7] Mel Fugate, Angelo J. Kinicki, and Blake E. Ashforth, "Employability: A Psycho-social Construct, Its Dimensions, and Applications," *Journal of Vocational Behavior* 65, 1 (2004): 14–38.

自我以及可能自我的认识，并且该过程伴随着可能自我的形成过程。① 在教师职业认同中，其核心为自我概念，对比教师认同以及教师角色，两者的主要区别在于对自我的强调。Jennifer L. Cohen 讨论了自我和认同之间的关联性，"认同是针对某特定对象的，自我或者是自身的某些特征，抑或是所欣赏、接纳的事物、特征等都可以成为认同对象；认同主要关系到认同主体以及对象的协调、同一等。教师认同可从三个维度来分析，教师自身或其职业构成了教师认同的对象；认同是动态形成的；教师认同是教师个体与其职业环境之间彼此作用的结果"。② 李彦花对此提出，应当将教师认同视为就自身专业形象具有的整体性看法，对外表现为实践教学过程，包括教师和学生、家长、同事、课程、自我等的实践关系；对内表现为教师对其自身认同进行的反省。其综合了教师自我形象、工作动机、未来展望以及工作投入等，是以自我为中心，并基于某种文化、社会、心理环境而形成的。③ 张丽萍等提出，教师职业认同是具有阶梯结构的，为二阶一因子、一阶三因子的。职业－物质我，能够对教师职业角色以及物质自我之间的一致性关系进行反映；职业－社会我，能够对教师职业角色以及其他社会自我部分之间的一致性关系进行反映；职业－精神我，主要就教师的职业角色以及精神自我具有的一致性关系进行反映。④

以自我认同理论为基础的职业认同研究侧重于强调职业群体内个体的区分或差异性，认为职业认同能够有效区分自己和职业团体的其他成员，涵盖了对职业实践的认识、职业价值的感知以及个人才能发展的认知等。总之，以自我认同理论为基础的职业认同研究更侧重于认为职业认同是个体通过自己的努力进行意义建构的结果，不同的人在与环境互动过程中处于不同的职业认同状态，更注重的是在两者的互动中，对自我的认识过程，是处于不断发展变化中的，另外，对某种状态的形成原因也十分关注。

---

① Doug Hamman, Kevin Gosselin, Jacqueline Romano et al., "Using Possible – selves Theory to Understand the Identity Development of New Teachers," *Teaching and Teacher Education* 26, 7 (2010): 1349 – 1361.
② Jennifer L. Cohen., "'That's Not Treating You as a Professional': Teachers Constructing Complex Professional Identities Through Talk," *Teachers and Teaching: Theory and Practice* 14, 2 (2008): 79 – 93.
③ 李彦花：《中学教师专业认同研究》，博士学位论文，西南大学，2009，第40页。
④ 张丽萍、陈京军、刘艳辉：《教师职业认同的内涵与结构》，《湖南师范大学教育科学学报》2012年第3期。

3. 两种职业认同研究的局限性

（1）社会认同理论视域下职业认同研究的局限性

社会认同指的是个体就自己所处的社会群体、类别、范畴等所形成的意识，个体能够意识到在某种社会范畴上自己和某部分人是类似的，和另一部分人之间是具有差异的，认同构建是利用这种差异和冲突来实现的。只有利用这种对比参照，才可获得同一性，并且要求这一意识不断强化。归属于某个群体在某种程度上讲属于一种心理状态，该状态和茕茕独立的心理状态是十分不同的。当归属于一个群体的时候，就能够得到某种社会认同，抑或是一种共享的集体表征，关系到你是谁、如何才算恰当的行事。在社会认同中，自我的角色是被赋予社会内容的，"我们不需要一种先验的、与生俱来的无意识的自我"[1]。可将社会认同视为社会群体将其内涵赋予个体以及个体归属于社会群体的互动过程。

社会认同理论强调个人在一个团体中的"成员身份"，"当人们被分派至某一团体中时，他们立即自动地、几乎无条件反射般地将其看作内圈成员，之所以产生这种反应，主要是因为他们希望获得并保持一个正面的自我形象"[2]。因此，以社会认同理论为基础的职业认同研究有相对较强的限定性和静态性，使得主体具有相对较小的认同发展空间，因此，被视为具有结构主义倾向。

（2）自我认同理论视域下职业认同研究的局限性

自我认同指的是个体就自身独特性的意识，即在时空上，个体明确自己是同一个人，不是其他人，注重的是群体中个体具有的差异性，凸显了群体中个体的身份特征，表示的主体诉求是个体在其群体中，要"做到最好"。在自我认同中，注重同一感的三个组成要素，即连续性（continuity）、一贯性（consistency）以及一致性（sameness）[3]。

埃里克森认为应当将认同解释为叙事形式上正在进行建构的过程，"从叙事这一概念分析，集体认同以及个人认同无法分离，认同并不是道具，而是一项实践、一项事业"[4]。吉登斯的自我认同理论强调通过自我反思构建自

---

[1] 〔澳〕迈克尔·A. 豪格、〔英〕多米尼克·阿布拉姆斯：《社会认同过程》，高明华译，中国人民大学出版社，2011，第3、4、24页。

[2] Roger W. Brown, *Social Psychology*（New York：The Free Press, 1986）, p. 551.

[3] Kit Welchman, *Erik Erikson: His Life, Work and Singificance*（Philadelphia：Open University Press, 2000）, p. 50.

[4] Erik H. Erickson, *Identity and the Life Cycle*（New York：Norton, 1994）, p. 123.

我一致性和连续感。自我认同不属于个体具有的特质，也不是某些特质的组合，是结合自身经历，得到的反思性理解的自我。① 在"后现代"的西方社会，利用内向用力，结合其内在参照系统，个体可产生自我反思性，在此基础上使自我认同过程形成。在人的一生历程中，个体的经验性反思都是存在的，人会由此而形成一种基本的一致性、连续感，个体对其生活经验的选择性摘取，获得了各生命阶段对应的预期、判断，由此自我发展轨道才是连续的。

自我认同强调内在自我的主体性和能动性，"到目前为止，当我觉得好像取得了一种自由的主动性，好像敢于独创性地去行动，而不等待着指望外部世界为我决定一切时……我决定再向前一步，不仅要付诸行动，而且要产生信仰，相信我的个人实现和创造能力。可以相信，我的信仰不能是乐观主义的……但是，我决意将生命（真实、善良）安放在自我对世界的自己支配的抵抗中，生命将在工作、受苦和创造中（建成）"。② 因此，埃里克森的自我认同理论"有主观性特征，它使人有一种自主的内在一致和连续之感"。③ 吉登斯的自我认同理论旨在挑战现代社会结构强加于社会个体之上的种种限制，个体所处的现代情境是动态的，是具有风险性、断裂性以及关系性的；生活在其中的现代成员，是如何变得越来越焦虑、烦躁、恐怖、不具有安全感的，是怎样借助自我与身体的内在参照来进行自我认同的新机制构建的，并帮助人们借助自我认同完成由"解放政治"到"生活政治"的转变。④

埃里克森的自我认同理论"关于认同形成过程，对于个体的作用被过分强调，而对于其中的社会文化因素则是相对忽视的"。⑤ 与他们倡导的将社会文化、历史、心理因素融入认同理论的主张相矛盾。吉登斯的自我认同理论也受到了一些批评和挑战，尤其是对他将后福特主义的个人主义合法化以及

---

① 〔英〕安东尼·吉登斯：《现代性与自我认同》，赵旭东、方文译，三联书店，1998，第58页。
② 〔美〕埃里克·H. 埃里克森：《同一性：青少年与危机》，孙名之译，浙江教育出版社，1998，第141页。
③ John Heaa, *Working with Adolescents: Constructing Identity* (London: The Falmer Press, 1997), pp. 7–10.
④ 〔英〕安东尼·吉登斯：《现代性与自我认同》，赵旭东、方文译，三联书店，1998，第247~254页。
⑤ Michalinos Zembylas, "Caring for Teacher Emotion: Reflections on Teacher Self-development," *Studies in Philosophy and Education* 22, 2 (2003): 103–125.

对于能动性的模糊性界定的批评。①

自我认同是立足于"自我"主体性而形成的对自己个性品质的知觉或者是自我概念的生成,而且注重自我意识的心理机制,或者说心理过程,也就是说,社会分类是如何内化成为主体身份的,进而实现自我确认。张永就职业认同以及自我认同之间的关系进行了分析,认为关于两者关系的观点主要有如下三种:"职业认同属于个体自我认同的组成成分;职业认同系自我认同的具体体现,涵盖了职业个性理论以及主体性理论;自我认同的形成与运用过程构成了职业认同,包括自我概念理论、框定与折衷理论和社会认知生涯理论。"② 这三种关系都容易把职业认同的控制归因于个人因素,而不是把控制归因于情境和个人因素,以自我认同理论为基础的职业认同研究容易忽视社会文化因素的影响,而过分强调在认同形成过程中单独个体的作用。

(二) 辅导员职业认同的相关研究

我国的高校辅导员制度起源于中国共产党领导的革命军队,辅导员最初被称为政治指导员。虽然随着时代的发展,辅导员职业内容不断扩展,由过去单一的教育转变为教育、管理、服务,但思想政治教育仍然是辅导员职业的核心。西方国家的"学生事务管理"职业则是从高校"学术事务"中分离出来的,其重心在于学生服务。所以,我国辅导员与西方国家"学生事务管理"有本质的区别,故此,目前在国外就我国辅导员职业认同进行的研究几乎没有,即便是在国内,对比其他职业,对高校辅导员职业认同的研究起步也是相对较晚的。2008年,董秀成最早就辅导员职业认同进行了研究,主要围绕职业认同以及工作满意度、自主性等进行了分析。③ 本研究从辅导员职业认同的内涵、结构维度、研究现状、影响变量及提升策略五个方面对已有研究成果进行梳理。

1. 辅导员职业认同的内涵

第一种是肯定说。陶应军将职业认同的内涵解释为:辅导员在开展大学生思想政治教育过程中,能够积极、主动地使职业规范内化到实践中,而且在其职业发展与角色承担中,有着积极的认同体验,体味到愉悦的感受。④

---

① Laura M. Ahearn, "Language and Agency," *Annual Review of Anthropology* 30 (2001): 109 – 137.
② 张永:《基于自我认同的职业认同研究取向》,《外国教育研究》2010年第4期。
③ 胡小爱:《高校辅导员职业认同研究述评》,《济南职业学院学报》2015年第4期。
④ 陶应军:《教师发展视域下高校辅导员职业认同调适研究》,《教育探索》2014年第9期。

屈晓婷提出，辅导员被视为高校教师队伍的一部分，职业认同属于辅导员对其从事职业进行的肯定性评价，不仅涵盖了个体结合自身经历对其辅导员角色进行确认的过程，还涵盖了辅导员个体以及社会就其职业价值的认同程度。[1] 王林召对辅导员职业认同的界定如下：对辅导员职业的认可，也是对其职业适应和发展进行调整的过程。具有的职业认同程度越高，表示对其所从事的职业具有的自豪感、责任心等也越强，同时也越有利于其职业忠诚度的提高。[2]

第二种是中性说。黄菊、黄祥嘉将辅导员职业认同定义为：在特定情境下，辅导员个体就其职业具有的认同程度，涵盖了职业认知、情感、期望、价值观、意志等。在辅导员职业认同中，最为核心的问题就是关于职业价值的看法。[3] 部分学者还提出，可将职业认同理解为辅导员对其从事的辅导员职业进行的评价，体现在对这一工作的认知、情感、价值观等的理性思考。[4] 辅导员职业认同指的不仅是辅导员对自己所从事职业的认同程度，也是高校辅导员从自己的经历中逐渐确认辅导员角色的过程，[5] 是个体从自己的工作经历中对自己作为辅导员的角色进行发现、确认的过程。[6]

目前国内就如何界定"辅导员职业认同"尚未达成共识，分析各学者的论述能够发现，当前就该概念进行的界定，基本是在"职业认同""教师职业认同"等概念的基础上延伸得出的。就肯定说来讲，是具有静态化倾向的，虽然中性说包含职业认同的变化、发展，更符合辅导员职业认同的实际状况，但也仅仅是对辅导员职业认同做了外在规定，并没有深入探讨辅导员职业认同的内在本质。

2. 辅导员职业认同的结构维度

目前国内学者就辅导员职业认同的结构维度进行了一些探索，提出了辅导员职业认同结构的三维度说、四维度说、五维度说、六维度说等，辅导员

---

[1] 屈晓婷：《高校辅导员的角色定位与职业认同》，《北京教育》（高教版）2013 年第 3 期。
[2] 王林召：《高校辅导员职业认同的研究现状》，《山西煤炭管理干部学院学报》2013 年第 2 期。
[3] 黄菊、黄祥嘉：《试论高校辅导员的职业认同与专业化》，《学校党建与思想教育》2008 年第 12 期。
[4] 魏伟：《论高校辅导员职业认同》，硕士学位论文，西南大学，2009。
[5] 吴新慧、袁彩哲：《高校辅导员职业认同研究》，《杭州电子科技大学学报》（社会科学版）2017 年第 1 期。
[6] 陈飞：《高校辅导员职业认同研究——以福建省高校为例》，《吉林化工学院学报》2013 年第 10 期。

职业认同结构维度方面并未达成共识。吴新慧、袁彩哲提出在辅导员职业认同中涵盖了职业认知、情感、行为倾向三方面内容。① 张淑梅提出可从四个维度来理解辅导员职业认同，即工作环境、收入、性质及成就；另外在各维度下还存在四项因子，共有十六项因子；同时量表还包括与高校专任教师、机关管理人员的对比。② 刘世勇提出在辅导员职业认同中主要有五种成分，包括职业认知、情感、信念、意志以及行为。③ 魏伟提出，可从六个维度对辅导员职业认同进行分析，包括认知、情感、意志、行为倾向、期望、价值观。④ 徐莉也认为应当基于六个维度来对职业认同结构进行分析，并且除了用职业技能的感知维度取代行为倾向维度外，其他五个维度都沿用了魏伟的提法。⑤

3. 辅导员职业认同的研究现状

（1）职业认同度偏高说

根据对高校辅导员的调查研究，邵利明提出从相关数据上分析，职业认同度较一般是略高的。⑥ 刘世勇研究认为：高校辅导员职业认同整体量表具有的平均分为 $M=4.18$，而临界值为 3，由此能够表明辅导员具有相对较高的职业认同水平；分析各个影响因子，均值水平超过 4 的因子有职业认知、情感以及行为，属于中等偏高水平；位于中等偏上水平的因子有职业信念以及职业意志等，其均值范围处于 3 与 4 之间。⑦

邵利明对辅导员职业认同研究结论的最矛盾之处就是，一方面承认辅导员职业意志维度较低，另一方面又得出辅导员职业认同水平较高的结论；刘世勇对辅导员职业认同的研究以量化研究为主，访谈法研究为辅，然而刘世勇量化研究和访谈研究的结论也存在矛盾之处，在量化研究中其得出辅导员职业意志的平均值介于 3 与 4 之间，处于中等偏上水平，在访谈研究后，又得出辅导员职业意志不够坚定的结论，而两人的研究均没有对研究结果

---

① 吴新慧、袁彩哲：《高校辅导员职业认同研究》，《杭州电子科技大学学报》（社会科学版）2017 年第 1 期。
② 张淑梅：《高校辅导员职业认同研究》，硕士学位论文，华东师范大学，2011，第 10 页。
③ 刘世勇：《高校辅导员职业认同研究》，博士学位论文，中国地质大学，2014，第 36 页。
④ 魏伟：《论高校辅导员职业认同》，硕士学位论文，西南大学，2009，第 11~14 页。
⑤ 徐莉：《江苏省高校辅导员职业认同现状调查》，《淮海工学院学报》（人文社会科学版）2012 年第 3 期。
⑥ 邵利明：《当前高校辅导员职业认同现状调查与研究》，《教育教学论坛》2012 年第 36 期。
⑦ 刘世勇：《高校辅导员职业认同研究》，博士学位论文，中国地质大学，2014，第 40 页。

的矛盾之处做出解释。研究者认为之所以有这样的矛盾结果是因为两人可能在量化研究样本选择及研究程序上出现了误差,另外,从研究者的调研结果和多年从事辅导员职业的经历来看,目前,高校辅导员职业认同度偏高说不具有代表性。

(2) 职业认同发展不均衡说

通常情况下,量化分析辅导员职业认同都会牵涉讨论辅导员职业认同发展的不均衡问题,如徐莉对江苏高校辅导员职业认同的调查[1],郭薇等对郑州市6所高等学校300名辅导员职业认同的调研[2]以及刘世勇对高校辅导员职业认同的研究[3]等。

辅导员职业认同发展不均衡的分析与探讨,主要围绕职业认同差异性进行,关注的是辅导员个体在职业认同上具有的差异,以及在不同高校间辅导员在职业认同方面具有的差异。有关辅导员职业认同发展不均衡的研究,其研究结论矛盾之处更多,关于辅导员个体职业认同之间的差别,不同的研究者得出的结论是不同的,甚至是相反的,有的学者认为学历对职业认同的影响不显著(郭薇、张晨洁、韦妍对郑州市6所高等学校300名辅导员职业认同进行的调研),有的认为具有硕士研究生学历的辅导员职业认同度略高(徐莉对江苏高校辅导员职业认同的调查)。刘世勇的《高校辅导员职业认同研究》中就曾显示出从职称、职级、学历等方面进行定量研究所反映的辅导员个体职业认同之间的差别经常有矛盾之处。刘世勇认为在行政级别上科员辅导员职业认同最高,正科级是最低的,而其他学者经过研究后提出,行政级别的不断提高,也将带来职业认同程度的不断提高;刘世勇认为在学历上本科学历辅导员职业认同高于研究生学历辅导员,其他学者研究认为研究生学历辅导员高于本科学历辅导员。[4]

根据研究者的访谈调查并结合自身的实践经历,研究者提出辅导员职业认同与其职业发展速度的关系紧密度比辅导员职业认同与辅导员年龄、职称、职级、学历等人口变量的关系紧密度要高。如果辅导员个人职业发展速度缓慢,甚至出现职业发展停滞,职业认同就会出现问题,这些问题显然与

---

[1] 徐莉:《江苏省高校辅导员职业认同现状调查》,《淮海工学院学报》(人文社会科学版) 2012年第3期。
[2] 郭薇、张晨洁、韦妍:《高校辅导员职业认同度研究》,《中国培训》2016年第10期。
[3] 刘世勇:《高校辅导员职业认同研究》,博士学位论文,中国地质大学,2014,第41~46页。
[4] 刘世勇:《高校辅导员职业认同研究》,博士学位论文,中国地质大学,2014,第47页。

哪个年龄段、哪个职称级别、哪个职级关系不大。这也是研究者们一般从性别、年龄、职称、职级、学历等方面进行定量研究，但这些个人因素变量对辅导员职业认同的影响并没有定论的原因。

另外，针对不同学校间的辅导员职业认同的差别所进行的研究得出的结论也是非常矛盾的，如刘世勇认为独立学院辅导员具有的职业认同水平要高于普通本科院校辅导员，但其他研究者则提出具有最低职业认同的是独立院校的辅导员，①而徐莉又得出"不同学校类型的辅导员对职业的认同程度之间的差异是十分显著的，具有最高职业认同的为省重点院校，其次为省普通高校，再次为省民办高校，最低的为省大专院校"②。

最后，基于研究者的访谈研究结果以及自身经历，研究者得出辅导员职业认同与辅导员所在高校职业政策的关系紧密度比辅导员职业认同与辅导员所在高校的性质的关系紧密度要高。首都师范大学和中国政法大学都实行了辅导员职称评聘单列，而中国人民大学没有这样的政策，相比而言，首都师范大学辅导员无论科研能力还是职业自我期望都比中国人民大学的辅导员要高一些，因此在不同政策下，对不同层次高校的辅导员的职业认同进行差别研究没有任何意义。

因此，本书认为辅导员职业认同发展不均衡说在选择研究的切入点上存在问题，所以研究结果出现偏差。

（3）职业认同度偏低说

郑育琛通过质性研究发现，在辅导员职业认同中，存在对自身身份的困惑、本领恐慌的诉求与辅导员专业性的缺失、与学生一起成长的幸福体验和路在何方的迷茫等问题。③董迅石通过研究得出辅导员工作强度大，休息得不到保证；收入待遇低，安全感得不到满足；地位低，归属感得不到满足；可替代性强，无法得到尊重；工作枯燥乏味，自我实现无法满足。因此，工作无法很好地满足辅导员各个层次的需要，辅导员的职业认同度低。④

龙秋麟、刘竞一通过调研认为重庆地区高职院校辅导员职业认同度较

---

① 刘世勇：《高校辅导员职业认同研究》，博士学位论文，中国地质大学，2014，第47页。
② 徐莉：《江苏省高校辅导员职业认同现状调查》，《淮海工学院学报》（人文社会科学版）2012年第3期。
③ 郑育琛：《高校辅导员职业认同与路径选择的质性研究》，《思想理论教育》2016年第11期。
④ 董迅石：《基于马斯洛需要层次理论框架下的高校辅导员职业认同研究》，《江苏科技信息》2016年第1期。

低，主要表现在工作态度消极、职业成就感较低、职业稳定性差三方面。①杨长虹对四川省某高校辅导员群体进行了研究，最终研究结果显示，在职业认同中，辅导员遇到了如角色认知不清晰、认同困境、职业成就感知不强、职业发展路径受困、职业回报满意度较低等问题。②吴建章、徐娅囡研究发现辅导员职业认同中面临的主要问题有职业认知模糊、没有较强的职业价值感、职业情感较弱、离职倾向明显等，辅导员职业认同程度整体不高，且随着从业时间的不断增长，这种认同程度是在不断弱化的。③

辅导员职业认同度偏低说是目前比较有代表性的观点，然而大部分研究存在两方面的缺陷：第一，概述性的研究多，实证性的研究少；第二，研究比较粗糙，问题与成绩、积极因素与消极因素混杂在一起。

4. 辅导员职业认同的影响变量

（1）前因变量

有关辅导员职业认同低的原因，现有研究主要从社会、高校、辅导员自身、职业性质四个因素进行分析。

社会因素方面主要指社会环境、观念、政策等对辅导员职业认同的影响。张丽认为，基于我国的传统等级理念来分析，辅导员岗位是缺乏技术含量的，并且具有相对较低的社会地位。④于腾腾提出，受到社会心理因素的干扰，辅导员职业认同不具有较强的社会支持。⑤张炳武认为辅导员职业认同较低受国家政策的影响。⑥

高校支持力度缺乏影响着辅导员的职业认同。如辅导员参加学习交流及进修培训的机会较少，职务职称晋升机会缺乏；辅导员受到在校专业教师和教育对象的误解及轻视；收入较低、地位低下。⑦邹积英认为，越来越复杂化的工作内容，宽泛化的工作职责，以及非健全化的队伍建设保障机制，导

---

① 龙秋麟、刘竞一：《高职辅导员职业认同度现状及提升策略》，《黑龙江生态工程职业学院学报》2017年第1期。
② 杨长虹：《论高校辅导员职业角色发展及职业认同》，《经营管理者》2016年第17期。
③ 吴建章、徐娅囡：《高校辅导员职业认同问题探析》，《高教论坛》2015年第11期。
④ 张丽：《高校辅导员自我职业认同度研究》，《当代教育理论与实践》2014年第1期。
⑤ 于腾腾：《影响高校辅导员职业认同的心理因素探析》，《中国商界》（上半月）2010年第7期。
⑥ 张炳武：《高校辅导员职业认同分析》，《合肥工业大学学报》（社会科学版）2008年第6期。
⑦ 邹国振：《高校辅导员职业认同感培养的路径选择》，《高校辅导员学刊》2011年第5期。

致辅导员缺乏应有的职业认同。①

基于辅导员自身因素来对辅导员职业认同进行研究，主要是围绕心理因素以及职业能力素质两方面展开分析。如张炳武认为辅导员自身专业知识与技能缺乏是造成辅导员职业认同低的个人因素。② 为了加强对辅导员职业认同感的培养，除了使其获得足够的外部力量支持，注重体制机制等方面建设外，还需要确保辅导员的主体作用能够得到充分发挥，凭借其自身的努力，使其职业光荣感、归属感、成就感等得以培养。③

基于职业性质角度进行的研究，主要围绕辅导员工作具有的局限性展开，分析其对辅导员职业认同造成的负面影响。周巧云提出辅导员工作责任大、负担重，福利待遇低，被尊重感缺乏，职业发展方向不明以及个人生活经常受工作干扰等，这些都是导致其职业认同逐步弱化的因素。④ 此外，辅导员属于高校进行思政工作的主力军，工作性质特殊，面临无限性的工作要求、无界性的工作时间，使得工作家庭冲突频繁发生，而这又进一步造成其他各种不良后果，包括日益降低的工作生活满意度、负性情绪体验以及较高的离职率等。⑤

现有关于辅导员职业认同影响因素的考察，泛泛分析的多，具体分析的少，浅层分析的多，深入分析的少。在社会层面上，主要代表观点为社会偏见导致辅导员的社会地位不高；高校辅导员队伍建设采取的是专兼职结合的制度，辅导员可结合实际工作需求，以及个人条件来进行转岗，导致辅导员具有较低的职业认同。可见，现有研究不仅没有就社会环境的变化对辅导员职业认同造成的影响进行详细的分析，而且对双重身份、双线晋升政策如何具体影响辅导员职业认同也没有做深入的研究。就高校层面而言，主要认为辅导员角色和职责模糊；辅导员在工资待遇、考核激励等方面缺乏公平；培训机会少等导致辅导员职业认同低。没有从高校的组织特征、高校辅导员的管理特征对辅导员职业认同的影响角度进行分析。在辅导员自身层面，主要

---

① 邹积英：《高校辅导员职业认同的困境》，《辽宁师范大学学报》（社会科学版）2014 年第 5 期。
② 张炳武：《高校辅导员职业认同分析》，《合肥工业大学学报》（社会科学版）2008 年第 6 期。
③ 邹国振：《高校辅导员职业认同感培养的路径选择》，《高校辅导员学刊》2011 年第 5 期。
④ 周巧云：《高校辅导员职业认同现状分析与前景展望》，《江西金融职工大学学报》2010 年第 3 期。
⑤ 王天阳、康平、王瑶：《高校教师工作家庭冲突与职业倦怠的关系研究——以河南大学为例》，《集美大学学报》（教育科学版）2010 年第 2 期。

认为辅导员个人人格特征、职业能力素质、心理因素等导致辅导员职业认同不高，并没有对辅导员职业动机及辅导员职业规划方面职业主体存在的问题进行具体分析。在职业性质因素方面，研究者认为辅导员职业性质导致的职业认同问题主要与辅导员职业化进程相关，伴随着其职业化程度的不断提高，以及职业技术的进步，辅导员职业性质存在的局限性问题会逐步得以解决。

（2）结果变量

已有的研究中，认为辅导员职业认同弱化将会使学生、学生工作以及辅导员自身都受到影响。辅导员拥有较低的职业认同水平，就学生来讲，将会对学生教育和学生培养产生较大的影响，进而对学生的成长、成才产生不利的影响；就学生工作来讲，将会对工作能否顺利开展产生较大的影响，其中工作效率以及最终的工作效果都会受到影响，另外对学生工作的传承以及其稳定性都具有较大影响；就辅导员自身来讲，不仅会阻碍其自身素质水平的提高，也不利于其职业发展。

吴建章、徐娅囡提出，假如辅导员对其从事的职业是认同的，而且通过该职业能够从中体会到自身价值，那么如职业倦怠等问题是不易出现的；假如辅导员不能从其职业中感受到自身价值，再加上还会因为一些外部因素，使自身受到牵连，那么这时辅导员职业挫败感将会很容易产生，继而对自己的职业产生一种厌恶感，最终导致职业倦怠等问题的形成。因此，职业认同水平将会对职业倦怠水平造成重大影响，通过职业认同水平的提高，使辅导员具有的职业发展意志得到增强，从而使职业倦怠感进一步降低。[1] 赵岩经过研究后发现，辅导员职业认同、职业自我概念以及职业倦怠，三个因素之间彼此存在显著相关性，因为职业认同能够负向预测职业倦怠，而职业自我概念同样也能负向预测职业倦怠，并且职业认同和职业倦怠之间作用的发挥在某种程度上是基于职业自我概念得以实现的。[2]

5. 辅导员职业认同的提升策略

研究者们根据自己的认识和经验，从不同角度对如何提高辅导员职业认同水平展开了分析，大体来讲，主要围绕个人、组织以及社会三方面进行。黄菊、黄祥嘉认为，社会、高校、辅导员自身等层面因素构成了职业认同问题的主要因素，因此，为了实现对这一问题的有效解决，也必须通过这三个

---

[1] 吴建章、徐娅囡：《高校辅导员职业认同问题探析》，《高教论坛》2015 年第 11 期。
[2] 赵岩：《高校辅导员职业认同、职业自我概念和职业倦怠的关系研究》，硕士学位论文，哈尔滨师范大学，2013，第 54~55 页。

角度来探索解决方案：从社会层面来讲，应当增加对学生思政教育的关注，形成一种社会机制，使辅导员的社会认同水平能够得到提高；从高校层面分析，应当确保能够形成一种有利于职业认同提高的高校环境；从辅导员自身来讲，要求形成自觉提高职业价值以及职业角色认同的意识。① 刘世勇提出从六个方面提升高校辅导员职业认同的对策：完善高校辅导员支持系统；组织管理机制、绩效考核机制等的健全完善；提升对辅导员思政教育的重视程度；将辅导员加入职业分类大典；充分利用现代信息技术开展技能培训；加快实现辅导员工作家庭冲突的有效改善。② 龚伟、张正光在《高校辅导员职业认同机制建构——基于施恩职业发展运动形式理论的视角》中提出高校辅导员职业认同机制建构的三个方面：基本前提是政策落实，参照职称等级转变职业等级，使得垂直运动的激励作用得以增强；关键在于岗位设置，在"横向合作"的基础上打造"梯队架构"，使横向运动的比较作用得以强化；以组织的建立作为保障，立足专业载体来使辅导员事业归属感得以增强，使中心化运动具有的稳定功能得以凸显。③

上述提出的诸多办法，对于辅导员职业认同的研究是具有重要的启示作用的，使我们能够更好地把握解决方向，然而其存在的问题在于理论支撑不足，造成提出的提升策略往往非常琐碎，并且也没有进行充分的实证研究。故此，应当将辅导员职业认同作为整体性、系统性工程来开展，利用整体性思维，展开整体性、系统性分析。

（三）现有研究的不足

国内对于辅导员职业认同方面的研究虽然已逐步发展成为一个相对独立的研究课题，然而在整个研究中依旧存在很多问题，在部分内容的讨论和分析方面存在较大欠缺，需要进一步增强和拓展。

1. 研究内容不够深入、全面

首先，目前学者们就辅导员职业认同进行的研究，大部分是从组织者的角度展开的，认为应当进行顶层设计，要求能够以一种由上而下的层面展开

---

① 黄菊、黄祥嘉：《试论高校辅导员的职业认同与专业化》，《学校党建与思想教育》2008年第12期。
② 刘世勇：《高校辅导员职业认同研究》，博士学位论文，中国地质大学，2014，第63~83页。
③ 龚伟、张正光：《高校辅导员职业认同机制建构——基于施恩职业发展运动形式理论的视角》，《思想理论教育》2017年第2期。

思考，探索问题解决方案。为了使辅导员的职业认同水平得到提高，使当前的职业发展困境得以摆脱，这些举措不仅十分必要，而且非常重要。然而，如果仅基于外部视角来进行分析，基于经验层面来进行判断的话，是很难深入辅导员内心实现对其价值认同以及职业情感的感知的，这在某种程度上不利于辅导员队伍自我主体性建设的激发，并使其无法"由下而上"地推动职业政策的完善。

其次，研究涉及范围较小，研究的系统性和深度不够。目前主要关注辅导员职业认同的状态和影响因素，而且在影响因素中，着重考察人口统计因素的影响，因此，辅导员职业研究多存在静态化的倾向，对导致辅导员职业状态的过程关注较少，关于辅导员职业认同来源几乎没有涉及。对于辅导员职业认同构成要素之间的关系、职业认同形成机制、职业认同影响因素间的关系以及职业认同的发展变化规律等都未进行系统性研究。

再次，研究没有兼顾职业主体所在高校的辅导员政策差别，造成研究材料的不完整。大部分研究者仅关注区域性高校辅导员职业认同研究，没有兼顾职业主体所在高校的辅导员政策差别。

最后，大多数研究缺少从事辅导员职业年限较长以及职称级别较高的辅导员样本，使研究很难把握辅导员职业认同的发展规律，因此很难从辅导员自身角度提炼出提高辅导员职业认同的有效方法。

2. 研究方法单一

现有研究强调对高校辅导员职业认同的定量研究。包括结合大规模的问卷调查研究，探索如何使辅导员的职业认同得到极大激发，并确定会对职业认同产生重要影响的各因子。因为量化研究具有较强的机械性特征，而且在这类研究中，对对象自身的内在经验以及主观想法是比较容易忽视的，这些都导致所获得的结果缺乏比较深刻的解释性与人文性。故此，当前对辅导员职业认同的研究得出的结论多数是描述性的，而对于形成结果的过程并未进行充分的解释。比如，高校辅导员职业认同在性别、年龄、工作年限、学历、所学专业、管理岗位级别、职称、编制性质以及所在学校类型上的特征。调查问卷的结论显示这些特征使职业认同受到影响，但关于变量的这种影响作用是如何发挥的并没有进行十分详细的说明。然而质性研究能够实现对这一不足的有效弥补，在质性研究中，对研究样本的心理特征的形成原因及其发展过程更加重视。故此，在本书中实施的也是这种质性研究方法。

3. 现有研究理论之间、理论与实践之间融合性差

现有辅导员职业认同研究中，研究者们更加注重结合自身经验来实现提

升策略的总结与提炼。辅导员职业发展对于高校来讲，是其必须面临的现实管理问题，从实践层次来分析，辅导员的队伍规模在不断扩大，相关部门对其建设也是越来越重视，很多的创新举措与典型的建设案例都可圈可点。故此，研究者们大多从现有的辅导员队伍建设举措出发，结合自己的工作经验提出有助于辅导员职业认同水平提高，使其向着专业化方向发展的策略。所以，当前辅导员职业认同提升对策的水平仅达到对现有经验的总结或研究者主观设想层面上，不仅对辅导员队伍建设的新举措缺乏实证研究与分析，而且不能从理论高度上对高校辅导员队伍建设规律性的认识进行把握。

张淑梅、周广军的硕士学位论文《高校辅导员职业认同研究》[①]综合公平理论以及需要层次理论，就辅导员职业认同展开了分析，并且认为自身需要无法得到满足是导致较低职业认同的主要因素；另外从横向上对比机关的管理人员以及专任教师，也导致辅导员职业认同水平较低。为此，两位研究者认为，应当确保辅导员的各层次需要得到有效满足，使得和高校其他人员的横向对比差距能够得到有效控制，同时从三个方面就如何提高辅导员职业认同水平展开了分析并提出了对策建议：首先，做好辅导员职业化、专业化发展的推进工作；其次，做好良好激励机制的建立工作；最后，使辅导员各层次需要的满足感得以提高。然而，需要层次理论及公平理论并不能充分解释辅导员职业认同低的原因，辅导员职业认同的建构也不能仅以需要层次理论及公平理论为基础。刘世勇的博士学位论文《高校辅导员职业认同研究》[②]以马克思主义的主体论、认识论、利益论和人的发展理论等基本理论，思政教育方面的相关理论，包括管理论、价值论、环境论等，以及社会认同理论、激励理论和需要层次理论等社会心理学理论为基础，然而不仅各理论之间缺乏关联性，而且该研究还存在理论与实践脱节的问题，因此并未构建起高校辅导员职业认同研究的理论框架。

三 本研究的思路、方法与创新点

（一）研究思路

本研究从问题出发，发现问题、分析问题、解决问题是研究展开的逻辑

[①] 张淑梅：《高校辅导员职业认同研究》，硕士学位论文，华东师范大学，2011。
周广军：《高校辅导员职业认同研究》，硕士学位论文，首都经济贸易大学，2012。
[②] 刘世勇：《高校辅导员职业认为研究》，博士学位论文，中国地质大学，2014。

结构。思维的触发点是问题，没有问题，也就没有对问题进行探究的意识与动力。因此，本研究围绕一个核心问题即辅导员职业认同脆弱、游移的问题，力图找出辅导员职业认同缺乏的原因并提出解决这一问题的对策。

第一，发现问题。绪论部分对问题的缘起、研究意义等进行了基本阐述。

第二，界定问题。首先，对所发现的问题进行概括与提炼。因此本书的第一章先阐释基本概念，对前人关于职业认同的概念、内涵、构成成分等研究成果进行梳理，并对社会认同、自我认同与职业认同之间的关系进行论证，从而提出应从职业认同的外在规定与内在本质两个层次揭示职业认同的基本内涵，基于此，重新界定辅导员职业认同，进一步完善其职业认同结构维度。其次，对高校辅导员职业认同解析的理论基础与高校辅导员职业认同的建构理论进行阐释。

第三，进一步呈现问题。利用高校辅导员职业认同结构维度设计访谈提纲并对京、晋、沪三地的高校辅导员进行访谈，结合访谈结果分析目前在高校辅导员职业认同中存在的主要问题。

第四，分析问题。以马克思主义、思想政治教育相关理论为研究基础，借鉴社会心理学等理论，参照研究者的访谈结果及国家制定的相关文件，对影响高校辅导员职业认同的主要因素进行分析。

第五，解决问题。发现问题和分析问题最终是为了解决问题，本书围绕影响高校辅导员职业认同的三个主要因素，参照辅导员的职业现实情况与访谈调查结果，运用马克思主义、思想政治教育理论，借鉴社会认同理论、实践共同体理论、自我认同理论，分别从政策、组织、个体三个层面来探讨提高辅导员职业认同的策略。

（二）研究方法

开展辅导员职业认同研究，离不开对其职业体验、情感、态度、信念等内心世界及其对自我的理解和对职业诠释的洞察与了解。因此，为了全面透视辅导员的内心，本书主要运用文献研究法、访谈法、参与式观察、比较研究法、案例分析法等研究方法。

1. 文献研究法

文献回顾是一切科学研究的前提和基础，是对已有的研究成果和相关文献进行整理、分析与总结。在此过程中，对与研究主题相关的研究成果进行整理、分析，为研究提供坚实的理论支撑和研究基础。本研究在对社会认同理论、职业认同理论等相关国内外文献系统深入研究的基础上，对辅导员职业认同过程与影响辅导员职业认同的变量进行系统梳理，对与研究主题相关的研究成果进行整理与分析，以便为研究提供坚实的理论支撑和研究基础。

本研究涉及的文献还包括国家、省市、高校颁布的与辅导员相关的法律、规章制度及政策等，此外与辅导员相关的会议资料、汇报材料、通知公告，以及对辅导员工作、生活、学习等进行记录的影像与图片等材料也是本研究很重要的文献资料。最后，辅导员对自己的经验、行为、信念进行描述的日志、总结及辅导员所写的文章等都是本研究分析的重要对象。

2. 访谈法

访谈法是研究者为了获取研究对象有关心理特征及行为数据资料，而与研究对象进行"交谈"或"询问"的一种研究方法。由于研究的需要，访谈是本研究获得研究资料的最重要手段。在访谈中，研究对象用自己的语言和概念表达自己的观点，因此，与问卷调查相比，访谈具有更大的灵活性和对意义进行解释的空间；另外访谈可以进入研究对象的内心，了解其内心活动及思想观念，因此，与观察相比，访谈可以了解研究对象行为所隐含的意义与生活中曾经发生的事情。

有关辅导员的认识、想法或者感受很难从文件资料中看出来，也很难通过观察获得，而问卷通常使用的也是研究者自己的语言，所以访谈法是获取这些隐藏在辅导员内心深处"秘密"的最好办法，访谈可以帮助研究者对辅导员职业认同的基本状况建立起较为确切的认识和感受。

访谈法按研究者对访谈结构的控制程度分为"结构型访谈法""半结构型访谈法""无结构型访谈法"，本研究主要采取"半结构型访谈法"。在研究对象的抽样方面本研究主要运用随机抽样和目的性抽样相结合的方式，共选取北京、山西、上海14所高校的27名辅导员和1名学生处人员作为重点访谈对象，采取饱和原则来进行样本抽取，保障研究对象具有充分异质性，尤其是在性别、学历、职称、职级、工作年限以及研究对象所在高校层次及政策等方面都有所区别。样本抽取原则如下。

（1）研究样本的选取兼顾地区差异以及高校层次的区别

以往对辅导员职业认同的研究，研究者为了调研方便，主要集中在某一区域范围内，很难兼顾研究样本所在高校的性质。本研究样本选取跨越北京、山西、上海等高校，同时样本选取包括985院校、211院校、普通院校。

（2）研究样本的选取兼顾辅导员的性别平衡

在研究者调研过程中，访谈对象几乎都谈到，在自己学校的辅导员性别比例上女多男少，因此男辅导员样本的选取比女辅导员样本的选取要难。为保持研究的客观性，研究者尽力做到所选取高校研究样本的男女比例平衡。

（3）研究样本的选取兼顾辅导员的职称、职务及职级的差别

在研究者调研过程中，访谈对象几乎都谈到，在自己学校的辅导员职称结构上，中级及以下的占到90%左右，副高级的占9%左右，大部分学校没有教授。因此，具有高级职称的辅导员样本的选取非常困难，为保持研究的完整性，研究者利用各种社会关系尽力找到具有教授职称的辅导员1名，具有副教授职称的辅导员4名。关于研究对象的职务，教育部对专职辅导员的界定是"指在一线从事大学生日常思想政治教育工作的副处级以下人员，包括院系党总支副书记、团总支书记、学工组长、辅导员"。如果按照每个高校平均20个学院左右，每个学校副书记也就20个左右，因此具有副处级职务的辅导员样本的选取也比较困难，再加上不是所有辅导员都想加入研究，但研究者还是尽力找到5名副书记参与访谈。关于有些高校实行辅导员职级制，研究者也是尽力找到不同职级的辅导员参与访谈，找到享受副处级待遇的辅导员3名，找到享受辅导员三级职级的辅导员1名。

（4）研究样本的选取兼顾辅导员的学历结构

根据研究者的调研访谈，硕士研究生仍然是辅导员队伍的主体，一些学校近两年选了个位数的博士研究生做辅导员，还有少数的辅导员在工作后考取了博士研究生或者已经拿到博士研究生学位。因此，具有博士研究生学位的辅导员样本选取较为困难，但研究者还是尽力选取了博士毕业后从事辅导员工作的研究样本1名，做辅导员工作后取得博士学位的研究样本5名，还有3名在读博士的研究样本。

（5）研究样本的选取兼顾辅导员所在高校辅导员政策的差别

研究样本除关注各地区或高校不同辅导员职业发展政策差异外，还关照到学校对辅导员的管理政策。一般学校对辅导员的管理都采用校、院两级管理，而北京邮电大学2008年至2014年对辅导员则采用"专职辅导员由学生工作部（处）集中管理，作为机关工作人员，统一集中办公、统一工资待遇、统一考核标准、统一委派岗位"[①]的管理政策。"当时辅导员分成5个科，1科、2科、3科、4科及研究生科，研究生科有12个辅导员，其他科平

[①]《北京邮电大学学生工作管理规定》（校务办发〔2008〕96号）。

均也有10多个辅导员，平时辅导员在学生处办公，有事情就和对口学院的学生工作书记联系。"① 因此，为了了解不同管理政策下辅导员职业认同的差异，研究者尽量在北邮找到2名辅导员进行访谈。

（6）研究样本的选取兼顾辅导员从事职业的年限及年龄

由于辅导员职业流动性较大，大部分辅导员从事5年左右辅导员工作后，都会转岗，一般研究很难找到从事辅导员职业20年以上的研究对象。有幸的是，笔者在众多受访对象中，终于找到两位从事学生工作年限超过20年的"老人"。其中一位从事辅导员工作29年，到2020年已满69岁，他退休后被返聘为学校学生工作督导；另一位从事辅导员职业也28年了，到2020年已满54岁，2012年被聘为辅导员教授。

按访谈的正式程度，访谈又分为正规访谈与非正规访谈。本研究以正规访谈为主。正规访谈中，研究者至少与每位辅导员访谈一个半小时，有些重要的辅导员研究者要访谈2~3次；非正规访谈中，研究者主要借助电话、QQ、Email、微信、培训后交谈或会后交谈等方式获取研究资料。在研究开展过程中，研究者自己也是一名辅导员，与研究对象有相同的经历，对他们来说，研究者应该可以算是一个"局内人"，因此在访谈中，研究者可以比较透彻地理解辅导员群体的思维习惯、行为意义与情感表达方式，容易与他们产生情感上的共鸣，基于这种"局内人"身份，确保访谈资料是真实的。同时作为一名"研究者"，在访谈中研究者又不得不将自己从"辅导员"这一身份中抽离出来，以"局外人"的身份来审视、倾听并分析他们，"局外人"的身份可以保证访谈资料的相对客观性。

双重身份的保持，是研究者在访谈中始终注意的问题。具体说来，样本的情况如表0-1所示。

表0-1　重点受访辅导员个人情况统计

学校	辅导员	性别	年龄	学历	职称	职务（职级）	带学生的年限	专业
复旦大学	辅导员（FDDX：A）	女	42岁	博士	讲师	研工组长（科级）	14年	历史
	辅导员（FDDX：B）	男	39岁	博士在读	讲师	副书记	16年	历史

---

① 辅导员BJYD：B访谈资料。

续表

学校	辅导员	性别	年龄	学历	职称	职务（职级）	带学生的年限	专业
华东师范大学	辅导员（HDSF：A）	男	69岁	硕士	副教授		29年	地理
	辅导员（HDSF：B）	女	34岁	硕士	讲师	行政岗七级	8年	中文
东华大学	辅导员（DHDX：A）	男	37岁	硕士	讲师		11年	通信
上海交通大学	辅导员（SHJT：A）	女	43岁	博士	讲师	学生工作办公室主任（科级）	16年	法学
	辅导员（SHJT：B）	女	33岁	硕士	讲师	分团委书记（正科）	8年	化学工程
上海大学	辅导员（SHDX：A）	女	38岁	硕士	讲师	副书记	8年	中文
	辅导员（SHDX：B）	女	33岁	硕士	讲师	分团委书记（三级）	6年半	设计艺术学
太原理工大学	辅导员（TYLG：A）	男	33岁	博士	讲师		4年半	微生物
	辅导员（TYLG：B）	女	40岁	硕士		副处级待遇	13年	思政
山西大学	辅导员（SXDX：A）	女	36岁	硕士		科员	9年	法律
太原科技大学	辅导员（TYKJ：A）	男	43岁	硕士	讲师	科员	15年	经济学
	辅导员（TYKJ：B）	女	41岁	硕士	讲师		11年	教育学
	辅导员（TYKJ：C）	女	35岁	硕士	讲师	分团委书记（科级）	9年	音乐课程与教育学
	辅导员（TYKJ：D）	女	37岁	硕士	讲师		9年	教育学

续表

学校	辅导员	性别	年龄	学历	职称	职务（职级）	带学生的年限	专业
中北大学	辅导员（ZBDX：A）	男	40岁	博士	副教授	分团委书记（科长、副处级待遇）	14年	高分子化学
	辅导员（ZBDX：B）	女	42岁	硕士	讲师	学生事务科科长、副处级待遇	16年	历史
首都师范大学	辅导员（SDSF：A）	女	41岁	博士	副教授	副书记	16年	思想政治教育
	学生处人员（SDSF：B）	男		博士在读	讲师	科级		思想政治教育
中国人民大学	辅导员（ZGRM：A）	女	34岁	硕士		科级	9年	思想政治教育
	辅导员→学生处人员（ZGRM：B）	男	34岁	硕士		副处	8年（2019年到学生处）	历史学
北京理工大学	辅导员（BJLG：A）	女	36岁	博士在读	讲师	副书记	10年	机械电子工程
	辅导员（BJLG：B）	男	33岁	硕士	讲师	副书记	7年	艺术设计
中国政法大学	辅导员（ZGZF：A）	女	54岁	硕士	教授		28年	法学
	辅导员（ZGZF：B）	男	46岁	博士	副教授		17年	思想政治教育
北京邮电大学	辅导员（BJYD：A）	女	34岁	硕士		分团委书记	8年	英语语言文学
	辅导员（BJYD：B）（行政保研）	男	27岁	硕士在读			4年兼职辅导员	经济管理

3. 参与式观察

观察是从事科学研究的一种重要手段。观察可以分为实验室观察和实地观察。质性研究主要使用实地观察。实地观察可以进一步分成参与式观察和非参与式观察两种形式。参与式观察是指研究者通过与被研究者的密切接触（一起工作或生活），直接体验、倾听、观看被研究者的言行。而在非参与式观察中，研究者通常作为旁观者了解事态的发展，不需要直接进入被研究者的工作、生活中。近年来，随着质性研究往建构方向的发展，观察者的参与性在逐渐增强。在参与式观察中，研究者与被研究者工作或生活在一起，通过直接参与来达到对被研究者的理解。这种研究方法使研究者不仅可以观察被研究者做了什么，还可以了解他们是如何做的、如何想的，即深入了解被研究者背后的个人意图。因此，"参与式观察对于了解被研究者的'戏剧面具'更为有效"[①]，参与式观察强调研究者对被研究者现象进行个人体验，并且与被研究者产生共情。可见，参与式观察是研究者掌握研究对象第一手资料并为开展相关研究提供具体论证基础的重要研究方法。研究者本人就是辅导员群体中的一员，为运用这种方法提供了方便。

4. 比较研究法

教育部令第 24 号文件规定辅导员的双重身份、双线发展路线后，各地区或高校在这一文件的指引下，制定了不同的辅导员职业发展政策。2007 年上海市教委下发辅导员职称评审单列政策后，上海各高校根据自己的实际情况，分别制定了辅导员职称评聘的条件，如复旦大学、上海交通大学、东华大学；北京市部分高校也实行辅导员职称评审单列的政策，如首都师范大学、中国政法大学；山西一些高校主要执行辅导员职级制，如中北大学、太原理工大学。有些高校既执行辅导员职级制也执行辅导员职称评审制，如上海大学、北京理工大学。另外，有些高校辅导员能评职称但没有职称单列也没有实行职级制，如太原科技大学。还有些高校，辅导员既不能评职称也没有实行职级制，如中国人民大学。本研究会涉及不同职业发展政策下辅导员职业认同状态的比较。

5. 案例分析法

在提高辅导员职业认同的策略方面，本研究会涉及辅导员职级制与辅导员职称单列的案例分析，以期达到优化辅导员职业发展政策的目的。

[①] 陈向明：《质的研究方法与社会科学研究》，教育科学出版社，2010，第 234 页。

（三）创新点

1. 新观点

（1）提出职业认同的本质界定

以往研究者对职业认同内涵的界定侧重关注其外在规定。代表观点主要为状态说、过程说、过程状态说。在对认同、社会认同、自我认同及职业认同关系分析的基础上，本研究提出职业认同的本质界定。职业认同是职业主体通过职业活动的场域——职业共同体（实践共同体），实现社会认同与自我认同两个层面的有机融合。因此，职业认同是作为"职业主体"的人和作为"人"的职业主体二者之间的和谐统一，积极的职业认同有利于职业个体在职业生涯中找到自我归属感，实现自我价值和自我意义，同时职业认同也会反作用于职业主体的社会认同和自我认同。

（2）提出辅导员组织认同与职业认同关系的理论

目前，对于职业认同与组织认同关系的研究主要集中在高校教师、中小学教师以及企业群体等领域，尚没有对辅导员职业认同与组织认同关系方面的研究。本研究通过访谈与观察发现，辅导员没有接受过职前教育，高校在招聘辅导员时也没有相应的专业要求，大多数辅导员基于对高校组织的认同而选择辅导员职业，没有明确的职业意向与专业技能。因此，辅导员的组织认同早于职业认同。同时，选择校内转岗是大多数辅导员的离职去向，而校内转岗则是多数转为行政管理干部，少数转为专业教师。整体上说明，辅导员更愿意选择在高校发展，因此对比职业归属感，辅导员具有更强的高校组织归属感。在本书中提出辅导员组织认同是先于职业认同的，并且组织认同要高于职业认同，同时，组织认同对职业认同不一定会产生正向影响。

（3）借鉴社会认同、实践共同体及自我认同等理论建构辅导员职业认同

在以往职业认同研究中，社会认同理论、实践共同体理论、自我认同理论是相互割裂的。本研究运用社会认同理论、实践共同体理论、自我认同理论，在政策、组织、个体三个层面建构辅导员职业认同，并认为，实践共同体是实现职业主体社会认同与自我认同更好融合的平台，在三者的相互作用下，职业认同得以建构，同时职业认同对职业主体的社会认同与自我认同也产生影响，如图0-1所示。

2. 新发现

（1）辅导员职业认同与职业主体的职业发展速度、职业发展期望相关

先前多数研究者得出，辅导员职业认同随职称的提高而提高或随职务

```
社会认同 → 实践共同体 ← 自我认同
              ↓
           职业认同
```

图 0-1 三种理论与职业认同的相互关系

的提高而提高,因此辅导员职业认同的提高是一个近似于直线的提高过程。还有其他研究者提出,正科级辅导员具有最低的职业认同,科员辅导员具有最高的职业认同。先前关于辅导员职业认同与职业主体职称、职务级别关系的研究之所以没有定论或者结论相互矛盾,原因在于没有把握其中的深层次规律。

本研究通过访谈和对辅导员 13 年的观察发现,辅导员职业认同与辅导员职业发展速度、职业发展期望相关,以山西 H 高校为例,科级辅导员职业认同程度未必比科员级职业认同程度高,很多科级辅导员长达 10 年的时间职级和职称无法晋升,职业发展处于停滞状态,心理职业流动最强烈。而复旦大学、东华大学则是辅导员发展到副教授或副处级别就很难再往上发展,这时辅导员心理职业流动也比较强烈,未必比讲师或科级辅导员职业认同程度高,因此,研究者认为辅导员职业认同是一个曲线提高的过程,职业认同与职业主体的职业发展速度、职业发展期望相关。

(2) 辅导员职业认同与职业组织的职业政策支持度相关

先前很多研究者认为,辅导员职业认同随着高校层次或级别的提高而提高。还有个别研究者提出独立学院高校辅导员职业认同要高于普通本科院校。学者们之所以得出这样的结论,原因在于先前学者们进行辅导员职业认同研究时未能将职业组织的职业政策支持因素考虑进去。

本书结合访谈结果能够得出,职业认同不仅与职业主体所在组织的级别相关,更与职业主体所在组织职业政策的支持度相关,中国政法大学、首都师范大学等实行辅导员职称评定政策单列,辅导员的职业成就感、职业期望、职业意志以及职业额外行为都要高于没有执行职称单列政策的中国人民大学、北京邮电大学等;在山西,执行职级制的高校辅导员职业认同要高于没有执行职级制的高校辅导员。然而,执行职级制的高校辅导员非常羡慕上海的辅导员职称评定单列政策。在上海、北京由于各高校辅导员职称评定单列政策与执行情况的不同,辅导员职业发展的速度也有差别,职业发展速度更快的高校辅导员职业认同要高于职业发展速度相对较慢的高校辅导员。

(3) 辅导员职业认同与辅导员职业化进程是相互促进的关系

先前研究者们对辅导员职业认同的研究,很少对职业认同与辅导员职业化进程的关系进行考量。高校辅导员职业化进程包括职业化初始期、职业化成长期和职业化成熟期三个阶段。① 本研究通过访谈和对辅导员 13 年的观察发现，虽然教育部、各地方及高校在辅导员职业发展上出台了一些政策并采取了一些措施，然而实际上，由于辅导员职业发展标准模糊、缺乏有效的职业发展保障以及辅导员职业主体对自身职业的推动，辅导员职业化的进程依然较为缓慢，这将会对职业认同产生不利影响，与之相对，职业认同低又对职业化进程的发展产生阻碍。

---

① 高玖伟：《论高校辅导员职业化进程中的职业能力开发》，《学校党建与思想教育》2009 年第 26 期。

第一章　高校辅导员职业认同的理论依据

第一节　高校辅导员职业认同内涵解析

一　认同的内涵

在社会科学领域，认同（identity）属于非常热门的话题，认同在很多社会科学学科中都有所体现，包括哲学、文化学、社会心理学、政治学、心理学等。[①] 然而，学者们在对认同进行界定时，更多的是从某一特殊目的出发而进行研究，因此，学者们的研究目标以及研究侧重的不同，使得在认同的界定上是具有较大差异的。[②]

（一）哲学层面的认同

基于哲学角度对认同问题进行分析，该问题源自个体就自身生存发展以及存在意义展开的深层次讨论和分析，主要围绕如"我是谁？""从哪里来？""往何处去？"这些问题进行思索，探究哲学角度的认同问题。哲学层面对认同问题的探讨最早可以追溯到赫拉克利特提出的"人不能两次踏入同一条河流"[③]，稍后苏格拉底提出的"认识你自己"也是关于认同问题的经典哲学命题。自亚里士多德以来，包括笛卡儿、康德、休谟、洛克等在内的哲学家都对认同问题进行了深入的思考。[④] 德国生命哲学的创始人狄尔泰提出，对

[①] 张全义：《世界国家生成机理初探：全球集体认同的生成与模式转换研究》，光明日报出版社，2010，第15页。
[②] 李明明：《超越与同一：欧盟的集体认同研究》，上海人民出版社，2009，第9~10页。
[③] 蔡辰梅：《教师职业生活中的自我认同危机》，中国社会科学出版社，2016，第24页。
[④] 蔡辰梅：《教师职业生活中的自我认同危机》，中国社会科学出版社，2016，第24页。

意义的追寻就是生存方式的体现，也就是说，意义代表着个体的生命体验，利用生命本质力量来实现对各种障碍的克服，从而实现自我肯定。自我认同也是在对生命意义的探求中得以建立的。[1] 赫舍尔则提出实存的核心是探索有意义的存在。[2]

查尔斯·泰勒就西方现代认同凸显根源展开了分析。他在研究时，设定的基本假设是，认同属于道德概念，"和'什么是对的行为'是没有关系的，而和'什么是善的生活'是相关的；亦或者说，从实质上来讲，认同就是道德认同（思想政治教育）"。[3] "就是理解什么对我们具有关键的重要性。明确自己是谁，意味着明确自己站在何处。提供框架以及视界将会对自我认同产生影响，而且还将基于该框架，进行不同情况下有价值的积极尝试，明确自身应当如何去做。或者说，使得我能够在其中所确定的一种视界。"[4]

通过上述分析能够得出，基于哲学角度提出的认同问题，本质上是就人的生存状态展开的思考，与人的自我价值感以及生命意义具有密切联系，也是个体就其价值、意义不断探索、追寻、确认的过程。它不仅是对人类精神家园进行的探索，也是就生命意义展开的终极关怀。从这个意义出发，从哲学角度形成的认同问题，是对"我是谁""我在哪里""我有什么用处"等发出的提问，进行的追问，基于此，人们开始对自己的身份形成更加清晰的认知，从而实现对自我价值的认识。故此，基于哲学层面就认同展开的思考，主要是从伦理与价值方面进行分析。

（二）政治学层面的认同

政治学中的认同（identification）是指符号使用者将其自我符号化为某个群体或各种自我组成的群体的一个过程（如果 X 将 X 符号化为 Y，那么 X 就认同 Y）。认同陈述（identification statement）是对既定自我所认同的自我进行详细说明的陈述。认同符号（symbol of identification）是在认同陈述中指涉自我或自我们的符号。[5]

---

[1] 梅萍：《生命的意义与德育的关怀——对当代青年生存无意义感的理性反思》，载安国启主编《和谐社会与青少年思想道德建设研究报告》，天津社会科学院出版社，2006，第50~56页。
[2] 〔美〕A. J. 赫舍尔：《人是谁》，隗仁莲、安希孟译，贵州人民出版社，1988，第52页。
[3] 〔加〕查尔斯·泰勒：《自我的根源》，韩震等译，译林出版社，2001，第4页。
[4] 〔加〕查尔斯·泰勒：《自我的根源》，韩震等译，译林出版社，2001，第37页。
[5] 〔美〕哈罗德·D. 拉斯韦尔、亚伯拉罕·卡普兰：《权力与社会：一项政治研究的框架》，王菲易译，上海世纪出版集团，2012，第25页。

（三）心理学层面的认同

在心理学领域，认为认同是同时具有名词和动词的双重词性的。认同是基于个体和个体之间，以及个体和社会之间所具有的一种情感联系中介方式，即是围绕个体人格形成和认同两者的关系进行的分析。具体可对认同的含义理解如下：将认同与自居对等，即个人和他人之间通过情感动力来建立联系，以满足其对心理安全追求的需要。弗洛伊德将认同解释为自居，即个体向他人、群体或者是其他模仿对象产生的情感趋同、心理趋同，从而使个体能够形成归属感，使个体与他人之间可以建立情感联系。[1] 阿伦森提出，可以将认同视为对社会影响的反击，个体希望自己能够成为影响施加者中的个体，由此而产生了这种反应。[2] 沙莲香则提出，认同是基于心理学角度就人格结合机制概念进行的解释和说明，代表了人格和社会文化通过某种互动形式来达到对人格统一性、一贯性的有效维护，而且认为人格和社会及文化之间的良好互动是通过认同来实现的，故此，还可将该概念用于主体性以及归属感的表示之中。[3]

在《辞海》中，将认同和认定视为相同概念，如果从心理学角度进行分析，表示的是情感和认识达到的一致性。[4]《心理学大词典》关于认同做出的界定为，"在社会化过程中，个体就他人的人格进行的持久性、全面性模仿学习"，"属于一种防御性机制，是在某种动机驱动下进行的选择性模仿，包括模仿崇拜对象的一些行为"。[5]《教育大辞典》则认为认同是"自居作用"（identification），即模仿亲近、尊重的人，以实现内投自身的过程。[6]

还有一种观点，将认同视为"自我概念的建立过程和结果"，也就是将认同和个体人格形成等同起来。《美国心理学百科全书》中将认同作为重要的精神分析理论范畴的概念，是主体对其他的人、事的同化与吸收，在此基础上实现其人格的建构过程。认同表示的是认识和情感之间具有的一致性，自我概念基于认同而形成。[7]

---

[1] 车文博主编《弗洛伊德主义原著选辑》，辽宁人民出版社，1988，第375页。
[2] 周晓虹主编《中国中产阶层调查》，社会科学文献出版社，2005，第25页。
[3] 沙莲香主编《社会心理学》，中国人民大学出版社，2002，第2页。
[4] 辞海编辑委员会编《辞海》（缩印本），上海辞书出版社，1989，第433页。
[5] 朱智贤主编《心理学大词典》，北京师范大学出版社，1989，第535页。
[6] 教育大辞典编纂委员会编《教育大辞典》，上海教育出版社，1990，第390页。
[7] 周晓虹主编《中国中产阶层调查》，社会科学文献出版社，2005，第24页。

(四) 社会学层面的认同

"认同"在引入社会学后，主要用来进行个体和群体，以及群体之间存在的依赖、归属、联系等状况的解释，强调个体身份、地位与整个社会结构之间的关系，指向群体意义上的心理稳定感，具有社群性。基于社会学视野，关于认同多侧重强调社会具有的制约性。米德就认为，主体选择性以及社会关系之间的互动过程表示的即认同，唯有融入社会团体之中，而且可以与其中的成员进行积极的交流，个人认同才可实现。① 戈夫曼则认为认同是通过社会交往建构的，但人具有多个自我，每个自我在不同的时间和场景扮演不同的角色。②

布迪厄指出认同是个体通过在"场域"中的权力斗争而建构的。③ 吉登斯对此提出，通常来讲，认同反映的是个体就"我是谁"等问题的理解，而且这些理解和其他意义来源的某些属性是具有关联性的。性别、国籍等都是来源之一。④ 故此，在社会学界对于认同进行的研究多从社会角色、利益、地位等方面进行，由此而延伸出社会认同、国家认同、文化认同等。在社会学视角下进行的认同研究，将侧重点放在个体和群体、社会环境之间关联性的分析上，并且认为认同表示的不单单是个体感觉以及态度，还具有很强的可塑性以及社会性特征。

综上所述，研究者认为"认同"并不是一个固定的概念，不同学科对认同的界定不尽相同，本研究所指的认同是社会学层面的认同。

二 职业认同的内涵

目前关于职业认同尚未形成统一的概念。在本研究中主要基于职业认同的外在规定与内在本质两个层次对职业认同内涵进行分析。

---

① Douwe Beijaard, Paulien C. Meijer, and Nico Verloop, "Reconsidering Research on Teachers' Professional Identity," *Teaching and Teacher Education* 20, 2 (2004): 107–128.
② 刘熠:《叙事视角下的大学公共英语教师职业认同建构研究》，外语教学与研究出版社，2011，第8页。
③ Pierre Bourdieu, "Social Space and Symbolic Power," *Sociological Theory* 7, 1 (1989): 14–25.
④ 〔英〕安东尼·吉登斯:《现代性与自我认同》，赵旭东、方文译，三联书店，1998，第122页。

（一）职业认同的外在规定

以往很多学者关于职业认同内涵的界定侧重关注其外在规定。代表观点主要为状态说、过程说、过程状态说。

1. 状态说

Nixon 提出，职业认同指的是在特定的工作环境下，能够体现出职业特征的东西。[1] 启哲提出，可将职业认同归为心理学概念，基于心理学角度展开分析，指的是个体对其职业活动进行的积极评价，是推动职业发展的重要激励因素。[2] 安秋玲提出，可将职业认同界定为，基于个体对其职业特征的认识和理解，个体积极地参与到本职工作中，从而通过工作过程来实现积极情感体验的获得，以此来使职业发展要求与个体自我发展要求之间能够达到一致，进而使自己的职业能够为其身份定位提供重要依据。[3] 谢谦宇通过对社会工作者职业认同的研究，认为可将职业认同视为职业主体在其工作过程中，个体和社会环境经过积极互动而获得的对工作的感知、理解及情感态度的一种认同。[4] 朱伏平主要就中国高校教师展开了职业认同的研究，而且将其和组织认同展开了对比分析，认为职业认同指的是某种特殊的认同状态，即高校教师个体就其职业形成的主观看法，在情感上对职业形成的依恋、认同及心理投入，以此来实现对教师职业的维护。[5]

状态说侧重于职业主体当下对本职业的认同程度，即职业主体的一种"状态"，因此状态说主要是从静态角度考察职业主体的职业认同。

2. 过程说

职业认同"类似于职业现实，是个体与环境相互解释的建构过程"。[6] Brooke 采用传记法描述了幼儿教师从"教幼儿的人"到"成为一名幼儿园教师"的过程，提出在职业认同形成过程中，个体自我成长是非常必要的。此

---

[1] Jon Nixon, "Professional Identity and the Restructuring of Higher Education," *Studies in Higher Education* 21, 1 (1996): 5-16.

[2] 启哲：《职业认同与职业倦怠》，《职业时空》2005 年第 8 期。

[3] 安秋玲：《社会工作者自我职业认同的影响因素》，《华东理工大学学报》（社会科学版）2010 年第 2 期。

[4] 谢谦宇：《民办社会工作机构社会工作者职业认同过程研究——基于扎根理论研究方法的应用》，硕士学位论文，首都师范大学，2013。

[5] 朱伏平：《中国高校教师职业认同与组织认同研究》，博士学位论文，西南财经大学，2012，第 22 页。

[6] Ivor F. Goodson and Ardra L. Cole., "Exploring the Teacher's Professional Knowledge: Constructing Identity and Community," *Teacher Education Quarterly* 21, 1 (1994): 85-105.

外，还需要和同事展开积极的交流和沟通，作为专业人员身份的教师需要具有同化和有效运用自己工作领域知识的特定技巧与能力，而且在该过程中，也是教师对自身职业的评价以及他人对教师职业的评价彼此之间相互作用的过程。① 职业认同指的是个体对于其职业目标、职业具有的社会价值等持有的观点和看法，和社会就其职业具有的期望及给予的评价之间的一致性。通常来讲，职业认同指的是职业主体在职业活动的从事过程中，对职业活动的基本性质、具体内容以及其社会价值、个人意义等都十分熟悉的情况下才形成的，是职业主体努力开展本职工作，实现组织与其职业目标的重要心理基础。②

过程说侧重于分析在职业经历过程中，职业主体所进行的职业认同建构，很多观点认为职业认同是处于动态变化之中的，故此，过程说主要从动态角度考察职业主体的职业认同。

3. 过程状态说

魏淑华将职业认同定义为教师对所从事职业形成的认识、情感、意志、期望、价值观，还包括对自身职业技能形成的感知，因此，教师职业认同不仅仅是一种过程还是一种状态。过程指的是教师结合其自我经历而逐步形成的教师角色定位；状态则指的是教师对其教师职业具有的认同程度。③ 赵志飞对此也表示了认可，并提出，职业认同是基于长时间的职业活动而形成的，关于职业目标、内容、性质、社会价值以及其他职业相关因素的心理感受，是状态也是过程。职业认同的形成是复杂的过程，职业认同不仅受社会对该职业的积极评价和导向影响，也受个体的情感、兴趣、爱好、能力、志向等方面的影响。④

薄艳玲也从状态、过程两个角度对高师生教师职业认同进行界定，指出"高师生对教师职业的认知、情感、价值观、职业行为倾向等的综合，是基于静态角度对教师认同现状进行的分析；但基于动态角度进行的分析更加注重的是专业学习阶段高师生的职业认同建构过程，即高师生思想层面上进行

---

① Gretchen E. Brooke, "My Personal Journey Toward Professionalism," *Young Children* 49, 6 (1994): 69-71.
② 车文博主编《心理咨询大百科全书》，浙江科学技术出版社，2001，第556页。
③ 魏淑华：《教师职业认同与教师专业发展》，硕士学位论文，曲阜师范学院，2005，第17页。
④ 赵志飞：《江苏省高中体育教师自我职业认同现状与影响因素调查分析》，硕士学位论文，扬州大学，2011，第10页。

的教师职业社会期望内化过程以及行为层面上进行的教师角色同化过程。高师生教师职业认同的形成，是在其进行专业学习的基础上，通过分析教育、教学实践案例以及和优秀教师的接触、交流，从而对教师角色形成更加深入的体验，并实现对教师特征的充分认知以及对教师职业期望的积极调整，进而使得其职业态度进一步端正，职业意志不断坚定"①。

过程状态说虽然兼顾了职业认同研究中的静态角度与动态角度，但静态角度多采取量化研究方法对职业认同在职业主体性别、年龄、工作年限、学历、所学专业、管理岗位级别、职称、编制性质以及所在组织类型上的特征进行分析，动态角度多采取个案研究法对影响主体职业认同的因素进行分析，并没有做到静态与动态角度的融合与相互印证，究其原因就是无论状态说、过程说还是过程状态说，都只关涉到职业认同的外延，并没有深入职业认同的内在本质，因此本研究将状态说、过程说以及过程状态说都归入对职业认同的外在规定的范围，并认为职业认同的外在规定为：职业认同既是过程，又是状态；从过程层面讲，职业认同反映了主体和其职业之间进行的动态的、持续性的交互过程；如果是基于状态层面进行分析，反映的则是职业主体对其当前职业具有的认同水平，包括对所从事职业的认知、情感、意志、行为、期望等的综合状态。

（二）职业认同的内在本质

1. 社会认同、自我认同的关系

社会认同是个体就其所在社会群体、社会范畴形成的自我意识，个体能够意识到在某社会范畴上，自身和其他一部分人是类似的，同时和另外一部分人是具有较大区别的。② 因而，社会认同可视为某个集体所具有的共同认同，侧重的是在该集体中，成员之间具有的相似性、共同特征，以及群体成员对此表示的认可。

"自我认同"（self–identity）是对"我是谁"这样一个人类自我的本源性问题的追问，是对"我将走向哪里"的自我存在的方向和意义问题的持续探求，是对"我何以是我"这样一个对自我的独特性和自主性问题的确认过程。因此，社会认同与自我认同对同一主体来说，存在如下关系。

---

① 薄艳玲：《高师生教师职业认同研究——以广西师范大学思想政治教育专业为例》，硕士学位论文，广西师范大学，2008，第12页。
② 张敏：《国外教师职业认同与专业发展研究述评》，《比较教育研究》2006年第2期。

第一，认同主体是有所区别的。"自我"是自我认同的主体，"我们"是社会认同的主体。一个人会由于与众不同而形成自我概念；与此同时，一个人也会由于与众相同而形成我们概念。自我认同使个体之间能够得以区分，强调的是对自我意义的追寻，以及对自己的认识；但是社会认同是指一个人对某一群体的归属，即回答"我们是谁"，是社会或者其他群体赋予某个人在群体独特的属性。

第二，认同的目的不同。自我认同和社会认同理论都强调，个体与社会之间的互动都是认同形成过程中的重要行为，所不同的主要在于自我认同更强调通过自我这一中介实现个体社会意义的确认，目的是寻找个人与他人的不同，社会认同理论注重通过自我归类来实现个体社会情感的充分激发，社会认同的目的是表明个人与他人是如何相同的。在自我认同和社会认同之间，人们力求达到平衡：一方面，通过区分"我"与"我们"，满足独特性的需要；另一方面，通过区分"我们"与"他们"，满足归属感的需要。

第三，自我认同和社会认同又是紧密相连的，可以相互转化。豪格和阿布拉姆斯认为自我认同是社会认同的基础和前提。[①] 首先，在实际中，自我所受到的限制不仅来自自身所在的群体，还来自自我特点角色，主体通常在这两种限制条件下来确定与自己角色相符的行为。其次，不管是进行自我认同方面的研究还是进行社会认同方面的研究，最终是为了实现对个体认同的研究。个体开展社会生活是基于自我认同的，因为，如果个体对自我的定位是基于自我与他人之间的关系或自我与社会的关系而实现的，而不是通过自我内省方式来实现对自己的把握，那么此时的自我认同就变成了一种社会认同。[②] 反之，如果社会认同是基于个体内省的方式把握自己，社会认同也就转换成了一种自我认同。

2. 职业认同与社会认同的关系

社会认同使得相同属性的人能够联系起来，使得个体明确自身的社会群体归属、文化归属。生活是具有多样化的，故此，形成的社会认同也是具有多样化特征的。社会认同体现出一种集体维度，能够反映出个体和他人之间是相同的，同时，以共同的目标、经验以及价值观等为基础形成的认同，构成社会运动的基础。

[①] 马进：《社会认同是怎样进行的——一种社会认同理论》，《甘肃理论学刊》2014 年第 1 期。

[②] 宫淑燕：《新生代知识员工自我认同对组织行为的作用机理研究》，博士学位论文，西北工业大学，2015，第 22 页。

职业认同表示的是基于职业维度而实现的社会认同，是职业主体对自己处于一定职业群体、职业类别的意识，"即个体将职业要求内化为自我的一部分，形成职业角色，使得个体能够按照职业要求自觉地进行职业行动，而且能够从中获得积极体验"①。同时，个体能够在某一职业范畴感受到自身和一部分人之间具有的类似性，以及和另一部分人之间具有的差异性，因此职业认同是社会认同的组成部分，同时职业认同又反作用于社会认同。从社会认同角度来理解职业认同，回答的是"我们是谁？"，是社会或者其他群体赋予某个人在群体独特的属性，通过区分"我们"与"他们"，满足归属感的需要。

3. 职业认同与自我认同的关系

张永提出，目前对于职业认同以及自我认同两者的关系，主要存在三种基本观点："职业认同是个体的全部自我认同的一部分；职业认同体现了个体的自我认同，包括职业个性理论和主体性理论；职业认同是个体自我认同的形成和运用过程，包括自我概念理论、框定与折衷理论和社会认知生涯理论。"② 王玉华对前人关于自我认同概念的界定进行归纳，提出自我认同连续性、区分性和多样性的特征，主要体现为："自我认同是一个内心的连续的过程，用来解释和整合自我的多个不同层面；一个人可以有多个认同，比如她可以是母亲、医生和基督教；自我认同的过程可以看成一种自我社会分类的过程，以其个人所属的社会团体为基础，来判断自己为什么归属这一类团体而非另一类。因此，相对应的，自我认同的特征分别是连续性、区分性和多样性。自我认同可分为多种，包括种族和民族认同、性别认同、职业认同、宗教认同、政治认同等。"③ 蔡辰梅的《教师职业生活中的自我认同危机》一书以"作为自我的教师"为研究取向，关注教师作为整体人的意义和价值的实现问题，即作为主体性存在的价值实现问题，教师的角色、身份等只是教师作为整体人的一部分。④

本研究认为，职业在职业主体整体人中只是其中的某一部分，故此，职业认同可视为职业主体自我认同的组成部分，是职业维度的自我卷入。Hol-

---

① 张丽萍、陈京军、刘艳辉：《教师职业认同的内涵与结构》，《湖南师范大学教育科学学报》2012年第3期。
② 张永：《基于自我认同的职业认同研究取向》，《外国教育研究》2010年第4期。
③ 王玉华：《非英语专业大学生自我认同变化与其英语学习策略选择的相关研究》，硕士学位论文，湖北大学，2006，第4~5页。
④ 蔡辰梅：《教师职业生活中的自我认同危机》，中国社会科学出版社，2016，第19页。

land 等提出，职业认同指的是个体就其职业兴趣、目标等具有的认识程度或者说明确程度。[1] Volkmann 和 Anderson 认为教师个体人格与其教师角色之间动态平衡的实现就是其职业认同的形成过程，这一过程是十分复杂的，而且和自我之间是具有很大的相关性的。[2] 如果基于自我认同角度来对职业认同进行分析，回答的是"我是谁？"，通过区分"我"与"我们"，满足独特性的需要，是职业主体与社会结构互动过程中展现自身主体性的一种实践活动。

4. 职业认同的本质界定

职业认同不仅是职业主体自我认同的重要部分，也是其社会认同的重要部分，需要回答的问题不仅仅是"我们是谁"，还包括"我是谁"，既强调职业主体自我归类的问题，也强调自我的独特性和自主性的问题，指的是在内外因的共同作用下，职业主体和其所在群体通过互动所得到的最终结果。一方面，在这种社会大环境中，职业主体通过对群体认识的增强，形成其群体归属感，认可其群体理念，并实现对其所在群体利益以及组织利益的积极维护。与此同时，在群体成员之间还能够形成一种默契，能够增强彼此之间的相互支持，推动群体的共同发展。另一方面，职业主体需要具有自我独特性意识，明确自己是自己并不是其他人，对其在群体中具有的个体差异性必须是十分明确的，由此使自己在群体中具有的身份特性得以凸显，确保自身的主体诉求能够得到表达、实现。为此，职业主体可通过专业知识、技能等方面的学习使自身的素质水平得到提高，并使自我意识得以形成，同时能够为自己角色意识的增强而付出积极的努力，从而达到对自我角色的认可，另外，还要提高对自身职业价值的认识，并为其实现而不断奋斗。因此，本研究认为，职业认同是职业主体通过职业活动的场域——职业共同体（实践共同体），实现社会认同与自我认同两个层面的有机融合的。因此，职业认同是作为"职业主体"的人和作为"人"的职业主体二者之间的和谐统一，积极的职业认同有利于职业主体在职业生涯中找到自我归属感，实现自我价值和自我意义，同时职业认同也会反作用于职业主体的社会认同和自我认同，四者的关系如图 1-1 所示。

---

[1] John L. Holland, Joseph A. Johnston, and Asama N. Francis, "The Vocational Identity Scale: A Diagnostic and Treatment Tool," *Journal of Career Assessment* 1, 1 (1993): 1-12.

[2] Mark J. Volkmann and Maria A. Anderson, "Creating Professional Identity: Dilemmas and Metaphors of a First-year Chemistry Teacher," *Science Education* 82, 3 (1998): 293-310.

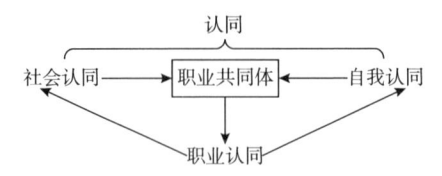

图 1-1 认同、社会认同、自我认同、职业认同间的相互关系

三 高校辅导员职业认同的内涵

（一）高校

"高校是'高等学校'的简称，是以实施高等教育为主要职能的机构。在我国分为普通高等学校和成人高等学校两类。前者包括大学、独立设置的学院、高等专科学校和高等职业学校。后者包括广播电视大学、职工高等学校、农民高等学校、管理干部学院、教育学院、独立函授学院和普通高等学校举办的函授部（学院、班）、夜大学等。"① 本研究所涉及的高校限指普通高等学校中的大学。

（二）高校辅导员

高校辅导员并不是一开始在高校中就明文规定出来的，是随着我国社会、经济、政治、文化等各方面的发展而最终形成的。

1. 政治辅导员

新中国成立以后，为适应社会主义革命与建设对人才的需求，结合当时国际、国内形势，国家将对大学生进行革命思想政治教育列为高等学校的首要任务。1949 年 12 月，第一次全国教育工作会议正式召开，在该会议上明确了，应当积极营造这样一种条件，使得工农大众对文化科学更易掌握，并将其作为重要的建设武器、斗争武器，将其用于人民民主专政能够得到巩固的重要武器。② 1952 年 4 月，再次提出各工学院开始实行政治辅导员制度，加强对思政教育工作的领导，设立专门的政治辅导员，来负责开展政治学习

---

① 教育大辞典编纂委员会编《教育大辞典》，上海教育出版社，1991，第 59 页。
② 中共中央文献研究室编《建国以来重要文献选编》（第一册），中央文献出版社，1992，第 88 页。

工作。① 1952年10月，教育部提出，应当将政治工作制度引入高等院校中，以实现对思想政治教育工作的改进，加强党的政治领导。应当设立专门的政治工作机构，也就是政治辅导处，并且委派专门的辅导员。② 1953年4月，蒋南翔当时正任清华大学校长，提出了可采取学生政治辅导员制度，即"双肩挑"的制度，一肩挑业务学习，一肩挑思想政治工作。政治辅导员制度很快得到了中央的批准，在清华大学得以建立并且开始实施，标志着我国高校辅导员制度正式产生。③ 随后，全国很多高校开始实施政治辅导员制度，多数选择"双肩挑"的形式，这一阶段专职辅导员是非常少的。到1966年的时候，全国高校普遍建立起了政治辅导员制度。政治辅导员制度从最初建立到20世纪60年代中期已经经历了十几年的发展，不仅符合当时时代发展对思政工作的需要，而且也是我国就高校政治制度进行的积极探索。"文革"期间，受到极左思潮的影响，辅导员制度遭受了十分严重的冲击，高校思政教育工作也处于较长时间的停滞状态。

1977年，教育部召开了全国高等学校招生工作会议，包括恢复高考后的高等教育的重要方针政策都在该会议上明确提出。而后教育部出台《全国普通高等学校暂行工作条例》，详细界定了辅导员的工作范围，明确其不仅应当确保学生思政教育顺利完成，还要求坚持进行业务学习，如果有条件，应当承担一定的教学工作，政治辅导员可采取轮换制度。④ 由此，标志着我国政治辅导员制度得以恢复，并普遍在全国高校开始施行。

2. 高等学校辅导员

21世纪以来，全球化进程不断加快，改革开放政策进一步深化，社会局面呈现了日益多元化的特征，大学生成长所面临的社会环境更加复杂，为此，对高校思政教育工作的要求也不断提高。

2004年，党中央与国务院联合下发了《关于进一步加强和改进大学生思想政治教育的意见》（以下简称《意见》），《意见》明确指出要加强和改进大学生思政教育工作，属于重要的纲领性文件。《意见》中强调，应当将辅

---

① 《中央人民政府教育部关于全国工学院调整方案的报告》，《人民日报》1952年4月16日。
② 何东昌主编《中华人民共和国重要教育文献1949—1975》，海南出版社，1998，第131页。
③ 张再兴等：《高校辅导员队伍建设理论与实践》，人民出版社，2010，第49页。
④ 何东昌主编《中华人民共和国重要教育文献1976—1990》，海南出版社，1998，第1645～1646页。

导员、班主任等作为重要的思政教育主体，作为重要的骨干力量。① 关于如何开展辅导员队伍建设问题，明确了应当施行队伍人才培养工程，健全辅导员队伍的激励机制、保障体系，使其教师职务聘任问题能够得到有效解决。同时在《意见》中，还确认了其"辅导员"的称谓，不再使用"政治辅导员"，称谓的改变是辅导员制度发展中的重大突破，表示辅导员工作已经不单单是负责政治工作、学生日常事务，其他很多关于学生健康成长的工作也开始涉及，而且该称谓的改变，也标示着辅导员队伍向职业化方向的发展。

为了加强对《意见》的有效落实，2005年，教育部出台了《教育部关于加强高等学校辅导员班主任队伍建设的意见》，文件规定："专职辅导员总体上按1:200的比例配备，保证每个院（系）的每个年级都有一定数量的专职辅导员。……鼓励和支持一批骨干攻读相关学位和业务进修，长期从事辅导员工作，向职业化、专家化方向发展。"②

2006年4月，在上海召开了首届全国辅导员队伍建设工作会议，该会议主要就辅导员的工作职责、工作素质以及角色问题等方面展开了探讨。同年9月，《普通高等学校辅导员队伍建设规定》正式颁布，这也是辅导员队伍建设的重要指导文件。该文件明确了，作为大学生思想政治教育的骨干力量，辅导员不仅是日常思想政治教育与管理工作的指导者，同时也是实施者与组织者。在大学生成长中，辅导员应当扮演其人生导师以及知心朋友的角色。此外，在该文件中还就辅导员选聘方法、配备标准、培养发展、考核管理等进行了说明。③ 这些都使辅导员队伍建设获得了重要的制度保障，同时，强调了辅导员的职业化、专业化以及专家化发展，标志着我国辅导员制度进入了全新的发展阶段。2014年，教育部制定了《高等学校辅导员职业能力标准（暂行）》，在该文件中，明确了辅导员的职业名称，即高等学校辅导员，并将其界定如下，属于高校教师队伍与管理队伍的重要组成部分，不仅具有教师身份，还具有干部身份；在大学生思政教育中发挥着骨干作用，是实施者、组织者，也是指导者；是大学生健康成长的知心朋友，也是其重要的人生导师。该文件分为职业概况、基本要求、职业能力标准三部分。把辅导员

---

① 教育部思想政治工作司组编《加强和改进大学生思想政治教育重要文献选编（1978—2008）》，中国人民大学出版社，2008，第38页。
② 教育部思想政治工作司组编《加强和改进大学生思想政治教育重要文献选编（1978—2008）》，中国人民大学出版社，2008，第404页。
③ 教育部思想政治工作司组编《加强和改进大学生思想政治教育重要文献选编（1978—2008）》，中国人民大学出版社，2008，第492页。

职业分为初级、中级、高级三个等级，并对辅导员的职业知识与各级别的职业能力以及培训要求做出规定。① 2017年10月开始施行的《普通高等学校辅导员队伍建设规定》（教育部令第43号）再次强调"把立德树人作为中心环节，把辅导员队伍建设作为教师队伍和管理队伍建设的重要内容"，并规定了辅导员的九项主要工作职责。②

高校辅导员的称谓最开始是"政治指导员"，经过中间的"政治辅导员"，发展到今天的"高等学校辅导员"，伴随着称谓的变化，其代表的职业角色定位也不断调整和完善。最初是单一角色定位，发展到今天已经形成了多重角色定位，最开始是以政治教育为主导，随后扩展到了教育、管理，到今天已经将教育、管理以及服务等多项职能融入其中；由最初的政治领路人到引导、组织、实施大学生日常思想政治教育工作的人生导师和知心朋友；由最初的行政干部兼任到双肩挑，而后开始提倡打造专家型的辅导员队伍体系，辅导员的身份建构实现了由外向内的发展。③ 辅导员的内涵明显扩大，职责更为宽泛，定位更加多重。因此，宁先圣认为，辅导员负责对学生进行思想政治教育，还负责日常生活与行为管理、心理健康指导、就业指导以及社团活动指导等工作，学校中只要和学生相关的事情都需要辅导员参与、协调，或者是直接负责实施。④

（三）高校辅导员是一种职业

关于职业可从如下三个层面理解，职业指的是人们在社会中从事的能够以此谋生的工作；基于社会角度分析，职业是劳动者具有的社会角色，即劳动者能够通过相应职责与义务的履行来获得相应报酬；基于人力资源角度分析，可将职业界定为各种专门的劳动岗位，这些劳动岗位在劳动性质、内容、形式以及操作等方面都是不同的。

《中华人民共和国职业分类大典》中也明确了职业概念，即职业能够为从业人员生活来源的获得提供依靠，而且职业可定义为其所从事的工作类别。职业的主要特征如下。其一，目的性。进行职业活动主要是为了能够获

---

① 《〈高等学校辅导员职业能力标准（暂行）〉发布》，教育部网站，http://www.moe.gov.cn/jyb_xwfb/gzdt_gzdt/s5987/201403/t20140331_166419.html。
② 《普通高等学校辅导员队伍建设规定》，教育部网站，http://www.moe.gov.cn/srcsite/A02/s5911/moe_621/201709/t20170929_315781.html。
③ 杨建义：《高校辅导员身份定位与建构》，《思想教育研究》2011年第1期。
④ 宁先圣：《与时俱进强化高校辅导员工作》，《辽宁教育研究》2003年第7期。

得劳动报酬。其二,社会性。职业活动是在特定的社会环境中实现的,从业人员和其他社会成员之间彼此联系、互相服务的社会活动。其三,稳定性。每种职业都是经过了较长的时间逐步形成的,故此具有比较长的生命周期性。其四,规范性。职业活动开展的前提是符合社会相关法律规定,并满足社会道德规范基本要求。其五,群体性。一般而言,职业要求从业人数达到一定规模。① 从职业的概念和特征来看,辅导员是一种职业。

(四) 高校辅导员职业认同与研究对象的界定

1. 辅导员职业认同的概念界定

本研究的绪论部分谈到国内对于"辅导员职业认同"未形成统一明确的定义。"辅导员职业认同"的概念界定大多是基于对"职业认同""教师职业认同"概念的衍生和理解,因此,没有深入探讨辅导员职业认同的内在本质。

本研究在借鉴社会认同及自我认同的相关理论基础上,参照本章关于职业认同内涵的界定,明确辅导员职业认同是辅导员利用其职业活动的场域——职业共同体(实践共同体),实现"作为辅导员的自我"的社会认同与"作为自我的辅导员"的自我认同的有机融合,"作为辅导员的自我"侧重强调在从事某种职业活动的过程中,对于职业活动的相关内容、具体性质、职业环境甚至职业习惯与用语等都极为熟悉,并对自己所从事职业的意义及价值认可,且自觉自愿实施职业所需行为。但是"作为自我的辅导员"主要指向作为辅导员的个体自我的经验和反思,是职业主体在职业生活中的独立性、主体性和意义感的追求和确认过程。辅导员自我认同主要回答的是"作为辅导员我是谁"的问题,在对这一问题的追问和回答中,个体辅导员能够从中得到自我认同,故此,自我认同主要是分析辅导员作为整体人的意义和价值的实现问题,即作为主体性存在的价值实现问题。

个体作为认同形成过程中的主体,实质上体现在偏重个体自身的认同形成以及偏重个体所处的群体的认同形成两个层面。"从个体层面分析,认同指的是对自我的身份、社会角色进行的理性确认,这也是个人进行社会行为的持续性动力。英国社会学家吉登斯的'自我认同'概念就属于这个层面……如果是从社会层面分析,认同指的是共同体成员就某些情感、信仰的分享与共拥,这是维系共同体内在凝聚力的重要力量……认同对于个体的生

---

① 褚宏启、杨海燕等:《走向校长专业化》,上海教育出版社,2009,第4页。

命活动及社会共同体的存在和发展都是极为重要的。"① 因此，辅导员职业认同既有职业群体的共性，又有职业个体的特征，不仅是状态，还是过程。职业认同表示的是个人与职业、个人发展与职业发展以及个人职业认同的各维度互动、整合、提升的过程。辅导员职业认同的建构需要合理的社会环境和政策的支持，需要有力的实践共同体的支撑，也需要辅导员职业主体对自身发展和职业发展的整合，并使职业认同的各维度达到平衡，使自身的发展和职业的发展保持一致。

2. 高校辅导员作为研究对象的界定

教育部出台专门的文件《关于界定专职辅导员、一线专职辅导员、兼职辅导员、班主任范围的说明》，就专职辅导员、一线专职辅导员、兼职辅导员、班主任等的群体范围进行了界定。专职辅导员指的是处于一线，直接从事大学生日常思政教育工作的人员，涵盖党总支副书记、团总支书记、院系学工组长等副处级以下从事学生工作的所有人员。一线专职辅导员仅限于一部分专职辅导员，指排除党总支副书记、团总支书记、院系学工组长外专职在一线从事大学生日常思政教育工作的辅导员。兼职辅导员指的是将辅导员工作作为兼职工作的相关人员，涵盖校团委、学工办、研工部等部门带班的工作人员与研究生。

我国还有部分高校，结合其发展实际以及高校自身对辅导员的职业需求，从本校免推荐硕博研究生中，进行辅导员的选聘，选聘的类型为"2+2""2+3"等类型，并且在其专职从事辅导员工作期间，将其视为专职辅导员；如果在学位攻读期间从事辅导员兼职工作的，那么将其归入兼职辅导员中。本书分析的样本和个案均来自国家公立普通高等学校的专职辅导员。

（五）高校辅导员职业认同的结构维度

辅导员职业认同是具有不可分割性的整体，只能在完整的意识活动中才能了解其真实的面貌。但在研究的过程中，又需要在其整体性的前提下，从分析的角度着眼，分别考虑辅导员职业认同的各个方面的现状。

职业认同是一个多维度的结构系统，但对于具体包含哪些维度，至今没有统一的认识，故此，在职业认同基础上得到的辅导员职业认同结构也是一个多维的结构系统，且也没有一个统一的认识，目前有三维结构说、四维结构说、五维结构说、六维结构说等（参见本书的绪论部分）。

---

① 汪信砚：《全球化中的价值认同与价值观冲突》，《哲学研究》2002年第11期。

为了更好地把握高校辅导员职业认同的维度，笔者在阅读大量文献资料的基础上，根据平时对辅导员的观察、与辅导员的交流以及自己的职业实践，并参照薄艳玲《高师生教师职业认同研究——以广西师范大学思想政治教育专业为例》、徐莉《江苏省高校辅导员职业认同现状调查》以及刘世勇《高校辅导员职业认同研究》等文章中职业认同的结构维度，初步制定了辅导员职业认同的结构维度，并选择了山西 H 高校 10 多位辅导员进行了试访谈，根据访谈结果，检验辅导员职业认同结构维度，并对其进行校正，确定了最终的四个维度，即职业认知、职业情感、职业意志、职业行为，这几个维度综合起来即辅导员职业认同，见图 1 - 2。

```
                      ┌─ 职业认知 ─┬─ 职业特征、职业角色、职业技能
                      │            └─ 职业地位、职业道德、职业价值
高校                  │
辅导                  ├─ 职业情感 ─┬─ 职业归属感、职业支持感、职业自豪感
员职                  │            └─ 职业成就感、职业综合体验
业认 ─────────────────┤
同                    ├─ 职业意志 ─┬─ 心理职业流动
                      │            └─ 物理职业流动
                      │
                      └─ 职业行为 ─┬─ 要求行为
                                   └─ 额外行为
```

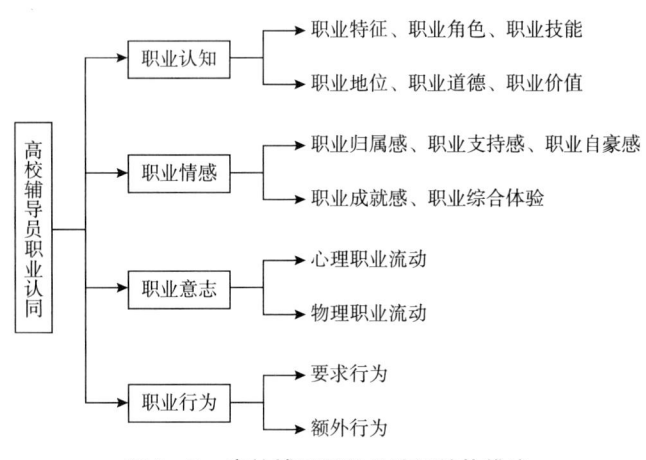

图 1 - 2　高校辅导员职业认同结构维度

1. 高校辅导员职业认知维度

职业认知是指"劳动者获取、储存、加工和使用职业知识的个性心理准备状态和进行职业价值判断的认知过程"。[①] 对于辅导员来说，职业认知是他们通过专业理论学习和职业技能的把握，在职业实践过程中不断地了解辅导员职业基本特征以及职业的具体要求，并剖析、辨别自身的个性特征与职业的适应度，从而对辅导员职业价值进行科学判断。因此，辅导员职业认知包含了辅导员就其职业特征、角色、地位、技能、道德等方面的认识水平以及对从事这个职业给个人带来的意义、价值的感知。因此职业认知所涵盖的内容是十分丰富的，主要体现在职业特征、职业角色、职业技能、职业地位、

---

① 杨志超：《关于职业认知技能训练的教学系统化设计模型研究与应用》，硕士学位论文，四川大学，2007，第 2 页。

职业道德、职业价值六个方面。

在职业认同结构维度中，职业认知是最基本的要素，只有确保具有一定水平的职业认知，辅导员才可实现对职业价值的正确评价和认识，才能获得积极的职业情感体验，并以此进一步端正自身的职业态度，实施更加积极的职业行为，坚定自身的职业意志，由此，才可形成并巩固辅导员职业认同。可见，辅导员职业认知是辅导员职业认同的最基本要素和条件，而辅导员职业认同的形成又巩固和深化着其职业认知。

2. 高校辅导员职业情感维度

情感是人特有的高级心理活动，情绪是人与动物共有的心理活动。情感与情绪既有区别又有联系。"情绪是人对客体是否符合自己需要而产生的态度体验。一般认为，与机体的生理需要相联系的态度体验就是情绪，而与社会性需要相联系的态度体验则为情感。情绪的情景性和不稳定性强，情感则较为稳定、持久；情绪的外显性强，情感的内隐性强。情绪与情感虽有区别，但两者密切相连。首先，情绪依赖于情感，受情感的影响与制约。其次，情感依赖于情绪，情感是在情绪的基础上形成的，而又在情绪中表现出来。所以情绪是情感的外部表现，情感是情绪的内容。情绪和情感可以独立使用，但却不能严格分开。可以把它们看成一种心理过程的两个方面，情感是心理体验，情绪则是行为表现。"[1]

职业情感是情感的一种，作为一种高级心理活动，职业情感建立在一定的职业认知的基础上，是在认知基础上的心理深化，分为积极情感与消极情感。积极的职业情感是职业认同形成的关键。"激情、热情是强烈追求自己对象的本质力量。"[2]

国外文献中对职业情感的研究很少，而国内从现有的文献来看，很多行业虽然对职业情感较为关注，但是并没有对职业情感的概念提出明确的定义，也没有一个统一的维度。

尚勇以马斯洛的需要层次理论为依据，认为职业情感由职业认同感、职业荣誉感、职业敬业感构成。[3] 胡燕生提出事业感、责任感与成就感构成了职业情感的重要内容。[4] 周频提出职业荣誉感、认同感、敬业感等都属于职

---

[1] 杨芷英、王希永：《思想政治教育心理学》，首都师范大学出版社，1999，第136页。
[2] 屈书杰：《美国的教师职业发展学校》，《比较教育研究》2000年第4期。
[3] 尚勇：《试论职业情感的科学界定》，《理论观察》2007年第1期。
[4] 胡燕生：《高校辅导员职业情感的生成与培育》，《湖北师范学院学报》（哲学社会科学版）2013年第1期。

业情感。①

本研究依据美国著名心理学家亚伯拉罕·马斯洛的需要层次理论关于职业情感的相关论述，并借鉴 David Watson 所编《积极情感与消极情感量表》与 Brandburn 所编《情感平衡量表》，②结合现有文献研究以及辅导员职业的具体特征，提出辅导员职业情感指的是辅导员对其职业是否能够满足自己的需要而产生的一种比较稳定的态度与体验，涵盖职业归属感、支持感、自豪感、成就感及对职业的综合体验。

职业情感的培养是一个不断体验、渐进的过程，离不开职前教育，更离不开职业实践活动。因为辅导员职业主体没有接受过正规、专业的职前教育，所以说，辅导员职业情感的形成是一个在长期的职业实践中感受和体验的过程，辅导员对从事的职业满怀热情和爱心，那么其就会具有十分强烈的职业责任意识，对工作中遇到的各种困难也能够有效地克服，并以极大的热情和充沛的精力付诸实践行动，职业情感是形成正确职业态度和进行主动职业行为的动力。"上至当前社会大规模的组织系统构成，下至面对面的人际沟通，情感不管是基于何种层面进行分析，都是推动社会现实的关键力量。"③因此，没有职业情感的培养，辅导员职业认同的培育也无从谈起。

3. 高校辅导员职业意志维度

关于职业意志没有统一的界定，也没有统一的维度。程新平认为"教师职业意志是指主动选择教师职业，忠诚于教师职业，并为教育事业献身的精神和在艰苦环境中执著于教育事业的勇气"。④卫利珍认为职业意志是指"在职业活动中，职业主体所表现出的对困难克服的毅力，体现为持之以恒的自觉性以及对其岗位的忠于职守"。⑤

从前人的研究看，职业意志具有自觉性、坚持性、果断性的特点。意志的自觉性是指对行为目的有明确而深刻的认识，并使行为完全符合正确目的的意志品质。职业意志促使职业主体对自己所从事的职业有明确而深刻的认

---

① 周频：《论辅导员职业心态建设的三大支持系统》，《长春师范学院学报》（人文社会科学版）2013 年第 5 期。
② 汪向东、王希林、马弘编：《心理卫生评定量表手册》（增订版），中国心理卫生杂志社，1999，第 79~82 页。
③ 〔美〕乔纳森·特纳、简·斯戴兹：《情感社会学》，孙俊才、文军译，上海人民出版社，2007，第 2 页。
④ 程新平：《重视免费师范生职业品质教育》，《光明日报》2008 年 1 月 9 日。
⑤ 卫利珍：《职业情感承诺与职业成就感对社会工作者职业意志的影响研究》，《商业经济》2015 年第 7 期。

识和坚定的信念，积极自觉地献身于职业实践；意志的坚持性是职业主体面对复杂的职业环境，经常会遇到意想不到的困难和干扰，职业意志会使职业主体以超常的勇气和毅力去克服阻力，实现长期从事该职业的行为承诺；职业意志的果断性即适时决断的品质，这是职业意志的高度自觉性和坚持性的综合表现。因此，职业意志是职业认同的重要维度之一。

本研究认为辅导员职业意志主要是指愿意从事辅导员职业并在该职业上的坚持性。职业意志是辅导员忠诚于该职业，并为学生工作事业献身的精神和在艰苦环境中执着的勇气，是作用于辅导员职业行为的一种坚持的精神力量，是克服行为中各种困难的内部动力，是对抗辅导员职业流动的内在品质，因此，职业流动能直接显示辅导员的职业意志。社会学中，职业流动（occupational mobility）在绝大多数情况下，即"指劳动者在职业分层体系中各层级间（位置）和类属间的变动，以及这种变动带来的职业内容、地点、性质、地位、收入、福利及声望等方面的变更"。[1] 职业流动是个体或群体在不同的职业等级或分类之间的运动。职业流动的类型，"从职业流动的方向来看，可分为水平流动和垂直流动，而垂直流动又包括向上流动和向下流动。从职业流动的范围来看，可分为行业系统内部的流动和行业系统外部的流动，行业系统外部的流动即我们俗称的'转行'"。[2]

"Arthur 和 Rousseau 将职业流动分为物理职业流动和心理职业流动，心理流动表示员工对自己当前职业生涯的认知和心理活动程度；物理流动表示员工在现实中的时空距离的位移。物理流动高表明岗位、组织或者行业更替频繁；反之，则表示在现有位置上不动。心理流动高表明在心理上更倾向于流动；反之，则表示不愿意/不想流动。"[3] 借鉴 Arthur 和 Rousseau 的职业流动观点本研究将辅导员职业流动分为心理职业流动和物理职业流动。本研究用辅导员心理职业流动和物理职业流动情况来反映辅导员职业意志。

4. 高校辅导员职业行为维度

职业行为是指"个人在经过系统的职业化训练后，在组织或团队工作

---

[1] 吕晓兰：《职业流动视角下的收入决定研究》，博士学位论文，浙江大学，2014，第7页。
[2] 史洪波：《社会工作者的职业流动研究——以广东深圳为例》，硕士学位论文，华中农业大学，2013，第13页。
[3] 喻剑利、曲波：《物理和心理流动双维度的无边界职业生涯管理》，《经济管理》2009年第4期。

中，所表现出来的具备相当职业素养的组织行为"。① 不同职业和职位对职业行为的要求和标准不尽相同。

辅导员的职业行为是指辅导员在其执业场所以职业目标为导向，所进行的一系列相关行为的总称，包括对于学生发展相关的职业投入行为以及在辅导员自身发展上的职业投入行为。

通常情况下，学者们基于两个方面对职业行为进行分析与研究，即要求行为与额外行为。"要求行为指的是为了履行职业责任、完成其工作任务，辅导员所必须进行的行为，具体体现为，能认真对待职责范围内的事务，并确保能按时并保质保量地完成；能主动结合学生的实际生活、学习特点进行工作；能对富有挑战性的任务欣然接受。所谓的额外行为则指的是，虽没有在职业责任中明确规定，但却有利于高校辅导员提升其工作效能的职业行为。一般体现为，主动学习相关知识、提升个人工作技能，对他人的工作做法主动分析并学习、借鉴，以使工作质量得以提高，包括积极参加工作考察交流、培训以及进修等；此外，对同事的工作任务乐于分担。"② 通过上述分析能够得出，要求行为指的是基于学生发展的相关工作，辅导员必须进行的职业投入行为；而额外行为则指的是辅导员基于其自身发展的职业投入行为。

在高校辅导员职业认同的诸维度中，既有认知因素，即职业认知，又有非认知因素，即职业情感、职业意志。职业认同认知因素与非认知因素之间相互影响、相互作用，共同对高校辅导员职业认同起到引导、动力、调节等作用。从理论上讲，认知因素和非认知因素决定了高校辅导员职业行为，而在方法上我们又可以通过个体职业行为来考察、说明以上各因素，因此，把职业行为也设为高校辅导员职业认同的维度之一。

依据高校辅导员职业认同结构维度每个成分的内涵与外延，将其因子成分进一步细化，并遵循成分与题项匹配的原则，编制成题项，形成《高校辅导员职业认同访谈提纲征求意见稿》。将该征求意见稿向心理学、思想政治教育学相关专家咨询，就高校辅导员职业认同维度构成、题项语义表达是否准确易懂、内容有无疏漏等方面征求意见，并对山西 H 高校 10 多位辅导员进行试访谈与征求意见。在参照专家、辅导员提出的相关意见基础上，对提

---

① 杜娟：《高校辅导员职业行为能力现状分析及对策研究》，硕士学位论文，西南大学，2008，第 2 页。
② 刘世勇：《高校辅导员职业认同研究》，博士学位论文，中国地质大学，2014，第 27 页。

纲进行了适度的修改和调整,最后形成高校辅导员职业认同状况访谈提纲(见附录1)。

第二节　高校辅导员职业认同解析的理论基础

一　马克思主义职业价值观理论

马克思主义职业价值观不仅是关于职业选择的科学论述,更是关于职业选择需要遵循的重要理论依据。虽然马克思在其《青年在选择职业时的考虑》一文中,并没有明确提出职业价值观的概念,不过通过对其文章中关于职业选择应当坚持的原则论述的考察,能够明确得到马克思的职业价值观思想。

(一)职业主体应具有严肃、认真的择业态度

马克思主义职业价值观理论关于职业选择认为必须具有严肃、认真的择业态度。马克思认为"认真地权衡这种选择,无疑是开始走上生活道路而又不愿在最重要的事情上听天由命的青年的首要责任"[1]。人相对其他物种来讲,具有的优越特征体现在可进行选择,可结合自身意愿进行职业选择,与此同时,也要求为自己所进行的职业选择承担对应的责任、后果。故此,在进行职业选择时,必须持以一种十分谨慎的态度对这种选择进行认真的衡量。

"如果我们经过冷静的考察,认清了所选择的职业的全部分量,了解它的困难以后,仍然对它充满热情,仍然爱它,觉得自己适合于它,那时我们就可以选择它。"[2] 选择职业并不是盲目、随意的,而是就自己所热爱的职业进行的追求和产生的向往。通过冷静的观察和分析,能够对职业的所有分量形成清楚的认识,即清楚地认识到了这一工作具有的全部困难,对该工作依旧是十分热爱的,依旧认为这一工作是适合自己的,那么这时候可将其作为职业选择。

"被名利迷住了心窍的人,理性是无法加以约束的,于是他一头栽进那

---

[1]《马克思恩格斯全集》(第1卷),人民出版社,1995,第455页。
[2]《马克思恩格斯全集》(第1卷),人民出版社,1995,第457页。

不可抗拒的欲念召唤他去的地方；他的职业已经不再是由他自己选择，而是由偶然机会和假象去决定了。"① 职业选择是一项非常复杂的活动，不同的职业价值观倾向会导致不同的职业选择，不同的职业选择会导致不同的职业人生发展道路。为此，正确的求职态度是对职业选择的最起码要求，否则，职业主体很可能成为自己所选择职业的奴隶。

（二）职业主体应选择有尊严的职业

马克思主义职业价值观理论关于职业选择认为社会在一定程度上限制个人的职业选择，但职业主体应该选择有尊严的职业。他认为，"我们并不总是能够选择我们自认为适合的职业；我们在社会上的关系，还在我们有能力决定它们以前就已经在某种程度上开始确立了"②。

在进行职业选择时，很多职业主体会产生困惑，会受到名利、虚荣心等的影响，而使自身的理智丧失。为此马克思认为，"我们的使命决不是求得一个最足以炫耀的职业，因为它不是那种可能由我们长期从事，但始终不会使我们感到厌倦、始终不会使我们劲头低落、始终不会使我们的热情冷却的职业"③。仅以"对外炫耀"作为职业选择的标准，随着从业时间的增长，职业主体会觉得自己的愿望并未得到满足，也未能实现自己的理想，那么此时将会产生一种怨怼情绪，因此马克思主义职业价值观理论不仅对怎么样选择职业，还对选择什么样的职业做出了不同凡响的回答。"如果我们的生活条件容许我们选择任何一种职业，那么我们就可以选择一种使我们获得最高尊严的职业。"④ 因为，尊严能够使人高尚，包括所有的活动以及努力都将具有崇高品质。如果从事这种职业，那么相当于我们在自己的领域内进行独立的创造活动，并不是如奴隶般的劳作。因此，从事有尊严的职业，从业者才不会厌烦，才不会感觉到失去意义，也最能发挥人的创造性。

当前，面临价值多元化、各种思潮并存的复杂形势，择业和就业后的种种困扰和诱惑让每个职业主体心难定、行难为。马克思主义职业价值观理论无疑像一汪清泉，可以清醒头脑，清晰思考，在职业主体职业价值观的指引和塑造方面有着特殊的作用。

---

① 《马克思恩格斯全集》（第1卷），人民出版社，1995，第456页。
② 《马克思恩格斯全集》（第1卷），人民出版社，1995，第457页。
③ 《马克思恩格斯全集》（第1卷），人民出版社，1995，第456页。
④ 《马克思恩格斯全集》（第1卷），人民出版社，1995，第458页。

(三) 职业主体要有追求人类幸福和自身完美的职业理想

马克思认为,"在选择职业时,我们应该遵循的主要指针是人类的幸福和我们自身的完美"①。职业价值观需要考虑的主要方面不仅包括自身完美,还包括人类幸福,并且两者之间并不是矛盾的,也不是对立的,彼此之间是具有辩证统一关系的。"人只有为同时代人的完美、为他们的幸福而工作,自己才能达到完美。"② 基于马克思主义职业价值观理论,应当使人们从事的职业活动能够与同时代人的完美、幸福联系起来,这样的职业价值观才是高尚的,才能够使工作于其中的人们具有持久的激情,才能够实现自我满足,获得崇高的尊严。

马克思主义职业价值观理论的核心在于,能够使个人具有的价值追求和社会发展进步联系起来,使个人和大多数人之间的幸福能够统一起来,使个人发展和社会发展融合起来。该观点并不是反对职业选择中对价值、利益的追求,所倡导的是应当在进行职业选择时,将个人价值取向和全社会、全人类的幸福联系起来,并且个人价值追求应当是在人类幸福、社会发展这一背景基础上实现的。马克思一直将人类解放视为其奋斗目标与最高理想,并且其毕生精力都用在人类社会发展规律的分析和探索上,他所进行的职业选择真正将自身发展和人类发展联系起来,他是自己提出的职业价值观的践行者。

二 社会主义核心价值观思想

"富强、民主、文明、和谐,自由、平等、公正、法制,爱国、敬业、诚信、友善。"③ 这二十四字社会主义核心价值观是社会主义核心价值体系的内核,反映了党对社会主义核心价值观问题的全面、深刻认识,是我国人民所应拥护与长期普遍遵循的根本价值观念。当前,面对国内外思想文化交融和交锋形势下价值观较量的新形势,面对社会主义市场经济下思想意识多元多样的新特点,培育和践行社会主义核心价值观,对于全体人民树立共同理想,对于促进人的全面发展,对于中华民族伟大复兴中国梦的实现,具有重

---

① 《马克思恩格斯全集》(第1卷),人民出版社,1995,第459页。
② 《马克思恩格斯全集》(第1卷),人民出版社,1995,第459页。
③ 《关于培育和践行社会主义核心价值观的意见》,人民出版社,2013,第4页。

要现实意义和深远历史意义。①

社会主义核心价值观基于国家、社会、个人三个层面对价值目标追求的统一性进行了融合，实现了对三者价值愿望的充分兼顾。在《关于培育和践行社会主义核心价值观的意见》中重点突出了，应当将党政干部、团干部等思想政治教育工作作为重点来开展，积极开展思想政治理论课教师、辅导员等相关队伍的建设工作，使教师具有的教育荣誉感以及责任感能够得以提升，以为学生健康发展提供正确的引导。二十四字社会主义核心价值观，尤其是个人层面的价值准则"爱国、敬业、诚信、友善"对本研究有重要的指导意义。习近平同志在党的十九大报告中指出，"发挥社会主义核心价值观对国民教育、精神文明创建、精神文化产品创作生产传播的引领作用，把社会主义核心价值观融入社会发展各方面，转化为人们的情感认同和行为习惯"②。

（一）社会主义核心价值观引领职业主体的职业选择

职业主体在职业选择的过程中总是以一定的目标为导向。择业目标的确定，受众多的主观因素和客观因素的影响，但是价值观仍然占主导地位。正确的价值观能够唤起个体的行为，引导个体向着某一方向行动，从而使个体达到预计目标。价值观指导下的择业初衷和职业方向直接关系着职业主体的择业目标结果，决定着职业选择的方向。

以社会主义核心价值观引领职业主体职业选择，首先，应当使职业主体从个人的狭隘利益圈子中释放出来，使个人价值实现与社会发展需要相结合，使个人理想融合在社会理想之中，在为实现社会理想的奋斗中，实现个人理想。其次，职业主体要树立合理的职业待遇观。职业主体在职业选择过程中，不能只要物质待遇而不要精神待遇。不仅要把职业劳动当成赖以生存的谋生手段，还要把自身全面而自由的发展当成从业的重要方面。一味追求物质利益，把权力、地位、声望看得过重，这样只会使自己陷入功利主义的泥潭，被错误的职业待遇观所奴役，正确的职业待遇观应是既重视物质生活的幸福，又重视精神生活的幸福，并且精神生活的满足高于物质生活的满足。最后，职业主体在职业选择时将自己的成长、发展和职业发展、社会发展紧密相连。

---

① 张宏：《大学生职业价值观教育体系研究》，黑龙江大学出版社，2015，第45页。
② 习近平：《决胜全面建成小康社会 夺取新时代中国特色社会主义伟大胜利——在中国共产党第十九次全国代表大会上的报告》，人民出版社，2017，第42页。

（二）社会主义核心价值观引领职业主体的职业价值判断

坚持社会主义核心价值观的主导性，是引领职业主体形成正确职业价值判断的前提。社会主义核心价值观能够帮助职业主体正确认识职业价值取向一元论和多元化的辩证关系，以此解决当前职业观念多元化价值取向所产生的负面影响。职业主体只有树立了正确的价值方向，才具备了正确的价值判断能力，社会主义核心价值观能帮助职业主体提高职业价值判断能力，能够使其在面对多元价值时看清形势并做出正确选择。因此，职业主体的职业价值判断需要社会主义核心价值观的指导。

（三）社会主义核心价值观引领职业主体的职业责任落实

社会主义核心价值观个人层面的价值准则中"爱国、敬业"是基于职业主体的职业责任落实所提出的，爱国首先被提出，源于"爱国"从来就是凝聚全国各族人民的核心要素，中华民族得以独立并获得快速发展的重要精神支柱就是爱国主义，爱国主义是社会主义核心价值观个人层面的基石与旗帜，是第一位的价值观，是推动实现中华民族伟大复兴的中国梦的重要力量源泉。在职业价值观教育中将爱国主义这一民族精神注入职业主体的建构中，激发其爱国热情和民族自豪感，培养其创新精神，使其具有强烈的为国家富强、民主、文明、和谐而奋斗的责任感。真正的爱国体现在愿意为国家富强、国家建设做出贡献，具有强烈的职业责任意识与职业责任担当。为此，必须加强职业主体的责任感与担当精神的培育，要求从业者能够将自身发展同社会发展与职业需求紧密结合起来，着眼全局、服从整体、肯负责、敢担当、想干事、能干事、干成事。

敬业精神作为社会主义核心价值观的重要内容之一，对引领职业主体的职业责任落实具有重要的现实意义。敬业精神，就是在对岗位和职业挚爱基础上对工作的全身心投入，就是说要爱岗敬业、乐于奉献、兢兢业业、恪尽职守。职业作为个人发展和社会发展天然联系的桥梁，只有敬业才能在岗位上实现个人价值和社会发展。

基于社会主义核心价值观进行的职业价值观培育，不仅能够增强职业主体的责任意识与责任担当，而且能够帮助职业主体提高其自身修养。

（四）社会主义核心价值观引领职业主体的职业道德建设

诚信、友善作为社会主义核心价值观的重要内容对职业主体的职业道德建设有积极的指导作用。每个职业主体在社会上都需要与他人进行交往,需要处理好各种各样的社会关系,为此,诚信、友善不仅是对职业主体最基本的要求,也是处理与他人、社会关系的前提和保障。"诚"不仅是道德的根本和基础,也是一切事业得以成功的保障。"信"是一个人形象和声誉的标志,也是个人所应该具备的最起码的道德品质。友善,就是友爱和善,重友谊求和谐、存真善讲爱心。友善是各阶层、各行业都应该积极倡导的具有基础性和普适性特点的价值观。

良好的职业道德是每个职业主体必须具备的基本品质,也是每个职业主体担负自己工作责任必备的素质。为此,在职业主体价值观的培育过程中,职业道德建设应贯穿始终。

将诚信、友善作为职业道德建设的重要内容大力倡导,同时强化职业主体道德自律,从而实现对职业行为的有效约束。

(五) 社会主义核心价值观引领职业主体的职业理想

职业理想是职业主体在实践中形成的对未来自身职业发展目标的向往,也是职业主体世界观、人生观及价值观在职业奋斗目标上的集中反映;职业理想是指路明灯,能指引职业的发展方向。为此,确立科学合理的职业理想对职业主体职业认同建构意义重大,在当今我国经济社会迅速发展、多种思想观念碰撞交织的时代条件下,用社会主义核心价值观引领职业主体的职业理想建设是职业主体确立科学合理的职业理想的保障。基于社会主义核心价值观而形成的职业理想,能够使职业主体增强对个人职业理想与国家共同理想之间关系的认识,从而更好地处理两者之间的关系。此外,基于社会主义核心价值观而形成的职业理想,不仅对促进我国各行各业的可持续与健康发展具有重要的现实意义,而且对促进社会和谐与实现中华民族伟大复兴的中国梦具有重要的现实意义,因此必须以社会主义核心价值观为引领开展职业主体的职业理想建设。

三 思想政治教育主体性理论

主体性建构是职业认同的行业动力,[①] 故此职业认同的建构,离不开职

---

① 杨发祥、叶淑静:《结构性约束与主体性建构:社会工作者的职业认同》,《江海学刊》2016年第6期。

业人的主体性建构。辅导员职业认同的建构也离不开其作为思想政治教育者的主体性建构。目前，辅导员的角色往往发生缺位、错位、越位等现象，并没有很好地发挥其作为思想政治教育主体的作用，因此思想政治教育主体性理论对高校辅导员职业认同建构具有重要的指导价值。

（一）思想政治教育主体性的内涵与维度

思想政治教育主体主要包括思想政治教育者主体与思想政治教育受教育者主体。本研究主要是针对思想政治教育者的主体性建构。思想政治教育者主体性是指"思想政治教育者作为教育主体的本质属性，是在与教育客体的对象性关系中表现出来的自主性、能动性和创造性"[1]。因此，思想政治教育者主体性的维度包括自主性、能动性和创造性。

自主性是思想政治教育者主体性的前提和基础。在实践活动中，相对客体而言，自主性表示的是主体具有的自主；对于主体而言，表示的是主体的自由。主体对自身权力具有的支配意识，反映的就是自主性，体现为自强、自尊、自立、自我调控、自我评价、自我激励等方面的能力。自主地支配自己的权力和责任，是人的主体地位的确证，人只有作为一个自由的人才具有想象力和创造力。只有当主体能够支配自己时，才可能实现对他物的有效支配，进行活动、实施创造的热情才能够得以激发。假如主体缺乏自主性，甚至其言行都无法实现自主，那么这个个体所处的状态将是十分被动的，不具有能动性，也不具有创造力，最终无所作为。因此，能动性、创造性的基础必然是自主性。

对于思想政治教育者主体性而言，能动性是其关键所在。只有具有能动性的主体才能够实现对客观世界的适应与改造，即面对客观环境的变化能够采取积极的措施，确保主体具有的地位和主动性不会受到威胁。能动性不仅仅反映在主体对其自身地位形成的认知，还体现在为了满足自身需要而进行的积极行为，使客体能够被赋予主体印记，由此，使实践活动能够向着客观主体化的方向不断发展；同时也表现在人在行动中所具有的感情、意志和选择性。另外，人的主体性、主体地位也并不是绝对的或先验的，而是在不断变化的，能动性有助于个人主体性的提高，反之，消极被动将会使个人主体性逐步消解。

创造性是思想政治教育者主体性的最高体现，是主体性的升华，是主

---

[1] 张彦：《思想政治教育主体性研究》，广东人民出版社，2006，第69页。

体素质中最深层、最有价值的能动力量。创造的过程就是探索的过程、开拓的过程。创造必然伴随新的结果和对既成的超越。通过创造活动，人能够实现自我发展和完善。而人和动物的根本性区别就在于人是具有创造性的，动物可从自然界中摄取已有物来使自身需求得到满足，但是人类可通过积极的创造活动来使自身需求得到满足。因为人是具有创造性以及超越性的，这些都使人对当前的状况以及条件是不满足的，因此，总是在不断进行变革，以追求更好、更合理的世界，也正是在创造活动中，人成为主体。

（二）思想政治教育主体性的建构

基于主体活动的领域，可将主体性类型划分为如下几种，即认识主体性、实践主体性以及价值主体性，这几个方面也构成了主体性建构的主要内容。

认识主体性是在认识活动限度内，个体具有的自主性、创造性与能动性；在认识的对象、过程以及结果中，个体的生理与心理、理性与非理性等因素都渗透其中。对于外部世界的相关事物与现象，人能够利用其感觉、思维等器官进行反映，以实现对事物的理性认识与合理把握；同时还能够实现对自己行为、思想的充分认识，并进行评价与调节。所以，认识主体性具有的突出特征在于能够对现存客体以及理想客体实现观念创造。

认识主体性的建构主要通过认识过程主体性的建构和主体认识能力的建构实现。认识过程是非常复杂的，主体具有的创造性在每个环节中都会有所体现。认识过程主体性是在通过实践能动地反映客体的过程中表现出来的，因此，认识过程主体性的建构也是通过如下几个方面来体现的：对主体当前的认知结构表示肯定，既包括对其理性因素也包括对其情感等非理性因素的肯定；肯定主体选择在反映过程中的作用，不仅主体每种感官只能感知与自身性质相适应的外物的属性，而且对于同一对象，由于主体素质不同，也具有不同的感受，另外，由于价值观念不同，不同的主体选择不同的认识对象；肯定创造性思维在反映过程中的作用，主体对于未来实践活动应当满足的相关标准，或者说应当实现的客观结果，是能够实现观念的确定的，由此来预先形成一种方案、计划，创造性由此得到了突出体现。"肯定建构在反映过程中的作用，建构指的是在主体认识领域中，基于其社会地形成的认识结构，实现对所获信息的加工、整合与重组，对于客体系统中相关要素的关系能够以符号、概念或图式等方式进行再现。"①

主体认识能力可分为事实认识能力和价值认识能力。主体认识能力的建构包含了两方面的内容，即对于事实认识以及价值认识两种能力的建构。其中的事实认识能力，指的是主体对外部的认识对象以及其自身的客观现实进行反映的认识能力，最终将会以外部对象物以及人自身"是如何"的事实认识与事实判断的形式呈现。价值认识能力指的是，在认识过程中，主体对于外部对象物和人之间关系进行反映的认识能力，最终将会以外部对象物与人的关系及意义"应如何"的价值认识、价值判断的形式呈现。主体认识要求两种能力同时发挥作用，即唯有将事实认识、价值认识等有效地结合起来，才可实现对实践活动的积极指导，进而实现对外界物的有效改造，最终使人的需求能够得到满足。这是因为只有两种能力结合起来、共同发挥作用，主体才可明确外界物的存在状态、属性、本质、基本规律等，在此基础上才能使之同自我的需求、活动以及能力等联系起来；进而可明确外界物对人具有的价值，进一步确认自己所需要的以及自己应当做的和能做的，由此，明确其实践目标，依据人的需求来对实践活动进行指导。

实践主体性是主体改造客体、变革客体的自觉性、自主性、能动性与创造性，也是"主观见之于客观"的主体性。主体不只能够反映客体，更重要的是还能够改造客体。人之所以能成为主体，根本就在于他能够通过实践活动实现自己的目的。所谓发挥主体的能动性，主要是发挥主观见之于客观的实践主体性。

实践主体性的实现是利用主体客体化以及客体主体化得以实现的。关于主体客体化，首先，指的是主体使自己的目的、意图、力量、能力等外化或对象化，由此，而使客体在形式以及属性上发生一定变化。其次，关于主体客体化，指的是对客体进行改造、变革的过程，促进了主体性的实现。客体主体化指的则是客体实现了向主体的积极转化与渗透，是主体对自己行为成果的占据与吸收的过程，通过该过程可使客体的规律与属性内化成为主体自身的力量，以此使主体因素得以充实，具有的实践能力也得以提高。客体主体化，是主体将自身视为改造对象，开展积极的自我改造、自我提升与自我超越活动，由此来推动主体性的不断发展和完善。

价值主体性是指主体在其一切活动中体现出的满足需要的"为我性"。

---

① 陈铁民：《能动反映与认识主体性》，《厦门大学学报》（哲学社会科学版）1991年第3期。

在主体的各种认识与实践活动中,主体具有的主体性价值属性都是始终存在的。最初的出发点与最终的目的都是人。"马克思认为,'价值'这个普遍的概念是从人们对待满足他们需要的外界物的关系中产生的。"① 价值主体性表现为主体的自我需要、自我实现和自我满足。

思想政治教育体现了社会价值与个体价值的高度统一。思想政治教育能够满足社会稳定与进步的要求,能够帮助推动社会政治、经济、文化的发展,这是思想政治教育的社会价值。同时,思想政治教育能够帮助实现个人的全面发展,激发人的主动性、积极性以及创造性,这是思想政治教育的个体价值。因此,思想政治教育者价值主体性建构也应同时涵盖社会价值以及个体价值两方面的建构。基于两种价值关系进行分析,社会价值构成了个体价值的重要基础,同时社会价值将直接决定个体价值能够实现的程度和深度。另外,如果脱离社会价值来对个体价值进行评价,那么这种评价也是缺乏根基的。对于需要在特定社会关系中开展社会实践活动的各种主体来讲,对其价值进行衡量时,需要考虑的是其对社会所做出的贡献,价值大小将会受到贡献大小的影响。贡献不存在,那么价值也将是不存在的。通过上述分析能够得出,对于价值主体性的培育,假如侧重于自我价值而不考虑社会价值,或者是将社会价值全部抹杀、否定,那么将会产生十分有害的后果。故此,基于价值论角度分析,必须结合时代发展来对包括自我判断、自我评价在内的个体价值观进行调整,使之能够满足主观性与客观性、科学性与人文性等方面的高度统一。

认识主体、实践主体、价值主体是三位一体的,主体在一定的需要推动下,在一定的能力性结构的指导下去从事实践活动,又在实践中不断发展着主体的能力结构和丰富主体的需要,因此,认识主体性、实践主体性、价值主体性具有相互依存性。

四 自我教育理论

教育部相关文件及各高校对辅导员的主要要求包括职业守则要求、职业知识要求、主要工作职责(职业能力标准要求)等。这些都是对辅导员的外在职业要求,而辅导员职业认同则要求辅导员对这些外在职业要求进行内

---

① 周中之、石书臣等:《现代思想政治教育理论与实践探微》,人民出版社,2009,第71页。

化。自我教育则是进行外在职业要求内化的最好的实践活动。

思想政治教育自我教育不仅仅是一种方法，更是类似于"他我教育"的教育活动。在思想政治教育领域中，大部分学者将自我教育的主体限定为学生，并从道德教育的范畴界定其含义。本研究认为自我教育的主体既可以是学生，也可以是教育者。王新刚在其硕士学位论文中专门就自我教育在思想政治教育和其他学科教育领域的主要区别进行了分析：一是自我教育属于思想政治教育中的重要组成部分，整个思想政治教育活动由"他我教育"和自我教育共同构成；二是思想政治教育视域的自我教育主要围绕思想道德开展教育，和智力知识领域的自我学习是不同的，思想政治教育自我教育的实现要求将思想观念、政治观念以及道德规范等视为教育内容；三是思想政治教育视域的自我教育是具有主动性、积极性、自觉性的，属于一种有意识的教育活动，这种自我教育并不是那种低层次的教育活动；四是思想政治教育最终目标是使受教育者自身具有更高的政治水平、道德素养。因此，在思想政治教育自我教育中对于那些并未产生积极教育效果的行为是不做研究的。[①]故此，在本书中对思想政治教育自我教育进行了如下界定，即具有独立个体特征的人，就其主体意义上的我，对其客体意义上的我开展的思想政治教育方面的相关活动。详细来讲，自我教育是个体对自己进行的主动、积极的思想转化活动，并能够按照确定的规划实现自我发展、自我完善。

自我教育中，教育活动的实施主体以及接受客体都是教育者本身，教育者的内在需求以及其价值准则构成了其主要的动力来源，是一种有意识地针对自我开展的认识、评价、监督、调控、提高过程，坚持的基本宗旨是推动自身发展。这种自我教育是一种内在的对好的追求，体现了主动向善的思想。自我教育具有的主要功能是能够使自我意识以及非智力因素等具有的积极作用得以增强，减弱其消极作用，同时还能在一定程度上使消极作用发生转化，形成积极作用。教育者进行自我教育，坚持的出发点和归宿点都是实现自我改善，而非进行个人之外的发展。实际上，在自我教育的过程中，自我更新以及专业发展都可以实现。

开展自我教育，首先，主体必须有较强的自我教育意识，这是自我教育得以实现的心理基础，也是自我教育开展好坏的重要表现之一。其次，自我学习是实现自我教育的基本途径之一。也可以说前者构成了后者的基础，假如不进行自我学习，就无法实现自我教育。"自我学习的基本实现步骤为，

[①] 王新刚：《思想政治教育的自我教育研究》，硕士学位论文，西南大学，2008，第10页。

思想政治道德知识的自我认同、自我选择以及自我接受。"① 再次，进行自我反思是实现自我教育的又一途径。思想政治教育主体需要对整个教育过程以及与之相关的一切进行内在反省和思考，包括自己的行为、决策以及由此而产生的后果等都需要进行审视与分析。最后，提升自我修养也是实现自我教育的方式。自我修养是指修身养性、反省自新、陶冶品性和涵养道德，是自我教育的主要途径。为了实现自我修养的提升，第一，需要形成十分坚定的理想信念。习近平总书记提出，"加强中国特色社会主义理论体系的学习，加深对中国特色社会主义的思想认同、理论认同、情感认同，不断增强道路自信、理论自信、制度自信"。② 为此，牢牢树立民族复兴这一远大理想，并具有坚定的社会主义道路信念，思想政治教育者才可确保在以后的工作中不会迷航，思想政治教育的工作效果才能得到保障。第二，要加强道德建设。不管是对于个人还是社会，道德建设都是十分重要的，发挥着基础性作用，并且崇德修身也是为人做事的基础所在。第三，要脚踏实地地工作。作为国家建设生力军的思想政治教育者，更应该坚持"扎扎实实干事，踏踏实实做人"。③

五 思想政治教育环境理论

环境是"与人类主体相对应的外部世界，是相对人类主体来讲的，假如离开了人，环境也将失去意义。人类的所有活动都是在特定环境下进行的，都会受到外界因素的影响"。④ 马克思主义对前人的相关理论进行了批判与继承，就人类和环境之间的辩证性关系展开了全面分析，既批判了环境无用论，也批判了机械的环境决定论，强调了环境决定人的主观世界，同时人对环境也具有能动的反作用。这些都为思想政治教育环境理论提供了依据。

自环境被纳入思想政治教育学科的研究视野，学者们就针对其展开了十分广泛的研究，然而，目前关于思想政治教育环境依旧未能形成统一的认识。尽管学者们都对思想政治教育活动中以及人（思想政治教育对象）的思

---

① 王新刚：《思想政治教育的自我教育研究》，硕士学位论文，西南大学，2008，第36页。
② 习近平：《做党和人民满意的好老师——同北京师范大学师生代表座谈时的讲话》，人民出版社，2014，第5~6页。
③ 习近平：《在知识分子、劳动模范、青年代表座谈会上的讲话》，《人民日报》2016年4月30日。
④ 胡子克主编《马克思主义理论教育概论》，人民发版社，2005，第262页。

想品德形成和发展过程中，环境具有的作用进行了分析，然而，目前对于中心项应该是谁或者应该围绕谁来看待作为外部因素的环境这一问题依旧存在较大分歧。

一种观点认为应当将中心项确认为"人的思想品德形成和发展"，并将思想政治教育环境定义如下，将会对人的思想品德养成以及思想政治教育活动运行产生影响的全部外部因素的总和；① 另一种观点则以为应当将"思想政治教育"作为中心项，同时认为思想政治教育环境是："思想政治教育活动所处于其中的客观外在，包括对思想政治教育发生着影响作用的政治、经济以及文化环境。同时，环境是作为思想政治教育活动系统之外的影响因素而存在的。"② 此外，还有一种将"思想政治教育对象"视为中心项的观点，依据该观点，将思想政治教育环境视为"思想政治教育所面对的环绕在教育对象周围并对其产生影响的客观现实"。或者可理解为，除了教育之外的全部会对教育对象产生影响的外因加和。③ 本研究认为，关于思想政治教育环境的界定应当将研究者的研究目的以及研究对象等纳入考虑范围，在此基础上再对思想政治教育环境进行界定；同时，中心项除了上述学者们论述的三种外，还应考虑将思想政治教育者这一中心项纳入其中。在本研究中，是以思想政治教育者主体作为中心项来看待思想政治教育环境并对其进行分类、分析与研究的，因此把围绕在教育者周围并对其产生影响的各种外部因素的加和定义为思想政治教育环境。

（一）环境与思想政治教育主体的相互关系

1. 思想政治教育主体受外部客观环境的影响与制约

依据马克思主义环境论，人是无法脱离环境而独立存在的，人必须接受事先为自己准备好的环境，接受环境的制约与影响，"人创造环境，同样，环境也创造人"④，即人具有受动性的特征。在思想政治教育系统中，环境发挥着十分重要的作用。思想政治教育环境，在现象上是间接因素，而从实际作用上考察，其又具有前提性、条件性、先在性与决定性的功能，它是一种可能，这种可能有多大，思想政治教育主体发展和作用发挥就有多大。

思想政治教育主体受外部客观环境影响和制约表现在两个方面。第一，

---

① 张耀灿、徐志远：《现代思想政治教育学科论》，湖北人民出版社，2003，第143页。
② 沈壮海：《思想政治教育有效性研究》（第二版），武汉大学出版社，2008，第95页。
③ 陈秉公：《思想政治教育学原理》，高等教育出版社，2006，第258页。
④ 《马克思恩格斯选集》（第1卷），人民出版社，2012，第171页。

环境影响人的思想观念，马克思、恩格斯指出："意识的一切形式和产物不是可以通过精神的批判来消灭的……而只有通过实际地推翻这一切唯心主义谬论所由产生的现实的社会关系，才能把它们消灭。"① 因为客观环境是十分复杂的，也决定了人的思想发展具有复杂性的特征。第二，人的思想道德观念是社会存在的反映，人的思想道德观念作为社会意识形态的重要组成部分，是由社会存在决定的。职业认同属于思想政治教育主体建设的重要内容，其必然受外部客观环境的影响与制约。

人的思想观念受到环境的影响，并会随环境的变化而变化。"在人的思想品德与心理发展过程中，环境发挥的作用是不容忽视的，环境对人施加的主要环绕力具体有如下三种，即推动力、感染力、约束力。"② 为此，职业认同是职业主体在与其所处的社会环境的互动过程中建构起来的，思想政治教育主体的职业认同也必然受到环境施加的环绕力的影响。

2. 思想政治教育主体可以改变环境

人具有主观能动性，能反作用于环境，积极地影响客观环境，并能创造出适宜于人生存发展的新环境。故此，在人和环境的相互作用中，人是具有积极主动性的。人能够通过其主动性的行为来使自然界为其提供服务，以此来实现自己的目的。这也是人和其他动物存在的主要区别。③

对于思想政治教育者来讲，不仅应当将环境视为其生存、发展的基本条件，还要对环境进行能动的改造。反之，如果教育者丧失了这种自主性，无法实现对环境因素的自主把握、取舍、分辨，就会在环境中漂泊不定、随波逐流，成为失去能动性的自发因素。

教育者主体对思想政治教育环境实施主动性的过程，具体体现如下：第一，思想政治教育者对环境的选择过程；第二，思想政治教育者对环境进行改造、重组并创造出符合思想政治教育以及自我发展的新环境；第三，教育者利用社会实践实现其对环境的选择、改造、创造等过程。

思想政治教育者对环境实施主动性的前提是面对具有强大影响力的各种环境其主体性能够得以保持，同时，对环境影响能够形成正确的认识并进行合理的评价。很难想象，一个在环境面前缺乏主体性或丧失主体性的教育者能够驾驭环境的影响，能够摒弃环境的消极负面因素。教育者要在环境面前

---

① 《马克思恩格斯选集》（第1卷），人民出版社，2012，第171页。
② 陈秉公：《思想政治教育学》，吉林大学出版社，1992，第334~336页。
③ 《马克思恩格斯选集》（第3卷），人民出版社，2012，第997页。

保持主体性，就应该自觉克服对环境的依赖意识，明确其具有的自主意识。自主意识就是对环境具有主体独立意识，而非盲从意识；就是对环境的主人意识，而不是奴役意识；就是对环境具有改造与驾驭的意识，而非屈从意识。①

（二）优化思想政治教育环境，为辅导员职业认同的建构提供有力保障

"既然是环境造就人，那就必须以合乎人性的方式去造就环境。"② 基于马克思主义环境理论，应当形成科学的思想政治教育环境优化观念，使思想政治教育环境具有的积极作用能够得到充分发挥，并对其中存在的问题进行深入分析与研究，从而得到合理、可行的优化方法，实现对思想政治教育环境问题的有效解决，使思想政治教育工作者能够获得一个良好的工作环境，进而为其职业认同的建构提供有力保障。

就本书的研究对象高校辅导员来说，对其职业认同影响最主要的环境包括政策环境、组织环境以及学术环境。政策环境对辅导员职业认同产生的影响不仅非常大，而且不可避免，因此应当将其视为思想政治教育的必要环境条件。组织环境对辅导员职业认同的影响是非常直接的，同时也是非常频繁的，可将其视为基本环境条件。学术环境对于学术人员具有直接影响。作为思想政治教育骨干力量的高校辅导员也属于十分重要的高校学术群体。因此，对于辅导员来讲，思想政治教育学术环境是其进行学术发展的环境条件，包括科学研究活动、科学研究阵地（尤其是学术刊物）、科学研究资料库、科学研究主体的关系、学术交流、学术规范、学术评价等因素所形成的学术氛围。学术环境不仅对高校基层思想政治教育者的职业成长发挥的作用非常大，还会对思想政治教育者进行科学研究的基本信念以及动力等产生较大的影响，而对高校辅导员来说，其学术环境还会受到来自政策以及组织等环境条件的较大影响。因此，辅导员职业环境的优化主要包括政策环境、组织环境、学术环境等的优化。

1. 政策环境的优化

思想政治教育政策是指"实施思想政治教育的相关文件、决策、做法、策略等"。③ 在思想政治教育政策环境中，政策是最基本的组成要素，如果不

---

① 张彦：《思想政治教育主体性研究》，广东人民出版社，2006，第81~82页。
② 《马克思恩格斯文集》（第1卷），人民出版社，2009，第334页。
③ 徐艳国：《思想政治教育政策环境论》，博士学位论文，中南大学，2010，第62页。

存在政策文件，那么政策环境也将无从谈起。政策文件的科学性将会在一定程度上影响到政策环境的优化程度。同时，政策文件是否能够适时制定，还将会对政策环境的形成进度产生较大影响，进而影响到思想政治教育者的职业发展速度与职业认同水平。

近年来，随着中央对高校辅导员队伍建设的重视以及各高校对辅导员队伍重要意义的认识，高校辅导员的各项政策、制度也在不断出台。但是，很多政策、制度并不完善，另外，政策、制度的执行都偏于一般化，尽管国家在辅导员职业发展方面制定了很多政策法规，然而，目前很多高校的实施步伐依旧比较滞后，尚未形成创设最佳政策、制度环境的氛围。

基于科学的政策理论以及健全的制度体系，实现对辅导员政策的不断完善，确保辅导员职业的健康发展。首先，确保思想政治教育政策制定是科学的。张耀灿等专门就思想政治教育政策制定问题展开了研究和分析，提出是否能够制定正确的政策，将会直接关系到思想政治教育的成败，还将会对社会主义现代化事业的顺利推进产生影响。基于该角度分析，在整个思想政治教育管理系统中，决策管理具有核心地位，发挥着十分重要的作用。[1] 其次，确保思想政治教育政策得到充分落实。政策的最终效果还取决于政策的执行情况。因此政策执行也是环境创设中十分关键的环节。陈潭主编的《公共政策学原理》一书中指出："政策制定并不代表已经实现了对问题的有效解决，为了确保问题能够得到真正解决，要求政策能够有效实施。故此，可将政策制定视为认识世界的阶段，而对世界的改造则是通过政策执行才可实现的。"[2] 这里充分强调了政策执行之于政策效果的重要性。最后，对政策效果进行评估。政策效果指的是思想政治教育政策环境对教育者成长、发展产生的影响。政策效果也是对环境进行检验的基本要素。为了能够实现对政策执行效果的评估，需要对其进行客观的评价，分析其成败得失以及其在问题解决中发挥的作用。政策效果能够对政策制定水平以及政策执行情况进行检验，并且体现出在教育者职业发展中政策环境具有的重要作用。故此，政策效果评估有助于提高后续政策制定的科学性，从而实现政策环境的不断优化。

2. 组织环境的优化

组织环境包括组织架构、管理制度等，可从不同方面影响职业主体的职

---

[1] 张耀灿、郑永廷、吴潜涛、骆郁廷等：《现代思想政治教育学》，人民出版社，2006，第427页。

[2] 陈潭主编《公共政策学原理》，武汉大学出版社，2008，第184页。

业认同。改善职业主体的工作条件会对其职业认同产生积极影响。此外，组织结构的调整、新工作团队的建立和激励机制变革等都将直接影响职业主体的工作参与度，进而推动职业主体职业认同的重构过程。可见，思想政治教育者所处的组织环境会对个体职业认同的建立、形成与发展产生重要的影响，有利于实现职业目标的组织环境会提高思想政治教育者对职业的认同度。

高校组织指的是"在特定的教育管理体制下，高校为了特定目标能够顺利实现而建立的结构、机构及管理体系"[①]。高校是一个有组织的社会群体，学校内部又存在各种职工群体和学生群体，这些因素作为高校内部重要的环境因素发挥作用，进而构成了高校内部特有的组织环境。辅导员作为高校组织的一个群体，同时也作为高校思想政治教育的主体之一，其职业认同必然受高校组织架构、管理制度、晋升机制、激励机制以及思想政治教育状况的影响。因此，重视高校辅导员职业发展的组织环境建设，是为辅导员职业认同的提升营造良好外部条件的途径之一。

高校辅导员晋升、管理体制的缺陷与高校对辅导员的评价不当是诱发职业认同缺失的主要因素。其一，一些学校缺乏民主管理氛围。辅导员利益表达诉求渠道不畅通，辅导员个人的合理要求得不到满足，高付出与低回报的差距使不少辅导员心理失衡、身心疲惫，影响工作动力和热情。其二，辅导员职业晋升问题难以解决。辅导员的大部分精力用来应付繁重的学生事务，科研时间相对较少，而辅导员职称评定对科研业绩有明确的要求，且许多高校在评定职称时，不仅要求辅导员与专职教师一起参评，而且对辅导员研究成果认可度低，使他们晋升职称难于其他专职教师，进而导致许多辅导员因高度焦虑而职业认同降低。其三，组织很少主动为辅导员事业发展成长创造条件。我国大部分高校在辅导员职称评定以及职务晋级等方面，只是规定必须达到的条件，却很少主动为辅导员达到这些条件搭建平台、提供帮助，很少主动为辅导员改善工作环境，更很少主动关心辅导员职业成长与事业发展。其四，高校辅导员组织管理体制的缺陷，不仅使辅导员的职责不清晰，而且使其工作压力以及工作量都比较大，大部分辅导员反映其工作量远远超出专职教师以及管理人员，这种横向对比，更加剧了辅导员心理失衡，由此，使其职业认同进一步降低。因此，组织环境的优化首先应对高校辅导员的组织架构、管理制度进行优化。

---

① 王乾坤：《大学组织特征及管理模式探析》，《武汉理工大学学报》2001年第8期。

另外，组织对职业主体包括职业价值观在内的思想政治教育的重视与否也会影响职业主体的职业认同。组织重视职业主体的思想政治教育，职业主体建设就能得以加强，职业主体的工作质量就能得到提高，同时职业认同也会随之提高。

3. 学术环境的优化

思想政治教育学术环境指的是思想政治教育学术发展具有的环境条件。思想政治教育学术环境本身是有条件的，就是说思想政治教育本身有了学术以及学术活动，这些进而构成其学术环境的需要。

可从内圈与外圈两个角度来分析思想政治教育学术环境，所谓的内圈指的是基于思想政治教育科学共同体而形成的具有浓厚学术研究氛围的学术环境，主要包括科学研究活动、科学研究阵地（尤其是学术刊物）、科学研究资料库、科学研究主体的关系、学术交流、学术规范、学术评价等因素共同构成的学术氛围。而外圈则指的是思想政治教育相关研究需要其他学科的广泛支持与友好相处的学术环境。"目前，主要要争取其他学科的关注和支持，合理评价思想政治教育学科的科学性与政治性（阶级性）、学术性与应用性、专业性与社会性等关系，特别是某些学术刊物应肯定思想政治教育学术成果，为思想政治教育科学研究成果刊载学术论文提供阵地。"[①]

学术环境对思想政治教育者的培养有着很重要的影响。良好的学术环境能帮助教育者开阔获取信息的界面，拓宽新的视野，增加见识。从目前各高校辅导员情况来看，学术环境的内圈、外圈状况显然很一般。

优化学术环境内圈，首先需要思想政治教育者有较强的科研意识，目前部分高校辅导员科研意识较弱，科学研究的自觉性不足，大部分辅导员没有固定的研究方向，虽然进行学术研究的覆盖面广，但研究深度不够，另外，高校辅导员科研成果较少、科研实力不强。如此一来，良好的学术与学习氛围也就不能形成。因此，优化学术环境首先应强化辅导员提升科研能力的意识。

优化学术环境内圈需要各种学术活动的支持。基于学校层面来分析，没有考虑到辅导员思想政治理论提高具有的重要意义，并且很少开展相关的培训活动；目前进行的培训活动，其内容多数是围绕学生日常事务工作开展，关于思想政治理论研究方面的培训非常少，在一定程度上没有给辅

---

① 孙其昂：《思想政治教育学前沿研究》，人民出版社，2013，第132～133页。

导员提供更多提升科研能力的机会。因此，将提升辅导员理论水平和科研水平作为培训的一项重要内容，以使良好的科研氛围能够逐步形成。此外，相关部门及学校还应当多举办辅导员学术交流会议，这也是营造良好学术氛围的关键。

优化学术环境内圈需要处理好科学研究主体的关系。思想政治教育学术机构、专家及学人等都是思想政治教育的科学研究主体。目前主要需要增进辅导员与其他思想政治教育科学研究主体的交往，尤其是学术交往，做到交流信息，相互促进。

优化学术环境内圈需要加强学术规范和学术评价建设。在学术规范方面，需要加强基础建设，逐步形成辅导员统一的学术规范，适应思想政治教育系统内外的学术交往。学术评价对推进辅导员科学研究，促进辅导员科研能力发展有着导向功能，但有待探索和加强。

优化学术环境内圈还需要加强科学研究阵地建设。科学研究阵地主要指学术刊物，此外也指固定的学术论坛、学术网站、学术专栏等，它们是发布思想政治教育学术成果和学术信息的重要平台。虽然高校辅导员的专业刊物正在成长，刊载论文的学术含量也正在提高，但与其他思想政治教育的专业刊物相比，其期刊档次、学术论文的质量仍有很大差距。因此加强辅导员科学研究阵地建设是优化学术环境内圈的重要方面。

优化学术环境内圈需要基于政策保障这一主体形成有效的支撑体系，不断完善能够帮助提升科研能力的相关政策，比如制定相关科研奖励方案，对于具有突出科研贡献的辅导员，应当使其在职务晋升等方面享有优先权。

优化学术环境外圈，主要需要通过辅导员自身的努力，才能争取良好的外部学术环境。其他学术刊物或报纸对发表辅导员学术成果仍有偏见，这在客观上不利于辅导员学术能力的发展。首先，通过辅导员自身科研能力建设，提高辅导员学术影响力，包括科学贡献力；其次，加强对外交流，促进其他学科及其学术刊物的了解；最后，改善社会思想政治教育文化，从整体上形成有利于辅导员科研发展的文化环境。

职业认同形成过程中，将会伴随着职业主体观念、思想等的形成，基于思想政治教育环境理论，环境影响、制约人的主观世界，为此，职业认同的形成和发展会受社会、政策、组织等环境因素的影响，改善外部环境可以营造职业认同的氛围，提高辅导员的职业认同。

第三节　高校辅导员职业认同建构的理论借鉴

一　社会认同理论

（一）社会认同理论概况

20世纪中后期，Tajfel等人提出了社会认同理论，随后学者们在研究群体行为时，该理论得到了快速发展。Tajfel认为，对于社会认同应当做出如下理解，即个体能够从其所属团体中感受到自我形象，包括其作为团体成员能够获得的价值体验、情感。[1] 后来Turner在Tajfel的社会认同理论基础上延伸出自我类化理论，对社会认同理论进行了完善。自我类化理论重点分析的是"在个体中的群体"，指的是当个体将群体心理化之后，能够获得的价值意义与情感，并将此作为群体区分的动力过程。而且还可将该过程视为群体心理化过程实现之后，个体具有的社会认知、行为与集体现象的联结。对于社会群体的分析，指的不仅仅是客观群体，还包括从心理学角度讨论的主观群体。[2] 故此，作为群体成员，其自身不仅具有某些与生俱来的特征，比如国籍，而且还会随之带来社会认同（social identification）过程，即获得其相应身份的这种过程。在该过程中，个体与某社会身份之间将会产生心理联系，主要体现在如下几个方面：一是能够对自身群体身份形成较为清楚的认知，即认识到群体成员这一身份；二是某部分情感会随之增强，可能为消极的也可能为积极的；三是对该身份具有的社会价值能够理解且共享，不仅包含了群体内部自发形成的意识，还有外部进行的群体评价。故此，简金斯对此提出，对社会认同应当从内外两个方面来进行理解，外在方面指的是社会对该群体成员进行的类别划分；内在方面指的是群体成员对群体具有的主观认识和归属感。[3] 20世纪80年代，Tajfel和Turner大力提倡社会认同理论，

---

[1] H. Tajfel and J. C. Turner, "An Integrative Theory of Intergroup Conflict," *The Social Psychology of Intergroup Relations* 33, 47 (1979): 33–47.

[2] 杨宜音:《"社会认同的理论与经验研究"工作坊召开研讨会》,《社会学研究》2005年第4期。

[3] 袁祖社:《"人是谁?"抑或"我们是谁?"——全球化与主体自我认同的逻辑》,《马克思主义与现实》2010年第2期。

该理论最初在欧洲得以发展，而后在英国十分流行，尤其是在社会心理学中，很多学者结合该理论就如何认识社会认同产生了很多新的思路。[1]

目前，随着社会认同理论的快速发展，不仅仅是欧洲，很多其他地区和国家也开始研究社会认同理论。从 20 世纪末期开始，美国学者开始大范围研究社会认同理论，特别是在社会心理学范畴中，成为主导思想之一。而且，关于社会认同理论的应用范围也在不断扩大，包括种族认同、组织认同以及职业认同等领域。[2]

（二）社会认同理论的基本观点

该理论的主要思想为，每个个体都在通过自身努力来使自尊得以维持和增强，但是因为处于群体之中，会使个体被赋予或消极或积极的价值内涵，进而使个体社会认同受到影响。对于个体来讲，是希望获得积极的社会认同的，但是在评价自身所属群体时，是需要对比其他相关群体的。如果这种差异是积极的，那么能够带来较高威望，反之将会导致较低的威望。如果个体社会认同无法得到满足，那么个体是极有可能选择离开的，而选择能够使自身得以积极区分的群体，抑或选择更加努力，以使当前所在群体的积极区分得以提高。

1. 社会分类、社会比较、积极区分

Tajfel 认为，社会认同是在社会分类、社会比较、积极区分三个原则的基础上建立的。[3] 首先是社会分类（social categorization），指的是为了能够实现对物体的更好识别，以及理解，会对这些物体进行分类，而且也会采用类似的方式来对人进行分类，在人类适应环境的过程中，这是十分重要的。通过社会分类，能够实现对繁杂的刺激的区分管理，个体管理效率能够得到提高，而且在该过程中，还会产生增强效应，即个体对于同类刺激间具有的相似之处，以及不同类刺激间具有的差异性将会形成更加强烈的认识。[4] 而且，个体在对他人分类时，大部分会以自身与他人的异同为依据，以此来使对象

---

[1] 赵志裕、温静、谭俭邦：《社会认同的基本心理历程——香港回归中国的研究范例》，《社会学研究》2005 年第 5 期。

[2] 单丹丹：《城市流动儿童社会身份认同及其对心理健康的影响》，硕士学位论文，陕西师范大学，2011，第 5 页。

[3] H. Tajfel, "Social Psychology of Intergroup Relations," *Annual Review of Psychology* 33, 1 (1982): 1-39.

[4] H. Tajfel, "Value and the Perceptual Judgement of Magnitude," *Psychological Review* 64, 3 (1957): 192-204.

能够被划分为相同分类、不同分类的成员。此外，还可就自身进行分类，20世纪80年代，Turner对社会认同理论进行了完善，[1] 提出了自我类化理论（Self-Categorization Theory），通过自我归类，能够使自身与他人之间具有的相似性进一步增强，而且对比其他成员具有的相异性也会得以增强。因此，产生的效果是双方面的，不仅能够使自身形成群体概念，而且还会使其行为更加与其归类相符。简而言之，该过程使个体逐步转变成为群体。[2]

当个体具有群体归属感之后，会下意识地来对比自身所在群体以及其他相关群体，即进行社会比较，社会分类也因此意义更加深刻。为了能够实现对自尊的维持和增强，在对比群体时，会在某维度基础上扩大群体之间的差异，使成员得到更加积极的评价。[3] 因为社会比较的评价性是十分突出的，所以，群体之间的差异必须强调而且十分重要。对于内群和外群，能够基于内群表现良好这一维度来进行区分，使内群具有积极特异性，由此，对比外群，内群能够获得更加积极的社会认同，以此来使个体自我评价是积极的，自我价值、自尊都能够得以提高。[4]

个体会通过积极的努力来提升自尊，会希望在团体比较维度上呈现更加优秀的表现，即积极区分（positive distinctiveness）原则。Tajfel和Turner认为在该过程中，团体差异将会受到三个因素的影响：首先，个体的自我概念中应当形成团体成员的意识；其次，团体所处社会情境，能够使团体在相关属性上比较，并非全部团体差异比较都是有意义的；最后，对于团体内成员来讲，也并不能够将其与全部的外群来比较，而只能是具有相关性的团体才可彼此进行比较。[5]

通过上述分析能够得出，积极区分能够帮助实现社会比较，并且要求能够基于自身团队表现良好这一维度，与外部团体对比来进行积极区分，并且这些都是提升个体自尊所要求的，故此，自尊获得构成了进行社会比较的主

---

[1] J. C. Turner, "Social Categorization and the Self-concept: A Social Cognitive Theory of Group Behavior," *Advances in Group Processes* 2, 2 (1985): 77-122.

[2] Michael A. Hogg, Daan van Knippenberg, and David E. Rast Ⅲ, "The Social Identity Theory of Leadership: Theoretical Origins, Research Findings, and Conceptual Developments," *European Review of Social Psychology* 23, 1 (2012): 258-304.

[3] 张莹瑞、佐斌：《社会认同理论及其发展》，《心理科学进展》2006年第3期。

[4] Michael A. Hogg, Daan van Knippenberg, and David E. Rast Ⅲ, "The Social Identity Theory of Leadership: Theoretical Origins, Research Findings, and Conceptual Developments," *European Review of Social Psychology* 23, 1 (2012): 258-304.

[5] H. Tajfel and J. C. Turner, "An Integrative Theory of Intergroup Conflict," *The Social Psychology of Intergroup Relations* 33, 47 (1979): 33-47.

要动机。个体在社会分类、积极区分等的综合作用下，群体认同逐步产生，在此基础上群体行为得以产生。

2. 社会认同威胁

依据社会认同理论，个体不仅会努力得到积极的个人认同，还会将积极的社会认同作为自己的目标，而如果这种需求难以得到满足，则此时社会认同威胁（social identity threat）将会产生。[1] 王沛、刘峰将社会认同威胁定义为，在存在社会对比的环境下，因为个体所属群体的地位是有差异的，如果某个体并不认可自己的群体身份，而且对群体事务都是以消极、颓废的态度来对待，在心理上对群体的文化以及地位等都会是自卑的，这就导致了一种剥离、疏离，导致个体对群体缺乏信任，也不具有社会归属感。[2]

社会认同，指的是个体通过社会比较来增强对自身的充分认知，并且将社会群体视为参照物，是在群体分类、对比基础上建立的，而且，应当认识到，在进行外群比较的时候，群体成员会将其身份以及其价值内涵对接起来，一般来讲，进行群体比较的时候，如果是优势群体，那么其认同将会是积极、正面的，还会使优势群体自身的良好感觉得到提升，然而，如果是弱势群体，那么从中感受到的将会是劣势的群体地位，无法从中得到积极的社会认同，产生的社会认同将会是消极的，社会认同威胁理论所讨论的正是消极的社会认同，即如果所得到的社会认同是消极的，那么将会使个体陷入困境之中，产生社会认同威胁。

Branscombe 等人经过研究后提出，社会认同威胁可按照其产生原因进一步划分为不同的类型：一是分类威胁（category threat），表示的是当群体分类结果与个体意愿需求不一致时，由此而引发的认同威胁；二是群体价值威胁（threat to group value），指内群价值被诋毁，使个体产生的认同威胁，比如其所在群体处于被低估状态，抑或是处于劣势位置等；三是接纳或原型威胁（acceptance or prototypicality threat），指的是个体地位受到威胁，具体来讲，指的是对群体具有高度忠诚的个体，发现自己并没有处于群体核心，而在边缘位置，则此时认同威胁将会发生；四是区别性威胁（distinctiveness threat），指的是因为内外群体之间存在差异而导致的社会认同威胁。[3] Anne

---

[1] Naomi Ellemers, Russell Spears, and Bertjan Doosje, "Self and Social Identity," *Annual Review of Psychology* 53, 1 (2002): 161-186.

[2] 王沛、刘峰：《社会认同理论视野下的社会认同威胁》，《心理科学进展》2007 年第 5 期。

[3] N. R. Branscombe, R. Spears, N. Ellemers, and B. Doosje, "Intragroup and Intergroup Evaluation Effects on Group Behavior," *Personality and Social Psychology Bulletin* 28, 6 (2002): 744.

等人认为还存在另一种威胁,即由群体之间在地位上的差异合理性引发的威胁,即合理性威胁(legitimacy threat)。①

通过上述分析能够得出,导致社会认同威胁的主要原因有如下几点。其一,因为某种身份价值被低估,或者说被贬低,而引发的认同威胁。比如上述讨论中的因为群体偏见以及群际差异而导致的认同威胁。不过需要认识的是,并不是只要发生了身份价值贬低,都会引起认同威胁,如果这种价值贬低趋势持续下去,而且在未来还将延续,则此时才会导致认同威胁。其二,因为某身份与内涵联系之间的潜在否定,在各群体中,其群体身份都是富有一定含义的,即认同内涵。如果认为该含义与该身份之间不再有相关性,那么此时认同威胁就产生了。其三,因为某种身份被阻止、限制,如果因为某些事件,而使个体当前的身份无法再继续维持,将会导致认同威胁的产生。②

Daly 等人提出,在人类的众多行为动机中,为了能够得到更高的社会地位,这是其主要的目标之一。主要是因为,高社会地位的获得表示此时能够得到更多的象征性或者是物质性的收获,包括权利、自由等。但是,如果个体处于社会地位底层,那么其获得的生存条件是极为不利的,包括收入以及工作环境等。③ Baumeister 等人还提出,每个个体具有不同的社会地位,从而引发了不同的心理结果,因此,如果个体具有较低的社会地位,那么会通过努力来避免认同威胁的发生。④ 因此,从该角度进行分析,社会认同威胁在具有较低社会地位的个体身上发生的可能性是更大的,结合研究实践能够发现,对比外群体,如果个体对自己群体产生了低劣感,那么群体自尊将会被破坏,基于此,目前很多学者在对此进行研究时,将研究对象集中于社会层次较低的群体。⑤

然而,Tajfel 认为,在社会中个体的地位等级(status hierarchies)是在

---

① M. Anne, C. Mara, G. Gaia et al., "Sexual Harassment Under Social Identity Threat: The Computer Harassment Paradigm," *Journal of Personality and Social Psychology* 85, 5 (2003): 853-870.
② Jennifer Louise Petriglieri, "Under Threat: Responses to and the Consequences of Threats to Individuals' Identities," *Academy of Management Review* 36, 4 (2011): 641-662.
③ 王沛、刘峰:《社会认同理论视野下的社会认同威胁》,《心理科学进展》2007 年第 5 期。
④ Roy F. Baumeister, Laura Smart, and Joseph M. Boden, "Relation of Threatened Egotism to Violence and Aggression: The Dark Side of High Self-Esteem," *Psychological Review* 103, 1 (1996): 5-33.
⑤ N. R. Branscombe, R. Spears, N. Ellemers, and B. Doosje, "Intragroup and Intergroup Evaluation Effects on Group Behavior," *Personality and Social Psychology Bulletin* 28, 6 (2002): 744.

不断变化的，并不是稳定不变的。① 如果社会群体具有较高的社会地位，那么因为这种动态性变化，也是有可能产生社会认同威胁的，由此能够表明，为了避免这一情况，必须对其优势地位进行巩固，以避免社会认同威胁的发生。故此，当对当前地位状况进行评估时，如果群体的地位是相对较低的，那么社会认同威胁有可能发生，而假如地位状态处于不断变化中，则尽管处于较高的社会地位，依旧有可能面临社会认同威胁。②

3. 社会流动与社会变迁

当社会认同威胁发生时，个体应用较多的主观策略为如下两种，即社会流动（social mobility）、社会变迁（social change），而且还可将第二种进一步细分为社会创造（social creativity）和社会竞争（social competition），当然还有其他的可能性反应，不过学者们的研究相对较少，如个体对群体资格合理性是有可能接受的，然而，其评价依旧是十分消极的。③ 整体来讲，在选择策略时，主要依据的是个体对比自身所在群体与其他群体之后，对其关系形成的认知。故此，在分析群体关系时，应当从边界可渗透性、差异稳定性、地位合理性三个角度进行分析。④

群体边界可渗透性主要体现在社会流动性方面，即通过个体的努力是能够实现在群体之间的转移的。如果个体对这种策略具有较大倾向性，那么此时个体离开该群体的可能性就会较大，将附属的社会认同抛开，以进入具有更高社会地位的群体中。该策略的实施是不会使原群体具有的社会地位发生改变的，而只是个体自身谋求实现的方式。当弱势群体成员应对弱势群体地位时，对比群体策略，个体策略将会被优先采用，然而，个体策略并不是群体中所有的成员都能够采用的，其局限性在于选择主体只包括那些在知识、地位等方面具有相对优势的个体。对于弱势群体来讲，在进行向上流动时，主要的形式有两种，即转入优势群体之中，或者是尽管个体已经具有了优势群体的某些主要特征，然而，其原来弱势群体的属性特征并没有改变。如果个体经过判断，认为群体之间的边界渗透是十分困难的，那么对于个体来讲

---

① 王沛、刘峰：《社会认同理论视野下的社会认同威胁》，《心理科学进展》2007 年第 5 期。
② Daan Scheepers and Naomi Ellemers, "When the Pressure Is Up: The Assessment of Social Identity Threat in Low and High Status Groups," *Journal of Experimental Social Psychology* 41, 2 (2005): 192-200.
③ Naomi Ellemers, "The Influence of Socio-structural Variables on Identity Management Strategies," *European Review of Social Psychology* 4, 1 (1993): 27-57.
④ 张莹瑞、佐斌：《社会认同理论及其发展》，《心理科学进展》2006 年第 3 期。

是很难进入更高层次的社会群体中的，基于此，个体将会更加努力使自身群体认同能够得以增强，因此，在这种情形下，个体采取的是群体策略。

群体策略主要分为两种形式，第一种策略是社会创造，尽管这种策略并没有使弱势群体的劣势得以改变，然而，群体能够得到的社会认同将会提高，其内部成员的自尊也能够得以维护。这种策略可以是采用一些新的维度去和其他团体进行比较；抑或重新看待团体属性所具有的价值；还可以选择不同的对象来进行群际比较，通过这种方式使参考对象发生变化，不单是具有较高社会地位的群体。假如认为群体地位是不合理的，那么也不会将其视为不能够发生改变的。利用直接竞争的方式，以使群体成员与外部群体之间实现积极区分，这一过程即社会竞争。个体将会尝试通过自己的努力来使团队具有更高的社会地位，包括进行游行或者是暴力手段，而如果其所处的群体具有相对优势的社会地位，那么也将通过各种措施来使自己的优势地位不受到影响，包括进行谈判或者是镇压等。

（三）采用社会认同理论建构辅导员职业认同的主要原因

1. "社会流动"对当前辅导员职业流动频繁有很好的解释力

社会流动与社会结构变迁之间具有较大关联，指的是对某一个体或群体来讲，其社会地位或者说社会阶层发生的变化。[①] 从本质上分析，社会流动反映了成员在各种社会资源的掌握能力方面的变化，包括权力、财富等，故此，在对社会流动进行研究时，多数是从职业地位变迁角度进行分析和研究。

在分析辅导员职业认同时，应当以社会认同得以建立的基本原则为指导，主要体现为：一是具有社会类化特征；二是当内群对比相关外群是处于相对优势的地位时，群体成员是容易产生较为积极的社会认同的，而且通过这种对比，作为群体成员的个体能够产生各种消极或积极的评价；三是积极区分，如果个体不满意当前所在群体的社会认同，那么将会选择离开，并且尝试进入价值更加突出的群体中。

我国关于高校辅导员队伍建设出台的规定中明确指出了辅导员的身份是具有双重属性的，不仅是教师还是干部，并且教师与很多的行政岗位人员都具有层次结构，比如教师可分为助教、讲师、教授等，行政岗位人员可划分

---

① 〔美〕戴维·波普诺：《社会学》（第十版），李强等译，中国人民大学出版社，1999，第252页。

为科员、科级、处级等，因此，辅导员需要同时考虑上述两种情况。然而，就目前来讲，很多辅导员所处的层次为助教、讲师、科员、科级，故此，很容易使人们将辅导员等同于小助教、小科员，而这就使辅导员得不到较高的社会认同。[1] 诚如某些辅导员认识的"辅导员，第一不是老师，第二不是行政，属于被他们俩踩脚下的人，所以说呢，现在是教师比较同情辅导员，行政看不起辅导员，但总而言之，他们是绝对不当辅导员"[2]。通过社会分类，辅导员作为高校职业群体内的成员，归于某一职业类别，并将自己所处的职业群体和组织内其他职业群体进行比较，同时在内群，也与其他成员进行比较，通过比较获得对自己作为群体成员资格积极或消极的评价。面对消极的社会认同，辅导员通常选择社会流动策略，来重构自我积极的社会认同及维护自尊，在社会流动中，我属群体的低地位，不会因此而改变，它是力图实现个人的而不是群体的地位改变，社会流动意味着行动者对其身上的某种群体资格不再有认同感，因此，个体会更加倾向于摆脱这种群体资格，积极尝试获得新的群体资格。这种策略非常不利于辅导员积极职业认同的建构。如"我们2012年进了20个辅导员，70%都转岗了，因为我们留下来的男生居多，男生在院系里面干个2年左右吧，好多调到行政部门、党办、校办、宣传部、科研办的"[3]。

转成行政岗或教师岗成为辅导员提高职业地位的选择，职业流动也成为辅导员队伍的普遍现象。目前，辅导员职业流动不仅在方向上具有较大盲目性，而且在数量与规模上都具有不可控性，当前的职业流动量已经超出了高校所能够容纳的正常范围，引发了十分严重的无序问题。因此很多高校用限制职业流动的策略来解决辅导员的职业流动问题。

2. "社会创造"在政策层面上对辅导员职业认同的建构具有很强的解释力

在我国2006年举办的辅导员队伍建设工作会议中，明确提出了辅导员是可以双线晋升的，以往辅导员的晋升只能是行政职务方面，该会议之后，辅导员还可从教师专业技术职务晋升。通过这种方式，辅导员具有更大的职业发展空间。目前很多省份的高校辅导员采取双线晋升机制，即教师专业技术职务以及行政职务两个通道。对于高校辅导员来讲，可以从其入职开始，结

---

[1] 李双贵：《面子：从中国传统等级观念看高校辅导员职业化发展》，《黑龙江高教研究》2009年第9期。
[2] 辅导员ZGZF：B访谈资料。
[3] 辅导员SHJT：B访谈资料。

合自身具体情况，确定其职业发展的方向，也可以选择同时在两个方向发展，也就是双通道路径。①

关于职称评聘，目前虽然很多高校对辅导员采取单列指标的方式，然而，设定的评聘条件并不低，要求与专任教师相当，而且在职称评聘时，工作业绩的作用并不是十分突出，这就使得高校辅导员面临的学术压力是相对较大的，从职务晋升角度来分析，通常要求辅导员和其他高校群体的工作人员来进行公开竞聘，并不是独立的晋升机制，专门就辅导员来进行行政职级设定的学校是非常少的。尽管辅导员面临双线晋升的机会，同样，面临的考核也是双标准的，故此，辅导员的压力是非常大的。杨铎对天津与内蒙古合计6所高校的272名辅导员（平均年龄为33.75岁）进行了调研分析，主要是为了获得辅导员对于双线晋升的认识，结果显示，接受调研的辅导员中有41%的认为职务晋升困难与自身情况是非常符合的，而认为职务晋升困难与自身十分相符的占比将近40%，此外，还有30.88%的人，认为职务晋升困难是比较符合自身情况的。此外，高达95%的人对自己未来的职业发展存在某种程度的担忧，在受访者中有73.9%的人具有转岗意愿。②

职业发展停滞不前使辅导员对其工作产生一种恐慌情绪，觉得心里没底，不踏实，久而久之，必然降低职业认同，甚至产生离职倾向。另外，考虑到当前高校辅导员面临的专业化发展需求，相关部门与高校都应当在对高校辅导员存在的利益诉求以及发展特点进行分析的基础上，制定更加规范、健全的辅导员职业发展政策，以使辅导员队伍的稳定性能够得以增强，队伍质量能够得以提高。

故此，考虑到当前高校辅导员职业流动的频繁性，高校应积极借鉴"社会创造"策略提高辅导员的积极职业认同，而不是一味采用限制辅导员职业流动的策略。利用这种策略，辅导员在高校的"弱势群体地位"虽然可能暂时不会发生根本改变，然而，其社会认同能够得到提高，其职业自尊也能够得以维护。在辅导员职称评聘单列方面，与专职教师相比，降低辅导员科研难度，重新看待该群体属性所具有的价值。在辅导员职级制方面，不仅重视辅导员群体具有的利益诉求，而且应当结合问题进行有效的解决，创造某些新的维度，以推动辅导员的健康发展，使辅导员具有更强的职业归属感，使辅导员的专业技能以及综合素质水平能够得到提高，推动实现持续性发展。

---

① 杨铎：《高校辅导员职业路径拓展研究》，硕士学位论文，天津科技大学，2014，第15页。
② 杨铎：《高校辅导员职业路径拓展研究》，硕士学位论文，天津科技大学，2014，第19页。

二 实践共同体理论

(一) 实践共同体理论概述

1. 实践共同体理论发展轨迹及现实价值

近年来,实践共同体(community of practice)已经成为社会科学中影响力最为突出的概念之一,而且认为该理论能够对学习现象与认同建构进行有效的解释与说明,目前在很多领域中有所应用,包括成人教育、管理等。[1] 该概念最初是由 Lave 和 Wenger 两人提出的,是为了利用该概念来表示某种社会结构。通过该术语能够将个体与共同体之间的联系以及这种重要性进行表示,而且该概念表示的是多个个体的集合,即个体通过长时间的共享所得到的知识、实践、信念,进而建立一个共同的事业,故此,该群不仅存在相同关注点,而且在实践活动中也会彼此影响,通过这种方式来使该个体具有的专业知识得到提升。[2]

Wenger 就实践共同体进行研究时,对实践以及共同体之间的关系进行了系统性阐述,包括基于实践共同体经过学习而得到的认同理论。实践共同体简单地说是指我们经常参与的、为了共同目的而形成的各种共同体,Wenger 认为能动者在各种实践共同体中的学习实践是建构认同的基本过程。建立一种身份的过程,也就是社会共同体中的成员结合自身经验实施意义协商的这一过程。但是身份表示的是人的外在形象具有的历史、社会等方面的特征。[3]

20 世纪 90 年代,布鲁纳提出,关于教育问题,不应当只重视能够从中学得什么,而应当更加重视"学习做什么人",提出在理解学习时,应当充分考虑到人类身份的发展。在实践共同体中,个人的社会身份将会决定该个体对知识的认识以及吸收的方式。因此,"学习什么"和"怎样学习",必定受到"要成为什么的限制"[4]。

---

[1] 李茂荣:《实践共同体概念的转化与反思:基于文本的分析》,《教育学术月刊》2015 年第 7 期。

[2] 〔美〕J. 莱夫、E. 温格:《情景学习:合法的边缘性参与》,王文静译,华东师范大学出版社,2004,第 56 页。

[3] Etienne Wenger, Communities of Practice: Learning, Meaning, and Identity (New York: Cambridge University Press, 1998), p. 145.

[4] 赵健:《学习共同体——关于学习的社会文化分析》,博士学位论文,华东师范大学,2005,第 66 页。

实践共同体表明，在个体与群体之间，其关系是具有双重属性的，自由与约束交叉存在。个体进入某个群体中，群体成员的身份产生于该个体具有的归属感，具有了这种群体归属感，个体就带有了该群体的印记，但是，还应当认识到群体将会随着成员的加入而发生改变，故此，可以将个体与群体之间的关系视为相互形塑的关系。就我国来讲，最开始陈建华等人就该概念进行了研究，从2004年开始，国内学者就如何将实践共同体运用到学校中展开了研究，而后重点逐步转移到了教师专业化发展方向。但是最早就虚拟实践共同体进行研究是在2004年，主要围绕知识共享问题进行研究。①

Wenger 的实践共同体理论具有十分重要的现实意义，具体体现在如下几个方面：一是在实践共同体中个体实现了知识构建以及身份形成，所有个体无时无刻不处于其中，故此，实践共同体成为知识理解以及学习的重要基础；二是该概念能够对我们产生一定的启发，为了能够得到新知识，应当立足实践或学习这一中心，来加强对支持性实践共同体的培育；② 三是认同是在社会体系下的各个层面的实践共同体中形成的；四是认同随着空间位置不同而变化，在不同的实践共同体和不同的关系中，每个人拥有不同的认同；五是在某一共同体内部和不同共同体之间，个人的认同随着时间变化而呈现不同的发展曲线，这些曲线盘旋曲折，布满了回路和循环，是一个连续不断的认同生产过程。③ 因此，Tsui 将实践共同体理论称作"用于探索教师职业认同建构的最强有力的理论工具之一"④。

2. 实践共同体的三个要素

（1）共同的事业（joint enterprise）

"共同的事业是共同体的合作之源，意义制定之源，共同介入之源。"⑤ 共同的事业维持实践共同体成为一个整体的事业。共同的事业包含的主要内容有：第一，这种"共同性"强调的并不是所有人信奉的都是相同的一件

---

① 刘颖：《区域教师虚拟实践共同体支持平台研究》，硕士学位论文，西南大学，2013，第13页。
② 赵健：《学习共同体——关于学习的社会文化分析》，博士学位论文，华东师范大学，2005，第56页。
③ 刘熠：《叙事视角下的大学公共英语教师职业认同建构研究》，外语教学与研究出版社，2011，第24页。
④ Amy B. M. Tsui, "Complexities of Identity Formation: A Narrative Inquiry of an EFL Teacher," *TESOL Quarterly* 41, 4 (2007): 657–680.
⑤ 赵健：《学习共同体——关于学习的社会文化分析》，博士学位论文，华东师范大学，2005，第83页。

事，亦或者说在所有的事情上都能够达成一致的认识，而是表示的是该事业是共同协商后确定的；第二，共同的事业将会受到它们所在的环境的要求和条件的影响；第三，所追求的共同的事业并不特指某个状态，抑或是某项任务，而是指在协商过程中，产生了参与者相互问责的关系。

（2）共同体成员的有效参与（mutual engagement）

即便是某个新成员与某组织中的共同体成员之间是具有私人关系的，也不能够就此说明该新成员也具有了共同体成员间的实质关系。在人际网络中，信息是在不断流动的，尽管成员之间是相识的，彼此可进行交流与沟通，也不能够就此认为该成员可归入实践共同体中。由此能够得出，真实生活情境，将会有助于构建实践共同体，但是更加要求能够在人的共同体中发生，在现实的相互介入关系中发生。[1] 唯有他们将重心放在对现实问题的解决方面，而且组织起一种存在相互介入的关系，承认各自都属于活动参与者，并且相互之间对这种关系是十分支持的，这个时候，参与者之间才彼此构成了实践共同体成员关系。

对于共同体成员来讲，问题领域属于共享的、富有探索性的主题，任何个体只要对此感兴趣都可介入该共同体中。实践共同体不仅关系到知识渊博专家身份的发展，而且还会关系到实践共同体的生产过程。[2] 故此，应当使新成员具有足够的机会参与到活动中，这是十分重要的。

成员"合法的边缘性参与"属于非常重要的概念，基于 Wenger 的观点，这种合法的边缘性参与表示的就是学习进程。因为实践活动是十分复杂的，而且也是非常丰富的，所以，在实践共同体中成员身份并不是固定性概念，而是富有动态性特征的。可将边缘性视为授权起始位置，该概念使新成员有可能参与到更加深入的实践活动中。在最初参与共同体活动时，新成员是处于边缘位置的，主要是进行信息传递或者是协助，通过这种方式来获得知识。

伴随着实践活动的进行，以及与其他成员的交流、分享，新成员对于面临的问题将会形成更加深入的认识，而且与其他成员之间也将会进行更高频率的交流与分享。随着这种参与性的不断提高，新成员在活动中具有的积极性越来越高，能够更加深入地理解和认识共同体中的文化，也会加深其对共

---

[1] 赵健：《学习共同体——关于学习的社会文化分析》，博士学位论文，华东师范大学，2005，第 81 页。

[2] 〔美〕J. 莱夫、E. 温格：《情景学习：合法的边缘性参与》，王文静译，华东师范大学出版社，2004，第 18 页。

同愿景的认识,由此,使得其边缘性位置开始向着核心位置不断靠拢,一直到能够实现对活动的充分胜任。通过上述分析能够得出,整个参与过程,就是参与者身份的不断发展,最初为初级学习者,逐步成长为专家学习者。伴随着这种向心性的发展,实践共同体的成功代表了对熟手的替换。①

(3) 共享的资源 (a shared repertoire)

在为共同的事业不断奋斗的过程中,也逐步形成了一套资源——共享智库,其中含有惯例、符号、概念等资源,反映的是共同体在发展过程中所产生的,而后这些都成为对成员实践共同体构建产生影响的重要因素。这一智库并不是在零基础上建立的,而是在整个共同体的形成轨迹中逐步形成的,是具有一定连续性的。一方面,共同介入的历史能够从中反映,共同体的历史实践能够在其中得到体现,而且还会在新的情境中不断被使用,不仅能够对可能的意义进行限制,而且还能够为新意义的产生提供必要的资源。共同体成员不仅能够更好地对此进行利用,而且在后续共同体的发展中,还能够发挥作用。另一方面,共享智库不仅仅具有具体化部分,参与性部分也被包含在内,还可认为其使得很多经验更加明确化,在此基础上,也保留了很多固有模糊性②,模糊性代表了实践活动过程中包含的对新的意义所呈现的动态的和更具开放性的机会。在实践共同体中,通过有意义的互动的活动将个人知识与他人共享,通过反思和实践活动又不断创生出新知识,最终达成个人学习、团队学习与实践创新的良性循环。

共享的资源为成员的发展提供了所需的学习资源、成长资源,成员们将会以共同感兴趣的主题为中心,利用彼此都认可的工具,同时能够合理地进行分工,使认知的负荷能够在成员之间得以共同承担,实现实践中学习。

共同的事业、有效参与、共享的资源,构成了实践共同体成员学习、实践以及认同建构的三个要素,使成员意义协商的所在地与其他社会结构区分开来,成员的身份与其他群体也区别开来(见图1-3)。通过这三个要素,使众多个体能够凝聚起来形成共同体,并且这些要素还将决定成员身份。从

---

① 〔美〕J. 莱夫、E. 温格:《情景学习:合法的边缘性参与》,王文静译,华东师范大学出版社,2004,第19~20页。
② 赵健:《学习共同体——关于学习的社会文化分析》,博士学位论文,华东师范大学,2005,第83页。

该角度来讲，可以将共同体实践以及身份认同视为同一过程。①

图 1-3 实践共同体构成要素

3. 实践共同体的两种模式

（1）实体实践共同体

实体组织能够形成比较良好的合作氛围，成员可定期就相关问题进行讨论，成员间的交流与合作，有助于实践共同体的深层次发展。高校辅导员实践共同体更应该注重对实体组织的建设，确保能够形成交流顺畅、彼此信任的学习氛围。实体组织可以是自发的，也可以是相关部门总体规划组成的。自发的组织，是职业主体按个人的兴趣、爱好自动构成；相关部门总体规划组成的组织，是相关部门将职业主体按照不同的工作领域进行分组。

（2）虚拟实践共同体

现代社会信息技术快速发展，由此在网络信息技术基础上，开始发展形成了虚拟实践共同体，可以将其视为网络技术与实践共同体高度结合之后所形成的产物，目前对虚拟实践共同体并没有统一的界定，刘颖在硕士学位论文《区域教师虚拟实践共同体支持平台研究》中认为，虚拟实践共同体指的是从时空角度彼此分离的一群人，对某些事业具有共同的关注，或者说具有共同的兴趣爱好，而且能够利用网络信息技术来进行意见的交流与讨论，并且就经验进行分享，通过这种方式来得到身份认同与专业发展。刘颖还提出，尽管 Wenger 的相关研究是基于传统实践共同体进行的，但是在虚拟实践共同体中，这些结论依旧是适用的。②

虚拟实践共同体让区域内的资源实现跨区流动，成员们可以通过实践性知识的共享和交流，来开展各种实践活动，通过这种方式形成比较密切的联系，进而可组建形成虚拟实践共同体，通过这种方式来尝试对辅导员职业实践中发生的各种问题进行有效的解决，并且充分结合辅导员的日常工作以及生活环境等，在此基础上实现线上、线下的有效沟通，而且还能够通过这种

---

① 赵健：《学习共同体——关于学习的社会文化分析》，博士学位论文，华东师范大学，2005，第 69 页。

② 刘颖：《区域教师虚拟实践共同体支持平台研究》，硕士学位论文，西南大学，2013，第 11 页。

交流与反思机制使辅导员实践性知识得以不断提高。

(二) 采用实践共同体理论建构辅导员职业认同的主要原因

1. 实践共同体为保持辅导员职业群体成员同质与异质之间的张力提供平台

国内鲜见专门开设"辅导员"专业的高校(第六章第一节详细论述),"辅导员专业本身来讲尚未建立十分完善的知识体系,而且很多职业实践知识都是在其他学科的支持下获得的"①。有相当一部分高校在选聘辅导员时,会优先考虑本校专业与辅导员专业之间的对接性,而这就决定了高校辅导员在专业来源上是富有多样性的。表1-1为访谈对象的专业背景统计。

面对辅导员知识背景的多样性特征,需要对此进行整合,以确保职业主体同质性得以保持。而两级管理体制整合性乏力,势必对辅导员职业认同产生影响。通过辅导员实践共同体这种学习模式来鼓励、引导成员之间共同学习和成长,而且通过对问题的讨论和分析,从中获得有助于自身素质水平提高的知识,通过这种方式逐步形成辅导员这一职业的专业知识体系。不断丰富和完善的知识体系能够为辅导员学生工作的开展提供更加明确的指导,辅导员摸索的时间也能够得以缩减,推动其综合素质水平的提高。

认同侧重的是在实践共同体中,参与其中的教师能够因为其在追求上具有内部同质性,从而增强对群体的归属感,在这一过程中,个体成员之间进行着共同体知识的传递。② 辅导员学科背景复杂,两级管理体制整合性乏力。如果过于异质,那么是很难保证成员之间互动的充分性的,这就影响了共同体的发展速度。但在教师实践共同体中,具有一种平衡张力,在这种张力中,同质、异质都是存在的,伴随着相互介入过程的推进,新的同质性以及异质性都会产生。

> 我是学法学的,我们这些辅导员有的是学思想政治教育的,有的纯粹就是学管理的,还有的就是学经济的,有学历史的,我就说具有不同专业背景的辅导员对辅导员工作,对本职工作的一些影响,就准备是这么一个题目,你跟大家都说了,大家也在思考,就是说,你看我是学文学的,就像说中国人民大学那个辅导员,他本科、硕士、博士都是学文学的,到博士的时候,就是那个英美文学方向,他觉得他在当辅导员的

---

① 胡建新:《关于高校辅导员专业发展的若干思考》,《教育研究》2009年第10期。
② 张兰:《教师实践共同体建构研究》,硕士学位论文,西南大学,2010,第32页。

表1-1 访谈对象的专业背景统计

学校	辅导员	专业	学校	辅导员	专业
复旦大学	辅导员（FDDX：A）	历史	山西大学	辅导员（SXDX：A）	法律
复旦大学	辅导员（FDDX：B）	历史	北京邮电大学	辅导员（BJYD：A）	英语语言文学
华东师范大学	辅导员（HDSF：A）	地理	北京邮电大学	辅导员（BJYD：B）	经济管理
华东师范大学	辅导员（HDSF：B）	中文	中国政法大学	辅导员（ZGZF：A）	法学
上海交通大学	辅导员（SHJT：A）	法学	中国政法大学	辅导员（ZGZF：B）	思想政治教育
上海交通大学	辅导员（SHJT：B）	化学工程	北京理工大学	辅导员（BJLG：A）	机械电子工程
上海大学	辅导员（SHDX：A）	中文	北京理工大学	辅导员（BJLG：B）	艺术设计
上海大学	辅导员（SHDX：B）	设计艺术学	中国人民大学	辅导员（ZGRM：A）	思想政治教育
太原理工大学	辅导员（TYLG：A）	微生物	中国人民大学	辅导员（ZGRM：B）	历史学
太原理工大学	辅导员（TYLG：B）	思政	首都师范大学	辅导员（SDSF：A）	思想政治教育
太原科技大学	辅导员（TYKJ：A）	经济学	首都师范大学	学生处人员（SDSF：B）	思想政治教育
太原科技大学	辅导员（TYKJ：B）	教育学	东华大学	辅导员（DHDX：A）	通信
太原科技大学	辅导员（TYKJ：C）	音乐课程与教育学	中北大学	辅导员（ZBDX：A）	高分子化学
太原科技大学	辅导员（TYKJ：D）	教育学	中北大学	辅导员（ZBDX：B）	历史

工作当中，他有哪些有利的因素，有哪些不利的因素，那么他在实际工作中的应用，尤其用举例的方式，我们就能知道啊，他的哪些东西是有帮助的，他可能也有些困惑，有点棘手的东西，这样，我们就互相来提高选取不同的背景，这个还是大家在一块多交流、多沟通比较好，我们要有一个这样的氛围就挺好的。（辅导员 ZGZF：A）

这些异质性反映了在各个学习活动中，所处的起点将会是有差异的，对于存在异质性的个体来讲，将会在共同的兴趣引导下，逐步得以发展。通过这种共同体活动的积极参与，共同体活动的目标也将最终由成员共同决定，而后逐步建立起一套共享智库，形成共同体内部所独有的文化实践。"在这些基点的支撑下，实践共同体中相互介入的成员关系（membership）真正成为一种现实，它们构筑了共同体内部的同质性，使共同体内部具有一种强烈的感召力量。而且随着这种相互介入的过程，新的同质性也将不断产生，也包括新的异质性。"[1] 新来者会受到机构进行的专业性培训，而且彼此之间也将进行各种互动，通过这种方式来使这种同质性效果突出。"共同的仪式有助于成员间进行更加积极的沟通与交流，增强成员之间的感情互动，而且借助共同的宴饮，增强了成员关系的亲密性，并且使得共同体中的成员彼此互相认同，群体的归属感也得以大大增强，提升了整个共同体的凝聚力。"[2]

2. 实践共同体有利于弥补辅导员在现有两级管理体制下的归属感弱的缺陷

很多高校辅导员目前采取的是"两级管理体制"，这就导致了辅导员分散于各自的院系中，缺少沟通与见面的机会，彼此也无法说是熟悉的，感情交流更加无法实现。然而，辅导员不应当是孤独前行者，在共同体中能够为辅导员的成长提供丰富的资源，而且彼此可以就工作经验进行交流和互动，通过这种方式使辅导员之间可以进行更加有效的交流。

平时在学院工作时，就那么三两个辅导员，在空闲时间也会到学院其他办公室转转，但聊的无非衣服、孩子之类的话题。只有在开辅导员大会时，一下来了近100号人，才觉得我们的队伍如此庞大。此时才觉

---

[1] 张兰：《教师实践共同体建构研究》，硕士学位论文，西南大学，2010，第30页。
[2] 周嘉楠：《职业共同体视角下的高校辅导员职业化发展研究》，硕士学位论文，华东政法大学，2010，第50页。

得自己是有"组织"的。但好多人又不认识，相互交流也就是"表面上"的。（辅导员 TYKJ：C）

个人在实践共同体中会形成更强有力的结合和更紧密的关系，一个共同之处就是都含有"归属"意味，这就使得在其中生活的成员具有一种更强的归属感，而且安全感以及彼此的信任感也都会大大增强。鲍曼对此曾经提出，应当将共同体视为一个十分温暖的环境，是所有成员的归属、家，人们在这样一个场所中，彼此信任而且互相依赖。① 在共同体的帮助下，辅导员在面临复杂问题时不再感到孤独，成员借助彼此的力量，构建共同的事业意识，达成辅导员职业的共识，同甘共苦，休戚与共，能在活动中感受到归属感和荣誉感，并激发辅导员改进学生工作的热情和潜力，从而最终实现成员的自我价值和辅导员队伍的可持续发展。

3. 实践共同体为辅导员提供思想政治教育资源共享的平台

高校辅导员实践共同体实质上是一种思想政治教育的共同体，以共同的实践性思想政治教育为纽带把辅导员个体凝结在一起，在发展中彼此共享某种经验、感情与价值。"高校辅导员共同体为其成员个体提供了完成大学生思想政治教育工作、提升大学生思想政治教育实效性和有效性的智力支持和集体力量。"② 在实践共同体中，"学习的结构性资源具有十分丰富的来源，而且教育活动的开展也并非只是教育性的"③。

4. 实践共同体为辅导员的职业反思提供平台

周珂在其博士学位论文《中学体育教师职业认同研究》中指出："教学实践反思也是教师职业认同的重要来源。教师职业认同是一个动态的过程，教师在教学活动中，积累教学经验，逐步培养其自我的声音。而且还可结合自身的感情体验以及经历，对自己的职业认同进行反思。"④ 可见，反思对于职业主体发展的意义重大。

辅导员"重实践、轻反思"的工作常态造成很多辅导员工作流于表面，经验多，理论提升少，不仅影响思想政治教育的实效性，也影响辅导员职业认同的提高。"实践共同体立足于解决成人工作中遇到的真实问题，支持成

---

① 〔英〕齐格蒙特·鲍曼：《共同体》，欧阳景根译，江苏人民出版社，2007，第2页。
② 唐彬、诸东涛：《论高校辅导员共同体建设的可能性与困境》，《现代教育科学》2016年第3期。
③ 〔美〕J. 莱夫、E. 温格：《情景学习：合法的边缘性参与》，王文静译，华东师范大学出版社，2004，第42页。
④ 周珂：《中学体育教师职业认同研究》，博士学位论文，河南大学，2010，第152页。

人通过日常的社会实践学习和反思，目的性强。"① 实践共同体通过成员间的交流共享，解决工作中遇到的真实问题，并通过对工作实践的反思，发展实践性知识。将反思应用到工作中，检验知识的效用，同时增长经验。另外，职业主体发展最重要的是自我理解，通过个人的和实践的知识的反思，作为自我理解的职业主体也被提升到自主和反思的人的地位。实践共同体的作用如图1-4所示。

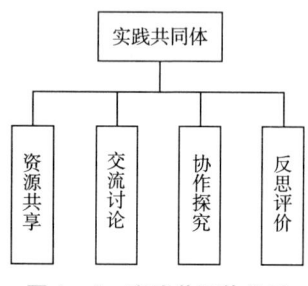

图1-4 实践共同体作用

三 自我认同理论

（一）自我认同理论概述

之所以会提出自我认同问题，主要是因为个人就生命意义进行的思考，它是个人一系列个性的统一，是个人区别于他人的整体标识。"使得'自我'、'认同'能够联系起来，逐步发展得到了'自我认同'这一概念，以对人们的行为、意识等进行解释，由此而逐步发展得到了自我认同理论，西方学者对此进行了很多研究，代表性人物如埃里克森、玛西亚、吉登斯等。"②

威廉·詹姆斯最早提出自我认同概念，他曾经利用性格来描述自己的认同感。"在精神的或伦理的态度上可以看清一个人的性格，在这种态度中，他有时会最深刻、最强烈地感到活力和充满生机。在这个时刻，仿佛有一个声音在内心呼唤：'这就是真正的我！'"③ 但是弗洛伊德提出，可将其视为

---

① 周跃良、曾苗苗：《生态取向下促进教师专业发展的新途径——构建教师虚拟实践共同体》，《教育信息化》（学术版）2006年第9期。
② 姚上海、罗高峰：《结构化理论视角下的自我认同研究》，《理论月刊》2011年第3期。
③ 〔美〕埃里克·H.埃里克森：《同一性：青少年与危机》，孙名之译，浙江教育出版社，1998，第5页。

个人对另一人或者是团体价值等进行的模仿，以内化成为自己的行为模式，可以将认同视为个体与他人之间产生情感联系的最初形态。①

被称为"同一性之父"的埃里克森提出，"在整个生命周期中，个体经历的人格发展阶段合计有八个，核心是自我同一性，而且发展的实现也是在具体环境中进行的。并且个体在不同的生命阶段，面临的发展任务也将是有所差异的，都是矛盾主体，包括勤奋对自卑、亲密对孤独等。但是获得了积极性也表明，在该阶段，个体实现了其基本发展目标，实现了自我同一性的重构，而且还能够为其后期的发展提供一定的基础，反之将会导致同一性的危机"。②

玛西亚对该观点表示了赞同，而且在此观点基础上进行了更进一步的研究，基于承诺、探索两个变量界定了自我认同。指的是青少年在探索的过程中，所逐步形成的个体角色以及个性感，包括对自我理想的投入等。而且还为此设定了结构指标，包括内在的、结构的、可观察行为的寻求等。③ 此外，通过实证手段对自我认同展开了研究，基于此，她还提出同一性存在四种状态，包括成就型、弥散型等。④

社会学家吉登斯从现代性的反思性出发，认为"自我认同是自我结合个人的成长经验和成长经历逐渐塑造和形成的，它并非个人的某种单一特质，而是多种特质的组合，认同依旧是具有连续性的，并且不受时空限制，而且自我认同可视为行动者反思解释行为的连续性"。⑤ 其通俗意义就是个体形成个人的自我认同并不是与生俱来和不可改变的某种天性，而是在与他人和社会的互动过程中形成的。它不是静止的，而是在动态的过程中形成的，伴随着个体的社会经验增加和个人的成长与社会的互动不断变化发展。因此，"在认同努力中，其中心是我要成为谁，通过这种方式可以将认同建构主要的动力要素系统性地刻画出来。这些要素之间是具有时空分离性的，或者是

---

① 〔美〕埃里克·H. 埃里克森：《同一性：青少年与危机》，孙名之译，浙江教育出版社，1998，第6页。
② 〔美〕埃里克·H. 埃里克森：《同一性：青少年与危机》，孙名之译，浙江教育出版社，1998，第79~127页。
③ J. E. Marcia, A. S. Waterman, D. R. Matteson et al., *Ego-identity: The Handbook for Psychosocial Research* (New York: Open University Press, 1993), pp. 1-21.
④ 郭金山：《西方心理学自我同一性概念的解析》，《心理科学进展》2003年第2期。
⑤ 〔英〕安东尼·吉登斯：《现代性与自我认同》，赵旭东、方文译，三联书店，1998，第58页。

抽象性的"。① 但是自我属于能动行动者，正在进行反思性重构。由此，自我认同逐步成为自我进行的反思规划，使得在这种不仅有机遇还有风险的语境中，行动者可以利用日记、自传等方式，实现对个人经历的建构、修正。在这一过程中，设定的内在参照为个体生命轨迹，而且还保持了道德的本真性。自我认同因此是生命历程中不间断的认同努力的成就和事业。

（二）自我认同理论的基本观点

1. 自我认同危机

（1）自我认同危机产生的原因

第一，不确定性造成自我认同危机。

"一切固定的僵化的关系以及与之相适应的素被尊崇的观念和见解都被消除了，一切新形成的关系等不到固定下来就陈旧了。"② 在现代社会，现实的不稳定性与人自身追求确定性、规定性和一致性的认同之间形成了一对张力，从而使得现代性认同处于一种反复构建以及破裂的过程中。③ 杜威对这种不确定性进行了讨论，而且提出人们并不是对这种不确定性不喜欢，而是对这种不确定性导致的可能使我们遭受的伤害感到反感。④ 泰勒提出，对于现代社会的危机，能够将其都归结为认同危机，一种缺乏方向感的形式，人们无法对此进行表达，也可将其视为极端的不确定性。⑤

第二，无所不在的制度操纵造成自我认同危机。

制度具有规范性和程序性、鞭策性和激励性、指导性和约束性等特点，但繁缛的制度又影响制约着自我认同。现代社会学认为"个体能够感受到外在的侵蚀力，而自己却无法超越，那么对于个体来讲，会处于一种动荡且无助的环境中。在无力与占有划分的另一极是万能。与所有的人格病症一样，这是一种虚幻的状态"⑥。"因为社会中充斥着很多的制度，以及一些程序化

---

① 〔英〕安东尼·吉登斯：《现代性与自我认同》，赵旭东、方文译，三联书店，1998，第22页。
② 《马克思恩格斯选集》（第1卷），人民出版社，2012，第403页。
③ 赵翠兰：《精神追寻：农民工子女的语言与自我认同》，博士学位论文，南京师范大学，2011，第16页。
④ 〔美〕约翰·杜威：《确定性的寻求：关于知行关系的研究》，傅统先译，上海人民出版社，2005，第5页。
⑤ 〔英〕安东尼·吉登斯：《现代性与自我认同》，赵旭东、方文译，三联书店，1998，第73页。
⑥ 〔英〕安东尼·吉登斯：《现代性与自我认同》，赵旭东、方文译，三联书店，1998，第228页。

的作业流程，而这些都对个体的创造性产生了影响，使其创造性越来越多余；个体作用是具有局限性的，即在制度限定下来实施某种已然既定的程序。"① 结果是"教师疲于应付……享受不到自我存在的价值和意义，教师自我认同的表达苍白而无力"②。

（2）自我认同危机的表现

第一，主动或被动地选择消极承受。

认同危机说明个体对社会缺乏归属感，也就是说，个体对自我认识是不够清楚的，个体在与社会进行互动时，是处于相对被动的状态的，还可将这种状况进一步划分为个体人生意义的失落或者是人格的分裂。③

因为缺乏自主性，个体理性会发生离场。而在实际中，因为缺少自主性，主体具有的思维能力被削弱了，导致其生存境地更加被动，削弱了其理性。④ 个体往往会陷入无助之中，身份感也会逐渐失去，由此导致了认同危机。

第二，自我迷失。

自我认同危机一般可表现为个体对自身身份缺乏清楚的认识，而且存在焦虑，并且已对个体正常生活产生影响。现代社会发展十分迅速，对于如何界定个体认同、社会认同并没有十分明确的指标，这就导致了相互背离问题是十分容易发生的，并且在这种背离驱动下，还会使个体自我身份感不断削弱，导致其自我价值感迷失，从而导致了自我认同危机。很多当代人陷入了这种认同危机中，即便是可以说出"我"，也无法准确地把握和界定"我"。⑤

第三，主体异化。

个人自我的异化是马克思的异化理论中一个很重要的部分，而自我异化则是阻碍自我认同的最大障碍。"劳动异化会使得人异化，而从现实角度分析，人的异化表现为丧失了个体自我，当对这种体验进行深入反思时，自我

---

① 杨国荣：《理性与价值——智慧的历程》，三联书店，1998，第81页。
② 邵会、王坤庆：《现代性视域下教师自我认同的两难困境及其超越路径》，《贵州师范学院学报》2015年第5期。
③ 陈新汉：《自我评价论》，上海人民出版社，2011，第138页。
④ 李静：《现代性视域下的自我认同研究》，硕士学位论文，山西大学，2014，第17页。
⑤ 王成兵：《当代认同危机及其重建》，《北京师范大学学报》（社会科学版）2004年第4期。

认同危机就产生了。"① 对主体来说，劳动是外在的东西，也就是说，是不属于他的本质的东西。马克思在《1844年经济学哲学手稿》中这样描述："在自己的劳动中不是肯定自己，而是否定自己……而是使自己的肉体受折磨、精神遭摧残。"② 故此，从本质而言，主体异化表示的是在自我认同上产生了矛盾，即价值理性与工具理性并不是完全一致的，目的与手段在关系上发生了颠倒。

2. 自我认同建构的条件

（1）主体及主体性是自我认同的建构基础

马克思提出，只要是存在某种关系，那么这种关系必是因为我存在的。③在认同形成的过程中，个体发挥着主体作用。"一方面个体与主体之间具有的天然关系能够得以反映，而且还能够反映出在整个过程中，处于施动者地位的是个体，能够将与认同相关的要素进行有效的整合，并且为认知形成提供服务。"④ "自我具有的主体性能够从自我认同的目的以及标准中得到体现。"⑤

之所以进行自我认同，是为了使自我身份向着中心趋近。"主体性指的是人的主体作用，在个体就自身与其他物、人之间确定主客体关系时，这时候他的人性构成了其主体性。"⑥ 自我认同的获得实际必须通过主体主观体验从而获得一种自我同一感。因此，自我认同的建构过程是人类发挥特有的主观能动性的过程。

（2）自我认同需要在共同体中建构

哈贝马斯提出，为了实现对自我认同危机的有效消除，唯一的解决方法就是使个体能够处于交往共同体中。只有在这种集体生活中，个体才能够稳定存在，自我实现以及主权发挥才有可能实现。⑦ 桑德尔对此持有类似的观点，个体的社群将会影响到自我认同的形成……个体自我目的的实现也并非

---

① 孙海霞：《在劳动中实现自我认同——读〈1844年经济学哲学手稿〉札记》，《山西农业大学学报》（社会科学版）2013年第7期。
② 马克思：《1844年经济学哲学手稿》，人民出版社，2000，第54页。
③ 《马克思恩格斯选集》（第1卷），人民出版社，2012，第160页。
④ 韦岚：《社会转型视域下的个体自我认同研究》，博士学位论文，上海大学，2013，第47页。
⑤ 崔新建：《文化认同及其根源》，《北京师范大学学报》2004年第4期。
⑥ 李德顺：《价值论》，中国人民大学出版社，2007，第51页。
⑦ 〔德〕哈贝马斯：《后形而上学思想》，曹卫东、付德根译，译林出版社，2001，第213页。

独立进行的，是需要与他人共同追求而实现的。而这些都构成了自我本身重要的组成要素。① 第拉勃（Dillabough）也指出，"自我产生于与同等社会地位的人和不同的'职业人'的复杂而有意义的社会交互作用"②。

共同体是实现自我本真性的必要条件，自我意识的形成是自我认同的关键因素，而这种自我意识是在社会关系中得以发展形成的，自身确定性也要求在共同体中得以发展。泰勒指出"一个人只有在其他自我之中才是自我，不参照他周围的那些人的情况，自我是无法得到描述的"③。"关于自我认同，并不是在孤独状态中炮制出来的，而是通过对话协商的方式来实现的。"④ 因此，共同体是主体作为意义系统生长的原始沃土，个人不可能离开作为意义系统的共同体而建构自我认同。

（3）建构自我认同需要合理的评价标准

为了实现对个体人生意义的正确追求，个体需要设定合理的评价标准，包括物质方面的也包括精神需求方面的。通过进行自我评价，个体能够实现对自身需求和实现可能之间的有效权衡以及合理判断，就此对意义追求进行或肯定或否定的评价。

"但是在这一追求过程中，个体经常会受到外物的影响，而使得其无法准确判断意义追求是否与自身发展相符，也就无法对个体自身进行真实的反映，这就使得个体在进行意义追求时，会遇到挫败。"⑤ 甚至"当人被欲望所支配的时候，除了欲望所指向的目标之外什么也看不到，甚至会忘记人的存在本身"⑥。导致个体自我在回答"我对于我的意义"时，不能通过对社会的贡献和与社会公共价值的一致来肯定自我，而这种个体的生存状况就引发了个体自我认同危机。

合理的评价标准会引导个体自我发挥理性认知的作用，避免将物质需求视为唯一的衡量标准，抑或是将精神需求过度放大。否则，个体自我认同危

---

① 俞可平：《社群主义》，中国社会科学出版社，1998，第58页。
② J. A. Dillabough, "Gender Politics and Conceptions of the Modern Teacher: Women, Identity and Professionalism," *British Journal of Sociology of Education* 20, 3 (1999): 373-394.
③ 〔加〕查尔斯·泰勒：《自我的根源：现代认同的形成》，韩震等译，译林出版社，2001，第48~49页。
④ 〔加〕查尔斯·泰勒：《承认的政治》，载汪晖、陈燕谷主编《文化与公共性》，三联书店，1998，第294~295页。
⑤ 韦岚：《社会转型视域下的个体自我认同研究》，博士学位论文，上海大学，2013，第72页。
⑥ 和什格图：《存在与价值》，人民出版社，2011，第91页。

机中膨胀的"物化"需要以及放大的精神需要将会导致其陷入窘境之中。

（4）"去个人化"并不是认同的丧失，而是认同的转换

认同，更加重视个体的内化，即在个体对自身进行归类时，对群体做出的选择。不管是归类还是内化，作为主体对应的职责与义务，个体都必须能够承担，而且能够使个体主体特质发生转化产生个体行为。① 个体通过自我归类，虽然不能避免使自身个性部分丧失，但这些都为内化社会整体特征创造了可能，然而，特纳对此提出，应当将这种"去个人化"视为一种认同的转换，而非失去。②

3. 自我认同的建构维度

（1）自我认知

自我认知主要是指主体对某种状态的觉察、知晓和理解，而不包括主体对这种状态加以承认、接受的意涵。而"认同"所强调的正是这种承认与接受，意味着主体不仅对自己的状态具有清楚的意识，而且还认可与接受。所以，承认、接受是以觉察、知晓和理解为基础的，正确认识自我是形成良好自我认同的基础。自我认同是在个体与社会及其文化的互动过程中展现自身主体性的一种实践活动。换言之，"自我认同可视为个体对其生存现状与自我之间进行的一种观照"③。

米德曾对如何理解自我提出了如下观点，除非能够将个体视为自身的对象，否则反思意义上的自我是很难实现的。④ "自我的轨道是连贯的，来自自身对生命发展中各阶段的体会和认识。所有外在事件或制度只是'模糊的背景'，与之相对，仅仅生命周期具有形式，并且以清晰的方式被辨别出来。"⑤

自我认知属于个体就自我现在性的把握，或者是将自己视为观察对象得到的结果，以此来把握自己，故此，自我认同是建立在深入的自我认识基础之上的，而这也是自我认同得以构建的基本保障。

---

① 韦岚：《社会转型视域下的个体自我认同研究》，博士学位论文，上海大学，2013，第47页。
② 〔澳〕约翰·特纳等：《自我归类论》，杨宜音等译，中国人民大学出版社，2011，第218页。
③ 李静：《现代性视域下的自我认同研究》，硕士学位论文，山西大学，2014，第4页。
④ 〔美〕乔治·H. 米德：《心灵、自我与社会》，赵月瑟译，上海译文出版社，2005，第112页。
⑤ 〔英〕安东尼·吉登斯：《现代性与自我认同》，赵旭东、方文译，三联书店，1998，第86页。

（2）自我反思

基于自我认同的观念，要求增强对自我把握的反思，这是由于在该过程中作为主体的我对客体对象我进行反映，而且还会随着个体与他人的交往而逐步形成一种相对完整的自我认识。"自我认同指的并不单单是具有连续性的个体行为系统，被给定某种东西，还包括在进行反思性活动时，个体被惯例性的得以创造的某些东西。而且自我反思，使得身体构成了行动的必要部分，此时身体不单单是被动客体，还是体验的主体，这是由于为了使得自我连贯得到一个整体性需要借助这种手段，唯有如此才可能说：这是我生命的地方。"① 因此，对于"我"来说，自我认同不仅仅是个体在实际生活经历中的一种客观上的连续性，更重要的是它是在自我反思过程中的一种主观认识，也就是一种主观建构。

自我认同的形成越来越成为反思过程的一部分被探索和建构。根据奈斯（Nias）的观点，"'认同'构成部分的'自我'。通过反思，一个人获得他的认同，而这种认同影响着自我。"② "正是在这个对自我的把握过程中，才会逐步产生认同的需要以及可能性，即要求个体能够基于自身角度来对面临的问题进行思考，实现对自我整体表现的合理把握。"③ 因此，不仅产生于个体的反思性基础上的自我意识，建构着个体的自我认同，而且产生于反思性基础上的个体与他者的社会关系，也影响和建构着个体的自我认同，甚至个体的自我认同实现于个体反思性的实践活动中。

（3）自我整合

认同往往会呈现"异质性的、流动性的和微妙的状态"④。整合性指的是对于现代人来讲，其认同中是应当具有某种整体感的，指的是个体与整体之间具有的整合关系，这种关系是具有动态特征的，主要是为了使他者能够有效融入自我。

生命轨道受到自身发展线路的影响，而后者是具有内在参照性的，也是在自我发展中，对生活实践进行的高度整合，而后在此基础上发展形成了个

---

① 〔英〕安东尼·吉登斯：《现代性与自我认同》，赵旭东、方文译，三联书店，1998，第58、87页。
② 张敏：《国外教师职业认同与专业发展研究述评》，《比较教育研究》2006年第2期。
③ 韦岚：《社会转型视域下的个体自我认同研究》，博士学位论文，上海大学，2013，第99页。
④ R. G. Dunn, *Identity Crisis: A Social Critique of Post Modernity* (Minneapolis: University of Minnesota Press, 1998), p. 28.

人信仰体系，使个人能够通过这种方式获得对自身的第一忠诚。基于个体重构的角度分析，最为关键的参照点都是"来自内部"的。① 因为每个个体对自己的过往、当前以及未来具有的体验是不同的，需要将这些体验高度整合起来，通过这种整合能够达到自我同一性，以使个体具有的生活目标更加明确，对于现在的重视程度也将大大提升，能够以更加积极的姿态来面对未来的发展，而且能够将当前发展与过去联系起来。"故事能够为自我创造更大的连续性，通过一个完整的故事，我们能够更好地分析出现在的你是如何从过去的你成长起来的，以及未来的你将会如何发展。通过故事能够实现对过去的重构，而且更好地体验现在，并且对未来充满期待。故事表示实现了自我的高度整合。"②

对于自我整合，一方面可以将其理解为个体内部的统一，另一方面还可将其理解为使自身需求能够切合社会要求，整合反映的是能够将多样性、差异性等容纳其中，而且能够在众多因素中实现统一。这种认同的整合性，要求能够以核心认同来实现对边缘认同的接受和容纳，不仅要求能够用当前已有的认同来实现对新认同的接纳，还要求能够利用新的认同实现对旧有认同的改革与创造。通过这种方式，使认同的稳定性得以保持。③ 故此，自我同一性涉及了个体主体与客体之间的整合，以及个体与社会的整合等，基于该角度而言，能够将认同视为对自我的有效整合。

(4) 自我提高

对于现代社会来讲，自我认同反映的不单是个体能够结合自身经历来进行反思以认识自我，还指的是在内在参照系中，个体能够以理想自我为中心，使自己的能动性充分发挥，借助自身资源实现对自我的有效重构。④ 从这个层面来说，自我提高其实是自我认同中的社会性特征的体现。类似于桑德尔所持有的观点，在某种意义上，个人所处的社群，可以视为个人自我认同的一部分。自我目的是无法独立实现的，是需要和他人一起追求，作为共同理想才能够实现的。因此，在自我中，这些共同理想也属于其中重要的构

---

① 〔英〕安东尼·吉登斯：《现代性与自我认同》，赵旭东、方文译，三联书店，1998，第91页。
② 马一波、钟华：《叙事心理学》，上海教育出版社，2006，第1~2页。
③ 王成兵：《当代认同危机的人学解读》，中国社会科学出版社，2004，第95页。
④ 李慧敏、雷庆：《由"教化"到"内生"的教育——探求安东尼·吉登斯自我认同理论的教育意义》，《教育研究与实验》2006年第1期。

成因素。①

自我提高指的是主体通过自身体验以及各种经历，使得在实践中能够将自己的知识、技能等进行有效的归纳，而且能够将这些技能在生活中进行灵活的运用，同时还能够不断改进与优化，该过程的实现指的是主体综合自身特征来就体验、收获等进行反思、整合、合理调动，以实现更加自律、自主的持续性发展。

(5) 自我实现

"自我实现指的是个体借助实践活动，使得自身个性能够得到培养，自身能力得以提高和发展，以更好地满足社会发展需求，从而使其人生价值得以实现。"② 该过程要求进行时间控制，"在与时间进行对话的基础上完成自我实现，主要是由于不管在哪一时刻，这都是生命趋于饱满所必需的"③。或者说，也可将自我实现过程，视作生活未来可能的轨迹，能够体现出主体对生命进程的把握以及进行的自我设问。因此，对于人的自我实现，其实就是不断成长、发展的过程，④自我认知以及自我审视这些能力构成了自我实现的基础，是个体最高需求能够得以满足的必备能力。通过挖掘该潜能，能够引导个体来审视自身，并且对自身认知实施积极的引导。

自我认同对应的最高维度就是自我实现，假如将自我实现视为不断反思、整合进而提升的过程，那么该过程是需要外显于实践中的，而且对应的结果也要能够使认知、情感实现外化。在实际中，个体将会通过多种方式来对自身存在的意义进行思考，包括对社会而言，自身的价值等，以此来明确其价值取向，在此基础上开展活动，使自身价值得以实现，以此方式来使自我与社会具有统一的价值取向。

(三) 采用自我认同理论建构辅导员职业认同的主要原因

职业认同跟个体生活的一个方面相关，因此是个体全部自我认同的一部分。蔡辰梅、刘岩认为"教师是一种以主体自我为工具的职业，其自我认同

---

① 俞可平：《社群主义》，中国社会科学出版社，1998，第58页。
② 马捷莎：《论人的自我实现》，《黑龙江社会科学》2007年第1期。
③ 〔英〕安东尼·吉登斯：《现代性与自我认同》，赵旭东、方文译，三联书店，1998，第87页。
④ 王德军：《人的自我及其实现》，《浙江社会科学》2006年第6期。

对于职业生活具有基础性价值"①。辅导员作为高校的德育教师，其自我认同对职业认同的建构也至关重要。

1. 辅导员职业认同建构中自我认同层面存在的问题

（1）辅导员职业主体意识缺失

在当前社会就业普遍困难的大背景下，一些高校毕业生在就业的大浪淘沙中因为进入不了高校教师队伍才转而考虑去当辅导员，对高校辅导员工作毫无了解，更谈不上热爱，一般抱着"先就业，后择业"的心态来到了辅导员的岗位，往往视其职业为"过渡性"岗位，职业主体意识淡薄；高校也没有给辅导员提供更多的素质培养和提升的机会，导致高校辅导员职业主体意识无法正确树立。

"如果个体对自身缺乏充分的自我意识，那么是不会意识到认同问题的，在这种情形下，他的生命属于没有主体构建的自然释放，或可能是因为他是没有反思意识的社会传统的被动延续者，因此，他的生活属于社会要素，而非经过个性自我设计之后所得到的结果。"② "一个人越有自我意识，就越能变得既有自发性又有创造性。"③

（2）辅导员自我发展与职业发展分离导致自我连续性的中断

通过分析能够发现，高校辅导员具有十分突出的"过渡性"特征，部分辅导员并没有将该工作视为长期工作，而是将其作为短期工作，因此，这类辅导员努力工作并不是为了能够成为这一领域的专家，而是为了能够早日从这一岗位上调离，而转向教师岗位或者是行政岗位。在这种双线晋升机制下，辅导员努力工作的目标是早日不在该岗位上，因此，这种晋升的成功意味着辅导员职业主体的解构，导致辅导员自我发展与职业发展分离。刘孝菊、王向东提出，就我国来讲，辅导员这一职业是具有较大的流动性的，有些高校辅导员岗位是专门为专任教师准备的热身岗位，因此，专职辅导员多数并没有将其精力放在辅导员岗位上，更多的是希望通过该岗位来实现其转岗目标。很多优秀的辅导员往往会选择转岗，导致辅导员工作保持在相对较低的水平上。④

---

① 蔡辰梅、刘岩：《变革社会中教师自我认同的资本困境及其突破》，《教师教育研究》2014年第4期。
② 韩震：《现代性与认同问题的思考》，《学习与探索》2004年第6期。
③ 〔美〕罗洛·梅：《人寻找自己》，冯川、陈刚译，贵州人民出版社，1991，第79页。
④ 刘孝菊、王向东：《高校辅导员职业倦怠的深层归因与系统消解》，《中国电力教育》2011年第16期。

辅导员职业具有的流动性，意味着个人的成长，但大多数时候意味着高校辅导员整体职业发展的停滞或倒退，不仅使辅导员职业失去了稳定性和连续性，而且使作为职业主体的辅导员专业成长的连续性遭到破坏，"在这种断裂式的生活中，个体自觉性的反思机制无法使得历史经验与动态变化环境之间实现有效的衔接，即每一次的流动并没有得到一个稳定的心理图式，这就导致了很多问题都存在模糊性，包括我到底是什么样子，以及未来将会发展成什么样等等，都是比较模糊的"①。

（3）辅导员职业主体异化

辅导员自我发展与职业发展的分离，将辅导员职业主体推向"异化"的境地。辅导员的角色往往会发生缺位、错位、越位等现象。"随着主体的不断发展，因为自身的实践活动将会衍生出自己的对立面，而后，还可以将这种对立面视为一种外在、异己的力量来对主体自身产生影响。"②

> 我工作的最大成就和辅导员没关系，我最大的成就就是有幸评上了化学专业的副高，这是我这14年以来最大的成就，这么多年，其实很多的精力都投到上博士评职称这些方面了，评完职称了，我也经常想这个问题，就是在这个辅导员工作里面做出什么相关的个人成绩呢？……我觉得在学生工作方面遗憾挺多的。（辅导员 ZBDX：A）

> 我觉得是自己想把它做好，但就是各方面的事情，本身不属于辅导员来做，岗位职责之外的事情确实太多，而且很多东西是你无法拒绝的，你就是说疲于应付各种事情，我感觉我最大的愧疚是很少有时间真正坐下来，静静地去关心我现在带的学生。这一点是我觉得现在自己做得不太成功的。（辅导员 DHDX：A）

辅导员职业主体的异化，不仅有政策、高校管理等方面的原因，也有辅导员自身方面的原因，因为辅导员的素质水平并不一致，部分辅导员对学生工作的认识不够全面，而且也未形成清楚的认识，缺乏必要的知识积累，在主观上也缺乏做好学生工作的积极性，这就导致了辅导员对学生工作采用的处理方法不够妥当，并存在工作错位、缺位等问题，使得辅导员在思想政治教育方面的功能逐步弱化。对于异化中的人，不可将其视为创造者，他的活

---

① 赵翠兰：《精神追寻：农民工子女的语言与自我认同》，博士学位论文，南京师范大学，2011，第68页。

② 王若水：《在哲学战线上》，人民出版社，1980，第469页。

动是被动的，在外界环境驱动下而进行的。①

（4）辅导员自我发展方向迷失

"我们的认同，是某种给予我们根本方向感的东西规定的。"② 双线晋升虽然使高校辅导员在政策文件的定位上将两重身份角色融合起来，但是在具体的工作场景中，学校教师以及行政干部，两者在行为模式方面是存在区别的，而且有时候还会产生冲突，辅导员必须进行有效的调和，而且哪重身份才是主要身份，也需要辅导员自己去取舍，有时由于主客观条件的限制，辅导员在晋升发展方向的取舍上出现迷茫，甚至会产生职业认同危机。

> 双线晋升，我觉得利弊参半吧，利就是你的可选择性大嘛，我又是管理又是教学，又能上课又能搞管理啊，但是弊的话就是因为你有选择，然后就可能摇摆不定。有两个选择，大家就不能专注地投入一个方向。这样的话我觉得辅导员职业发展是受影响的，要不你给它定位是管理，要不就是评职称……如果从好的方面来说，其实也挺好的，毕竟有一小部分辅导员，确实评职称了，但是大部分的辅导员就是因为有这样的两个选择，反而在职业规划的时候，可能受到影响，要不很多辅导员，看不到前景，就转岗去搞教学去搞科研，要不然的话，我就一门心思好好搞管理……这样一种摇摆不定，我觉得其实也是利弊参半吧，辅导员出口多了理论上是好的，但是只是在这个过程当中可能大部分人去选择的时候，还是比较受影响的。（辅导员 ZBDX：B）

个体在进行自我实践的过程中，当面临多种选择时，就会在心理上产生怀疑感和焦虑感，认同很容易陷入迷失的泥潭。自我主体的迷失一方面源于外界参考体系的变化，另一方面源于社会环境的压迫而变成缺乏批判、反思和建构能力的人，从而迷失了自我。"贝逊·弗里丹写得很清楚，她对个人认同感觉十分不安，这是因为现代社会妇女具有更多的选择。正是这些选择使妇女们看到现代文化并不会满足她们基本的发展和充实她们作为人的潜能的需要。"③

---

① 韩金华：《论现代社会中人的自我矛盾与自我和谐》，《黑龙江教育学院学报》2009 年第 3 期。
② 〔加〕查尔斯·泰勒：《自我的根源：现代认同的形成》，韩震等译，译林出版社，2001，第 39 页。
③ 〔英〕安东尼·吉登斯：《现代性与自我认同》，赵旭东、方文译，三联书店，1998，第 254 页。

2. 自我认同理论为辅导员在个体层面职业认同的建构提供理论依据

（1）自我认同理论有利于辅导员职业发展上自我反思意识的觉醒

"自我的反思是持续性的，而且是时时刻刻都存在的，在每个时刻，或者说是在某些规则的时间间隔中，将会结合当前进行中的事件来进行自我质问。"① 通过进行职业反思能够帮助增强对实践活动的有效指导，以避免发生偏离问题，而且还能够帮助实现理念以及思想的内化，行为上的弊端也能够得到有效克服，同时还能降低职业倦怠。因此，职业反思行为不仅对辅导员职业成长的意义非凡，而且有利于辅导员职业认同的构建。不管是基于哲学意蕴，还是基于系统发展这一视角，认同是无法脱离自我的，需要以此为原点进行积极的反思性理解，而且应当在此基础上对认同的内涵进行界定。②

现实工作中，辅导员不仅在思想上、心理上缺少进行职业反思的动机，而且也不具备反思的行为和职业反思的能力。"结合实践工作能够发现，超过50%的辅导员认为自己比较或完全做不到定期职业反思，而且在对一位B大学的辅导员进行访谈时，他十分坦诚地说，对于部门分配的任务能够及时、按期地完成，随后还需要对各种学生状况进行处理，这已然使得他全部的精力都消耗殆尽了，没有精力，也没有时间去思考如何提高工作水平。"③

（2）自我认同理论有利于辅导员推动职业发展意识的觉醒

辅导员职业意识的现代培育不只是一个从外部进行教育的问题，伴随着辅导员队伍的不断壮大，辅导员职业化的发展越来越突出，辅导员的职业意识在逐渐自觉，故此，应当充分调动辅导员自身在职业发展中具有的主观能动性，使其在职业发展中，能够更加积极主动地实施职业发展行为。

当前，很多高校的辅导员职业发展都是一种外在的、自上而下的模式，对于辅导员的职业发展，教育部以及高校对此都分别建立了评估机制，对其职业发展进行评估与规划，然而，在这种机制下，辅导员的职业发展是一种被动状态，辅导员自身对此并没有很大的话语权，这就对辅导员职业的持续发展产生了较大影响。因此，必须使辅导员自身意识到职业发展的重要性，调动其内在动力，使辅导员能够对自己的行为和理念进行积极的反思，以实

---

① 〔英〕安东尼·吉登斯：《现代性与自我认同》，赵旭东、方文译，三联书店，1998，第86页。
② 韦岚：《社会转型视域下的个体自我认同研究》，博士学位论文，上海大学，2013，第89页。
③ 张立鹏：《应然·实然·适然：我国高校辅导员角色的三维考量》，博士学位论文，河北师范大学，2015，第137页。

现自我的不断调整和改进，推动实现持续、稳定的职业成长，即要使辅导员形成自觉的职业发展意识，使其内在驱动力驱动其进入自觉发展的阶段。

（3）自我认同理论有利于辅导员积极改变职业发展环境的意识觉醒

当前，对辅导员职业环境的改变主要通过两种方式。一种是自上而下的方式：国家主要从大学生安全、稳定的视角来考虑大学生思想政治教育具有的重要意义，从该角度出发实现对思想政治教育主体之一，即辅导员的职业环境（教育部令 16 号文件、24 号文件及其修改）的改善。另一种是自下而上的方式：主要通过辅导员"逃离"辅导员职业（辅导员职业流动），"迫使"决策者改变辅导员的职业环境。

访谈中，很多辅导员提到"自己总是承担不属于自己职责范围内的事"，"辅导员的利益没人维护"。但当被问道"为什么自己不维护自己的利益？"时，大部分人的反应就是辅导员是弱势群体，没有办法维护自己的利益。

> 在高校，以科研和教学为主，辅导员属于弱势群体，和组织叫板难道不想干了吗？学术能力强的教师，学校自然高看，他们的职业发展环境也好，如果学校环境不好，他们可以跳槽到职业发展环境好的学校。有的辅导员虽然也干的时间长、有经验，但你不就是一个老辅导员吗？有高校挖科研人才的，哪有挖辅导员的？你要觉得工作不好，可以想办法转岗嘛！（辅导员 ZBDX：B）

2015 年 5 月，山西省教育厅为改变辅导员所处的发展环境，有效解决辅导员职业发展中遇到的职称评聘和行政职级待遇问题，使辅导员队伍稳定性得到提高，起草了《山西省高等学校辅导员队伍建设管理办法（讨论稿）》，面向高校征求意见。然而，自征求意见后，到目前为止，再无后文。辅导员们只是每天被动期盼着自己职称评聘和行政职级待遇问题得到解决，从来都不会主动去推动或改变自己的职业发展环境，如果觉得职业发展环境不好，大多采取转岗的办法。"如果个体处于一种被动处境中，或者是被外力所束缚，那么整个的行动目的包括其意义，都会很难符合原有的愿景，而是很可能会发生背离，即便是个体尝试改变这种局面，可能会因为自身资源有限，或者是缺乏相关条件，而使得改变是十分微小的。故此，为了使得个体意图能够得以实现，应当能够发挥一种主动精神，使得自身摆脱这种被动情形。"[1]

---

[1] 韦岚：《社会转型视域下的个体自我认同研究》，博士学位论文，上海大学，2013，第 77 页。

面对工作中、体制中存在的问题和不足，辅导员应当以更加积极的态度来应对，结合自身实践，进行调研和分析，明确其中的问题，并且就如何解决提出针对性的解决方案。成立辅导员协会等组织，代表广大辅导员组织和开展包括提升辅导员的社会地位、提高工资薪酬和福利待遇以及拓宽职业发展渠道等在内的维护辅导员各项权益的工作。吉登斯提出，在现代社会中，很多人会陷入一种无意义感的困境之中，个人应当利用积极的反思来实现对周围生活环境的有效控制，并为自我实现提供更加稳固的物质背景，而且面临命运选择等问题时，应当能够结合自身的生活经验，使自身生活原则和外部环境之间达到一致。①

（4）自我认同理论有利于辅导员职业自我规划意识的发展

为了能够推动辅导员的稳定发展，使队伍的职业化水平得到提高，高校应当对此进行详细的规划，同时确保制定的计划能够有效实施，然而，这并不代表辅导员是无须进行职业规划的。对于部分规划意识不强的高校，辅导员对自身职业发展必须更加重视，这将会有助于其人生价值的实现，而且也是其责任意识的体现。如同泰勒所坚持的观点，为了使自我感能够得到充分保持，我们应当明确自己到底来自哪里，未来将要去向何方。②

> 我从入职到现在已13年了，入职10年的时候，还没准备教师资格证，也没发表过文章，我属于"没想明白"的。去年开始，我才觉得自己该评评职称了，是有些晚了。主要是我个人没有规划的理念，也没有规划的远见，就一头闷在跟学生打交道上，还是没有自我规划的意识吧。（辅导员 TYLG：B）

现实生活中，有相当一部分辅导员对职业发展是一种顺其自然的态度，并没有从意识上对其进行规划与分析，缺乏主动意识。上述访谈对象就很具有代表性。职业规划是在自我分析的基础上，以高校辅导员作为职业，设立自己以后的职业生涯目标。自我认同理论能帮助辅导员进行积极的自我分析，并促进其职业自我规划意识的发展。

---

① 〔英〕安东尼·吉登斯：《现代性与自我认同》，赵旭东、方文译，三联书店，1998，第236~238页。
② 〔加〕查尔斯·泰勒：《自我的根源：现代认同的形成》，韩震等译，译林出版社，2001，第56页。

第二章 高校辅导员职业认同问题呈现

本章利用质性研究方法，基于职业认知、职业情感、职业意志、职业行为四个维度对高校辅导员职业认同问题进行分析与研究。

第一节 高校辅导员职业认知与职业情感问题

一 高校辅导员职业认知有待提高

职业认知：指的是辅导员对其从事职业的角色、特征、技能、地位、道德的认识情况以及对从事这个职业给个人带来的意义、价值的感知。因此，职业认知主要体现在职业角色、职业特征、职业技能、职业地位、职业价值、职业道德六个方面。认知是人心理活动的第一个环节，对事物的认知会直接影响其对该事物的情感、行为、意志、期望等。因此，职业认知是职业认同的基础，会强化认同以及指引认同的方向。如果职业主体对上述六个方面缺乏全面深入的认识，即使表象上爱好所从事的职业，实际上也是一种基础不稳固的、盲目的认同。研究者通过对京、晋、沪三地高校辅导员的访谈调查发现，在高校辅导员职业认知的六个维度中，除了职业道德的认知维度水平较高外，其余维度都或多或少存在一些问题。

（一）高校辅导员职业角色认知不明

在社会学视域里，每个人在社会中的角色类型是有较大区别的，而个人对角色的认知构成了进行角色扮演的基本前提，假如对角色认知不够清晰，则会产生角色障碍问题。角色认知就是我们每个人在复杂的社会关系中在特定的时间、场合，对自身角色的权利、责任与义务等具有的理解与认识。在个人角色行为中，角色认知可以起到导向的作用，具体来讲，在确立了角色之后，主要是围绕如下观念进行实践的，即"人们应该做什么"以及"他们应该如何做"。

高校辅导员制度在我国已实行多年，然而，长期以来，高校对辅导员这一职位的设计、定位具有明显的过渡性特征，很多辅导员在工作了一定时间之后，或者是选择转岗至行政管理岗位，抑或是选择从事党务工作，还有的辅导员会选择成为专业教师。基于这种情形，大多数辅导员对自身的角色认知总体上还是相当清晰的，即将自己承担的角色定位为临时性的角色，认为自己在任期内，只要能够将学校、学院交付的任务认真完成就可以了。

最近十多年，我国的教育形势发生了较大变化，高等教育遇到了很多新问题，大学生的成长环境也日益复杂，这些都对辅导员提出了更高的要求，并导致其角色身份不断增多，角色内涵也越来越宽泛。另外，随着各高校专职辅导员数量的不断增加，转岗作为出路可行性越来越小。再加上高校辅导员职业化、专业化已成为我国社会和高等教育发展的必然要求，需要一批长期甚至终身从事辅导员职业的职业主体。为此，辅导员临时性的角色定位已难以适应社会、高等教育以及辅导员个体的发展要求。在这种形势下，就不可避免地出现辅导员由于角色身份的增多而导致的角色认知问题。

1. 辅导员职业角色认知的模糊性

辅导员对职业角色的认知，不仅是从教育部和高校文件规定的角度来解读，还是在职业实践中，通过与高校其他群体的互动来认识和界定的。《普通高等学校辅导员队伍建设规定》（教育部令第 24 号）中明确了，应当将辅导员作为高校教师队伍和管理队伍的重要组成部分。[1] 修订后的新规定（教育部令第 43 号）中也明确了辅导员具有教师和管理人员双重身份属性。[2] 然而，对比专任教师，辅导员并不具有专门的教学任务，而且和行政管理人员的职能也不相同，研究者通过访谈发现，辅导员职业角色认知模糊。

> 辅导员是一个综合的职位，它不仅仅是类似于心理咨询师、职业生涯规划师什么的，它是这几个岗位都一定会涉猎的一个，它的明确的定位，还没有完全提出，但是我认为它是一个类似于咨询的行业，更多是

---

[1] 《普通高等学校辅导员队伍建设规定》，http://www.gov.cn/gongbao/content/2007/content_705523.htm。

[2] 《普通高等学校辅导员队伍建设规定》，http://www.gov.cn/xinwen/2017-10/05/content_5229685.htm。

个咨询的行业。(辅导员 BJYD：A)

我觉得辅导员是老师，这个是我很赞成的一个提法，因为这个不仅涉及职业的这种认同，也涉及职业的尊严，就是我们以一个什么样的面貌出现在学生面前啊。所以我觉得辅导员有教师的身份，也有管理人员的身份。(辅导员 SDSF：A)

管理者干部，我觉得其实这个蛮遥远的，我觉得就是一种感觉，我带学生的感觉，那也是在管理团队啦，班干部、年级干部，我也会选拔，也在管理，但谈不上管理，更多的是服务，然后定位角色就是跟他们一起成长的角色，就是他们身边的姐姐。然后我自己现在每学期会带带课，就是学生选修的一门叫演讲和沟通这样的课，但是我觉得跟专业老师比，归属性应该不强，更多的是我自己感觉像是跟他们一起成长的姐姐一样。(辅导员 SHJT：B)

我觉得我是站在朋友的角度去对待学生的。可能还是因为年纪相仿，然后相比其他老师来说，也是离开校园没有多久，跟他们拥有一些共同的话题，尝试去理解他们，了解他们，我觉得应该是朋友这么一个角度。(辅导员 SXDX：A)

"类似于咨询的行业""以一个什么样的面貌出现在学生面前""像是跟他们一起成长的姐姐一样""应该是朋友这么一个角度"，说明辅导员对自己职业身份的理解角度是不同的，同时"类似于""感觉""应该""什么样的面貌"等词语也反映了辅导员存在职业角色认知模糊的问题，在具体场景中，无法清楚觉知"我应该是谁"，准确地开展角色实践，不仅导致他们在职业范围内开展工作带有盲目性，而且导致辅导员出现角色错位、缺位、越位等问题。[1]

2. 辅导员职业角色认知的多样性

在实际工作中，辅导员的角色是多重的，并且在很多时候需要将诸多角色进行融合、重塑。面对多方面的要求和角色期望，辅导员通常结合自己的理解来自行其是，存在十分普遍的角色认知混乱问题，同时，很多辅导员对自己作为思想政治教育引导者这个主要角色相对忽视，出现角色认知偏差，辅导员将其工作重心放在行政工作上，导致了十分严重的工作重心偏离问题。

---

[1] 王莹：《辅导员学习共同体建设研究》，硕士学位论文，浙江工业大学，2012，第15页。

没有权力，我们不像干部，充其量算个办事员；不教课，我们也不像老师，虽然我们是老师。（辅导员 DHDX：A）

你如果说实际中，我们其实真的是扮演的，学生中很多人说辅导员就是保姆，真的是什么事情都来找我们，因为我们给学生的印象也是这种，什么事情都可以来找我们，所以说不管是在生活中还是在学习上，然后各方面的事情，学生都很"乐意"给我们打电话，并且偶尔有些学生，什么密码忘掉了也会问我们。（辅导员 TYLG：A）

嗯……扮演好多角色。扮演父母的角色，也扮演姐姐的角色，还有扮演教育者的角色……（辅导员 TYKJ：C）

辅导员更多是一个沟通者的角色，还有就是发现问题的角色，不是某个领域的专家，不单在某一领域，对很多领域都要有所涉猎，同时如果发现什么问题，还要知道如何去联系相关领域的专业人员，这个是很重要的。（辅导员 BJYD：B）

文件规定辅导员有双重身份，在实际工作中，反正至少是管理者的身份比较明显，我个人把教师身份都模糊了。然后客观来说，别人可能也不把你当教师而是当作搞行政的。（辅导员 TYLG：B）

从上述访谈中，辅导员 DHDX：A 把自己定位为"办事员"；辅导员 TYLG：A 把自己定位为"保姆"；辅导员 TYKJ：C 认为自己扮演"好多角色"；辅导员 BJYD：B 认为辅导员更多的是"沟通者"的角色；辅导员 TYLG：B 则认为自己"管理者的身份比较明显"。用"办事员""保姆""好多角色""沟通者""管理者"等来"概括和描述"辅导员的职业角色，这说明了辅导员对其职业角色理解具有多样性。

尽管在政策上规定了辅导员具有双重身份属性，然而，这一规定并未使辅导员形成清楚的职业定位，反而使辅导员对其身份认同处于模糊、游离状态，造成辅导员对职业角色理解的模糊性和职业定位的多样性，解构了辅导员职业认知的统一性。

高校辅导员对自身角色认知的模糊，造成在实际工作中，对自己工作职责的模糊。"角色不清指的是社会大众或者是扮演者对某一角色的行为标准缺乏清楚的认识，无法明确该角色应当做什么以及如何去做等问题。"[①] 尽管在《普通高等学校辅导员队伍建设规定》（教育部令第 43 号）中，详细说明

---

① 郑杭生主编《社会学概论新修》（第三版），中国人民大学出版社，2003，第 120 页。

了辅导员对应的九项工作职责，然而，在实际工作中，高校对辅导员的具体工作要求远远超过这些职责。"2008 年，我国第一届高校辅导员工作创新论坛在复旦大学举行，在会上，有研究人员对辅导员的工作内容进行了列举，合计有 108 项，几乎所有关系到学生的工作都可交由辅导员完成，很多部门比如学生处、校团委、招生就业处甚至财务处等都可向辅导员指派任务，进行考核。"①

> 好像就是领导安排、布置你干什么，你干什么就行了。有的事情自己也不知道这个是不是我应该干啊，反正是领导安排了你就得干，所以对自己的这个权利和义务不清楚啊，有的事情领导没安排或者可能它就是在你的职责范围内的但是你也没干，有些可能就不是你职责范围内的但领导安排了，你也得干，所以就是这样子。（辅导员 TYKJ：C）

> 辅导员职责范围的工作，你很难界定，什么是该做的，什么是不该做的，因为有很多实际处理的学生问题，它不是在文件规定当中的，文件只能说是一个宏观的、大的方向政策，那么至于能做不能做，其实每个辅导员心中都有自己的一个尺度，同一件事情，这个辅导员觉得触到他底线，很可能在别的辅导员看来，是一个可以变通的事情。（辅导员 HDSF：B）

由于辅导员对自己的职责不清楚，有些问题不属于辅导员的职责范围，但是在高校实际工作中，因为无法明确对应部门，也将这些工作都交由辅导员来处理。辅导员需要负责的工作内容不仅包括思想政治教育、日常管理工作，还包括很多行政事务工作，这使辅导员处于整日应付繁杂事务的状态。张立鹏对高校辅导员角色的权利与义务的认知研究也发现"有 80.4% 的辅导员对辅导员的权利与义务的认知程度是较为不清晰的，仅有 19.6% 的表示自己具有很清晰或者是比较清晰的认知"。②

（二）高校辅导员职业核心特征认知偏移

辅导员对其职业特征的认知反映了辅导员职业认同的水平。关于辅导员

---

① 郑育琛：《高校辅导员职业认同与路径选择的质性研究》，《思想理论教育》2016 年第 11 期。
② 张立鹏：《应然·实然·适然：我国高校辅导员角色的三维考量》，博士学位论文，河北师范大学，2015，第 122 页。

的职业特征，学界以及高校都进行过概括，比较全面的观点为"辅导员的这种角色定位决定了辅导员工作具有政治性、教育性、服务性、直接性、基层性、复杂性、烦琐性、工作对象的特殊性、工作时间的无界性、工作价值的无限性等特点"。①

研究者认为，社会主义的国家性质决定了我国高校必须成为坚持马克思主义、坚持社会主义的政治堡垒，以为社会主义建设培养具有正确政治意识的德才兼备的接班人为使命。故此，高校的政治方向必须始终是明确的，并且是正确的；同时，应当始终将学生思想政治教育工作放在第一位。对于专门从事学生思想政治教育的辅导员来讲，他们肩负着贯彻党的路线、方针、政策，坚定学生正确政治方向与提高学生思想觉悟的重任，故此，职业内容与职业目的都决定了辅导员职业具有政治性特征，并且政治性特征应被作为其职业的本质属性而受到重视。高校辅导员从诞生那一天起，所从事的就是教育工作，是为了教育和培养符合国家要求的思想政治达到一定水平的大学生，故此，教育性是高校辅导员职业具有的基本性质。在新形势下辅导员工作的服务性功能越来越受到高等教育工作者的重视，辅导员要为学生提供学习、生活、就业等方面的服务，因此，对高校辅导员来讲，服务性属于其根本属性，该属性要求辅导员在实际工作中以及在思想认识上都必须时刻牢记自身工作所具有的服务性。因此，"政治性、教育性、服务性"处于辅导员职业特征的核心地位，而其他职业特征主要围绕这三个特征进行。

在访谈中，很多辅导员对其职业具有的第一认识就是工作的烦琐性，因为辅导员职业涉及范围广泛，包括学生的思想、心理、生活、就业、学习等各个方面的内容。基于传统的错误观念，认为所有与学生相关的事情都应当由辅导员负责，导致很多工作的具体落实都由辅导员来执行，因此辅导员职业给辅导员最直接的感觉就是"烦琐"。

> 我觉得自己是个打杂的，因为你什么都得懂，什么都得知道，什么人都得认识，否则你解决不了问题。嗯……所以我觉得自己是个打杂的，什么活都得干，学生就业有困难了，找我；心理上有麻烦了，找我；跟导师有矛盾了，也来找我；毕业流程上遇到什么问题，也是找我；户籍遇到问题，也是找我。所以我不就是个打杂的吗？（辅导员FD-DX：A）

---

① 倪亚静：《新时期高校辅导员的工作理念及方法探析》，《大家》2010年第23期。

> 辅导员职业不像教师，也不像管理岗，感觉在别人眼里，是比较低级的、没有技术含量的活儿。跟教师相比的话，就是肯定专业性不强嘛；跟管理岗相比，就是比较杂、比较乱，各个岗位、各个部门都要接触。（辅导员 TYKJ：C）

另外，访谈中有些辅导员还提到辅导员的职业特征就是"忙"和"累"。

> 辅导员工作的第一个特征就是累，第二个呢，就是说，处于边缘化，别人看不起……（辅导员 ZGZF：B）

> 比如说除了正常上班时间，中午、晚上都可能会有事情。比如说我一般找学生开会，会是在中午，因为只有这个时候学生才比较有空，或者下午下班之后，也就是6点半之后，这个时候学生比较有空，你才能把学生召集起来开会，或者布置工作，像上班的时间你得处理其他的文书工作，所以相对来说是比较忙的，然后到了晚上的时候，因为学生不分白天黑夜还有事情找你，他就直接发短信告诉你或打电话找你，你手机24小时得开机，半夜也得接电话，所以这个工作时间是没有办法限定的。（辅导员 FDDX：A）

辅导员职业涵盖学生的教育、管理、服务三大领域，而其职业对象大学生是具有独立思考能力的个体，故而，对于辅导员来讲，首先，很难准确预测出大学生将会在哪个领域遇到问题；其次，也无法预测出学生出现问题的时间；最后，在多个部门的领导下，更无法对各项工作的内容与时间安排进行预测和分析。这些都决定了辅导员工作具有很大的不确定性。在访谈中辅导员对职业的不确定性特点的感触较深，因此，很多辅导员将其作为与高校其他群体区分的一个特征。

> 嗯，对于工作性质，肯定是已经确定了。工作内容不确定，就是你不知道。一般的工作内容、事情，每天都有，肯定要做，但是人越多，这种不确定性越大。你不知道下一刻会发生什么。（辅导员 TYKJ：A）

> 像行政岗，比方说那种教辅岗位，就是教务秘书什么的，工作内容都是固定的。比如到了什么时间，我开始招生了，或者到了什么时间，我开始答辩啊之类的，都是固定的，就是可能是有忙有闲，但是都是预料得到的，像我们就不是了，学生突发事件暂且放一边，比方说我平常有工作，当我正在做这项工作的时候，突然就有学生进来请教这个问

题、那个问题,那你就没办法,那就只能说除了干好本来应该做的工作,学生的需求你也得满足……电话一天得打好几十个,有时候上百个那种……(辅导员 ZGRM:A)

从上文可以看出,辅导员对自己职业特征的认识只局限于"烦琐""忙""累""不确定"等直观特点方面。高校辅导员起源于政治辅导员,政治社会化功能是其基本功能,政治性则是其本质属性。教育部文件对辅导员的定位为德育教师、思想政治教育的骨干力量、大学生健康成长的引路人等,基于这种定位,辅导员具有教育功能,因此,教育性是其基本属性。同时,现代社会辅导员工作职能不断延伸,学习指导、就业指导、心理咨询等服务性内容不断增加,服务性成为辅导员职业的根本属性。但辅导员对其职业的政治性、教育性及服务性,认识不足或认识不到,因此,辅导员对自己职业特征的认识是表面的、直观的认识,甚至是"带有微弱负面情绪的认识"。

(三)高校辅导员职业相关理论和知识认知欠缺

《高等学校辅导员职业能力标准(暂行)》(教思政〔2014〕2号)把辅导员职业知识分为基础知识、专业知识、法律法规知识三个部分,并规定:马克思主义理论、哲学、政治学、教育学、社会学、心理学、管理学、伦理学、法学等学科的基本原理和基础知识为基础知识部分;思想政治教育专业基本理论、基本知识、基本方法,马克思主义中国化相关理论及知识,以及大学生思想政治教育工作实务相关知识等构成了专业知识部分;与大学生思想政治教育相关的法律法规条文规定为法律法规知识部分。《普通高等学校辅导员队伍建设规定》(教育部令第43号)中,也明确了辅导员应当"具有从事思想政治教育工作相关学科的宽口径知识储备,掌握思想政治教育工作相关学科的基本原理和基础知识,掌握思想政治教育专业基本理论、知识和方法,掌握马克思主义中国化相关理论和知识,掌握大学生思想政治教育工作实务相关知识,掌握有关法律法规知识"。由此可见,辅导员职业涉及学生的方方面面,为此需要掌握的职业知识甚至比专职教师还要复杂、多样。

1. 辅导员思想政治教育专业基本理论、基本知识、基本方法的认知欠缺

《高等学校辅导员职业能力标准(暂行)》规定思想政治教育专业基本理论、基本知识、基本方法知识包括思想政治道德观教育、思想政治教育学原

理、思想政治教育史、思想政治教育方法论、思想政治教育心理学和心理健康教育相关知识与技能、比较思想政治教育等方面的知识。

（1）思想政治道德观教育、思想政治教育学原理、思想政治教育史、思想政治教育方法论、比较思想政治教育等知识掌握不足

无论是研究者的访谈还是其他学者的研究都发现，绝大多数辅导员没有思想政治教育等相关专业背景，而且进入岗位后也没有接受系统、专业的培训，故此，对相应的思想政治教育工作相关学科的基本原理和基础知识的掌握是不够的，对相关知识的认识欠缺。对于高校辅导员来讲，日常事务性工作只是其工作的一部分，应当将更多的时间与精力用于思想政治教育，用于和学生进行沟通与思想交流，同时要把思想政治教育贯穿于各项工作的始终。由于专业背景知识的不足，辅导员在学生思想政治教育工作开展中必然会遇到障碍。

> 全局性的东西难以把握，我觉得可能因为没有知识架构来支撑，所以掌握的知识就很零散，可能很多东西还是缺积累吧，导致我们有些带班多的辅导员，光是事务性的布置和通知，缺少思想方面的引导，我觉得更是问题。（辅导员 TYKJ：D）

> 现在辅导员面临最主要的问题，活可干，能干，但是还有一个问题，就是很多辅导员，说句实话，不会干。像那些刚毕业的研究生，让他去当辅导员，是，他们了解学生，但是很多东西，他解决不了呀，还有一个，辅导员是解决思想政治问题的，有很多非思想政治教育专业的老师去当辅导员的话，他们本身就对党不了解，那么当学生遇到这些问题的时候，怎么解决，他们解决不了。所以现在高校里面出现的问题就是，学生对思想政治教育不相信，认为这是假大空，为什么呢？首先是社会原因，出现了好多假大空的东西，对吧？尤其是在舆论宣传上，但是更重要的是，高校里面做思想政治教育工作的老师对这些知识也不是完全了解，所以出现了，课堂上他讲他的，学生玩学生的，不是学生不愿听，而是你讲的东西确实不吸引人，所以出现问题。（辅导员 ZGZF：B）

> 因为我之前学理的嘛，涉及心理学、思想政治教育这方面时，感觉有时候确实是能说出来，但是写不出来，要不就是能写出来，说不出来，反正有时候能感觉到这个问题。（辅导员 TYLG：A）

访谈中，相当一部分辅导员提出，因为思想政治教育学原理、思想政治

教育方法论、比较思想政治教育以及思想政治道德观教育等方面的知识比较欠缺，无法准确把握学生个体发展规律以及思想政治教育规律，确实影响了思想政治教育的效果，用辅导员的说法就是"全局性的东西难以把握""不能站得更高来看教育上的一些事情"，从而导致辅导员做学生工作没有广阔的理论视野，不能联系社会主义现代化建设的实际以及学生思想和学习的实际，因此没有彻底的理论说服力，对大学生的思想与行为引导也不能做到游刃有余。

（2）辅导员思想政治教育心理学和心理健康教育相关知识与技能欠缺

《高等学校辅导员职业能力标准（暂行）》中，明确了辅导员应当履行其"心理健康教育与咨询"的职能，作为高校心理健康教育的重要参与者，要求辅导员"能够进行日常心理健康教育知识普及与宣传；能够组织与开展相关心理健康教育活动；能够实现对学生心理障碍与问题相关信息的及时获得和收集并进行初步识别；能够对心理危机实现早期干预以及过程参与"①。然而，不管是心理健康教育还是心理危机干预，都具有较强的专业性，但很多辅导员并不具备相关知识。"因为缺乏足够的理论支撑，对于学生问题，辅导员无法进行及时、准确的判断，不知道到底是心理问题还是简单的日常纠纷。很容易把心理健康教育当作传统思想政治工作来进行，使心理健康教育工作流于形式。"② 面对学生心理危机事件，部分辅导员不能及时有效地进行干预，有的则通过简单的谈话来对此进行化解，还有的束手无策，只能结合自身经验来进行说教，而上述这些都是高校辅导员心理健康教育与心理危机干预的普遍状况。

>我做了七年辅导员了，心理这块儿，很专业的东西，我仍然需要强化。（辅导员 BJLG：B）

>比如心理方面，虽然学过，也拿到了二级心理咨询师资格证书，但不是那么细，对大学生心理健康问题的针对性也不是很强，可以说，心理这块无论是理论还是实践方面都仍然很欠缺。（辅导员 TYKJ：C）

2. 辅导员马克思主义中国化相关理论和知识掌握欠缺

马克思主义作为丰富深刻的科学思想体系，其中涵盖的内容十分丰富，

---

① 李永山：《高校辅导员心理健康工作职业能力标准阐释》，《学校党建与思想教育》2016年第7期。
② 林娜主编《新世纪高校辅导员工作重点难点问题探析》，广西师范大学出版社，2007，第117页。

不仅涵盖了马克思、恩格斯创立的马克思主义的相关理论、观点以及方法，还涵盖了毛泽东等人所提出的马克思主义中国化的相关理论。马克思主义中国化相关理论及知识，包含了毛泽东思想相关理论、中国特色社会主义理论体系、社会主义核心价值体系、中华人民共和国国史以及中国共产党党史的知识体系等内容。

高校辅导员工作的开展不仅要以马列主义、毛泽东思想、中国特色社会主义理论等作为思想指导，而且要以马克思主义中国化相关理论与知识作为高校思想政治教育的中心内容。因此，辅导员开展思想政治教育的水平以及效果，将会受其对马克思主义理论把握程度的较大影响。高校辅导员应重点掌握毛泽东思想、邓小平理论、"三个代表"重要思想、科学发展观及习近平新时代中国特色社会主义思想等马克思主义中国化的理论发展成果，以实现对中国特色社会主义理论体系的全面理解。

结合访谈结果能够发现，大部分辅导员没有进行过系统的马克思主义相关理论的学习，造成辅导员不能很好地把马克思主义中国化相关理论应用到日常对学生的管理和引导中。一个不能很好解释和应用马克思主义中国化相关理论和知识的人，是很难有高水平的思想政治教育能力的。

> 如果真正遇到这种较劲或者是较真的学生问我"马克思主义到底好在哪里"，我一下子蒙圈了，确实是你可能简单地应付两句还行，真正遇到那种跟你辩论的学生，反而觉得自己没有底气，觉得这方面还是有所欠缺……（辅导员 BJLG：B）

张立鹏的研究也发现"219 名辅导员，比例高达 65.5% 认为自己马克思主义中国化等辅导员工作专业知识有所欠缺或者欠缺很多"。[①] 这说明高校辅导员关于马克思主义中国化相关理论和知识掌握欠缺。而辅导员对马克思主义理论与知识掌握不足，理解不深，导致其对一些新事物、新问题、新现象的认识不足，研究不深，缺乏将理论和实际相结合的能力，用辅导员 BJLG：B 的说法就是"简单地应付两句还行，真正遇到那种跟你辩论的学生，反而觉得自己没有底气"。受自身马克思主义理论水平与素养的限制，辅导员在帮助学生不断坚定中国特色社会主义道路自信、制度自信、理论自信与文化自信方面必然会受到影响。

---

① 张立鹏：《应然·实然·适然：我国高校辅导员角色的三维考量》，博士学位论文，河北师范大学，2015，第 130 页。

3. 辅导员思想政治教育工作实务知识与技能欠缺

研究者访谈发现,多数辅导员能够很好地处理日常事务性工作,然而在学生的综合性指导以及学生工作整体规划方面相对欠缺,对于大学生就业、危机事件与突发事件应对等许多新的课题,由于实务知识的认知欠缺,其在实际工作中顾此失彼。

(1) 辅导员职业生涯规划与就业指导相关知识欠缺

大学生的就业指导工作具有较强的专业性要求,辅导员不仅要有较高的理论水平,还要有一定的实践能力。但是辅导员学科背景多样化、知识储备不够,不仅在就业指导理论方面存在较大不足,而且对就业指导实践也缺乏深入了解,同时又缺少系统的学习机会,从而导致辅导员在就业指导工作中的相关知识与技能欠缺,就业指导能力徘徊在比较低的水平上。

> 职业生涯规划课程,我讲的都是课本上的,最多能把我知道的一些事情,包括我的同学去创业遇到什么问题,我看人物传记或者是采访收集到的一些东西,给学生们讲一讲,我上这堂课顶多是让学生明白要有这个自我认知以及职业生涯规划的意识……(辅导员 SXDX:A)

> 比如说去年夏天要给学生上那个什么创业培训,我真的不想上那种课,我觉得我这种纯粹从学校到学校的人,而且自己本身又没有任何创业激情和创业思路,去给学生大谈特谈如何创业,我真的觉得就是纸上谈兵……(辅导员 BJLG:A)

上述访谈资料反映的是目前大多数高校辅导员职业指导的普遍情况,凸显了辅导员面临的就业指导能力之困。高校就业指导工作所涉及的内容十分丰富,包括职业生涯规划团体与个体辅导、职业发展与就业指导相关课程的教学以及毕业生就业相关工作等,并且这些内容在大学生的整个大学生涯中都有所体现,具有系统性、全程性以及复杂性等特征。故此,可认为就业指导主要涵盖了如下几个层次的知识:"1. 原理性知识,指的是教育学、心理学、人力资源管理、职业生涯规划、职业咨询以及职业素质测评等方面的相关理论;2. 实践性知识,涵盖了面试技巧,国家有关的创业、就业政策以及法规等;3. 对象性知识,指的是有关职业世界的认识,包括职业类别、职业发展规律、职业基本要求等。"[①] 因为缺乏合理性以及专业性的知识结构,辅导员对就业指导难以形成全面的认识,不仅使大学生无法接受专业、系统的

---

① 李玲:《高校辅导员开展就业指导工作的瓶颈与对策》,《文教资料》2016 年第 1 期。

就业指导，同时也使辅导员职业效能感受到严重影响，造成自我职业认同的下降。

(2) 辅导员应对危机事件、突发事件的相关知识欠缺

高校危机事件、突发事件指的是在校内外突然发生的，和高校师生具有紧密联系的，不会因为管理者意志而发生转移并且还使学校或师生受到一定的影响甚至受到危害的事件。因此，高校危机事件、突发事件诱发因素往往无法预知，从而导致了高校危机事件、突发事件的多元性和不可预测性。其本质上是社会转型时期各类社会矛盾在高校的集中体现。

辅导员危机事件、突发事件应对与管控的相关知识包括两部分：其一是对高校危机事件、突发事件应对与管控的重要意义的认识；其二是高校危机事件、突发事件如何应对与管控的知识，主要包括文本知识与实践知识。文本知识包括《学生伤害事故处理办法》等有关规定、各类突发事件应急预案等保障安全稳定的管理制度以及管理学、心理学、伦理学、公共危机管理、安全教育教学方法等相关学科知识；实践知识主要是辅导员通过专题教育、实战演练甚至亲历危机事件、突发事件的处理等实践获得的知识，实践知识是隐性知识，但却是非常重要的知识。

研究者通过访谈发现，虽然大部分辅导员经历过或大或小的危机事件、突发事件，然而对应对与管控的相关知识的了解只停留在经验层面。韩泽春的调查也发现"没有一位辅导员敢于承认自己熟练和较熟练地掌握了危机事件、突发事件应对与管控的相关知识；67.4%的辅导员对此类知识了解不够深入，对于如何应对突发事件缺乏科学的措施与方法，仅凭经验处理"。[①] 然而，与其他实务知识与技能对比，突发事件、危机事件应对与管控更具专业性。对于缺乏相关专业知识的辅导员来讲，面对突发事件的应对与管控很难做出合理的判断，也无法制定并采取及时高效的措施。

> 安全工作无小事，安全是首要工作，安全是基本工作，这是每次开会都会提到都会讲到的。当然，学生出了安全问题，就不仅仅是一个人的问题，而是整个家庭的问题。所以当然是非常非常重要的。但是有些时候我们也控制不了，我们把所有的细节做到了，基本工作做到了，真要啥，我们其实有时也无能为力……我们当然是要把这个所有有可能的

---

① 韩泽春：《基于高校辅导员专业化的教育知识管理研究》，博士学位论文，东北师范大学，2015，第57页。

潜在危险尽量排除，但是我有时候在想，那真要啥，我们也没办法……（辅导员 TYLG：B）

就是怕出事，这么多学生你不可能面面俱到，但是万一真的有人出事了，这个不好……或者说是自己难以接受，还有一点就是人多了不好管，最后的问题啊，两三个调皮捣蛋的，活动也不来，打电话也不来，就得到宿舍找他，但是你说每个同学都这样，那我会疯的。（辅导员 BJLG：B）

但凡出什么问题，所有的部门都会指向这个辅导员，你怎么管学生的，你为什么连这都不知道？我们手机是 24 小时开机的啊……你说学生安全怎么就能监管得那么全呢？我们都有设信息员，可是信息员他也不是说什么事都跟你老实说啊，对吧？（辅导员 TYKJ：D）

从上述的访谈资料来看，辅导员危机事件、突发事件应对与管控的相关知识掌握欠缺，一方面，导致其在危机事件、突发事件的研判上存在诸多困惑，大多数时候所谓的安全稳定预案仅为形式，根本难以做到未雨绸缪；另一方面，导致其在危机事件、突发事件及善后工作的处理中，在用理性思维寻找解决问题的方法上受到影响，用辅导员的说法就是"我们也没办法""我会疯的""你说学生安全怎么就能监管得那么全呢"。因此，为了防止危机事件、突发事件的发生，辅导员精神处于高度紧张之中，难以创造性地开展工作，在工作过程中感觉到束手束脚；另外，危机事件、突发事件的发生与处理又使辅导员感到工作压力大，承受的责任重，致使辅导员产生挫败感。

依据《高等学校辅导员职业能力标准（暂行）》的相关内容，单是辅导员需要负责的思想政治教育工作实务就涉及七大项。每一项都要求辅导员具有扎实的专业知识。但是结合当前辅导员队伍体系的整体性水平，每一项工作的开展都会遇到工作专业化要求和辅导员专业水平不匹配的问题，造成辅导员对实务工作心有余而力不足。"辅导员现有的专业水平与高标准、综合性的职业要求之间产生了冲突和矛盾，这种冲突和矛盾不仅使辅导员对其职业缺乏自信，也影响了其自我认同的形成。"[①]

4. 辅导员对相关法律法规知识的掌握欠缺

《高等学校辅导员职业能力标准（暂行）》，明确了辅导员需要掌握我国

[①] 苗耀辉、姚奎栋、史丹：《高校辅导员职业价值观存在的问题与对策分析》，《理论界》2013 年第 5 期。

大学生思想政治教育有关的法律法规，包括《中华人民共和国教育法》《中华人民共和国学位条例》《中华人民共和国高等教育法》《普通高等学校辅导员队伍建设规定》《普通高等学校学生管理规定》《中华人民共和国精神卫生法》《学生伤害事故处理办法》等十多条法律法规。韩泽春认为辅导员甚至还需要了解与学生生活、就业等方面具有紧密联系的法律法规，比如《宪法》《劳动合同法》《就业促进法》等。① 一方面，必要的法律法规知识的掌握，不仅使辅导员能够更加顺利地开展大学生日常事务，还能够为大学生的成长发展提供更加专业化的意见，确保所有的工作都能够依法、合规地完成，同时，也可以更好地解决学生的矛盾争端，维护校园安全稳定；另一方面，只有辅导员掌握好相关法律法规知识，才能更好地对大学生开展法律知识教育与法治意识培育，以使学生的言行切合我国法律法规的相关要求，同时还可引导、鼓励学生利用法律知识对生活中遇到的问题进行分析，并运用法律知识探究问题解决方法。

研究者通过访谈发现，目前辅导员对相关法律法规知识的掌握欠缺，辅导员的法律素质状况也不容乐观。许芸睿通过研究也发现"当前高校辅导员存在法律知识匮乏、法律信仰缺失、法律意识淡薄等问题"。② 韩泽春对辅导员法律法规知识掌握情况的调查也显示"只有不到22.36%的辅导员能将法律法规相关内容完整掌握到位"。③

> 2009年的一天凌晨，我的一个毕业生买刀帮助机电学院的学生打法学院的学生，辛亏团支书及时告诉我，我赶到现场时，已经开始打架了，但还没动刀子……虽没酿成什么特别严重的后果，但我感到身上这个责任有的时候，不知道该怎么去做……我从那时起就开始留意法律方面的东西，我几乎每天都看那个中央十台的《一线》节目，但通过这种途径得到的知识是琐碎的，总觉得欠缺什么。（辅导员TYKJ：A）

> 我觉得，我们在做辅导员培训的时候，很少去做这个法律普及方面的培训，我们很多人其实都是法盲，我就是个法盲，遇到一些学生问题的时候，我自己都不知道该怎么理性去解决它……不知道怎么走程序是

---

① 韩泽春：《基于高校辅导员专业化的教育知识管理研究》，博士学位论文，东北师范大学，2015，第49页。
② 许芸睿：《浅析新时期高校辅导员法律素养提升路径》，《法制博览》2016年第15期。
③ 韩泽春：《基于高校辅导员专业化的教育知识管理研究》，博士学位论文，东北师范大学，2015，第57页。

合法的，也不知道怎么去保护自己，怎么去保护学生。（辅导员 TYKJ：D）

法律知识的部分好像比较常规的知道一些，但是更深奥的也没有专门去学过。（辅导员 BJLG：A）

高校日常学生管理工作中存在诸多方面的法律问题。依法开展高校学生管理工作，有助于学生工作规范性的提高。然而，辅导员对相关法律法规知识的不熟悉，学习内容不系统，掌握也不充分，导致其在学生问题处理中需要运用法律知识时显得捉襟见肘。用辅导员 TYKJ：D 的说法就是"不知道怎么走程序是合法的，也不知道怎么去保护自己，怎么去保护学生"。"教育部《关于进一步加强和改进师德建设的意见》明确了教师必须严格遵守相关法律、法规，尤其辅导员、班主任要掌握心理学、教育学、法律等方面的知识，借鉴先进的管理理念与管理方法，使教书育人的能力得到提升。"① 基于此，迫切需要高校制定有效措施强化辅导员法律素质的培育，与此同时，辅导员自身也应当强化对相关法律法规的认识和学习。

（四）高校辅导员职业地位认知较低

地位是个人在一定的社会与组织体系中所处的相对位置。地位是个人的层级、职务以及职能在社会与组织中得以区分的标志，体现了个人在社会与组织中具有的荣誉高低和威望大小。基于社会学角度分析，职业地位是人们所从事的职业在经济收入、社会声望以及社会地位等方面展示出的总体状况。② 经济地位是衡量职业地位的基础性指标，经济地位利用高低来进行衡量。社会地位指的则是基于职业本身的社会结构功能，不同职业所具有的客观社会位置，同时不同的位置对应的社会地位资源也是不同的，这些资源包括权力、财富、晋升机会和发展前景等。职业声望能够从如下两个方面获得验证：其一是对比分析职业声望的调查数据；其二是对比人们最为向往的职业。为此，辅导员职业地位认知就是辅导员对其职业群体在经济收入、社会声望以及社会地位等方面进行的评判。

韦伯对社会不平等进行研究时，认为关于社会不平等性，可以从声誉、

---

① 周迪：《略论高校辅导员素质问题——基于法律素养的考察》，《淮南职业技术学院学报》2017 年第 4 期。
② 冯帮、王曼：《社会阶层化背景下幼儿教师职业地位分析》，《国家行政学院学报》2006 年第 1 期。

地位、经济等角度来考察分析，① 并且在这三个因素中，对人们职业选择的影响分量越来越重的是职业声誉与社会地位。而职业声誉与社会地位是由社会公认的评价体系确定的，同时社会评价是具有阶梯性的，尽管我们承认职业不存在高低贵贱之分，然而，在现实中受到传统观念的较大影响，实际上职业依旧是存在等级之分的。

1. 辅导员与专职教师、行政人员相比经济收入不占优势

从经济收入来分析，对于高校教师来讲，通常的经济收入来源为三个渠道，即来自政府、高校以及市场三方的分配。② 在知识经济时代，知识的拥有意味着财富的获得。教师具有的收支差异，主要受到教师自身的知识与技术含量以及服务社会得到的市场份额的影响。特别是对于部分名师来讲，这种差距更加突出。基于工作性质，辅导员无法从事兼职活动，不管是社会兼职还是校内充分兼课都绝不允许，因此，对比同期毕业的专业教师，辅导员的经济收入相对较低。此外，因为辅导员几乎将其所有精力都用于学生工作，在科研方面的投入非常不足，其科研成果几乎没有服务社会的机会，也不可能获得市场分配的那部分收入，辅导员经济收入受到很大限制。

虽然辅导员的有关新政策不断出台，经济收入也有所提高，但与相同学历的专业教师相比，收入仍然显低；与一般行政人员相比，虽然处于持平状态，但辅导员由于工作不确定性因素较多，工作劳动强度大，因此其获得的收入与其付出相比仍不相适应。

2. 辅导员与专职教师、行政人员相比社会地位低

依据教育部令第24号文件的相关规定："高等学校要把辅导员队伍建设放在与学校教学、科研队伍建设同等重要位置，统筹规划，统一领导。"教育部令第43号文件也强调"把辅导员队伍建设作为教师队伍和管理队伍建设的重要内容"。在访谈中，辅导员们认为，"尽管辅导员对大学生思想政治教育的重要地位已经在国家政策法规中明确规定，然而，高校侧重的业务仍然是教学与科研，对学生工作则是相对忽视的，对比之下，行政人员与教师具有的地位要高于辅导员；具体来讲，对比行政人员，从政治地位上分析，辅导员具有较低的政治地位，从发展机会上分析，晋升方面也缺乏优势，对比专职教师，辅导员在经济地位以及发展前景等方面也处于劣势地位，这些

---

① 郑杭生主编《社会学概论新修》（第三版），中国人民大学出版社，2003，第225~226页。
② 朱正昌：《高校辅导员队伍建设研究》，人民出版社，2010，第269页。

都决定了辅导员发展环境的窘迫"。

首先，辅导员对自己社会地位低的认识来自高校领导的立场。大部分辅导员认为高校对其岗位的界定是"谈起来十分重要，抓起来相对次要，忙起来可以忽略不要，属于'软岗位'"。领导遇到重大事件就觉得辅导员重要，事情过后就觉得可有可无。辅导员群体面临事实上被边缘化的尴尬境地。

> 辅导员的社会地位"也许就是本身从事学生工作的人把它抬得很高，但是实际上它的地位达不到"。（辅导员 FDDX：A）

> 我就说，比如每年教师节表彰大会，要表彰什么十大教学标兵，表彰什么北京市名师，表彰这个表彰那个，那为什么不表彰北京市优秀辅导员呢？我跟学校提出过这个问题，但没人理会……还是没有把辅导员当作教师队伍一样去看，对不对，所以这个东西也能反映出你的态度和导向问题。（辅导员 ZGRM：B）

其次，辅导员对自己社会地位低的认识来自学校其他群体对辅导员的态度。很多高校职能部门甚至专职教师都可向辅导员指派任务，甚至将其看成自己的下属随意支配。这种状况无法确保辅导员获得足够的尊重。

> 没地位，你在学校里边，你去工作经常会碰壁的，因为你只是一个辅导员，然后任何一个部门都会来找你。学生但凡哪个环节出现问题，首先想到的是要找你辅导员，"啊，你辅导员是怎么管理学生的"，谁都有理由对你指手画脚的。（辅导员 TYKJ：D）

> 在老师心目中，辅导员就是什么部门也可以调动你，什么人都可以去使唤你的那种感觉，就是这种特别基层的感觉。（辅导员 ZBDX：B）

> 辅导员，第一不是老师，第二不是行政，属于被他们俩踩脚下的人，所以说呢，现在是教师比较同情辅导员，行政看不起辅导员，总而言之，他们绝对不当辅导员，是这种情况。所以说现在有很多辅导员苦闷呀，干几年我要转岗呀，是这个理，还有很多人做辅导员的目的是有一个北京户口，然后考公务员，所以说现在出现的问题就是老的辅导员会继续做下去，新辅导员流动性很大，是这样。（辅导员 ZGZF：B）

再次，辅导员对自己社会地位低的认识还与学生群体的态度有关。辅导员主要负责学生事务管理、服务、第二课堂组织指导等职责，通常情况下不会专门进行教学活动，这也决定了辅导员没有相对正规或规范的教学工作，在学生眼里辅导员从事的都是一些"零敲碎打"的辅助性工作，学生没有对辅导员形成正确的定位认识，导致其对辅导员职业缺乏应有的尊重，关于这一点通过学生的称呼能够发现，通常对辅导员的称呼并不是某某老师，一般是"什么导"或"什么导员"等。

> 我觉得地位很一般，包括在学生心目中。可能大一大二还好点，你去引导他人生观、价值观的时候，如果你工作做得到位，做得好，会影响他们。然后的话，越往后学生也越大，到了大三大四的时候，他觉得你就是一个请假的老师，签个字请个假。（辅导员 ZBDX：A）

> 辅导员地位没法和专业老师比，感觉比行政岗的人也要差一些，因为行政管理人员干得也比较专嘛，而且学生也一般把行政管理人员当成领导，对辅导员来说可能就没有太多的这种感觉吧。（辅导员 TYKJ：C）

最后，辅导员社会地位低与其职业本身的专业化程度也有关。顾明远曾经提出，对社会职业而言，唯有专业化才能使其社会地位稳固并得到提升，社会才会重视。假如某种职业人人都可担任，那么该职业是不具有社会地位的。[①] 在一些教职员工看来，辅导员所从事的工作是谁都可以干的，这也影响了辅导员对自己社会地位的认识。

> 在高校中，存在这样一种认识，认为辅导员的工作是人人可做的，还有的刚入职的行政人员，经常会被学校委派到辅导员岗位工作一年，以作为基层锻炼。（辅导员 TYLG：B）

3. 辅导员与高校专职教师相比社会声望低

伴随着高等教育的推进和发展，高校专职教师具有的科研成果影响力以及社会服务影响力都在不断提高，从而使其具有较高的社会声望。但是，高校辅导员基于自身角色的特殊性，和社会的接触机会相对较少，也无法面向社会开展一些课题研究，导致其社会影响面很难扩大，因此很难在社会上获得社会声望，另外许多人对辅导员职业并不了解，加上辅导员育人效果短期难以显现以及职业晋升和发展速度缓慢，辅导员更觉得自己与专职教师反差极大。

---

① 虞晓东、李建伟、胡凌燕、张康德：《辅导员专业化发展的质性研究》，《山东省青年管理干部学院学报》2010年第1期。

首先，高校的声誉也好，影响力也好，都是通过科研显现的；其次，就是人才培养，而这个是从教学培养体现出来的。辅导员对学生"做人"的培养，你也不能怪别人，因为你的确不显性。（辅导员 FD-DX：B）

学校对学生工作方面的重视程度，相比教学科研方面，那肯定是不可比及的。（辅导员 ZBDX：A）

在国家政策定位上，辅导员的身份不仅是管理人员还是老师，但是这种身份定位，往往使辅导员陷入老师、管理人员两种身份认同的尴尬局面中，使辅导员在工作发展上难以找到明确的定位。基于行政发展角度分析，因为辅导员并不完全是行政管理人员，故此，不具有行政管理人员的认同感；而基于科研教育角度分析，辅导员和专职教师的工作内容又具有较大的区别，这些也使其发展空间受到了较大限制，所以，辅导员认为自己的职业地位低。

（五）高校辅导员职业价值认知矛盾

职业价值指的是从业人员从其职业获得的价值自我判断，体现在两方面，即职业的社会价值以及个人价值。阮成武将教师价值分为社会价值和主体价值两个方面，并且提出，作为教育工作者，教师必须承担其对应的社会责任、义务，这就构成了其社会价值；而主体价值指的是教学专业对教师自身具有的内在价值与意义，包含了实用价值、生命价值、精神价值等，是教师通过特殊劳动使自身各种需要得到满足的体现。[1]

高校辅导员职业价值观是"一般价值观在辅导员职业生活中的体现，是辅导员内心基于一定的价值评价标准，对其职业对于自己以及对于社会的重要性和意义的认识与判断，也是个人职业价值和社会职业价值的统一"。[2] 故此，本书对辅导员职业价值进行分析时，认为可将其分为外在的社会价值和内在的自我价值两部分。

1. 辅导员总体上认同职业的社会价值

结合访谈结果能够得出，整体而言，很多辅导员对其职业自我价值和社会价值是分开对待的。对比职业自我价值，辅导员对其职业社会价值具有相

---

[1] 阮成武：《主体性教师学》，安徽大学出版社，2005，第77页。
[2] 王珊：《高校辅导员职业价值观研究》，硕士学位论文，大连理工大学，2010，第8页。

对较高的评价，对于大学生思想政治教育中辅导员所发挥的作用十分认同，并特别认同社会的稳定、高校的发展离不开辅导员工作。

  从国家稳定层面，我觉得这个辅导员价值，这个工作性质是比较神圣的。刚才也提到神圣，其实大家会发现苏联解体等这些事情，国外的大学没有辅导员这个东西，然后大家会发现很容易乱了，或者什么橙色革命啊什么的，说乱就乱了，然后我们中国特色，就有辅导员这个角色，这个角色其实在关键时刻是会起到非常重要的作用的，就包括我们的八九学潮，可能那时候对辅导员的工作不是很重视，但就是说，从某种程度来说，辅导员职业是维持高校稳定的一个非常重要的工作。另外，我觉得从自己的学生一届一届毕业出去，能有一个好的发展，对我来说也算是一个自我价值的提升。从辅导员的层面看，给学生一个适合他发展的环境很重要，但是总体来说，我觉得自身的价值体现就是学生的发展。（辅导员 BJLG：B）

  辅导员工作的价值，我自己这几年，想想就是让同学们开开心心地来，健健康康地走。能对你所在的学校存有感激，能想着回来，为母校做些贡献，为社会做些贡献，这是辅导员工作的一个终极目标。就是能培养一个有价值的人，这是一个很重要的事情。（辅导员 BJYD：B）

2. 辅导员对职业的自我价值实现认知有偏见

然而，从辅导员自身角度来分析其职业价值，多数辅导员认为辅导员职业的自我价值难以实现。一方面，辅导员将其大部分时间和精力用于琐碎学生事务的处理，想要获得显性的、突出的工作成绩非常困难，所以有些辅导员就会趁机对工作消极应付，甚至认为"干多干少一个样，干好干坏一个样"，不仅严重挫伤了其他辅导员工作的积极性，而且贬低了许多"兢兢业业"工作的辅导员的价值；另一方面，如果学生发生了任何意外事故，不管该事故是否与辅导员的责任相关，都会将其归结为辅导员工作不到位，这就使得辅导员认为该职业实现不了自身价值，因此辅导员对于自我价值的实现感较弱。

二 高校辅导员职业情感波动

  辅导员职业情感指的是辅导员就其所从事的职业能否使自身需求得到满

足而产生的稳定的态度和体验。包括职业归属感、组织支持感、职业自豪感、职业成就感以及对职业的综合体验。职业情感分为两种，第一种为积极的，这种情感体验能够给辅导员带来更强的工作动力，能够激励其获得更具创造性的劳动成果，即使工作中遇到再多困难，辅导员也能够以极大的热忱去克服。故此，积极的职业情感不仅是职业认同的体现，而且对于职业认同的稳固和发展也是非常有利的。第二种为消极的，产生的后果也是截然不同的，将会导致职业倦怠的产生。通过访谈调查发现，多数辅导员对职业的综合感受和体验是"痛并快乐着"，有热爱也有困惑。这里着重呈现"困惑"部分。

（一）高校辅导员职业归属感不确定

归属感（feeling of belongingness）指的是"个体认为自己属于某一组织或团体，并且对该组织或团体产生自豪的情绪体验与亲切的情感"。[1] 可以将其理解为，个体对某一组织或团体比较认同，并且将自身视为该组织或团体的成员。"在实际生活中，将会按照该组织或团体的相关要求来做事，并且在遇到困难的时候，也会向所属组织寻求庇护。"[2] 归属感体现了人们的合群性，也就是说，假如人们能够在该群体中找到自身位置，"我群"意识就会被强化，对群体就会产生感情，并发自内心地热爱该群体，愿意履行群体所要求的规范性义务，愿意为群体发展尽心尽力。[3]

结合上述有关归属感的界定，可将辅导员职业归属感视为辅导员对该职业队伍群体具有的归属感。作为高校组织中的重要群体，辅导员的主要工作都与学校的发展和学生的成长成才息息相关，只有当他们能够感觉到自己属于辅导员这个大群体，遇到困难可以寻求所属团体或组织的庇护与安慰时，他们才能真正认同这个群体。因此，辅导员职业归属感指的是辅导员在其岗位上工作一段时间之后，在心理、思想、情感等方面形成的一种对职业产生的向往、依从的精神现象并为所属群体的生存和发展竭心尽力。

---

[1] 时蓉华主编《社会心理学词典》，四川人民出版社，1988，第187页。
[2] 王晓玲：《石家庄市中小学教师教学效能感、职业归属感、职业倦怠现状及关系的研究》，硕士学位论文，河北师范大学，2010，第9页。
[3] 雷洪、朱岭：《国营大中型企业工程技术人员劳动组织归属感及其相关因素分析》，《社会学研究》1995年第3期。

1. 辅导员没有清楚的组织归属感

组织构成了现代社会的基本结构单位。对于社会组织来讲，其具有的主要特征包括：组织目标特定化；组织成员具有一定的数量且人员相对固定；组织结构制度化；行动规范普遍化。组织作为职业存在的载体和依托，其管理方式与运行机制不可避免地会对职业主体产生深刻的影响，因此组织归属感必然影响职业归属感。高校属于科层制管理模式，高校任何一个群体除了归属于高校这个最高组织外，还归属于其所在的二级单位——院系、部级或处级。辅导员作为高校组织的一个群体，其管理方式却有别于其他群体，实行校、院两级管理，容易造成归属上的混乱。从研究者的访谈结果来看，辅导员组织归属感不清楚，有些辅导员认为自己归属于学院，有些辅导员认为自己归属于学生处，还有些辅导员没有归属感。

> 归属感就是感觉比较乱嘛，其实主要的归属感是在学院，因为毕竟每天在学院待的时间多一些，和学院的这些同事处的关系比较好；其次，我觉得应该就属于学生处那边，但是一旦涉及个人职业发展，你就觉得哪边也靠不住，不知自己该归到哪里。我的专业是音乐学，所以我想评音乐专业的职称，只能到学校艺术学院去找人了，我去找艺术学院的领导，你猜他们怎么说？他们说："既然你的专业是音乐，你不如到我们学院做辅导员。"但是现在我所在的学院只有我一个专职辅导员，学院领导是不会放我的，所以，我说："让我考虑考虑吧！"他们领导又说："如果不是我们学院的辅导员在我们学院评职称，恐怕不行吧！"所以我在艺术系评职称签字的事暂时搁浅了，好在今年学校没有中级职称的指标了，这事也不着急。……不过明年也得评呀，我找过人事处，人事处管职称的那个老师说："我们帮你协调艺术系，但是，这事你还得亲自再找找艺术学院的院长，因为学校评职称的初审权在学院，你毕竟和他们学院的老师竞争，他即使答应你在他们学院评职称，也可能会以其他理由为借口说你的条件不够，这样的话你评职称的材料上学校职称评审委员会的机会都没有。"这个事真的让人很苦恼，专业教师评职称学院还给出面呢，你说，我们评职称，谁给出面呢？（辅导员 TYKJ：C）

> 职业归属感这个问题我还没想过，我们现在的状况就是植根于学院，受学生处、招就处、校团委、研究生院等各部门领导。（辅导员 TYLG：B）

> 辅导员共同的组织应该是学生处，但平时又分散在各个学院。归属

感……这个真的不太好说。（辅导员 ZBDX：A）

工作了四年，归属感没法说，反正有些职业习惯确实是养成了。（辅导员 BJYD：B）

在高校，辅导员的组织归属比专业教师、行政人员要复杂得多，专业教师的日常管理、考核、培养都在学院，职称评定也在学院，行政人员的日常管理、考核、培养也都在自己所在的部或处，而辅导员的日常管理在学院，考核由学院、学生处及相关职能部门（校团委、招就处、组织部等）共同完成，培养主要由学生处负责，职称评定由辅导员的专业所在学院和人事处完成，聘任、选拔、晋升、流动等由单位组织部或人事处负责。组织归属的复杂性影响辅导员职业归属感的建立，造成辅导员虽有多个"婆婆"，但无"家"的感觉。

辅导员组织归属感不清楚，自然难以找到职业发展的载体与依托，很难形成职业归属感。上述访谈资料显示，辅导员 TYKJ：C 评职称找不到所属团体或组织的庇护与帮助，觉得职业归属感很乱；辅导员 TYLG：B 觉得自己好像归属学院，辅导员 ZBDX：A 觉得辅导员应该归属学生处，但两位老师觉得好像又不是，总之归属感很别扭；辅导员 BJYD：B 更是觉得没有归属感。"一旦成员产生了归属感，那么团队内部驱动力将很容易对其产生激励作用，并使其更加愿意为团队发展而奉献自我。相反，假如成员缺乏归属感，则不仅无法使其满足个人的心理需求，还会使该成员越来越与团体疏远，甚至最终与团体脱离。"[1]

2. 辅导员没有明确的专业归属感

辅导员职业归属感的建立还与辅导员专业归属感相关。辅导员的专业基础相对薄弱，即使和这一职业关联最大的学科思想政治教育专业，其发展的历史也相对较短，再加上辅导员自身缺乏对本职工作的研究，甚至很多辅导员在职称评定或考博时，仍然选择自己原来的专业，一方面因为专业转型的困难，另一方面也反映了部分辅导员对专业化建设的"不热心"和对辅导员专业的不认同。左娟娟在《高校辅导员专业化建设研究》中指出："近年来，高校辅导员队伍建设有了明显的加强，但是社会对辅导员职业具有的专业性并未形成普遍认可，这些都造成了其较低的职业归属感。"[2]

---

[1] 朱影影：《民办高校辅导员归属感培养研究》，硕士学位论文，郑州大学，2013，第8页。
[2] 左娟娟：《高校辅导员专业化建设研究》，硕士学位论文，河北大学，2015，第10页。

虽然在上海高校，辅导员职称评定单列，走思政系列的讲师、副教授、教授，但我不想走思政系列，我想走自己的历史专业，而学校的制度又不允许。（辅导员 FDDX：A）

职业和专业并不是对等的。就现代社会发展的实际情况分析，专业的发展体现为社会经济政治运行的严谨性与规范化。就某一职业来讲，专业化是职业逐步发展成熟的标志。尽管我国教育部已经明确提出了辅导员应当进行"三化"建设，然而，实际的发展远未达到这一目标。从整体上分析，职业规划不仅缺乏规范性，也没有专业化。

辅导员职业真的是应该有专业性，但是它的专业性在哪里，我也在思考，我没有想出它的专业性应该在哪，辅导员职业有思政的一部分东西，这个怎么说呢？因为政法大学的辅导员队伍，它是从一九五几年建校就有这个岗位，原来叫政治思想辅导员，真的就只管政治思想，管入党，党务工作是重头戏，然后呢，其他的生活上呢，或者是纪律上的事，是副业，现在有点反过来了，我们现在做的辅导员的工作，事务性的东西越来越多。有一点就是……在我 28 年的辅导员职业生涯中没有这个专业的归属感。（辅导员 ZGZF：A）

我觉得就是这个归属感问题解决，这方面需要学校出台相应的政策，这个归属感和你评职称是两方面的问题。比如说我们这个队伍，是统一归学校学生处管理还是放到学院，因为我们现在这个学院就是那一小撮儿左挨不上右挨不上。专业上辅导员也是差别很大。就是这种，院系之间不怎么打交道，所以我觉得就是管理角度怎么去梳理这个问题，我觉得在这方面需要学校先讨论，个人方面没办法解决这些。就是需要找到组织，我们现在有找不到组织的感觉，人家学科有学科带头人，现在我们这儿就是缺乏带头人，找不到，不知道该干啥，真有这感觉。（辅导员 ZBDX：A）

专业支撑我感觉没有那么明确的要求，我感觉我身边的就是各个专业出身的人都有，包括理工科的，人文类的都有啊，它不能叫作一个专业，可能就是你比方说像辅导员博士专项，就是思政专业之类的，马克思主义中国化，这些是属于理论支撑嘛，也不能说叫作辅导员的专业。（辅导员 ZGRM：A）

辅导员专业归属感不强，一方面，同各高校在辅导员岗位聘任的"入口关"对于专业背景没有特殊要求,对于德才兼备、品学兼优的毕业生具有较大倾向有关。然而,这种选聘标准造成所选择的人员具有十分复杂的专业背景,从而产生了一种思想政治教育不需要专业背景以及高学历要求的错误认识,还导致了辅导员对学生思想政治教育缺乏专业意识以及对工作的有效性也相对忽视的问题。另一方面,与辅导员的培养方式与工作方式也有很大关系。院系对辅导员的培养多数是通过经验丰富的辅导员"传、帮、带"实现的,此外,辅导员对于学生问题的有效解决以及其个性化需求的满足,往往是凭着其感性认识和经验的积累而行事,甚至凭借一腔热情而行事,对大学生各阶段具有的共性特征以及个性化需求缺乏深入研究,故此,工作理念跟不上实际发展的需求,系统的工作方式也难以形成,造成辅导员职业没有专业性的错觉。

目前我国辅导员的分类依据不同的标准划分为如下几个类别:依据是否专门从事辅导员职业,能够将其划分为兼职和专职两种;依据所带学生的类别,可将其划分为研究生辅导员、本科生辅导员以及高职辅导员;依据所带的年级,能够将其分为新生辅导员以及毕业生辅导员等。然而上述分类方式应当说是相当笼统的划分,并没有基于专业性对辅导员进行分类。从专业性划分角度分析,准确地说,目前我国尚没有围绕辅导员展开细致的分类。高校辅导员没有清楚的组织归属感,没有明确的专业归属感,因此难以在思想上、心理上、感情上对辅导员职业产生向往、依从并为所属群体的生存和发展竭心尽力。

(二) 高校辅导员组织支持感不稳定

组织支持感(Perceived Organization Support,简称POS)这一概念最早是由 Eisenberger、Huntington、Hutchison 和 Sowa 提出的,其定义为:"员工对组织如何看待他们的贡献并关心他们的利益的一种知觉与看法。"[1] 该理论使以往的组织、员工关系模式发生了较大改变,提出组织对员工必须重视和关心,并且应当首先由组织对员工做出承诺,而后员工才能对组织做出承诺,从而增强员工的职业认同感。

高校辅导员的组织支持感主要来自所处组织机构、组织环境给予的鼓励、关心与帮助,涵盖了上级支持感、组织政策支持感以及同事支持感。

---

[1] R. Eisenberger, R. Huntington, S. Hutchison, and D. Sowa, "Perceived Organizational Support," *Journal of Applied Psychology* 71, 2 (1986): 500–507.

"其中的上级支持感,指的是职业直属领导必须能够以公平、客观的态度来对待下属,并且能够为其下属工作的开展提供明确的方向与目标,同时对下属的进步也应当十分关注。此外,在遇到问题时,能够为下属提供协调支持,并在问题解决的措施上给予指导。组织政策支持感,指的是高校不仅应当对辅导员当前的管理、使用问题进行关注,更加需要对其后续的职业发展与职业生涯规划进行关注。同事支持感是指群体里同事间在工作上的协同、相处上的和谐,可以有效提升工作效能感,同时当个体感受到来自团体内部同事的理解、支持之后,个体就会体会到援助力量的强大,孤立无助感减少,工作压力也得到了极大缓解。"① 研究者通过对访谈资料的分析,发现高校辅导员组织支持感中,除了同事支持感良好外,组织政策支持感、上级支持感都存在不稳定的问题。

1. 辅导员组织政策支持感不确定

从研究者的访谈资料来看,辅导员组织政策支持感不确定,即辅导员自己也不确定他们在学校中所受到的职业支持的程度。

> 因为每个学校不一样,相对来讲的话,教育部出台这个政策,当然是好的,但是在具体的贯彻和实施的过程当中,要看学校的情况,比如要看学校层面对它的重视程度,然后还要看院系,要看这两个层面。(辅导员 FDDX:A)
>
> 应该说重视程度在不断提高,不过对比专业老师,依旧是存在差别的。(辅导员 ZBDX:A)

虽然访谈对象都认为高校对辅导员是"重视"的,然而,结合访谈,大部分辅导员使用的是"要看""应该"等词,这些词语具有不确定性,这也说明了辅导员对其所受到的职业支持是不确定的。

对辅导员来说,组织政策支持主要是对辅导员的发展以及培养提供支持。在教育部令第 24 号文件中明确了,应当将辅导员培养作为高校人才培养计划的重要内容,确保和专任教师享受到同等的培养待遇。2017 年修改后的《普通高等学校辅导员队伍建设规定》也强调"辅导员培训应当纳入高等学校师资队伍和干部队伍培训整体规划"。但是,结合研究者的调查结果,大部分高校并没有把辅导员培养归入高校师资、人才的培养计划中,在培养

---

① 丁淑兰:《高校辅导员工作压力、组织支持感、职业承诺的关系研究》,硕士学位论文,浙江大学,2010,第 33~34 页。

待遇上和专任教师具有较大差距。

> 两年前，有一次心理咨询师培训，然后当时是有一个小问题，学校不给出钱，学校让学院出，当时学院也不出，后来我又因为个人身体原因，然后就没有参加这个培训。（辅导员 SXDX：A）

教育部令第 24 号文件中还规定了，高校应当选拔优秀辅导员进行国内、国外考察、进修深造；在做好工作的基础上，对辅导员攻读相关专业学位进行鼓励。2017 年修改后的《普通高等学校辅导员队伍建设规定》再次强调上述内容。然而在现实中，由于辅导员参加交流、考察和进修深造会占用工作时间，再加上辅导员配比紧张，很多高校尤其是辅导员所在的学院并不支持辅导员交流、考察和进修深造。

> 现在就像我带的学生，30% 的毕业生会到国外读书，我觉得很需要这方面的（进修深造），但是学校没有给我们这样的机会。上海交大每年也会派一些老师去像牛津啊，剑桥啊，但是第一名额少，第二呢，就是可能会相对集中在那种位置比较高一点，最少处级干部，正科级的也有，这个多集中在机关，院系的机会比较少，考虑到你辅导员的机会又比较少，被边缘化的一个（职业），但是我个人觉得这很有必要，从你做这份工作的需求（来说），太需要国际化这块儿了。（辅导员 SHJT：B）

> 原来的时候我们学院，就是不允许我们考博士的，这两年才放开，以前的时候是不允许我们考博士的，学校规定是允许的，但是我们学院不允许。（辅导员 DHDX：A）

从上述访谈资料来看，虽然教育部政策对辅导员管理、使用等方面的问题投入了较大关注，但是高校在辅导员后续发展的支持性政策和资源保障方面做得非常不够，因此，辅导员职业发展来自高校组织的政策支持是不确定的。

2. 辅导员上级支持感不稳定

上级代理组织进行组织目标以及价值观的传递，同时还需要对员工进行评价，因此组织支持感提高的重要推进环节是上级的支持，来自上级的支持使员工感觉到自己受到重视。因此，"员工会将领导对自己的有利或不利的倾向作为组织是否重视和关心他们的信号。领导支持以及员工组织支持感，两者具有正相关性,伴随着领导支持水平的提高,员工获得的组织支持感将会越来越强"。①

> 辅导员工作目前为止还没有形成一条比较核心的价值在里头,所以它往往是随着领导的变化而不断地改变自己的工作内容和工作要点,所以我认为领导对辅导员职业的支持也是难以评价的。(辅导员 FDDX:A)
>
> 在工作实践中,上级的指导、激励,其他高校部门提供的工作配合,使我能够感受到自己是被重视的,更加愿意为工作付出努力。然而,在有的时候,无法从领导那获得对自身努力的肯定、支持,相关部门对某些事情互相推诿,我会产生一种受挫感。(辅导员 TYKJ:C)

在访谈中,很多辅导员表示领导对辅导员的学习基本上持不支持也不反对的态度,甚至有些领导会反对辅导员占用工作时间参加培训。此外,领导对辅导员工作的支持,也由于"领导会顾虑到很多",所以支持也是极不稳定的。

> 辅导员培训的机会太少,嗯,那另外呢,就算给机会,现在学生处包括学校也积极地拓展各种学习的机会。各院的书记都不让辅导员出去,因为你走了,这块工作,他怕忙不过来,然后各院的书记、副书记,主要抓学生这块的书记,他们都会阻拦,对,不让去……上班期间这种培训,他直接就不让去,就是学生处已经说给你们几个名额让你们去学习,领导会说我们没人去,我们去不了,他直接就拒绝,因为培训要先经过领导那,这么多年来,从2006年开始,比如中央党校学习,有3个月的,有那个什么30天的,我领导都给我否了,都不让我去……我特别想出去学习,(领导)就不给这个机会,所以我只能利用我的寒暑假,如果有机会我就去学习……但现在受疫情影响,更没办法出去学习了。(辅导员 ZGZF:A)
>
> 我们学校的领导有时候会到我们工作的校区,到学院,到基层来听大家的意见。但是我觉得不管是哪里,你说的所有的意见,不可能马上就去执行。(辅导员 BJLG:A)
>
> 但是就说有时候像我们在学生工作中有些想法,想去实施,但是要

---

① 蔡磊、陈伟、乔学斌:《独立学院辅导员职业倦怠的组织支持策略研究》,《电子制作》2014年第23期。

去实际操作，中间也会有很多困难，因为没有那么多人愿意让你去放手做……有的时候，领导会顾虑到很多事情嘛，别人可能觉得，你刚来，还不知道怎么弄，不懂然后还不安分……总之，各方面工作掣肘得挺多。（辅导员 TYLG：A）

王凤佐认为，员工感受到的上级支持可以表现在多个方面，如关心利益、物质支持、信息支持、情感支持、认同价值等。[1] 研究者的访谈显示，很多上级领导对辅导员的工作总是一味压任务、加担子，很少关心辅导员的利益和发展问题，辅导员工作受挫也很难得到领导的情感支持。另外，领导之间对辅导员职业的理解差别很大，支持也不尽相同，造成辅导员对上级支持的感知是不稳定的。

（三）高校辅导员职业自豪感不足

关于"自豪感"，《现代汉语词典》中做出的解释为："因自己或者与自己有关的集体或个人具有优良品质或取得伟大成就而感到光荣。"[2] Weiner 最早基于心理学范畴在成就动机和情绪的归因理论中对自豪感展开了研究，他将自豪感定义为，"当积极事件发生时，个体将这种成功进行内部归因而形成的和结果具有较大关联的情绪"。[3] Shorr 和 McClelland 通过对自豪感和内疚感的研究认为，"自豪感指的是当意识到自身行为结果使内化目标得以实现之后形成的一种积极的自我评价的体验"。[4] Tracy 和 Robins 提出，"自豪指的是个体对包括道德、专业、人际等重要领域的积极事件或成功事件，进行内部归因而形成的快乐的主观情感体验"。[5]

郭小艳、王振宏则将其界定为，当个体目标得以实现或者被他人认定为成功时，个体由此获得的一种积极体验。[6] 杜建政、夏冰丽则提出，自豪指

---

[1] 王凤佐：《员工对上级的社会支持的感知及其对工作压力感的影响》，硕士学位论文，大连理工大学，2004，第 39~40 页。

[2] 中国社会科学院语言研究所词典编辑室编《现代汉语词典》（修订本），商务印书馆，1996，第 1671 页。

[3] B. Weiner, "An Attributional Theory of Achievement Motivation and Emotion," *Psychological Review* 92 (1985): 548–573.

[4] David N. Shorr and Stephen E. McClelland, "Children's Recognition of Pride and Guilt as Consequences of Helping and Not Helping," *Child Study Journal* 28, 2 (1998): 123.

[5] J. L. Tracy and R. W. Robins, "Emerging Insights into the Nature and Function of Pride," *Current Directions in Psychological Science* 16, 3 (2007): 147–150.

[6] 郭小艳、王振宏：《积极情绪的概念、功能与意义》，《心理科学进展》2007 年第 5 期。

的是个体认为自身的努力、能力导致了积极事件或成功事件的发生，由此产生的一种积极的情绪体验。① 故此，在本书中将辅导员职业自豪感视为辅导员职业所必需的客观条件、需求因素及职业主体工作绩效等共同作用下，辅导员就其自身存在与发展状况产生的积极体验，是辅导员职业情感的重要表现。

随着中央 16 号令、24 号令等相关文件的出台，尤其是在《普通高等学校辅导员队伍建设规定》经过修订完善后，辅导员工作受重视程度有一定提高，但研究者通过访谈发现辅导员缺乏角色自豪感。

1. 人际交往时用大学老师身份代替辅导员身份

在与辅导员们的访谈中，大部分辅导员告诉研究者，他们在人际交往中不愿意说自己是辅导员，更乐意介绍自己是"大学老师"。这种心理现象可以称为辅导员的"角色逃避"现象。角色逃避现象是指辅导员在特定的社会情境下不愿意以辅导员身份出现，对自己的"辅导员"身份进行掩饰和逃避的一种心理现象。这一现象折射出辅导员在自我角色认同中的冲突和危机。"77% 的辅导员认为辅导员社会地位比专业任课教师的社会地位低。"② 以上海大学研究生作为对象进行的问卷调查结果显示，"对比行政管理人员与教学秘书，辅导员具有更低的社会声望，其职业声望仅仅略高于社区管理人员"。③ 社会地位低、职业声望低造成辅导员职业自豪感也低。因此，辅导员在人际交往时更喜欢用社会地位较高的大学老师的身份介绍自己。

> 我经常以大学老师来进行介绍，做辅导员的，可能遇上同行会交流，遇上外面的人了，他不一定懂这个东西，不一定知道你的辅导员是干啥的，他只知道大学有老师。（辅导员 ZBDX：A）
>
> 在外面的话，一般会介绍老师的身份，因为外面的人不知道什么叫辅导员。（辅导员 FDDX：A）
>
> 我一般会说在大学工作，也不会多说这些……如果他直接问你做什么的，我会说说；如果他不问，我一般都不会说。但是别人有时会问你带什么课，所以说像我们这种，我们不带课，就只是做辅导员、做班主任。（辅导员 TYLG：A）

---

① 杜建政、夏冰丽：《自豪的结构、测量、表达与识别》，《心理科学进展》2009 年第 4 期。
② 叶绍灿：《高校辅导员职业生涯规划研究》，博士学位论文，合肥工业大学，2015，第 25 页。
③ 魏伟：《论高校辅导员职业认同》，硕士学位论文，西南大学，2009，第 14 页。

上述三位老师都提出辅导员职业具有较低的社会认同，即大部分的社会群体并不了解该职业，只知道大学有教师和行政人员，并不知道还有辅导员，作为辅导员谈不上有自豪感，因此在人际交往中通常称自己为"大学老师"。

我们都是以大学老师来介绍自己，因为首先我本来就是大学老师，辅导员仅仅是我的岗位而已，就像专业老师，你只是负责教专业而已，我只是负责学生的思想引领。实际上现在大家存在误区，认为辅导员不是老师。你要知道辅导员本身定位来说就是一个岗位而已，把岗位仅仅当成一类人，那就不对了，我觉得本身这种理解就是有偏差的。（辅导员DHDX：A）

我在人际交往时常介绍自己是大学老师，因为是这样，现在本身呢，就是首先你介绍一个人的时候得有工作单位，这就是一所大学，那你在这个学校里边，因为我更多的还是从辅导员双重身份来认可自己的岗位的，我觉得这样本身就是水到渠成的事情，没有什么需要强化地告诉他的，我就是辅导员，不需要。因为我们也上课嘛，对吧？上课的不就是老师嘛，这是很简单的一个道理，我觉得这样就不需要格外解释，为什么我觉得这个就是对的，这个也是我希望未来这个职业序列，发展的这个样子，他就是老师啊，无论教学生专业知识还是教生活的能力，他还是要教授一些东西，第二个呢，我觉得可能也有一个社会的尊重和认可的问题，我们其实越是做这个工作，你才越需要让别人去尊重你和认可你对吧，那样交流起来也很方便啊，我觉得首先是一个水到渠成的事情，我没有刻意把它分开，你本来都是俩身份，我就是啊，嗯，不是说为什么就是？另外，从社会的认可来讲，其实有太多的人，他并不知道你辅导员是干什么的，他根本不了解，辅导员干什么呀，辅导什么呀，对吧？不排除有一些人会是这样的，所以我觉得交流起来也很方便啊。当然现在你看，你要找一个副高职称的辅导员来访谈啊，那我肯定对外交流，说我的职称是副教授啊，对吧，我首先试图努力地做一些专业的人干的专业的事，我也在从事务性的工作中跳出来，再做一些专业的工作，就是去参加一些教学的竞赛，然后包括去研究课题呀，去做一些培训的课程啊，就是我们也试图让工作能够变得越来越专业，我觉得这没有什么不好解释的……我也希望社会认可我们这个序列的时候都是这么认可的，要不然有的时候，现在我的感受还好一点，可能一些年轻的辅导员还

是会感到有压力的，你说，不就是个辅导员嘛对吧？（辅导员 SDSF：A）

在人际交往过程中，我会以大学老师的身份介绍自己。因为我本身不喜欢辅导员这三个字，而且我也不喜欢学生叫我导员，有很多学生，现在叫辅导员不叫老师，都是叫导员，我就要去纠正他们，在学校里面都是要叫老师的，我感觉学生这么叫我，我是不被尊重的。（辅导员 TYKJ：D）

上述访谈资料中，辅导员 DHDX：A 找各种理由认为辅导员就是大学老师；辅导员 SDSF：A 认为在人际交往时，介绍自己是一名辅导员会感到有压力，"我的感受还好一点，可能一些年轻的辅导员还是会感到有压力的"；辅导员 TYKJ：D 则认为"我感觉学生这么叫我（辅导员），我是不被尊重的"。"这种来自领导、学生等各种的'不尊重'使得辅导员原本就十分敏感的职业神经更加敏感。受到了较大刺激，不仅使其对工作缺乏信心，而且使其产生对自我职业地位、身份等方面的怀疑。"[1] 可以看出，辅导员在自己职业身份的问题上内心很纠结。

"对自豪感通常可从如下两层内涵来分析和理解，其一，个体形成的一种自我认知心理状态，即基于个体优势产生的自信心与荣誉感，外在表现为骄傲、自信等；其二，指的是对自身相关事物或相关群体的认知心理状态，其概括和综合了群体规范、价值、利益、目标等与群体心理和成员个人心理特征方面的因素，是成员之间相互作用的结果，是群体自豪感的展现。"[2] 辅导员与高校教师群体相比，在学术上是弱势群体；与高校行政群体相比，又处于行政权力的底层。自豪感是由群体或个体优势带来的，没有优势的群体和个体自然很难产生自豪感。

你干的工作的性质是很琐碎，然后大家就觉得呀，你就和一个跑腿打杂的一样，所以也没有说像人家说的财务处的，管学校报账的，科技产业处的人家搞科研的，对的都是科研大户，关系他们的生杀命脉的那种感觉，所以那必然就是大家去找人家的时候会毕恭毕敬的，觉得他影响着我能不能拿这个科研经费啊这些，那肯定影响不一样。你管学生的这个工作，你想在学校里头，跟老师的关联也不大，有时候你还得求着

---

[1] 徐海生：《高校辅导员职业认同感研究》，《内蒙古师范大学学报》（教育科学版）2014 年第 11 期。
[2] 徐院珍、方桐清：《自豪感与大学生素质的培养》，《现代企业教育》2006 年第 21 期。

老师帮你干活，所以必然就会让别人有点就是小瞧你的感觉。（辅导员 ZBDX：B）

2. 人际交往中，辅导员对自我职业身份不自信

研究者在访谈中了解到，辅导员即使承认了自己辅导员的身份，往往也是一种十分谨慎、小心的态度，害怕会受到他人鄙夷目光的对待或遭到他人尖酸刻薄的诘问，张川在《高校辅导员职业认同现状调查与思考》中的调查也显示："有47.49%的辅导员在社会交往中会因为自己的职业而感到自卑。"①

> 可能在社会交往普通朋友的时候，嗯……自己心里还是多少有些自卑，就说我是辅导员，有些人会问，"辅导员是干什么的"，还要给他解释的时候，心里就是，"有点像高中的班主任吧，嗯，除了讲点课，更多的还是管学生的事务，大学生也要管他们，就是不爱上课的，爱打游戏的，不及格的，我也得管，入党啊什么的，将来就业也要管一管"，就会说一下，多少有些不自信。（辅导员 ZGZF：A）

> 我就跟他们说，辅导员就是带学生的，他们能理解了……嗯。虽然我知道辅导员工作是比较边缘化的，不是领导，但是我很坦然。因为我不在意别人怎么看我……所以说，你看我那些同学说，"他在中国政法大学"。我说，"我在政法大学就是一个小兵啊，就是一个带学生的辅导员"。他们的反应就是……哎呀哎呀，你看他不是个官……就是个小辅导员，和我差不多，然后心里想还没有我混得好呢，他们很有可能……哎呀……他就这么回事，是这样的反应。嗯……我很能摆正自己的位置，我这个人呢，不愿意和别人去比。（辅导员 ZGZF：B）

上述访谈资料流露了辅导员内心的难言之隐，辅导员对自我评价不太高，跟别人说自己职业的时候，会感觉人家可能有点看不起辅导员，社会认同度是影响辅导员职业自豪感的一个重要因素。依据行为主义理论，机体为了实现其生存与发展，并增强对环境的适应性，通常把情感作为重要的手段。在特定的环境下，将会产生对应的行为反应，社会对辅导员职业的认识，将会极大影响辅导员对其职业的感悟与态度。对于包括律师、公务员、

---

① 张川：《高校辅导员职业认同现状调查与思考》，《广东水利电力职业技术学院学报》2012年第2期。

高校专业教师等在内的社会认可度较高的职业，职业主体具有的职业自豪感也是相对较高的。反之，具有较低社会认可度的职业，职业主体则具有较低的职业自豪感。在受访人员中，很多辅导员认为社会对该职业具有的认可度不高，主要是因为对该职业不够熟悉，并且也没有很好的途径能够帮助其他社会群体了解这一职业，很多人不知道辅导员职业的具体内容，误将辅导员等同于班主任岗位，认为其工作是没有技术含量的，任何人都可从事。

3. 辅导员自豪感来源于职业组织而不是职业本身

Dutton等人经过研究后提出，当某个组织具有较好的组织声誉时，归属于该组织的成员将会由此产生一种骄傲感，并认为自己获得了社会认可，进而使其组织认同水平得到提高。[1] Fisher和Wake也发现，随着组织成员对其组织声誉的感知，能够从中获得的自尊感也在逐步提升。[2] 高校组织作为国家事业编制组织，属于体制内职业组织，在政治地位和社会地位上具有优势，因此具有良好的组织声誉，其中的成员会因此而感到骄傲、自豪。

> 我觉得我有些同学挺羡慕我的，尽管说是个辅导员，但是毕竟还是在高校工作。(辅导员HDSF：B)
> 我同学觉得在高校工作挺不错的，但是说做的这个工作，应该很辛苦。(辅导员BJYD：A)

从上述访谈资料看，辅导员尤其是年轻辅导员会为自己在高校工作而感到自豪，但"尽管说是个辅导员""应该很辛苦"又说明辅导员对自己的工作种类存在质疑，因此，这种自豪感只是来源于职业组织而不是职业本身。"自豪感能够引导个体实施更具社会价值的行为，并且使其以一种符合社会价值期许的方式开展各种社交行为，由此获得一种愉悦体验；此外，自豪感还能够使个体更加愿意付出努力，获得成就，以增强他人对自我的关注程度。"[3] 故此，可以将职业认同构建过程理解为促使辅导员对高校组织的自豪感转化为对职业本身自豪感的过程。

---

[1] J. E. Dutton, J. M. Dukerich, and C. V. Harquail, "Organizational Images and Member Identification," *Administrative Science Quarterly* 39, 2 (1994): 239–263.
[2] R. J. Fisher and Field K. Wake, "Factors Leading to Group Identification: A Field Study of Winners and Losers," *Psychology and Marketing* 15, 1 (1998): 23–40.
[3] M. R. Leary, "Motivational and Emotional Aspects of the Self," *Annual Review of Psychology* 58 (2007): 317–344.

（四）高校辅导员自我职业成长的成就感有限

成就感是个体在自身取得成绩后产生的主观感受和情绪体验。赵龙围绕学生学习成就感培养问题展开了研究，提出可将成就感理解为在学习中获得的一种积极的情感体验，是学生自我价值得以实现、得到认可的重要体现，也是学生取得学习进步、获得学习成功时形成的满足感。① 杨同卫、张新庆就护士成就感进行了调查分析，认为成就感指的是在某些活动的从事过程中，个体的潜能得以充分发挥后获得的积极情绪体验，是自我价值得以认可之后的满足。② 周继栋围绕农村初中教师展开了成就感研究，得出"成就感指的是个体在做事或做成事中得到的快乐和满足，并且通过成功实现对自我价值的肯定与认可"。③

成就感的基本特征如下："首先，其产生于个体付出努力完成一件事时或完成一件事后；其次，其与个体取得一定的成绩或个体自身潜能的发挥相伴随；最后，其使个体能够形成一种积极、愉悦的情绪体验，并使个体认可自身价值，提高自我评价。"④ 结合上述相关研究，本研究认为，辅导员职业成就感指辅导员在工作中付出努力，取得成绩后产生的满足、愉悦等积极的情绪体验。

高校教师，除了教学任务，还有科研任务，教师个人专业的发展体现着自己的成就，虽然个人专业的发展辅佐教学，但学生的成长并不是高校教师职业成就感的主要来源，其成就感更多的是来自教师自我的职业成长发展。与此相反，研究者通过访谈发现，辅导员的成就感多来自在自己的指导和帮助下学生的成长成才及学生对辅导员辛勤付出的肯定。但随着从事工作时间的推进，这种来自学生的成就感就会逐步弱化、慢慢消退，无法实现对辅导员工作热情的激发。由此表明，辅导员对自身的职业成长是缺乏深刻体验的，而且还可认为很多辅导员就其自身职业并未享受到成就高峰体验。

个体通过与他人的比较即社会比较来感知和判断个人成就感。"社会比较理论是由 Festinger 提出，Wood 的研究进一步发现，在社会生活中，人与

---

① 赵龙：《注重培养学生的学习成就感》，《职教论坛》2003 年第 14 期。
② 杨同卫、张新庆：《我国护士成就感调查分析》，《劳动保障世界》（理论版）2011 年第 1 期。
③ 周继栋：《农村初中教师成就感缺失的成因与对策》，《吉林教育》2012 年第 1 期。
④ 薛晓晨：《小学班主任成就感的特点及影响因素的研究》，硕士学位论文，南京师范大学，2014，第 3~4 页。

人进行的比较是十分常见的，而这种比较将会在一定程度上对其自我概念、情绪状态及未来期望产生影响。同时基于自我同他人观点、能力及行为的比较，个体能够就成就感影响因素进行感知、判断。"① 受访辅导员均表示在自己身上出现过与他人进行比较的状况，通过与高校其他群体和同事的对比，对自己所付出努力和工作回报之间是否平衡进行衡量，对工作环境、内容等方面的满意度进行衡量，从而评价自我职业是否成长。

> 我们那批一起来的做专职老师的，有的评上副教授了，有的甚至都是教授了。而我做了15年辅导员，职称没上，职务也没有，只是个老辅导员。（辅导员 TYKJ：A）

> 比如说人家专业老师取得了多少成就，自己也很羡慕，就觉得自己啊，好像被这些琐事耽搁了，在自己的这个专业方面没取得什么东西，就是这个感觉。（辅导员 TYLG：B）

辅导员与行政岗位的同事相比，职务晋升方面不占优势；与专任教师相比，学历提升和职称晋升方面又不占优势，因此，辅导员与高校其他群体相比，职业成长面临困境，职业发展道路不畅通，职业发展速度缓慢，难以产生自我职业成长的成就感。

第二节　高校辅导员职业意志与职业行为问题

一　高校辅导员职业意志薄弱

辅导员职业意志指的是愿意从事辅导员职业以及在该职业上的坚持性。职业意志是辅导员忠诚于该职业，并为学生工作事业献身的精神和在艰苦环境中执着追求的勇气，是对辅导员职业行为产生影响的一种坚持的精神力量，也是其克服外在困难的重要内部动力，是对抗辅导员职业流动的内在品质。本研究用辅导员心理职业流动和物理职业流动情况来反映辅导员职业意志。

---

① 薛晓晨：《小学班主任成就感的特点及影响因素的研究》，硕士学位论文，南京师范大学，2014，第38页。

（一）高校辅导员心理职业流动持续、反复

1. 高校辅导员心理职业流动从未间断

很多辅导员在选择辅导员职业时，是为了到高校就业；部分则是因为辅导员数量不足，高校实施了一些应急措施，比如对新来的教师，要求在辅导员岗位上工作几年之后才可转为专任教师，尽管保障了辅导员岗位的数量，然而，这些人对辅导员职业缺乏思想准备，对待工作不积极，职业意识淡薄，职业精神也不佳。尽管部分高校制定了辅导员转岗的相关规定，但设置的条件太过苛刻，甚至难以达到，比如要求从业8年才可转岗，因此"身在曹营心在汉"成为多数在岗辅导员心理状态的写照。故此，本次访谈中，很多辅导员表示，转岗并不容易，首先得满足服务年限，其次得有相应的空岗，有时即使上述两个条件都达到了，但由于学校专职辅导员人数不够，学校也不会同意辅导员转岗，使得有些辅导员转不了岗。但有些辅导员即使做辅导员的年限没有达到要求，但由于"上面要人"，也转岗了。表2-1呈现了您是否愿意长期从事辅导员职业的统计结果。

表2-1 您是否愿意长期从事辅导员职业的统计结果

单位：人，%

	人数（$N=97$）	百分比
愿意	37	38.1
不愿意	48	49.5
走一步看一步	8	8.2
希望马上离开	4	4.1
总计	97	100

资料来源：范亚乾：《高校辅导员角色定位分析及对策研究》，硕士学位论文，浙江师范大学，2013，第17页。

对辅导员职业流动的限制虽然在一定程度上阻止了辅导员的物理职业流动，但很多辅导员心理职业流动从未间断。表现为上岗后就开始着手准备转岗，并没有将辅导员视为长期职业；工作一段时间后寻找转岗机会；一到规定的转岗年限就选择"改政转业"。

我并没有要一辈子做辅导员的打算，以后可能考虑转岗。但是我的转岗方向其实没有其他选择，只有往机关里转。要么你就晋升上去，在

本校转教师岗不大可能。（辅导员 HDSF：B）

……我也会想将来是不是会转岗，说实话在交大里面一直从事辅导员工作到老的人很少，到老的一般就是那些本身从事这个工作的时候年纪已经大了的人，像我们年轻的还是要考虑自己的发展，然后发展的话，只能转岗，但是转岗不是说一下子就离开了，有可能在新的岗位上再做个四五年就调回去了，例子很多，嗯，到学院里面来做副处呀，很多。（辅导员 SHJT：B）

辅导员心理职业流动使多数辅导员对自身工作无法形成全面深刻的认识，仅仅将其视为"过渡性职业"，很容易造成辅导员对工作心不在焉，甚至工作重心发生偏移，不仅影响学生工作质量，还会对辅导员业务能力提升产生较大影响。此外，这种职业流动即使在职业主体职业发展顺利时，也没有停止过。下文辅导员 BJLG：B 的谈话很具有代表性。

我当时想过转岗，那是在上正科之前想过这个问题，自己也是团口成长起来的，团委成长起来的学生干部，然后我当时也在想要不要去校团委锻炼一下，或者是去哪个岗位多历练一下……后来当了副书记之后，我觉得我……再奉献几年再说。（辅导员 BJLG：B）

辅导员职业心理流动往往是持续不断的，当个人的职业目标在特定组织中顺利实现时，辅导员会暂时继续从事本职工作，但如果在特定组织中，个人的职业目标无法顺利实现时，辅导员更愿意选择离职，这种"走走看看"的心态在辅导员队伍中很有典型性。

2. 高校辅导员心理职业流动触发点多

（1）社会比较触发辅导员心理职业流动

很多辅导员工作十多年，自己也很努力，但职务没上去。另外，基于其工作性质比较特殊，日常事务占据了其大部分时间，科研时间无法保障，科研能力较低，造成科研成果甚少。有可能同期入职的专职教师已经获得了教授职称，而辅导员依旧停留在讲师层次上。这使辅导员整个队伍的安全感及稳定性都受到了较大影响。大家刚入校时工资、地位差不太多，但工作了一段时间后，却是天壤之别，辅导员会有"被落下"的感觉，从而产生心理职业流动。

就是看到和自己同时来的这些辅导员，离开这个岗位的时候，人家比方说是选择了教师岗，和自己一起来的人，职务也上去了，比方说同年我上科长，但是人家上了副处了，然后我肯定比较失落。还有一个就是，其实我觉得就是跟周围和你相关的人去比较的时候，这种失落感更强烈，就是觉得你不比别人差，但是人家脱颖而出了，还有一个就是说，看不到希望，就比方说评聘职称呀这些东西，感觉挺渺茫的，我觉得这个失落感也挺明显的，就是跟周围人去比较的时候，这个失落感挺强烈啊。（辅导员 ZBDX：B）

（2）职业发展停滞不前触发辅导员职业流动

职业发展停滞不前不仅表现在职位晋升、职称评聘等方面，也表现在专业知识及能力的提升方面。在现实中，辅导员理论修养和专业知识的缺乏导致其在工作中会产生一种恐慌、不稳定的心理。长期如此，也会引发其职业心理流动。"面对无法为其职业目标发展提供帮助的特定组织，个人更加倾向于离职。同时，为了能够得到持续的就业力，个体对提升知识能力的重视程度也在不断提高。对于那些专业知识具有高贬值特性的行业，如果个体未能够从组织中获得足够的培训机会，年轻员工会考虑到其生命周期内被动离职的风险，进而选择主动离职，降低被动离职的风险。"[①]

如果能有一个好的完善的制度，让辅导员在正常的年龄正常的时候，有一个合适的出路，就是说我在 35 岁的时候，我能看见我 45 岁、55 岁能去到什么地方，最起码你大致的方向有，那你 35 岁之后会干得很安心……但是你要是看不见、很模糊，或者几乎没有什么出路了，你在 35 岁的时候肯定会想，我在近几年，要赶快想办法，因为你要是去到另外一个地方，等于说又重新开始，你岁数已经不饶你了，所以你就要及早去想你的出路，就等于说及早就动摇了军心了。假设我有转岗机会，还是得以现在的工作为基础去选择一些与之相关的岗位，比如去马克思主义学院啊……我学的专业和他们是一致的。（辅导员 TYLG：B）

（3）职业与专业的冲突触发辅导员心理职业流动

当前，我国还没有专门负责培养辅导员的专业或院校。故此，关于辅导员选聘，高校倾向于从学生中选拔德才兼备、品学兼优的毕业生，对学生的

---

① 梁巧转、黄旭锋：《高科技行业员工就业初期高离职率的经济学解释》，《预测》2003 年第 4 期。

专业并没有设定限制条件，基于日益严峻的就业形势，很多毕业生选择社会需要的职业，而这些职业和自己所学的专业相对没有多大关联，故此，在选择辅导员职业时，职业主体就存在"在专业与职业之间纠结"的心理，在职业发展不顺利时，"在专业与职业之间纠结"的心理又会浮出水面，产生职业流动心理。"不对口专业就业的工作寿命都相当短，通常不会超过五年，跳槽率也一直居高不下，不稳定性非常严重。"①

> 毕竟以前学的是法律，当时也考了司法考试，也通过了，等于是上了这个工作以后，我之前所有的东西全部都丢掉了。然后也觉得很可惜。现在自己是这么一个状况。因为是 80 后嘛，然后曾经也想过就是说，不会再像 70 后、60 后那样一个工作做一辈子，有可能还会回归我本来的专业。(辅导员 SXDX：A)

由此可见，心理职业流动是目前辅导员队伍存在的普遍现象。职业流动倾向（心理职业流动），"是教师在离开学校或岗位以前所做的心理决策过程的最后阶段"②。心理职业流动反映了辅导员对其职业缺乏归属感，同时具有较差的职业意志，使其处于一种被动的工作状态中，缺乏规划性，工作上使命感不强，责任感缺失，影响学生工作的效果。"占比仅为 7.19% 的调查对象认为辅导员职业是大有作为的，占比为 35.52% 的调查对象愿意在该岗位上持续工作超过 5 年以上甚至将其作为长期职业，有 53.23% 的只是将辅导员作为过渡性职业，愿意从事 2~5 年。"③ 对于是否愿意将辅导员作为长期工作，有 51.91% 的不愿意将其作为长期职业，不过会完成一个任期；3.49% 的希望能够马上调离。④ 综合上述分析，有近六成的辅导员并未将该职业视为长期职业。

职业意志是职业主体在内外价值认同的驱动下表现出的行为倾向和行为，辅导员职业意志不坚定首先表现在辅导员心理职业流动严重，并且持续不断，从而提高了辅导员队伍的不稳定性，造成辅导员隐性流失现象严重。

---

① 何春华、张梦丽、陈辉：《大学生就业专业不对口的现状与分析》，《人力资源管理》2011年第 6 期。
② 王慧英：《我国高校教师流动政策研究——基于制度分析的视角》，博士学位论文，东北师范大学，2012，第 10 页。
③ 杨谨、季宜敬：《高校辅导员职业倦怠现象分析与对策》，《辽宁行政学院学报》2010 年第 1 期。
④ 巢传宣：《辅导员职业认同的应为、难为与有为》，《中国职业技术教育》2010 年第 10 期。

（二）高校辅导员物理职业流动状况令人担忧

辅导员物理职业流动分为两大类，其一为校内转岗，一般是向着专任教师、行政干部等转岗；其二为校外就职，即转向企事业单位、机关单位，或者是创业、深造等。① 以山西 H 大学辅导员职业流动为参照（见表 2-2），可以看出该群体职业流动的一般状况。由于近年山西高校编制紧张，山西 H 大学从 2014 年至 2017 年，没有招聘辅导员，因此山西 H 大学在这四年里对仅剩的有编制的辅导员采取禁止职业流动的办法。从表 2-2 可以看出，入职年份在 2005 年至 2009 年的辅导员，大部分已经转岗，2005 年山西 H 大学辅导员入职人数为 14 人，现在职人数仅剩 5 人；2006 年入职人数为 8 人，现仅剩 3 人；2007 年入职人数为 11 人，现仅剩 4 人。从 2018 年以后，山西 H 大学辅导员转岗有所松动，2009 年至 2013 年入职的辅导员，也开始陆续转岗，而其他辅导员大多是因为没有机会转岗，并不是不想职业流动。

1. 职业流动率高

职业流动率是指一定时间内流动劳动力占劳动力整体的比例。② 员工职业流动有助于组织活力的维持，有助于提升组织创新力，然而，如果流动率过高，则会使员工忠诚度以及士气都受到影响，从而对组织发展是极为不利的。

> 90 年代那一批从事辅导员的就剩我一个了。跟我一块前后脚做辅导员的那一批人大部分进了教研室，还有几个像我的大学同学，当领导的比如出版社副社长、刑司学院的书记、就业中心主任、图书馆副馆长等的有一批，进教研室的当纯粹的老师的也有几个，到教研室当老师的有一个职称评上教授了，剩下那两个还都是副教授。（辅导员 ZGZF：A）

> 当年（2003 年）进了十几个，现在在岗位的还剩 4 个人了。（辅导员 ZGZF：B）

> 我们 2006 年来的辅导员有十多个，不瞒你说全走了，转岗的转岗，调动的调动，全走了。现在就剩下我和另外两个。同事转岗的话对我也会有影响，这个我肯定要考虑自己是否还要在这个岗位上继续干下去，

---

① 王爱祥：《高校辅导员职业发展评估与分析——基于 E 校 2005—2015 年辅导员流动的实证研究》，《思想理论教育》2016 年第 3 期。
② 廖根深：《当代青年职业流动周期的研究——兼论当代中国青年职业发展的三个阶段》，《中国青年研究》2010 年第 1 期。

表2-2 山西H大学（本校区）近15年（2005~2020）辅导员入职、转岗情况统计

入职年份	入职人数	现在职人数（辅导员，团委书记，副书记）	校内转教师岗人数	校内转其他岗人数	离职	博士毕业后校外就职	博士毕业后校内转教师岗	博士在读（已转岗）	博士在读（可能转岗）	已转岗总人数
2005年	14人	5人	2人	7人						
2006年	8人	3人		5人						
2007年	11人	4人	1人	3人		2人	1人（数学专业）			
2008年	0人									
2009年	15人	10人		4人				1人（机械工程专业）		
2010年	0人									
2011年（1月）	7人	5人		2人					1人（心理学专业）	
2011年（12月）	5人	3人		2人					1人（文化人类学专业）	
2013年	3人	1人		2人						
2014年	0人									
2015年	0人									
2016年	0人									
2017年	0人									

续表

入职年份	入职人数	现任在职人数（辅导员、团委书记、副书记）	校内转教师岗人数	校内转其他岗人数	离职	博士毕业后校外就职	博士毕业后校内转教师岗	博士在读（已转岗）	博士在读（可能转岗）	已转岗总人数
2018年	9人				1人					
2019年	10人				1人					
2020年	10人									
各类已转岗人数			3人	25人	2人	2人	1人	1人		34人

这不 2017 年的时候，最后我也做出决定，我要转岗，学校、学院没同意，就没转成，一直留到现在。（辅导员 ZBDX：A）

现在专职思政教师有 100 多个。那个流动，每年 1/10 至少，嗯，每年因为我们会开大会，都会有欢送旧思政，迎接新思政，每年外流的十几二十个是有的。（辅导员 SHJT：A）

我们这届行政保研的有 20 个人，最后只有 7 个竞聘这个辅导员岗位的。好多就是为了这个文凭，做完两年兼职辅导员之后，不做了，有一些就是其他想法吧，像我定的就是比较晚的了，他们很早就说不想去做了，想在外面找工作，外面的工作情况也挺好，不论男女基本都有户口。（辅导员 BJYD：B）

从上述访谈资料来看，辅导员 ZGZF：A 是 20 世纪 90 年代初做辅导员的，那一批人里就剩下辅导员 ZGZF：A 了，辅导员 ZGZF：B 和辅导员 ZBDX：A 是 21 世纪初做辅导员的，他们那批十多人就剩下三四个，而辅导员 SHJT：A 所在学校每年辅导员转岗率也不低于 10%，不仅如此，行政保研的毕业生大部分也不会选择再继续做辅导员。王爱祥对 2005～2015 年 E 校辅导员职业流动状况进行研究，发现"2005～2015 年 E 校新选录辅导员 127 人，离职 149 人，以一线辅导员 100 人编制标准来计算，具有的年均流动率已达到了 12.5%，而且在大部分年份上，辅导员的流出比例是大于其流入比例的"[1]。辅导员年离职率已超过 10%，职业流动状况令人担忧。

较高的职业流动率，一方面，反映了辅导员队伍人才具有较高的流失率，导致了高校为辅导员培养所付出的培训、招聘等各项资源的损失；另一方面，新辅导员的数量多，虽然新辅导员工作热情高、态度端正，但是其服务的熟练程度较低，经验不足，缺乏处理问题的技巧。从整体上讲，不利于学生工作质量的提高和辅导员职业的发展。

2. 职业流动速度快

职业流动速度主要用职业流动频率和流动周期来反映。[2] 职业流动周期是指一定时间内劳动力在同一个单位或职业连续工作的平均时间。"对全国 103 所高校辅导员队伍建设状况的调研数据表明，85% 以上的辅导员任职周

---

[1] 王爱祥：《高校辅导员职业发展评估与分析——基于 E 校 2005—2015 年辅导员流动的实证研究》，《思想理论教育》2016 年第 3 期。
[2] 廖根深：《当代青年职业流动周期的研究——兼论当代中国青年职业发展的三个阶段》，《中国青年研究》2010 年第 1 期。

期低于 5 年。"① 由此可见，辅导员职业具有非常快的流动速度。

经过分析能够发现，辅导员离职往往集中于如下几个工作年限阶段："辅导员工作 5～6 年的时候将会出现第一个离职高峰，此时总数中的 36.9% 将会选择离职；第二个高发时间为工作 2～4 年的时候；7～10 年为第三个集中时间段。就整体上分析，该校辅导员离职人员平均工作年限为 5.1 年。还有一些辅导员在刚做辅导员很短的时间（2～3 年）即选择离职。"②

> 我们 2012 年进了 20 个辅导员，70% 都转岗了，因为我们留下来的男生居多，男生在院系里面干个 2 年左右吧，好多都调到行政部门了，比如党办、校办、宣传部、科研办呀。（辅导员 SHJT：B）

较快的职业流动速度，使辅导员具有十分短暂的职业寿命，部分辅导员在工作了 2～3 年后即选择离职，大部分辅导员工作 5 年左右也会选择离职，导致辅导员队伍结构难以优化，形成合理的人才梯队，实现人力资源的可持续发展。

3. 男性辅导员的职业流动比例明显高于女性辅导员

在传统社会中，利用社会和家庭为标准来对男女进行任务分工，与这种模式相伴的是，男性更多地承担社会责任，而女性则承担对应的家庭责任。辅导员岗位具有其特殊性，这种性质决定了不能将其简单归入任课老师或者是行政管理人员之中，这种职业身份与专职教师对比，学术色彩缺失；与行政管理人员对比，权力光辉缺失。为此，当前辅导员职业具有相对较低的社会地位与收入待遇，男性无法从中获得社会认同感。在传统的社会眼光下，辅导员职业对男性缺乏足够的吸引力。很多男性常常基于自我价值的提高与社会角色的期待而选择离职。

> 2004 年，我们那批来了 20 多个辅导员，再加上 2003 年来的，大概的话，我觉得剩下不到 10 个。这 10 个其实也有共性，10 个人有的是评上职称了，就是评上副教授，还有几个就是像我一样学文科的。然后，学校又没有你的专业，你去人文学院，像历史都没有专业，是思政专业，没有历史这个学科呀，所以是走思政这个专业，后来的话，大家就

---

① 郑金鹏：《组织支持视角下高校辅导员行业协会发展现状与职业认同研究》，《重庆与世界》（学术版）2014 年第 10 期。
② 王爱祥：《高校辅导员职业发展评估与分析——基于 E 校 2005—2015 年辅导员流动的实证研究》，《思想理论教育》2016 年第 3 期。

选择在辅导员这口了，一直就干的这个工作。所以说，留下来的辅导员的共性就是没有你的专业，而且都是女性。（辅导员 ZBDX：B）

2005~2015 年，在辅导员离职人员中，男性占比为 57.4%，女性占比为 42.6%。同时，2015 年在职辅导员比例，女性占比达到了 61.1%，男性则仅为 38.9%。通过上述两组数据的对比分析能够得出，离职男辅导员占比更高。①

主张进化论的相关心理学家们对地位的重要性给予了特别关注。"在其研究中发现，对比女性，男性对于地位的追求具有更强烈的动机。"② 魏淑华经过研究后提出"对比其他职业，教师职业更加稳定，更加烦琐；对比政府行政人员及企业家等，教师能够获得的权力、金钱、声誉等社会资源都是相对较少的。教师职业能够确保女性成就期望得到较好满足，但是对男性成就期望无法较好满足"。③ 在我国不同级别的教师对应的地位也是具有很大差别的，高校专任教师具有相对较高的社会地位，但是在高校组织环境中，辅导员又具有相对较低的社会地位，故此，男性辅导员的职业流动比例明显高于女性辅导员。

4. 辅导员外流多，学院之间辅导员流动少

从研究者对北京、山西、上海高校的 27 名辅导员的访谈资料分析看，除了 1 名教授级辅导员和 1 名退休续聘辅导员外，其余 25 名辅导员表示如果其他部门有合适的岗位，他们会离开辅导员岗位，而且从这 27 名辅导员和 1 名学生处人员对本校辅导员队伍的流动情况的描述来看，辅导员几乎都是外流的，不仅学院之间辅导员流动少，从其他岗位转到辅导员岗位的更少。

其他研究者对高校辅导员职业流动的研究也得出类似的结论。"某高校规定辅导员入职后 4 年内不能离开学生线，分析 2006~2011 年入职的 44 名辅导员的流动情况，有 14 人选择离开学生线，占比达 31.28%。同时，在此期间并没有从其他岗位转入辅导员岗位的人员。"④ 这说明现在辅导员队伍总体上处于一种净流出的状态，也表明高校辅导员职业意志不坚定，对辅导员

---

① 王爱祥：《高校辅导员职业发展评估与分析——基于 E 校 2005—2015 年辅导员流动的实证研究》，《思想理论教育》2016 年第 3 期。
② 〔以色列〕巴伦、〔美〕伯恩：《社会心理学》（第十版），杨中芳等译，华东师范大学出版社，2004，第 75~80 页。
③ 魏淑华：《影响教师职业认同的相关因素分析》，《心理发展与教育》2006 年第 1 期。
④ 胡文斌、黄黎：《地方高校辅导员职业成长困境及对策思考——以某高校近 10 年入职辅导员为例》，《高教论坛》2016 年第 3 期。

职业认可度不高。

5. 职业流动去向以高校组织内部流动为主

辅导员职业流动分为组织外部流动和组织内部流动。外部流动指的是，辞职后进入新的单位；而内部流动则是相对的，指的是在原单位内不同岗位之间的转换。基于两种流动对比分析，内部流动在成本控制方面更具优势，因此对辅导员具有更强的吸引力。

> 我印象当中，接触的有那么两三个辅导员，一个去做教务了，然后一个去做党务秘书了，还有一个，男生嘛，觉得学校的工作反正挣钱比较少，然后就去公司了，当然辞职到外面工作的毕竟是少数嘛。（辅导员 ZGRM：A）

> 我们2009年这一批做专职辅导员的共有8个。有4个转岗，现在只剩下4个了，那4个都转到校内的其他岗位了。当然我们办公室就有很多类型的，有辞职出去的，有升上去的，也有转到学校其他更好的岗位的，总的来说，辞职出去的很少。（辅导员 DHDX：A）

> 有些辅导员会选择去学校机关当科员、科长，前几年我们有个老师就去了科技产业处，当了科员，就是男同志嘛，他感觉在这边当辅导员也不是回事，没有当上科长，也没去评职称。后来他觉得对这个专业也不感兴趣。他觉得去机关那边对他来说，可能以后的话，职务晋升的机会多一点，他就选择去了机关。（辅导员 ZBDX：B）

从上述访谈资料来看，辅导员离职去向绝大多数还是选择校内转岗，更愿意选择在高校发展。很多高校规定辅导员想要转岗专业教师，必须具备博士学位，并且还要和外部招聘的教学科研人员进行岗位竞争。基于该规定，辅导员转岗专任教师的路几乎越来越行不通了，所以辅导员转岗专任教师的非常少。与辅导员岗对比，行政及教辅职员岗的工作内容专业性相对较强，并且多数隶属权力部门或者有一定的权力资源，故此，所处的位置也要高于辅导员，所以，辅导员校内转岗以转任行政管理干部占绝大多数。

辅导员队伍的过度职业流动（流失），是辅导员职业意志不坚定的表现，对辅导员职业的深入发展产生严重冲击，高校长期辅导员进出频繁，导致工作岗位长期由新手占据，不仅工作效率降低，而且服务质量下降；另外，人员进出十分频繁，也会使辅导员忠诚度以及士气受到影响，继而使辅导员队伍建设进入"高离职—高招聘—高离职"这一恶性循环中。然而目前高校对辅导员职业流动的政策限制，只能在"特定时间"阻止部分辅导员的职业流动,却不能阻止辅导员的"职业心理流动",辅导员心理流动是隐性的、持续的,是前提;物理流动是显性的,是结果。两种流动相依相成,交互作用。以往较多地关注显性的物理流动,而忽视隐性的心理流动对辅导员职业发展及学生工作的影响。因而"稳定辅导员的心理"才是培养辅导员职业意志的关键,也是稳定辅导员队伍的关键。

二 高校辅导员职业行为有待调整

辅导员职业行为指的是辅导员在其执业场所以职业目标为导向,所进行的一系列相关行为的总称,包括职业要求行为和职业额外行为。职业要求行为主要是辅导员围绕学生发展而进行的各种职业投入行为,辅导员的职业要求行为主要参照《普通高等学校辅导员队伍建设规定》(教育部令第24号)中辅导员的8项主要工作职责及2017年修订后的教育部令第43号中辅导员的9项主要工作职责而定;职业额外行为主要是辅导员在自身发展上的职业投入行为,主要包括职业反思、职业学习及科研行为。根据研究者的访谈资料分析与研究者13年工作经历中对辅导员的观察,在职业要求行为中,大部分辅导员能自觉遵守国家法律法规、学校规章制度,依律行政;自觉遵守工作纪律,按时上下班,甚至经常加班;按时完成各部门交给的工作任务;按时完成上级布置的工作任务;能积极回应学生有关学习、活动及生活方面的问题;能密切关注所带学生的各种动向,关心经济困难、学习困难、思想困惑及心理障碍的学生。这些是辅导员职业要求行为中值得肯定的一面,但是,辅导员也存在职业要求行为缺乏专业性、职业额外行为被动的问题。

(一)高校辅导员职业要求行为缺乏专业性

1. 高校辅导员职业要求行为缺乏相应专业目标指引

《关于进一步加强和改进大学生思想政治教育的意见》(中发〔2004〕16号)中明确指出,加强和改进大学生思想政治教育,"以大学生全面发展为目标"。辅导员作为大学生思想政治教育的重要主体,职业行为要求能够"具有以通过'育德'、'育心'、'育魂'塑造全面发展的人为目标的特征"[1]。"育德"指的是引导学生形成正确的三观理念,同时树立爱国主义、集体主义、社会主义理想。"育心"指的是对学生开展情感、审美以及心理

---

[1] 教育大辞典编纂委员会编《教育大辞典》,上海教育出版社,1991,第100页。

等方面的教育，确保学生具有高尚的情操以及健康的人格，具备与时代及社会发展相适应的心理素质。"育魂"指的是通过情感升华、人格砥砺使学生达到高尚的精神境界。① 由此可见辅导员职业行为需要目标的指引，总的目标是"育德""育心""育魂"，然而，具体的职业行为目标不明确。"因德育管理的内容、类别和层次不同而形成整体目标与子目标、综合目标与单项目标、长期目标与中近期目标、集体目标与个人目标有机结合的体系。"② 教育部、高校辅导员相关文件只对辅导员工作职责与要求做出一般规定，并没有对辅导员职业行为目标做出相关要求，如何开展工作、达到什么目标需要辅导员各自去体会，辅导员职业行为处于无相应专业目标指引的状态，导致学生工作缺乏统一的标准，采取的工作方式也不尽相同，工作内容更是千差万别。

（1）职业要求行为以工作内容为指引

对于辅导员来说，在学期初就应对本学期的工作有整体规划和目标，工作规划和目标在充分考虑学校安排以及学生需求等具体情况基础上制定，这样可以对辅导员职业行为有个引导。然而，很多硕士研究生应聘高校辅导员的真正动机，就是想借助辅导员渠道进入高校，而后再通过其他机会转岗从事教研工作或行政工作，"走曲线转行"的路子。"这些人工作不安心、不积极，工作只是为了完成任务，不会深入研究思想政治工作特点，主动探索和创新思想政治教育方法。"③ 入职动机决定职业行为，在研究者的访谈中，很多辅导员没有自己的职业行为目标，每天的状态便是各部门布置什么工作就做什么工作，学生有什么事情就处理什么事情。

> 我们现在具体的工作基本上就是执行学校要求。学校要求复杂，要求工作非常细致，那需要的时间周期也长。我们就是尽可能快点把工作做完。我们基本没有可以自己弹性管理的时间，所以制定目标也是多余的。（辅导员 TYLG：B）

> 因为平时可能更多的是来什么事，要求我们做什么事，我们就会把它做得很好。（辅导员 BJLG：B）

---

① 杜鹃：《高校辅导员职业行为能力现状分析及对策研究——以遵义医学院为例》，硕士学位论文，西南大学，2008，第8页。
② 教育大辞典编纂委员会编《教育大辞典》，上海教育出版社，1990，第100页。
③ 魏伟：《论高校辅导员职业认同》，硕士学位论文，西南大学，2009，第18页。

（2）职业要求行为以领导指令性安排为指引

有些辅导员没有自己职业行为目标的指引，通常以领导指令性的安排指引自己的职业行为，职业行为表现不主动。

> 我现在的目标就是能够顺利地完成上级各个部门给我们提出的工作要求，同时，开展一些具有学院特色的活动，然后我的目标是不做最后一个。（辅导员 BJLG：B）

> 工作目标就是把上级领导安排的任务都完成了。（辅导员 TYKJ：B）

> 还是指令性的工作多一些，我觉得临时性的事务太多，领导也会今天的维稳工作，明天的学生考务工作，后天的学风建设工作，总有一些突然的东西出来。（辅导员 ZGZF：A）

辅导员的基本任务是执行学校的有关计划和制度，加强对学生的思想教育和行政管理，为学生排忧解难，维护正常的教学和生活秩序，促进学生全面发展。对于辅导员工作的内容、目标、方法，学校都有一些职责要求和制度的规定，但这些都是原则性的，只具有一般的指导意义。对辅导员而言，面对具体的工作，还应有明确的工作目标，远有打算，近有安排，才能充分发挥自己的主观能动性，否则辅导员工作只会处在被动等待领导或上级安排的状态，既缺乏主动性，又缺乏创造性。有学者以 100 名辅导员为对象展开了调查，结果显示，"能够坚持每周深入学生宿舍、课堂主动了解学生思想动态的辅导员低于 40%，在有关日常工作开展方面，仅有 15% 的能够主动按照规划确保所负责工作有序完成，其余 85% 则被动等待领导布置"。[①]

2. 职业要求行为以所带学生的安全稳定为指引

《普通高等学校辅导员队伍建设规定》（教育部令第 24 号）与其修改后的第 43 号文件都强调辅导员要能围绕学生关注的热点问题，开展教育工作和引导工作，实现对矛盾冲突问题的及时解决，对校园危机事件能够进行初步处理，稳定局面控制事态发展，确保校园稳定、安全等。《高等学校辅导员职业能力标准（暂行）》（教思政〔2014〕2 号）也把"危机事件应对"作为辅导员的职业功能之一。在"安全是学生工作的生命线"的前提下，很多高校把"因工作失职或个人工作不力，致使所负责年级、班级发生重大责任事故"的辅导员考核结果定为"不称职"，而"工作失职或个人工作不力"又难以界定。访谈中，大部分辅导员认为学生安全稳定问题是最大的工

[①] 张淑梅：《高校辅导员职业认同研究》，硕士学位论文，华东师范大学，2011，第 15 页。

作压力。因此很多领导和辅导员把"所带学生的安全稳定"作为其职业行为的指引目标。

> 稳定是一切嘛，不出大事故就算很好的目标。（辅导员 SHJT：A）
> 工作目标的话，我觉得应该就是说大目标最底线就是稳定、安全。小目标，应该是没什么。（辅导员 TYKJ：C）

研究者的一名访谈对象在其工作心得中写道："安全是保证。担任辅导员工作 5 年来，我特别重视对学生进行安全教育，所带学生没有发生任何安全事故。我严格按照学院汇编成册的《学生工作安全制度汇编》要求学生，这些制度包括《××学院学生请销假制度》《××学院学生宿舍舍长管理制度》《××学院毕业生突发事件应急预案》《××学院突发公共事件应急预案》《××学院安全事故应急预案》《××学院学生工作维稳应急预案》等13 项安全制度和应急预案。我们日常工作中最大的事情就是学生的安全稳定，好像所有的事情都是围绕着这个事情进行……"

在高校安全稳定工作中，辅导员工作虽然是重要组成部分，但安全稳定工作并不是辅导员的唯一工作内容，以"安全稳定"为指引目标的职业行为，必然偏离辅导员促进大学全面发展的宗旨与总目标。

3. 职业要求行为以显性考核指标为指引

部分辅导员存在为了考核而考核的问题，为了能够达到优秀的考核成绩，辅导员会围绕考核指标来开展各项工作。在这种考核机制下，辅导员将其工作重点放在显性的、需要考察的工作上，对于考核中并未涉及的部分则较少关注，抑或是由于需要处理很多显性的事务性工作，对于那些隐性的但对学生成长十分重要的工作则是心有余而力不足。这就使辅导员更多的时间与精力被用到了意义相对匮乏的杂务上，导致其完成之后还会产生一种"累并空虚"的感觉，在这种没有指向性的琐碎事务中，辅导员迷失了自我，正如下面这位辅导员的工作记录记载的那样：

一个工作 9 年的辅导员的工作记录

2020 年 4 月 23 日

一、为学生某某补办就业协议书的事项。

1. 登报《山西日报》，将报纸的报头和遗失内容板块贴在一张 A4 纸上。
2. 个人申请补办的申请书，就业辅导员签字。
3. 违约补办审批表，副书记签字。

二、汇总班主任津贴统计表并通知班主任签字。

三、统计未就业学生情况，并造登记表。

四、通知 2020 届毕业生观看教育部 24365 就业公益直播课。

五、给 2020 届毕业生推送空中双选会信息。

六、督促学生填报健康天天报。

七、撰写 200 字左右的封闭期间抗击疫情与服务学生的材料，发给学生处 X 老师。

从上面的工作记录来看，工作日志几乎被事务性工作包围，近乎"学校、学院通知什么，我做什么"，据研究者观察，由于工作繁忙，很多辅导员是先做工作，再补日志，补日志是为了应付学校检查或者学生出了事情有辅导员做过此项工作的"依据"或"记录"，而不是根据工作目标来记录工作日志。辅导员工作日志具有考核、指导等多项功能。工作不够明确，缺乏目标性，使得工作日志除了完成考核功能外，丧失了最主要的引导和指导功能。

在这种情况下，学生工作没有了主动性与预见性。高校思想政治教育要有前瞻性，主动观测学生思想动向。而现在的问题就是等到问题出现了再想办法解决。此外，学生工作缺乏针对性、系统性。因为思想政治教育工作属于一项系统性的工程，要求能够在总育人目标下，设立对应的子系统；同时要求能够综合学生的成长特征，明确其中的重点要素以及普通要素，确保各要素的职能都能够得到发挥，以提高工作的针对性。而现在的情况却是"来什么事，要求我们做什么事，我们做什么事"。缺乏培养人、塑造人的职业目标指引，职业行为陷入盲目工作的境地。

4. 高校辅导员职业要求行为缺乏相应专业标准规范

辅导员职业只有指导性文件，并没有专业自律，因此辅导员职业行为缺乏相应专业标准规范。一般专业性很强的职业，职业主体有在专业自律性范围内，直接负有做出判断、采取行为的责任。辅导员工作涉及面广，有管理的，有教育的，有服务的，但是在日常工作中，辅导员工作压力大，责任重，导致他们有的只重管理而忽视了服务，有的只重服务而忽视了教育等，这些片面性的结构失调行为正是辅导员职业行为缺乏相应专业标准规范的结果。

《普通高等学校辅导员队伍建设规定》教育部令第 24 号、第 43 号均强调，辅导员是大学生思想政治教育的骨干力量，是高等学校学生日常思想政治教育和管理工作的组织者、实施者与指导者。故此，辅导员工作的重点应当是思想政治教育，应该更多关注学生思想动态的发展，但是在实际工作中并未达成这一要求。"因为辅导员将其绝大部分精力都用于应对学生日常事务性工作，根本无法顾及对学生进行思想政治教育，这使很多辅导员对自身角色定位产生一定的模糊性，甚至部分辅导员片面认为，自己的工作非常简单，只要将学生管理好，不出问题就可以。当前的形势已使辅导员沦落为简单的学生事务主义者。"①

> 事务性工作非常多，思想政治教育的工作少。（辅导员 TYKJ：E）
>
> 事务性工作花费我的工作时间最长，这些事情都是超出那个 16 号文件规定的工作内容。这个思想政治教育工作，虽然不能量化考核，但其实很重要。要是你不做的话，可能会影响，肯定会影响学生。（辅导员 TYKJ：C）
>
> 大部分时间还是处理学生事务性的工作。（辅导员 TYKJ：B）
>
> 事务性的工作和思想政治教育的这种工作花费的时间，我觉得都差不多吧，工作量都挺大，其实应该是事务性工作稍微少一点，才会有更多的时间来进行思想政治教育。而现在这个精力分配是一半一半吧，因为其他工作太多造成的，就是你不得不去完成一些事务性工作。（辅导员 BJLG：A）

从张立鹏对辅导员职业行为情况的调查可见，29.2% 的辅导员对于学生事务性工作是最为擅长的，有 21.3% 的辅导员对于思想政治教育是最不擅长的，在实际工作中，学生事务性工作所耗费的时间和精力是最多的（见表 2-3）。通过上述分析能够得出，辅导员被大量的行政事务工作所牵制，整日忙碌于各种材料的处理，甚至仅从事奖、助、贷、勤、补、免等日常管理工作，这和辅导员的本体角色及其核心价值是偏离的。

表 2-3 辅导员职业行为情况调查

辅导员工作职责	按照占用精力由多到少	最擅长占据比例（%）	最不擅长占据比例（%）
思想政治教育	6	15.6	21.3
班级建设和活动	2	16.2	7.6
学生事务性工作（评优、奖惩、帮困等）	1	29.2	8.2

---

① 周霁野：《当前我国高校辅导员角色认知混乱现象研究——新制度主义社会学的视角》，《宿州学院学报》2011 年第 3 期。

续表

辅导员工作职责	按照占用精力由多到少	最擅长占据比例（%）	最不擅长占据比例（%）
学业指导与学风建设	7	13.1	13.4
党团建设	3	12.3	9.3
心理疏导和职业生涯指导	5	10.4	24.1
稳定工作与突发事件处置	4	3.2	16.1

资料来源：张立鹏：《应然·实然·适然：我国高校辅导员角色的三维考量》，博士学位论文，河北师范大学，2015，第124页。

（1）辅导员被动职业行为偏差

辅导员职业行为偏差首先是高校对辅导员工作的作用及价值认识有误区，部分高校忽视大学生成长成才中辅导员发挥的重要作用，将辅导员等同于行政事务工作者，辅导员工作被赋予行政化特征，辅导员还需要处理很多非本职工作，其工作的重要性及实效性都大大降低。此外，甚至还有部分高校制度性地安排辅导员从事很多其职责范围之外的事务性工作，把辅导员当成类似勤杂工这样的人员使用。

> 很有意思的一点就是，嗯，包括学校的相关部门都会给我们派一些任务，事务性的工作非常多，这样的话，在某种程度上，会减少我们进行思想政治教育的时间，包括工作时间也好，工作量也好，其实是有减少的，在学生多的情况下，根本照顾不过来，不是说每个同学我都能关心得到。然后，其实从学院的角度来说，能够更好地完成学校的任务，可能最重要。（辅导员 BJLG：B）

> 我自己觉得真的是事务性的工作会多一些，确实是这样，比如说填个表呀，一堆人，然后让你上报一个什么材料啊，或者说是贷款啊，这那的，有些时候要得比较急，这个时候，可能平时工作需要细水长流的时候，你可能会，这个太急了，先干这个事，那个事放一放。然后过来又有一个别的事，毕业典礼啊什么的，这个事比较重要，然后有些与人交流的工作会放一放，但是我觉得这个也取决于队伍建设，人多、编制多了的话，就会更好一些。你像我们小学院的话，可能有一些事都集中到我身上，但有些大学院它们专门有管就业的老师，有管党务的老师等，我们学院，目前为止就有一个党务干事，但是其他的分工并不是很明确，那可能都会交给我，这样的话，与人交流的时间就会少一些。

(辅导员 ZGRM：A)

我觉得是自己想把学生思想政治教育做好，但就是各方面的这个事情，本身不属于辅导员来做，岗位职责之外的事情确实太多，而且很多东西是你无法拒绝的，你就是说疲于应付各种事情，我感觉我最大的愧疚是很少有时间真正坐下来，静静地去关心我现在带的学生。至少我觉得那些比较好的，我可以再提升一下；有些不足的，可以再去关心关心。但现在就是关心的面很小，只是特殊的，我们的关心多一点。（辅导员 DHDX：A)

从上述访谈资料看出，外力强加到辅导员身上的职责越来越多，辅导员被定位为行政工作者，忽视了其作为思想政治教育者的身份，导致辅导员工作面广、事务烦琐、工作任务重，为日常行政事务工作疲于奔命的现状，很少有时间关注学生思想，背离了最初设立辅导员的目的。

(2) 辅导员主动职业行为偏差

在工作中，受到各种外在因素的负面影响，辅导员会产生一种较强的逆向驱动力，而使得辅导员主动错位。[①] 此外，辅导员职业行为的主动错位还在于思想政治教育的"隐性"特征，很多辅导员认为思想政治教育"做多和做少，有时是看不到的"，此外，思想政治教育不是能立即见效的，所以很多辅导员会把工作放在"显性的""立竿见影"的事务上。

很多辅导员会出现的偏差是，他觉得自己对上的工作做得很好，对下的工作就是那么回事就行了，这是很大的一个偏差。作为一个基层的学生工作者，如果每天只是想要对上的话，那会造成什么？你在上面的好评一致，下面一旦出事，你所做的向上的努力都没用了。所以说这是一个向下的工作，你要沉下心来踏踏实实做。有句老话说你得对得起自己的良心。（辅导员 BJYD：B）

这个职业特点就是说实话，这是个良心活吧，有很多事情就是你做和不做，是看不到的，就像是有些访谈啊，聊天啊，之类像是家访啊，电话家访，你做和不做一时半会是看不出来的，但这是一个长期的积累过程，逐渐地由量变到质变。如果学生出什么重大系列问题啊，归根结底，虽说有个人的问题，很多情况就是在出现一定苗头的时候，如果没

[①] 施文辉：《浅论高校辅导员个体工作的错位与回归》，《学校党建与思想教育》2014 年第 3 期。

有进行排查，没有发现的话，也是会造成心理问题的一个因素吧。（辅导员 ZGZF：A）

从高校辅导员制度建立至今，辅导员的性质、任务等随社会及高校发展目标的变化处于不断变化之中，辅导员的职能也经历了从单一到多元的发展，而教育部所颁布的《普通高等学校辅导员队伍建设规定》也未将辅导员工作和其个体工作进行详细的区分，所以理论上对辅导员角色的全面阐述使得人们误以为这是单个辅导员的实际角色，故此，为了实现对其职业行为的积极调整，需要国家、高校及辅导员个人的努力。

（二）高校辅导员职业额外行为被动

1. 辅导员职业反思被动

《现代汉语词典》（2002 年增补本）中对反思的定义为："思考过去的事情，从中总结经验教训。"杜威认为反思属于一种思维方式，依据其观点，反思指的是对实践与行为进行的积极主动的、持续的、认真的考量，是对问题进行回应的方法，往往和问题解决交互使用。[1] 故此，反思将会涉及有关个体内在信念与知识相互关联的理念，同时反思通常和实践问题具有密切联系，并在行动中得以贯彻。

李云芝认为教师职业反思包括两层含义："一是教学反思；二是自我反思。"[2] 辅导员的职业反思也应包括两个方面：一是学生工作反思，是指辅导员以学生工作实践为基础，对工作的内容、对象和过程等进行评价、反思和调控的过程；二是自我反思，是指辅导员在学生工作反思的基础上对自身的工作理念、职业意识、专业发展状况等进行认识、反思和提升的过程。

关于职业反思对职业主体的意义，学者研究较多的是教师职业反思。"通过反思，教师能够在实践中保持自我觉察，对待自身行为和情境反应能够更加客观地看待，有助于教师形成良好的信念人格与教育思维观念。"[3] "积极主动的反思意识与反思行为，能够使教师在教学中保持精进，保持对

---

[1] 毛亚庆、鱼霞：《反思：教师职业生涯可持续发展的基础》，《天津师范大学学报》（基础教育版）2005 年第 1 期。

[2] 李云芝：《中等职业学校的教师反思研究——以河南省郑州市某中等职业学校为个案》，硕士学位论文，首都师范大学，2009。

[3] 胡萨：《反思：作为一种意识》，《教育研究》2010 年第 1 期。

职业的新鲜感与高成就感；同时，反思能够很好地避免产生情绪衰竭与去个性化的发生发展等问题，使教师独立的自我意识得以保持，进而使职业倦怠能够得到有效控制……职业反思在某种程度上能够实现对职业倦怠的负向预测。"① 由此可见，反思能够使理论对实践的指导作用得到更好的发挥，能够帮助职业主体实现新思想、新理念的内化，能够帮助职业主体克服其教育行为上存在的不足，同时还能降低职业主体的职业倦怠。因此，职业反思行为不仅对辅导员职业成长具有非常重要的意义，而且还能够帮助辅导员构建其职业认同。

但是，在实际工作中，辅导员不仅不具有职业反思的内在动因、职业反思的意识，还缺少职业反思的行为和职业反思的能力。"在定期进行工作总结、反思等方面，超过50%的辅导员认为自己是完全不符或比较不符的，一名B大学的辅导员就坦诚说道：'为了能够确保各部门分配的任务有效完成，并确保学生各种状况能够得到及时处理，就已经耗费了几乎全部的精力，对工作水平与艺术的提高根本没有精力考虑。'"②

根据研究者对辅导员职业群体的观察和访谈也发现，辅导员对自己的工作反思很少。

> 辅导员工作就是我们只要按章程做事，首先工作上就不会出问题。虽然我也有工作记录，但最基本的就是琐碎的流水账，今天交了协议书了，明天给谁办了学生证了，后天报销多少钱了，这些东西会一点点记，因为工作太多，又细，又杂，然后又头绪太多，怕忘嘛！然后，会记录班会心得、工作点评、工作交流的笔记，但我觉得记录的东西职业反思很少吧。（辅导员TYKJ：D）

表2-4为山西H大学××学院每周给学生处报送的周报表，研究者查看了2019年以及2020年3个学院的部分周报表发现，每周送出去的周报表都是事务性的工作汇报，在学生工作方面的经验总结、学生反馈信息及存在的问题、意见建议等方面都是空白，有些学院虽然填了经验总结一栏，但研究者发现近一年甚至更长时间的周报表都是同样的文字。此表反映辅导员们仅限于完成学校、学院的指令性、事务性工作，即使谈心、谈话也多少有

---

① 陈永进、张昊、江雪、曹晶：《特殊教育教师反思对职业倦怠的影响——以四川、重庆部分特殊教育教师为例》，《中国特殊教育》2014年第6期。
② 张立鹏：《应然·实然·适然：我国高校辅导员角色的三维考量》，博士学位论文，河北师范大学，2015，第137页。

"被动"的成分，很少琢磨学生工作存在的问题及解决情况，很少进行经验总结，更不会对学生工作进行理论上的思考。

表2-4　山西H大学××学院学生工作周报

第7周（自2020年10月12日至2020年10月18日）填表人　×××

学生人数	1103人	在校人数	1090人	请假人次	13人	学籍变动人数	0人
本周主要工作	1.安全教育与安全稳定工作；2.校团委各项工作；3.查学生宿舍；4.查上课出勤；5.班长例会；6.2021届毕业生双选会；7.助学金评审工作；8.2021届毕业生信息采集；9.新生军训；10.青马工程学生骨干培训；11.医保缴费工作							
经验总结								
学生反馈信息及存在的问题	学生管理		部门核查及处理结果					
^	安全保卫		部门核查及处理结果					
^	后勤管理		部门核查及处理结果					
^	其他		部门核查及处理结果					
学生违纪通报处分情况								
意见建议								

注：（1）填表人应把本单位辅导员每周工作情况在此表中进行汇总；辅导员工作汇报表由辅导员报所在系留存备查。

（2）此表应于每周一上午以电子版形式报学生工作部（OA系统）、相关部门和有关领导。

H大学学生工作部（处）制

"反思指的是个体面对使自己困惑、麻烦或有趣的现象时，试图进行处理并对其行动中蕴含着的知识进行的反思。同时，这些知识经过个体的了解、揭露、批判与重组之后，融合到其未来的行动之中。"[①] 故此，职业反思

---

① 毛亚庆、鱼霞：《反思：教师职业生涯可持续发展的基础》，《天津师范大学学报》（基础教育版）2005年第1期。

更加注重的是辅导员就其实际工作中遇到的具体问题与情景问题展开研究，利用行动与研究、行动过程与研究过程的联合，使自身问题研究的能力得到提高，进而推动其工作质量的提高，促进其职业生涯的发展。刘冰、汪建经过研究后提出，可以将思想政治教育反思行为做如下几点理解："（1）行为目标是否现实。行为目标必须将客观条件考虑其中，确保在一定时间、一定环境下是能够达到的。（2）是否采取了恰当的行为方式。如果辅导员以一种学生无法接受的思想政治教育行为方式开展活动，那么预期效果将是很难实现的。（3）行为艺术是否存在缺陷。在实施思想政治教育行为的过程中，受主体素质欠缺等多种因素的影响，辅导员教育行为缺乏艺术性，进而无法使学生产生思想上、情感上的共鸣，很可能造成教育效率低下的状况。"[1]

在研究者的调查研究中，发现很多辅导员的工作记录只是记录了这一天的事务性工作，甚至都没有把事件过程叙述下来，就是很多辅导员说的"流水账"，另有些辅导员说自己会在脑子里或者心里反思学生工作的"问题"，这是把反思狭义地理解为一般意义上的思考，而事实上，反思包含"研究"和深层次"思考"的"纯粹"的叙事。研究者曾翻阅过《包涵心语》和有些辅导员所写的工作随笔、工作日记或工作周记等，能够发现大部分是叙事，并不是反思。这表明辅导员对反思和叙事并没有进行正确的区分，从而使反思走入误区之中。

2. 辅导员职业学习行为被动

辅导员职业能力的提升主要通过职业学习来实现，对比职业能力增强的认识，"辅导员在职业能力增强的行动方面是较为不足的，主要体现在如下几方面，其一是对国家、高校制定的有关辅导员能力培养的举措不够关注；其二是并未制定明确的职业发展规划；其三是时间精力不足"。[2] 研究者通过观察与访谈发现，部分辅导员职业学习行为比较被动，对学校提供的职业培训有选择地参与；对素质能力大赛的参与不拒绝也不主动；对职业资格证书的获得更多关注的是学校的要求；对工作方法或工作模式的创新缺乏行动力。

从调查的相关数据来看，辅导员整体上没有养成良好的学习习惯，他们

---

[1] 刘冰、汪建：《高校辅导员思想政治教育行为探究》，《当代教育论坛》（综合研究）2011年第3期。
[2] 陈筱云：《高校辅导员职业能力培养研究——以S高校为例》，硕士学位论文，江西师范大学，2015，第32页。

更在意自己已经积累的经验。"辅导员几乎从不学习的占到17%，每天学习少于1小时的占28%，每天学习1~2小时的占38%，每天学习2小时以上的占18%。"①"高校辅导员博士生每天学习1~3小时的占比为54.03%；其次占比较大的为每天学习少于1小时的，占比为20.97%；每天学习3~5小时的所占比重约为17.74%；仅有7.26%的每天能够坚持5小时以上的学习。"②

> 最近一段时间，因为琐事特别多，就没怎么看书，觉得没有东西讲给学生了，自己都觉得很枯燥，这方面应该对自己有一个要求的，但总是很难。（辅导员 ZBDX：B）

> 就可能会，突击性比较强。有时候比方说这个就业问题，这个学生死活不就业，那怎么办，搜一搜相关的文献，看有什么解决方案。（辅导员 BJLG：B）

从上述访谈资料看，部分辅导员是不得已了才会学习和职业相关的知识，"自己都觉得很枯燥"、"寻找学生就业的相关方法"的时候才会去学习，是工作推动着学习，而非学习指导工作，学习被动，工作就会被动，没有前瞻性。

3. 辅导员科研行为被动

随着社会的发展与高等教育的日益普及，"大学生个性化特征日益突出，辅导员工作也日益复杂化。为了能够有效解决工作中遇到的各类问题，要求辅导员能够深入探讨与研究这些问题的成因、背景以及其基本规律，并提出有效的解决策略"。③《高等学校辅导员职业能力标准（暂行）》规定，应当将调查研究能力作为辅导员职业能力的组成部分，并且明确对初级辅导员的要求是"能掌握思想政治教育的基本理论观点；能融入学术团队，运用理论分析、调查研究等方法，归纳分析相关问题"；对于中级辅导员，要求"能开展深入的科学研究；能领导管理科研项目团队；以第一作者身份在相关领域期刊发表3篇学术论文"；对高级辅导员的要求是"能深入把

---

① 叶绍灿：《高校辅导员职业生涯规划研究》，博士学位论文，合肥工业大学，2015，第24页。

② 孙丽娟：《高校辅导员博士生的培养研究——基于就读经验的调查》，硕士学位论文，南京师范大学，2014，第38页。

③ 翁礼成、高岳仑：《关于高校推进专职辅导员专家化的思考》，《江苏高教》2007年第2期。

握国内外学生事务工作前沿进展；以第一作者身份在相关领域核心期刊发表 10 篇以上学术论文；能推动研究成果的转化应用；对中级辅导员的研究进行指导"。

但在实际工作中，各高校更加注重培养辅导员的组织能力及执行能力，而对其科研能力的培养则相对忽视。在访谈对象中，很多辅导员提出高校并没有真正将科研能力作为辅导员考核的一个指标，最多只是鼓励辅导员搞科研。而高校辅导员更多忙于事务性工作，结果造成辅导员对科研能力的重要性缺乏充分的认识，对科研和人才培养、教育质量以及自身素质之间的关系也缺乏正确的认识，在学术科研活动开展的主动性方面欠缺，在科研的时间与精力的投入方面也相对有限。然而，"科研活动不仅能够促进辅导员自身的专业化成长，而且有助于提升辅导员的职业认同感"①。

> 辅导员的科研呢，这个我觉得是自愿做的。但我这个人不太求上进，也不是说不太求上进吧，我感觉怎么说呢，感觉平常也挺累的，然后在那上面也没有花太多的心思和时间。（辅导员 ZGRM：A）

> 我从事辅导员工作 9 年了，没发表过学生工作方面的论文，其他发表论文的人也很少。每年也就是那么一两位发表那么一两篇。但凡有发表的，我们就会立马都知道。（辅导员 SXDX：A）

另外，辅导员专业背景十分复杂，很多辅导员所学的专业与其工作并不相关，部分辅导员仅仅将其工作视为暂时的跳板或平台，尽管有进行科学研究的意识，但是这种研究意识是针对自身专业的，而非思想政治教育专业。故此，辅导员针对学生工作进行的科研活动花费的时间相对较短，并认为自身科研能力很低，缺乏明确的科研方向。

> 从本身说，我对科研不感兴趣，但是为了达到更高的要求，我不得不去做。对思政系列的这种东西，因为我是学工科的，这个思维方式还是有点差异。（辅导员 DHDX：A）

> 现在的这个水平，就是你搜到别人的论文，然后你看见这个观点自己也比较喜欢，也比较愿意去做，就是从别人的论文中来进行改动，然

---

① 张艳萍、杨雪：《提升高校辅导员科研能力的对策研究》，《思想理论教育》2015 年第 11 期。

后可能就是你搜上十几二十篇论文，在那些论文中，你糅成一篇自己的论文，自己的东西很少。（辅导员 TYKJ：D）

从研究者的访谈对象来看，多数辅导员具有的专业背景和其目前工作并没有较大关联，在实践中很少用到所学理论，这些都对其科研兴趣的培养与科研能力的发展产生了不利影响，阻碍了科研行为的开展。

很多高校将辅导员职称评聘列入"三单"政策中，即指标、标准、学科组分别单列。其中，职称评聘的一个重要指标就是科研能力与水平，尽管这种导向无疑是非常好的，然而，因为部分辅导员缺乏日常学术积累的意识，也没有相对明确的研究方向，而只是到了一定的工作年限，基于职称评定的现实压力，才被迫投入一定的时间与精力用于科学研究。这种被推着向前走的科研心态使辅导员科研行为受到了较大制约。

2012 年评讲师之前，就是 2010 年、2011 年各发过一篇普通论文，之后这 9 年里，再没写过论文，哎呀哎呀，可能就是一方面，也没想到说是自己马上评职称啊，另一方面就是这些事情太多了，完全没有精力去考虑写东西，因为你要是再想发表的话，肯定是想往水平高点的那个期刊，所以比较麻烦，比较难。但平时也没有时间呀，星期天了还想休息休息，就是这样。所以今年（2021 年），才又想着要写文章，发文章，这不 10 月份发了个普通期刊论文。离上次发论文 10 年了。（辅导员 TYKJ：B）

就评职称时可能写了那么两篇论文，然后后续有一个校青年基金可能做过一个东西。这个都是和辅导员工作相关的。这几年基本上没有做科研，我不擅长做这个……有些文章，确实我有时候真的也挺佩服人家，能写出这种东西，我觉得我就属于干巴巴的话，翻来覆去，这一点确实也是我的弱项。（辅导员 TYKJ：E）

部分辅导员不仅负责学生工作，还同时承担了职能部门或院、系的行政事务性工作，这也使得辅导员无法很好兼顾自身科研能力的提升，科研活动投入的时间也严重不足，因此就会出现不评职称的时候"忘了科研"，快评职称时才为科研着急，出现突击、投机的科研行为。

本章小结

一 高校辅导员职业认同游移、脆弱

首先，高校辅导员职业认知有待提升。高校辅导员职业认知维度涵盖了职业角色、职业特征、职业技能、职业地位、职业道德、职业价值六个方面。在这六个维度中，职业道德的认知维度比较高，其余认知维度都需要进一步提升。

其次，高校辅导员职业情感波动。职业归属感、职业自豪感、职业成就感等都属于职业积极情感，然而辅导员的职业积极情感不稳定，职业体验中消极因素与积极因素并存，也极不稳定。

再次，高校辅导员职业意志较为薄弱。结合本章第二节的资料能够得出，辅导员不管是心理职业流动状况还是物理职业流动状况都十分让人担忧，在其职业认同的五个维度中，职业意志维度水平最低，在研究者访谈的所有辅导员中，除了两位（一位是退休返聘回来做辅导员督导，另一位是教授辅导员）都没有做好终身从事辅导员职业的思想准备，即使在辅导员职称评定政策较好的上海，各高校的辅导员职业流动状况也是很惊人的，研究者访谈了东华大学一名从事 11 年辅导员工作的老师，他说："这个辅导员岗位人员流动比较快，我还是属于比较资深的。"非常典型地反映出上海辅导员职业流动的基本状况以及其职业意志水平状况，同时，其他学者进行的研究所得出的结果也与此类似。

最后，辅导员职业行为有待调整。在职业行为维度中，辅导员职业要求行为没有相应专业目标指引，也缺乏相应专业标准规范；辅导员职业额外行为又比较被动。辅导员职业行为的调整不仅要处理好职业要求行为、职业额外行为内部的关系，还要处理好职业要求行为和职业额外行为间的关系。

高校辅导员职业认知、职业情感、职业行为消极因素与积极因素并存，职业意志又比较薄弱，因此高校辅导员职业认同表现出游移、脆弱的状态。表 2-5 呈现了重点受访辅导员访谈结束后转岗或离职情况。

表 2-5　重点受访辅导员访谈结束后转岗或离职情况

（访谈时间跨度：2015 年 1 月至 2021 年 3 月）

学校	辅导员	性别	年龄	学历	职称	职务（职级）	带学生的年限	专业	转岗或离职
复旦大学	辅导员（FDDX：A）	女	42 岁	博士	讲师	研工组长（科级）	14 年	历史	已离职
	辅导员（FDDX：B）	男	39 岁	博士在读	讲师	副书记	16 年	历史	已转岗
华东师范大学	辅导员（HDSF：A）	男	69 岁	硕士	副教授		29 年	地理	
	辅导员（HDSF：B）	女	34 岁	硕士	讲师	行政岗七级	8 年	中文	
东华大学	辅导员（DHDX：A）	男	37 岁	硕士	讲师		11 年	通信	已转岗
上海交通大学	辅导员（SHJT：A）	女	43 岁	博士	讲师	学生工作办办公室主任（科级）	16 年	法学	已转岗
	辅导员（SHJT：B）	女	33 岁	硕士	讲师	分团委书记（正科）	8 年	化学工程	已转岗
上海大学	辅导员（SHDX：A）	女	38 岁	硕士	讲师	副书记	8 年	中文	
	辅导员（SHDX：B）	女	33 岁	硕士	讲师	分团委书记（三级）	6 年半	设计艺术学	已转岗
太原理工大学	辅导员（TYLG：A）	男	33 岁	博士	讲师		4 年半	微生物	
	辅导员（TYLG：B）	女	40 岁	硕士		副处级待遇	13 年	思政	已转岗
山西大学	辅导员（SXDX：A）	女	36 岁	硕士		科员	9 年	法律	已离职
太原科技大学	辅导员（TYKJ：A）	男	43 岁	硕士	讲师	科员	15 年	经济学	
	辅导员（TYKJ：B）	女	41 岁	硕士	讲师		11 年	教育学	

续表

学校	辅导员	性别	年龄	学历	职称	职务（职级）	带学生的年限	专业	转岗或离职
太原科技大学	辅导员（TYKJ：C）	女	35岁	硕士	讲师	分团委书记（科级）	9年	音乐课程与教育学	
	辅导员（TYKJ：D）	女	37岁	硕士	讲师		9年	教育学	已转岗
中北大学	辅导员（ZBDX：A）	男	40岁	博士	副教授	分团委书记（科长、副处级待遇）	14年	高分子化学	
	辅导员（ZBDX：B）	女	42岁	硕士	讲师	学生事务科科长、副处级待遇	16年	历史	
首都师范大学	辅导员（SDSF：A）	女	41岁	博士	副教授	副书记	16年	思想政治教育	已转岗
	学生处人员（SDSF：B）	男		博士在读	讲师	科级		思想政治教育	已离职
中国人民大学	辅导员（ZGRM：A）	女	34岁	硕士		科级	9年	思想政治教育	
	辅导员→学生处人员（ZGRM：B）	男	34岁	硕士		副处	8年（2019年到学生处）	历史学	已转岗
北京理工大学	辅导员（BJLG：A）	女	36岁	博士在读	讲师	副书记	10年	机械电子工程	
	辅导员（BJLG：B）	男	33岁	硕士	讲师	副书记	7年	艺术设计	
中国政法大学	辅导员（ZGZF：A）	女	54岁	硕士	教授		28年	法学	
	辅导员（ZGZF：B）	男	46岁	博士	副教授		17年	思想政治教育	
北京邮电大学	辅导员（BJYD：A）	女	34岁	硕士		分团委书记	8年	英语语言文学	
	辅导员（BJYD：B）（行政保研）	男	27岁	硕士在读			4年兼职辅导员	经济管理	已离职

二　高校辅导员职业认同的各维度发展不均衡

辅导员职业认同的各维度发展不均衡，不仅表现在职业认知、职业情感、职业意志、职业行为一级维度上，而且表现在二级维度及三级维度上。在一级维度中，职业认知维度、职业情感维度、职业行为维度各有积极与消极的成分，而职业意志维度只有消极成分，因此在这个维度中，发展水平最低。在二级维度中，辅导员道德认知维度较高，其余二级维度都存在一定问题。在三级维度中，辅导员同事支持感维度、学生成长成就感维度、辅导员社会价值认知维度较高，其余三级维度都存在一定问题。

三　高校辅导员职业认同建构需要优势维度带动弱势维度的发展

在辅导员职业认同的各维度中，职业意志维度水平是最低的，故此，提高其职业意志水平，需要依靠辅导员职业认同的其他维度的带动来实现；职业认知维度、职业情感维度、职业行为维度也需要用其包含项的积极维度带动消极维度的发展，进而使辅导员职业认同水平得到有效提高，故此，辅导员职业认同建构过程也是各维度平衡发展，以优势维度促进弱势维度发展的过程。

第三章 高校辅导员职业认同的影响因素

多数学者对高校辅导员职业认同影响因素展开的研究和分析中，对于社会因素的分析，主要是围绕职业声望、社会舆论及高等教育改革等方面；对于组织因素的分析，主要集中在高校考核、激励、培训等方面；对于个人因素的分析，主要聚焦于职业兴趣与家庭因素等方面，有时甚至把职业认同状况与影响因素混淆。研究者承认上述因素对辅导员职业认同有影响。然而，在众多影响因素中，哪些才是最主要的影响因素是本研究要解决的问题。研究者通过访谈调研与自身的辅导员职业经历发现，社会因素中，高等教育改革、辅导员职业声望、社会舆论等属于其职业认同建构的社会大背景，辅导员职业认同的建构更多要看辅导员职业政策与辅导员作为职业主体如何应对的问题，虽然有少数学者提到政策会影响辅导员职业认同，然而对政策如何影响辅导员职业认同并没做详细论证；组织因素中，高校考核、激励、培训机制等方面虽然会对辅导员职业认同产生影响，但从研究者对辅导员的访谈调查情况来看，很多高校辅导员对考核、激励、培训等也并不"很关心与在意"，因此这些影响因素也不是主要因素；个人因素中，职业兴趣与家庭因素虽也会对职业认同产生影响，但仍然有很多喜欢辅导员职业的人转岗，另外也还有很多家庭对辅导员职业给予理解，说明这些影响因素也不是主要因素。在研究过程中，几乎所有访谈对象都指向了辅导员职业发展才是辅导员最关心的问题；而对访谈资料的分析也显示围绕职业发展的政策因素、两级管理因素及个体因素中的职业动机和职业规划因素是最为主要的三个影响因素。本章主要围绕这三个影响因素展开分析。

第一节 影响高校辅导员职业认同的政策因素

一 双重身份政策：高校辅导员社会归类困难

当前，中央与教育部对高校思想政治教育工作越来越重视，同时高校辅导员队伍也获得了快速发展。2000 年和 2004 年，国家专门就大学生思想政治教育出台了指示文件，尤其是 2004 年的中央 16 号文件中，明确"高校辅导员、班主任是大学生思想政治教育的骨干力量"。2006 年，教育部就高校辅导员队伍建设问题出台了《普通高等学校辅导员队伍建设规定》（教育部令第 24 号），其中明确了辅导员具有双重身份，是教师也是干部；在大学生思想政治教育中，辅导员是骨干力量，是执行者、落实者、组织者，也是大学生重要的人生导师，还是促进大学生健康成长的知心朋友。2014 年，《高等学校辅导员职业能力标准（暂行）》重申教育部令第 24 号文件中辅导员是教师也是干部的规定。2017 年，教育部对第 24 号文件进行修订，出台教育部令第 43 号文件，又一次强调辅导员的教师与管理人员的双重身份属性。通过上述分析不难发现，我国对辅导员队伍建设是十分重视的，几乎每年都会下发相关文件。最开始强调通过相关措施的实施使辅导员的整体水平得到提高，从而提高思想政治教育的水平，现在倡导通过辅导员职能的有效拓展来使其能够为学生解决就业、心理、生涯规划等实际问题。[1]

高校辅导员制度发展早期，辅导员的职业定位相对而言是比较明确的，即负责进行学生思想政治教育。然而，随着社会的不断进步和发展，辅导员的工作职责在不断延伸，尤其是 21 世纪以来，辅导员的职能进一步拓展，其工作的繁杂性和职责的多变性也进一步显现，尽管多次提到了高校辅导员这一职业，然而，不管是政府机构还是教育部门，对该职业都未进行十分明确的界定。目前对高校辅导员的定义都是比较宏观的，比如教师与管理人员、学生的人生导师等宏观层面的词语，定义比较模糊、笼统，从而导致高校、辅导员及其他群体对辅导员职业并没有形成十分深刻的认识和理解，进一步导致在工作中无法明确辅导员的职业身份。图 3-1 展示了高校辅导员职业

---

[1] 钟凯、张力：《高校辅导员角色认知刍议——解读〈高等学校辅导员职业能力标准（暂行）〉》，《江苏经贸职业技术学院学报》2014 年第 6 期。

角色发展情况。

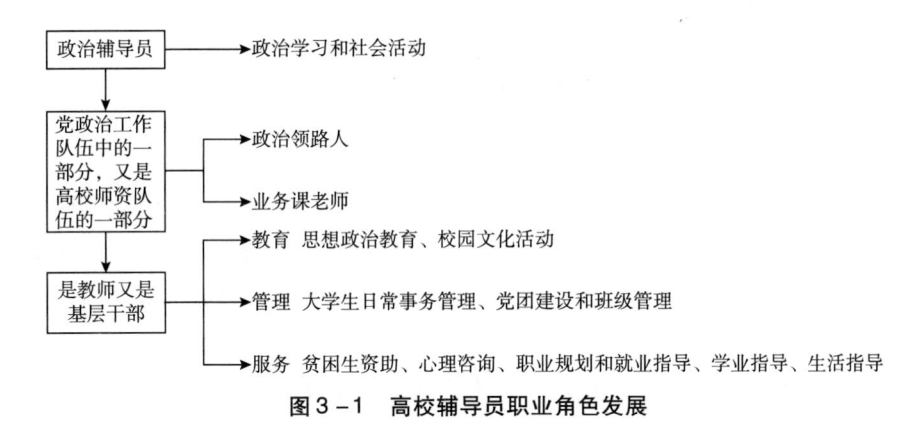

```
政治辅导员 ──▶ 政治学习和社会活动

党政治工作
队伍中的一    ──▶ 政治领路人
部分，又是
高校师资队    ──▶ 业务课老师
伍的一部分

              ──▶ 教育 思想政治教育、校园文化活动
是教师又是
基层干部      ──▶ 管理 大学生日常事务管理、党团建设和班级管理

              ──▶ 服务 贫困生资助、心理咨询、职业规划和就业指导、学业指导、生活指导
```

图3-1 高校辅导员职业角色发展

尽管辅导员的双重身份是确定的，然而，在实际工作中，基于其工作性质的特殊性，辅导员在高校群体中所处的地位是比较尴尬的，不具有像教学人员一样的中心地位，而且也无法像行政人员一样谋求政治前途，处于十分边缘的位置。在现实中，很多人认为高校内的职业划分仅有两种，即专业教师和行政人员，而对于辅导员更多的人并没将其视为一种职业，最多只是靠边的行政人员，故此，高校辅导员具有的社会地位是非常低的。[1]

> 我们是教师对吧，24号文件包括现在的新规定都说辅导员既是教师又是管理人员，你怎么去界定它，我是觉得学校里面大多数的老师肯定把它当成……在院系里面肯定把辅导员当成管理人员，但在序列里面，又是按照教师来的，就是教育部文件要求嘛，所以每个学校的人事处在制定政策的时候是把它算成教师的……所以在文件和认同上是割裂的。（辅导员FDDX：B）

> 辅导员既是教师又是管理干部。什么都是等于什么都不是，始终游离于政策之外。教师与行政的待遇掺杂在一起，若隐若现，时有时无。导致越来越多的辅导员"身在曹营心在汉"，对这份工作持以怀疑的态度，视之为择业的"跳板"或者说"垫脚石"。[2]

由此可见，从表面来看辅导员的双重身份是十分明确的，然而，在这两

---

[1] 李双贵：《面子：从中国传统等级观念看高校辅导员职业化发展》，《黑龙江高教研究》2009年第9期。

[2] 游来红：《我眼中的辅导员》，http://www.doc88.com/p-2854357696106.html。

个角色的界定中是存在交叉重叠问题的。角色定位模糊造成实际工作中高校各层级对于教育部相关文件的理解和执行差异很大。

（一）各高校对辅导员职业定位的差异性

1. 辅导员定位为行政人员

经过调研发现，很多高校如中国人民大学、北京邮电大学、外交学院等的辅导员是不能评职称的，辅导员在这些高校中被定性为行政人员，其依据是教育部令第 24 号所规定的，作为高校管理队伍的重要组成部分，辅导员队伍建设问题必须引起高校的足够重视，必须将其作为重要工作来开展，① 以及教育部令第 43 号所提出的，作为管理队伍建设的重要内容，应当对辅导员队伍建设进行整体规划、统筹安排。② 该发展方向即管理岗路线或行政岗路线。

> 辅导员在多数高校属于行政岗，像我们学校把辅导员当作类似于管理培训生，学校新出的政策就是所有的行政岗的进人都要从辅导员进人，就是所有行政口的入口，招聘都是从辅导员招，之后经过四年工作之后，才能到其他岗位，跟其他行政口的区别就是，它可能跟学生接触得更多，而且是各个方面都多。跟教师的区别就是教师那边可能专管学术，像研究生这边，老师会管一部分生活，大部分还是辅导员管，因为辅导员学业经历多数是硕士少数是本科生，对学术的指导意义没有教师强，所以说它是偏行政，偏心理。但现在有一种趋势，学校也可能倡导那个趋势了，就是辅导员类似于一个专业技术岗，它涉及的方面，如心理学、就业指导，还有一些行政相关的人力资源这些，需要进行培训，逐渐变成一个有一定专业水准的岗位。（辅导员 BJYD：B）

> 人大辅导员岗位的招聘和其他的岗位是在一起的，叫党政教辅岗位，就是非教师的那种，考试的内容、程序都一样。另外，我们不能评职称，也不能代课，什么就业培训、职业规划啊，还有形势政策什么的，这些课在人大都是专业老师上的。我们算纯行政的吧。（辅导员 ZGRM：B）

---

① 《中华人民共和国新法规汇编》（2006·第九辑），中国法制出版社，2006，第 122 页。
② 《普通高等学校辅导员队伍建设规定》，http://www.moe.gov.cn/srcsite/A02/s5911/moe_621/201709/t20170929_315781.html。

在这些高校，辅导员的招聘、日常管理、晋升和行政岗其他人员并无差别，甚至把辅导员岗看成行政岗的预备阶段，即行政岗为辅导员的未来出路，辅导员往往被视为一种临时性的过渡工作，辅导员也很少从事科研和教学。

2. 辅导员定位为教师

教育部令第 24 号中明确提出"高等学校应当把辅导员队伍建设作为教师队伍和管理队伍建设的重要内容"[1]。在教育部令第 43 号中，将其进行了修改，提出了高校在坚持立德树人这一中心的同时，将辅导员队伍建设作为教师队伍和管理队伍建设的重要内容。[2] 很多将辅导员职称评聘单列的高校，对辅导员的定位为"教师"，如上海市各高校和北京市部分高校。这些高校辅导员的发展方向可统属于辅导员教师岗发展路线，其基本精神与专业教师的发展思路相似。

> 干部定位肯定不是，办事员还有可能，但教师的定位……我觉得就看你自己怎么去定位了，如果从育人的角度来说，我觉得辅导员就是教师。关键是在这个工作里面领导怎么去安排你的工作。从学生的角度，我觉得我们还是以教师这个定位为主，绝对不是什么干部的身份，最多就是储备干部。首先，我觉得国家提的这个是有问题的，我觉得绝对不是什么干部身份，我们根本没有职位。可能有些学校把辅导员专门作为一种储备干部，就是必须经过辅导员，你才能到机关去当领导。像我们学校肯定不是，所以每个学校的这种操作方式决定了你的定位，我们学校基本上以教师来定位我们辅导员。（辅导员 DHDX：A）

> 2004 年就彻底改了，直接定了辅导员只能走职称，不走行政。把辅导员从性质上就直接划归跟教研室老师是一样的，这样一个规定一直沿用到现在，政法大学依然是辅导员走职称。（辅导员 ZGZF：A）

在这些高校，辅导员评聘职称的指标是单列的，而且提出了其评聘学科为思想政治教育，此外，其职业晋升阶段与其他专职教师一样从助教、讲师，一直到教授。辅导员达到对应专业技术职务后，将会享受与之相匹配的待遇，由于学生工作的特殊性，学校在进行评聘指标设定时，更加注重其工

---

[1] 《中华人民共和国新法规汇编》（2006·第九辑），中国法制出版社，2006，第 122 页。
[2] 《普通高等学校辅导员队伍建设规定》，http://www.moe.gov.cn/srcsite/A02/s5911/moe_621/201709/t20170929_315781.html。

作绩效指标，而不单单局限于课题、论文发表等方面的指标。

（二）高校各群体对辅导员职业定位的多样性

1. 高校领导给辅导员定位的非固定性

高校思想政治教育工作将会对社会稳定产生直接影响，因此，高校对安全和稳定问题十分重视，从学校的角度可以看出，高校将辅导员视为学生安全工作的第一道防火线，故此，各高校领导对辅导员工作是非常重视的，不仅体现在相关文件的出台上，还表现为政出多门，即对于辅导员工作很多部门能够对其提出要求，并且辅导员对这些要求很难推卸。在这种情况下，辅导员职责范围过于宽泛，也没办法进行十分清楚的界定。故此，很多高校领导把辅导员定位为"校园安全稳定的维护者"。"特别是在政治敏感时期，对辅导员队伍的要求更高，要求能够将其中的不安定、不稳定因素有效地消除，更加不可出现如学生伤亡这种事故，基于这些严格要求，辅导员所承担的工作压力比较大，假如引发了社会稳定问题，那么对于各方领导来讲，会将辅导员作为第一责任追究对象。即便不是辅导员的责任，只要是其所带班级发生了伤亡事故，那么经常会全盘否定辅导员前期的全部工作。"[①]

访谈中，辅导员们反映当前不少高校领导认为："辅导员的工作价值在于'无事就是功，有事功全无'。只要学生不出事，辅导员的工作就是成功的；反之，出了乱子，做得再好也是白干。"

> 不管学校里头还是学院里头开会，领导都会提到工作的底线就是不要出事，学生不要出事什么的。（辅导员 SXDX：A）

另外，很多学院领导认为，辅导员年轻有干劲，因此不仅需要完成学生工作，学院的一些其他工作也必须做好，这就使得辅导员职业等同于其他岗位或职业了。

学校和学院领导主要把辅导员职业定位在"校园安全稳定的维护者"和学院"其他行政岗的兼职者"，高校领导给辅导员定位的非固定性，造成对辅导员工作任务安排的非固定性和随意性，这将会影响到辅导员的职业认知，对其职业发展的影响也是非常大的，还会使辅导员对自己的职责不够清晰，遇事就做，对于工作缺乏自主性、创造性，这样的局面最终导致的是不

---

① 周广军：《高校辅导员职业认同研究》，硕士学位论文，首都经济贸易大学，2012，第 23 页。

仅学校、辅导员，包括学生都十分不满。①

> 辅导员职业目前为止还没有形成比较核心的价值在里头，所以往往是随着领导的变化而不断地改变自己的工作内容和工作要点。（辅导员 FDDX：A）

2. 高校其他职工群体给辅导员定位的随意性

高校辅导员职业角色定位不够明确，使得学校的其他职工群体在对辅导员进行定位时，具有较大随意性。对于教务处以及教研室等部门来讲，将辅导员的工作定位于教学辅导方面；对于学生工作处来讲，则希望辅导员将更多的工作精力用于贫困学生资助以及勤工俭学工作等方面；对于高校心理咨询机构来讲，则认为辅导员应当做好大学生心理咨询方面的工作，以及心理健康数据的收集和整理，确保大学生能够健康成长；对于高校招生、就业部门来讲，则认为辅导员应当将更多的精力用于招生宣传，或者是进行就业指导；高校党政机构则提出，辅导员应当将其工作重点放在大学生思政教育方面，确保学校的稳定与发展并能够对突发事件进行及时处理；后勤机构则提出，辅导员需要做好考勤监督以及卫生检查等工作。②

> 因为其他的部门觉得找辅导员就能联系到学生，所以说辅导员就相当于学校和学生之间的纽带，就是一个结点吧。（辅导员 BJYD：B）

> 一般情况下，专任教师并不重视辅导员，对辅导员这一职业的认识也不够全面，将辅导员定性为不进行研究也不进行教学的，认为辅导员的工作都是一些小事，都是琐碎的杂事；还有的教师认为这一岗位是没有意义的，是可以取消。然而，在实际行为中，对辅导员岗位又是十分依赖的，如果学生在学习或者生活上存在问题，认为辅导员应当承担首要责任，或者认为辅导员工作不到位。（辅导员 TYKJ：C）

> 其他的老师对辅导员的认识，他们也认为辅导员是和同学接触最多的，但是也没有划到和他们一样的老师群里，还是不太一样的，他们会认为辅导员是学生口的这样一类。他们经常会说，"你们学生口的事情不能耽误我们教学的事情"。大概是这样的，我们的重要级会往后放一

---

① 林细佛：《新形势下高校辅导员职业角色分析》，硕士学位论文，西南财经大学，2008，第32页。
② 李芳：《基于心理健康教育的高校辅导员角色研究》，硕士学位论文，南昌大学，2012，第22~23页。

点。(辅导员 BJLG：A)

访谈中，很多辅导员表示："有些教师根本瞧不起辅导员，认为专业不行才不得不干这一行，甚至认为这些人不务正业，素质低，等等。"而且通过与专业教师沟通，发现存在的主要问题有，很多专任老师并不认为辅导员工作具有很高的技术含量，认为只需要进行学生管理就可以。同时，还有一些老师认为辅导员工作本质上是非常辛苦的，而且现在的学生在管理上遇到的问题也非常多。

学校其他职工群体往往要求辅导员为本部门工作的开展提供帮助，一般是结合辅导员和本部门的协作关系给辅导员职业定位，因此辅导员的定位是十分多样的，包括"思想政治教育者、人生发展导航者、行为规范管理者、专业学习指导者、学生生活关心者、学生集体领导者、心理健康辅导者、就业工作规划者、思想理论研究者以及党务工作者等"。不断泛化的学生工作内容造成了辅导员角色的不断复合及职业定位的多变性，另外，"协助者"的定位造成其他职能部门对辅导员工作非常依赖，与此同时，对辅导员这一职位又非常轻视，认为辅导员的工作无非小事杂事，"重要级会往后放一点"。

3. 学生群体给辅导员职业定位的非确定性

研究者通过访谈发现，学生对辅导员职业定位的认识并不确定，缺乏主流认识，而且在大部分学生心目中，辅导员和专业教师是有区别的，学生认为辅导员是"非教师群体"，一方面觉得辅导员会站在学校立场上对学生进行"批评教育"，另一方面更期望辅导员在学习指导、就业以及心理等各个领域能够贯彻服务意识为其提供帮助，并能够为其成才提供指导，此外，也期望辅导员的服务技能能够进一步提高。"从学生方面讲，期望辅导员能够给予自己生涯规划方面的指导，期望得到学习的指导、期望得到身心健康的关心和帮助、期望得到就业与创业方面的指导，还期望辅导员能够最大限度地维护大学生的权益等。"[1]

由此可见，政策上对辅导员职业定位的模糊性，不仅造成各高校对辅导员职业定位的差异性以及高校其他群体对辅导员职业身份认知的多样性，而且造成高校其他群体对辅导员在职业期待方面具有较大随意性。整体来讲，

---

[1] 张景鹏：《高校辅导员的角色定位与职业素养问题研究》，硕士学位论文，沈阳航空工业学院，2009，第15页。

目前社会、学生以及学校对辅导员都有所期待，并且三者的期待也不尽相同，这就使得辅导员所处的位置比较尴尬，很难确保同时满足三方的期待，导致辅导员在自身角色认知方面不够清晰。

从本质上分析，职业是随着社会分工的不断细化而逐步形成的。分工的细化，可以使组织工作效率得到提高，因此，新职位的形成是十分必要的。新职位的发展将会使工作效率得以提高，社会认同水平也将会随之提高，而后在整个部门内产生对该岗位的需求，最终整个社会范围内对该职业的认同形成。同时，该职业对应的职能在这种分工细化过程中，随之产生并确立，故此，具有职能明确的特点。

但是我国辅导员职业并不是因为社会分工细化而形成的，回顾辅导员制度的发展历史，能够得出，辅导员队伍建设是一项十分重要的政治任务，是党为了加强对高校的领导而开展的工作。政治工作是辅导员工作职能的根源所在，而且辅导员职能还将随着教育发展而不断丰富。在对辅导员工作进行研究时，很多学者仅将其局限于思想政治教育或者德育研究领域。相对来讲，在很多发达国家之所以会逐步产生高校学生事务工作者，是由高校学术与学生事务的分工导致的，经过几百年的磨合，学生事务工作职能才逐渐得以明确。

我国辅导员的定位具有很大的复合性特征，不仅是思政教育实施者，还是大学生心理成长、职业发展中重要的帮助者、引导者等，而这种定位只能实现对高校教育现实的暂时性应对，其权宜性十分突出，不仅导致辅导员对自身专业化以及职业化的发展缺乏清楚认识，所制定的目标难以实现，还会影响到辅导员职业认同的建构。对于辅导员的角色定位，需要考虑的不单单是顶层设计问题，还需要考虑到对辅导员进行的定位与其角色行为以及角色发展是否相匹配；需要考虑的不仅仅是角色的简单叠加，还需要考虑到辅导员队伍未来的发展，是向着专家型方向发展，还是向着实干型方向靠拢。因此，对于辅导员，需要将其角色进行进一步的分化，使得其中的一部分能够侧重于学生事务的管理，还有一部分则专注于思政教育方面、心理指导方面、就业指导方面等，并成为该领域的专家，为各学院学生工作提供指导。

二　双线晋升政策：职业群体难以产生内群积极特异性

社会认同理论强调群体之间的差异是很重要的，"可基于内群良好维度来进行内外群的区分，以此使得内群具有积极特异性，因而内群就比外群有了更加积极的社会认同"①。

教育部令第 24 号对专职辅导员从助教一直到教授的职务（职称）晋升进行了说明，②而且还提出应当结合辅导员的任职年限，以及其具体的工作表现来明确其行政待遇，并且给予适当的政策倾斜。③ 2017 年 10 月，教育部将该规定进行了修改，提出辅导员可按照教师职务（职称）进行思政学科以及其他相关学科的职务（职称）评定，而且提出需要参考辅导员的实际工作表现以及其任职年限来确定对应级别的管理岗位等级。④ 之所以实施辅导员双线晋升机制，主要是为了能够在最大限度上实现对辅导员工作潜能的激发，使辅导员的工作积极性得到提高，可以说，双线晋升政策是高校对辅导员职业群体的特殊政策，相对其他群体来说，确实具有内群特异性，然而现实中双线晋升政策很难使辅导员群体获得积极内群特异性。

（一）职业主体面临职业发展的双重压力

实施双线晋升机制，使得辅导员的选择更加多样化，不仅能够走专业教师的路线，还可以走行政路线。但是，因为教师和管理者所处的工作场域是不同的，对于教师来讲，其主要的价值体现是在教学、科研两个方面，但是对于管理干部，其价值需要在行政组织系统运行中体现、发生。在具体实践中，教师与管理者两个身份之间的联系并不是十分密切的，并且有的时候两者之间还存在冲突。⑤ 因此，双线晋升使辅导员的职业发展要同时面对两个工作场域的压力。

一方面，辅导员需要考虑到其所面临的职称评定压力。很多高校并没有结合辅导员职业特征来设定职称评定标准，而是直接使用专业任课教师的评定标准，要求在课时以及科研等方面能够达到一定标准，而对于辅导员的工

---

① Michael A. Hogg, Daan. van Knippenberg, and David. E. Rast Ⅲ, "The Social Identity Theory of Leadership: Theoretical Origins, Research Findings, and Conceptual Developments," *European Review of Social Psychology* 23, 1 (2012): 258–304.
② 冯刚、沈壮海主编《中华人民共和国学校德育编年史》，中国人民大学出版社，2010，第 989 页。
③ 冯刚、沈壮海主编《中华人民共和国学校德育编年史》，中国人民大学出版社，2010，第 987 页。
④ 《普通高等学校辅导员队伍建设规定》，http://www.moe.gov.cn/srcsite/A02/s5911/moe_621/201709/t20170929_315781.html。
⑤ 陈小花：《高校辅导员晋升发展机遇与挑战——基于双重身份的视角》，《广东技术师范学院学报》（社会科学）2014 年第 12 期。

作业绩并没有过多考虑，这就导致了辅导员在职称评定上是处于劣势的。"受访 290 人中，76 人所在学校对'辅导员专业技术职务或行政职务考核晋升评审'单列指标、单设标准，有 98 人所在学校只是指标单列，还有 42 人对应学校则是标准单列，此外，还有 74 人所在高校对辅导员不管是在专业技术职务方面，还是行政职务方面都没有单列。"①

> 工作每天忙得什么似的，哪有时间出书、写高质量的论文呢，现在评副教授越来越难。还让跟马院教师一起评。我们怎么跟他们比呢，人家有时间学习，有时间深造，有时间写论文，还有学术资源方面的关系。（辅导员 TYKJ：C）

> 可以评职称，但要求也是说你要发论文，要怎么怎么样，说实话给了你这个出口，但是像我们做行政的根本没有那个时间去做那些事情，像我和那个党办主任吧，都是身兼数职，每天坐在办公室的时候都是不停地处理各种各样的杂事，也没有时间再去写论文呀什么的。（辅导员 SXDX：A）

> 这个双线说得挺好，但真正落实起来比较难。其实你会觉得什么路也不容易走通，比如说评职称吧。你要和教师一起评，教师把大多数精力用在教学和科研上，然后他做的这些教学和科研，对他晋升职称那都是必然的支撑。但是我们呢，大量的工作都在日常管理、日常事务上，只能抽出一点精力来完成这些事，而且理论功底不如人家，储备也不如人家，跟人家在一起竞争，就有一定的弱势。（辅导员 TYLG：B）

从上述访谈资料可以看出，辅导员很少进行科研以及教学方面的工作，因此，职称评定的硬性指标很难达到，这就导致了在职称评定时，辅导员无法与专业教师进行竞争，因此，对于辅导员来讲，想要通过专业教师路线晋升是十分困难的。

另一方面，辅导员面临职位晋升的压力。高校作为事业单位，其组织结构与公司或企业结构有所不同，不像公司或企业是扁平化的，整个结构是科层制金字塔型的，即具有较多的基层岗位，并且随着级别的提高，设置的岗位在不断减少，从行政序列角度来讲，其级别划分为科员、副科、正科、副处、正处等。由此能够看出，整个科层体系是非常庞大、森严的，对于基层

---

① 张立鹏：《应然·实然·适然：我国高校辅导员角色的三维考量》，博士学位论文，河北师范大学，2015，第 140 页。

岗位员工来讲，想要向上晋升是非常困难的，因此不难发现很多辅导员具有五六年甚至十多年的基层工作经验，依旧滞留在该职位上，没有向上流动的机会。

> 每个人的追求不一样，有些人就会觉得一直做辅导员非常好，但是有些人会觉得一直做辅导员没出息，人家会怎么看你是吧，做一辈子辅导员没上去，还有舆论的东西在里边。……其实我觉得更多的还是政策落实这块，你可能在这个科级上发展得很快，但是到副处那块就成了一个瓶颈，但是这个，确实，可能这个副处级或者什么发展比较慢，就导致了科级的滞留，也不排除（这种情况）。（辅导员 BJLG：B）

> 辅导员职业的发展比如说是行政上有所体现，从科级到副处到正处，我觉得这个吧，理论上是可行的，但是那个东西很难弄成，并不是完全靠你个人的努力这个因素就能得到的。（辅导员 ZBDX：A）

> 职务上好像这不是我想的，好像是人家选的问题。唉，这个我也想，但是人家不选你，你也没办法。（辅导员 TYKJ：B）

> 辅导员的职务晋升不好说，我觉得这个东西跟机遇有关嘛，你比方说，恰恰那个学院的副书记空缺嘛，然后刚好就是有一个人到了年纪了，好多年了，8 年 10 年的，然后能力又比较突出，有可能就上，但也有上不去的，我也不知道为什么……但是如果特别想往上走的话，你就得"折腾"，搞一些"政绩"出来，要不然别人看不着你怎么往上走。（辅导员 ZGRM：A）

> 这个还是学校的体制问题。嗯，就是因为，怎么说呢，就最直接的，嗯，比如我在这个学院的时候，我过来的时候是副科，也就是学工办的副主任，但是学工办的主任是今年刚刚退休啊，所以我工作了 7 年，才升到正科……只有主任退休了，你才可以再往上升一步，嗯，那有很多学院呢，比如他去的时候，也是一个科员，然后升到副科之后，他们的主任就调到别的岗位了，或者他们的主任年纪比较大早早就退休，那他顺理成章就可以做。（辅导员 SHJT：A）

> 说实话，因为我来做辅导员的时候，我的年龄就把我限制死了，来的时候就 30 岁了，等到学校有科级岗位的时候，我的年龄就已经超了，就不能再竞聘了。2005 年和我一起进来的还有一个辅导员，和我情况类似，虽然上了科级，但是这个年龄，他再往上走，也比较困难啊，四十大几了。（辅导员 TYKJ：A）

我觉得非常不好走，这中国特色吧，我觉得应该是。尤其是对辅导员来说。本来大家做的就是普普通通的工作，大部分一样。就像那个培训一样，那时候学校会找个别辅导员去，可能慢慢地人家就是一个良性的循环，会成为培养对象，晋升得会快一些，但大部分的人还是在做很基层的工作。（辅导员 SXDX：A）

上述访谈资料，辅导员 BJLG：B 认为副处级岗位有限，造成科级辅导员的滞留；辅导员 ZBDX：A 觉得职务上的发展不是个人努力就能决定的；辅导员 ZGRM：A 和辅导员 TYKJ：B 认为很多辅导员为了职务上的晋升，在领导面前"作秀"的多，沉下去工作的少；辅导员 SHJT：A、辅导员 TYKJ：A、辅导员 SXDX：A 认为辅导员职务晋升的体制有问题。辅导员职务晋升难是不争的事实。

我 2007 年入职，2011 年当了学院学工办主任（科级），山西省的优秀辅导员奖获了好几次，校级的优秀团干、优秀班主任也是好多次。2013 年是山西省的辅导员年度人物，同时也是入围的全国的辅导员年度人物，有人以前比我"落后"，但现在是副处级了。这个东西 100 个人遇上我这种情况，一般都是 100 个人有 100 个想法，我这一届的跟我一样，都遇上这样的情况，我们都没上，别的人上了。但是我们还不是照样把手头的工作做好，因为我们这是个良心活，我们不光对上级单位，我们更重要的是对学生。……一般辅导员，上到科级就差不多了，当然也有上副处的机会，但你能不能上，很难，毕竟处级职务有限，而辅导员有一大批。（辅导员 TYLG：B）

2009 年我上团委书记之后到 2017 年，这 8 年时间里，我竞聘过两次副处，一次报的是校团委副书记，还有一次报的是学院副书记，基本上还是在这个本行领域里头，但都没成功。我觉得升职是一个太多因素决定的东西，很难说，大家觉得你不错，是因为大家熟悉你在这个领域不错，但是还有很多不在你这个领域的人，人家不一定都认可你，你要得到很多人的认可，我觉得挺难的。（辅导员 TYKJ：E）

我竞聘过两次副书记的岗位，都失败了。校级领导和各学院书记跟咱又不熟，比如说，我们学院现在的副书记王老师，能当上处级干部和她以前在校组织部工作有关，首先她和各学院书记很熟，其次校领导也认识她，所以她竞聘的时候，得票就多。再有就是，竞聘处级干部，竞争也激烈，你说学校光科级干部就有 300 多人，每次就那么三四个副书记岗位，而且竞聘副书记条件又放得那么宽，只要有过一段时间的学生工作经历就可以，当过班主任就意味着有过学生工作经历，你说这年头谁没当过班主任呢。还有就是，很多管理岗的人报副书记岗其实就是把副书记岗当成跳板，最后竞聘管理岗的处级。你说辅导员混到处级要多难呀。（辅导员 TYKJ：F）

职务晋升，因为机关也有非常多的年轻人和符合晋升条件的人嘛，辅导员和他们竞争也没有太多的优势。（辅导员 SDSF：A）

上述四位辅导员都认为，对于缺乏辅导员工作经验的行政人员可以竞聘学生工作副书记这种做法，不但对辅导员群体来说是不公平的，而且对辅导员队伍造成严重的冲击，对辅导员的工作积极性也会造成挫伤。

从上述访谈材料看，行政管理岗位数量有限，另外辅导员在岗位晋升方面，竞争对象不单单是辅导员，还涵盖了高校其他的行政人员，再加上职务晋升受多种因素的影响，所以辅导员通过行政路线实现晋升的人数所占比例较小。

双线晋升政策对于近年来高校辅导员向讲师职称，副科级、正科级职级的提升产生了利好作用，然而，如果是基于职业发展前景来分析，"科级 + 讲师"类型的辅导员面临的发展瓶颈是非常大的，所处位置十分尴尬，即便是设立了双线晋升机制，但是并没有建立与之匹配的激励机制以及淘汰机制，也会导致这类辅导员在向上发展的环节上产生断裂问题，形成其职业生涯发展中的鸿沟，故此，双线晋升政策反而使辅导员面临比高校教师以及行政人员更大的压力。如果仅从表面分析，辅导员的晋升方向是多元化的，不仅可以向着专职教师方向发展，还可以向着管理干部方向发展，具有更多的选择。但是事实上，在进行职称评定时，辅导员无法与专职教师进行竞争，而且与行政管理人员相比，也处于劣势地位，最终导致其所处地位非常尴尬。

（二）双线晋升容易造成职业主体的缺位

双线晋升政策使辅导员在职业发展过程中可以评定职称，然而，即使对职称评聘单列高校的辅导员来说，职称评定的关键和难点问题仍然是科研问题。与其他专门从事科学研究的群体相比，辅导员从事科学研究工作有非常大的劣势。如科研氛围不好，从事科研的时间较少，整体研究水平不足以及制度支撑不够等，辅导员要改变这种劣势常常要牺牲学生工作的时间和为学生服务的精力，甚至发生科研和学生工作本末倒置的情况，造成辅导员职业主体的缺位。

> 我工作的最大成就和辅导员没关系，我最大的成就就是有幸评上了化学专业的副高，这是我这14年以来最大的成就，这么多年，其实很大的精力都投到上博士评职称这些方面了，评完职称了，我这段时间也经常想这个问题："在这个辅导员工作里面做出什么相关的个人成绩呢？"……我觉得在学生工作方面遗憾挺多的。（辅导员 ZBDX：A）

> 我经常有一个想法，就是有个辅导员发了很多很高水平的文章，评上职称了。他发那么多高水平的文章，他真的真心投入这个辅导员工作当中了吗……就是说大家时间都一样，你如果真的在辅导员这个岗位上很投入的话，我觉得你没有那么多的精力去搞科研，如果你在科研上搞得很好，研究上搞得很好，那你必然在学生工作上投入是比较少的，所以说，有时候你给辅导员的选择多我觉得反而压力也比较大，为什么，就是你给了他评职称的机会，反而动摇了他自己在做这个工作时的坚持，我是这样去理解的。（辅导员 ZBDX：B）

> 目前的话，辅导员评职称很多时候还是模仿专业教师的科研，比如说你发文章啊，或者什么的，但是这个东西，如果你以大量的时间去做这种思政的科研的话，你哪有时间做日常事务啊，你哪有时间真正地去对学生好呀。（辅导员 FDDX：A）

辅导员职业主体的缺位，一方面，由于部分高校并未单列辅导员职称评定，对于辅导员与专业教师在科研能力的考核上采取的是"一刀切"的做法，给辅导员职业发展造成压力的同时，也扭曲了辅导员的职业定位，使部分辅导员在价值指向上把科研作为工作的重点；另一方面，由于辅导员职称评定单列的高校，在科研指标安排方面并不合理，对于科研和工作业绩之间的比例关系也没有进行十分合理的设定，这就导致辅导员为了能够提高其职称，而更加重视科研工作，对于其本职工作如思想政治教育、心理指导等方面则相对疏忽。因此，要求高校通过合理的制度设计来对此进行引导，使辅导员能够更好地处理科研工作以及日常工作之间的任务比例，确保两者能够实现平衡，进而互相提升。

双线晋升政策使辅导员也可以走行政岗发展路线，教育部令第24号中明确了，要求结合辅导员的工作表现以及其任职年限来明确与之相应的行政待遇，同时保证其获得相应的政策倾斜。而后在最新出台的规定中对此进行了修改，提出以工作年限、实际工作表现确定相应管理岗位级别。① 在工作实践中，部分辅导员痴醉于职务晋级或转行政岗，努力发展人际关系，忽略了本职工作，造成职业主体的另一种缺位。"做官，逐渐走向学校各级行政管理岗位，这条通道是比较狭窄的，并且使辅导员在一定程度上产生投机心理，导致其会以作秀的姿态对待辅导员这一职业，形成一种十分不好的导向。"②

就是说不是你靠能力就能上的，你那个工作能力，是一方面的，还有一些的话，就是上层的交际为上的这种能力，就是这些，还有一个，我觉得有时候女同志也很受限制吧，性别限制，就是你没有那么多的时间跟别人去交际，不管在什么情况之下，所有的一切都是靠评委给你投票选出来的，但是"人际方面的工作"是在平时，不是在投票的那一刻，靠几分钟的演讲，或者是去回答几个问题，你就能脱颖而出了，不是说你一次慷慨激昂的演讲就能脱颖而出，主要还是在平时，所以我也思索过这个问题……觉得也挺难的。（辅导员 ZBDX：B）

你要职务上晋升，那就折腾吧，你要搞各种各样的活动，要应付上面的要求，这种做给上面看的，就是所谓的能力了。但是我觉得辅导员工作更多的是考验一个人的品性，而不仅仅是能力的问题，能力是对上的，品性是对下的，（笑）所谓对下就是对学生，真正的好老师对学生要有耐心、爱心、关心。所有这些东西，实际上是考验一个人的品性。这种东西是看不到的。（辅导员 FDDX：A）

职务晋升不是说你把本职的学生工作做好就行，你还得处理好和上层的关系，而我自己首先没有很好的这种人际关系的处理能力，也没有很好的人际交往技巧，所以这方面考虑很少。我觉得能够晋升的这些人还是比较"灵活"的，而且怎么说呢，这个说话办事会很周到的，平常"工作"会很细致到位的这种人。（辅导员 TYKJ：D）

我 2010 年上的科级，2015 年参加了学校的副处竞聘，竞聘的是学院副书记，那个竞聘吧，好像是获得大家的认可最重要，因为大家给你投票嘛！投票的那些人是学校随机抽的，所以我觉得这个问题很大，有

---

① 《普通高等学校辅导员队伍建设规定》，http://www.moe.gov.cn/srcsite/A02/s5911/moe_621/201709/t20170929_315781.html。
② 樊未晨：《工作琐碎未必受尊重 95 后挑战高校辅导员专业能力》，http://news.sohu.com/20141103/n405710737.shtml。

很多人连你是谁都不知道,人家怎么可能会给你投票呢?所以,现在要想"上去",好像就是要处理好人际关系了,变成不是做好本职工作,而是处理人际关系了,所以之后我再没参加过副处竞聘。(辅导员 TYKJ:B)

我觉得是自己想把它做好,但就是各方面的事情,本身不属于辅导员来做,岗位职责之外的事情确实太多,而且很多东西是你无法拒绝的,就是说疲于应付各种事情,我感觉我最大的愧疚是很少有时间真正坐下来,静静地去关心我现在带的学生。这一点是我觉得现在自己做得不太成功的。(辅导员 DHDX:A)

另外,因为辅导员所面对的工作对象比较特殊,而且其工作内容十分宽泛、复杂,所以对比教师和其他行政岗,辅导员需要处理的人际关系更广、更多,有学者认为辅导员要处理好七大关系,有学者认为辅导员要处理好九大关系,概括起来主要有辅导员与学生之间的关系、辅导员与家长之间的关系、辅导员与班主任之间的关系、辅导员与本院(系)学办主任之间的关系、辅导员与本院(系)其他同级办公室人员之间的关系、辅导员与本院(系)领导之间的关系、辅导员与其他相关部门之间的关系等,当然这些关系还只限于因工作而发生的正常公共交往,如果辅导员想转为行政岗或在职务上有进一步的发展,人际交往中,"私人"交际的重要性就会更加凸显,这必然会造成辅导员职业重心的转移及职业主体的缺位,所以有辅导员感叹"要想'上去',好像就是要处理好人际关系了,变成不是做好本职工作,而是处理人际关系了"。

(三)双线晋升成功的辅导员很可能意味着辅导员职业主体的职业认同的解构

虽然辅导员具有的双重身份在国家的相关政策中进行了说明,而且双线晋升机制的设立也是为了使整支队伍能够更加平稳发展,使辅导员获得更加广阔的发展平台,然而,政策与现实违背,使高校辅导员的队伍归属感受到了影响,使其承担较大的压力。辅导员具有十分明显的过渡性特征,部分辅导员认为这一职业是短期职业,之所以努力工作是为了能够尽早调离当前岗位,而并不是将其作为长期工作,或者是成为这一行业的专家。在双线晋升机制下,辅导员付出的努力并不是为了提高其工作效率与质量,而是不再从事辅导员职业,双线晋升的成功意味着辅导员职业主体的解构。

1. 向专业教师方向发展

教育部令第 24 号中明确了专职辅导员在进行专业技术职务评定时，可按照助教、讲师、副教授、教授要求评聘思想政治教育学科或其他相关学科的专业技术职务。随后将这一规定修改为，"可按教师职务（职称）要求评聘思想政治教育学科或其他相关学科的专业技术职务（职称）"。[①] 在实际工作中，确实有部分辅导员通过进行思政以及其他相关学科的技术职务评聘，发展成为专业教师。

《上海高校学生思想政治教育教师职务聘任办法（试行）》也提出，对高校学生思政教育教师和其他专业技术职务教师展开的职务流动表示支持。而且如果学生思政教育教师转岗到其他岗位，那么经过评聘之后，应当使其具有同级专业技术职务。同时其他专业技术职务的教师，经过评聘之后，也是可以转为同级学生思政教育教师的。然而，"通过对上海市 100 名辅导员调研，如果获得职称后，转岗到其他岗位之后，是否还愿意转回到辅导员岗位，其中有 59 人不愿意，只有剩余的 41 人愿意"[②]。可见，虽然鼓励专职教师与专职辅导员之间的职业流动的出发点很好，但却造成专职辅导员向专职教师的流动强势，专职教师向专职辅导员的流动弱势。

尽管辅导员向专业教师岗发展这一分流渠道并不是很容易实现，但是访谈中，部分辅导员反映，近些年，还是有些辅导员转为思政或其他专业教师的，研究者所在的高校，就有 2 名辅导员转为思政课老师，2 名转为专业课老师。

> 我们也有好多老师，在辅导员工作期间，留在自己专业所在的学院，没有放弃自己专业的学习和研究，后来也有回到专业的老师。（辅导员 SHJT：B）

辅导员转为专业教师意味着辅导员职业生涯的中断和结束，同时也意味着辅导员职业主体的解构。

2. 向行政岗道路发展

根据研究者访谈，有些高校专职思想政治教育工作人员在其工作岗位上工作满四年之后，可以结合其本人的基本条件、具体工作实施分流。关于分

[①] 《普通高等学校辅导员队伍建设规定》，http://www.moe.gov.cn/srcsite/A02/s5911/moe_621/201709/t20170929_315781.html。

[②] 张建利：《当前高校辅导员双线晋升的问题与突破》，《思想理论教育》2012 年第 15 期。

流渠道不仅可以通过转岗进行教学、科研方面的工作，还可以专门从事党务、行政方面的工作。如《上海理工大学关于进一步加强和改进学生思想政治工作的实施意见》（上理工委〔2001〕003）规定："对有志从事管理工作且工作业绩突出的政治辅导员，学校将作为干部选拔的后备力量予以重点培养，并通过推荐参加挂职锻炼等方式优先向校内外各级党政管理部门输送。"

结合实施情况能够发现，很多辅导员经过转岗之后是从事校内行政、党务工作，还有部分辅导员则是经过公开招聘进入校外事业单位、政府党政机关。

> 这个体系培养出好多副教授了，但是好多当上副教授以后没过两年就被提拔离开学工系统了，比如说到院系去做书记啦，或者到部门去当领导了，所以他就离开学工系统了，基本上是这么一个情况。（学生处人员 SDSF：B）

> 我们那年来的辅导员，现在留下的有两个，也就是转了一半，都转到行政口了，比如说研究生科或类似研究生科、研究生院这些地方，或者学生处的其他科室，还有转财务的。（辅导员 BJYD：A）

> 它需要长期在一线工作的辅导员树立一到两个标杆，这样会直接一点……看到有这样的案例在这，然后发展得很好，那可能会对其他的辅导员起到榜样的作用，但是从现在来看的话，并没有典型的榜样在那，所以可能更多的是……辅导员当好了出去挂职了，当公务员了，可能这方面的榜样多一些。专业化方面的这种标杆比较少，我们学校有很多做了七八年的辅导员，后来也转岗了。（辅导员 BJLG：B）

> 很多做得好的没有留在辅导员岗位上……辅导员队伍的流失对辅导员的职业化、专业化会有影响。为什么呢？就是其实你做研究也好什么也好，它有一定的积累，比方说，你做了两年的辅导员，后来又转岗到机关去了，那你可能不带学生了，这个时候会对你，甚至说那个岗位就不叫辅导员了，会对你这个怎么说呢……延续性，或者是这个职业化水平有一定的影响。（辅导员 BJLG：A）

辅导员向行政岗方向的发展，造成高校辅导员更像是党政干部以及后备干部的蓄水池，在该岗位上工作一段时间后，转向了党务或是行政管理的其他岗位，而不是向着资深辅导员甚至专业化、专家化的方向发展。"和我同年进学校的辅导员，有好多转岗了，现在辅导员队伍都已经散到我觉得不成样了。"①

如果基于辅导员职责进行分析，年龄较大的辅导员不仅具有比较丰富的工作经验，而且这个阶段其作用也能够得以充分发挥。然而，因为个人发展以及相关政策等原因，很多辅导员很难在岗位上长期坚持，多数会选择进行职业转换，也就是辅导员主体的解构，而这就导致了社会各界对辅导员的专业发展缺乏重视，将辅导员视为终身职业的人员是非常少的。这种不延续性影响辅导员领域专属学科理论的形成。而且通过分析能够发现，辅导员学科与其他学科一样，都要求能够建立该领域的科学理论。而这些专业理论的形成就要求一线辅导员能够在提升自身专业能力的同时，进行相关理论的研究。②

实施双线晋升机制，使得辅导员不仅可以向着行政岗位发展，还可以向着教师专业技术职称评聘方向发展。因此，在这种制度中，本身就存在一种将辅导员作为过渡角色的含义。结合当前的发展情况，很多辅导员将其职业仅视为一个跳板，很难有人长期坚持下去。因此，辅导员具有的流动性是非常大的。辅导员可以向"教师"方向发展，也可以向"党政管理干部"方向发展，辅导员双线晋升政策培养的是高校教师主体和高校行政主体，事实上造成辅导员职业主体的解构，与辅导员向"辅导员"职业方向发展背道而驰。"一名优秀辅导员的养成是十分困难的，辅导员关于学生管理经验的积累对学生来讲也是非常重要的，如果辅导员更换频率太高，那么将影响到整个教育工作的开展……大学辅导员频繁更换对资深大学辅导员的培养非常不利。"③

（四）双线晋升的职业发展路线造成辅导员被迫性职业流动

在双线晋升职业发展路线下，高校通常以"高进、严管、精培、优出"④的原则为指导对辅导员进行管理。"高进"，高学历、高素质者进入；"严管"，严格管理；"精培"，精心培养；"优出"，优秀者输出。也就是把辅导

---

① 辅导员 TYKJ：D 访谈资料。
② 宣丹平：《生态取向下高校辅导员虚拟实践共同体培育研究》，硕士学位论文，浙江师范大学，2012，第 27 页。
③ 《工作累 待遇低 转岗快 大学辅导员成"流水兵"》，http://www.dzwww.com/shandong/sdnews/200510/t20051030_1241566.htm。
④ 翁铁慧：《建设高素质的辅导员队伍：科学化模式、专业化培养、多样化发展》，《思想理论教育》2008 年第 5 期。

员职业建设的目标或建设的结果定位为"优出"。"优出"这个提法至少包含三层含义。其一，优走，对于能够在该岗位上取得优秀工作业绩的，则可选择离开。潜在意思为，假如某个辅导员已经在辅导员岗位上从事了很多年，而且还在坚持，那么说明在该岗位上做得不够优秀、突出，这就使得辅导员队伍的工作士气大受打击；其二，去优，指的是通过"优出"能够获得好于辅导员岗位的岗位；其三，寻优，指的是如果在队伍建设中，将"优出"作为建设目标，那么说明在该行业无法获得长期的职业发展，也找不到职业发展高峰，必须进入其他行业中，在其他行业中谋求发展，这一含义是最为关键的。[1]

为了"优走、去优、寻优"，辅导员被迫性流动成为主要格局，队伍成员主观意愿和外在要求存在重要矛盾，辅导员团体归属感、目标感不强，积极性、主动性、创造性迟滞，造成整个队伍稳定性不强，不能实现组织成员健康流动。"从辅导员流动结果来看，流动的多为优秀辅导员，辅导员队伍的结构和水平因流动反而呈下降趋势。"[2]

> 怎么说呢，你在工作中也在看着大家一个一个地离开这个岗位，那大家都在离开这个群体，而不是都来到这个群体，就证明这个群体，大家还是想要摆脱吧，有了好的发展还是希望能够离开这个地方，有考博的，有调岗的，为什么大家都离开呢？也说明有一定问题。（辅导员TYKJ：D）

2018年4月第六届山西省高校辅导员素质能力大赛培训期间，研究者和一个参加这次素质能力大赛且已经干了13年的山西农业大学的辅导员进行了简单的访谈。（研究者在山西省高校辅导员素质能力大赛培训上碰到过这个辅导员两次，这是第二次，问的问题和第一次碰面时一样，出乎意料的是她的问答和第一次回答也一样。）我问："您已经干了13年辅导员了，还准备一直干下去吗？"她说："这能由得了自己吗？你说如果机关有副处的职位，你不去吗？……这是辅导员体制造成的，从内心来讲，我是想一直干下去的，如果让我去就业处或其他地方做个副处，我也知道自己不是那么'舒服和喜欢'，如果辅导员职位上有发展

---

[1] 方宏建：《关于推进高校辅导员队伍职业化、专业化建设的几点思考》，《高校辅导员》2011年第1期。
[2] 刘世勇、余江涛：《基于组织支持视角的高校专职辅导员队伍建设》，《学校党建与思想教育》2010年第5期。

的话，干了这么多年都顺手了，谁又想转岗再干其他的工作呢？辅导员干上几年要是能有副处级待遇的话，我是想一直干下去的。可是要是一辈子就停留在现在这个状态（她现在是团委书记，科级），我是没法想象的。"（辅导员 SXNY：A）

双线晋升政策反而使辅导员为了能够达成其出行目标而选择从事辅导员职业，辅导员岗位的过渡性特征十分突出，导致其借助辅导员工作来谋求业外的职业发展，而这与实际中对辅导员的要求是截然不同的。

同事转岗，多少心理上会有落差呀，我觉得又少一个，又走了一个。这种感觉不是危机感，是一种……怎么说呢？如果这个人走了，然后你明知道他对这个岗位很热爱，但他还是走了，就会让你觉得比较悲哀。（辅导员 BJYD：A）

辅导员岗位人员流动过快，工作时间短，一般高校辅导员在岗位上待三到四年就是老辅导员了。一方面，双线晋升政策造成辅导员的被动转岗；另一方面，辅导员大量转岗现象的存在给在职的辅导员造成很大压力，再一次造成辅导员被动转岗。

其他辅导员转岗对我有很大影响，我也会想将来是不是要转岗，说实话在交大里面一直从事辅导员到老的人很少，都是那些本身从事这个工作的时候年纪已经大了，像我们年轻的还是要考虑自己的发展，然后发展的话，只能转岗。（辅导员 SHJT：B）

辅导员职业具有较大的流动性，首先，导致辅导员队伍体系年龄结构的不合理，该岗位换人太过频繁，使得该岗位失去了稳定性和连续性，终身从事辅导员职业的人很少，而高校对辅导员的需求又相对较大，对于大部分高校来讲，在选聘辅导员的时候更加希望能够从本校优秀学生中选聘，而且整体来讲，高校设定的辅导员入职条件是相对较低的，并且缺乏规范的准入制度，故此，在队伍中，刚毕业的研究生占据了较大比例。其次，导致学历与职称结构的不合理，硕士占据了辅导员队伍中的较大比例，而博士则是相对较少的，而且，辅导员的日常事务性工作较多，在科研、学术活动方面投入的精力相对较少，但高校在进行职称评定时，往往会将学历和科研都考虑在内，故此，在职称评定中辅导员并没有突出优势，再加上有高级职称级别的辅导员的转岗，辅导员队伍结构中初级、中级职称比例较大。很少有高级职称的专家学者，造成辅导员队伍缺乏经验，专业技能不足。最后，专业结构不合理，学科团队建设力量薄弱。造成辅导员专业结构不合理的因素之一是未能建立完善的入职标准，而且也缺乏与之对应的职业技能考试，整个队伍具有十分多样化的学科背景，造成思想政治教育专业起点低，另外，大量资深辅导员转岗，使辅导员整体的学科团队建设力量更加薄弱。刘孝菊、王向东认为："目前，辅导员职业具有很大的不稳定性，对于很多辅导员来讲，希望能够通过辅导员岗位来实现其转岗目标。故此，相当一部分具有工作积淀的辅导员会选择转岗，这就导致了整个辅导员岗位的工作水平是比较低的。"① 辅导员的专业化最终必须体现于每个辅导员个体的专业化，这是辅导员个体在其职业生涯过程中内在专业结构不断丰富和完善的过程与结果。

（五）双线晋升政策容易造成主体职业发展方向迷失

双线晋升虽然给辅导员职业发展指出两个方向，然而在实际工作中，教师与管理人员之间的联系并不是十分紧密。"一方面，两种角色身份作用发挥的工作场域是不同的；另一方面，两个角色在职业精神方面是具有较大不同的。对于高校教师来讲，将教学与科研视为其主要工作，这也决定了教师必须具有探究、创新的精神。而管理干部，因为是处于科层制行政组织体系中的，因此，需要具有服从、分工等精神。而且在现实工作中，管理人员要求按照相关规章来开展工作，具有十分明显的'科层取向'职位晋升发展特征。"②

尽管双线晋升在政策文件上使辅导员具有的双重身份实现了融合，然而，在实际工作中，这双重身份不管是在空间还是时间上经常产生分歧与冲突，这就要求辅导员能够对两种角色进行很好的调和。而且哪重身份才是主要身份，也需要辅导员自己去取舍，有时由于主客观条件的限制，辅导员在晋升发展方向的取舍上出现迷茫。

> 看似给了很多条路，结果感觉让人更摸不着头脑，该走哪条路，因为这两个方向，真的是不相干的两个方向，而且我自己感觉你要从实际出发的话，这两条路还是行不通，你现在是给开出来两条路，但是好像

---

① 刘孝菊、王向东：《高校辅导员职业倦怠的深层归因与系统消解》，《中国电力教育》2011年第16期。
② 陈小花：《高校辅导员晋升发展机遇与挑战——基于双重身份的视角》，《广东技术师范学院学报》（社会科学）2014年第12期。

也不通。因为从实际角度出发，每年学校里头给辅导员的这个名额也很少，机会都给别的岗位了，这个东西有点鸡肋的感觉。（辅导员SXDX：A）

双线晋升，我觉得利弊参半吧，利就是你的可选择性大嘛，我又是管理又是教学，又能上课又能搞管理啊，但是弊的话就是因为你有选择，然后就可能摇摆不定。有两个选择，大家就不能专致专注地投入一个方向。这样的话我觉得辅导员职业发展是受影响的，要不你给他定位是管理，要不就是评职称……如果从好的方面来说，其实也挺好的，毕竟有一小部分辅导员，确实评职称了，但是大部分的辅导员就是因为有这样的两个选择，反而在职业规划的时候，可能受到影响，很多辅导员看不到前景，就转岗去搞教学去搞科研，要不然的话，我就一门心思好好搞管理……这样一种摇摆不定，我觉得其实也是利弊参半吧，辅导员出口多了理论上是好的，但是在这个过程当中可能大部分人去选择的时候，还是比较受影响的。（辅导员ZBDX：B）

发展很好的情况，就是说两边都靠，就是一边去做科研，然后另外一边，学生工作这边的好处，它也能有，然后不好的情况就是说……嗯，做科研的觉得你能力不行，学术不行，你做不好，因为学生工作花了你大量的时间和精力，你肯定是做不好的，你学术能力是受质疑的，然后学生工作这边呢，觉得你一心两用，你肯定工作不认真，就这样成了两边都不靠。（辅导员FDDX：A）

"不相干的两个方向""摇摆不定""两边都靠、两边都不靠"是辅导员在工作实践中对双线晋升政策作用于自身的认识和理解。双线晋升表明辅导员的职业发展方向在理论上还不明确，实践中才会有如此多的可能性。心理学研究表明，不确定性因素会使人产生紧张和忧虑，职业发展方向的不明确给辅导员带来了很多的压力，同时也威胁到辅导员职业安全感。

在职位晋升上我给自己定过目标，就是向自己的领导学习……毕竟不想当将军的士兵不是好士兵，其实每个人都有一个美好的梦想。不过我还想过，当老师，这两条路都想过，就到时看吧，哪条更适合自己。就是两方面都有所侧重，就真的是说自己职位晋升上没有发展前景了什么的，可能更多的是把目光转移到自己非常感兴趣的一些专业领域。这样的话，会增加这个工作的成就感。……其实现在我对这两条路怎么走还是没有彻底想好。（辅导员BJLG：B）

我现在重心基本在学生管理上，教学、科研很少，所以这就是我发文章很少的原因。我们学工组组长，他论文发了好多篇，可能比较有职业规划吧，我可能这方面比较稀里糊涂。（辅导员 HDSF：B）

面对双线晋升的职业发展路线，很多辅导员会像辅导员 BJLG：B 一样"两方面都有所侧重"，这样造成的结果是"对这两条路怎么走还是没有彻底想好"，职业规划方面"比较稀里糊涂"。大部分高校在推进辅导员双线晋升政策方面并不到位、具体，甚至有些高校并没有落实辅导员双线晋升政策，因此对于双线晋升道路怎么走主要成为辅导员自己的事情，高校没有做好引导、支持、帮助及统筹、规划的工作，访谈中，很多辅导员表示即使转岗也是双向选择，"不是你想转，领导同意你就一定能转的，关键还有两个条件，第一：你走了，一定要有人接班；第二：原岗位愿意放你走，新部门愿意接收你"。辅导员相关的职业政策并不完善，使得整个职业环境比较特殊，相对于其他职业，辅导员职业生涯规划显得更加复杂。面对这种职业发展形势，辅导员不仅普遍缺乏职业生涯规划的意识，而且缺乏相应的理论指导，更缺乏职业生涯规划的实践，对职业抉择处于犹豫不决的状态。

我从入职到现在 13 年了……入职第 10 年的时候，也没准备教师资格证，也没发表过文章，身边不少理工科的同事都评上思政方面的讲师了，我属于"没想明白"的，学校的要求按说也不难，就是有教师资格证，系统地代过一门课，有两篇文章，就可以了。2019 年我才开始准备评职称的条件，是有些晚了。主要是我个人没有规划的理念，也没有规划的远见，就一头闷在跟学生打交道上，还是没有自我规划的意识吧。（辅导员 TYLG：B）

辅导员 TYKJ：A2005 年到山西一所高校做专职辅导员，2007 年评的经济学方面的讲师，到 2021 年 3 月已经过去 13 年半了，等我访谈他时，他说："学校评副教授要求的条件中，省级课题、核心论文、专著，我一个都没准备好。"我问他："为什么会成了现在这种情况？是缺时间吗？"他说："缺时间也只是借口，主要是 2020 年前没有明确的政策指向，再加上自己存在认识方面的偏差了，所以造成现在的状态。"（辅导员 TYKJ：A）

辅导员 TYLG：B 做了 13 年辅导员，在入职后 10 年的时间里，由于"没想明白",虽然是山西省优秀辅导员,还是2013年入围的全国辅导员年度人物,但到2020年才评上讲师。辅导员TYKJ：A从评上讲师到2021年3月已经过去13年半了,也由于"存在认识方面的偏差",评副教授的条件一个都没准备好,所以辅导员TYKJ：A觉得虽然一直在做辅导员但"从来没有提高",双线晋升政策使高校辅导员大多对自身职业发展阶段认识不清晰,更缺乏职业生涯规划路径的有效整合,不仅造成辅导员职业发展时机的延误,还会对学生工作的可持续性产生一定影响,导致辅导员在个人职业发展上的无知、迷茫、消极,陈君芳、胡昱东、章贝贝的研究表明,"仅有2.56%的辅导员有职业发展规划而且确信是能够获得成功的"[1]。如果未能制定合理的职业规划,那么将会影响到辅导员职业化与专业化发展,还会对辅导员的职业寿命产生较大影响。

双线晋升政策在吸引大量高素质人才投入辅导员职业方面有一定的优势,然而也使辅导员职业发展陷入了一种可悲的恶性循环里。认真反思,要走出这一困境,"寻求高校辅导员职业的独立,既非教师,又非高校一般行政人员"[2],为了使辅导员具有更强的不可替代性,要求实现"真正的辅导员职业主体"的构建。故此,需要建立独立于教师与管理人员两种序列的、专业的辅导员工作体系以及职业发展空间。"以逐步形成完善的晋升机制,使辅导员在该职业中的价值能够得以体现,进而提升其职业地位。"[3]

第二节 影响高校辅导员职业认同的组织因素

一 组织群际比较：高校辅导员在组织权力分配中处于底层

行政权力与学术权力是我国高校组织最主要的权力构成,行政权力指的是"为了确保学校教育目标能够顺利实现以及办学思想和教育方针能够有效

---

[1] 陈君芳、胡昱东、章贝贝：《高校辅导员职业生涯管理体系研究》,《当代青年研究》2012年第12期。

[2] 李爱民：《高校辅导员专业化发展的基本内涵及实现路径》,《国家教育行政学院学报》2009年第2期。

[3] 胡解旺：《倡导建立高校辅导员终身制》,《中国社会科学报》2013年8月14日。

落实，而赋予行政机构以及行政人员的相关职能与权力，这种权力具有时效性、整体性等特征"[1]。而且，"大部分情况下，行政权力可通过指示、决议等方式来发挥作用，从而自上而下得以贯彻执行，在某种程度上来讲是具有一定的强制性特征的"[2]。学术权力则指的是"专家学者所具有的能够对他人或组织行为产生影响的一种权力，分为个人学术权力、享有学术权力的个人集合而成的组织权力两种形式，同时学术权力及其民主形式是其来源"[3]。

"高校行政组织以及行政人员构成了行政权力主体，比如校办、科研处等负责对行政事务进行处理的组织机构都属于行政组织；校长、院长、科员等具有行政头衔以及肩负某些行政职责的，则属于行政人员；而主体职责范围内相应的事务和活动则构成了行政权力的客体。学术权力主体是教学科研人员，客体是学术事务以及学术活动关系。"[4] 科层制管理模式是高校采用的一种组织形式，行政权力是在高校内部科层系统行使的，因此，行政权力依据科层系统内的职位进行分工和分层，下级与上级之间是具有绝对服从关系的，而且命令的传达也是自上而下逐级进行的，各个级别需要结合自身职责来对其权利与义务进行限定。同时因为高校属于学术组织，具有高深的知识技术积累，故此还需完成知识创造、知识应用与传播等任务，高校组织内学术权力的分配则依附于群体与个体的学术知识和技能。辅导员既是管理干部，又是教师，意味着辅导员既是行政权力的主体，又是学术权力的主体。

根据社会认同理论，认同的建构是在社会归类、社会比较和积极区分的共同作用下进行的，但 Tajfel 和 Turner 认为社会比较有三个条件："首先，个体应当将团体成员内化成为自我概念的一部分；其次，要求自身所处社会环境，能够使得团体在相关属性上展开比较，这是因为并非全部的团体差异对比都是有意义的；最后，并不是所有的外部群体都能够成为团体成员的比较对象，要求是相关团体才可以。"[5] 辅导员既是行政权力的主体，又是学术权力的主体，意味着在高校群体中，与辅导员相关的群体包括行政管理人员、

---

[1] 杨晓明、王竹筠：《中国高校学术权力与行政权力关系研究综述》，《北京科技大学学报》（社会科学版）2012 年第 1 期。

[2] 武立勋、李汉邦、徐枞巍：《对大学组织特性及行政与学术权力关系的思考》，《山西大学学报》（哲学社会科学版）2004 年第 5 期。

[3] 秦惠民：《高校学术管理应以学术权力为主导》，《中国高等教育》2002 年第 3 期。

[4] 穆巴拉克·斯拉吉丁：《高校学术权力与行政权力关系研究》，硕士学位论文，武汉科技大学，2015，第 2 页。

[5] H. Tajfel, and J. C. Turner, "An Integrative Theory of Intergroup Conflict," *The Social Psychology of Intergroup Relations* 33, 47 (1979): 33 – 47.

专职教师，辅导员通过与这些群体的比较，获得积极的或消极的自我评价，从而建立积极的职业认同或消极的职业认同。

（一）辅导员处于行政权力的底层

在高校行政权力中，科层化是十分突出的特征，因此在高校整个行政权力系统中，等级制度是十分分明的，职权的行使也是自上而下的，这样才能确保整个组织能够高效、和谐运行。在行政权力体系中，上层对下层具有支配关系，自上而下的等级为校、院、系，并要求在各种决议过程中，下层对上层必须严格服从。可将高校组织管理划分为三个垂直层次，首先是决策层，主要负责提出目标、制定纲领等；其次为管理层，负责进一步明确组织工作、细化纲领、目标，并进行协调；最后为执行层，负责具体的操作工作。辅导员所处的即执行层，其活动具有突出的基层性特征。

对于辅导员来讲，其基层性要求对高校的多个部门负责，包括学生处、教务部门、财务机构等，此外，还需对其所在学院的相关领导与其他部门负责，因此辅导员工作表现出千头万绪的特征。此外，辅导员工作具有的基层性特征还体现为在组织结构中处于与学生联系最紧密的层级，要确保学校、学院相关工作都能够顺利实施，同时对于学生在学习、生活中的各种问题需要向相关部门进行反馈，确保能够得到及时解决。[①] 因此，辅导员处于行政权力的底层。

1. 辅导员在学生工作政策的制定方面没有发言权

辅导员在学生思想政治工作中发挥着骨干作用，是开展德育工作的重要主体，和高科技人才一样，辅导员也是非常重要的资源，各界必须对其足够重视，并且应当使其能够积极参与到高校学生工作政策的制定过程中。"虽然在很多高校，有些部门责任人或政策制定人员具有或短或长的辅导员专兼职工作经历，但是，对于当前正处于该队伍中的辅导员来讲，对于相关政策的制定是不具有发言权的。"[②] 故此，辅导员是高校"弱势群体"。

> 学校也没制定对辅导员有啥利的政策出来，都是要求，比如说学生的管理方式，比如学籍管理啊。嗯……对于辅导员的考核意见，会征求一下辅导员意见，但考核完了，我们发钱更少了，是这样子的，这个来

[①] 杨亚庚：《我国高校辅导员职业发展研究》，博士学位论文，东北师范大学，2014，第18页。

[②] 傅鼎：《高校辅导员的自我定位与职业发展规划》，《中国成人教育》2008年第6期。

源就是北京市专门给北京高校的辅导员，一人一个月 500 块钱，凡是在京的高校都给，然后分到学校去了之后，学生处那些个行政人员，他们也都是跟辅导员一样，但他们不带班呀，各学院的副书记，他们也占名额，这样一分，我们就成了 300 多块钱了，实际等于活不是他们干的，但钱是他们分的，然后评职称，学生处也占名额。我们也有辅导员论文评优，然后那个学生处评奖，嗯……然后就给自己评一等奖，其他学院的都评二等奖，各学院都特有意见，评奖是你们评的，然后你们还拿一等奖，我们都不知道他们怎么定的，包括辅导员技能大赛，因为我们学校当时有一个类似于辅导员微博的圈子，其中就有辅导员说学生处组织搞辅导员技能大赛，学生处出题，学生处考我们，然后让我们参赛，学生处自己也不参赛，评职称的时候、评优的时候他们都跟我们抢，然后那个抓学工的书记就在那个群里说，"不要乱说话了"，然后这个辅导员还不服，他说："本来就是嘛，分钱的时候、评优的时候、评职称的时候，他们就是辅导员了，然后收拾干活的时候，他们不是辅导员，考试的时候他们又不是辅导员了。"书记就被惹毛了，就说"这里不是你信口雌黄的地方"，接着就让他们书记找他谈话，他们书记找他谈话之后，抓学工的这个书记又找他谈话，后来这个辅导员也不知道怎么就不当辅导员了，也不在咱们政管院了，去社会学院当分党委秘书去了，转纯粹行政岗了，那边缺人，正好走了，像我们都老老实实的，赛就赛呗。（辅导员 ZGZF：A）

关于辅导员的职业发展我开会回来也和领导聊过几次……但是这东西得引起领导重视呢，不是普通辅导员说了就行。（辅导员 TYLG：B）

"高校'强势群体'指的是那些对于决策制定具有较大权力的管理人员，以及掌握了学术资源的群体。因为这部分群体是能够参与到利益分配相关制度的建设中的，故此，是能够通过利益分配得到超出其当前已获利益的。"[①] 辅导员作为高校"弱势群体"，没有机会参与利益分配相关制度的制定，导致在利益分配中，往往是被忽视的群体，对辅导员工作进行要求的各种文件的制定中辅导员没有发言权，辅导员在维护自己群体利益方面更没有发言权，致使辅导员在利益表达中软弱无力，对本群体的利益维护也难达预期。

[①] 徐家庆：《多维视域中的高校稳定问题研究》，博士学位论文，山东大学，2015，第 38 页。

高校利益主体具有多元化特征，因此与之对应的利益表达内容也是十分多样化的，这些都决定了高校的利益诉求方式也必须是多样化的，利益表达方式指的是诉求主体通过某些方式来使其利益诉求能够清楚地传递给诉求客体。主要的方式有两种：一种是理智型的利益表达，这种表达方式是在制度框架的允许范围之内进行的，并要求诉求主体自觉将诉求表达作为自己的一项权利或者是义务；另一种是情绪型的利益表达，指的是由于自身情绪的影响，诉求主体无法对其利益诉求进行理智的表达，并且还有可能是脱离制度框架来进行诉求表达。[①] 对于高校来讲，需要对两种方式进行很好的处理，鼓励、支持理智型的利益表达，同时对于情绪型的利益表达也应当持以宽容的态度，并在必要时进行适当的引导与控制。

在上述访谈资料中，辅导员对评职称、论文评优、辅导员技能大赛的相关政策不满，更对涉及辅导员利益分配的政策不满，没有合理的表达渠道，就在辅导员微博圈子表达了自己的不满，引起相关领导的不满，对采用情绪型的利益表达方式的辅导员进行了"教育"，在辅导员理智型的利益表达方式和情绪型的利益表达方式均被堵塞的情况下，辅导员只能采取消极应对与逃避的办法。

2. 对学校任何部门随意安排的工作没有拒绝权

辅导员的双重身份、多重管理、多重考核造成哪个部门有事最后都要落实到辅导员这里，谁的话都要听，谁的命令都要执行。许多时候，处于最基层的辅导员只好无条件接受任务，根本无从拒绝。

> 我有时就比较羡慕机关部门科室的那些人，工作职责分明具体，但是作为辅导员对应的工作职责是十分宽泛的。其实，一项工作不管是对于十个学生还是一百个学生都是一样要做，区别是后者具有更大的工作量，然而，如果需要同时进行两项或者多项工作，就会让你苦于分身乏术。[②]
>
> 在学校里边，你去工作经常会碰壁的，因为你只是一个辅导员，然后任何一个部门都会来找你。学生但凡哪个环节出现问题，首先想到的就是要找辅导员，"啊，你辅导员是怎么管理学生的"。谁都有理由来对你指手画脚的。（辅导员 TYKJ：D）

[①] 徐家庆：《多维视域中的高校稳定问题研究》，博士学位论文，山东大学，2015，第136页。

[②] 徐国彬、陈宇红主编《高校辅导员心理调适教程》，人民出版社，2009，第291页。

由于缺乏健全的体制，再加上辅导员的职业定位不够清晰，很多部门获得了更多的工作责任推卸机会，造成了所有关于学生的工作都是辅导员的事情，课堂之外甚至是课堂内的事情都与辅导员息息相关的局面以及辅导员事实上责任无上限、工作无底线的现状，作为最基层的辅导员在"责任重担下"，周旋在学生与学校各个部门之间，学生与教师、学生与学生之间，"一旦发生了学生厌学问题，那么对于学校来讲，并不将其视为教学质量的因素，而将其归因为辅导员在学风建设方面没有做好工作；发生了学生宿舍失窃问题，学校领导将其原因归结为辅导员在安全意识教育方面做得不够到位，而不认为是其安保措施的问题；面对学生找工作难的问题，也认为是因为辅导员在就业指导工作方面需要加强；面对学生自杀事件，认为是辅导员的'危机干预'工作不够到位"[1]。辅导员对学校任何部门随意给他们安排的工作都没有拒绝的权利，辅导员在无形中也变成各部门的"勤杂工"。

3. 职业自主权力极其有限

职权是岗位任职人员为了完成工作行为而赋予其的权力。不管是何种岗位都对应着其工作职责，为了确保工作职责能够充分履行，工作能够顺利完成，权力授予是十分必要的。但是，辅导员只具有相对有限的自主权力，为了确保学生工作能够顺利完成，辅导员通常要花费大量时间、精力在各部门之间周旋与协调，而且很多工作要求向上级请示，导致辅导员放不开手脚，不能独当一面；有时即使学校政策不合理，辅导员也要被迫执行，辅导员成为没有自主权力的执行者。

> 我们其实能给学生做的东西，都是这种太简单的事情，正儿八经学生需要解决的一些其他事情，我们也做不了……我就要问人家上边的领导，我们只能帮学生做一些小事情。（辅导员 TYLG：A）

自2005年胡锦涛做了《进一步加强和改进大学生思想政治教育工作大力培养造就社会主义事业建设者和接班人》讲话后，辅导员开会更多了，然后要求更高了。嗯……各种竞赛也多了，比如辅导员技能大赛啊，然后让辅导员组织学生活动大赛，我真的觉得，嗯……没有什么实质内容，真正让辅导员获得福利的东西，几乎没有，说是学习的机会比原来多了，但是学校又不让出去，还是没用，就是这样子，就是没有保

---

[1] 龚慧、葛新斌：《辅导员职业中的"围城现象"——某大学教师进出辅导员岗位的动机分析》，《教育教学论坛》2015年第3期。

障。(辅导员 ZGZF：A)

有什么样的职责，就要保证该岗位具有相等的权力。否则，职业主体的工作积极性会受到打击，工作效果也将受到影响。辅导员被给予了很大的职责，却没有给予相应大的权力，辅导员责任与权力严重不对等，导致辅导员工作自主权力非常有限，甚至参加培训的权利也被限制，辅导员职业独立性差，不仅影响了辅导员工作的效率，也影响了辅导员在学生群体或高校其他群体中的威望。

4. 开展大学生思想政治教育，主要依靠辅导员的非权力性影响力

基于社会学的相关理论，可以将人的影响力分为两种，一种是权力性的，另一种则是非权力性的。权力性影响力是基于其法定职位而产生的，也就是说，属于职位权力，比如惩罚权、奖赏权、合法权等。其中，惩罚权指的是领导者能够对下级进行惩罚，使其产生恐惧、痛苦，使其某些需求无法满足；奖赏权指的是领导者能够对下级进行奖赏，满足其某些需求或使其感觉愉快；合法权则源于这种下级传统的观念，认为领导者是能够通过合法权来使自身受到影响的，因此，作为下级必须接受这种影响。① 非权力性影响力则指的是基于个人威望、品性、才能而得以实现的影响力，这种影响力是非强制性的，而且将会产生更大、更为持久的影响。②

思想政治教育指的是社会或组织利用某些思想观念来对其组织成员产生有组织、有目的、有计划的影响，以使组织成员能够满足社会思想品德方面的要求而进行的相关实践活动。因为在教育中，施教者与受教者之间是平等的，教育方式是开放的，而且整个过程又具有互动性，这些都决定了思想政治教育的教育者和受教育者是一种主体间的关系，教育者对受教育者的影响主要依靠非权力性影响力。

教育部关于高校辅导员队伍建设的第 43 号令明确指出，在大学生思想政治教育中辅导员发挥着骨干作用，是思想政治教育重要的组织者、指导者与实施者；辅导员在其工作中应当努力致力于使自身成为学生的人生导师与健康生活的知心朋友。此外，在我国出台的其他关于辅导员的文件中，对此也是反复强调。由此可见，辅导员不仅是重要的思想政治教育主体，而且主要依靠非权力性影响力对学生进行思想政治教育。

---

① 李清江：《权力性影响力与非权力性影响力探析》，《学习论坛》2003 年第 12 期。
② 邵惟炜：《论当代高校辅导员非权力性影响力的形成机制与作用发挥途径》，硕士学位论文，西南大学，2014，第 7 页。

> 我觉得我挺认同学术这个身份的，没有干部的身份，就是一个教师，所以我觉得做教师的就是自己处理好教师的身份，做好自己教师的本分，只是一个教育者，你不是干部……就算要矫正学生的行为，那也是以一个教育者的身份，刚才说最好是力争做一个循循善诱的劝解者，我不是一个强势的领导者、管理者，行，必须按照我的路子走；不行，那我就要怎么怎么制裁，或者是惩罚，辅导员没有什么制裁和惩罚的权力。这个处分在学校里面，学校学籍科有处分学生的权力，那是属于教务处的，我们没有，最多就是我能够批评批评学生。（辅导员 ZGZF：A）

辅导员作为高校思想政治教育的主体之一，仅仅拥有说服教育学生的权力，不具备使用强制性手段约束学生与处分学生的权力，尽管在教育文件中，明确了辅导员具有管理干部身份，能够对学生进行管理，但多数辅导员不认同干部的身份，另外，管理是以教育作为基础的，辅导员的核心工作是思想政治教育，在教育中，辅导员只能以自己的人格魅力和榜样示范作用影响学生，所以辅导员认为自己是没有权力的。

> 对于不遵守纪律的学生，我可以将相关材料递交给学校。然而，我们更愿意对学生进行保护，而不是对其进行处分，在很多时候仅仅是在形式上吓唬学生。（辅导员 TYKJ：F）

> 我已经习惯了没有权力了，虽然学生的评奖评优、奖学金助学金的发放问题，我们是有权力的，但都是按照学校规定死的流程去操作，更多意义上只是服务……学校有一些活动要学生参加，我让学生去，学生不去，你辅导员又不能惩罚他，有些工作做起来就很难。（辅导员 TYLG：B）

辅导员非权力性影响力的发挥与教育对象有很大关系。基于接受理论的观点接受者自身将会对非权力性影响力的最终效果产生更为直接的影响。"不同的学生主体所具有的经济、文化等条件都是不同的，因此，面对辅导员所传递的信息，这些人员会结合自身情况来过滤、裁剪，即倾向于接受那些符合自身观念以及价值认同的信息。"[1] 面对这种环境，高校辅导员往往感觉非常受挫，并觉得来自辅导员所处的职位赋予的权力太小，地位太低，没

---

[1] 徐梅：《高校辅导员非权力性影响力的构成和影响因素探析》，《高校辅导员》2013 年第 4 期。

有权力性影响力，工作做起来很难。

5. 多数辅导员处于高校行政级别的底层

教育部关于辅导员队伍建设的第 24 号令明确提出，应当将辅导员作为高校管理队伍以及教师队伍的重要组成部分，充分考虑到其具有的双重身份，结合工作年限、工作表现，确定与之相对的行政级别，给予政策倾斜。2017 年修改为"高等学校应当制定辅导员管理岗位聘任办法，根据辅导员的任职年限及实际工作表现，确定相应级别的管理岗位等级"。但是，在实际中，作为管理人员，辅导员没有相应的行政级别待遇，在研究者的访谈中，不乏 10 年以上的辅导员还是"副科级及以下"的待遇，很多高校并没有依据其工作年限、工作表现来明确其行政待遇。

表 3-1 为截至 2020 年 9 月山西 H 大学辅导员行政职务情况，109 名专职辅导员中，副处级占 16 名，正科级与副科级占 16 名，科级以下占 77 名，辅导员职业群体表现出整体行政级别偏低的状况。

其他研究者的调查也显示辅导员职业群体表现出整体行政级别偏低的状况。杨铎对 272 名专职辅导员的调研结果表明："接受调查的人群中，副处级的占比为 7.72%，对应人数为 21 人，科级人员人数为 53 人，其中有 27.21%的具有行政职务，但是大部分专职辅导员并没有行政职务，占比为 72.79%，对应人数为 198 人。"[1] 张建利经过调查后也发现，在上海 30 所高校辅导员抽样调查中，一共对 100 名辅导员进行了调查，其中 96%都是科级以下人员，副处级的仅有 4 人。[2]

近年来，面对巨大的辅导员缺口，各高校为了满足师生配比进行了积极的辅导员招聘工作，但是对于辅导员缺乏合理的人力资源规划，这就导致在很短的时间内，辅导员的人数出现了大幅度的提升，伴随着基数的增加，辅导员面临的竞争也日益激烈。而且，因为辅导员缺乏专业的知识体系，想要利用教师序列来实现晋升是比较困难的，很多辅导员更加倾向于通过行政干部序列来实现晋升，然而，利用行政职务通道实现职业发展的毕竟是少数人，多数辅导员只能停滞在副科、正科甚至科员的行政级别上，导致辅导员职业群体在整体上处于高校行政级别的底层。

---

[1] 杨铎：《高校辅导员职业路径拓展研究》，硕士学位论文，天津科技大学，2013，第 22 页。

[2] 张建利：《当前高校辅导员双线晋升的问题与突破》，《思想理论教育》2012 年第 15 期。

表3-1 山西H大学辅导员行政职务情况（截至2020年9月）

序号	学院	姓名	行政职务	序号	学院	姓名	行政职务
1	材料科学与工程学院	A1	副处	19	法学院	D2	中级
2	材料科学与工程学院	A2	无	20	法学院	D3	无
3	材料科学与工程学院	A3	无	21	化学与生物工程学院	E1	副处
4	材料科学与工程学院	A4	副科	22	化学与生物工程学院	E2	无
5	材料科学与工程学院	A5	无	23	化学与生物工程学院	E3	无
6	材料科学与工程学院	A6	无	24	化学与生物工程学院	E4	无
7	材料科学与工程学院	A7	无	25	化学与生物工程学院	E5	无
8	材料科学与工程学院	A8	无	26	化学与生物工程学院	E6	正科
9	成人教育学院	B1	无	27	化学与生物工程学院	E7	无
10	成人教育学院	B2	无	28	化学与生物工程学院	E8	无
11	电子信息工程学院	C1	无	29	环境与安全学院	F1	无
12	电子信息工程学院	C2	正科	30	环境与安全学院	F2	正科
13	电子信息工程学院	C3	无	31	环境与安全学院	F3	无
14	电子信息工程学院	C4	无	32	机械工程学院	F4	副处
15	电子信息工程学院	C5	副处	33	机械工程学院	G1	无
16	电子信息工程学院	C6	无	34	机械工程学院	G2	无
17	电子信息工程学院	C7	无	35	机械工程学院	G3	无
18	法学院	D1	副科	36	机械工程学院	G4	副处

续表

序号	学院	姓名	行政职务	序号	学院	姓名	行政职务
37	机械工程学院	G5	无	56	经济与管理学院	J4	副处
38	机械工程学院	G6	无	57	经济与管理学院	J5	无
39	机械工程学院	G7	正科	58	经济与管理学院	J6	无
40	机械工程学院	G8	无	59	马克思主义学院	K1	副科
41	机械工程学院	G9	无	60	马克思主义学院	K2	无
42	计算机科学与技术学院	H1	副科	61	马克思主义学院	K3	副处
43	计算机科学与技术学院	H2	无	62	能源与材料工程学院	L1	无
44	计算机科学与技术学院	H3	副处	63	能源与材料工程学院	L2	无
45	计算机科学与技术学院	H4	无	64	能源与材料工程学院	L3	无
46	计算机科学与技术学院	H5	正科	65	能源与材料工程学院	L4	无
47	计算机科学与技术学院	H6	无	66	能源与材料工程学院	L5	无
48	交通与物流学院	I1	无	67	能源与材料工程学院	L6	无
49	交通与物流学院	I2	副处	68	能源与材料工程学院	L7	无
50	交通与物流学院	I3	无	69	能源与材料工程学院	L8	无
51	交通与物流学院	I4	无	70	能源与材料工程学院	L9	副处
52	交通与物流学院	I5	正科	71	能源与材料工程学院	L10	无
53	经济与管理学院	J1	正科	72	能源与材料工程学院	L11	无
54	经济与管理学院	J2	无	73	能源与材料工程学院	L12	无
55	经济与管理学院	J3	无	74	人文社科学院	M1	副处

续表

序号	学院	姓名	行政职务	序号	学院	姓名	行政职务
75	人文社科学院	M2	正科	93	信息科学与技术学院	P10	无
76	人文社科学院	M3	无	94	信息科学与技术学院	P11	无
77	体育学院	N1	无	95	信息科学与技术学院	P12	无
78	体育学院	N2	正科	96	信息科学与技术学院	P13	副处
79	体育学院	N3	副处	97	学生工作部	Q1	无
80	外国语学院	O1	无	98	学生工作部	Q2	无
81	外国语学院	O2	副科	99	学生工作部	Q3	无
82	外国语学院	O3	副处	100	学生工作部	Q4	无
83	外国语学院	O4	无	101	艺术学院	R1	副处
84	信息科学与技术学院	P1	无	102	艺术学院	R2	正科
85	信息科学与技术学院	P2	无	103	艺术学院	R3	无
86	信息科学与技术学院	P3	无	104	应用科学学院	S1	无
87	信息科学与技术学院	P4	无	105	应用科学学院	S2	正科
88	信息科学与技术学院	P5	无	106	应用科学学院	S3	副处
89	信息科学与技术学院	P6	无	107	应用科学学院	S4	无
90	信息科学与技术学院	P7	无	108	应用科学学院	S5	无
91	信息科学与技术学院	P8	无	109	应用科学学院	S6	无
92	信息科学与技术学院	P9	无				

管理者干部，我觉得其实这个蛮遥远的，我觉得就是这样一个感觉，虽然我带学生的时候，那也在管理团队啦，班干部、年级干部，我也会选拔，也在管理，但谈不上管理，更多的是服务。（辅导员SHJT：B）

由于辅导员所处的行政级别层次最低，工作职责的界定也不够明确，很多行政部门对辅导员是一种"呼来唤去"的态度，所以访谈中，大部分辅导员表示对辅导员是"干部"或"管理人员"的身份并不认同。

（二）辅导员处于高校组织学术权力的底层

辅导员具有"教师"身份，因此，应当享有教师的相应权力，包括学术权力，并且能够基于其专业背景来进行职称评定，辅导员群体的职称结构不应该和其他教师群体表现出很大的差异。但是，如果基于学校层面来考虑，将会把学生稳定视为最重要的管理工作，同时科研工作尤其是辅导员科研工作隐性特征较为明显，故此，很多高校对辅导员进行科研工作缺乏必要的支持，还有的高校片面认为辅导员只是进行管理工作，而科研工作属于不务正业，对于辅导员的科研工作不仅不够重视甚至还反对，"剥夺了"或"忽略了"辅导员的学术权力；从辅导员层面来看，长期以来，辅导员对自身的定位不够准确，甚至存在较大偏差，将自身定位为学生事务管理者，更加注重的是管理、组织等方面的执行能力，而对于科研方面则是相对忽视的，再加上辅导员的工作任务非常繁重，很少有时间撰写论文、搞科研。多数情况下，受时间限制，辅导员无法承担教师的科研、教学工作任务，对比更具发展前景的行政岗位，辅导员会选择放弃教师身份，无形中主动或被动放弃该职业所具有的学术权力。"该'教师'身份对比普通教师来讲，在身份本质上是存在巨大区别的，而且对辅导员的职业发展也将会产生较为不利的影响。"[①]

1. 辅导员群体职称结构及学历结构偏低

双线晋升政策对于近年来高校辅导员向讲师职称的提升，产生了作用，但也导致了在当前的辅导员队伍体系中，讲师及以下职称类型的辅导员占比相对较大的境况。

---

① 何文静：《高校辅导员的角色定位研究》，硕士学位论文，华中师范大学，2012，第35页。

表 3-2 是截至 2020 年 9 月统计的山西 H 大学辅导员职称及学历情况，山西 H 大学 109 名专职辅导员的职称结构为：教授 0 名，副教授 16 名，中级及以下所占比例最大，为 93 名；学历结构为：硕士研究生 84 名，博士研究生 5 名，本科生 20 名。

  到 2020 年 3 月，首都师范大学共有 110 多位专职辅导员，其中还没有教授级别的，副教授级别的也仅有 15 人左右，讲师级别的最多，有 80 多人，助教及以下级别的有 10 多人；博士在读的有 30 人左右，已有博士学位的有 9 人，其余均为硕士研究生学历，原先招聘了 8 个博士做辅导员，现在只剩下 2 个。（学生处人员 SDSF：B）
  上海交大思政教师几十年的队伍了，才有两位辅导员（校党委副书记和学院党委副书记）评上教授。（辅导员 SHJT：A）

其他研究者的研究也证明，辅导员群体职称结构不合理，高级职称人数太少，中级及以下职称的占多数。"本次主要对 272 名专职辅导员进行了调研，其中仅有一人具有正高级职称，所占比重仅为 0.37%；只有将近 4.78% 的具有副高级职称，对应人数为 13 人；有 135 人具有中级职称，对应比重接近 50%。此外，在接受调查的辅导员中，占比 45% 的都是初级职称，或者是未定级的。"[1] "在访问的 100 名辅导员中，没有教授，有 4 人为副教授，讲师占比最大，有 80 人，其余 16 人都是助教，由此，能够发现讲师级别最多。"[2] "2015 年关于辅导员专业技术职务结构方面，教授占比最低，仅为 1.1%；最多的为讲师，占比为 64.2%；其次为助教，占比为 29.5%。对比分析能够得出，90% 以上的辅导员具有的都是中级及以下的专业技术职务，但是在 E 校专业教师中，超过 60% 的都具有高级专业技术职务，剩余的为中级及以下专业技术职务。"[3]

从上述调查情况看，大部分辅导员是讲师职称，有副教授职称的人数较少，有教授职称人数更少，有的学校甚至还没有教授级的辅导员，同样作为学术权力的主体，辅导员与专业教师在职称方面、学历方面的差距很大。

---

[1] 杨铎：《高校辅导员职业路径拓展研究》，硕士学位论文，天津科技大学，2014，第 22 页。
[2] 张建利：《当前高校辅导员双线晋升的问题与突破》，《思想理论教育》2012 年第 15 期。
[3] 王爱祥：《高校辅导员职业发展评估与分析——基于 E 校 2005—2015 年辅导员流动的实证研究》，《思想理论教育》2016 年第 3 期。

表 3-2　山西 H 大学辅导员职称及学历情况（截至 2020 年 9 月）

序号	学院	姓名	专业技术职务	专业	学历	学位
1	材料科学与工程学院	A1	中级	宪法与行政法学	硕士研究生	硕士
2	材料科学与工程学院	A2	中级	课程与教学论	硕士研究生	硕士
3	材料科学与工程学院	A3	初级	思想政治教育	硕士研究生	硕士
4	材料科学与工程学院	A4	中级	发展与教育心理学	硕士研究生	硕士
5	材料科学与工程学院	A5	副高	化工工艺	大学本科	硕士
6	材料科学与工程学院	A6	初级	语言学及应用语言学	硕士研究生	硕士
7	材料科学与工程学院	A7	初级	教育学	硕士研究生	硕士
8	材料科学与工程学院	A8	初级	化学	大学本科	学士
9	成人教育学院	B1	中级	马克思主义中国化研究	硕士研究生	硕士
10	成人教育学院	B2	初级	马克思主义理论	硕士研究生	硕士
11	电子信息工程学院	C1	初级	诉讼法学	硕士研究生	硕士
12	电子信息工程学院	C2	中级	环境资源保护法学	硕士研究生	硕士
13	电子信息工程学院	C3	初级	运动训练	硕士研究生	学士
14	电子信息工程学院	C4	初级	专业电路与系统	大学本科	硕士
15	电子信息工程学院	C5	中级	电路与系统	硕士研究生	硕士
16	电子信息工程学院	C6	副高	诉讼法学	大学本科	硕士
17	电子信息工程学院	C7	初级	思想政治教育	硕士研究生	硕士
18	法学院	D1	初级	思想政治教育	硕士研究生	硕士

续表

序号	学院	姓名	专业技术职务	专业	学历	学位
19	法学院	D2	中级	教育史	硕士研究生	硕士
20	法学院	D3	中级	教育学	硕士研究生	硕士
21	化学与生物工程学院	E1	副高	机械工程	硕士研究生	硕士
22	化学与生物工程学院	E2	中级	微量元素检测	大学本科	硕士
23	化学与生物工程学院	E3	副高	法学	硕士研究生	硕士
24	化学与生物工程学院	E4	中级	环境与市政工程系环境工程	大学本科	学士
25	化学与生物工程学院	E5	中级	汉语言文学	大学本科	博士
26	化学与生物工程学院	E6	副高	化学工程	博士研究生	硕士
27	化学与生物工程学院	E7	副高	化学工程	大学本科	硕士
28	化学与生物工程学院	E8	中级	文学	大学本科	博士
29	环境与安全学院	F1	副高	思想政治教育	博士研究生	硕士
30	环境与安全学院	F2	中级	课程与教学论	硕士研究生	硕士
31	环境与安全学院	F3	初级	安全技术及工程	硕士研究生	硕士
32	环境与安全学院	F4	未定职级	诉讼法学	硕士研究生	硕士
33	机械工程学院	G1	初级	中国史	硕士研究生	硕士
34	机械工程学院	G2	初级	马克思主义理论	硕士研究生	硕士
35	机械工程学院	G3	副高	机械制造	大学本科	硕士
36	机械工程学院	G4	副高	机械设计及理论	博士研究生	博士

续表

序号	学院	姓名	专业技术职务	专业	学历	学位
37	机械工程学院	G5	初级	材料学	硕士研究生	硕士
38	机械工程学院	G6	初级	会计与财务管理	硕士研究生	硕士
39	机械工程学院	G7	中级	诉讼法	硕士研究生	硕士
40	机械工程学院	G8	初级	中国古典文学	硕士研究生	硕士
41	机械工程学院	G9	中级	思想政治教育	硕士研究生	硕士
42	计算机科学与技术学院	H1	中级	法学	硕士研究生	硕士
43	计算机科学与技术学院	H2	初级	思想政治课程与教学论	硕士研究生	硕士
44	计算机科学与技术学院	H3	副高	行政管理	博士研究生	博士
45	计算机科学与技术学院	H4	初级	物理电子学	硕士研究生	硕士
46	计算机科学与技术学院	H5	中级	公司与金融服务法	硕士研究生	硕士
47	计算机科学与技术学院	H6	初级	经济法学	硕士研究生	硕士
48	交通与物流学院	I1	初级	世界史	硕士研究生	硕士
49	交通与物流学院	I2	初级	马克思主义理论	硕士研究生	硕士
50	交通与物流学院	I3	初级	管理科学与工程	硕士研究生	硕士
51	交通与物流学院	I4	中级	法学院民商法	硕士研究生	硕士
52	交通与物流学院	I5	初级	诉讼法	硕士研究生	硕士
53	经济与管理学院	J1	中级	马克思主义基本原理	硕士研究生	硕士
54	经济与管理学院	J2	初级	金融与管理	硕士研究生	硕士

续表

序号	学院	姓名	专业技术职务	专业	学历	学位
55	经济与管理学院	J3	初级	汉语言文学	硕士研究生	硕士
56	经济与管理学院	J4	中级	经济法	硕士研究生	硕士
57	经济与管理学院	J5	中级	政治经济学	硕士研究生	硕士
58	经济与管理学院	J6	初级	知识管理	硕士研究生	硕士
59	马克思主义学院	K1	初级	思想政治教育	硕士研究生	硕士
60	马克思主义学院	K2	副高	新闻学	大学本科	学士
61	马克思主义学院	K3	副高	法学	硕士研究生	硕士
62	能源与材料工程学院	L1	未定职级	哲学	硕士研究生	硕士
63	能源与材料工程学院	L2	初级	应用心理学	硕士研究生	硕士
64	能源与材料工程学院	L3	初级	行政管理	硕士研究生	硕士
65	能源与材料工程学院	L4	初级	国际法学	硕士研究生	硕士
66	能源与材料工程学院	L5	初级	马克思主义理论	硕士研究生	硕士
67	能源与材料工程学院	L6	初级	土地资源管理	硕士研究生	硕士
68	能源与材料工程学院	L7	中级	诉讼法学	硕士研究生	硕士
69	能源与材料工程学院	L8	未定职级	教育经济与管理	硕士研究生	硕士
70	能源与材料工程学院	L9	副高	教育管理	大学本科	学士
71	能源与材料工程学院	L10	中级	思想政治教育	硕士研究生	硕士
72	能源与材料工程学院	L11	中级	诉讼法学	硕士研究生	硕士

续表

序号	学院	姓名	专业技术职务	专业	学历	学位
73	能源与材料工程学院	L12	初级	马克思主义理论	硕士研究生	硕士
74	人文社科学院	M1	中级	马克思主义哲学	硕士研究生	硕士
75	人文社科学院	M2	中级	中国文学	硕士研究生	硕士
76	人文社科学院	M3	初级	社会保障	硕士研究生	硕士
77	体育学院	N1	初级	旅游管理	大学本科	学士
78	体育学院	N2	中级	运动训练	大学本科	学士
79	体育学院	N3	副高	体育教育	硕士研究生	硕士
80	外国语学院	O1	初级	思想政治教育	硕士研究生	硕士
81	外国语学院	O2	中级	马克思主义与思想政治教育	硕士研究生	硕士
82	外国语学院	O3	中级	诉讼法学	硕士研究生	硕士
83	外国语学院	O4	初级	思想政治教育	硕士研究生	硕士
84	信息科学与技术学院	P1	未定职级	学科教学（地理）	硕士研究生	硕士
85	信息科学与技术学院	P2	初级	马克思主义理论	硕士研究生	硕士
86	信息科学与技术学院	P3	未定职级	政治学理论	硕士研究生	硕士
87	信息科学与技术学院	P4	未定职级	职业技术教育	硕士研究生	硕士
88	信息科学与技术学院	P5	中级	思想政治教育	硕士研究生	硕士
89	信息科学与技术学院	P6	初级	高等教育学	硕士研究生	硕士
90	信息科学与技术学院	P7	初级	高等教育学	硕士研究生	硕士

续表

序号	学院	姓名	专业技术职务	专业	学历	学位
91	信息科学与技术学院	P8	未定职级	体育人文社会学	硕士研究生	硕士
92	信息科学与技术学院	P9	初级	技术经济与管理	硕士研究生	硕士
93	信息科学与技术学院	P10	未定职级	马克思主义理论	硕士研究生	硕士
94	信息科学与技术学院	P11	初级	行政管理	硕士研究生	硕士
95	信息科学与技术学院	P12	初级	管理学	硕士研究生	硕士
96	信息科学与技术学院	P13	未定职级	化学分析	大学本科	学士
97	学生工作部	Q1	初级	中国语言文学	硕士研究生	硕士
98	学生工作部	Q2	初级	中国少数民族语言文学	大学本科	学士
99	学生工作部	Q3	初级	材料加工工程	硕士研究生	硕士
100	学生工作部	Q4	未定职级	教育学	硕士研究生	硕士
101	艺术学院	R1	中级	音乐表演	大学本科	学士
102	艺术学院	R2	初级	心理学	硕士研究生	硕士
103	艺术学院	R3	副高	马克思主义民族理论与政策	硕士研究生	硕士
104	应用科学学院	S1	中级	化学工艺	大学本科	学士
105	应用科学学院	S2	副高	信号与信息处理	博士研究生	博士
106	应用科学学院	S3	初级	学校管理	大学本科	学士
107	应用科学学院	S4	中级	光学	硕士研究生	硕士
108	应用科学学院	S5	中级	数学	大学本科	硕士
109	应用科学学院	S6	中级	计算机	硕士研究生	硕士

2. 科研能力弱

相对于专业教师，辅导员队伍整体上处于专业水平不强、科研能力较弱的状态。无论在科研意识、学术论文的数量与质量方面还是研究课题方面，辅导员都与专业教师有一定的差距，研究者调研的辅导员中不乏工作了八九年却没有发过一篇学生工作方面的论文的。

> 专业教师觉得你科研能力不行，你学术不行，你做不好，因为学生工作花了你大量的时间和精力，你肯定是做不好的，你学术能力受质疑。（辅导员 FDDX：A）

> 也申请过省级课题，没批准。有些只能是有职称的才能报，学术带头人、副教授或教授才能报。（辅导员 TYLG：B）

其他研究者对辅导员课题研究、论文发表状况的调查也表明，辅导员在科研方面的能力较弱。"没有发表过论文的辅导员所占比重竟达到了44%，有19%的仅发表了1篇论文，有15%的发表了2篇论文，有11%的发表了3篇论文，合计发表了4篇及以上的辅导员占比为11%。在学生工作研究成果的关注与应用方面，很少关注的所占比重达到了17%，还有10%的只是关注但是并不应用，有50%的关注并想要应用，但是做到了关注且应用的仅为21%。"[①] "参与调研的78名专职辅导员中，合计发表了38篇论文，人均不到半篇，其中核心论文仅为2篇，所占比重仅为5.26%，年度科研项目立项、结项有12项，主持项目人均仅为0.15项，其中仅有1项为省级项目。"[②]

辅导员科研能力弱与辅导员在专业背景方面和高校学生工作研究契合度不高有关。表3-2山西H大学辅导员职称及学历情况显示，109名专职辅导员中有教授0名，副教授16名，这16名副教授，只有6名评的是思想政治教育方面的，其余10名评的都是自己专业背景方面的。杜鹏的研究也显示"在7名副教授中，有3人的专业方向为德育方向，剩余4人则是其他方向，比如文学、食品等；在41名讲师中，德育方向的有21人，所占比重为53.6%，剩余的20人，其专业有计算机、文学、材料学等；讲师职称的30

---

① 叶绍灿：《高校辅导员职业生涯规划研究》，博士学位论文，合肥工业大学，2015，第24页。
② 杜鹏：《提升高校辅导员科研能力探赜》，《学校党建与思想教育》2016年第4期。

名辅导员中，德育方向的有 9 人，其余为新闻学、美术学等专业"。①

辅导员从业人员专业背景分散，再加上辅导员所隶属的学院体系都是不同的，而且辅导员从开始工作，就负责学生事务，和专业科研团队之间彼此隔离，另外跟和自己专业相关的思政教育教师接触机会也很少，缺乏感情基础，为此想要加入专职教师的学术团队是非常困难的。因为没有学术平台的支持，仅依靠辅导员个体想要使自身科研能力得到提高非常困难，也无法形成一种科研氛围。

对于那些职称评定单列高校的辅导员而言，在进行职称评定时，只能以思想政治教育专业为其方向，虽然具有该专业背景的辅导员有一定的优势，了解相关理论与知识，能够以专业术语来进行论文撰写，并能够进行论文发表，但是对于不具有思想政治教育专业背景的辅导员来讲，所处的局面是十分尴尬的，辅导员科研队伍培养如此艰难，仅有少数人评上高级职称，也因为这支队伍的流动性大，想要实现对学科带头人的选拔和培养都是比较困难的，这就使得整个队伍体系无法形成专业学术研究梯队。

> 其实这个体系培养出好多副教授了，但是好多当上副教授以后没过两年又被提拔就离开学工系统了，比如说到院系去做书记啦，或者到部门去当领导了，所以他就离开学工系统了，基本上是这么一个情况。（学生处人员 SDSF：B）

辅导员科研能力弱与辅导员科研时间、科研培训、科研考核无法保障也有关。通常来讲，高校每个辅导员需要对三四百名学生负责，这就导致了辅导员需要将其大部分精力与时间用于日常事务性工作，使辅导员的整个状态十分紧张与疲惫，没有办法进行科研工作。此外，尽管很多高校设定了辅导员培训机制，但是大部分辅导员培训工作的重心在学生业务方面，在科研方面并没有展开系统性培训，也没有形成合理的规划机制，这就导致了辅导员科研工作基本上是自发状态，缺乏科学的研究方法，而且研究思维具有较大的局限性，这些都使辅导员的科研能力很难得到提高。最后，科研考核无法保障。目前，针对辅导员进行的考核主要是业务方面，科研考核不仅不严格，而且即便有相关文件也很少落实，更没有建立相关奖惩机制。

> 这个事，政策就是指挥棒，说实话，政策不往这方面导向，底下人

---

① 杜鹏：《提升高校辅导员科研能力探赜》，《学校党建与思想教育》2016 年第 4 期。

也不往这边走啊,所以天天说辅导员没有科研,没有这样的环境啊,天天就疲于应对各方面的事,事都做不完,哪有时间搞什么科研。(辅导员 ZGRM：B)

辅导员科研能力弱还跟其科研平台差、学术刊物专业性不强等因素有关。目前国家与社会尚未就辅导员的培养建立专门的学术组织或者是机构,辅导员工作也没有建立规范的体系,专门用于辅导员学术交流的刊物刊载的文章多数是基于工作经验以及政策文件就辅导员工作进行的研究,专业性不强;另外,在思政教育方面,牵涉到的领域是比较多的,不一定专门就辅导员思政工作来谈。因此,辅导员在大学生思想政治教育理论研究上基本是缺位、缺语状态,"辅导员很难得到大的德育方面的科研项目,其科研论文影响因子基本上也可以忽略掉,因此该群体在学校科研水平中的贡献程度是很低的,对于学校排名提升具有的贡献度基本等于零"[1]。

辅导员虽然也属于学术权力主体,但是专业教师并不认可辅导员的教师身份,而且辅导员基本上不会进行专业课程的讲授,导致学生对辅导员也缺乏应有的尊重。

教育部令第 43 号中对辅导员具有的教师与管理人员双重身份进行了明确说明。在高校,专职教师和行政管理人员都有独特而明确的级别分层。虽然辅导员两种身份兼而有之,"然而,在当前的辅导员队伍中,占比较大的为助教、讲师、科员及科级等,故此,很多人会误以为辅导员如同小科员或者是小助教,对其更是缺乏尊重"[2]。

基于社会认同理论,认同指的是个体在社会比较基础上对自身身份实现的认知,并且参照社会群体,基于群体分类以及对比而实现。此外,在与外群展开对比时,群体成员会使自身身份与其价值内涵联系起来。一般来讲,优势群体能够从中获得比较积极的认同,而且其自身作为优势群体具有的良好感觉也能够得以维持甚至提升。然而,如果是弱势群体,能够从中获得的群体地位是相对不利的,并难以获得积极的社会认同,引发的社会认同是消极的。

辅导员作为教师,没有"学术性";作为管理人员,没有管理其他教师、职员的权力,甚至在管理学生方面,拥有的自主权也极其有限。这种

---

[1] 陶应军:《教师发展视域下高校辅导员职业认同调适研究》,《教育探索》2014 年第 9 期。
[2] 李双贵:《面子:从中国传统等级观念看高校辅导员职业化发展》,《黑龙江高教研究》2009 年第 9 期。

双重身份、双线晋升的弊端导致了辅导员整体处于高校行政权力以及学术权力的最底层，其职业的自尊感与自豪感都被剥夺了，影响辅导员职业认同的建立。

二 校、院两级管理：高校辅导员实践共同体建构不足

实践共同体不是具有行政意义的一个部门，而是具有相同职业的群体，为了实现共同的目标以及利益而通过各种联系与互动得以发展形成的共同体。可将共同体视为一种群体聚合，是基于职业共性而实现的，具有共同的职业理念以及价值观念。[①] 可见，职业共同体对职业主体的意义巨大，职业共同体中，职业主体之间能够进行资源以及经验等的分享，该群体是通过价值、情感以及规范等来进行维系的。

《普通高等学校辅导员队伍建设规定》（教育部令第 43 号）中明确提出，辅导员采取的是双重领导体系，即高校辅导员需要同时接受来自院系以及学生工作部门的指导和管理。[②]

依据先前的第 24 号令及目前的第 43 号令，目前我国对于高校辅导员实施的是党政共管体制。在学校层面，设立学生工作委员会，下设党委学生工作处（部），二者合署办公，负责管理辅导员的相关工作。在院系层面，设立院级学生工作办公室，主要成员有辅导员、分团委书记以及院系党总支副书记等，院系层面主要就辅导员如何开展工作进行具体指导。故此，辅导员采取的是双重管理体系，在这种制度下，一方面，学生工作处将会对辅导员工作进行领导，并结合学校的相关规定来组织培训、考核等工作；另一方面，辅导员还需要接受来自院系党总支、行政等的领导，并在这种领导下开展相应的具体工作。

多重管理并没有提高辅导员的工作效率，只是使其职业负担进一步加重，并没有使辅导员在职业归属、职业内容和职业道路上的共融性增强，也没有形成院系之间辅导员共同学习、互相交流的氛围，目前我国高校中学校层面的辅导员职业共同体受两级管理体制的影响难以建立。

---

① 经晓峰、陈勇：《我国高校辅导员职业共同体研究》，《出国与就业》（就业版）2012 年第 4 期。
② 《普通高等学校辅导员队伍建设规定》，http://www.moe.edu.cn/srcsite/A02/s5911/moe_621/201709/t20170929_315781.html。

（一）学校与院系的两级管理体制阻碍辅导员职业学习的有效参与

1. 学校与院系的两级管理体制造成辅导员的"重用"

（1）"重用"是多部门对辅导员的"重用"

学校与院系的两级管理所形成的管理链条为：校领导（分管学生工作的副书记或副校长）—校级党委职能部门、校级行政职能部门、校团委、二级学院领导—辅导员。整个行政链条中，如学生处、宣传部、党办以及党委组织部等多个部门都可以对辅导员进行直接、间接的工作指派或业务指导。这种业务领导方式是十分分散的，导致辅导员工作处于一种被动的多头管理模式中。而且，在这种管理体系中，强调的是如何进行辅导员"用"方面的管理，关于如何进行辅导员"养"方面的管理并没有过多涉及。学校与院系的两级管理强调的只是辅导员业务工作落实的情况，致使无论哪个部门都可以指挥辅导员。"倘若遇到紧急情况或人手不足，辅导员最先被想到，变得异常忙碌。"①

> 这个繁杂中包括我们辅导员的常规工作，另外就是其他相应的不属于辅导员职责范围的各类行政工作，确实也承担了不少。（辅导员BJLG：A）

通常情况下，高校职能部门如学生处、教务处、团委等将所有关于学生的工作都分配给辅导员，使辅导员承担很多非本职工作的任务。此外，从人事划分角度分析，院系负责对辅导员的直接领导与管理，故此，辅导员也需要负责院系相关教学秩序管理和行政工作事务。

> 因为辅导员的工作说句实在话，平心而论讲它是一个良心活，你想多做的话，做得再晚都能做下去，如果你要问，就现在我所在的岗位来说，其实很多不是学生工作方面的事情，但是我刚才不是讲了嘛，因为你身份不一样了，你是副书记，你有一个另外的身份，你是这个班子的成员，你要以学生工作来推动整个院系工作一起往前走，它有一个很重要的部分，那你的工作自然而然就多很多，参与的工作，教学、招生很多。（辅导员FDDX：B）

---

① 范亚乾：《高校辅导员角色定位分析及对策研究》，硕士学位论文，浙江师范大学，2013，第22页。

你看普通话、四六级这些报名还有什么的，应该属于教学、教务这块儿，但是之前的时候，一直就是辅导员在做，后来我们提出来以后，可能领导也跟教学秘书说了，教学秘书接手了这部分工作，但是教学秘书到现在一直不承认那是他应该干的，一直跟我们说他是在帮我们干。（辅导员 TYKJ：C）

为了做好这些工作，很多辅导员会感觉到"上面千条线，下面一根针"，并造成辅导员在各个部门之间来回奔波，久而久之，辅导员就会缺乏工作热情，缺乏工作的活力，消极被动，工作方法简单、不愿创新、漠视学习、惰于研究，甚至对辅导员职业与学校管理抱怨较多。

（2）"重用"极大地增加了辅导员的工作量

辅导员工作越来越多，要求也不断提高，工作职责的划分也越来越精细化，对于辅导员来讲，其本职工作不仅包括思政教育，还涉及党建、心理健康、分团委学生分会、社团、就业等，再加上辅导员配比不够，辅导员的工作量已经很大。如果一些本身应该是其他行政部门的工作有时候也要让辅导员来做，会让辅导员感到很大的压力，另外，工作量的不断增加也会使辅导员身心疲惫。

工作量很大，并且很多本来不属于我们辅导员工作的范围，学院里面乱七八糟的事儿，比如我担任我们学院工会委员。领导给我担上了也不能说不干吧，这几天，每天忙这个教职工晚会，很烦琐，所以就是有时候只能叫"人情世故"，本身学生工作这方面就忙不过来，还得抽手去弄这些杂事，学院里面的老师都用不动。学院有什么活动，没人干，辅导员干，比如演出，教师不愿意上，辅导员上。（辅导员 ZBDX：A）

北京邮电大学从2008年到2014年对辅导员实行校级管理，当时分了5个科，1科、2科、3科、4科及研究生科，研究生科有12个辅导员，其他科也平均10多个辅导员，平时辅导员在学生处办公，有事情与对口学院的学生工作书记联系，从2015年开始，学校对辅导员又实行新的校、院两级管理，辅导员等于又回到学院，回学院之后工作更多一些，毕竟你回到学院之后，你是学院的一分子，有些学院的相关工作，就是跟辅导员不太相关的工作也会承担一些。（辅导员 BJYD：B）

如果只做辅导员的工作还好，你还有其他很多条块的工作，学院的一些工作，比如上报文件之类的工作。还有院庆、校庆、校友接待呀，让你负责，会有很多和思政不大相干的工作来找你。（辅导员 SHJT：B）

要是只让我干与学生相关的工作，我还是喜欢辅导员职业的。但领导把办公室主任该干的工作、教师的党务工作，还有领导自己私人的工作都压给你。你说辅导员也是人呀，那不是机器。我干了六年多了，都干不动了。我们学院本身一个辅导员要带15个班，共500多人，你说教育部的师生比例是1∶200，我现在是1∶500多，一个人干三个人的活。我自己的事都忙不过来，还管这些烂事。工作量严重超载，我们有个辅导员，跟领导都闹了，不管用的。（辅导员TYKJ：G）

辅导员工作"烂事"很多，我这几天正在管"互联网+"大学生创新创业项目的事，快心烦死了。这个事本来是教务处强行布置给每个学院的任务，让每个学院必须申报两项，院长就把这个事交给我负责。当时学生申报时用了学院环科专业一个老师的一点科研成果，所以就把指导老师写成了那个老师。结果学校觉得这个项目还不错，就通知学生再修改一下代表学校参加省里的比赛，可是这个指导老师只懂环科的知识，不懂互联网的知识，而且创业方面的知识权威在经管学院。我就让学生去找教务处，结果教务处让学生找辅导员。这个事按理是为学校争光的事，应该教务处出面对学校的资源进行整合，到各学院联系最合适的指导老师，但是，这些事他们都推给辅导员了。你说这事，我不管吧，是自己的学生；我管吧，我有多大能耐呢，我只好联系我们学院以前调到电子学院的一个计算机方面比较好的老师，还有经管那边的老师。尽我所能吧，就是不知道指导老师里能不能把人家这些老师再加进去了，要是不能加进去，我该有多大的人情。所以说，学校上面的工作理不顺，辅导员不仅工作量大，而且工作也难做。（辅导员TYKJ：F）

两级管理不仅造成学校一些职能部门把工作转嫁给辅导员，还造成了学院把部分行政工作也转嫁给辅导员，辅导员BJYD：B所在的学校2008~2014年辅导员只归属学生处管理，工作量就会少很多，2015年以后，该学校对辅导员也实行了学校、学院两级管理体制，学院的一些跟辅导员不太相关的工作开始转嫁给辅导员，辅导员的工作量更大了。研究者第一次访谈辅导员ZBDX：A时，他正在准备学院的教职工晚会，他说："学院里面的老师都用不动，学院有什么活动，没人干，辅导员干。"辅导员SHJT：B也表示"会有很多和思政不大相干的工作来找你"，辅导员TYKJ：F把教务处派给她的任务称为"烂事"，辅导员TYKJ：G则觉得学院领导可以把任何工作塞给辅导员。总之，两级管理体制再一次增加了辅导员的工作量，使本已不堪重负的辅导员出现崩溃的迹象，长此以往，不仅使辅导员身心健康受到了严重的影响，甚至使其产生找机会尽快离开辅导员岗位的想法。

(3) "重用"造成辅导员职业核心工作的偏离

两级管理使高校辅导员的大部分精力放在院系以及其他行政部门的工作方面，其本职工作反而受到了影响，辅导员缺乏足够的时间对学生展开思政教育、生活方面的关怀以及心理上的疏导。

> 现在我们需要处理的事务性工作在不断增多，从本质上分析，我认为在辅导员工作中应当将核心放在关注学生的思想变化，通过沟通和交流启发他或者是我们聊天过程中碰撞出一些火花等方面，但事实上现在就是很多日常性的工作分解给我们……这些其实完全可以拆解给专业的部门或者机构来做，但是现在不是这样，越来越多的工作放在辅导员这块，就说是你大部分的精力可能都不在做你这个岗位真正应该做的，虽然说职业能力有一块就是日常事务，但是九大块能力，日常事务我认为可能会分解掉辅导员百分之七八十的精力，就是你没有空儿跟学生"聊天"。(辅导员 TYKJ：E)

繁重的工作压力，已使辅导员成为高校各部门的"勤杂工"，很多学者认为辅导员出现"角色错位"、"角色缺位"以及"角色越位"的问题。角色错位指辅导员的本职工作应当是思政教育工作，然而，实际上，很多辅导员的作用体现在管理方面，和学生之间具有的关系也变为简单的管理者和被管理者；角色缺位主要是因为辅导员不仅所负责的日常工作十分烦琐，而且所面向的学生也比较多，这就使得辅导员很难兼顾到所有的学生，很多工作是通过学生干部实现的，辅导员发挥的作用更多的是对信息的传达；角色越位则指的是很多人将辅导员定位为学生保姆的角色，即将所有关于学生的事情都交给辅导员来处理。[①]

角色错位、缺位以及越位使辅导员的职业核心工作未能得到保障，更使辅导员对自身职业产生了困扰，无法明确自身应当履行的职责，同时这种迷茫状态，还会导致因小失大的问题。从表面来看，各机构对辅导员十分重视，将很多工作交给辅导员来执行，但这反而造成其核心工作偏离，还使辅导员处于一种疲于应对的状态，导致辅导员没有时间和精力去进行职业学

---

① 王莹：《辅导员学习共同体建设研究》，硕士学位论文，浙江工业大学，2012，第14~15页。

习，造成辅导员不愿创新、漠视职业学习的局面，极不利于辅导员职业认同的培养。

2. 学校与院系的两级管理体制造成辅导员的"轻养"

学校与院系两级管理导致辅导员的培训与进修往往无部门问津。高校对科研人员以及专任教师在培训方面给予了很多支持，包括政策上的倾斜以及大量的经费支持，但对辅导员业务培训方面相对缺乏重视。高校始终存在重使用轻培养、重经验轻理论的现象，使辅导员不仅没有系统的培训计划，也缺乏科学的培训体系。同时受到日常事务的约束，辅导员只具有极少的考察和外出学习机会。①

> 如果说一个学院几个人，同时在做还好，那我一个人做的话，如果我走掉了，这个工作现在就没有人做了，全国包括上海市有很多这种专门为辅导员提供的培训，时间比较长，像我这种，根本就走不开。（辅导员 SHJT：A）

> 对于辅导员，没有太大的扶持力度，比如说去进修，给你联系一个学校，出去半年，或者说是去开会、去学习、去培训都没有自主选择的权力，得学生处、学院都点头才行，对这个群体没有太多的保护。（辅导员 TYKJ：D）

> 平时的话可能就是和老辅导员，还有领导相互之间的交流就算学习吧，但是，我觉得高级别的辅导员培训其实挺好的。这几年培训挺少的，有一些出去的机会，都被学院的领导给"抢"了，10年里学院副书记都换了5个了，每个来了都要出去培训，我做了10多年的辅导员了，都没一次出去培训的机会。（辅导员 TYKJ：C）

学校与院系两级管理不利于辅导员培训的统筹规划，辅导员不仅隶属学生处，还隶属不同学院，有的学院规模较小，只有一个一线专职辅导员，由于辅导员工作的特殊性，培训又受到时间以及空间的限制，因此，辅导员想要实现离岗离校培训是比较困难的。上述访谈中，辅导员 SHJT：A 所在学院只有自己一个辅导员，所以连续5年了，辅导员 SHJT：A 都没能出校参加过培训；辅导员 TYKJ：D 想脱产半年参加相关专业的进修，但目前辅导员的管理体制根本不容许她脱产进修；辅导员 TYKJ：C 想外出参加高级别的培训，

---

① 王莹：《辅导员学习共同体建设研究》，硕士学位论文，浙江工业大学，2012，第14~15页。

但学生处往往把这些难得出去的机会作为"福利",送给各学院的"领导"。学校与院系两级管理导致"想参加培训的辅导员不能参加培训,但有些辅导员反复参加培训"以及"刚参加了高层次培训的辅导员马上又转岗"的现象层出不穷,浪费了有限的培训资源。

学校与院系两级管理还导致对辅导员培训经费支出彼此推诿。然而,在实际中,不管是对辅导员采取何种形式的培训,都需要经费支持,比如进行参观学习或者是外聘专家授课等。因此,高校应当为辅导员设立专门的培训经费,为辅导员培训提供经费支持。考虑到专职教师是隶属院系的,因此,经费自然也出自院系,而辅导员归学校和院系两级管理,在这种多头管理模式中,最终导致的结果反而是无人管,当辅导员在培训等方面遇到经费问题时,往往找不到负责人。

> 两年前吧,有一次心理咨询师的培训,然后当时有一个小问题,学校不给出钱,让学院出,当时学院也不出……后来我又因为个人身体原因,然后就没有参加这个培训。(辅导员 SXDX:A)

> 如果没有学生处给学习的机会,学院这基本上没有给任何学习的机会,你看学院这块,我们学校有211工程啊,学院的科研经费很多,但几乎没有给辅导员的经费,学院教师都这个法那个法出去开年会、开学术会议,一套一套的,从来都没有人说给辅导员开什么会议,那你出去学习,可能是依赖于学生处给这个机会了吧,所以呢,你想,教研室老师每年都能有这样那样的学术研讨会,每个学术研讨会都是国际型的,那个经费的支持量是很大的,包括211工程,你要是说出专著,学院给你出钱,那我们这辅导员就没有,为这事我在会上还专门提出来,"为什么都是学院的老师,我们都是教师,为什么这个法那个法的老师出书,都是学院给出钱,然后辅导员出书,也出专著,我们就得自己掏钱",这事也没人给我一个满意的答复,就这样过去了,反正教授也评完了,就算了,以后不写了……(辅导员 ZGZF:A)

上述访谈中,辅导员 SXDX:A 想参加心理咨询师培训,但对于经费支出学校和学院互相推诿,最终辅导员 SXDX:A 没能参加;辅导员 ZGZF:A 想参加学术会议、想出专著,在学院这边争取经费,学院从来没有"搭理过这事",辅导员虽处在学校与院系的两级管理中,但对于辅导员的培养,院系几乎是"缺位的",而在学校层面上,相对于高校教师培训,对辅导员培训的重视程度仍然不高,培训经费保障缺失,很多高校为了减少开支,也只是进行校内培训，而不会花费太多资金进行校外培训，或者是请专家来讲课。

> 现在学生处包括学校也积极地拓展各种学习的机会。各院的书记都不让辅导员出去，因为你一走了，这块工作，他怕忙不过来，然后各院的书记、副书记，主要抓学生工作这块的书记，他们都会阻拦，对，不让去。如果上班期间有这种培训，他直接就不让去，都不愿意让去，就是学生处已经说给你们几个名额让你们去学习，领导会说我们没人去，我们去不了，他直接就拒绝，因为培训要先经过领导那，这么多年来，从2006年开始，比如中央党校学习，有3个月的，有30天的，我领导都给我否了，都不让我去……现在受疫情影响，培训就更出不去了。
>
> （辅导员 ZGZF：A）

学校与院系两级管理，一方面均强调辅导员业务工作落实的情况，另一方面院系和学生处的职责范围却不愿意包含辅导员的培养以及辅导员职称上硬件要求的课时、课题、论文等的平台建设工作。辅导员的"养"和"用"是分离的，在院系看来，辅导员的培养是学生处或辅导员自己的事情，甚至出现学生处给辅导员提供培训机会，学院怕耽误工作而阻挠的现象，造成辅导员对培训的不满与抱怨。

"对于培训与进修，调查显示，辅导员的平均分为2.2，其中占比33%的表示感觉极差，占比23%的则表示感觉差；机关管理干部对应的平均分为3.2，其中只有占比7%的感觉极差；在专职教师中，占比7%的感觉差，不存在感觉极差的人群。结合调研数据能够发现，辅导员在进修、培训与培养方面非常不满意。"[①] 在高校三个群体中，辅导员对培训是最不满意的，一方面与培训本身存在的问题有关，另一方面也跟学校与院系两级管理体制造成的辅导员"养"与"用"的分离、"养"与"用"的冲突有关。

辅导员的"重用轻养"状况使辅导员对职业学习不能有效参与，辅导员成了"教育奶牛"，只挤奶，不喂草，比较系统的培训与指导严重缺乏。长此以往，辅导员职业发展所必需的职业素养自然也就捉襟见肘，不仅影响学生工作的质量，也会使辅导员失去职业"安全感"，从而难以建立职业认同。

---

① 周广军：《高校辅导员职业认同研究》，硕士学位论文，首都经济贸易大学，2012，第15页。

（二）学校与院系的两级管理不利于辅导员职业群体资源共享

1. 学校与院系的两级管理造成辅导员职业群体交流的障碍

学校和院系对辅导员进行双重领导，学生处负责宏观上的指导，院系分党委负责辅导员的直接管理工作。因为在各学院，再加上还有很多学校具有不止一个校区，所以辅导员办公场所相对比较分散，对于不同学院的辅导员来讲，彼此之间是缺少沟通和交流的，大部分学校通过开会、辅导员论坛甚至辅导员职业技能大赛等方式来解决辅导员交流问题，然而这些渠道甚至不能解决辅导员之间相互认识的问题，更不要说交流探讨了。学者海森堡认为："科学根源于交谈。通过与不同的人进行合作，能够帮助获得重要的科学成果。"① 如果职业群体中成员之间没有进行必要的交流，那么不仅会导致其职业认知发展十分缓慢，而且也不利于其职业情感的培养。

> 我们只有开会这样的场合，能和别的学院的辅导员在一起说一些工作上的事情，但在这种情况下，有时候你也是不能把很多真实的想法随意表露的。（辅导员 SXDX：A）

> 因为有机会碰到一起的人就少，大家现在都是各忙各的，我有时候也在想，这个群体在一块聚的时间是不是太少了……现在仅有一个机会，就是辅导员论坛，可是辅导员论坛只论不谈，而且论的水平很低，整个变成辅导员念稿子了……很多辅导员不过去，我们所见到的人基本都是兼职研究生。（辅导员 TYKJ：D）

开会这样的正式场合，一般都是领导讲话，传达一下工作思想宗旨，即使有辅导员讲话的机会，"也是不能把很多真实的想法随意表露的"；辅导员论坛，也变成了形式，只论不谈，辅导员进行交流、沟通的目的并未实现。故此，辅导员群体并没有把"开会""辅导员论坛"作为有效的沟通交流渠道。而辅导员知识又具有个人的、实践的、默会的特点，缺乏交流和共享会使它湮没在辅导员日常工作实践中，无法为辅导员成长提供持续有效的支持。

> 平时我们学院辅导员之间也会在群里咨询一些工作中遇到的问题，

---

① 金晓芳：《基于学习共同体理论构建高中生物课堂的研究》，硕士学位论文，温州大学，2009，第 37~38 页。

但是我觉得我们的交流是很谨慎、很浅的，比如说涉及深层次的问题，涉及学生工作专业化的问题，没有人交流，仅限于交流一些很具体的工作，事务性的工作。（辅导员 ZBDX：A）

交流这块怎么说呢，我们也挺希望学校能够提供一些这样的平台，搞一些沙龙或者搞一些什么样的东西，以前也有过，但现在来讲不多，确实不多，那只能是我们私下里自己很熟的几个人中午吃饭在一块小坐一下小聚一下，说一说工作的一些情况。但往往有的时候以朋友身份去聚的话，是不想谈工作的，越谈越心酸，越谈越烦。但是我们觉得学校应该从上面建构一些这样的渠道，搞一些辅导员沙龙啊，搞一些辅导员专题去讨论。（辅导员 ZGRM：B）

从上述访谈资料看出，虽然辅导员也会通过"私人小聚""网络"等渠道进行交流，共享实践性知识，但前一种情况仅限于本校互相熟悉的辅导员或同一学院的辅导员之间，交流缺乏开阔的视野和广泛的资源，过于局限，不利于长期发展。后一种情况就是在工作群里发些文件或传达一些信息，可以算作有关工作的浅交流，因此也很难碰撞出思想火花。

那个时候因为辅导员就在一个基地，一个地方，什么都是群策群力，有什么想法、什么案例大家都一块去讨论。现在的话分散到全校各学院，每次开会都会见到新的面孔。几次不开会发现很多人不认识了，辅导员岗位流动比较大，如果是在学院彼此交流确实不多，除非是学生处牵头，研究生院牵头，辅导员一块交流还能多一些。①（辅导员 BJYD：B）

从上述对北京邮电大学辅导员的访谈来看，实行校级管理的时候，所有辅导员在一起办公，讨论案例、分析理论成为自然而然的事情，当时形成了辅导员之间共同学习、相互交流与共同提升的良好氛围，2015 年以后，北京邮电大学也开始实行辅导员学校、学院两级管理体制，辅导员分散到各学院，不仅造成辅导员之间交流、探讨的机会极大减少，甚至还出现彼此互不认识的尴尬局面，两级管理体制确实成为辅导员之间相互交流的屏障。

---

① 北京邮电大学曾在 2008～2014 年对辅导员实行校级管理，当时分了 5 个科，分别是 1 科、2 科、3 科、4 科及研究生科，研究生科有 12 个辅导员，其他科也平均有 10 多个辅导员，平时辅导员在学生处办公，有事情与对口学院的学生工作书记联系。

反正是你说我们这个辅导员群体挺大的，但是也没有归属感，就是觉得比较散，我觉得就是心散，感觉是有很多人，但没有方向感。（辅导员 ZBDX：B）

目前，辅导员面临由两级管理体制造成的沟通渠道有限的问题。交流机制的缺失，首先将会对辅导员职业资源增长产生较大影响，一般来讲，职业群体并不是从一开始就能够获得十分丰富的职业资源，而是随着工作实践的开展以及各种交流活动的进行职业资源才得以发展起来的，如用语、惯例、符号、概念等都是在这一过程中逐步产生并丰富起来的，而后经过演变而得到能够对该实践共同体产生较大影响的因素。为此辅导员的职业资源增长以及职业成长离不开必要的交流活动。辅导员在成长过程中，有意识或无意识的交流互动会促进辅导员实践性知识的发展。不同的辅导员在知识结构、学生工作经验、思维方式等方面各有不同，交流促使辅导员从多角度思考问题，形成丰富深刻的职业认知，而缺少交流就难以形成丰富深刻的职业认知，造成辅导员普遍面临的"时间少，任务多；理论少，实践多；思考少，体验多"的职业状态。另外，职业交流能够使辅导员获得心灵上的沟通，有助于辅导员进行自我情绪调整，对于其工作效率的提高也具有重要作用，缺少交流的职业群体不管数量有多大，都是很不稳定的，是一个"心散"的群体，职业主体面对这样的职业群体不仅没有方向感，也没有归属感，职业认同感的建立就很难。

2. 学校与院系的两级管理不利于辅导员先进职业经验的传播

高校各个院系之间发展情况不同，各个学院的辅导员在专业背景、工作能力等方面也不同，这就导致了各学院在学生工作发展水平上具有不均衡性，很容易出现部分院系辅导员工作某些环节的薄弱，以及某些院系辅导员工作的优势，因此，辅导员之间需要互通有无，共享职业资源。然而，学校、院系双重管理使辅导员在学生工作中积累的经验或者是好的做法很难得以及时推广，不利于辅导员职业资源的共享。

每天跟学生打交道，跟外界的这种交流也比较少，感觉到自己就是每天在一个小圈子里头打转，也没有很开阔的视野，就是这个情况。（辅导员 ZBDX：B）

思政的话，我主要是和自己学院的队伍交流，然后再就是学院的其他部门的同事也有交流啊，就这样。其他学院的思政队伍的话，只是说，如果有事情的话，我们会互相问问，但是真的遇到具体的问题，可

能还是自己学院内部互相理解的会多一些，院系之间思政队伍的资源共享少一些。（辅导员 SHJT：A）

我毕竟身在一个小学院中，遇到的问题比较少。我其实挺想了解其他大学院的学生工作情况，我觉得大学院的机制、体制肯定规范一些，我希望能够了解别人如何处理学生工作的相关问题……但是没有途径。（辅导员 TYKJ：D）

就是工作的事，甚至有时候就说学生出现什么问题或啥的，也想去和人家做得好的辅导员或者是做的时间比较久的辅导员交流，包括学生工作做得好的学院有没有什么制度值得我们借鉴或者是怎么做的，也想让人家传授经验……但有时隔着学院也不是很方便。（辅导员 SXDX：A）

现行的两级管理体制，使辅导员"每天在一个小圈子里头打转"，"院系之间思政队伍的资源共享少"。许多职业有资源共享平台，封闭自守是对职业发展的束缚，很多辅导员也意识到了这个问题，想学习其他学院的先进经验，但"没有途径"或"不是很方便"，两级管理体制不能保障辅导员之间正式交流渠道的畅通，而且使院系之间辅导员难以相互熟识，从而也间接阻隔了辅导员间"非正式的工作交流和相互学习"，使院系之间辅导员职业资源的共享变得很难。

集中管理，成本低而且专业性也提高得快，这就相当于在家自学和在班级里面大伙一块学习一样，互通有无肯定会比自己闭门造车来得快。（辅导员 BJYD：B）

北京邮电大学对辅导员集中管理期间，全校辅导员资源共享是不知不觉的，用辅导员的话就是"班级里面大伙一块学习"，"不仅成本低而且专业性也提高得快"，而两级管理之后，用辅导员的话就是"在家自学""闭门造车"，现行的两级管理体制使辅导员束缚在某一院系、专业，没有把辅导员队伍看作一个整体，使具有不同工作经验与不同专业背景的辅导员之间很难实现很好的搭配，工作效率也比较低。当前，学生交互十分频繁，具有更加宽泛的信息获取渠道，面对这种形势，彼此分离、独立的辅导员机制使辅导员之间无法形成合力，这将对其工作实效性产生较大的影响。

辅导员工作和队伍建设必须以开放的姿态，广泛交流，共享资源才能得到长足发展，因此资源共享对辅导员职业发展至关重要，辅导员可以通过平台的资源，积累先进经验，优化自己的工作策略，使自身工作效率得到提高的同时获得专业上的帮助。

然而，辅导员的职业资源共享，首先是同一学校不同院系之间辅导员的资源共享，然后才是不同学校之间辅导员的资源共享或者是突破地域限制，实现辅导员在全省乃至全国范围内的资源共享，因而，辅导员职业资源共享是建立在不同院系之间资源共享的基础上的，如果不具有这一基础，就很难使本校辅导员的职业资源得以优化，更谈不上本省甚至全国辅导员资源的优化。

（三）学校与院系的两级管理不利于辅导员共同的事业（共同愿景）的建立

共同的事业能够体现出成员们的价值观念和使命感，也是大家所奋斗的最终目标，更是每个共同体成员所致力于实现的目标，是辅导员队伍共同的发展方向，而这将会关系到辅导员的职业认同。共同愿景的制定并不是十分容易实现的，这是因为共同愿景并不是简单的基于某一想法，或者是思想而达成的共识，而是一种内在精神力量。"共同的事业是共同体的合作之源，意义定制之源，共同介入之源。"① 共同的事业会受到外在条件的制约以及外部环境的影响，这就要求全员参与，并通过集思广益来进行协调、改进与完善，而学校与院系的两级管理却不利于辅导员的全员参与和协商。

> 我觉得比如说我们这个队伍，是统一归学校学生处管理还是放到学院，因为我们现在这个学院就是那一小撮儿左挨不上右挨不上。专业上辅导员也是差别很大。院系之间的辅导员也不怎么打交道，所以我觉得就是从管理角度怎么去梳理这个问题，这方面需要学校先讨论，个人方面没办法解决这些。就是需要找到组织，我们现在有找不到组织的感觉，人家专业教师有学科带头人，现在我们这儿就是缺乏带头人，找不见，不知道该干什么，怎么干，真有这种感觉。（辅导员 ZB-DX：A）

> 你像每个学院对应的是学校，而学生处，像我们学校，一学期开学开一个会，除此之外，有时候会去听一个报告，有时候可能会让各个学

---

① 赵健：《学习共同体：关于学习的社会文化分析》，华东师范大学出版社，2006，第83页。

院派点辅导员过来，一学年，我觉得开例会也就是两到三次，除此之外就是各个学院自己搞一些工作。那搞工作的时候，大家可能一般就是就事论事，汇报一下工作，分一下任务，但是在这个过程当中，我觉得大家散就散到这儿了……没有一个统一的支撑点把大家拎起来，让大家做这些事情……让大家为了一个共同的事业，有一种使命感。（辅导员 ZB-DX：B）

上述访谈资料显示，辅导员专业背景差别大，本身就蕴含着职业主体发展方向的差别，再加上学校与院系的两级管理使辅导员分散在各个学院，难以找到具有共同研究兴趣和共同职业愿景的辅导员个体、团体或组织，开展相关的交流与互助活动，从而使大学生在思想、成长等方面的问题都能够得到有效解决，同时展开相关方面的研究。基层职业共同体的缺失使辅导员产生"找不到组织"以及"没有一个统一的支撑点"的感觉，即使学校召集辅导员开例会或学院的辅导员在一起汇报工作，辅导员也觉得这个群体是"散的"，没有共同的职业发展愿景，而共同的职业发展愿景是职业共同体的核心。

据研究者访谈调查，高校辅导员配备结构存在三种模式：以专职辅导员为主的模式、专兼职辅导员结合的模式、以兼职辅导员为主的模式。以专职辅导员为主的模式以中国政法大学、北京理工大学、首都师范大学、太原科技大学、中北大学等为例，专职辅导员较多，多则110人左右，少则100人左右。专兼职辅导员结合的模式以复旦大学、中国人民大学为例，专职辅导员相对少一些，但也有七八十人。由此可见，如果以学校为单位，辅导员职业群体的人数、规模都不小，以校级为单位，根据辅导员的职业兴趣、研究方向，建立辅导员职业共同体在理论上应是可行之举。

然而，现实中学校与院系的两级管理使辅导员分散在各个学院，根据院系学生的人数配备辅导员的人数，据研究者的亲身体验与访谈所知，相对小的院系一般有3名左右辅导员（辅导员、分团委书记、副书记），中等大的学院一般有5名左右辅导员，大院系一般会有9名左右的辅导员，上述数据还包括教师兼职辅导员、研究生兼职辅导员。如果再遇到辅导员调离岗位或产、病假的问题，有的小学院除了副书记外，就会只剩1名专职辅导员，大的院系专职辅导员一般也只有5名左右，因此，对于专职辅导员人数很少的学院，建立辅导员实践共同体是根本不可能的，而专职辅导员人数相对多的学院，又由于辅导员专业背景的差异，研究方向也会五花八门，建立辅导员实践共同体的难度也是比较大的。

学校层面辅导员实践共同体的缺失不仅不能为辅导员共同讨论专业发展提供平台，营造适合辅导员专业成长的氛围，同时也不能为维护和争取辅导员的合法权益提供渠道，使辅导员在工作中的烦恼难以排解、麻烦难以解决，从而降低了辅导员的职业归属感。

（四）学校与院系的两级管理不利于高校辅导员职业价值观的统一

正确的职业价值观能为高校辅导员提供强大的、持久的精神动力。第一章所述高校辅导员职业价值观为，一般价值观在辅导员职业生活中的体现，是辅导员基于其内心的价值评价标准，就自己的职业对社会和对自己的重要性与意义所形成的认识，是社会职业价值与个人职业价值的统一。[①]"职业价值观对教师职业认同、职业幸福感等都有很大的推动作用。"[②] 正确的职业价值观培育是高校辅导员职业认同提升的必然要求。"职业认同面临着较大危机，反映了青年教师在职业价值观念方面的落后以及职业价值观培育的滞后。"[③] 目前，辅导员实行校、院两级管理，本章也指出，两级管理"重用不重养"，在辅导员培养问题上经常会出现主体责任不明、互相推诿的状况，导致辅导员的培养有时处于无组织的状态，同样在高校辅导员职业价值观培育问题上，尽管理论上有学校、院系两个层面的关照，然而两个层面的主体责任不明，使得对于辅导员价值观的培育并没有达到预期的效果，这也是导致职业认同危机的原因之一。

1. 高校院、系基层党团组织开展辅导员职业价值观培育工作不力

作为党建工作的重要内容之一，高校教职工包括职业价值观教育在内的思想政治教育主要依靠高校各级党团组织来推动并实现。辅导员由于实行校、院两级管理，日常管理、培养和绩效考核工作均在学院，作为院系教职工的一个群体，其包括职业价值观在内的思想政治教育主要是依靠各院、系基层党团组织来实施的，因为部分基层组织并未很好地履行该职能，导致基层组织具有的作用并未充分发挥，也导致高校辅导员职业价值观教育出现了问题。

---

① 王珊：《高校辅导员职业价值观研究》，硕士学位论文，大连理工大学，2010，第 8 页。
② 蒋晓虹：《教师职业认同程度和教师职业发展》，《东北大学学报》（哲学社会科学版）2012 年第 1 期。
③ 伍尚海：《高校青年教师职业价值观研究——基于广西五所高校的问卷调查》，《中国成人教育》2010 年第 12 期。

首先，部分基层党组织未能很好地履行职能。基层党组织不仅和中心工作很贴近，而且直接与群众联系，与实际也很贴近，因此在高校教职工思想政治教育工作方面是具有其先天优势的，是开展辅导员职业价值观教育工作的重要依托。基层党组织为党的思想建设提供了重要的组织保障。然而随着市场经济的快速发展，高校基层党组织也面临许多新的问题和新的挑战。一是部分基层党组织工作效率低，软弱涣散，无法确保包括辅导员在内的教职工思想政治教育工作的顺利开展，导致教职工包括职业价值观教育在内的思想政治教育处于无组织状态。二是组织生活不健全，难以通过形式多样的活动和具体细致的工作，将高校教职工包括职业价值观教育在内的思想政治教育落到实处。三是党员领导干部先进性缺失，对包括辅导员在内的教职工职业价值观产生不良影响。部分党员干部精神状态不佳，不思进取，工作缺乏主动性；部分党员干部缺乏严谨的工作作风；部分领导干部片面追求高绩效，工作停留在表面；甚至还有部分干部借助其手中职权来获得私利。这些都给高校教职工职业价值观教育带来负面影响，使辅导员在职业价值观上感到困惑和迷茫。

其次，部分基层团组织作用发挥不充分。当前高校辅导员职业价值观的复杂化和功利化，使团组织在职业价值观教育方面面临的形势更加复杂，面对的要求也在不断提高。而且，伴随着社会发展，共青团面临的工作环境、运行机制以及组织形式等都在不断变化，很多在以往的工作中行之有效的模式，在现在社会不再具有效果。如果依旧选择传统的组织运行机制、传统的工作方式来开展高校教职工思想政治工作，那么不仅无法满足现代社会的要求，也无法贴近辅导员的思想实际，使得其在辅导员职业价值观教育中的作用难以充分发挥，教育效果也无法达到预期。

2. 高校层面辅导员培训职业价值观教育不足

20世纪90年代末以来，高等教育规模迅速扩大，为了应对扩招后高校辅导员的紧缺，高校大规模招聘辅导员，但高校辅导员来源多学科化，再加上转型期社会文化多元化、思想观念相互激荡与市场经济的趋利性价值取向，辅导员处于价值冲突中，思想上十分困惑，其生存状态和价值观也更显多元化、复杂化，从而其合理价值判断与选择较难实现，因此在其职业价值观的引导上对辅导员培训提出了更高的要求。

辅导员培训层次分为国家、省级、高校三级。从目前辅导员培训的情况来分析，受到培训经费、时间与师资等各方面的限制，多数是校级培训，因此辅导员职业价值观的培育工作以校级辅导员培训为主。

当前针对辅导员进行的培训，主要依据教育部就辅导员培训所提出的基本要求以及各高校的自身特征来进行。在教育部拟定的辅导员培训大纲中，关于上岗培训主要涵盖了如下内容：辅导员岗位认知；学生思想政治教育；安全稳定工作；学生事务管理；学生工作载体及其建设。有的学者提出的设计方案中，涵盖了十分丰富的内容：包括政治学、教育学等在内的基础课程的学习；包括专业知识、专业能力与专业理想等在内的专业素质方面的学习；包括学校文化传统、不同年级辅导员的需求等在内的各类特色课程的学习。①《上海市辅导员培训大纲》也规定辅导员培训内容主要包括九个方面："一、岗位认知与工作职责；二、依法开展学生事务管理；三、学生党建、团学工作和主题教育；四、心理健康教育；五、职业发展教育与学习指导；六、网络思想政治教育；七、校园危机干预与处理；八、生活园区学生工作；九、思想政治教育研究。"

从上述辅导员培训大纲分析，辅导员培训的重点和核心几乎都放在工作流程与工作制度、工作技巧等方面。现实中，"辅导员培训的主体内容也多是国家、部门和学校的文件、政策及规章制度"②。

> 目前，很多培训内容要么是直接按照国家规定来确认，要么是高校结合自身情况以及国家相关文件来制定，大多是普遍性理论教育和一般工作技能培训。（辅导员 DHDX：A）

虽然为了能够更好地履行辅导员职责，提升工作效率，应当注意在工作实践中积累工作经验，提升专业能力，这些都是培训应当包含的基本内容，但内在的职业价值观培养也是关键，因此不断增强高校辅导员的爱岗敬业、务实奉献精神，同样也应是培训的重要任务。

当前，部分辅导员对思政教育与学生工作的意义缺乏全面深刻的认识，部分辅导员将自己投身于烦琐的日常事务中，没有进行理想、信念等方面的自我培养，还有的辅导员对职业的自我价值表示怀疑，缺乏明确的职业理想，职业认同水平比较低。然而，辅导员培训中很少涉及职业价值观等方面的教育和培养，对于辅导员职位应当具备的态度、意识、责任感等并没有进

---

① 广东省高校学生工作专业委员会编《高校辅导员的校本培训》，中山大学出版社，2009，第28页。
② 劳荃蘅：《高校辅导员培训现状及课程体系构建》，《赤峰学院学报》（汉文哲学社会科学版）2016年第5期。

行十分详细的规定和说明,也没有在实践中进行监督。

基于职业价值观的培养需要外在灌输性的特点,高校对于辅导员职业价值观的培养必须引起重视,因为培养积极、健康的职业价值观仅依靠辅导员自身来进行探索是很难实现的。此外,为了能够打造优秀的辅导员团队,需要制定规范、完备的辅导员培养制度与培养机制。故此,应当将职业价值观作为重要的培训内容来开展,并采取多样化的培训方式使之贯穿于整个辅导员培训体系中,使辅导员端正其职业态度,重新审视其工作,发现职业的自我价值与意义,更加主动地参与到工作中,把辅导员工作作为个人事业来发展,做到"爱业""敬业""乐业""勤业""廉业""专业""志业",实现自我价值与社会价值的统一。

第三节 影响高校辅导员职业认同的个人因素

对于影响高校辅导员职业认同的个人因素,研究者们一般从性别、年龄、职称、职级、学历等方面进行定量研究,但这些个人因素变量对辅导员职业认同的影响并没有定论,刘世勇在《高校辅导员职业认同研究》中已指出这个问题,刘世勇认为,独立学院高校辅导员职业认同要高于普通本科院校,其他学者却持有相反的观点,提出独立院校辅导员具有最低的职业认同;刘世勇还提出,如果从行政级别分析,正科级辅导员具有最低的职业认同,具有最高职业认同的为科员辅导员,其他学者则提出辅导员职业认同水平将会随着行政级别的提高而提高;刘世勇认为,在学历上本科学历辅导员高于研究生学历辅导员,其他学者研究认为研究生学历辅导员高于本科学历辅导员。[①] 另外,通过研究者对这一职业群体的观察和访谈,发现不同工作年限、不同发展阶段、不同职级、不同职称甚至不同人格类型的高校辅导员都存在职业流动现象,因此,这些个人因素变量对辅导员职业流动性大的解释力不强。本研究结合访谈资料得出,对辅导员职业认同产生影响的个人因素主要有:择业动机与职业规划。而择业动机、职业规划又与自我认知、自我反思、自我整合、自我提高、自我实现等自我认同因素相关。

---

① 刘世勇:《高校辅导员职业认同研究》,博士学位论文,中国地质大学,2014,第47页。

一　外部动机型择业：高校辅导员职业认同建构起点低

动机（motivation）的初始含义是实现对行动的推动、引导，很早就形成了关于动机方面的理论。从20世纪30年代开始，在心理学研究领域就已将动机问题作为研究的主题之一。[①] 20世纪80年代，Edward L. Deci等人提出了自我动机理论（Self-decision Theory），而且认为动机被分为三种类型，即内部动机、外部动机以及无动机。依据该理论，内部动机被视为人类本质特征的重要体现，将会对人的成长、行为等产生较大的影响，与内部动机有关的因素包括工作绩效、个体注意力以及工作卷入等；而外部动机则指的是人们对于活动并不是出自兴趣而进行的，而是为了得到活动之外的某些东西来从事相关活动的倾向。[②]

中国大部分学者把职业动机分为内部动机、外部动机、无动机、复合动机。复合动机为既选择了外部动机，又选择了内部动机。通常情况下，将择业动机视为对职业的选择以及为何要进行这种职业选择，由此而进行的思想认识活动。

关于择业动机与职业认同的关系很多学者也进行了探讨。魏燕希的研究证明"对于择业动机为内部动机或者是混合动机的工作人员来讲，其具有的职业认同是高于具有外部动机或者是无动机人员的。总体上看，具有外部动机的工作人员职业认同度更低"[③]。宋广文和魏淑华也探讨了职业动机因素对教师职业认同的影响，"为了实现自身价值而选择教师行业，与为了谋生而选择教师行业，两者在职业认同方面是具有很大不同的，前者具有较高的职业认同"[④]。赵飞等分析了中学教师的择业动机以及其职业认同，得出"相比内部动机型教师以及复合动机型教师，外部动机型以及无动机型教师具有的职业认同是相对较低的。如果是因为热爱教师行业而从事教师岗位，在其对应的职业生涯中，不仅会将教师作为一种职业，更会将其视为追求的事业，故此，教师对其而言不仅具有的意义十分丰富，而且也更为重要，此外，对

[①] 刘娟娟：《动机理论研究综述》，《内蒙古师范大学学报》（教育科学版）2004年第7期。
[②] 魏燕希：《社会工作者职业认同现状调查研究》，《学理论》2013年第17期。
[③] 魏燕希：《社会工作者职业认同现状调查研究》，《学理论》2013年第17期。
[④] 宋广文、魏淑华：《影响教师职业认同的相关因素分析》，《心理发展与教育》2006年第1期。

应的角色价值观也更加积极"①。李明金等也认为"对比外部动机型和内部动机型教师，无动机型教师具有的职业认同水平是最低的，外部动机型教师与内部动机型教师对比而言，前者具有的职业认同水平又较低"②。

上述学者对择业动机与职业认同关系的研究均显示：择业动机对职业认同有显著影响，对比内动机型以及复合动机型职业主体，外部动机型以及无动机型职业主体具有的职业认同相对较低。

在职业选择上，职业主体选择辅导员作为职业的原因多种多样。张淑梅在《高校辅导员职业认同研究》中的问卷调查显示，60%的人选择该行业是考虑到就业压力或者是源自学校进行的安排，因为对辅导员岗位喜爱而选择该岗位的占比仅有15%；关于是否将该职业视为其终身职业，其中不愿意以及不太愿意的占比达到了67%，关于转岗问题，有80%的愿意在校内转岗，其中18%的希望转到行政岗位，剩余的62%则将专任教师作为其转岗目标，此外，还有6%的则希望转岗到其他事业单位。③ 结合上述分析能够发现，很多职业主体加入辅导员队伍的动机并不纯，只是将该职业视为跳板，为自己以后从事教学、科研、管理等工作提供机会，并不是将其视为充分发挥自身才能的平台。因此，很多辅导员思想不稳定，对工作也缺乏热情，很多时候用一种敷衍应付的态度对待工作对象，大部分辅导员希望积累几年工作经验后，能够从事高校专职教师工作或者转为管理人员。

因此，辅导员职业主体选择辅导员职业以外部动机为主，内部动机较少。在外部动机驱动下，选择辅导员职业，对职业缺乏兴趣。职业兴趣指的是对其从事的工作具有兴趣，如果个人对其职业具有职业兴趣，那么不仅其工作满意度是较高的，而且其职业稳定性也会较高。当前，辅导员队伍整体缺乏稳定性，部分辅导员认为学生工作对比教学、行政等工作来讲是不具有发展前景的，因此将当前的辅导员工作视为一种过渡工作，所以很多辅导员自从业开始职业认同就不高。

1. 迫于就业压力选择辅导员职业

现代社会市场竞争日益激烈，与此同时，各大高校的招生规模也在不断扩大，企事业单位在进行人才选聘时设定的标准也日益严格。"以往研究生

---

① 赵飞、龚少英、郑程、卢斯梅、李薇娜：《中学教师择业动机、职业认同和职业倦怠的关系》，《中国临床心理学杂志》2011年第1期。
② 李明金、久米、郅海霞：《中学教师择业动机、职业压力和职业认同的关系探赜——基于西藏地区的实证调查》，《内蒙古师范大学学报》（教育科学版）2015年第12期。
③ 张淑梅：《高校辅导员职业认同研究》，硕士学位论文，华东师范大学，2011，第14页。

属于高端人才,但随着当前就业与竞争压力的不断增大,其具有的稀缺性优势正在逐步被替代。"① 李沁、刘海鹰对我国 738 名研究生进行了抽样调查,调查问卷设计主要针对心理压力进行,结果显示:"就业压力是研究生面临的最大压力。"② 武勤、蒋惠敏对北京市 7 所高校以及部分科研院所的博士生展开了调查,结果显示博士生面临的就业压力也是比较大的。③

近几年,高校的招聘供需变化也非常大,许多高校明确了教师职业申请者必须达到博士学位,而且对于博士人员也会进行其他方面的筛选,包括毕业学校、科研能力等。如果是 985 高校只招聘海归博士;而普通院校在教师招聘方面也处于供大于求的状态,很多名校博士呈现明显的赶大卖场现象。④

由于高校的文化氛围以及工作环境比较好,因此,对于很多高校毕业生来讲,辅导员职业也受到其大力追捧,很多毕业生选择辅导员职业,于是出现"甘愿进高校'打杂'千余研究生抢六个辅导员岗位"⑤ 及"上师大 14 岗位引 200 竞聘者海归博士后争当辅导员"⑥、"广州大学公开招聘考试工作展开 18 位博士竞聘辅导员岗位"⑦ 等现象。

每年,很多高校会从应往届研究生毕业生中选聘辅导员,而且近两年,有的学校开始了博士生辅导员的招聘。陈秋华、苏剑的调查结果显示,"61% 的毕业生选择辅导员是'为了就业',还有 32% 则是因为'迫不得已'"⑧。可见很多毕业生选择辅导员职业并非出自喜欢。

> 我原本是打算到电专当一名专业课老师的,我上研究生的时候一直在那边代课,跟那边院长也很熟,院长告诉我,只要我毕业的时候活动

---

① 李春根、廖毅敏、李建华:《从就业指导到职业生涯规划教育——我国研究生就业促进之路新探索》,《学位与研究生教育》2008 年第 12 期。
② 李沁、刘海鹰:《研究生就业压力调查报告》,《青少年研究》(山东省团校学报)2013 年第 5 期。
③ 武勤、蒋惠敏:《北京高校博士生就业过程与择业结果的性别差异》,《中国科技论坛》2015 年第 2 期。
④ 张文静:《博士生就业:现实与理想的撞击》,《中国青年研究》2014 年第 8 期。
⑤ 《甘愿进高校"打杂"千余研究生抢六个辅导员岗位》,http://news.sohu.com/20071227/n254338271.shtml。
⑥ 《上师大 14 岗位引 200 竞聘者 海归博士后争当辅导员》,http://news.sina.com.cn/o/2007-01-10/163110967640s.shtml。
⑦ 《今年公开招聘考试工作展开 18 位博士竞聘辅导员岗位》,http://news.gzhu.edu.cn/guangdayaowen/2014-05-04/13434.html。
⑧ 陈秋华、苏剑:《以"三型一体"职业规划增强辅导员职业认同感》,《泉州师范学院学报》2015 年第 4 期。

活动，就可以去那当有编制的正式专业教师了。可是2010年，我毕业时家里出事了，赔得倾家荡产了，哪里还有能力管我的事。找工作的事，只能靠我自己了……正好11月，这个学校招聘辅导员，我就报了名，经过笔试、面试，我被录取了。要是我家里没出事，当辅导员我想都不会想的。（辅导员 TYKJ：G）

我做梦也没想过自己会当高校辅导员，研究生毕业后的大半年时间里，我在山东老家参加了各种考试，但没能找到与自己音乐专业相关的工作，后来亲戚介绍说太原某所大学缺体育专业的教师，当时我男朋友正在读博二，他和该校的人事处签了协议，男朋友博士毕业后来该校工作，同时答应让我做该校的辅导员，我就糊里糊涂做了辅导员……当时音乐专业正好在我男朋友毕业后所在的体育学院，我想着先进了大学再说，以后找机会转成教师岗。（辅导员 TYKJ：C）

选择辅导员工作都是不得已。硕士毕业那年我是想去人文学院当老师的，结果那年人文学院不招老师，没办法当了辅导员。（辅导员 TYKJ：H）

从上述访谈资料看出，职业主体选择辅导员职业是迫于就业压力，而不是真正出于热爱辅导员工作，他们原先的职业理想是"教师"，而不是"辅导员"，因为暂无其他好出路，"没办法当了辅导员"，职业主体入职前因为就业驱动或者是其他目的而选择从事辅导员职业，但是其职业认同并没有真正树立，而在入职之后才开始逐步认识到该岗位的内容十分烦琐，自身扮演的角色非常多，其最初的热情开始减退，而且还逐渐产生倦怠心理，职业认同水平不升反降。

2. 由于选择职业所在的地域而从事辅导员职业

职业面临的生活条件、地区政策等都会受到工作地域的影响。工作地域又涉及工作地点、位置、环境以及城乡地区差异等，这些都是个体在进行职业选择时考虑的因素。

随着市场经济体制的不断发展完善和改革开放的不断深化，社会经济发展的不均衡、不协调等问题不断涌现，社会资源的选择性配置不均衡更加引起中国各区域间的差别。北京、上海等一线城市基础设施完善、文化产业繁荣、智力资源聚集、经济强盛，中西部地区发展则相对滞后；另外，地级市与省会城市相比，社会资源配置也有较大的差距。因此，毕业生容易被经济发达地区的高质量生活、良好的公共服务设施和优质的信息资源吸引，产生大城市情结。

  2004 年进京的指标也在不断地缩减，所以如果是硕士研究生学历的话，来北京找一个从事教学相关的工作，可能就是去中学的机会会多一些，然后在大学里边，机会就非常少，在外地，我觉得没问题，所以当时就选择做了辅导员。（辅导员 SDSF：A）

  我也是给家里人争光，我其实是农村出来的，我爷爷是农村人，然后我爸爸是出了农村，到了镇里，我是从镇里到了北京，其实就是这样一个过程，自己价值的体现也在于此。因为辅导员的岗位给了我北京户口，而且给了我在北京展示自己才华的这样一个平台。（辅导员 BJLG：B）

  辅导员 SDSF：A 和辅导员 BJLG：B 之所以选择辅导员职业是因为他们想留在北京。做高校专职教师是辅导员 SDSF：A 的梦想，在京外，她是有很多机会的，然而在北京，她只能退而求其次，做一名辅导员。辅导员 BJLG：B 则比较看重辅导员职业带给他的北京户口，我国现行的城市公共服务和社会福利均与户籍挂钩，辅导员职业属于"体制内的职业"，最大的好处就是能解决户籍问题，"一些年轻人还关心职业工作地域的户口问题……而且，很多人还会考虑到如子女上学等问题，对于职业是否能够解决户口问题十分关注，故此，对于大部分年轻人来讲，会考虑到工作地域方面的问题"[1]。

  做辅导员工作主要是因为工作地点离家近，2005 年我和我老公硕士毕业时，南昌有个高校要我们，是教师岗，但思前想后觉得离老家太远，父母也管不上，就决定回山西，运城学院也要我和我老公做老师，考虑运城离家也远，还有就是那是地级市，所以还是决定在太原找工作。中北大学投了简历，只要我老公，不要我。这所学校有我和我老公的大学同学，当时研究生院要我老公，学校招聘辅导员，我就报名应聘了，也没有多想什么。（辅导员 TYKJ：F）

  当时就当然选择高校，其实是有机会当老师的，因为其他两个备选的学校都比较远，那两个地方都可以直接去经管学院当老师，但是我认为那两个地方比较远，就放弃了。这个地方，教师岗已经没了，嗯……所以只能做辅导员了。（辅导员 TYKJ：A）

---

[1]　宋剑祥：《影响职业选择的因素分析与对策探讨》，《中国大学生就业》2014 年第 16 期。

最先也没有考虑做辅导员，2006年实际上那时候找工作，研究生进高校也有一定的难度，并且我是受限制的，当时我的目标，就是要在太原，其他地方不考虑，所以综合各方面，当时的山大、理工大很难进去，剩下的就是中北、科大。后来就选了中北，就先安顿下来再说，并没有明显的职业规划，就是定了再说吧。（辅导员 ZBDX：A）

上述三位辅导员找工作时都有机会做专职教师，却选择了辅导员作为自己的职业，因为他们都把职业地域的选择放在第一位，在职业地域的框定下，他们舍弃了自己的兴趣爱好，只是想找一个"在省会城市的离家近点的工作"。这种对地缘关系的重视实质是一种依靠地域分类的解构而进行的认同。"没有多想什么""只能做辅导员了""先安顿下来再说"反映了三位辅导员选择了满意的职业地域，却无法选择满意的职业的矛盾心理。宋剑祥在《影响职业选择的因素分析与对策探讨》中提出，职业选择受内在与外在因素影响。内在因素主要从个体职业性向构成要素分析职业兴趣、价值观、个性、能力、男女性别差异和自我效能感对职业选择的影响；外在因素主要从社会环境、学校教育、经济利益、工作地域和家庭婚姻等外部环境要素进行分析。辅导员往往对自己今后的职业发展感到非常迷茫、困惑，最大的个人原因就是择业时舍弃了个人内在影响因素。

3. 源于高校组织认同而选择从事辅导员职业

组织认同是在社会认同理论的基础上逐步发展起来的。基于社会认同理论的相关观点，人们会将自身与他人进行社会类别的归类，包括教派、性别及组织成员等。[①] 关于组织认同的概念，不同的学者有不同的理解。Ashforth 和 Mael 于 1989 年最早提出组织认同（organizational identity）这一概念，他们从社会认同理论出发，认为"组织认同是社会认同的一种，是对自我从属于某个组织或组织同一性的认知"[②]。徐玮伶、郑伯埙在对西方的组织认同理论展开分析并进行总结的基础上对组织认同进行了界定，提出组织认同是一种个体对自我进行定义的过程，个体通过归属组织将会使自我概念和组织认定之间发生联系，从而达到分类效果。[③]

---

① 朱伏平、张宁俊：《职业认同与组织认同关系研究》，《商业研究》2010 年第 1 期。
② B. E. Ashforth and F. Mael, "Social Identity Theory and the Organization," *Academy of Management Review* 14, 1 (1989): 20 - 39.
③ 徐玮伶、郑伯埙：《组织认同：理论与本质之初步探索分析》，《中山管理评论》2002 年第 1 期。

国内学者研究本国组织认同后发现,在中国的组织情境下,"员工和组织之间并不是处于对等的地位,大多数情况下组织处于相对强势的地位,而员工个体会主动寻求对组织的依附"[1]。宝贡敏、徐碧祥认为,尽管对组织认同进行的定义有所不同,但是全部的这些定义都揭示了组织认同具有的主要特性:①能够对员工自我概念以及组织之间的联系进行反映;②员工自我是中心,是从组织那里折射出来的员工自我[2]。

从新中国成立至今,关于组织分类的标准主要有两类。基于机构性质进行的分类主要有:国家企业编制组织、国家事业编制组织、国家机关编制组织;基于产业进行的分类,即第一、第二、第三产业组织,比如文化、教育等都属于第三产业组织。从整个中国社会的组织视野来看,高校属于第三产业组织及国家事业编制组织。

当前社会,个体通常会基于其理性认知以及社会对比选择加入组织,成为组织成员,个体在进入组织时是带着已有的价值理念的。Dutton 等人经过研究后提出,当一个组织具有较好的声誉时,成员将会因为归属于该组织而感到骄傲,具有的组织认同水平将会提高。[3] Fisher 和 Wakefield 的研究结果也显示,组织成员能够感受到的组织声誉越多,那么组织成员将会越容易从中得到自尊感。[4] 王永钦经过研究后发现,组织声誉的高低将会影响到组织认同。[5] "组织声誉不仅会直接影响到组织认同,而且还会通过积极情感来对组织认同产生间接影响。"[6]

随着中国向市场经济的转型,"社会成员对于社会中的各种群体以及组织认同,具有的选择自由度增大,然而对比以往的'单位制'组织认同,不稳定性、不安全感等问题也开始随之产生"[7]。为了规避、减轻不稳定感、不安全感的心理压力,职业主体竞相加入能提供职业稳定性、安全性的组织,如国家机关编制组织、国家事业编制组织等。田志鹏、邝继浩、刘爱玉将职

---

[1] 孙健敏、姜铠丰:《中国背景下组织认同的结构——一项探索性研究》,《社会学研究》2009 年第 1 期。
[2] 宝贡敏、徐碧祥:《组织认同理论研究述评》,《外国经济与管理》2006 年第 1 期。
[3] J. E. Dutton, J. M. Dukerich, and C. V. Harquail, "Organizational Images and Member Identification," *Administrative Science Quarterly* 39, 2 (1994): 239–263.
[4] R. J. Fisher and K. Wakefield, "Factors Leading to Group Identification: A Field Study of Winners and Losers," *Psychology and Marketing* 15, 1 (1998): 23–40.
[5] 王永钦:《声誉、认同与组织动态》,《财经问题研究》2007 年第 4 期。
[6] 魏钧:《主观幸福感对知识型员工组织认同的影响》,《科研管理》2009 年第 2 期。
[7] 王彦斌:《资源控制、组织认同与价值契合》,《社会科学》2011 年第 4 期。

业声望分为经济地位、政治地位、社会地位三部分,且研究得出:"社会转型时期,体制内职业比体制外职业在政治地位和社会地位上具有优势。"[①]"中国大学生最理想的就业单位是公务员或事业单位。"[②] 在我国,"部分具有较高社会地位的组织,包括高校、政府机构等,不但使得个体能够享受到较为稳定的工作环境、较好的工作薪酬,而且还能够获得相对较高的社会地位。因此,对比其他组织,这些组织具有的优势十分突出,个体求职时对这些组织会更加青睐"[③]。

组织声誉及组织政治地位和社会地位对组织认同的影响得到很多学者的关注,上述研究均表明:组织声誉及组织政治地位和社会地位对于职业主体选择职业所在的组织非常重要,这也是转型期的中国很多职业主体愿意报考公务员和事业单位的原因。高校组织作为国家事业编制组织,属于体制内职业组织,在政治地位和社会地位上具有优势,具有良好的组织声誉,受到广大毕业生的青睐。"辅导员认为高校具有比较高的社会声望,故此,很多人愿意进入高校中。然而,在高校各类岗位中,学生工作岗位以及管理岗位对学历的要求是相对较低的,但是因为管理岗位的指标相对较少,故此,为了能够进入高校,很多毕业生将学生工作岗位视为其首要选择,即竞聘辅导员。"[④]

> 我是比较喜欢学校的这个大环境,而且其他职位我也应聘过,给自己个双向选择……但我的大目标就是留在高校。(辅导员 HDSF:B)

> 最理想的职业是做个中学英语老师。但是进高校本来也不排斥,对高校还是挺满意的,不过做辅导员也是个权宜之计。(辅导员 TYKJ:D)

此外,高校组织的一些特性也是吸引职业主体的重要因素,高校能够提供相对稳定的工作环境,而且具有较多的可支配时间,此外还因为高校组织具有较好的福利保障,"在高校,包括工资标准、学历等级、职务级别等在内的福利和待遇统一进行分配,能够实现公有制保障"[⑤]。基于这些特征,对

[①] 田志鹏、邝继浩、刘爱玉:《社会转型时期大学生职业声望评价——以北京大学本科生调查为例》,《青年研究》2013 年第 5 期。
[②] 韩伟、兰文巧:《中美大学生职业理想及其影响因素比较》,《黑龙江高教研究》2014 年第 6 期。
[③] 刘小元、林嵩:《社会情境、职业地位与社会个体的创业倾向》,《管理评论》2015 年第 10 期。
[④] 刘世勇:《高校辅导员职业认同研究》,博士学位论文,中国地质大学,2014,第 51 页。
[⑤] 周国华:《"单位制度"与公立大学的组织特征》,《辽宁教育研究》2007 年第 12 期。

于职业主体来讲，如果需要在辅导员工作和企业工作之间进行选择，那么通常会选择前者。

然而，高校组织本身层面上也存在不同的分类。如果基于行政隶属关系及传统的"条高（强、重）于块"的国家管理体制角度进行分析，部委属高校、省属高校、地市属高校之间表现为递降状态的地位关系。如果基于举办者身份角度进行分析，那么相对于民办高校，公办高校具有更多的机会，进而对两者公共资源供给产生影响并最终影响到生源优劣、办学声誉以及教师地位等。从重点建设政策的角度看，"985 工程""211 工程""双一流"代表了精英化高等教育项目，其社会声望、资源、行使高等教育权利也高于一般大学。我国教育部门对于不同类型的高校实施了不同的处理方法，导致各高校因为其身份、地位等方面的不同能够获得的资助项目以及建设项目都有所差异。各高校基于这些不同的身份特征，所处的位置不同，能够获得的办学资源也有所差异，有的能够进入重点建设工程中，有的则无法进入。

高等学校的层次等级，又外显于其社会声望、资源、行使高等教育权利等方面，因此，对职业主体来说，部委属高校的吸引力大于省属高校，省属高校的吸引力又大于地市属高校；公办高校的吸引力大于民办高校；"985 工程""211 工程""双一流"高校的吸引力大于一般高校；本科院校的吸引力大于高职（专科）院校。

> 我 2015 年博士毕业时，在其他高校也投过简历，而且还是做专业课老师……但是你会考虑到各方面吧。比如说进来是 211，至少以后这个平台好一点。（辅导员 TYLG：A）

> 我 2004 年找工作的时候先找的一个大专院校，就是那个太原大学的外语师范学院，因为我研究生 3 年都在那代课，然后每个礼拜上两次课。后来找工作的时候，那边刚好招人，我也愿意去，可是正碰上他们校级领导调整，然后那个协议就推迟了……后来我研究生同学的爱人在这个学校，我就过来找他爱人玩，刚好碰见一个副书记，他们学院急缺辅导员，400 多个学生只有一个辅导员，就在他办公室问我："你想不想当辅导员？"当时我也挺犹豫，做辅导员毕竟没有当教师好嘛，就说"我再考虑考虑"……我回去后想那边是个大专院校，层次呀什么的不行，虽然这边偏一点，但毕竟是本科院校，面对的学生群体不一样，本科生层次素质也比较高，再有那个专科院校才给我 15000 元的安家费，这个学校给到 3 万元，包括其他的待遇，这边也比那个专科院校好，我

综合感觉,还是来这边比较好,我就当了辅导员。(辅导员 ZBDX：B)

高校组织间的层次等级,是辅导员在选择职业时经常面临的问题,上述两位辅导员放弃了当教师的机会,决定从事辅导员职业,并不是出于对该职业的喜欢与热爱,而是他们对不同的高校组织进行比较后,对职业组织选择的结果。辅导员 TYLG：A 博士毕业后想进"211 大学",但没有机会从教,而辅导员是通往 211 高校工作的重要工作途径;辅导员 ZBDX：B 也曾在"做专科学院教师"和"本科学院辅导员"之间犹豫徘徊,最终到本科院校做了辅导员。

因此,无论是与企业工作相比选择辅导员职业,还是高校组织间比较后选择辅导员职业,都是源于职业主体对职业组织的认同,而非对职业的认同,两者的差别只是"对高校的认同"和"对什么层次的高校的认同"。

一般情况下,可以将职业认同和组织认同之间的关系划分为如下四种模式：第一种是个体对其职业以及所在组织都持以认同态度;第二种是个体对其职业是认同的,但对组织缺乏认同;第三种是十分认同组织,但缺乏职业认同;第四种是对职业、组织都缺乏认同。[①] 而辅导员在组织认同和职业认同的关系方面表现出高的组织认同、低的职业认同以及组织认同先于职业认同的特点。

无论是迫于就业压力选择辅导员职业或者由于选择职业所在的地域而从事辅导员职业还是源于高校组织认同而从事辅导员职业,都属于在外部动机驱动下选择辅导员职业。在外部动机驱动下的职业主体没有明确的职业方向或目标,对自己的现在和未来并没有进行准确定位,也就没有高的职业认同。周广军对辅导员的调研也证明辅导员择业动机对其职业认同的影响,"工作从事年限对辅导员职业认同的影响具体如下,从业时间在 3 年以下,对应得分为 2.6;从业时间在 3~8 年,得分是 2.9;从业 8 年以上,对应得分为 2.8。调查数据显示,在最初进入该工作岗位时,辅导员具有的职业认同就普遍较低"[②]。可见,在外部动机驱动下选择辅导员职业,使得辅导员职业认同培育所具有的个人基础较差,为职业认同培育增添了难度。

[①] 朱伏平、张宁俊：《职业认同与组织认同关系研究》,《商业研究》2010 年第 1 期。
[②] 周广军：《高校辅导员职业认同研究》,硕士学位论文,首都经济贸易大学,2012,第 11 页。

二 缺乏科学的职业规划：高校辅导员职业认同过程艰难

职业主体在外部动机驱动下，选择了辅导员职业。从业后，其职业心理具有明显的不稳定性，对未来的职业发展不够清晰，对职业目标更是十分迷茫，这就使得辅导员的自信心和归属感降低，进而职业认同下降。结合当前的访谈结果能够得出，辅导员队伍整体发展依旧是比较无序的，很多辅导员并没有进行职业规划的意识，对于未来的发展目标更是无法确定，还有的尽管制定了一定的目标以及计划，然而，并没有坚持执行的毅力，最终致使辅导员感觉到不能把握自己的未来，因而逐渐地由对发展方向的迷茫转为职业认同的不断下降。

职业规划或可将其称为职业生涯设计，指的是使个人与组织结合起来，以实现对个人职业生涯相关条件的测定、分析，在此基础上综合分析自身的能力、兴趣、特长以及各种不足，同时还需考虑到时代特征以及自己的职业倾向，明确自己的职业发展方向与目标，并为这一目标的实现进行合理的安排。[①] 职业生涯规划有助于调动个体的内在积极性，激发其工作热情，并使辅导员对其岗位能够尽快地适应、熟悉，同时还有助于其工作经验的积累，推动个体实现全面发展。此外，通过制定合理的职业规划，能够提升辅导员的专业化水平，不仅有助于辅导员个体职业认同的提高，而且有助于整个辅导员对外体系水平的提高。

职业生涯规划以职业发展为考虑前提，因此，综合主客观环境，进行科学、合理的职业生涯规划，是谋求职业发展的重要途径。职业生涯规划通过对职业发展的观察、总结和升华从而指导完成整个职业发展的过程，因此，职业生涯规划是职业发展成功的基础。

已有的研究结果也已经验证了职业认同、职业发展以及职业规划彼此之间的联系；职业发展将会受到职业规划的影响，而职业认同又受到职业发展的影响。"教师职业认同程度会对职业发展产生较大影响，反过来如果教师进行的职业发展是主动的，那么将会有助于提高教师的职业认同程度，彼此是相互影响而且互相促进的。"[②] 对于知识型员工来讲，其职业成长的四个维

[①] 孟万金编著《职业规划——自我实现的教育生涯》，华东师范大学出版社，2004，第19页。
[②] 蒋晓虹：《教师职业认同程度和教师职业发展》，《东北师大学报》（哲学社会科学版）2012年第1期。

度和其离职倾向之间表现为负相关的关系，而且如果职业成长各维度影响是在不断增强，那么这类员工将会具有相对较弱的离职倾向。反之，假如这些职业成长维度影响是在不断减弱，那么员工将具有较强的离职倾向。[1]

目前不仅辅导员队伍职业化进程停滞不前，而且辅导员个体与群体职业成长速度也很缓慢，"科级+讲师"类型辅导员通向副处级、副教授的环节产生的断裂问题，导致了辅导员"职业生涯发展鸿沟"的形成。除了政策、相关教育部门、高校等因素影响外，作为职业主体的辅导员在职业生涯规划制定与执行中存在的问题，也是造成辅导员个体与群体职业成长速度缓慢的原因之一。

（一）职业发展目标的确立存在问题

1. 职业发展目标不明确

职业生涯是否能够获得成功，会受到职业发展目标的较大影响，具体来讲，目标制定的是否成功将会对此产生十分显著的影响。对于辅导员来讲，需要结合自身发展情况，确认自己的职业发展方向以及目标，为此，合理的职业目标设定必须是基于自我分析实现的。就高校辅导员来讲，要求对自己的辅导员职业进行职业生涯目标设定，否则职业主体会陷入虚无缥缈的状态，不知道该做什么、怎么做以及什么时间做。目前，还有很多辅导员以一种顺其自然、随波逐流的态度来对待自我以及职业发展，不仅缺乏主动的职业发展意识，而且对于职业生涯规划也缺乏自觉性。"20%多的调查对象不同意'我很清楚自己的职业发展方向'的论述，近40%的调查对象对这句描述无法做出判断。"[2]

> 我工作第五年的时候，是因为我觉得，哎呀哎呀，自己前面可能……可能太低头看路了，就是在事务性工作里边陷入了太长时间啊。然后这些准备评职称或者职务晋升的材料好像都没有准备好，工作又很烦琐，周而复始又很强，因为我送走了整整一届毕业生嘛，4年过去了，所以我觉得那个时候还有点疲惫有点烦。（辅导员 SDSF：A）
> 我最近感触比较大的就是以前自己只顾着埋头拉车不知道抬头看

---

[1] 庞文会：《职业成长对知识型员工离职倾向的影响研究》，硕士学位论文，长沙理工大学，2011，第39页。

[2] 肖鹏燕：《我国高校专职辅导员职业管理研究》，硕士学位论文，首都经济贸易大学，2008，第49页。

路，不知道提升自己的层次。这样从长远来看对自己不好，对从事的工作也不好。随着时代的发展，学生工作面对的问题越来越多，这就要求辅导员不断提升自己，抬起头来看看路该怎么走。（辅导员 TYLG：B）

在明确的目标指引下，主体才能够明确应当怎么做以及付出多少努力才能够实现目标。故此，要求能够进行明确的目标设定。同时，目标自身就具有一定的激励作用，这是因为，明确的目标符合人们希望对自己的行为进行了解与认知的倾向，并且通过分析行为目的与结果能够降低行为盲目性，从而有效提高行为的自我控制性。上述两位辅导员在自己工作的很多年的时间里，"太低头看路""只顾着埋头拉车"，都没有制定明确的职业发展目标，导致无论是评职称还是职务晋升方面都没有做好准备，从而耽误了职业发展的时机，延缓了职业发展的速度。

辅导员职业规划中，不仅包含了职业选择，还有关于职业发展目标与职业前景的假设，以及对工作岗位的设计，对实现职业发展的步骤以及职业环境条件的考虑等内容，是个体作为辅导员，在整个职业发展中，就该职业的相关发展进行的设想和规划。如果说国家政策环境和高校管理机制两个因素对辅导员职业发展的影响是外因的话，那么辅导员本身缺乏积极的职业生涯规划意识，没有制定比较明确的职业发展目标，则是导致当前辅导员职业生涯发展困境的重要内因。

2. 职业生涯目标偏离辅导员队伍整体的发展目标

在职业生涯规划中，辅导员不仅是计划制定者，也是实施者，还是最终的受益者。尽管在整个计划中辅导员是主体，但是因为辅导员还是处于群体之中的单个个体，有很多因素会对其发展产生影响与限制，其中职业生涯目标的设定，要求必须与整个队伍的整体性目标相符，这是因为个人发展是不能够脱离队伍发展的，如果脱离了群体，那么辅导员也难以实现个人发展，同时整个辅导员队伍的发展也是在所有辅导员的共同努力下实现的。另外，教育部门以及社会等也会对辅导员队伍发展产生制约。

我是2006年上的历史方面的博士，2012年博士毕业后，也想过评副教授方面的事……但我想走我的历史专业，而现实和制度是不允许的，我发的文章都是历史方面的……2007年上海出台《上海高校学生思想政治教育教师职务聘任办法》，对辅导员实行岗位单列、序列单列、评议单列和标准单列后，学校只允许辅导员评思政系列的职称，这个制度剥夺了我评自己专业职称的权利……我又不愿意写思政方面的文章。

（辅导员 FDDX：A）

在职称上，辅导员 FDDX：A2005 年已经是讲师了，到 2020 年，依然是讲师；在职务上，辅导员 FDDX：A2006 年到 2020 年一直是研工组长，访谈中辅导员 FDDX：A 多次表示可能会到其他学校担任专职教师。职务晋升是由多方面因素决定的，大部分辅导员认为是没办法规划的，而在职称晋升方面是可以规划的，可以制定短期、中期、长期目标，并且将这些目标进行细化处理，明确各目标的实施方法、实现的具体途径以及详细步骤。"特别是对于最近三年的目标，不仅应当确保细化到学生满意度、论文、课题等指标，而且应当对这些量化指标的实现途径进行合理安排，使得辅导员不再处于职业发展的茫然阶段，能够明确自身的未来发展方向以及自己希望能够实现的目标，并对各个阶段的目标实现途径十分清楚，从而确保个人和组织在目标发展上保持一致。"① 辅导员 FDDX：A2003 年硕士毕业后在复旦大学研究生院工作，2005 年评了讲师，2006 年到复旦大学历史系担任辅导员并攻读博士学位，应该说她是有职业规划的，然而，她的职业规划背离了政策方向和组织目标，上海市和学校政策只允许她评思政系列的职称，而她想评历史专业的职称，这种背道而驰的做法使她付出了很大的代价，导致她在过去的 15 年里，职称评聘毫无进展，而在复旦大学她也没办法转为专职教师，所以 2021 年 3 月研究者再次联系辅导员 FDDX：A 时她已调到上海其他高校担任专职教师了。因此在明确辅导员职业生涯目标时，一定要考虑组织目标的制约。如果不能在一定的组织目标引导下开展工作，那么个体职业生涯将会失去其立身之本。

3. 过分注重外职业生涯目标的实现，忽视内职业生涯目标的确立和实现

美国著名职业心理学家施恩依据职业生涯目标性质的不同将职业生涯分为两种，一种为外职业生涯，另一种为内职业生涯。我国学者程社明、冯燕对两种职业生涯进行了解释和说明："外职业生涯是从事职业时的工作单位、工作地点、工作内容、工作职务、工作环境、工资待遇等因素的结合及其变化过程；内职业生涯是从事一项职业时所具备的知识、观念、心理素质、能力、内心感受等因素的组合及其变化过程。"② "如职务目标、经济目标等都

---

① 李江：《新辅导员职业情感的形成机理、影响因素与培育机制研究》，硕士学位论文，西南交通大学，2014，第 36 页。
② 程社明、冯燕：《职业生涯的成功秘诀——处理好内外职业生涯的关系》，《中国大学生就业》2005 年第 23 期。

属于外职业生涯目标;而工作成果目标以及工作能力目标等则属于内职业生涯目标。"① 内外职业生涯目标如图 3-2 所示。

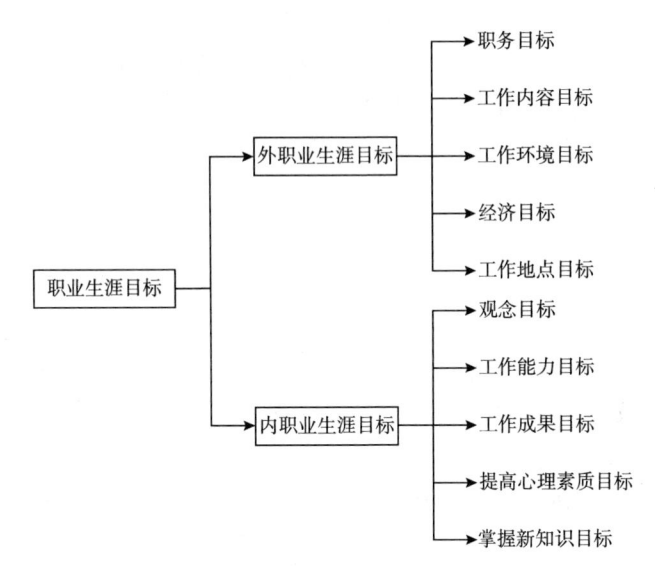

```
职业生涯目标
├── 外职业生涯目标
│   ├── 职务目标
│   ├── 工作内容目标
│   ├── 工作环境目标
│   ├── 经济目标
│   └── 工作地点目标
└── 内职业生涯目标
    ├── 观念目标
    ├── 工作能力目标
    ├── 工作成果目标
    ├── 提高心理素质目标
    └── 掌握新知识目标
```

图 3-2 内外职业生涯目标

基于目标获得方式角度分析,通常情况下,外职业生涯目标是由别人给予或认可的,也因此往往成为人们衡量或评价个体职业生涯发展好坏的标准,但是其实现难度是相对较大的,存在很多的不可控因素;内职业生涯目标侧重所取得成功的主观情感,而相对的,内职业生涯目标是存在模糊特征的,是依靠主观来进行认定的,是无法实现标准化评价的。因此,相对外职业生涯目标,内职业生涯目标的实现主要通过主观努力,外界所发挥的作用更多的是一个助力。

有些辅导员致力于搞各种各样的学生活动,不只是应付上面的要求,还是为了能让上面看到……便于自己的职务竞聘,不过这也是没有办法的事……其实辅导员真正做的应该是提高自己各方面的素质以及教育、服务学生的能力。(辅导员 SXDX:A)

为了让领导看到自己某方面的成绩,很多辅导员就"折腾"呗,搞各种活动,其实这些活动对学生真的有意义吗?……学生真正需要的反而辅导员关注很少。(辅导员 ZGRM:A)

---

① 孙丽华、吴大同:《"内职业生涯规划"认识与思考》,《江苏教育学院学报》(社会科学版) 2007 年第 4 期。

在整个职业发展中，受到外在利益的影响，大部分人对外职业生涯发展较为重视，而对内职业生涯则相对忽视，这就导致其职业追求缺乏张力。但事实上，内职业生涯构成了外职业生涯的基础，如果只追求外职业生涯，职业主体会很容易产生挫折感。上述两位辅导员所提及的情况在辅导员队伍中是十分常见的，受到外职业生涯目标的指引，把更多精力用在对职务、待遇等的关注上，结果不但外职业生涯目标没有实现，内职业生涯发展也受到影响。

目前，辅导员工作面临诸多挑战，辅导员开展工作必须掌握的知识越来越多，能力要求越来越高，需要涉及的领域越来越广，知识更新速度也越来越快。为此，除了通过正常的培训解决这个问题以外，更重要的途径和简便实用的办法就是辅导员要结合工作实际，自己主动去学习，不断拓展自己的能力。但有的辅导员认为依靠自己以往的知识、经验，是可以胜任学生工作的，从而忽视了知识更新以及工作能力的提高，对于下一步的知识更新目标以及工作目标都不够明确，结果发现自己渐渐"越老越空，像丝瓜"。

> 人大对辅导员考职业指导资格证或者是心理咨询师资格证这些证书没有硬性要求，我也没有考这些，因为我觉得不需要，我觉得我现在的知识和经验足以应付我的工作。（辅导员 ZGRM：A）

工作成果本身属于外职业生涯目标，同时也是十分重要的绩效考核目标，职业主体不仅能够从优异的工作成果中体会到成就感，而且这些成果也能够帮助其实现职称、职务晋升。工作成果目标，指的是通过工作能够获得的知识、经验，侧重的是工作成果使个体体会到的成就感，因此属于内职业生涯目标。很多辅导员并没有就其工作制定明确的工作成果目标，采取的是一种得过且过的态度，不仅对工作缺乏积极进取精神，而且对自己设定的期望值也相对较低，工作成果目标的缺失最终导致辅导员"低个人成就感"。

有些辅导员则缺少观念目标，将辅导员职业仅作为自己不愿意做但是必须去做的工作，不仅工作观念消极、僵化，而且对待学生的态度更是麻木不仁，没有责任感。

心理素质目标指的是能够承受挫折、成功，面对他人非议能够持以包容的态度，面对成功或失败依旧能够保持一种十分清醒的态度。对于辅导员来讲，良好的心理素质是非常重要的，因为辅导员所面临的职业压力是比较大的，社会以及家长都对辅导员具有较高的要求，而且学校也设定了较为严格的管理体系。面对这些压力，如果辅导员的心理素质较差，是很难实现自我调节的，这些职业主体往往会因为受到挫折而不再具有工作热情，最后将会因为害怕而调离岗位，因此心理素质目标的确立与实现对辅导员非常重要。

外职业生涯如同他人给予的物品，这种拥有不仅具有暂时性，而且无法对其进行支配。但是依靠自己的主观努力所实现的内职业生涯发展，一旦获得了其组成要素，那么将会是彻底属于自己的，外职业生涯只有立足内职业生涯才能得到更好的发展，因此，内职业生涯发展是根本所在。

（二）职业发展规划的实施存在问题

1. 缺乏时间管理意识，造成职业发展规划难以实施

时间被视为一种资源，在现代社会已被体现得淋漓尽致。进行时间管理的目标并不是将全部的事情都处理完，而是更加合理、有效地使用和分配时间，时间管理从本质上分析是对人进行的管理。从短期来看，通过时间管理能够使时间利用率得到提高；从长期来看，则是实现了对人行为方式的改变。通过时间管理，职业主体实现对很多工作的轻重权衡，从而可以合理分配每项工作的先后顺序与时间长短。

通常来讲，对于辅导员而言，其职责范围分配在每天的24小时内，并且很多班级活动是在节假日或业余时间来进行的。面对突发事件必须及时处理，面对学生问题也必须及时关注，对于很多事件辅导员都需要确保能够持续性参与，还有可能需要为此而牺牲其家庭时间，所以辅导员职业具有时间上的连续性和无限性。因此，对于有着繁重、复杂工作的高校专职辅导员来说，更应该具备优秀的时间管理素质，以更好地满足学校提出的要求，使工作效率得以提升，尽快摆脱繁重的事务性工作，确保其工作职责能够科学、有效履行，从而更好地实施其职业发展规划。

但是，当前我国高校辅导员的时间管理状况不容乐观，王眖、满倩倩经过研究后提出，在接受调查的辅导员中，日常事务性工作的处理时间占比情况如下，70%的人员所占比重为50%，时间占比达到了70%的在调查人数中占比为20%，还有10%的人对应的时间占比达到了85%；在思政教育工作方面投入的时间占比情况为，60%的人花费了40%的时间用来从事思政教育工作，剩余人员则将20%的时间用于思政教育工作；对于每天的工作时间，在8小时以内的仅占10%，40%的人都超过了15小时，剩余的则是在10～

15 小时范围内；超过 50% 的在下班之后感觉十分疲乏。① 在这种工作状态或者说时间管理下，辅导员无法保证进行思政教育的时间，更无法保证学习时间、科研时间了，进而职业发展规划更难以实施。马韵在《高校辅导员工作的时间管理》中对影响辅导员时间使用效率的因素进行了分析，认为最为主要的五个因素是：辅导员事务性工作太多；临时性任务较多；各级领导与部门对相关任务的分配未进行合理的协调；受到不相干会议的干扰；工作缺乏计划性而且缺乏有效的时间管理技巧。② 可见，影响辅导员有效利用时间的因素除了辅导员职业性质外，还有辅导员自身时间管理方面存在的问题。

说没时间呢，像是借口，但是确实以前也试过在办公室看文章的，基本上过一会儿就会有学生来找你，或者是说有电话，所以很难静下心来写东西，但是等到晚上的时候总归还有家里的事情，很难有这样的时间能挤出来。（辅导员 SHJT：A）

这个我觉得跟你自己还是有很大的关系吧，你想要成功，都得靠压缩时间……我觉得你得动脑筋思考，你得全盘地规划，但是你不可能有那么多的时间，回家还要做饭，辅导孩子，收拾家，没有什么空去思考……我觉得很多时候还是自己没有思考吧，当然可能团队也有问题，但是我觉得其实主要的还在你自己，反正我参加辅导员大赛，最大的一个感受就是所有人的成功之道，都是靠压缩自己的时间来实现工作，工作你照样还得做，你要想取得成功，只有压缩你的睡眠时间、娱乐时间，或者休闲时间，再获取更大的成功，如果你要这方面不想付出，那你就每天按部就班，普普通通上班就行。（辅导员 TYKJ：E）

之前很想每天都用一些时间来学习，但不一定能完成，我觉得第一还是自己，比如说惰性或者是你工作累了，需要休息，而且还有家庭生活，我现在有小孩，小孩会分我一些时间。第二个情况是，比如说上班时间，我基本上很少能专心看点东西、做点科研或写些东西，这一般是课余时间来做，下班时间来做。（辅导员 BJLG：A）

可以评职称，但它的要求也是说你要发论文，要怎么怎么样，说实

---

① 王昢、满倩倩：《浅析"时间管理"在高校辅导员工作中的运用》，《青年文学家》2013 年第 15 期。
② 马韵：《高校辅导员工作的时间管理》，《高校辅导员学刊》2010 年第 5 期。

话给了你这个出口，但是呢，像我们做行政的根本没有时间去做那些事情，像我们现在，就像我和那个党办主任吧，都是身兼数职，每天坐在办公室的时候都是不停地忙各种各样的杂事，也没有时间再去写论文呀什么的。(辅导员 SXDX：A)

从上述访谈资料看出，辅导员的时间流逝存在两种状态。一种体现在客观方面，辅导员将大部分的精力用在行政性事务方面，对时间没有进行合理安排，经常会产生一种忙而无功的感觉；另一种则体现在主观方面，从时间的总量上分析，尽管辅导员的时间有时是相对宽裕的，但其自主利用与管理时间的内在动机与能力的缺乏，导致在时间上其主体意义的匮乏。两种时间流逝状态，分别是由外在因素以及自身的内在因素导致的。

王畑、满倩倩在《浅析"时间管理"在高校辅导员工作中的运用》中总结了辅导员未合理利用时间的八种表现：①对工作未进行计划，未制定明确的工作目标；②拖延时间；③对事情缺乏合理的顺序安排，没有主次划分，难以抓住重点；④对于并不重要的事情，过度强调细节、追求完美；⑤所处的工作环境太过嘈杂，而且对文件没有进行归类、整理，需要将太多的时间用于工作材料的寻找；⑥所有的事情都靠自己亲自践行；⑦对别人的要求无法拒绝；⑧对工作持以消极、抱怨的态度，并且缺乏行动力。[①]

研究者通过观察发现，许多辅导员虽然依据高校的相关要求来上下班，但是有时，尤其在每学期中期，整个的工作状态有些散漫，甚至在消磨时间，即使拥有大量时间也缺乏积极主动的工作状态。辅导员更加注重外在的显性控制，而对于内在精神激励却缺乏管理，导致其具有的主体自我意识难以被激发，"心不在焉"的工作状态虽然十分轻松，但是辅导员无法从中获得充实感。辅导员的工作时间虽然长，但却没有合理充分地利用，导致很多辅导员每天都十分忙碌，然而，当询问其具体在忙什么时，辅导员很难明确回答，不知道自己将时间都用在了哪里。这不仅不利于辅导员工作职能的履行，而且从长远发展来分析，对其职业规划的实施也是不利的。

辅导员职业规划的顺利执行，离不开有效的时间管理。面对辅导员工作

[①] 王畑、满倩倩：《浅析"时间管理"在高校辅导员工作中的运用》，《青年文学家》2013年第15期。

具有的"繁、杂、乱、多"特点，不仅要求能够进行积极的时间管理，还要求能够提高时间的可控性，得到整块时间。唯有确保各种时间浪费问题得到解决，才能使辅导员具有更多的自主学习时间，其职业发展既定目标才能够顺利实现。

2. 缺乏付诸实施的行动，影响职业规划的开展

行动，一般情况下对其的界定是，为了能够达成某种意图而开展的活动，主要有两层含义：其一，和本能行为是有区别的，行动是一种带有意识和目的性的活动；其二，行动是具有主动探究特征的。行动不仅直接影响人的发展，还是人自身本质力量的展示。因此在对其进行探讨时，其价值与内涵也不断得以拓展。① 马克思在《哥达纲领批判》中说过，"一步实际运动比一打纲领更重要"②。辅导员职业规划的开展，不仅需要职业生涯目标的确立，还需要及时付诸实施的行动。没有付诸职业生涯发展的实际行动，职业生涯目标的实现只能是一句空谈。

然而目前辅导员中有职业规划的人数不多，付诸实践行动的人数就更少了。"54.23%的人曾经考虑过进行职业规划，然而，因为过重的工作压力而没有实践，制定了详细、明确职业规划的仅为29.04%，当前，我国高校辅导员职业生涯规划中，高认可、低实践是十分普遍的现象。"③ "通过对99名辅导员进行访谈，发现其中将近50%的访谈对象并没有制定职业规划，正在积极制定规划的占比仅为18%，仅仅是有想法但是并没有实施的占比达到了24%，还有18%的辅导员处于着手准备规划阶段。"④ 可见，辅导员在职业生涯规划与付诸实际行动方面都存在问题。

据研究者的访谈和观察发现，辅导员对职业规划缺乏付诸实施的行动主要表现在五个方面。第一，缺乏自我分析的行动。辅导员在进行自我职业生涯规划时，一般会选择工作年限长的辅导员作为参照，或者是简单地听从单位领导的建议，对于自身的职业兴趣、客观条件、价值观念等并没有进行十分全面的考虑。第二，制定了职务晋升或转岗的目标，但缺乏对组织环境信息进行了解的行动。"高校辅导员对组织环境的认知程度不够，捕捉机会敏

---

① 新华词典编纂组编《新华词典》，商务印书馆，1985，第943页。
② 《马克思恩格斯选集》（第3卷），人民出版社，2012，第355页。
③ 方圆：《辽宁省高校辅导员职业生涯规划与职业发展研究》，硕士学位论文，辽宁中医药大学，2015，第39页。
④ 洪鸿麟：《高校辅导员职业生涯管理存在的问题及对策研究》，硕士学位论文，福建师范大学，2012，第24页。

感度不强；而且对于组织发展目标、培训机会等政策也不够了解。"① 第三，制定了职称发展的目标，但缺乏科研方面的行动。调查了解到，大部分辅导员缺乏阅读学生工作相关文献的习惯，很少将时间用于科研方面，对自己的科研能力定位也非常低，缺乏明确的研究方向，也不知道到底如何开展科研工作，如果所在高校对辅导员没有科研的考核要求，很多辅导员便不做科研。第四，在职业生涯规划上缺乏和组织沟通以及获得组织支持的行动。"有一半以上的辅导员选择了不会把自己的职业目标告诉学校。部分辅导员认为领导没兴趣也没时间关注这些事情，也有辅导员认为没必要把自己的职业目标告诉领导，觉得这没什么用处。"② 第五，行动上并未进行职业生涯发展策略的制定与实施，而这是确保职业发展目标得以实现的必要措施，有了职业生涯发展策略，可以在一定程度上确保职业生涯目标的实现。为实现职业生涯目标而采取的行动策略，主要包括教育、培训、实践等方面。然而，大多数的教育、培训都是在高校要求下，辅导员才参与的活动，很少有辅导员把教育、培训、实践作为为实现职业生涯目标而采取的行动策略。

> 发展目标，反正我觉得就是干好自己的工作，然后看一些自己比较感兴趣的在这方面有所进步、有所成长的书，如果时间、能力允许的话可能会再往上考吧。嗯……但是感觉心劲不是那么大。（辅导员 ZGRM：A）

上述访谈资料中的辅导员 ZGRM：A 是缺乏付诸实施的行动的典型。辅导员 ZGRM：A 想考博提升自己的学历，可以说，在职业发展上有一个比较初步的规划，但由于"感觉心劲不是那么大"，所以缺乏付诸实施的行动，由于考博前期准备不足，研究者访谈辅导员 ZGRM：A 时，离她参加考博还有一周的时间，她告诉研究者她有可能放弃这次考试。本章上一节谈到的辅导员 TYLG：B 做了 13 年辅导员，虽然已是山西省优秀辅导员，还是 2013 年入围的全国辅导员年度人物，但到 2020 年才评上讲师。辅导员 TYKJ：A2005 年到山西一所高校做专职辅导员，2007 年评的经济学方面的讲师，到 2021 年已经过去近 14 年了，学校评副教授要求的条件——省级课题、核心

---

① 陈璐：《高校辅导员职业生涯管理研究》，硕士学位论文，浙江工业大学，2012，第 30 页。
② 刘小莉：《高校辅导员职业生涯管理研究》，硕士学位论文，南昌大学，2010，第 24 页。

论文、专著,他一个都没准备好。上述几位辅导员由于缺乏实现职业生涯目标的行动,所以呈现现在的状态。

职业生涯目标明确之后,最为关键的因素就是行动。研究者认为职业主体为职业规划的实现而付诸实施的行动至少包括以下三个方面。第一,在对自身面临的主客观因素进行分析的基础上来实现职业发展策略的有效制定和合理实施。第二,确保各项业务培训活动都能够积极参与。将教育、培训以及实践等视为其职业生涯目标得以实现的重要行动策略,利用工作实践进一步确认自身存在的薄弱环节,并综合自身职业生涯目标,参与各种有针对性的培训活动,使职业能力以及综合素质都能够得到提高。第三,寻求支持。高校组织以及同事的支持是辅导员实现其职业生涯目标的重要保障因素。为了能够获得最大限度的环境支持,辅导员在遇到自身无法解决的问题时,需要以一种积极主动的态度来寻求组织与同事的帮助,而这一前提是辅导员在日常工作中能够实现对人际关系的积极处理,以便在自己需要的时候能够及时获得帮助。

很多辅导员面对职业规划只是想想而已,或者仅仅进行尝试性的探索,而一旦发觉有难度,就会放弃这种追求,回到并安于被安排的职业生活。执行决策、实现目标是一个漫长的艰难过程。没有行动,再小的理想都是空想,一旦职业生涯目标确定,就需要马上行动,辅导员只有由规划者变成行动者,由空想者变为实践者,由逃避者变为直面者,职业生涯目标才能实现,辅导员自身才能成为职业规划的受益者。

一些实证研究已证实了职业成长与离职意愿之间的负相关关系。"对于知识型员工来讲,职业的成长程度以及其发展速度将会影响到离职意愿的高低。如果某知识型员工难以从其所在组织中得到职业成长,那么将会产生离职意愿;反之,如果该员工能够从中获得很好的职业发展,那么这类员工会感觉到离职的成本是过高的,对组织也将产生十分积极的情感认同,即认为应当继续留在组织中。"[①] 深受辅导员是"临时职业"的影响,职业主体从跨入这个职业的第一天起,就开始想着如何转到教师岗位或高校的行政管理人员岗,不会考虑在本职岗位制定职业发展规划,因为缺乏合理的职业发展规划,辅导员个体与整个队伍成长速度缓慢,而职业成长速度缓慢进一步造成职业队伍的不稳定与职业认同的下降。

---

① 翁清雄、席西民:《职业成长与离职倾向:职业承诺与感知机会的调节作用》,《南开管理评论》2010年第2期。

本章小结

一 政策因素是影响辅导员职业认同的主导因素

首先，政策推动在辅导员的职业发展中发挥着主要作用。从辅导员制度在高校中确立的历史来看，辅导员队伍建设属于一项十分重要的党组织任务，是党加强对高校领导的一项政治工作。1953 年 4 月，"政治辅导员制度"在清华大学正式建立，标志着我国正式产生了高校辅导员职业，故此，辅导员职业在党的政策推动下产生，辅导员工作职能源于政治工作。随着高等教育不断发展，在新中国建立后的各个时期，党中央、教育部为紧抓高校思政教育工作，都会出台关于辅导员的相关政策，为此，辅导员职业相关政策随着高等教育的发展不断丰富和拓展，高校辅导员的称谓也经历了"政治指导员"—"政治辅导员"—"高等学校辅导员"的变化，在政策的推进下，辅导员的职业角色定位也不断获得调整和发展，通过上述分析能够得出，职业政策是推动辅导员职业发展的主要力量。

其次，关于辅导员职业认同的三个影响因素中，政策因素起主导作用。目前对辅导员职业发展和职业认同影响最大的就是"双重身份、双线晋升"的政策。尽管该政策存在很多问题，辅导员对该政策并不是十分满意，但辅导员们只是每天被动期盼着自己职称评聘和行政职级待遇问题的解决，很少主动去推动或改变自己的职业发展政策和职业发展环境，如果认为所处的职业发展环境并不乐观，那么将会选择转岗。由于辅导员职业主体意识缺失以及组织因素也需在政策因素的范围内发挥作用，因此政策因素在影响辅导员职业认同中起主导作用。

二 组织因素是影响辅导员职业认同的关键因素

首先，职业依托职业组织实现，或者说后者是前者的载体。对于辅导员职业来讲，其载体是高校组织，高校组织特征和高校组织管理体制必然影响高校辅导员职业认同的建构。我国高校组织的特征是学术权力与行政权力并存，构成最主要的权力，辅导员既是行政权力的主体，又是学术权力的主体,但却处于两种权力的底层,高校组织特征不利于辅导员职业认同建构,但组织特征因素对辅导员职业认同的影响会随着辅导员政策因素的调整而减弱;高校组织对辅导员实行校、院两级管理体制,虽然是为了掌握学生工作的主动性,但却破坏了辅导员职业认同建构的实践共同体环境。Tsui 将"'在实践共同体的各种关系中的互动与互构'称为探索职业认同建构的最强有力的理论工具之一"[1]。高校辅导员组织管理体制不利于辅导员职业认同的建构。其次,职业政策通过组织影响职业认同。虽然教育部制定了辅导员"双重身份、双线晋升"的总政策,但现实中,各地区、各高校在总政策的指导下,根据本地、本校的实际情况制定和执行了更具体的政策,比如辅导员职称评聘单列、辅导员职级制等,对辅导员职业认同产生一定影响,详细论述将在第四章"推动政策调整,提升高校辅导员职业认同"中论述,职业政策的实施是通过组织实现的,组织将会关系到政策执行的最终效果,因此,组织因素是影响辅导员职业认同的关键因素。

三 辅导员个体因素是影响辅导员职业认同的决定性因素

职业认同是主体能动者与社会结构之间持续、交互的建构关系,因此,辅导员个体因素必然影响辅导员职业认同的形成;随着认同研究从结构主义视角向建构主义视角转移,研究者越来越关注职业认同中职业主体的因素,如 Volkmann 和 Andesron 认为"职业认同是一个复杂的过程,与角色、自我、自我形象、自我人格、职业自我有高度相关,是人格自我形象和教师必须遵循角色之间动力平衡的过程"[2]。Dillabough 也认为"职业认同与教师的自我有关,是从对自身的行为、语言和每日实践与社会情境和环境相互关系的解释和归因中引发的"[3]。

目前辅导员职业发展是一种外在于辅导员的自上而下的发展模式。在这种发展模式下,教育行政部门和各高校形成了一整套评估机制对辅导员职业发展情况进行评价,辅导员在该过程中是缺乏主动性的,更多的是一种被动

---

[1] A. B. M. Tsui, "Complexities of Identity Formation: A Narrative Inquiry of an EFL Teacher," *TESOL Quarterly* 41, 4 (2007): 657 – 680.

[2] Mark J. Volkmann and Maria A. Anderson, "Creating Professional Identity: Dilemmas and Metaphors of a First – year Chemistry Teacher," *Science Education* 82, 3 (1998): 293 – 310.

[3] Jo – Annel Dillabough, "Gender Politics and Conceptions of the Modern Teacher: Women, Identity and Professionalism," *British Journal of Sociology of Education* 20, 3 (1999): 373 – 394.

式的接受和参与，是缺乏主体意识的被动"存在"。然而，辅导员个体不仅是职业认同的建构主体，更是职业认同形成的内因，辅导员队伍的壮大以及其职业化发展过程本身，就昭示了辅导员职业意识逐步自觉的必要，故此，在建构辅导员职业认同时，应突出高校辅导员作为职业主体对职业发展具有的主动性，强调在该过程中辅导员具有的重要作用，促进高校辅导员在其职业发展过程中主动采取自觉行为。因此辅导员个体因素是影响辅导员职业认同的决定性因素。

第四章 推动政策调整，提升高校辅导员职业认同

在探讨影响辅导员职业认同的因素时，研究者分析了政策因素是影响辅导员职业认同的主导因素，本章主要从辅导员职业政策的调整方面来论述如何破解辅导员职业认同的困境问题。

第一节 高校辅导员职业发展政策的创新

一 社会认同理论的社会创造策略借鉴

（一）社会创造策略借鉴的原因

1. 辅导员职业流动进一步增强了辅导员职业认同威胁

基于社会认同理论，可以将社会认同归入个体自我概念中，然而，这是个体在群体分类基础上通过社会比较，对自我身份实现的认知，选择的参照是相关社会群体。最为重要的是，在与外群进行对比时，各群成员都会将自身身份与某种价值内涵联系起来，通常情况下，如果进行群间对比，优势群体不仅能够通过这种对比得到积极正面的价值认同，而且还会增强其自身作为优势群体的良好感觉。然而，如果是弱势群体，获得的是不利的或者说是弱势的群体地位，积极社会认同需求的满足也根本无法实现，这就导致了获得的社会认同将会是消极的。这种消极社会认同，引发了社会认同威胁，即如果个体无法从中获得积极的或者说是正面的社会认同，那么个体就会处于一种困境之中，并产生社会认同威胁的感受。[①]

---

① 马璐、刘奂辰：《"用工双轨制"中非在编员工社会认同威胁及其管理》，《现代管理科学》2012年第5期。

如果弱势群体无法获得积极社会认同，即从其中感受到了社会认同威胁，那么这类群体会尝试各种方式使自身的群体地位得到提高，以获得积极、正向的社会认同，从而使这种消极社会认同得到改善。"学者 Van Knippenberg 首次将弱势群体成员应对消极社会认同的反应概念化，称之为认同管理策略（Identity Management Strategies），即对弱势群体成员面对消极社会认同时的反应进行抽象性的概括。"[1] 第一章第三节提到，社会认同威胁的应对策略通常有三种，即自我流动（individual mobility）、社会创造（social creativity）和社会竞争（social competition）。

首先，自我流动指的是个体尝试利用某些措施来离开当前群体，而进入优势群体中。针对辅导员的职业认同威胁，目前辅导员较为普遍采用的策略是个体应对策略，这一策略可以通过两种方式来实现。第一种方式为内部渠道，指的是辅导员通过转岗、晋升等渠道，离开本群体，加入优势群体，解决认同威胁的问题。例如，转到教师岗或行政岗。第二种方式为外部渠道，主要表现为辅导员离开现在工作的组织，加入新组织，从而解决认同威胁的问题，但是通过这种渠道离开辅导员群体的人数很少。

短期内辅导员职业认同威胁客观存在，即辅导员与高校教师、行政人员彼此之间存在的差异，是无法彻底消除的，但是这种自发个体应对策略是具有很多缺陷的，进一步增强了辅导员职业认同威胁。在这种情况下，国家、省市及高校三个层面都应当尝试各种措施来管理辅导员职业认同威胁，并且应当对辅导员进行具有导向性的认同引导。结合社会认同群体应对策略关于社会创造的有关内容，组织可通过弱化辅导员与其他群体进行对比时存在的弱势维度，同时强调更加公平的群体比较维度；此外可通过为辅导员创造某种新的积极身份等措施来实现对辅导员职业认同威胁进行有效管理和引导。

2. 社会创造避免了社会竞争的激进与自我流动的逃避

社会创造和社会竞争是另外两种认同管理策略。社会创造是指当群体间关系的现状是合理的，而且是能够进行改变的，在这种情况下，弱势群体成员选择的应对策略，比如可以改变比较维度，或者是对当前的比较维度进行重新评估，确认其价值等。所谓社会竞争则指的是如果群体之间的边界是非常稳固的，而且是很难进行渗透的，那么此时弱势群体会通过集体行动来直接竞争，即会选择将已有制度推翻，这时候采取的群体行为是过激的，如谈

---

[1] 钟华：《弱势群体成员的认同管理策略研究》，博士学位论文，华中师范大学，2008，第15页。

判、游行示威、斗争等。

所谓自我流动指的是认同解构，即行动者对于其具有的群体资格是缺乏认同感的，希望摆脱或者脱离这种资格，并且会尝试获得一种新的群体资格。[1] 社会竞争是一种较为激烈的群体行为，因此对职业认同的建构也不可取，在职业认同建构过程中社会创造理论是非常可取的。一般而言，社会创造指的是如果目前的群体关系被认为是合理、稳定的，对此弱势群体成员选择的策略。社会创造可能是选择新的比较维度，亦可能是重新评估当前的比较维度，即选择具有较低地位的社会群体再次进行比较。

（二）社会创造策略的三种实现途径

实现途径一：群体成员可能会将一些新的比较维度引入其中，而且为了确保这种策略能够成功实施，要求在以下两种情况下运用：第一，群体内成员将这些维度归入可接受维度中，并且认为是合理的；第二，新的比较维度在被外群体成员接受时，内群体成员接受是增强社会认同的唯一条件。"Lemaine 等人对此进行了调查和研究，准备了两份质量上有所区别的房屋建造材料，一组质量较好，另一组质量较差，让两组小朋友建造房屋，因此，最后用较差质量材料所做的房子质量也是相对较差的，尽管在比赛之前就明确了房子建造的标准，然而，在该小组中，引入了新的评价维度，包括房屋周围的绿化面积、质量等。"[2]

实现途径二：对消极评价的维度进行重新评定，结合 Hogg 和 Abrams 的研究发现，选择该策略要求相关维度属于该群体的重要特质，比如说肤色等，唯有这种情况下才可使用。[3] 如 1960 年后美国开始重新评价黑人。人权运动兴起之前，在美国黑人受到的社会评价是十分消极的，而且整个社会都有十分严重的"反黑"偏见，并且这种观念还是十分稳固的。想要改变黑人的肤色，这是基本不可能实现的，那么面对这种消极评价应当如何处理呢？随着人权运动的兴起，关于黑人以及黑色的认识开始改变，"黑就是美"的观念开始被逐步接受。

另外，当与外群体进行对比时，如果群体成员得到的评价是十分消极的，那么该成员是有可能尝试寻找新的外群体来做比较的，或者是将外群体

---

[1] 方文：《学科制度和社会认同》，中国人民大学出版社，2008，第 84 页。
[2] 张莹瑞、佐斌：《社会认同理论及其发展》，《心理科学进展》2006 年第 3 期。
[3] M. A. Hogg and D. Abrams, "Social Identifications: A Social Psychology of Intergroup Relations and Group Processes," *British Journal of Social Psychology* 30, 3 (1991): 271 – 272.

比较替换成为个体层次的社会比较，类似 Festinger 所提出的个体层次社会比较理论，存在的主要问题在于对自我价值动机的过度强调，而非对"自我增进"动机的强调。两者的主要区别在于，前者仅可进行向上比较，后者是能够进行向下比较的。故此，很多具有较低地位的群体会被选择作为比较群体。

实现途径三：转向群体内比较，另外一种进行替代的方式是很多弱势群体成员选择进行群体内比较，即关于报酬、生活条件等是否合理的判断是通过与群体内的其他成员进行对比而得到的。社会创造理论的运行机制如图 4-1 所示。

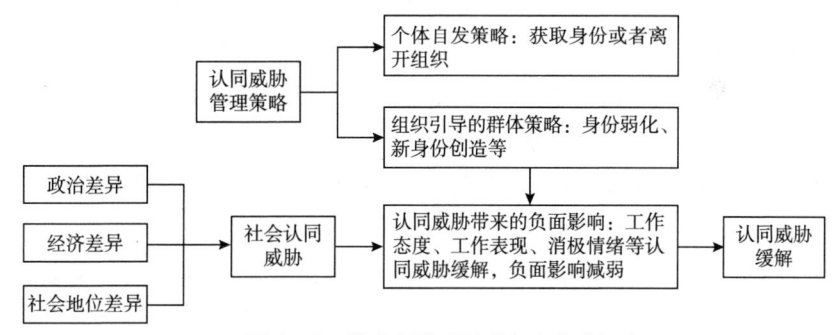

图 4-1　社会创造理论的运行机制

资料来源：马璐、刘奂辰：《"用工双轨制"中非在编员工社会认同威胁及其管理》，《现代管理科学》2012 年第 5 期。

二　高校辅导员职业发展的政策取向

（一）辅导员职称评聘的维度改革

维度改革首先要求结合辅导员日常工作实绩来对辅导员进行考核，而且这种考核机制应当与大学专职教师的评价方式区分开来，也就是说，要与学生工作密切联系，要求辅导员能深入学生当中去。因此，对辅导员的职称评聘必须着重考核他们深入学生实际的情况，比如，召开班会的情况、下到寝舍与学生谈心的次数等。使辅导员能够将其主要精力放在学生工作上，而不是将其精力用于与任课教师抢夺课时、项目等，通过这种方式，来探索符合辅导员发展特征的职称评定渠道。比如上海专门出台了《上海高校学生思想政治教育教师职务聘任办法（试行）》，不仅对辅导员的论文发表情况以及带班的年限做了规定，还对其所带学生的表现等表示了重点关注。在 2017 年最新的辅导员队伍建设规定中，也明确了在对辅导员进行专业技术职务评价时，必须对工作业绩以及育人实效等进行重点考察，通过改革职称评聘维度，能够使辅导员职称评聘工作更加切合实际工作，职业发展更为顺利。

（二）辅导员岗位设置制度的创新

尽管大学开设辅导员岗位已经有较长时间，但是我国人事部门没有为其设置专门的职称称谓，使得辅导员评聘职称时只能套用其他的专业技术人员职称，导致一些大学辅导员的职称五花八门，有些转岗的辅导员更加无所适从。因此，在辅导员职称（岗位）设置上，可以采用与行政管理人员、专业技术人员平行的，但是又相对独立的体系。2017年修改后的《普通高等学校辅导员队伍建设规定》强调"高等学校应当制定辅导员管理岗位聘任办法，根据辅导员的任职年限及实际工作表现，确定相应级别的管理岗位等级"。如设置一级辅导员、二级辅导员、三级辅导员、四级辅导员、五级辅导员或者根据实际表现和工作年限确定相应的科员级、副科级、正科级、副处级、正处级行政级别，并享受相应待遇。这种做法切实解决了辅导员岗位设置制度空缺的问题，可操作性较强。目前，上海、山西部分高校正在采取这种办法。

第二节　社会创造策略之一：高校辅导员职称评聘单列政策的分析

一　上海高校及北京部分高校辅导员职称评聘单列概况

（一）高校辅导员职称评聘单列的政策依据

辅导员职称评聘单列是弱化辅导员"科研、教学维度"、突出"思想政治教育工作实绩维度"，加强辅导员职业认同的一种社会创造策略。

2006年，《普通高等学校辅导员队伍建设规定》中正式提出辅导员独立职称评聘的规定。第一，各高校必须结合自身实际，结合其教师职务岗位结构来进行辅导员岗位的设置，而且对专职辅导员来讲，可按照助教、讲师、副教授、教授要求来进行专业技术职务评定。第二，高校在制定其辅导员评聘资格时，必须结合高校的实际情况，结合辅导员岗位的基本职责，对于学生工作基本特征必须重点突出。而且专业技术职务评聘也必须综合考察辅导员的科研成果、实际工作效果，如果是中级以下职务，可考虑将工作实绩作为重点考察对象。第三，高校应当组建专门的辅导员专业技术职务评聘委员会，来负责其专业技术职务评聘工作。第四，通常情况下，委员会应当包含学校相关领导，以及相关部门人事负责人员等。2017年的"新规定"对上述内容又进行了重点说明，而且还将其中的第二点进行了修改，即"专职辅导员专业技术职务（职称）评聘应更加注重考察工作业绩和育人实效"。

上海市教育委员会于2007年出台了《上海高校学生思想政治教育教师职务聘任办法（试行）》，明确了应当坚持的基本原则，即注重思想政治教育工作实绩、科研能力以及工作年限。在此基础上形成了符合岗位需求以及实际工作要求的评定程序，实现了岗位单列、序列单列、评议单列和标准单列，初步形成了符合辅导员岗位要求的专业技术职务评聘机制。

北京市部分高校也实行了辅导员岗位专业技术职务独立评聘的政策，例如，2005年首都师范大学经党委常委第125次会议讨论通过了《首都师范大学关于申报专职学生思想政治教育高级职务基本条件的规定》，开启了辅导员独立于专业教师系统的职称评聘之路。

（二）高校辅导员职称评聘中三个维度的把握

1. 突出思想政治教育工作实绩维度

在辅导员职称评聘体系中，必须重点突出学生工作的重要性，即突出思想政治教育工作实绩维度。这是由于辅导员的工作本质就是要求在对学生相关问题进行处理时，进行积极的思想政治教育。故此，对于辅导员来讲，必须深入学生，这是确保其工作能够顺利实施的基本前提。在辅导员工作中，如干部培养、活动指导以及学生谈话等都是十分重要的工作内容。当前，我国上海以及北京等地区，已经就如何量化分析这些内容进行了十分详细的说明。

《上海高校学生思想政治教育教师职务聘任办法（试行）》规定了高校辅导员评聘高级职称的工作实绩要求。聘任副教授：具有较丰富的从事学生思想政治教育工作的专业知识和实践经验，在学生思想政治教育工作中取得显著成绩。任现职以来，具备下列条件之一：个人或所带学生团体累计获得省市级以上教育主管等部门颁发的荣誉称号1次以上；个人或所带学生团体累计获得校级荣誉称号2次以上；个人累计获得校内年度考核"优秀"2次以上。聘任教授：具有丰富的从事学生思想政治教育工作的专业知识和实践经验，在学生思想政治教育工作中成绩突出。任现职以来，具备下列条件之一：个人或所带学生团体累计获得省市级以上教育主管等部门颁发的荣誉称号 2 次以上；个人或所带学生团体累计获得校级荣誉称号 4 次以上；个人累计获得校内年度考核"优秀"3 次以上。

首都师范大学对于申报专职学生思想政治教育高级职称基本条件也做出规定：辅导员要具有较高的政治理论水平和思想道德素质，具备较强的思想政治教育理论知识及实践经验，胜任党团、学生思想政治教育以及就业等方面的工作要求；承担学生思想政治教育等方面课程的教学或主持辅导工作，效果良好。

对于专任教师的考核来讲，可以获得其教学量方面的统计信息，而且还有教案作为依据；对于辅导员的考核来讲，也有与之相对应的工作量方面的统计，以其工作记录作为依据，并通过制定考核体系来就辅导员在学生工作中应当完成的工作量进行量化规定，比如每周应当走访学生寝室的次数、与学生谈话的次数等，每周的次数应当达到一定标准。通过这种方式，不仅辅导员工作特征得以体现，而且辅导员工作的规范性问题也得以解决，工作的随意性降低。同时，上海市把在学生思想政治教育工作中成绩突出作为辅导员职称评聘的条件之一，而在学生思想政治教育工作中成绩突出用辅导员或所带学生获得的奖项以及辅导员的年度考核等指标来衡量，紧扣辅导员本职工作，又有很强的可操作性，不仅增进了辅导员对学生的了解，而且工作实效性也得到了提高。根据带班年限、所带学生的实际表现这些因素来评定，与思想政治教育理论课教师所适用的职称评定标准是有所区别的。

2. 降低教学要求维度

《普通高等学校辅导员队伍建设规定》（教育部令第 43 号）中明确提出，"高等学校要鼓励辅导员在做好工作的基础上攻读相关专业学位，承担思想政治理论课等相关课程的教学工作"。基于政策规定来分析，辅导员具有担任思想政治理论课等相关课程教学的权利与义务。高校辅导员或多或少都会承担一定课程的教学任务，因此，高校会在辅导员职称评聘中，对辅导员教学有一定的要求。但如果辅导员将过多的精力用于教学，那么用于思想政治教育以及日常管理等方面的时间必然会随之减少，而这对学生工作的开展是极为不利的。故此，对辅导员的教学要求相比专职教师的要求要适当降低。另外，通过职称评聘，使辅导员能够兼任与学生工作具有较强联系的课程教学，以此来避免辅导员从事过多不必要的工作，并且使辅导员的工作热情能够得到激发，工作效率也能够得到极大提高。而且，通过兼课，辅导员对学生的认识和了解更加清楚，能够增强对学生思想动态的准确把握，以此使得日常教育引导工作具有的针对性更强。

《上海高校学生思想政治教育教师职务聘任办法（试行）》规定了高校辅导员职称评聘的教学要求：每年承担一定量的第一或第二课堂教育教学任务。《关于〈东华大学学生思想政治教育教师职务聘任实施细则〉第五条"聘任高级职务条件"的说明》中对"教学要求"进行了补充："（一）该条款中所指的第一或第二课堂'教育教学任务'应与学生思想政治教育相关。（二）该条款中的第二课堂教育教学包括：1. 党团教育、心理健康教育、职业发展与就业指导教育、创业教育、学生安全稳定、学风建设、学生事务、校园文化等为主题的讲座；2. 组织或指导的课外科技学术创新项目或大学生社会实践项目；3. 其他经学校学生思想政治教育教师聘任领导小组认可的第二课堂教育教学。（三）该条款中'一定量'的认定标准为：1. 应聘教授职务的，每学年应承担不少于36学时的第一课堂教学任务；2. 应聘副教授职务的，每学年应承担不少于36学时的第一或第二课堂教育教学任务。具体计算标准为：承担一次主题讲座（不少于1.5小时）为2个学时；组织或指导课外科技学术创新项目按照一个学期为16学时计算；指导并带队参与的社会实践按照每天4学时计算，一次社会实践累计不超过12个学时。（四）对每学年所承担的第一课堂教育教学任务由教务处或研究生部出具证明材料；第二课堂教育教学任务由教师所在部门负责认定，每一学年由所在部门将相关认定材料报备学生处。（五）教师第一课堂教育教学质量由教务处或研究生部考核；第二课堂教育教学质量由学生工作部门考核。以上考核每年均应'合格'及以上。"

《首都师范大学关于申报专职学生思想政治教育高级职务基本条件的规定》对申报专职学生思想政治教育高级职务的教学基本条件为："承担学生思想政治教育等方面课程的教学或主持辅导工作，效果良好。"

由此可见，对比从事专业知识教学的教师，高校对辅导员在教学方面的要求并不高，也不是十分严格。针对辅导员的职业特点，设置了第二课堂教育教学，不仅课程与工作内容相关，而且形式多样、灵活，在课时量的要求方面，也比专业教师要少很多，适当的课时量不仅兼顾了辅导员的工作实际，而且还能引导辅导员加强对思想政治教育理论知识的深入学习，提高了辅导员思想政治教育的能力，也满足了辅导员上课的愿望。

3. 降低科研要求维度

辅导员通过研究学生思想政治教育工作以及学生当前的思想状况，有助于增强对其实际工作的指导,另外现代社会要求辅导员队伍专业化、专家化,这就要求在对辅导员进行职称评聘的时候,必须将科研水平纳入考察范围,特别是在高级职称申报中,对于科研的数量以及质量等应当重点考察,这些可借助论文发表的数量与质量、课题参与情况、科研经费情况等来考察。但是,辅导员队伍整体在学历以及科研等方面具有先天劣势,故此,在对其科研水平进行考察时,必须结合辅导员的科研现状来进行,以逐步确认最为恰当的科研标准,基于此才能对辅导员科研产生有效的激励,并促进其科研水平的提升。

因为辅导员毕竟是一个实践性很强的岗位,所以科研这个怎么样才能做到比较合理、合适,我觉得可能还是别太强化了,适当要有,该淡化还是淡化,科研做得特别漂亮,那他本职工作不是还是要带学生管学生吗?你找不着辅导员,他带着队伍去到处做科研去了,不在岗位,那能行吗?我觉得这个就像说,评职称光看辅导员的科研成果,光看论文,这肯定是不行的,还要看他的本职工作做得怎么样。但是这个合理的安排应该还是全面的吧,那工作的这块、科研的这块都要有一些。(辅导员 ZGZF:A)

《上海高校学生思想政治教育教师职务聘任办法(试行)》规定了高校辅导员职称评聘的科研要求。教授评聘应当满足的基本科研条件如下:"从事学生思想政治教育的学术水平和研究成果在本领域中有一定影响,任现职以来,独立或作为第一作者在重要学术刊物上发表大学生思想政治教育方面的研究论文3篇以上,同时具备下列条件之一:(1)作为主要成员(排名前3位)完成省市级以上教育主管等部门组织的大学生思想政治教育方面研究课题3项以上,研究成果经鉴定或已组织实施;(2)作为主要编撰人已公开出版大学生思想政治教育方面的学术专著1部以上或教材、教学参考书2本以上;(3)作为主要成员(排名前3位)获得省市级以上教育主管等部门思想政治教育方面科研奖励2次以上;(4)独立或作为第一作者在重要学术刊物上发表大学生思想政治教育方面的研究论文2篇以上。"副教授评聘基本条件如下:"任现职以来,独立或作为第一作者在重要学术刊物上发表大学生思想政治教育方面的研究论文2篇以上。任现职以来在重要学术刊物上独立发表大学生思想政治教育方面的研究论文1篇,同时具备下列条件之一:(1)作为主要成员(排名前3位)完成省市级以上教育主管等部门组织的大学生思想政治教育方面研究课题1项以上,研究成果通过鉴定或已组织实施；（2）作为主要编撰人已公开出版大学生思想政治教育方面的学术著作或教材、教学参考书 1 本以上；（3）作为主要成员（排名前 3 位）获得省市级以上教育主管等部门思想政治教育方面科研奖励 1 次以上。"

《东华大学学生思想政治教育教师职务聘任实施细则》规定了辅导员评聘教授的科研要求："从事学生思想政治教育的学术水平和研究成果在本领域中有一定影响，任现职以来，在重要学术刊物上发表大学生思想政治教育方面的研究论文 8 篇及以上（排名前 2 位或通讯作者），其中第一作者 3 篇及以上，同时具备下列条件之一：（1）作为主要成员（排名前 3 位）完成省市级以上教育主管等部门组织的大学生思想政治教育方面研究课题 3 项以上，研究成果经鉴定或已组织实施；（2）作为主要编撰人已公开出版大学生思想政治教育方面的学术专著 1 部以上或教材、教学参考书 2 本以上；（3）作为主要成员（排名前 3 位）获得省市级以上教育主管等部门思想政治教育方面科研奖励 2 次以上；（4）独立或作为第一作者在重要学术刊物上发表大学生思想政治教育方面的研究论文 2 篇以上。"

《东华大学教师专业技术职务首次聘任细则（修订）》第九条规定了人文社科类教授学术、技术水平要求："任现职以来，须同时满足如下第 1、第 2 款以及第 3 款（1）-（7）中之一。1. 以第一或通讯作者在相关学科研究领域的学术期刊上发表 C 类以上学术论文 5 篇以上。2. 至少主持 1 项 A 类以上科研项目。3. 取得如下学术、技术成果之一：（1）作为主要完成人获得国家级奖励（排名前 5 位）的教学、科研成果 1 项以上；或作为主要完成人获得省部级奖励（二等奖以上排名前 3 位、三等奖排名前 2 位）的教学、科研成果 2 项以上。（2）以第一或通讯作者在相关学科研究领域的学术期刊上再发表 C 类以上学术论文 3 篇以上。（3）公开出版学术专著 1 部以上；或排名前 2 位合著出版学术著作 2 部以上。（4）主持省部级以上教学改革项目或课题 1 项；或排名前 2 位参加省部级以上教学改革项目或课题 2 项以上。（5）获得 B 类以上决策咨询成果 1 项。（6）作为第一指导教师，指导两届学生获国际创新、创业、学科类竞赛三等奖以上，或指导两届学生获国家级创新、创业、学科类竞赛二等奖以上，或指导三届学生获省部级创新、创业、学科类竞赛一等奖以上奖励。（7）另有主持的科研项目经费累计到款 60 万以上。"

东华大学辅导员评聘副教授的科研要求与《上海高校学生思想政治教育教师职务聘任办法（试行）》的规定一致。

《东华大学教师专业技术职务首次聘任细则（修订）》第十四条规定了人文社科类副教授学术、技术水平要求："任现职以来，须同时满足如下第 1、第 2 款以及第 3 款（1）-（7）中之一。1. 以第一或通讯作者在相关学科研究领域的学术期刊上发表 C 类以上学术论文 3 篇以上。2. 至少主持 1 项 B 类科研项目。3. 取得如下学术、技术成果之一：（1）作为主要完成人获得省部级奖励（二等奖以上排名前 3 位、三等奖排名前 2 位）或国家级奖励（排名前 8 位）的教学、科研成果 1 项以上。（2）以第一或通讯作者在相关学科研究领域的学术期刊物上再发表 C 类以上学术论文 2 篇以上。（3）排名前 2 位合著出版学术著作 1 部以上或公开出版教材、教学参考书 1 本以上。（4）排名前 3 位参加省部级以上的教学改革项目或课题 1 项以上；或获校级教学比赛的二等以上奖 1 次。（5）获得 C 类以上决策咨询成果 1 项。（6）作为主要指导教师（排名前 2 位），指导两届学生获国际创新、创业、学科类竞赛奖，或指导两届学生获国家级创新、创业、学科类竞赛三等奖以上，或指导三届学生获省部级创新、创业、学科类竞赛一等奖以上奖励。（7）另有主持的科研项目经费累计到款 40 万以上。"

《首都师范大学关于申报专职学生思想政治教育高级职务基本条件的规定》规定了申报专职学生思想政治教育副教授评聘的科研基本条件："（1）公开发表论文不少于 5 篇（其中核心刊物上发表的论文不少于 2 篇，结合本职工作发表的论文 2 篇）。（2）上述规定中论文计算'独立完成'或'第一作者'，其中 1 篇权威核心期刊论文可折合成 2 篇核心期刊论文计算。"申报专职学生思想政治教育教授评聘的科研基本条件为："（1）在核心刊物上发表论文 6 篇（其中结合本职工作的论文 2 篇），并获得与此相当的其他形式的科研成果。（2）上述规定中论文计算'独立完成'或'第一作者'，其中 1 篇权威核心期刊论文可折合成 2 篇核心期刊论文计算。"

由此可见，辅导员职称评审的科研要求相对比专业教师容易，以东华大学为例，首先，专职教师评聘高级职称需要满足三个条件，其中论文、课题是必备条件，奖励、著作等作为选项条件，也必须满足其中之一；而专职辅导员只需满足两个条件，论文是必备条件，课题、专著、奖励作为选项条件，满足其中之一即可。其次，专职教师评聘高级职称无论是论文的数量还是质量都比专职辅导员的要求要高，专职教师评聘副教授除了论文总数要求之外，还要求 CSSCI 收录论文 2 篇以上，专职教师评聘教授要求 CSSCI 收录论文 3 篇以上；而专职辅导员除了论文总数要求外，并没有 CSSCI 收录论文的要求。最后，在课题方面，专职教师评聘教授必须主持国家级科研项目 1 项以上或主持省部级科研项目 2 项以上；而专职辅导员评聘教授课题不仅是选项条件，而且辅导员作为主要成员（排名前 3），参与完成 3 项省市级以上的思想政治教育课题研究即可。首都师范大学对专职辅导员评聘高级职称也只有论文方面的要求，课题、科研奖励、著作等均没要求，专职辅导员评聘高级职称教学、科研维度要求的降低一方面与辅导员职业特点有关，另一方面也和辅导员目前的科研状况有关。

辅导员缺乏学科背景支撑，科研意识和能力也不强。绝大多数辅导员原来的专业并非思想政治教育专业，因此，不具有相关理论知识，而且对于政治学、心理学等专业的知识也缺乏系统性学习，对于新形势下新问题的分析与解决能力较弱。关于科研经验，辅导员参与科研的机会也相对较少，而且对科学研究的方法、技巧等也并没有充分掌握。这些都导致了辅导员在科研方面的弱势。再加上辅导员所需负责的日常事务十分繁杂，在科研方面的投入也相对较少，还有很多辅导员对其工作的认识不够全面，将其简单归为信息传导、学生日常事务处理，只需凭工作经验即可完成。另外辅导员科研环境欠佳，缺乏专业培育和指导，造成辅导员科研能力和水平有限，不能很好地把个人工作、科学研究和职业发展结合起来。因此，在科研要求维度上，标准必须适合辅导员队伍的职业特点以及辅导员科研现状，不管标准过高还是过低，都会影响到最终的激励作用。结合当前辅导员队伍建设问题，不能将科研标准定得过高，使辅导员失去科研信心，从而对职称评聘感到迷茫，而要制定合适的标准，以对辅导员科研能力的发展形成正确的引导。

辅导员职称评聘岗位单列、序列单列、评议单列和标准单列，是各高校为提高辅导员职业认同而进行的社会创造策略的尝试，各高校在辅导员职称评聘方面借鉴了高校专职教师的职称评聘办法，但又根据辅导员职业特点对教学、科研维度进行了调整，同时突出思想政治教育工作实绩的维度，使辅导员在职称评聘中与专业教师群体相比，维度的公平性增强了。

当前，仅有部分高校采取了辅导员职称评聘单列，还有很多高校并未执行，在这些高校，对辅导员采取了与专职研究人员或专职教师相同的科研评价标准，没有考虑到辅导员的实际工作特征，对其科研水平的评价也仅仅是从课题申报、论文发表等角度进行分析，这不利于辅导员科研积极性的调动，而且还会使辅导员参与的课题研究或者是进行的论文撰写与其实际工作缺乏关联性，从而导致研究成果无法在其实际工作中得到运用，导致辅导员为做科研而做科研。

二　高校辅导员职称评聘单列对职业认同的影响

（一）辅导员职称评聘单列的高校辅导员对自身职业地位的认知正在逐步改善

第二章第一节中辅导员对其所从事职业的群体在经济资源、社会地位和社会声望等方面的评判并不高，尤其是对那些没有执行辅导员职称评聘单列和辅导员职级制的高校辅导员来说，其职业地位不仅低于专职教师，也低于行政管理人员。

> 辅导员地位没法和专职老师比，感觉比行政岗的人也要差一些，因为行政管理人员干得也比较专一，而且学生也一般把行政管理人员当成领导，对辅导员来说可能就没有太多的这种感觉吧。（辅导员SXDX：A）

上述辅导员访谈资料是职称评聘没有单列的高校辅导员对职业地位认知的典型观点，辅导员按专职教师系列进行职称评聘，可以申报其原有专业，或者是申报思想政治教育专业，不管申报的是何种专业，在职称评聘中辅导员所处的位置都是十分不利的。比如申报自己原来的专业，那么对比该专业的专任老师，不管是基于课时还是科研，都是处于相对劣势的。如果是申报思想政治教育专业，不仅仅是辅导员，政治理论课老师也是可以申报的，对比来讲，后者具有的科研优势更加突出。胡文斌、黄黎的研究充分证明职称评聘没有单列的高校辅导员的职业成长困境，"该校明确规定，如果辅导员具有硕士学历，当其工作满两年后，即可评聘为讲师，讲师满5年可评聘为副教授。从2005年到2013年，该校共入职59名辅导员，其中4人工作未满两年就选择了转岗，剩余的55人都选择评聘讲师，工作满两年后，评聘为讲师的占比为85.45%，三年时，7人评聘为讲师，四年时，1人评聘为讲师，从2006年入职，到2013年评聘为讲师的人数占比不断增大，但是并未有一人评聘为副教授"。[①]

职称申报专业多样性，说明辅导员工作专业性弱，没有设立单独的专业

---

① 胡文斌、黄黎：《地方高校辅导员职业成长困境及对策思考——以某高校近10年入职辅导员为例》，《高教论坛》2016年第3期。

体系，同时与之相对的职级评定体系也未建立，这些都导致了其职业地位是相对较低的。此外，设定的评聘标准与辅导员的工作实际并不相符。针对教师制定的职业评聘，是结合教师工作特征进行设计的，包括课题、论文等，强调的是在该领域中，专职教师的专业性。"但是对于辅导员来讲，其主要的工作职责是与学生接触并开展思政教育和价值引领。如果在职称评聘中，用专任教师的标准来衡量辅导员，显然与辅导员的实际工作是不相符的，而且对其队伍建设也将产生消极影响。"[1] 这使得辅导员面临更大的职业评定难度，但是职称能够在一定程度上反映其地位、身份，而且干部提拔以及经济待遇等都会受到职称的影响，职称低将会使得辅导员经济地位、社会地位低，甚至有些学校规定辅导员不能评职称，辅导员如果行政职务上不去，那只能一直是科员，处于学校行政权力的最底层，职业地位自然不高。

随着部分高校辅导员职称评聘的单列，辅导员的职称结构已有所变化。2006年，华东师范大学法政学院辅导员解超老师被学校评为教授，成为上海第一个教授辅导员。

> 到2020年3月，首都师范大学共有110多位专职辅导员，副教授15人左右，讲师80多人，助教及助教以下10多人。虽然尚没有教授，但副教授逐年增加，每年辅导员评聘高级职务时，符合条件的在6人左右，每年平均指标有2个，因此评聘比为1∶3左右。（学生处人员SDSF：B）

> 中国政法大学到2020年5月，辅导员队伍中已有4个教授（2个分党委书记，1个心理咨询老师，1个普通辅导员）、20多个副教授（副教授包括处长、副处长、心理咨询老师、书记、副书记、辅导员），其中领导和辅导员的比例大概为1∶1。（辅导员ZGZF：B）

随着辅导员队伍中高级职称人数的增加，辅导员处在学术权力底层的情况将有所改变，辅导员群体的职业地位也会上升，从下面的访谈材料，可以得到印证。

> 辅导员地位虽不如专职老师，但可能比那些纯行政的稍微高一点吧，高就高在他的发展空间，就像我老了，我也可以，从价值也好，从尊严来讲，或者是从虚荣心来讲，我也是教授了，有一个安慰，因为像

---

[1] 余卉：《高校辅导员职称评定体系的建立》，《文史博览》（理论）2014年第7期。

我同学，他们做纯行政的，要没当成个处长啦科长啦，那就是普通的科员，也有这种。（辅导员 ZGZF：A）

现在一视同仁，辅导员系列和科研系列、教学系列一样可以同步走的，三轨并行，以前确实相当于副业一样，所以若干年前还没有这个辅导员走思政系列职称的政策出台，是后面几年才开始的，要鼓励、要抓大学生思想政治教育啊，对这个职业来讲……比以前大概好多了。（辅导员 HDSF：A）

我觉得辅导员地位还可以吧，我觉得还不错，嗯……就是我们学校很重视党建的工作以及辅导员队伍建设，因为它有一个时间上的延续嘛，我觉得首都师范大学辅导员群体和其他群体没有特别明显的差异，我觉得还可以，不像说24号文件出台之前辅导员的地位很低或者怎么样。（辅导员 SDSF：A）

嗯……这个可能是各学校会有不同吧，但是就交大而言，因为现在……分管学生工作的副书记，一直都是从思政队伍里选拔出来，所以其实对于思政这一块的话，学校的领导还是蛮重视的，上面的领导重视的话，那么可能这个工作也会显得重要一些。而且确实思政在交大做了很多年，那么每年年底各个部处机关进行综合考评的时候，基本上学生队伍考评都是在前3名，所以领导们还是蛮认同这块工作的，我也听说过有一些学校对思政不是很看重，但是在交大的话，是没有这种感觉的。（辅导员 SHJT：A）

地位的话，逐年在提升。越来越多的导师和老师注意到，学生的学业能力，只是他自己所拥有的一部分。如果学习能力强的话，那么相关心理素质啊，还有世界观、价值观、人生观，这些不好的话，很多问题会更加严重。所以说跟这些相关的辅导员工作的重要性及辅导员的地位也在随着提高。（辅导员 BJLG：A）

我觉得我们学校对辅导员还算挺重视的，就是不知道其他学校怎么样，学校经常会有一些组织辅导员七七八八的沙龙。嗯，相关的活动也都在学校新闻宣传频道做推广，而且专业老师本身素质就挺高，不会对你说，你是辅导员，我是专业老师，有这样一种划分，所以，辅导员整体在学校还是挺受尊重的一个群体。（辅导员 HDSF：B）

如果从静态的视角来看，没有执行辅导员职称评聘单列高校的多数辅导员和职称评聘单列高校的一部分辅导员认为自身职业地位低，"辅导员在高校群体中是相对弱势的，有时甚至被认为是学生的保姆、联络员，因此自认为具有较低社会地位的辅导员占比竟达到 73%"。① 然而，从动态的视角来看，辅导员职业地位低有其历史原因和现实原因，职业地位的改变不仅是一个漫长的过程，也是一个由量变到质变的过程。随着学生工作重要性的凸显及辅导员职称评聘的单列，辅导员将不再是"讲师+科级"的职业前景，辅导员职称结构的改善将使辅导员获得的劳动报酬和付出不成比例、福利待遇差的形势有所改观，辅导员缺乏被尊重感的局面有所缓解，职业地位也逐步提高，那么辅导员对自身职业地位的认知也会改善。

（二）职称评聘单列高校的辅导员职业归属感在增强

辅导员职称评聘没有单列的高校有的允许辅导员与专职教师一起按专业评职称，有的高校（中国人民大学、北京邮电大学等）甚至不允许辅导员评职称。以山西 H 高校为例，允许辅导员走专业技术职称这条路，2020 年条件也单列了，但科研标准和马克思主义学院专职教师并无二致，指标、评议也并未单列，另外实际工作中对辅导员职称评定采取放任自流的态度，在辅导员专业归属、授课选择、课时认定等方面均不提供相应的支持和帮助，导致辅导员职称评聘难。

> 我原先所在的学院分成两个学院的时候，我选择去我专业所在的新学院，最主要的原因就是能解决我的代课和评职称问题，虽然原先的学院条件要好一些，但你说如果不去我专业所在的新学院，谁还让你代课，评职称时谁会支持你。（辅导员 TYKJ：I）
>
> 评副教授的话，学校要求年均承担至少 1 门学生思想政治教育教学和管理工作范畴的教育教学课程，且年均授课时数不少于 16 学时，你说思政类课程现在归马院管，心理健康课程归人文学院管，大学生安全教育是网课，军事理论课程归武装部管，就业课程归学生处管，这些部门我都找了，人家说现在不需要代课老师，你说代课的事都没人帮你协调，辅导员评职称怎么就没地方管呢……辅导员为学生工作付出了那么多，怎么在自身发展方面就没人支持呢。我真的有种被抛弃了的感觉。（辅导员 TYKJ：C）

在辅导员职称评聘没有单列或部分条件单列的高校，辅导员要想在职称

---

① 沈威：《高校辅导员身份认同的冲突与消解》，《思想教育研究》2016 年第 5 期。

评聘中取得成功，需要自己协调的事情很多，如果职称评聘的专业不在辅导员工作所在的学院，而学生处也不出面插手辅导员的职称评聘问题，那么辅导员就会处于孤立无援的境地，造成辅导员在组织上无归属感。同时，申报专业多样化，很多辅导员职称申报专业与自己所学专业一致，而与学生工作相关性不大，导致辅导员工作与科研脱离，再加上一味按照专任教师标准对辅导员提出科研要求，这与其工作实际不相符，也影响了其队伍建设。辅导员职称申报专业所在的院系情况不一，有些属于教学型的，有些属于教学科研型的，还有些属于科研型的，导致辅导员内部职称体系不统一，辅导员职称评定中的复杂性、多样性、艰难性、不确定性阻碍了辅导员职业归属感的建立。

辅导员专业技术职务评聘的实施，需要结合辅导员的工作实际，还需要考虑到其专业化发展的基本需求，因此不仅评定条件以及细则等应当单列，而且还需制定量化的指标体系，同时设立专管辅导员职称评聘的组织。以东华大学为例，"东华大学思想政治教育教师职务聘任申报受理机构设在人事处。学校成立由分管校领导、组织部、人事处、学工办、研工办及马克思理论学科专家组成的专业技术职务聘任工作小组，聘任工作小组组长由学校分管学生工作的党委副书记担任。学校成立由校领导、校内外专家组成的学生思想政治教育教师职务聘任评议组，评议组组长由校党委书记担任。评议组办公室设在学生工作办公室。评议组办公室主任由学生工作办公室主任担任"。[①] 辅导员职称评聘有专门的组织机构、单列的指标及单列的条件，同时还有规范的聘任程序，使辅导员职称评聘有了组织的支持，所评职称与所做工作紧密相连，职业主体发展和职业发展之间密切联系，最终使辅导员具有更强的职业归属感。

> 这两年陆续地开始，辅导员队伍也逐渐地在淘汰一些人，就像我们院那个辅导员，就是领导找他谈话，让他转行政岗，他特别不同意，不同意也得转。领导认为他不适合，我们认为他个人能力差点，领导认为，从能力到素质，各方面他都不行，反正领导对他特别不满意，嗯……我们可能都对他不是太满意……我觉得他就是工作能力差点呗，跟大家不是一个智力层面的，但是领导就挺受不了的。说实话，我们这个领导年轻，说好听点，就是眼里不容沙子，就是你这个工作稍微不随

---

① 《东华大学学生思想政治教育教师职务聘任实施细则》（东华人〔2007〕30号）。

流就怎么怎么样……其他学院也有这种陆续淘汰的，有的是因为党员发展这块出了一些纰漏……行政岗的话，他们不像辅导员能够评职称，他们就走那个行政级别，有科长，那就当科长，有处长，你能升处长那就升，升不上去，你就当一辈子科员，从职业前途来讲可能没有辅导员有空间吧，空间可能会小一些。（辅导员 ZGZF：A）

我可以转岗当老师，这不我没转。2013 年，马院的那个德育教研室的主任想要我，我们关系也不错，当时让我去当老师代思修课……我想了好多：第一，当老师这个科研压力也挺大；第二，当时也没评上副教授，如果转到马院评副教授更难……当辅导员，我 2015 年已经评上副教授了，反正还得 10 多年退休，怎么样也熬上教授了。（辅导员 ZGZF：B）

辅导员缺乏职业归属感的突出表现就是辅导员队伍流动快，缺少长期从事辅导员工作的决心，有的辅导员一直处在"随时准备转岗"的状态，然而研究者在与职称评聘单列的高校辅导员访谈时发现了如上述出现的辅导员有机会转岗却不愿意转岗的情况（虽然这些辅导员也没做好一辈子当辅导员的思想准备），这种情况在辅导员没有职称评聘单列的高校从未出现。辅导员职称评聘单列使辅导员职业发展获得了更好的平台，有助于其人生价值的实现，辅导员的职业归属感也得到增强。职业归属感是职业主体实现自我发展的内部驱动力，对推动职业发展有积极的作用。

我们现在辅导员就是走职称类的系列，每个人肯定都会有自己的规划，所以像我们平时，比方说我负责党建，像有的老师他负责他的那一部分，因为都是学生管理的范畴，都可以统一归作学生思政方面，而且平时书院里面也有一些可能要求写文字的工作，其实对我来说挺好的，这些文字的积累也可以帮助我们发表文章啊什么的，是可以整合起来的一些资源，所以对我们的工作，这方面不是阻力，我觉得反而是一个推力……另外，发文章也是评职称的需要。（辅导员 HDSF：B）

建立单独的辅导员职称评定体系，解除辅导员的后顾之忧，真正做到政策留人、待遇留人。职业归属感正是基于这种价值感、安全感以及使命感而形成的。职业归属感使个体在工作中能够形成一种自我约束的力量，并产生强烈的责任感；同时使个体能够明确其在组织中未来的发展方向及规划，并乐于在组织中谋求发展和承担责任，甘愿为组织发展施展才华。

（三）职称评聘单列高校的辅导员职业研究能力正逐渐提高

一般来讲，对于并未将辅导员职称评聘进行单列的高校，在科研方面对辅导员并没有设立严格的考核要求，通过对这些高校辅导员的访谈发现，很多辅导员以为对于学生工作来讲，科研素质属于可有可无的，尤其是那些不允许辅导员评职称的高校的辅导员，有的工作五六年甚至九年了从来没发表过论文，大部分辅导员从来没拥有过课题，小部分辅导员课题来源为本校。

> 我从事辅导员工作9年了，没发表过学生工作方面的论文，其他发表论文的人也很少。每年也就是那么一两位发表那么一两篇。但凡有发表的，我们就会立马都知道。（辅导员 SXDX：A）

> 我从事辅导员工作已经13年了，最近两年才想着发论文。前10年写过思政方面的论文，但没有发表过。（辅导员 TYLG：B）

> 这个事，政策就是指挥棒，说实话，政策不往这方面导向，底下人也不往这边走啊，所以现在天天说辅导员没有科研，没有这样的环境啊，天天就疲于应对各方面的事，事都做不完，哪有时间搞什么科研。（辅导员 ZGRM：B）

而那些辅导员可以评职称，但职称评聘没有单列或部分条件单列的高校的辅导员只是在讲师评聘前发表过仅够评上讲师数目、质量的论文，但到了高级职称阶段，比如还在自己的原有专业进行评聘，对比专任教师，无论课时还是科研上都没有优势，而且如果走思想政治教育专业的职称，不光辅导员，政治理论课老师也可以申报，而且对比来讲，后者的科研优势更加突出。面对如此坚固的科研壁垒，辅导员一般会选择放弃，即评上讲师后，一般不会再做科研。

> 因为要评讲师嘛，2010年和2011年各发过两篇普通论文，之后10年，再没写过论文，哎呀哎呀，可能就是，也没想到自己马上要评职称啊，再一个就是这些事情太多了，完全没有精力去考虑写东西，因为要是再想发表的话，肯定是想往水平高点的那个期刊，所以比较麻烦，比较难。但平时也没有时间，星期天了还想休息休息，就是这样。今年（2021年）才想着该发文章了。（辅导员 TYKJ：B）

> 就评讲师前写了那么两篇论文，然后后续有一个校青年基金可能做过一个东西。这个都是学生工作口上的，都是和辅导员工作相关的。这几

年基本上没有做科研，我不擅长做这个……（辅导员 TYKJ：E）

我对课题也感兴趣，5 年前申请过省级课题，没批下来。处长们能批下来，有些只能是有职称的才能报，什么学术带头人、副教授或教授才能报……我什么都不是，后来就懒得再报了。（辅导员 TYLG：B）

辅导员职称评聘单列的高校，辅导员科研氛围好一些，如复旦大学成立"青年研究中心"，东华大学设立"东华大学新进专职辅导员教师科研启动基金"，首都师范大学提出"学工系统'三个一工程'建设实施方案"，主要目标是："每个从事学生工作的干部能够承担一项关于学生思想政治教育方面的课题，能够从事一门相关课程的讲授工作，能够主持一个学生事务相关的精品工作项目。"同时，首都师范大学还设立了专门针对辅导员的课题"首都师范大学学生工作科研课题"，在这种氛围的影响下，辅导员的科研意识有所增强，科研资源也较辅导员职称评聘没有单列的高校要丰富很多，辅导员的科研能力也正逐渐提高。

首先，辅导员申请课题项目的数量、层次有所提高。从目前课题下达的项目类型来看，包括国家社科基金项目、教育部人文社会科学研究专项课题、省市级思想政治教育专项课题以及校级思想政治教育专项课题等几个层次。除了教育部人文社会科学研究专项任务项目（高校辅导员研究）在全国范围内有较低比例的辅导员申请外，省市级课题的申请应是目前辅导员主要的科研努力方向。对于将辅导员职称评聘进行单列的高校，不但是辅导员校级课题申请比较普遍，而且省市课题的申请也比较积极，立项成果也较多。

每年度的首都师范大学学生思想政治教育课题类的招标课题分为专项、一般、支持、战略课题、重点课题等，这些课题，我们每年都会积极组织辅导员去申报，咱们学校的这个成绩也不错。每年最后中标的重点课题，还有一般课题，加上支持课题基本能有 8 项左右，有多的能达到 10 项，就是每年中标的，那就意味着至少有 10 个辅导员作为负责人能申请到课题，这些课题的研究，对于辅导员综合素质，以及其工作条理性的提升，乃至实现专业化，都是非常有帮助的。（学生处人员 SDSF：B）

课题方面，我之前申报了一个市级的重点课题，跟网络舆情有关的，然后参与了一些，反正都是跟工作相关的。学校也有些针对辅导员的课题，其实就是相当于给资历浅的辅导员一些扶持和支持，鼓励大家都做一些研究……大家都还可以，申报的人还比较多，包括我们办公室

的一个同事，今天下午就去课题讨论去了。（辅导员 SDSF：A）

上海学校德育研究课题分为德育理论研究课题、德育决策咨文课题、德育实践研究课题三类，"2020 年度上海学校德育研究课题经相关专家进行严格评审，拟批准 274 项课题立项，其中，德育理论研究课题 11 项、德育决策咨文课题 33 项、德育实践研究课题 230 项。华东师范大学共有 9 项课题批准立项，包括德育决策咨文课题 3 项、德育实践研究课题 6 项"。① 华东师范大学获批的 6 项德育实践研究课题中有 4 项的课题负责人是一线专职辅导员。

其次，辅导员发表科研论文的数量增加。与没有职称评聘单列高校的辅导员相比，职称评聘单列的高校，其辅导员会结合职称评聘的要求准备相应的科研论文，客观上促进了辅导员科研能力的提升。

论文方面，这个个人差别还是蛮大的，像他们副教授的话，嗯，有一年四五篇的。（辅导员 SHJT：A）

我们有的人很有兴趣，有的人，我们厉害的一个辅导员一年可以发 11 篇学生工作方面的论文。（辅导员 FDDX：B）

我们学工组组长，和我一样工作不到 8 年，但他论文都发了好多篇了，男生嘛，比较有职业规划啊。（辅导员 HDSF：B）

我是学设计的，刚开始发思想政治教育方面的文章是有困难的，但是后来我们学校会给我们订什么《高校辅导员》，还有那个《青年研究》这些期刊……我会定期去翻阅，然后通过多研读，看这些论文是怎么写的，大概是什么样一个结构，其实自己也写过硕士学位论文，写作方面也还行，就是看一看类似的文章，知道从哪方面入手，再加上平时的一些积累，一些总结，"凝炼"一下也能出来一些相关的理论。其实怎么说呢，思政方面的论文语言还是比较"通俗"的……所以还好，只能说是刚开始不适应，后来就是既然做这个，就要爱上这个。然后，学校有要求，评职称也需要，就照这个目标努力。（辅导员 BJLG：B）

每年 4 月是我们学工要提交论文的时候，每年学校学工部都要出一本论文集，4 月提交，暑假的时候出版，刚好 9 月开学评职称，有些老师就能用上了，也算是给大家评职称提供一个平台，大家有文章可以在上面发表，到下半年的时候，就元旦前后吧，还会专门搞一个总结会，

---

① 《9 项课题获 2020 年上海学校德育研究课题立项》，http://29nh.cn/ecnu/xinwengonggao/81898.html。

对这些论文进行评优。(辅导员 ZGZF：B)

评教授的时候，我有一本专著，有13篇自己独作的论文，还有2篇合著的论文，还有几本教材和几个课题。(辅导员 ZGZF：A)

对于辅导员而言，职称评聘单列是一项十分重要的激励机制。尽管很多职称评聘单列高校的辅导员表示，"迫于职称评聘，搞科研"，科研行为比较被动，然而鉴于辅导员专业背景复杂、科研意识薄弱、科研能力不高以及工作"杂而烦琐"的现实，没有职称评聘的导向性，仅依靠辅导员的自觉性来使自身科研能力得以提高是比较困难的。只有科研能力提高了，辅导员才能够更好地开展自我探索，进行自我总结，从中找到辅导员工作的真正价值以及意义所在，提升其职业认同。

(四) 职称评聘单列高校的辅导员职业自我期望迷茫的阶段逐步推后

研究者通过访谈和观察发现辅导员大多职业自我期望迷茫，即对自己将来到底要达到什么样的职业目标比较困惑，缺乏方向感。然而，职称评聘单列和职称评聘没有单列的高校辅导员职业自我期望迷茫的阶段是不同的，职称评聘没有单列的高校辅导员在评上讲师或发展到科级阶段，就陷入职业自我期望迷茫，职称评聘单列的高校辅导员一般到评上副教授后，会陷入职业自我期望迷茫。

我再走到副教授阶段基本上没有可能……做辅导员本身，我们和教师所做的工作是有区别的。教师在科研、代课上面，花费的精力和时间要远大于我们，我们要跟教师去拼这个副高，可能性很小，然后如果从行政角度来讲的话，那就是机遇的问题了，看你个人有没有这个运气。(辅导员 SXDX：A)

上述访谈资料是职称评聘没有单列高校辅导员职业发展的典型例子，由于学生事务工作比较繁重，但是个人精力相对有限，再加上有的辅导员还需要同时处理职能部门以及院、系的行政事务性工作，这些都使辅导员无法将精力用于其科研能力的提高，科研投入的时间严重不足。但在进行职称评聘时，对辅导员设定的科研标准等同于专任教师，而专任教师评聘副教授、副研究员及以上职称时，高校对论文、著作的要求都很高，职称评聘难使辅导员失去职业发展信心，因此，辅导员从讲师或科级阶段便陷入无法向更高层次递进的困局，许多辅导员对自己的发展感到无所适从，对职业自我期望迷茫、困惑。

职称评聘单列作为辅导员素质水平提升的助推器，不仅从理论层面拓宽了其职业发展的空间，而且在实践中，确实有一部分辅导员已经从讲师升级为副教授，他们的职业发展道路为新任辅导员以及讲师级别辅导员的职业规划提供了参照，因此，相比职称评聘没有单列的高校辅导员，职称评聘单列高校的辅导员职业自我期望迷茫阶段确实推后了。

> 我现在一定程度上按照辅导员职称评聘的条件规划我的职业发展，因为我们走思政系列，首先你科研要有，就是你要满足基本的条件，但是我们评思政系列的时候，更多的是凭你的工作业绩，就是你在符合基本条件的前提下，你的工作业绩成为你主要的生命线，所以说我们还是要把本职工作做好。当然，你也要根据那些条件，去逐一地把它们满足……反正我就是评职称有什么要求我就准备什么条件，然后其他的工作正常做。我们评副高的条件是一个市级课题加一篇核心（期刊论文）或者是两篇核心（期刊论文）就可以了。我现在已经有课题了，结题需要发表1篇核心（期刊论文），我能结题的话，副教授的科研条件也够了，其他的工作认真做，达到条件也不难。……普通辅导员评副教授相对来说还比较容易，不过我们前几年比较容易，可能越来越难，现在辅导员副教授总共才十几个，学校设计的辅导员职称结构是副教授占辅导员总数的40%，比如说达到了40%的指标以后，那就是出一进一了，比如说调走一个，你才能有一个机会，所以就会越来越难……从副教授到教授就更难了，你当普通的辅导员想评上教授的可能性基本没有……你要评到教授，肯定是要当领导的……哪怕我想干一辈子辅导员，这也不可能。（辅导员DHDX：A）

> 如果说你要在我们这样的学校（复旦大学），相对来说，你努力一点干，做到副处级评个副高不是特别难，40岁之前应该都能够实现，但是迈过这个坎之后，再往前走一步，它的发展在哪，这可能也是一个问题。（辅导员FDDX：B）

然而，即使是统一执行辅导员职称评聘单列政策的上海，各高校执行情况也千差万别，到目前为止，复旦大学还没有制定出辅导员评教授的政策与条件，"每个学校都有自己的名额，包括有的学校，还有正高，我们学校还一直没有定正高的条件，我们学工部部长理解专家化的辅导员就是教授级的辅导员，起码教授才能成为专家嘛，同时他也认为在复旦还没辅导员能成为专家，所以教授的条件也一直没定"。有些高校参照《上海高校学生思想政治教育教师职务聘任办法（试行）》制定了辅导员评教授的政策，但高校辅导员角色定位模糊、职能宽泛，使其工作量和工作压力本身就很大，再加上随着年龄的增大，辅导员精力下降，而评辅导员教授的条件，研究者对首都师范大学、东华大学、上海交通大学进行了比照（见表4－1），难度都相当大，如果辅导员没有一定的自主支配时间，很难满足评教授的条件。

表4－1　职称评聘单列高校辅导员评聘正高职称要求条件

学校	科研	教学	工作业绩
首都师范大学	1. 在核心刊物上发表论文6篇（其中结合本职工作的论文2篇），并获得与此相当的其他形式的科研成果。 2. 上述规定中论文计算"独立完成"或"第一作者"，其中1篇权威核心期刊论文可折合成2篇核心期刊论文计算	承担学生思想政治教育等方面课程的教学或主持辅导工作，效果良好	具有较高的政治理论水平和思想道德素质，具备较强的思想政治教育理论知识及实践经验，胜任党团、学生思想政治教育、学生日常管理、招生、就业等工作
东华大学	在学生思想政治教育领域中取得的科研成果以及学术研究具有一定影响力，而且任现职至今，在重要学术刊物上，要求发表不低于8篇关于思想政治教育的研究论文（排名前2位或通讯作者），其中第一作者3篇及以上。与此同时，还需满足下述的条件之一：（1）以主要成员的身份（排名前3）参与完成至少3项省市级以上部门组织的思想政治教育相关的课题研究，并且取得的研究成果已被鉴定或者是组织实施；（2）以主要编撰人身份出版至少1部关于学生思想政治教育相关的学术专著或至少2本教材、教学参考书；（3）作为主要成员（排名前3），荣获至少2次省市级以上部门给予的思政教育相关领域的奖励；（4）以第一作者身份或者是独立在重要学术刊物上，发表至少2篇思政教育相关的论文	每学年应承担不少于36学时的第一课堂教学任务	对于学生思想政治教育工作具有丰富的专业知识与实践经验，而且在该领域取得突出的成绩。任现职以来，具备下述条件之一：（1）个人或者是其所带的学生团体，累计荣获至少2次省市级以上部门所颁发的荣誉称号；（2）个人或者是其所带的学生团体，累计荣获4次以上的校级荣誉称号；（3）个人在本校年度考核中，累计获得至少3次"优秀"

续表

学校	科研	教学	工作业绩
上海交通大学	以第一作者在 CSCD（中国科学引文数据库）、CSSCI（中文社科引文索引）来源期刊上发表大学生思想政治教育方面研究论文 5 篇以上，或在中文核心期刊（以发表当年北大中文核心期刊目录为准，以下类同）上发表 10 篇以上有关思想政治教育的研究论文。而且还需同时满足下述条件之一：（1）以主要成员身份（排名前 3）参与完成至少 3 项省部级以上思想政治教育课题研究（其中至少有一项为主持），而且最终成果通过鉴定或者是已经组织实施；（2）以主编或者是副主编身份公开出版至少 1 本关于学生思想政治教育领域的学术专著，或者是至少 2 本相关教材、教学参考书（其中至少有 1 本为主编）；（3）作为主要成员（排名前 3）荣获至少 2 次省部级以上部门颁发的思想政治教育领域的科研奖励（要求至少有一项排名第一）	每年承担一定量的学生工作范畴的教育教学工作	1. 具有五年相关领域副高级业技术职务任职经历，且从事学生工作（包括专职思政教师、双肩挑辅导员工作经历；以下类同）年限累计满五年。 2. 对于学生思想政治教育具有的专业知识和实践经验，在该领域取得了突出成绩。从任现职以来，取得以下成果之一：（1）获得全国高校辅导员年度人物等国家级荣誉获表彰 1 次；（2）获得上海市高校辅导员年度人物、育才奖等市级荣誉两次；（3）被评为上海交通大学优秀思政教师、教职工年度考核"优秀"等校级荣誉累计 6 次以上（校级荣誉称号的任定，以证书签章为"中共上海交通大学委员会"或"上海交通大学"为准；以下类同）。 3. 申请教授职务需具有博士学位

对于辅导员职称评聘已经单列的高校辅导员来说，从副教授到教授仍然是一个难以跨域的鸿沟，到研究者结束对首都师范大学访谈（2020 年 5 月），该校还未出现教授级辅导员。东华大学 2015 年虽然有评上教授的思政教师了，但从访谈中透露这个思政教师并非普通的辅导员，而是"领导"。上海交通大学到 2020 年 3 月为止，也是出现了两位"领导"教授辅导员：主管学生工作的校党委副书记（2015 年底评的）和某学院主管学生工作的党委副书记（2016 年底评的）。

对普通辅导员来说，从副教授到教授就更难了，你当普通的辅导员想评上教授的可能性基本没有。（辅导员 DHDX：A）

因此，对于辅导员职称评聘单列的高校，辅导员评上副教授后也会陷入自我职业期望迷茫的阶段，在这些高校，辅导员评上副教授后转岗的人数不少。

其实这个体系培养出好多副教授了，但是好多当上副教授以后没过两年又被提拔或转岗就离开学工系统了。（学生处人员 SDSF：B）

三 高校辅导员职称评聘单列政策的优化

职称评聘单列在一定程度上有助于辅导员职业认同程度的提高，然而在职称评定过程中存在的问题也不容忽视，如辅导员从中级到副高级、从副高级到高级的发展速度缓慢，职称评聘单列指标太少等又影响了辅导员职称评聘单列的优越性。从访谈中得知辅导员 SDSF：A 用了 8 年的时间评上副教授，辅导员 ZGZF：B 用了 10 年的时间才评上副教授，辅导员 ZGZF：A 在 1995 年评的讲师，2003 年评上思政系列副教授，2012 年评上思政系列教授，从讲师到副教授用了 8 年时间，从副教授到教授用了 9 年时间，另外从研究者选取的访谈对象来看，没有 1 例中级职称的辅导员是到了副高评聘时间就能达到评审条件的。辅导员职业发展速度缓慢，又会影响辅导员的职业坚定性，从而影响职业认同，面对上述情况研究者认为，辅导员职业评聘单列的政策需要进一步优化。

（一）做好辅导员职称评聘的保障机制

1. 参照本高校专业教师职称结构的平均结构比例，合理设置辅导员职称结构比例

职称结构指的是在教师队伍内部，各级职称的比例构成。教师职称从低到高依次为助教、讲师、副教授以及教授，职称结构比例能够对教师队伍的整体素质进行反映，而且职称结构将会对整个教学以及科研水平产生影响。如果职称结构合理，那么教师队伍的整体素质将会处于最佳状态，从而使高校人力资源利用效率得以提升，这将会对学校的整体效能，以及教师个人效能产生影响。

表 4-2 的数据显示，高职高专教师的正高职称比例也占到教师队伍的 11% 左右。山西 H 大学环境科学与工程学院是 2010 年才成立的，虽然起步晚，但副高职称已占到 29.8%，正高职称也占到 12.3% 了，专职教师队伍的

职称结构基本是橄榄形的（见表4-3）。

表4-2 不同类型高校各职称教师人数及比例统计

单位：人，%

高校	教授		副教授		讲师		助教	
	人数	比例	人数	比例	人数	比例	人数	比例
某985高校	174	24.8	258	36.8	262	37.3	8	1.1
某211高校	165	22.8	285	39.4	229	31.7	44	6.1
某省属本科	71	22.1	124	38.6	118	36.8	8	2.5
某高职高专	25	10.8	65	28.1	112	48.5	29	12.6

表4-3 山西H大学2021年（11月）部分院系教师职称结构状况

单位：人，%

院系	合计	教授		副教授		讲师		助教		无职称	
		人数	比例	人数	比例	人数	比例	人数	比例	人数	比例
马克思主义学院	68	8	11.8	19	27.9	21	30.9	20	29.4	0	0
材料科学与工程学院	107	28	26.2	51	47.7	28	26.2	0	0	0	0
环境科学与工程学院	57	7	12.3	17	29.8	23	40.4	6	10.5	4	7.0
经济与管理学院	76	8	10.5	37	48.7	31	40.8	0	0	0	0
法学院	37	5	13.5	12	32.4	20	54.1	0	0	0	0

然而，无论是研究者还是其他学者的数据都显示，辅导员中级及以下专业技术职务人数占到总数的90%左右，辅导员队伍职称结构基本是金字塔型的，而且多数高校到目前为止，没有正高职称的辅导员。

本研究第三章第二节谈到截至2020年9月山西H大学辅导员职称状况，109名专职辅导员中，教授0名，占比为0；副教授16名，占14.7%；讲师及以下93名，占85.3%。

到2020年3月止，首都师范大学共有110多位专职辅导员，其中教授0人，占比为0；副教授15人左右，占不到13%；讲师及以下100人，占88%左右。（学生处人员SDSF：B）

其他研究者也指出辅导员职称结构中初级、中级、高级所占比例极不协调。"2015 年，在职辅导员中，占比最大的是讲师，为 64.2%；其次为助教，占比为 29.5%；最低的为教授，为 1.1%；剩余的 5.3% 为副教授。可见，超过 90% 的人员属于中级及以下的技术职务。但在 E 校专业教师中，有将近 62% 的为高级专业技术职务人员，其余的 38.1% 为中级及以下的。"① 由此可见，辅导员职称结构与教师相比，严重不合理。当然，这与各高校辅导员职称评聘起步晚、辅导员科研水平不高有关，另外，这也是今后各高校辅导员职称评聘需要规划和注意的问题。

辅导员职称结构的优化，不仅能促进辅导员职称评聘政策的良性运行，还能提高辅导员职业主体的积极性、主动性；辅导员队伍内部各级职称的比例构成反映了辅导员队伍的整体素质，因此，优化辅导员职称结构有助于其职业形象的提升，进而提升职业的吸引力以及辅导员职业主体的职业认同。

辅导员职称结构优化需从以下几点做起。首先，根据本校专职教师的职称结构的平均结构比例，合理设置辅导员职称结构比例，适当增加每年辅导员高级职称评聘的指标。如《上海理工大学关于进一步加强和改进学生思想政治工作的实施意见》（上理工委〔2001〕003 号）规定 "学校按学生思政队伍 30% 的比例设置副教授岗位，按照学生思政队伍的 8% 设置教授岗位"。研究者的访谈对象辅导员 ZGZF：B 说自己 2010 年就够资格评副教授了，然而每年指标有限，只排队就排了 5 年，到 2015 年才评上，从讲师到副教授用了 10 年的时间。辅导员 ZGZF：A2003 年评上思政系列副教授，2008 年够条件评教授，但学校那年没评职称，排队排了 2 年，到了 2011 年由于指标限制，学校决定辅导员教授评聘隔年一次，因此，2011 年又没有指标，2012 年才评上教授。辅导员每年的职称评聘指标设置应考虑当年辅导员队伍职称申报的实际情况（如人数、科研情况），这不仅与各层次辅导员在工作能力等方面的差异性要求相符，也能促进辅导员工作积极性的充分调动，使整个队伍具有的创造力以及工作效率都能得到提升。其次，职称结构的合理性是需要结合辅导员队伍的发展而逐步改变的，也要求结合学校发展来调整。《上海理工大学关于进一步加强和改进学生思想政治工作的实施意见》规定："学校预留学生思想政治教育教师高级专业技术岗位总数的 20% 作为机动岗位，用于学生思想政治教育岗位高层次人才引进的需要。" 最后，辅导员职称评聘更要注意领导与普通辅导员的公平性。专职教师一般是先有职称，再

---

① 王爱祥：《高校辅导员职业发展评估与分析——基于 E 校 2005—2015 年辅导员流动的实证研究》，《思想理论教育》2016 年第 3 期。

有行政职务，因此，一般不涉及普通教师和领导争评职称的公平性问题，但辅导员由于双线晋升的政策，存在先有行政职务，再评职称的问题，通过访谈发现普通辅导员和领导争评职称的情况很多，即便两者条件相当，有时甚至辅导员条件更好，但辅导员还是沦为"陪跑者"。

> 2010年我各项条件综合下来排第一，但评教授的人员中有法学院的书记，当年指标只有1个，法学院的书记跟学校抓学工的副书记是同学，学校副书记在评职称的会上就有导向，让评法学院的书记，所以我没上……等到2012年才上的。（辅导员ZGZF：A）

辅导员职称评聘的公平性是辅导员职称评聘单列中需要特别关注的问题，不合理、不公平的职称评聘体制不仅会严重挫伤辅导员工作的积极性，还会影响辅导员职业认同。

2. 根据辅导员职业特点，辅导员职称评聘的"科研条件"可以灵活、多样

首先，辅导员论文文体形式范围可以适当扩大。2017年10月新修订的《普通高等学校辅导员队伍建设规定》也增加了"将优秀网络文化成果纳入专职辅导员的科研成果统计、职务（职称）评聘范围"。目前，辅导员职称评聘主要参照和模仿专职教师的要求进行。在科研上，主要要求论文、著作、课题、奖励等方面，论文的要求都是期刊论文。然而，辅导员与专职教师相比，思想政治理论课教师是以课堂教学为主的方式开展思想政治教育，故此，对于思想政治理论课程教学来讲，其最为突出的特征就是具有专业性、计划性以及系统性与主导性；辅导员主要负责大学生日常思想政治教育，日常思想政治教育具有实践性、全面性、综合性、贴近性、灵活性等特点。在当代大学生已成为我国网民的主体的网络时代背景下，辅导员工作还要注重运用各种新的工作载体，特别是网络等现代科学技术和手段，努力拓展工作途径，增强工作的吸引力和感染力，因此，近年来推出许多辅导员优秀博文、辅导员优秀网络文章等。如果从传统的视角来看，这些博文、网络文章或许只是一些体会或想法，不能算作论文，然而却能够很好地发挥其思政教育功能，与辅导员的职业实际也是相符的，在素质能力大赛中，还设立了网文写作项目，各级组织也会举办辅导员优秀博文评选活动。另外，辅导员微信公众号在大学生网络思想政治教育工作中的作用也越来越突出，微信公众号推出的一些优秀网络文章也深受学生的欢迎。如果辅导员职称评聘可以把有影响力的辅导员博文、辅导员优秀网络文章与期刊论文一视同仁，不仅更贴合辅导员职业的特点，而且还能推动大学生思想政治教育的创新。

> 辅导员的研究，应该立足于解决实际工作问题，那立足解决实际工作就可能写出的东西与论文有些出入，所以现在，复旦正制定一些政策，希望比如说博文或者微信这种发出来的好文章，评职称时也算，就是在评思政序列的高级职称的时候，把这个也算作你发表的论文……不能用老的标准去考核，这种文章或许是一个人的想法、一些体会什么的，不系统。（辅导员 FDDX：B）

其次，可以用辅导员工作业绩折合科研条件。长期以来，很多高校将辅导员视为思想政治教育的实践工作者，或者是专门负责管理学生事务的人员，在对其进行考核时，并没有将科研工作归入考核指标中，再加上辅导员工作的特殊性，从事科学研究的时间较少，整体研究水平不足，因此无论课题的申请还是核心论文的发表都困难重重，科研条件是否能够满足成为辅导员职称评聘的关键，即使有些辅导员工作业绩很突出，工作年限很长，但不能满足职称评聘的科研条件，造成辅导员职业发展的停滞。

辅导员 SDSF：A 所在学校实行辅导员职称评聘单列的政策，辅导员 SDSF：A2007 年评上讲师，之后用了 8 年的时间，到 2015 年才评上思政副教授，近 3 年来，辅导员 SDSF：A 所在高校每年都会给 2 个辅导员系列的副高指标，评副高的基本条件是 5 篇文章，包含 2 篇核心期刊论文，课题不做硬性规定，但有的话，是加分项目。辅导员 SDSF：A2015 年竞聘副高时，够基本条件的有 5 个人，最后 2 个人竞聘成功，其中一个就是辅导员 SDSF：A。访谈中，辅导员 SDSF：A 认为自己还是比较幸运的，有很多比自己工作年限还长的辅导员都没评上副高。

> 从中级到副高，我觉得有一定的难度，主要就是现在核心期刊的发表难度太大了，就因为它是一个恶性循环，就是我觉得这个难度对于普通的辅导员来说，如果他是讲师职称，他发核心期刊就特别慢，所以主要是核心期刊发表难度大带来了职称评聘难度大，其他方面我觉得都还可以……但是如果涉及这种职称的晋升能更多一些考虑到辅导员工作的实际特点会更好。有可能做辅导员工作的人，他发表核心期刊难度非常大，但是如果允许我们用一些其他的方式进行转换，比如说在国家级的竞赛中获奖可以折合成科研条件，可能对辅导员更有利，因为那个也是靠工作积累出来的，也是对他的一种认可。（辅导员 SDSF：A）

从上述访谈资料来看，辅导员评职称最难的还在于核心期刊论文的发表。核心期刊发表周期本来就长，再加上学术界对辅导员科研能力的质疑，辅导员发表核心期刊难度非常大，很少有辅导员到了评高级职称的年限，就能达到学校评职称的科研条件，尤其是论文发表条件，因此，如果辅导员工作业绩可以折合成科研条件，将有助于其职业发展速度的提升，另外，其职业信心也能得到增强，最终有助于其职业认同水平的提高。

（二）辅导员自主支配的时间应随职称的提高而增多

结合调研数据，关于自主工作时间，"辅导员具有的平均分为2.4，其中感觉差的占比最大，为36%，人数为39人，有24人感觉极差，对应比例为22%；管理干部对应平均分为3.0，其中有32%的感觉差，对应人数为35人，还有7人感觉极差，对应比例为6%；专职教师对应平均分为4.3，仅有4人认为差，不存在感觉极差的人。由此可见，专职教师具有较高的分数，而且与辅导员平均分数之间的差距很大"。[1] 结合我国实际，专职教师只需要有课的时候到学校，无须坐班，具有较大的时间支配权，另外机关管理人员上下班的时间点也是相对固定的。尽管辅导员具有双重身份，然而，在时间支配权上，不仅无法与专职教师相比，而且也无法与管理人员相比，加班是十分常见的。很多时候，尤其在别人休息的时候，辅导员可能是最忙的，因为学生会在这个时候来向辅导员寻求帮助或者是办理事务。对比专职教师以及机关管理人员，在自由时间支配方面，辅导员具有的可支配权是较小的，故此，进行科研活动需要的自主时间就会受到很大影响。

> 像我们学校蛮鼓励我们去做一些研究的，但即使这样，评上高级职称的人还是很少，一个主要原因……我现在工作下来就一个很切身的感受，就是忙，我也很想去写文章，但我天天忙……晚上再去写文章的话，我也觉得很累……我还是相对能写的人，我也想参与课题，就是没有足够的精力去做这些事情。（辅导员SHJT：B）

> 整个你的手机24小时开机吧，然后基本上周六加班是常事，反正周末也是经常加班。像跟学生约谈，他平时没时间，然后有时候学生的一些活动，学生很多活动要求辅导员过来参加，都是放在周末的，让我们去，这样的情况比较多，然后晚上加班处理工作也是常有的。（辅导

---

[1] 周广军：《高校辅导员职业认同研究》，硕士学位论文，首都经济贸易大学，2012，第16页。

员 SHJT：A）

  如果要我直接带班，我哪有时间写那么多东西，真写不出来，真的没时间，2010 年 9 月到 2013 年的春天，其实那段时间，我没有直接带班，而是完全跟着大四走，学生跟我也不太熟，有事会找从大一一直跟他上来的辅导员，我就做一些就业政策的宣讲，比如说简历的制作、就业模拟面试……我觉得心理上不像自己带班那么累，我等于做的是一种辅导性的工作……评职称的时候，自己都觉得，就是从 2010 年到 2013 年这段时间写了很多东西，一本专著……其实我不到一个学期就把那本专著写完了。先前这方面的书已经看了很多，但是直接带班的时候，真的没有时间，就是敲键盘的时间都没有那么整块的，嗯……然后还写了七八篇论文，我觉得挺感谢这个经历的。（辅导员 ZGZF：A）

  辅导员职称评聘随着级别的提高难度越来越大，但辅导员日常工作量不会减少，而且近年来对辅导员要求也越来越多，工作量还有加大的趋势，如果没有自主支配时间的保障，辅导员学习和科研时间就会很少，辅导员职称评聘就会成为一句空话，上述访谈对象辅导员 ZGZF：A 2010 年所带班级发生了一起学生跳楼事件，事件发生之前，辅导员 ZGZF：A 对那个女生进行过多次积极干预，也和家长进行了多次谈话，那个女生的遗书上也提到是自己的家庭矛盾造成了自己的自杀，虽然学校认为辅导员 ZGZF：A 没有任何责任，辅导员 ZGZF：A 的直属领导表面上也承认辅导员 ZGZF：A 没有任何责任，但并没有给出任何理由便取消了辅导员 ZGZF：A 带班的权力，因此从 2010 年 9 月到 2013 年的春天，辅导员 ZGZF：A 实际上只是从事学院大四的就业工作，在那段时间辅导员 ZGZF：A 不仅把就业工作做得有声有色，而且还有了自主支配的时间来完成自己的专著、论文、课题等，正是因为那段"特殊"的经历，辅导员 ZGZF：A 在 2012 年评上教授。一般而言，普通辅导员难有自主支配的时间，上述辅导员 SHJT：B 和辅导员 SHJT：A 所谈到的是辅导员的真实状态。

  "时间是人类发展的空间。"① 假如时间不具有自由这一内在品质，那么这时候时间就成为一种限制手段，故此，自由是时间对主体人的价值得以体现的重要品质，主体自我认同构建中，是否可以自由地拥有与使用时间是最为关键的。要保证辅导员职称评聘的顺利进行，科研条件的满足是关键，而

---

① 《马克思恩格斯选集》（第 2 卷），人民出版社，2012，第 61 页。

科研条件的满足需要有足够的自主支配的科研时间的保障,所以当前辅导员职称评定单列政策还需配合制定能保证辅导员有一定自主支配时间的机制,研究者认为辅导员自主支配的时间应随职称的提高而增多。

(三) 加大高校辅导员博士生的支持力度

自 2008 年起,"高校辅导员在职攻读思想政治教育专业博士学位计划"试点工作正式启动,并在北京师范大学、山东大学等六所高校进行了试行,招收辅导员 18 名。次年,将南开大学、中南大学等四所高校纳入试行中,共招收辅导员 30 名。结合前两年的工作实践,该计划从 2010 年开始正式实施,每年招收辅导员 100 名,五年累计招收 350 名辅导员,攻读思想政治教育专业博士学位,该计划的实施,使高校辅导员队伍呈现跨越式发展。[①]

研究者查看 2008 年至 2017 年的"高校辅导员在职攻读博士学位专项计划",发现从 2014 年开始每年招收辅导员人数由 100 名增加至 150 名,最初招收的专业仅为思政专业,而后逐步扩展,将心理学专业以及管理学专业都归入其中,而且 2016 年将该计划正式更名为"高校辅导员在职攻读博士学位专项计划",可见从政策角度来讲,教育部扶持辅导员读博的力度在加大。2018 年,《教育部思想政治工作司关于做好 2018 年高校思想政治工作骨干在职攻读博士学位专项计划工作的通知》(教思政司函〔2018〕2 号)将"高校辅导员在职攻读博士学位专项计划"调整为"高校思想政治工作骨干在职攻读博士学位专项计划",扩大培养对象范围及培养规模,增加招生单位与招生专业;规定报考人员须为在编在岗高校思想政治工作和党务工作骨干,其中,各招生单位招收一线专职辅导员的比例须占招生名额的 70% 以上。另外招收人数也增加至 300 名,培养学科包括马克思主义理论、党史党建、心理学、管理学、国家安全学等,教育部扶持辅导员读博的力度继续加大。

研究者通过访谈发现,很多辅导员认为"经过博士阶段的系统训练后,辅导员的理论素养、工作方法和工作能力等都得到很大提升,理论视野和研究能力也有所突破,博士阶段的积累不仅对大学生思想政治教育能力的提升起了很大的作用,也对辅导员今后的职业发展和职称评聘的准备有很大的帮助"。

其他辅导员我觉得都一样,除非人家出去上博的,上博积累了科研

---

① 孙丽娟:《高校辅导员博士生的培养研究——基于就读经验的调查》,硕士学位论文,南京师范大学,2014,第 24 页。

的老师真的是很不一样。（辅导员 ZBDX：B）

其他研究者通过调查也发现，"辅导员读博主要的收获是，专业视野得到了极大拓展，理论知识得到极大丰富，研究能力得以提升"。① 可见，读博对辅导员职业能力的发展和职业认同的提高有很大作用。

然而，本研究和其他研究者还发现"高校辅导员在职攻读博士学位专项计划"存在很多问题，仍然需要改进。

1. 增加辅导员博士专项计划的指标

辅导员在职攻读博士学位计划的起步比较晚，并且面对21.1万的需求群体，每年只有210个左右的指标（2014年之前每年只有100个指标，2014年至2017年每年只有150个指标，2018年至今300个×70% = 210个），因此该项计划对于庞大的辅导员群体来说只是杯水车薪。

> 考虑过辅导员博士专项计划，但是每年好像考上的少，名额也少，在第一届辅导员入职培训的时候，我们一块儿的就有一组的老师，他去考了，第一年没考上，第二年又考了，考了几年，才考上的，然后就是我觉得竞争好激烈……而且不在本校，我怕到时候来回跑，会耽误这边的工作。还有一点，就是可能自己不是科班出身。你说搞研究的话，难度可能会比别人大一些，然后你像让我从事本专业的博士相关的这个研究，设计类相关的研究可能会更适合自己。虽然我的专业的博士点挂在车辆学院，但是总体来说，首先是校内，其次就是自己确实还不想放弃本专业的学习。（辅导员 BJLG：B）

> 虽然学校支持辅导员考专项计划，我身边也有同事已经准备在考，但我还没有准备。2021年华师大有5个名额，复旦有8个，上海交大有4个，上海大学有2个，然后浙大有9个，现在专项计划招收对象除了辅导员还包括党务工作骨干等，再加上要选自己喜欢的学科，其实名额很少，我一个朋友去考浙大好几次了，还在考。（辅导员 SHJT：B）

尽管从"高校辅导员在职攻读博士学位专项计划"开始实施到现在，取得了显著的成果，辅导员博士生对此也是一致好评，但辅导员与高校专职教师相比，学习机会和提升学历的机会太少，访谈中，辅导员们表示希望能进

---

① 马建青、朱美燕：《全国辅导员在职攻读博士学位学生学习状况调查分析》，《思想教育研究》2014年第4期。

一步增加辅导员博士培养单位、扩大招生专业、增加招生人数，为希望继续深造的辅导员提供职业发展保障。

2. 给予在读博士辅导员一定的科研时间

基于辅导员的身份限制，辅导员必须在坚守其职责的情况下来攻读博士学位，但是因为其岗位职责决定了其工作是全天候性质的，辅导员每天都需要负责 200 名以上学生群体的学习、生活及思想政治教育等工作，还有部分辅导员同时兼任了其他行政工作，这就使得其科研时间相对有限，在学习、科研方面的时间与精力投入都严重缺失。尽管现在大部分辅导员培养单位要求辅导员博士生进行不短于一年的脱产学习，然而，很多辅导员在报考博士培养单位时，其所在高校都要求不离岗，最终必然是工作岗位职责占据更重要位置。

> 我现在只有工作，没有科研，也没有教学，科研我自己的论文没时间写，我博士已经读了 7 年了，也是思政的，在复旦读的辅导员专项计划。我老板让我赶紧拿文章，但这个工作状态，真的没办法。（辅导员 FDDX：B）

> 时间的安排上我觉得就是一个很大的冲突，比如说在博士第一年会上很多必修课，包括专业课，然后包括你撰写论文期间，你需要阅读大量的文献，等等，时间上是一个最大的困难，因为时间就带来你精力的分配吧，我觉得这个是比较难的。……虽然博士毕业了，但我觉得有欠缺和不足，就是因为工作和学习的此消彼长嘛，我觉得就是科研的成果不够丰富啊，产出的东西不够多，因为实在是精力太有限了啊。（辅导员 SDSF：A）

马建青、朱美燕对在读博士辅导员的调研也显示"75.3% 的被调查者认为很难处理好学习与工作之间的关系；85.7% 的提出，自己的主要精力投入了工作以及家庭中，学习时间无法保障；81.6% 的提出，应当通过法规条文明确辅导员可具有一年的脱产读博时间；96.1% 的提出，辅导员所在单位对其在职读博应当给予更大的支持"。[①] 可见，在读博士辅导员面临的工作与学习时间冲突太严重。

因此，在读博士辅导员最需要的是时间的支持。面对辅导员工作与学习

[①] 马建青、朱美燕：《全国辅导员在职攻读博士学位学生学习状况调查分析》，《思想教育研究》2014 年第 4 期。

的冲突，与专职教师博士生或全日制博士生相比，应适当延长辅导员博士生的学习年限，从而在整体上延长辅导员学习的时间；在实行弹性学制的基础上，应给予辅导员博士生相对固定的脱产学习时间，以保障辅导员有相对充足的时间进行科研，完成毕业论文；利用寒暑假，来对辅导员博士生进行辅导或者开设相关课程，以弥补其不足之处。

（四）加强辅导员的科研培训

辅导员招聘一般没有专业方面的特定限制，一般情况下，所选聘的辅导员要求是中共党员，而且如果具有学生干部经历，那么会优先选择，但这些先天条件也决定了辅导员在学术方面相对欠缺，多数辅导员关于思政领域的科研经历基本为零。学术水平低的现实情况是影响辅导员职称评聘的原因之一。

科研培训是提高辅导员科研能力，促进辅导员职业发展的有效途径。如果只是凭借短暂的岗前培训，辅导员对思政教育的认识是十分浅显的，更加难以上升到学术研究水平。在很多高校，对辅导员进行的日常培训，通常由具有一定工作经验的辅导员来进行经验介绍，抑或是以领导做报告的形式对辅导员进行培训，这虽有助于辅导员提高其日常管理能力，然而也只停留在经验层次；虽然在工作中具有效果，但是理论根基相对缺乏。此外，即便是针对辅导员进行的省级、国家级的培训，更多的也是注重学生工作技巧的提高，对于其科研能力的培养是相对不足的。

因此，加大辅导员科研培训的力度势在必行，除了增加辅导员各层次培训中科研培训的项目外，高校可通过多种方式促进辅导员之间进行学习交流，比如沙龙、论坛等，还可邀请专家就其科研能力进行指导。此外，应当加快形成科研规划培训机制，使辅导员科研能力提升的渠道能够不断拓宽，激发辅导员的科研兴趣和能力。最后，还应当结合辅导员的专业背景以及研究兴趣等组建专门的研究团队，进行积极有效的学术交流。

（五）鼓励、支持辅导员开展科学研究

根据辅导员的工作特点，制定辅导员科研激励政策，比如单独设立思想政治教育专项科研项目，并确保项目能够获得足够的经费支持，以激励辅导员就当前形势下大学生思政领域中的热点问题展开研究和分析。另外，高校除了为辅导员提供课题、培训等方面的支持外，还需根据辅导员在科学研究、课题申报等方面的情况给予参照专职教师同等待遇的奖励或者可适当向

辅导员倾斜，以调动辅导员科研的积极性、主动性。

《普通高等学校辅导员队伍建设规定》（教育部令第 43 号）中明确提出，"支持辅导员结合大学生思想政治教育的工作实践和思想政治教育学科的发展开展研究"。在实际中，有些高校也会对辅导员开展科研进行适当的奖励。《首都师范大学辅导员奖励实施细则》第三章第八条规定了公开发表科研成果的辅导员的奖励办法："（1）在权威期刊发表，每人每篇奖励人民币 3000 元；（2）在核心期刊发表，每人每篇奖励人民币 1000 元；（3）在一般期刊发表，每人每篇奖励人民币 500 元。"表 4-4 呈现了中北大学辅导员科研奖励的情况。

表 4-4　中北大学辅导员科研奖励情况

类别	项目	考核标准	分值
学生工作补充业绩	课题立项	结题	校级（重点）：1000 分/项 校级（一般）：500 分/项
	荣获精品项目	结题	省级：1500 分/项 校级：1000 分/项
	辅导员发表学生工作论文	收录为准	1000 分/篇
备注	1. 集体（团队）项目（成果）由负责人按照分工情况进行分配； 2. 同一项目（成果、人），仅按最高得分统计一次，不累加		

科研奖励能激发辅导员开展科研活动的积极性，并使辅导员的科研意识得到增强，不仅有助于辅导员科研层次的提高，而且还能够通过科研促使辅导员职业发展得以更好实现，从而使其职业认同得以提升。

第三节　社会创造策略之二：高校辅导员职级制政策的分析

一　上海、山西部分高校辅导员职级制的两种模式

辅导员职级制则是为辅导员创造某种新的积极身份，提升辅导员职业认同的又一种社会创造策略。

在辅导员队伍中，建立职级序列，设定科学的评估方法，使满足特定条件的辅导员能够晋级，各级别辅导员享受不同的待遇，这就是职级制。辅导员职级制策略是把辅导员与教师、管理人员等身份并列起来，使这一职位具有的独特性能够凸显，既有别于教师的职称评聘，也有别于行政岗、管理岗的干部的选拔任用，实现"高校辅导员是履行高等学校学生工作职责的专业人员"的理念。[①]

2006年，我国关于高校辅导员队伍建设的规定中，对于辅导员培养问题指出，应当结合其工作年限、工作表现等来确定其对应级别，并且给予适当的倾斜政策。2014年，我国出台的《高等学校辅导员职业能力标准（暂行）》中，明确将辅导员划分为初级、中级、高级。另外，2017年新修订的《普通高等学校辅导员队伍建设规定》中也提到"高等学校应当制定辅导员管理岗位聘任办法，根据辅导员的任职年限及实际工作表现，确定相应级别的管理岗位等级"。这些可以看作辅导员职级制的政策依据。

辅导员职级评定机制的单独设立是符合现代社会对辅导员提出的专业化发展潮流的，使我们可以基于新的角度来对辅导员队伍建设问题进行审视和分析。当前，我国尚未建立起良好的辅导员自我更新机制，利用职级评审制能够实现对辅导员自我更新机制的有效激活，这是因为制度自身就会促使辅导员形成一种专业化发展的追求，而且专业发展也需要依靠辅导员自身来实现，自我更新机制是辅导员自我发展与专业发展的有力保障；利用评定指标，辅导员能够对自身工作进行反思。此外，这种职级发展，也使辅导员自身价值实现的期望得到满足。

依据工作年限以及工作水平等将辅导员归属到不同的级别，对先进者给予奖励，对在工作中相对欠缺的则给予激励，使辅导员能够在竞争性氛围中不断提升自我，同时形成更强的工作主动性与积极性。

（一）中北大学"以辅导员工作年限为评价标准"的模式

2014年，中北大学制定了辅导员职级制的新标准，主要按照工作年限分出不同的级别（各级别的辅导员业绩要求都一样），执行业绩奖励绩效的发放。此外，对辅导员超额完成的业绩部分执行突出业绩奖励绩效。

1. 中北大学专职辅导员业绩要求

中北大学专职辅导员制定的业绩要求是分析各辅导员是否完成工作任务

[①] 教育部：《高等学校辅导员职业能力标准（暂行）》，http://www.moe.edu.cn，最后访问日期：2022年11月16日。

的考核标准，并按照此要求执行业绩奖励绩效的发放。中北大学专职辅导员业绩要求包括如下11个方面。

①专职辅导员最少带4个班，最多带6个班，其中2个班级工作计入校内基本津贴工作量，不享受班级工作津贴。兼职辅导员最多带2个班。

②手机24小时开机，随时保持联络畅通。

③学生中发生突发事件时，必须及时到达现场处理或协助有关部门处理。

④每周至少深入学生宿舍两次，指导学生文明行为的养成，及时检查排除安全隐患。

⑤每个月至少开一次班会，总结安排班级工作，做好经常性思想政治教育工作。

⑥每两周召开一次学生干部会议，做好学生骨干培养教育工作。

⑦每周对所带班级随堂听课一次，听取任课教师意见，共同做好学生的教育培养工作。

⑧每学期与学生家长联系一次，通报学生情况，听取家长意见，共同做好学生教育培养工作。

⑨平均每天找一名学生谈心，了解掌握学生思想动态，帮助学生健康成长。

⑩每两年发表1篇学生工作论文或学生工作研究报告。（目前没严格执行要求）

⑪完成学校和学院所要求的其他任务。

2. 中北大学专职辅导员业绩奖励绩效

根据工作年限，并按照中北大学专职辅导员业绩要求，对专职辅导员工作情况进行考核，完成工作任务的业绩奖励绩效如表4-5所示。

表4-5 中北大学专职辅导员绩效分配标准（2020年）

单位：万元/年

任职时间	标准
见习期	2
4年以下	Y
5~10年	Y+0.5
11~16年	Y+1.5
17年以上	Y+2.5

注：（1）Y为副科级绩效标准（Y=7）；
（2）管理岗位和专职辅导员岗位基础绩效最终以学校为准；
（3）年度工作目标考核结果为不合格的教职工，扣发岗位基础绩效10%。

此绩效分配标准分为5个档，见习期辅导员为2万元/年，工作4年以下的辅导员为7万元/年，5～10年辅导员为7.5万元/年，11～16年辅导员为8.5万元/年，17年以上辅导员为9.5万元/年。

3. 中北大学专职辅导员突出业绩奖励绩效

突出业绩奖励绩效为辅导员超额完成工作任务时的奖励绩效，分为课题、精品项目、超额完成的事务性工作、超额发表的学生工作论文以及各种奖项。

中北大学"以辅导员工作年限为评价标准"的模式，把辅导员共分为5级，即见习期（1年）、4年以下、5～10年、11～16年、17年以上。见习期为科员级辅导员；工作4年以下的辅导员待遇相当于副科级的待遇；工作5～10年的辅导员待遇与正科级的待遇相当；而如果辅导员已经工作了11～16年，那么其待遇则基本与副处级相当；如果工作年限在17年以上，则其待遇与正处级相当。辅导员突出业绩奖励绩效是不分级别的，在专职辅导员完成业绩要求的基础上，按照课题、获奖的级别等进行额外奖励。中北大学专职辅导员突出业绩奖励绩效如表4-6所示。

（二）太原理工大学、上海大学以"工作年限和考核竞聘相结合"为评价标准的模式

1. 上海大学职级制概况

2004年，上海大学实施了岗位职级制的辅导员聘任制度，即基于工作年限、实绩、科研等，进行辅导员岗位的设置，从低到高分为一至五5个等级，该聘任制度的制定使辅导员评价体系更加科学，而且辅导员发展空间也大大提升。

（1）上海大学学生辅导员任职基本条件

根据《上海大学学生辅导员岗位聘任办法》（上大学〔2009〕11号）文件规定，上海大学学生辅导员任职基本条件如下（见表4-7）。

① 具有研究生学历或硕士学位，且具备高等学校教师任职条件（2004年6月聘任制改革前已从事辅导员工作者可以适当放宽）。

② 政治素质高，必须是中共党员或预备党员，且具有合作意识和奉献精神。

③ 具有一定的学生工作相关经验，工作热情高，责任心强，踏实肯干。

④ 熟悉大学生思想发展规律和心理特点，能全面了解学生思想状况并开展有针对性的思想政治教育工作。

表4-6 中北大学专职辅导员突出业绩奖励绩效

类别	项目	考核标准	分值
学生工作补充业绩	课题立项	结题	校级（重点）：1000分/项 校级（一般）：500分/项
	荣获精品项目	结题	1500分/项 校级：1000分/项
	学院组织检查夜不归宿、周末宿舍卫生检查、重大活动值班、重要时期值班、周末加班、重大活动获奖、年末考评获奖等	记录	100分/次·人
	荣获国家级、省级、校级荣誉称号（如全国年度人物、山西省年度人物、山西省优秀班主任、学校优秀班主任、优秀共产党员、军训工作先进工作者、省优秀团干、校优秀团干等）	获奖证书	国家级：2000分/项 省级：1500分/项 校级：1000分/项
	辅导员发表学生工作论文	收录为准	1000分/篇
	辅导员荣获省级能力大赛、校级能力大赛	获奖证书	省级：1500分/项 校级：1000分/项
	参加各种竞赛	获奖	校级： 一等奖1000分/项 二等奖500分/项 三等奖200分/项 省级： 一等奖2000分/项 二等奖1000分/项 三等奖500分/项 国家级： 一等奖3000分/项 二等奖2000分/项 三等奖1000分/项
	大学生赛事指导教师	获奖	校级： 一等奖1000分/项 二等奖500分/项 三等奖200分/项
备注	1. 集体（团队）项目（成果）由负责人按照分工情况进行分配； 2. 同一项目（成果、人），仅按最高得分统计一次，不累加		

⑤ 具有开展学生工作所需基本知识（如哲学、教育学、管理学、心理学、社会学等）。

⑥ 具有较强的组织协调、社会活动能力和一定的特长。

⑦ 有一定文字、口头表达能力及现代化办公技能。

⑧ 身体健康能胜任本职工作。

（2）上海大学专职辅导员岗位设置及要求

表4-7　上海大学专职辅导员岗位设置与要求

级别	工作年限	工作实绩	研究能力
一级	2年以下	具备学生辅导员任职基本条件	无要求
二级	2年以上	每年对自己所带学生进行全面了解与分析，而且能够形成书面调查报告，可就一级辅导员工作给予指导	在学生工作研究方面掌握一定的技能，具备在校级思政课题中参与研究的能力
三级	5年以上	工作能发挥积极的示范作用，院系对其工作表现能够给予肯定；从其任现职开始，年度考核中被评为至少1次优秀或有至少1次校级及以上学生工作获奖经历；所带学生曾获校级及以上奖励荣誉	在学生工作领域具备一定研究能力，从其任现职至今，主持校级及以上思政课题1项，且以第一作者身份在学术期刊中发表学生工作领域相关的学术论文1篇；抑或作为第一作者在公开出版学术期刊上发表2篇关于学生工作的论文
四级	7年以上	具有十分突出的工作表现及示范作用，有全校性学生工作成果公开展示1次，且同业人员对其一致好评；从其任现职以来，获得至少1次优秀年度考评，有市级及以上学生工作获奖经历或者其所带学生获得市级及以上奖励	在学生工作方面，具备较强的科研能力，而且从任现职至今，以主要成员身份（前3位）参与市级及以上思政课题1项，并要求以第一作者身份，在核心期刊上公开发表学生工作相关论文至少1篇；或者是作为第一作者，在核心期刊上公开发表至少2篇有关学生工作的论文
五级	10年以上	创新意识强烈，利用学生工作成果全校性的公开展示，形成十分强烈的学生工作创新成果示范效应；全校广大师生对其工作成果高度认可，所带团队也取得了十分显著的成绩，并且在辅导员共同价值观形成过程中，个人事迹做出了突出贡献	对于学生工作，具备独立研究能力，并且能够就学生思政教育前沿性问题展开研究，并有显著成果

上海大学实行以"工作年限和考核竞聘相结合"为评价标准的辅导员职级制模式，其特点为：严格落实聘任制，规范考核机制，增强辅导员的竞争意识。《上海大学学生辅导员岗位聘任办法》规定："一、二级辅导员由院（系）党委（直属党总支、党支部）聘任，报学生工作办公室审核、备案；三、四、五级辅导员由院（系）推荐，校学生辅导员聘任领导小组组织答辩、面试，通过后，由院（系）聘任，报学生工作办公室备案。应聘上岗辅导员，全部签订上岗合同，并发给受聘证书，试用期为半年，聘期一般为二年（二级、四级为三年）；凡满足所在岗位工作年限的，每年均可申请应聘高一级别；凡上岗人员均应制定任期内目标责任，以备考核。"同时上海大学成立校学生辅导员聘任领导小组，聘任领导小组由各院系成立，专门围绕辅导员职级聘任展开工作。

2. 太原理工大学辅导员职级制概况

（1）太原理工大学职级制分级标准

太原理工大学于2012年制定《辅导员班主任工作条例》并在山西省高校率先实行考核竞聘式的辅导员职级制。"到2017年初，该校已经有20多个辅导员，论行政级别是正科，但按辅导员职级已拿到副处级津贴，2020年的时候，拿副处级津贴的又增加了三四个。"[1]

太原理工大学职级制模式也是分为五级，不同的是五级为最低级，一级为最高级，每个级别又分为两档，辅导员职级的四级、三级、二级、一级岗位Ⅱ档分别对应副科/助教、正科/讲师、副处/副教授、正处/教授（见表4-8）。

表4-8 太原理工大学辅导员岗位职级设置、晋升年限和晋升条件

职级	五级	四级		三级		二级		一级	
档次		Ⅱ档	Ⅰ档	Ⅱ档	Ⅰ档	Ⅱ档	Ⅰ档	Ⅱ档	Ⅰ档
晋级年限	3	2	2	3	3	3	3	3	
晋升条件	1次优秀	1次优秀	1次优秀	1次优秀	2次优秀	1次优秀	2次优秀	2次优秀	两年1次优秀

（2）太原理工大学职级制晋升条件

① 连续从事辅导员工作满3年、7年、13年、19年，考核符合相应要求（晋升条件）可分别进入四级、三级、二级、一级辅导员岗位的Ⅱ档；在本

---

[1] 辅导员TYLG：B访谈资料。

级Ⅱ档连续工作分别满2年、3年、3年、3年，考核符合相应要求（晋升条件）的可进入Ⅰ档。不满足晋升条件的可顺延，顺延年度考核达到晋升条件的可晋档或晋级。顺延三年仍达不到晋升条件，且考核成绩平均达不到优良的，降低一档使用；职级达到一级Ⅰ档后，须每两年考核成绩有一次优秀或考核平均成绩达到优良，不符合要求者降低一档使用。

② 新聘毕业研究生辅导员试用期为一年，试用期间职级为五级；试用期满，考核成绩合格的硕士、博士研究生可分别晋升为四级、三级的Ⅱ档。此后按本条第一款有关规定执行。

③ 学校鼓励教师、干部从事辅导员工作。符合任职资格，从学校其他岗位转到辅导员岗位的，科员（工作满一年）进入辅导员五级岗位，副科/助教、正科/讲师、副处/副教授、正处/教授，分别对应进入辅导员职级的四级、三级、二级、一级岗位Ⅱ档。工作满一年，考核成绩达优良及以上的晋升Ⅰ档。此后，按本条第一款有关规定执行。

④ 正、副处级调研员欲从事辅导员工作，经本人申请，学校批准后分别进入一级Ⅱ档、二级Ⅱ档岗位，工作满一年，考核成绩达优良及以上的可分别进入一级Ⅰ档、二级Ⅰ档。此后，按本条第一款有关规定执行。

此模式主要以辅导员工作年限和年度考核为依据，给辅导员定级并体现待遇。而年度考核依据辅导员的日常工作、科研及教学等情况来考察，如果评优的话，不仅日常工作、科研及教学三者都得兼顾，还要通过学工部组织的答辩筛选。

> 辅导员考核的话，首先看你日常工作做到位没有；你假设要评优，除了日常工作之外，还要看教学、科研，你有多少个学时，你有什么论文发表，你写了什么调研报告，你工作有没有创新，还有利用新媒体如何对学生进行思想政治教育。你要评优的话，三者都得兼顾……原先学校每年的评优指标是12个，现在成了8个，今天下午的答辩报的是14个，筛掉3个，有11个答辩，11个里面又选8个。（辅导员TYLG：B）

实行高校辅导员职级制是辅导员队伍建设的现实需要，在实际工作中，不管是从辅导员的教师身份，还是从其管理者身份的角度分析，具有的相对竞争优势并不突出，面临的发展空间也较为狭小，而且很多辅导员对自身发展并没有形成长期规划，更有很多人将岗位视为跳板，即作为其进入高校的过渡岗位。辅导员职级制度的实施，使辅导员的职业规划路径更加清晰，辅导员职业生涯发展的阶段性目标更加明确，这将有助于辅导员开展职业发展规划,明确其各阶段的目标,推动其积极发展。

二 高校辅导员职级制政策对职业认同的影响

(一) 满足了辅导员物质需求,暂时提高了辅导员职业认同

对于职称评聘,辅导员和专职教师相比是不具有竞争优势的;另外,由于受干部选拔指标的限制,面对庞大的辅导员群体,难以保证所有人的成长愿望都能达成。面对现实挑战,必须积极应对,采取辅导员校内职级制,能够使辅导员晋升渠道更加畅通,辅导员的工作积极性也能够得到极大调动,职业认同感也将大大增强。①

> 对于就是说不想评职称,或者有人觉得,评职称有好几个条件,我想满足,但是每个都满足不了的时候,其实这个待遇能给辅导员心理上一定的满足感,这种水涨船高嘛,随着年限来走,其实也可以的。(辅导员 ZBDX: B)

> 我自己感觉……不是刚刚说相邻的两个级别差别有点小,其实我们自己觉得好像还可以更好一点。但是你走出去看一看,因为其他学校也有去交流过,我在浙大挂职的时候,他们那的辅导员听说我们学校有辅导员职级制,每一级差500元,他们挺羡慕我们的。所以走出去看看,比较一下觉得我们也还不错,是这样子的一个感觉。(辅导员 SHDX: B)

> 其实我觉得更多的还是政策落实这块,你可能在这个科级上发展得很快,但是到副处那块就成了一个瓶颈……其实虽然说自己没有副处级的岗位,但是有副处级的待遇也行。(辅导员 TYLG: B)

> 现在很多辅导员,我认为转到这个岗那个岗……如果能按照,比如说工作资历几年评定,什么级别之后给一定的待遇,我认为很多人会守在固有的岗位上,而不会去做别的"折腾",很多时候,大家可能也就是想要一个待遇或者什么。(辅导员 TYKJ: E)

从上述访谈资料看出,高校辅导员校内职级制的实施,使辅导员在薪资

---

① 朱方彬、伍安春:《激励理论视阈下高校辅导员校内职级制研究》,《学校党建与思想教育》2014年第6期。

待遇以及职级晋升等方面保障水平得到了提高，对于辅导员工作积极性的调动具有重要作用。此外，校内职级制的实施，使得辅导员各级各类岗位对应的专业素质以及发展规划更加明确，能够引导辅导员不断提升个人职业素质，由此，辅导员队伍的整体素质水平也得到提升，进而职业认同水平得到提升。

但是，从辅导员的长远发展来看，职级制难以满足辅导员更高层次的需要。

> 我们领导就有意见啊，而且包括副书记也有意见，副书记说他们是辅导员，凭什么他们和我们拿一样呢，然后是这种的，所以副书记也有意见，意见肯定是有。但是就是，谁想干这个辅导员就给你这待遇，即便是这也有很多人会离开这个岗位，是这样。（辅导员 ZBDX：C）

> 比方说我去年干够 10 年了，然后我一年就拿到了这个副处级的待遇了，可能就是咱们经常说的这种精神上的满足和物质上的满足的比较，就是说物质给你满足了，但是只是暂时的，这个暂时的满足可能说，唉……我每个月都拿这么多待遇，拿了一年到明年我还是这样，可是这个满足感，我觉得第二年就慢慢地减弱，咱们说的物质上很满足，你有富足的生活，但是精神上没有达到这种满足的时候，实际上我觉得也没有达到你的期望值，就是这种，所以，这就是为什么大家说我要去评聘职务，就是让别人想到，我在那里脱颖而出的时候，我到了这个位置上，其实就是对自己的一个交代。让自己感觉，我干了这么多年，我得到了别人的认可呀，其实就是一种被认可的感觉，是咱们的这种满足感的一种感觉，不是说这个钱，钱上我觉得是暂时的，你肯定会满足一段时间，但是过了一段时间以后，我觉得慢慢这个满足感就会减弱了……就是看到和自己一起来的人，评上职务，比方说同年我上科长，但是人家上了副处，然后我肯定比较失落……其实我觉得跟周围和你相关的人去比较的时候，这种失落感更强烈，就是觉得你不比别人差，但是人家脱颖而出了，还有一个就是说，也挺羡慕别人评职称啊之类的。（辅导员 ZBDX：B）

从上述访谈资料看出，实行辅导员职级制的高校，有很多辅导员还是会离开这个职业，用辅导员 ZBDX：B 的话来讲就是"钱上我觉得是暂时的，……过了一段时间以后，我觉得慢慢这个满足感就会减弱了……"，"精神上没有达到这种满足的时候，实际上我觉得也没有达到你的期望值"。张丽萍等认为，职业认同是由职业-物质我、职业-社会我、职业-精神我等因素构成的共同体，在这一共同体中，各因素既是分层的，彼此之间又是梯次联系的。职业-物质我，对教师这一职业角色，以及物质自我两者具有的一致性关系进行了反映；职业-社会我，能够揭示出教师职业角色与社会自我其他部分的一致性联系；职业-精神我，能够对教师职业角色以及精神自我两者的一致性进行反映和说明。而且上述各种一致性关系，都会在教师职业角色以及自我各部分需求的一致性关系中得到集中体现。假如自我各部分需求能够从教师职业角色中得到满足，那么教师具有较高的职业认同度，反之，具有的职业认同度较低。[1] 职级制满足了辅导员的物质需要，但没能满足辅导员的社会和精神需要，不能给辅导员一种"被认可的感觉"，"被认可的感觉"是显性的"职务"或"职称"，辅导员职业没有使职业主体获得"职务"或"职称"的社会地位体验或者精神收益，因此随着物质上的满足感渐渐减弱，职业认同也会慢慢降低。

（二）职级制对于女性辅导员职业认同的影响大于男性

很多高校对教学科研人员给予较高的重视，而辅导员很多时候则处于较为边缘的位置。整体来讲，辅导员具有较低的社会地位，而且社会认同水平也较低。很多人对思政工作的理解不够全面，认为工作内容枯燥、空洞，将其视为谋生手段。受到传统"男尊女卑"思想的影响，男性对于具有较低社会地位的辅导员职业缺乏主动从事的意愿，而且在各高校中，很多男性辅导员将该工作视为缺乏发展前途，并将其归入跳板之列，很少真正安心工作。

> 2014年我们来的一批辅导员都拿到副科级的待遇了，2015年有个机会，我成了分团委副书记，成为实至名归的副科级。但有个同年来的还是科员的男辅导员就说，如果再干上一两年学校不给他科长的职务，他就考管理学院的博士，然后再转成教师岗。男同志中这样的例子不少。（辅导员 ZBDX：C）

> 2004年，我们那批来了20多个辅导员，再加上2003年来的，现在我觉得剩下不到10个。这不到10个其实也有共性，有的是评上副教授，还有几个就是像我一样学文科的，学校又没有你的专业，你去人文学

---

[1] 张丽萍、陈京军、刘艳辉：《教师职业认同的内涵与结构》，《湖南师范大学教育科学学报》2012年第3期。

院，我是学历史的，那没有历史专业，是思政专业……没有历史这个学科呀，所以大家就一直在辅导员这口干到现在。所以说，留下来的辅导员的共性就是没有你的专业，而且都是女性。（辅导员 ZBDX：B）

"现代社会，社会资源配置方式依旧是职业领域中进行权力授予的主要升迁方式，而这种配置方式又源于'女性配角文化'。故此，在这种分配制度格局中，整个的结构模式是男主女辅。"①尽管在高校中，具有十分多样化的内部权力表现，然而，在其内部治理结构中，学术与行政两种权力是其核心所在，故此，专职教师这一学术权力主体，与作为行政权力主体的管理干部在高校中处于主导地位，在"男为主，女为辅"的结构性模式影响下，男性往往追求主导性的地位，职级制虽然在经济收入上保障辅导员不比同期专职教师低，但正如一位辅导员所说的："不管几级的辅导员不还是辅导员吗？"男性则更渴望自己能得到重用，使自身价值得到体现。期望值的不能满足往往容易造成他们的失落与自卑，因此，职级制对于女性辅导员职业认同的影响高于男性。

（三）以"工作年限和考核竞聘相结合"为评价标准的模式比"以工作年限为评价标准"的模式更有利于辅导员职业认同的培育

以"工作年限和考核竞聘相结合"为评价标准的职级制模式，强调工作年限、工作实绩、研究能力三个因素，而且如果是较高级别的辅导员，还要求具有主持校级及以上思政方面课题的研究经历，以及学生工作领域相关论文的公开发表。通过设定该标准，使辅导员队伍中，具备一定科研能力的人员具有了更强的动力，在竞争和自我完善的过程中寻求职级的不断提高。"以工作年限为评价标准"的模式，各级别的辅导员工作要求一样，给辅导员"干好干坏一个样，干多干少一个样"的感觉，最终损害优秀辅导员的利益。

我觉得太原理工大学的那个政策比我们的政策科学一点，人家辅导员定级是要"打擂"的，就是说你打完擂以后，PK 出有合格的，有不合格，有优秀的，有良好的，大家有一个参照的东西……辅导员这个队伍里头再去定级或评优时，大家也有一个层次的区分，然后觉得这也是

---

① 卓成霞：《职业升迁中两性差异的政治学分析》，《山东商业职业技术学院学报》2009 年第 6 期。

一种认可，不是说谁干够 10 年，就给个副处级的待遇。（辅导员 ZBDX：A）

每个人都一样的，就是我干多干少都一样。到了 10 年我都能拿到这个待遇，这也是一个很大的问题。这样的一个情况，也是咱们说的一种。就是没有一个评价标准、考核机制，然后是这种。所以这样的话对一些不负责任、责任心不强的人来说，他就会觉得我熬年限就行了，我熬到拿待遇就行，然后他们就会多多少少影响到责任心强的、认真工作的这些人，他们其实是最失落的，反而是让那些不负责任的人有这种可乘之机。（辅导员 ZBDX：B）

辅导员职级制的设定，在以"工作年限"为导向的基础上，还应充分考虑工作实绩、研究能力等方面的因素，使一批能力强、工作业绩突出的辅导员和其他辅导员在职级上有所区别，否则会造成优秀辅导员的不公平感，降低了职级制对辅导员的吸引力，而且辅导员工作积极性也会受到影响。因此，以"工作年限和考核竞聘相结合"为评价标准的模式比"以工作年限为评价标准"的模式更有利于辅导员职业认同的培育。

三 高校辅导员职级制政策的优化

（一）辅导员职级结构要合理

上海大学从 2004 年实施学生辅导员岗位职级制，到 2021 年已有 17 年的时间，按照其职级制政策，工作 7 年以上辅导员可以评四级，10 年以上辅导员可以评五级的标准，理论上应该有五级辅导员，和为数不少的四级辅导员。然而访谈中，辅导员反映现在还没有五级的辅导员，四级的辅导员数也只是个位数，大部分集中在三级。

我们现在还没有五级的，曾经有过，但是目前为止很大可能没有五级。四级也非常少，2018 年有 4 个晋升四级，但四级辅导员仍然是个位数。然后三级是最大头的一块，就是肚子特别大，然后二级和一级就是新进来的这一批。（辅导员 SHDX：A）

现在的问题就是绝大部分滞留在三级这个块上。四级是个位数，十位数都是很少的比例。照理这个五级制列出来，它不应该是这样一个形状的对吧。应该是橄榄形，或者是什么形状，就是稍微还均匀分布一些。现在是三级的比较多，就棒槌形的样子。目前还没有辅导员是五级的，五级相当于教授的待遇，四级一般是副教授这样的待遇，好像今年还有些增加的是四级。（辅导员 SHDX：B）

据研究者的访谈得知，目前执行职级制的高校，都还没有最高级别的辅导员，但随着职级制的继续推行，最高级别的辅导员必然会出现，目前出现的最大问题是中间级的辅导员滞留较多，中间级辅导员滞留问题将会对其职级通道流动性产生较大影响，从而影响辅导员职业的发展，因此，职级制的设置首先应考虑的是辅导员的职级结构的合理性，即各级别辅导员的设置比例要合理，合理的辅导员职级结构，有助于辅导员素质结构、资源结构以及功能结构的全面优化，这也是辅导员职级制建设发展的重要方向。

（二）把好校内转入辅导员群体人员的职业素质关

辅导员工作具有较大的弹性，因此，与之相对，辅导员在工作质量以及能力等方面都具有弹性，具体表现为在考量这两方面因素时，很难进行量化考量，在对外进行辅导员招聘时，要求在学生工作、教育能力以及职业素养等方面都具有较高的素质，但是相对的，在进行内部选聘时，设定的招聘门槛是相对较低的，有一部分人会选择分流为辅导员。"这种工作弹性，以及这种低门槛性，使得部分不符合辅导员岗位要求的人员也混入了队伍之中。"[①]

> 大家认为辅导员什么人都可以干，像我们什么附小的、图书馆的，然后幼儿园的老师，甚至校办工厂的，说不好听点……这些人都可以调动工作，也不能说都调吧，就是有个别人能进来，那也代表一个层面。当然，学历上有要求，就比方说本科呀什么的……可是现在我们校外招聘的硕士都挑来挑去的，从 2015 年开始进博士了……但是这些校内的素质差一些的人员，也有能来的，可能来的时候进行一个简单的培训就上岗……这个我觉得很有问题。（辅导员 ZBDX：B）

职级制执行后，辅导员的经济待遇确实随着职级的提高而提高了，但在"以工作年限为评价标准"的职级制模式高校中，辅导员的工作能力与工作

[①] 李超、黄志祥：《论辅导员权力的异化与消解》，《学校党建与思想教育》2015 年第 16 期。

质量难以考量,很多其他群体"素质差一些的人员"为了高一些的经济收入也借机转入辅导员岗,造成"什么人都可以干辅导员"的感觉,如果把辅导员岗位看成与专职教师一样的专业技术岗位,那么辅导员岗位就不应该是高校人员分流的去处,辅导员的校内、校外招聘应该一视同仁,以保障辅导员职业群体的公平性及职业尊严。

(三) 辅导员考核要科学

辅导员职级制想要有效落实,基本前提是必须能够进行科学的考核。综合辅导员的工作实际要求以及其工作特征,要求制定规范的辅导员工作机制以及考核体系,为此考核应实现如下"三个结合":定性与定量、短期与长期、显绩与潜绩。通过制定科学合理的考核机制,使辅导员工作积极性得到充分调动,并将职级晋升制度与待遇水平挂钩,立足绩效,采取优劳优酬,以使辅导员的经济地位得到提高。

> 每个人都一样的,就是我干多干少都一样。到了10年我都能拿到这个副处级的待遇,这也是一个很大的问题。这样的情况就是没有一个评价标准、考核机制。这样的话,对一些不负责任、责任心不强的辅导员来说,就觉得熬年限就行,熬到拿待遇就行,然后就会多多少少影响到责任心强的、认真工作的这些人,他们其实是最失落的,反而是让那些不负责任的人有可乘之机。(辅导员 ZBDX:B)
>
> 现在我觉得考评机制,评价辅导员的时候,你怎么样量化?这个量化你怎么样具体化?让大家更有操作性,这个我觉得是要去探讨的,他每天来上班,来得挺早的,比方说人家8点就坐这儿,可是来到这,天天上网淘宝了,打游戏了,他就说我来上班了,可是你来了以后你的效率不高,那有的人说我来了,我家里情况不行,我孩子也比较小,我来得晚,但是来了以后8个小时,我除了这个来得晚,我剩下时间和精力全投入工作当中,那你能说我工作差吗?你也不能说我工作差,所以这考核评价指标很重要,这个评价指标可操作性一定得强,再一个的话,就是要公平公正,企业这点做得好,我觉得应该跳出我们这个框框,去找一些外围的管理学方面的东西,看一下有没有更好的东西或一些建议应用到辅导员考核这块,大家就是真正在考核的时候,优者更优,然后差的人,该淘汰就得淘汰,而不是说什么人都可以干,干好干坏一个样,慢慢地,好的人也不想干了,优的人也不想干了,这个是最难受

的。（辅导员 ZBDX：A）

从上述访谈资料看出，高校缺乏对辅导员的科学评价机制，导致辅导员职级制执行的依据出现问题，从而出现辅导员回报与付出不相符的情况。科学的考核制度，能够鼓励、引导辅导员提升自我价值，而且还能够使辅导员的服务意识进一步强化，同时使其职级范围内的工作职责能够更好完成。研究者提出，除了"工作年限"导向外，合理的绩效评估应分为两部分。一是工作绩效评估。工作绩效评估也可以分为两部分：日常工作评估和奖励评估。日常工作评估应当立足服务对象确定绩效评价指标，比如从学生投诉率、案例分析等方面确定。奖励评估可以从辅导员个人或所带学生团体累计获得校级荣誉称号次数等方面设定。二是研究绩效评估。从辅导员工作的现状来看，一般对事务性工作更加重视，而对总结性工作的重视程度不够，与之相对，更加注重实践性工作，科研工作却相对疏忽。故此，如果基于研究绩效评估来开展工作，可以有效协调与平衡前四者的关系。研究绩效评估，可以从辅导员论文、课题、学生工作创新成果等方面来衡量。通过科研评估督促、引导辅导员加强专业性建设方面的研究，以使其相关工作的开展更加顺利、更加高效。

科学的考核指标的设立只是实现辅导员考核科学的第一步，考核过程的科学，也关系到辅导员考核结果的科学性。很多实行辅导员职级制的高校会要求申请高职级的辅导员参加答辩，答辩过程有时掺杂过多的情感因素，影响考核结果的科学性。

> 我觉得相对还可以吧，但是如果有一个更细的标准，就用不着我们上去答辩了。因为辅导员的这种答辩和专职教师那种理论性的、学术性的答辩不一样……辅导员的答辩吧，有时候上去"煽煽情"，可能认识你的人比较多，就比较容易成功。现在我们有一个讨论稿，把岗位分成八个级别，每一级都有几条不同的标准，你达到哪条标准，自然就是几级岗，然后你就拿到对应岗位的津贴。这样一来，不但方便而且也相对公平，好像明年要执行。（辅导员 TYLG：B）

情感因素通过影响辅导员的考核过程影响了辅导员考核结果的公平性，因此实现对辅导员的科学考核不仅要制定科学的考核制度，更要保障考核过程的科学。科学、客观、公平的辅导员绩效考核将会对辅导员工作产生积极的影响，反之，则会打击辅导员工作积极性，甚至引起懈怠情绪，不利于工作的开展和职业认同的提升。

（四）做好辅导员的心理疏导工作

目前很多高校设有大学生心理辅导中心，比较注重对大学生的心理疏导工作。然而，目前有关高校辅导员方面的心理疏导较为欠缺，因此应当设立专门的辅导机构，负责高校教师心理辅导工作，使辅导员能够获得情绪宣泄的渠道，心理问题能够得以更好解决。

> 我觉得其实辅导员如果一直想干下去的，要求也不高，你比方经常把老师们送出去培训培训，或者经常给老师们做一些心理疏导……我觉得有很多老师也不是说就不喜欢干这个工作，肯定不是说所有的人都不喜欢，有一些喜欢的人，其实也想再继续干下去，那干下去的话，你得考虑到他们内心深处到底想要什么，如果说评聘职称没有希望，职位晋升也没有希望……那让他们在这个岗位上干下去，就要缓解他们的压力，还有一个，就是让他们有归属感，让他们有更多机会出去学习、交流，激励他们一直干下去，毕竟你干这工作前后也就是30年的时间，有的人可能都干不够30年，20多年也是一眨眼而过。在这个过程当中，尤其是直接干辅导员的，你得做一些措施出来让他们想一直干下去。（辅导员ZBDX：A）

> 比方说辅导员有压力，你通过什么渠道去缓解辅导员的工作压力，所以辅导员也挺需要心理疏导的，你得给他提供一个平台，大家宣泄完了以后，有一种很好的感觉。有的学校做得挺好的，就是搞素质拓展。以前我们也搞过素质拓展，搞集中培训，培训的时候可能有一些游戏环节，但是这种平台特别少，我觉得多搭建一些这样的平台比较好。我们有一年做个案分析，就让一个学院承办，然后学校让各个学院派两个辅导员，当时可能一下去了二三十个吧，其中就有让大家做游戏的环节，其实就是有一些给大学生做的，反过来给辅导员做，大家做完以后就特别放松，然后又给大家提供了一个交流的平台，我觉得其实很多时候这个归属感呀，和让辅导员有个好的心理疏导的渠道是有很大关系的。（辅导员ZBDX：B）

由于社会发展迅速，竞争日趋激烈，社会对学生的培养要求日益提高，也必然对高校辅导员提出了越来越高的要求，"十分繁重的日常工作任务使辅导员经常会陷入疲惫之中，对其身心健康极为不利"①；此外，目前对学生安全工作的重视程度不断提高，"学生的个性越来越多样化，辅导员所承担的责任也越来越大，这使得辅导员的精神压力非常大"。② 如果辅导员长期积蓄的负面情绪及精神压力得不到适当释放，必然会影响大学生日常思想政治教育的展开，虽然职级制的执行能使辅导员在经济待遇上得到一定的保障，但辅导员的心理健康还需高校和各级相关部门的关注，高校应将心理素质的培养作为高校辅导员培训的重要内容，同时创造更多机会和平台，帮助辅导员进行一定的心理调适，使其不良情绪得到宣泄，心理压力得到缓解。

（五）根据辅导员的职级采取层级化分工、差异化考核、分级化激励的办法

实行与层级化分工相匹配的绩效考核制度，同时给予不同职级辅导员相应的发展资源以及发展平台，另外还应当结合各个阶段的职业发展目标，给予有针对性的外在刺激。合理的激励保障制度不仅能赋予辅导员进阶仪式感，而且能使辅导员向着专业化发展的主动性得到充分调动，继而职业认同也将提高。

第四节 高校辅导员社会创造策略的保障与延伸

一 社会创造策略的保障

（一）厘清职业身份

《普通高等学校辅导员队伍建设规定》（教育部令第 43 号）中明确提出："辅导员具有教师和管理人员双重身份"，"把辅导员队伍建设作为教师队伍和管理队伍建设的重要内容"。然而，目前的状况并没有达到规定要求，这种双重身份并没有得到认可和体现，现状与规定是背离的。一方面，作为教师，辅导员很少从事具体的教学事务，而且也较少进行科研工作，这就使得

---

① 潘登、李卫星：《医学院校辅导员心理问题现状分析及对策研究》，《川北医学院学报》2007 年第 5 期。
② 梅娇：《高校辅导员心理健康问题成因及对策分析》，《西北医学教育》2007 年第 3 期。

辅导员与专业教师面临的职称晋升机会是不对等的；另一方面，作为管理者，辅导员发挥的主要职能是进行信息传达，对比行政管理人员，所获得的待遇以及职务晋升机会也不对等，因此面临的职业前景十分迷茫。这种不清晰的职业定位，使辅导员所处的地位十分尴尬。

我国高校辅导员制度从建立至今已经经过了近70年的发展，对于职位角色的定位也经过多次变化。最初将其视为"政治引路人"，现在已经转变成为"学生成长成才的人生导师和健康生活的知心朋友"，可以说辅导员职业具有的外延在日益丰富，而其职位角色定位却日益模糊。

社会分工最终导致了各类职业的形成，因此，职业群落的形成并不是社会外力强加的结果，然而，基于我国教育部关于辅导员的相关文件能够发现，辅导员的工作职责将大学生相关的各项工作都涵盖其中，比如学生日常管理、成长、德育、心理、就业等。"这种角色定位是将除高校内部教学以及行政管理之外的，其他的'零余性'责任都归入到了辅导员职责中而产生的职业角色定位。"[1] 因此有学者认为辅导员具有"传播者、教育者、管理者、引领者、咨询者、指导者、服务者、疏导者和资源获取者等角色身份"[2]。多数学者认为我国辅导员兼有教育者、管理者、服务者三者的角色。思想政治教育的内容，涵盖了思想理论、价值引领、学校规范等方面的教育；日常管理工作覆盖了党建、团建、事务、信息、学生组织等管理工作；服务工作涉及了生活指导、就业指导、心理咨询以及课外活动指导等。与一般的行政管理干部或者是任课老师相比，辅导员的工作内容与方式是具有显著区别的。无论是辅导员职称评聘单列还是辅导员职级制都承认辅导员不同于专职教师和管理干部。

罗公利等指出，在美、英、新西兰等国家，已经形成了专业的辅导员（school counselor）队伍，主要负责对学生进行心理、职业等方面的辅导工作。[3] 由此可知，国外已经对"school counselor"形成了十分清晰的定位，即服务者是其主要角色。

清晰、明确的职业定位是确立辅导员不可替代性和独特性的本质和基

---

[1] 戴锐、肖楚杰：《职业社会学视角下高校辅导员的角色再定位研究》，《思想政治教育研究》2016年第4期。
[2] 蔡雅萍：《高校辅导员职业发展的定位与趋向研究》，硕士学位论文，湖南师范大学，2010，第18~20页。
[3] 罗公利、聂广明、陈刚：《从国际比较中看我国高校辅导员的角色定位》，《中国高等教育》2007年第7期。

础，也是其工作能够有效开展的基本前提，在辅导员政策制定中也是核心所在，而且也构成了其职业认同的焦点。对比其他职业，辅导员职业角色更加复杂，而且职责更为繁重。"高校辅导员定位具有高度复合性，尽管能够对高校教育现实进行暂时性应对，然而，辅导员的职业化以及专业化发展也将会因为这种权宜性而受到影响"，[①] 进而对辅导员职业认同构建产生一定影响，故此，结合现实回应，应当对其角色进行重新定位，这也是必然趋势。

（二）明确辅导员工作职责

明确、合理的岗位分工以及职责划分是工作能够得以高效执行的基本前提，如果辅导员对其职责边界并不清晰，那么不仅会使工作效率低下，而且还会导致人力资源的浪费问题。

以往对辅导员更加侧重的是其政治功能以及教育职责，但随着现代学生群体发展需求的增多，目前，辅导员的服务、辅导功能越来越重要。中央16号文件的出台，标志着我国政府不仅对大学生思政教育非常重视，而且也致力于通过多种渠道与方式来实现大学生实际问题的充分解决，比如学习、生活等方面的问题以及心理、发展等范畴的问题。"为了有效解决这些问题，要求高校相关部门如职业指导部门、心理辅导部门等提升服务质量，而且也要求辅导员的服务技能水平能够得到进一步提升。"[②]

结合我国当前发展所处的整体环境，"经济社会处于转型之中，信息时代已经到来，以及高等教育大众化的推进等，都赋予了辅导员新的工作内容"。[③] 假如继续要求辅导员做好"管理、教育、服务"三项工作，必须对其职业发展具有的社会学依据形成正确的认识，这是推动其职业化发展的重要前提，尽管是同样的职业名称，但是在不同的时代背景下，具有的职业内涵侧重也是有所不同的，然而，如果是基于社会系统这一截面，基于各职业具有的现实要求，职业发展的独特性是其发展趋势。

"是否能够对辅导员形成科学的角色定位，将会对其工作体系与外部环

[①] 戴锐、肖楚杰：《职业社会学视角下高校辅导员的角色再定位研究》，《思想政治教育研究》2016年第4期。
[②] 李建国：《我国高校辅导员队伍职业化建设的现实与思考》，硕士学位论文，华中科技大学，2007，第12页。
[③] 冯刚：《辅导员队伍专业化建设理论与实务》，中国人民大学出版社，2010，第34～38页。

境的关系产生影响,还会对其工作质量以及目的产生较大影响。"① "合并式"的工作形式,使辅导员更多地成为一种"勤务兵",是可随时被替代的,明确辅导员的工作职责,使辅导员对自身应当从事的工作内容形成更清楚的认识,这是十分必要的。但在我国目前的制度规定中较少涉及。当前我国辅导员制度建设中至关重要的一步就是"按照一定职业价值取向和关于角色期待的'重叠共识'对其角色职能精简,把那些事务性工作从辅导员职能定位中合理地让渡到其他部门"。②

二 社会创造策略的延伸

(一) 专家型辅导员的内涵界定

中央16号文件中,明确了各高校应当逐步建立健全大学生思想政治教育队伍激励机制,结合思想政治教育专职队伍的现实工作需求,确保辅导员教师职务评聘问题能够得到有效解决,使其能够更好地投入工作中,逐步成为该领域的专家。在该文件出台之后,《教育部关于加强高等学校辅导员、班主任队伍建设的意见》进一步强调,对专职辅导员的发展必须进行统筹规划,鼓励其进行业务进修,或者是攻读相关学位,使其能够将辅导员工作视为长期工作,推动其职业化水平的不断提高及向专家化方向发展。③ 但是,关于什么是专业化、专家化等内容,教育部并没有进行十分明确的界定,辅导员专家化的讨论也仅限于学术领域,学者们对辅导员专家化的界定和理解更是大相径庭。有的学者从职称方面界定专家型辅导员,如:"专职辅导员专家化指的是通过积极的培养,使得负责学生思政教育的辅导员,对于马克思主义理论十分精通,并能够在思政教育工作中,充分利用该理论开展工作,成为马克思主义理论学科副高以上职称的辅导员。"④ 还有部分学者对于专家型辅导员是立足其专项工作角度进行界定,即认为其是精通思政教育、

---

① 李莉:《对专业化发展下高校辅导员角色的思考》,《黑龙江高教研究》2010年第12期。
② 戴锐、肖楚杰:《职业社会学视角下高校辅导员的角色再定位研究》,《思想政治教育研究》2016年第4期。
③ 教育部:《教育部关于加强高等学校辅导员、班主任队伍建设的意见》,http://www.moe.gov.cn/srcsite/A12/moe_1407/s3017/200501/t20050113_76797.html,最后访问日期:2022年11月16日。
④ 翁礼成、高岳仑:《关于高校推进专职辅导员专家化的思考》,《江苏高教》2007年第2期。

就业指导等领域专业知识以及实践知识的就业指导专家、思政教育专家等。①

而大部分学者对专家型辅导员的界定比较笼统,如:"首先,应具有丰富的辅导员专业知识。其次,应具有独到的工作方法。最后,应具有不断的创新能力。"②"辅导员专家化,是基于其职业化而逐步形成的一种职业定位,不仅要求辅导员能够对学生事务具有熟练的处理能力,而且要求辅导员能够在某一个或者几个领域中有所建树,逐步成长为学者型辅导员。"③

访谈中,辅导员对专家型辅导员的理解也不一样,同时希望教育部能尽快对专家型辅导员进行界定并出台辅导员专业化、专家化的相关配套政策。

> 在别的方面是有专家的,比如说心理和就业,这两个领域是能出现专家的,但这样的专家现在又不把他们算成专职辅导员,他只是从事学生思想政治教育工作的人,比如说北大那个心理中心的主任刘海骅,还有清华有个老师,这两个做心理的,我觉得特别是北大那个心理主任,他是学心理的,但能把心理和学生工作结合起来,真的做得好,他不是跟你讲什么理论,心理学怎么怎么样,人家是讲心理学的讲法怎么样,在学生工作中怎么用这个东西,怎么贴近起来,同时用心理学理论开展价值观教育,做得好,真的做得好……很多所谓的专家,讲讲这理论,讲讲那模型,讲讲那人格,我们真的能适用吗?……不适用的……他是心理学专业出来的,但他又能了解学生工作,知道怎么把理论和实践结合起来,我觉得这才是专家……但是教育部认他是专家化的辅导员吗?我们领导的理解又不一样,我们学工部部长的理解是专家化的辅导员就是教授级的辅导员,起码教授才能成为专家嘛,但复旦没有定教授的评聘条件,领导认为不存在专家型辅导员……专家型辅导员是指哪一类辅导员,还是从事哪一类工作的人,比如说我不带班,我是心理中心的,我有博士资格,我每天接待很多的学生,我发了很多文章,我是不是专家型辅导员?没有界定……教育部从来不说专家化是什么,我怎么来理解呢?(辅导员 FDDX:B)
>
> 也有一些人可以做得很好,比如说党建型的,我们现在可能提得最多的是心理、就业,这两个比较好做,因为有自己的职业评估体系,其

---

① 张盛:《浅谈高校辅导员专家化》,《安徽科技学院学报》2008 年第 3 期。
② 李斌、束建华:《辅导员专家化探究》,《内蒙古师范大学学报》(教育科学版) 2015 年第 12 期。
③ 崔益虎:《专家化是我国高校辅导员队伍建设的必由之路》,《江苏高教》2015 年第 2 期。

他的方面其实没有，原来有政工师，现在都没有提这东西了……所以，专家型辅导员说起来其实是一个复合型的，他对学生宣讲理论观点，要让学生接受的，不是讲假、大、空话，或者讲虚的，学生不接受的……这种东西就是，上面满意，下面也满意，但是那是形式上的，你要真正能解决学生的问题，解答学生的问题，我觉得当时杨振斌来我们这儿的时候，有一点很好，他说，学生问他怎么看待党建中出现的问题，他当时就让学生去看香山红叶，他说香山红叶你远看是红的呀，但是每个红叶上面是有小点点的，党建就像香山红叶，党建出现的问题就像每个红叶上面的小点点，但你看它远看是红的，那就说明党员的主流是好的，就像我们今天一样成绩是好的。你要有能力去把一些理论问题转化为身边的事情，这就是专家型辅导员，党建工作做得好，你能把这些故事，这些时势热点的问题、理论，宣传部、中宣部出的那什么看理论看热点变成故事，变成让学生能够感受的东西，让他觉得你讲得很有道理，这就是专家型辅导员，我是这么看的。（辅导员FDDX：A）

专业化其实更重要，就是说你在这个方面要有一定的能力去解决这方面的问题，你越钻越深，那你某个方面能力越来越强，这样就是专业化道路，然后最终促使你成为一个专家型的辅导员，这种是理想状态，这个很难的，常规专家也没见他在学校里面的相对地位上升，也不会啊，当然可能评优的时候，会把你评出来，但在整体学校的话，有学校是能做到的，广州大学，专门为辅导员李敏设立办公室，那就是因人设岗，少数民族学生工作办公室副主任，没级别……她专管学校所有的少数民族学生工作，但是这样的人太少，而且有特殊的原因，这也是不太一样的情况，教育部和广州也推得比较厉害。（辅导员ZGRM：B）

综合学者、辅导员关于专家型辅导员的观点，研究者认为专家型辅导员应具备以下三个条件。①专家型辅导员是一种复合型的专家，既精通专业理论，又了解学生工作实践。只了解思想政治教育、心理学、教育学、管理学等方面的理论，而不熟悉学生工作实践的专家不是专家型辅导员。专家型辅导员必须能把专业理论与学生工作实践结合起来。②取得丰硕的研究成果。专家型辅导员不仅积累了大量的实践经验，还应对学生工作的规律进行研究，推动学生工作与科研工作的紧密结合，产生了一系列理论研究成果。③专家型辅导员至少在校级层面开展工作。专家型辅导员应至少代表一个学校学生工作的水平，学校要为专家型辅导员提供政策平台。在这个平台上，专家型辅导员开展相关方面的工作，其管理模式和教育办法才有一定的示范性作用。

目前教育部虽然指出了辅导员专业化、专家化的发展方向，但下一步应该厘清的一个更重要的问题，就是所谓的专家型辅导员是指哪一类辅导员，专家型辅导员的界定指标还需要相关部门的制定与认可，并给予相关的配套支持，否则，辅导员对自我无法做出一个准确的判断，将会陷入迷茫之中，并导致其职业意识淡薄，工作状态消极。

无论是辅导员职级制还是职称评聘单列，最终都是为了推动实现辅导员的职业化、专业化、专家化发展，假如无法对此进行十分明确的界定，那么辅导员职级制或辅导员职称评聘单列就会失去目标指引，致使辅导员对自身职业使命的认知产生偏差，失去职业自信心。

（二）专家型辅导员的职责界定

专家型辅导员指的是在辅导员工作岗位上已经从事了较长时间，而且具有丰富的理论知识以及实践工作经验，并且还就辅导员工作展开了深入的研究，而且取得的成果也是十分突出的，总而言之，指的是在该工作领域具有较高知名度的专家级人员。对于这类人员，其工作职责与普通辅导员应当是有所区别的。

1. 开展学生工作研究

我国高校将学生工作归入思政教育、德育范畴，至今已经经历了较长时间，虽然取得了十分丰富的实践经验，产生了一些理论成果，然而，从整体来讲，目前学科建设滞后，关于学生工作的理论研究依旧较少，并没有从人才成长角度对学生工作规律展开深入的研究，这些都对高校学生工作的规范化与科学化发展产生了较大影响。故此，为了与当前的高等教育发展需求相匹配，使学生工作具有的育人作用能够充分发挥，必须结合学生工作以及学科建设之间的关系，使学生工作与科研工作紧密联合，增进对相关理论以及规律的研究，并对学生工作规律进行总结与提升，以逐步形成相应的学科点，形成科学、规范的工作体系。而这些有赖于发挥专家型辅导员的作用。

首先，高校要为专家型辅导员提供科研政策平台。辅导员能够利用该平台，就思想政治教育问题展开研究，而且还可与其他专业教师一样，进行学术发展规划。对于专家型辅导员，应当将参与科研建设作为其工作职责之一，从制度上对专家型辅导员的科研要求进行规范。专家型辅导员要经常开展调查研究，从繁复的学生管理工作中，进行归纳总结，得到具有代表性的规律或者是经验，在此基础上上升为理论成果，以对其实际工作进行有效的指导。其次，鼓励专家型辅导员结合工作实际要求进行科研团队的组建，并且结合工作上的新情况以及新变化，开展对策研究，使工作科学性以及实效性得以增强。

2. 参与辅导员的培养工作

目前，与其他职业不同的是，我国辅导员职业并没有职前的专业教育，对于新进辅导员来讲，对职业的熟悉主要通过各种培训和本院系老辅导员的"传、帮、带"来进行，然而由于院系规模的差异、院系学生工作水平的差异及辅导员流动性大的特点，辅导员"传、帮、带"的作用受到一定的影响。把帮助全校青年辅导员工作能力以及综合素质水平提升归入专家型辅导员的工作职责中，可以跨越院系间的障碍，使"传、帮、带"作用得到更好的发挥。

> 现在没人给我提供这么一个工作点或工作平台，但年轻辅导员爱问我一些工作经验或者工作方法的问题，我会毫无保留传授给他们，他们也都能听得进去……其实我等于是说，有意无意地都在做这些工作。（辅导员 ZGZF：A）

专家型辅导员应当对中级、初级职称的辅导员进行定期的指导，以使后者的科研能力得到提高，并推动其积极参与科研，或者利用科研团队，各层级辅导员共同参与研究，撰写研究报告、论文等，在这个过程中，让年轻辅导员学会调查研究方法，学会获取思想信息和分析思想信息，将调查结果、工作对策及实践经验写成调查报告、论文。

把对年轻辅导员的培养作为对专家型辅导员的考核指标之一，对于自己负责的对年轻辅导员的指导工作没有尽到必要职责的指导教师给予相应的处罚。

3. 有选择带班的自由

《普通高等学校辅导员队伍建设规定》（教育部令第43号）中对高校专职辅导员的设置比例进行了规定，要求师生比例不低于1∶200。实际情况是，很多学校并不能满足辅导员配比的要求，导致辅导员有时要带500名左右学生，再加上学生事务性工作不仅没有因改革而减少，反而不断增加，辅导员的工作面越来越广、工作量越来越大。表4-9呈现了访谈辅导员师生配比情况。

专家型辅导员不应像普通辅导员一样，从事过多的事务性工作，否则会影响其工作效能的发挥，也会造成人力资源的浪费。专家型辅导员应该有选择带班的自由。根据专家型辅导员的意愿可以选择直接带班，也可以选择不直接带班，可以选择多带班，也可以选择少带班。

表 4-9 访谈辅导员师生配比情况

单位：人

学校	辅导员	所带学生人数
复旦大学	辅导员 A	40 人 + 8 个研究生辅导员
	辅导员 B（副书记）	无
华东师范大学	辅导员 A	156
	辅导员 B	250
东华大学	辅导员 A	260
上海交通大学	辅导员 A	220
	辅导员 B	150
上海大学	辅导员 A	174
	辅导员 B	132
太原理工大大学	辅导员 A	206
	辅导员 B	500
山西大学	辅导员 A	100
太原科技大学	辅导员 A	458
	辅导员 B	400
	辅导员 C	210
	辅导员 D	260
中北大学	辅导员 A	235
	辅导员 B	270
首都师范大学	辅导员 A（副书记）	无
	学生处人员 B	无
中国人民大学	辅导员 A	400
	辅导员 B	1000
北京理工大学	辅导员 A	254
	辅导员 B	500
中国政法大学	辅导员 A	390
	辅导员 B	200
北京邮电大学	辅导员 A	400
	辅导员 B	330

我现在带 390 多个人，就是带着有点力不从心了，应该说我现在孩子也大了，我自己儿子都大学毕业工作了，现在没有任何的家庭负担呀，后顾之忧呀，真的是全力以赴投入这份工作中。也是精力上，真的有点跟不过来，挺吃力……按照现在来讲，我真正觉得还是不带班好一些，比如说让我再做就业的工作，每年我都在做就业，因为政策需要延续嘛，因为你 4 年才带一次就业的话，很多就业政策都变化了，你还得重新再琢磨……所以给学生做一些咨询呀，做一些辅导呀，我觉得挺心应手的，能够更好发挥我的作用……年轻辅导员做不了的工作，有时会让我帮忙，他们会把学生派到我这，让我跟他们谈谈，可能是大一的，也可能是大二或大三的……他认为你不是他的辅导员，跟他谈话，他很放松，他把自己的想法给你讲出来，然后我就可以有针对性地给他提意见，他反倒也能够接受，因为这种情况，我结识了一批像朋友一样的学生，现在他们都毕业了，还有来往……比我就是他的辅导员，更多的是批评啊，更多的是要求啊，可能比这种更好一些，那种只是劝解的口气，平等地去了解情况的一种身份，他更能接受……我做了 28 年的辅导员了，积累了一些经验，我觉得也是到了该总结一下、提炼一下的阶段了，但事务性工作太多，带的学生也多，没有自主的时间做科研，我觉得真的需要时间。（辅导员 ZGZF：A）

辅导员 ZGZF：A 从事辅导员职业已经 28 年，2012 年评上思政系列教授，然而她现在的工作状况、工作内容、工作职责和刚来的辅导员并没有什么不同，辅导员 ZGZF：A 在 2010 年到 2013 年的 3 年里没有直接带学生，而是从事学院的就业专项工作，同时做了不少学生工作方面的研究，那段时间，辅导员 ZGZF：A 在就业指导和科研方面进步很快，然而自 2013 年到现在，辅导员 ZGZF：A 除了带班，再没有精力做其他的工作。辅导员 ZGZF：A 作为他们学校评上教授的唯一普通一线专职辅导员，本应在学生工作科研、培养年轻辅导员等方面有一番作为，然而现在做着组织学生评教、指导学生选课、发放毕业证、期末寄成绩单、催缴学费等与其职业能力、职业身份不相符的各种琐事。

专家型辅导员的定位要更加明确、具体，不是说还把它作为一个事务性的辅导员。就比如说在这里面一直要干这个的，你的专业化体现在哪里？然后你到底有什么样的配套？比如说我做到什么就是专家型辅导员？我就可以有自己的独立办公室，然后有自己的工作室，我可以不带班，但是我也可以选择带适当的班。我要完成哪些指标？或者可以上升到学校层面去做学生工作，我觉得，制度的设计比其他的方面更重要……在这里面，如果你要做下去，待遇方面是怎么样一个配套？其实制度的设计和待遇问题是最关键的。这两个能设计好了，基本上还是有很多人愿意在这条线上走下去的。直到退休，很多人还是可以做的……而不是说在这没有价值，现在为什么大家不愿意坚守下去，因为在这干到没价值了，你这么老了还在这里干，没人认可你的。觉得这么老了还没调走，人家觉得那你这个人肯定不怎么样，认可度没有了，你也就干得没劲了……大家都不认可了……算了，你就随便干干吧，这是个问题。(辅导员 DHDX：A)

事务性工作必然不是辅导员专家化的追求。缩少专家型辅导员的带班规模，使其从各种烦琐的学生事务性工作中解放出来，做一些专项辅导工作、科研工作以及年轻辅导员的督导、培养工作才是专家型辅导员的职责。

本章小结

一　社会创造策略的反思

1. 高校辅导员职级制的采用有限地增强了辅导员职业认同

本章第三节研究认为，通过实施辅导员职级制能够使辅导员的物质需求得到满足，其对应的职业认同水平也能够得到暂时性提高；另外职级制对于男性辅导员的职业吸引力也有限。因此，辅导员职级制无论从对辅导员作用的时间长度来讲，还是从对辅导员作用的性别范围来讲，对辅导员职业认同的影响都是有限的。

2. 以"工作年限和考核竞聘相结合"的职级制模式比"以工作年限为评价标准"的职级制模式更有利于辅导员职业认同的培育

"以工作年限为评价标准"的职级制模式会造成优秀辅导员的不公平感，从而降低了职级制对辅导员的吸引力，也不能充分调动辅导员工作的积极性、主动性、创造性。因此以"工作年限和考核竞聘相结合"的职级制模式比"以工作年限为评价标准"的职级制模式更有利于辅导员职业认同的培育。

3. 职称评聘单列政策在提升辅导员职业认同方面优于职级制政策

职称评聘单列政策受到研究者所有访谈对象的欢迎，在研究者访谈的辅导员中，既没有执行辅导员职级制又没有执行辅导员职称评聘单列的高校辅导员羡慕执行职级制或辅导员职称评聘单列高校的辅导员，期望自己学校"哪怕"执行职级制也好，而执行职级制高校的辅导员羡慕执行辅导员职称评聘单列的高校辅导员，职称评聘单列条件高的高校辅导员又羡慕职称评聘单列条件低的高校辅导员，职称评聘单列高校的辅导员比其他高校辅导员更多考虑专家型辅导员的政策配套，因此，职称评聘单列政策在提升辅导员职业认同方面优于职级制政策。

二 社会创造策略的采用建议

虽然社会创造策略从量上说，确实提高了辅导员职业认同，然而访谈中，研究者也发现社会创造策略也存在很多问题，真正从质上提高辅导员职业认同，社会创造策略还有很多需要改进的地方，因此在本章研究者提出社会创造策略的优化措施。另外，本章的最后给各政策不一的高校提出如下建议。

第一，既没有执行辅导员职级制又没有执行辅导员职称评聘单列的高校应参照已经执行高校的执行情况并根据本校的实际情况，尽快执行辅导员职级制或辅导员职称评聘单列政策。

第二，已执行辅导员职级制或辅导员职称评聘单列的高校应尽快对存在的问题进行修正，优化社会创造策略。

第三，职称评聘单列政策在增强辅导员职业认同方面优于职级制政策，因此研究者倾向于在高校执行辅导员职称评聘单列政策。

第五章　优化组织结构，改善高校辅导员职业认同

在诸多影响辅导员职业认同的因素中，高校组织因素对辅导员职业认同起关键作用，组织特征、组织管理政策会影响职业主体的职业认同。本书在第三章第二节主要探讨了组织特征、组织管理对辅导员职业认同的影响，指出高校辅导员的校、院两级管理与辅导员职业认同的建构有所背离。有学者提出直接借鉴西方高校对学生事务工作者的管理模式，由学校一级来负责学生事务机构的设置以及权限设定，学生事务副校长来负责该部分工作，即一级管理模式；按照学生事务内容组建学校一级的办公室或者是中心，直接为学生提供帮助与服务，院或系所不设立学生事务管理组织。如艺术收集和展览中心、学生生活研究中心、大型特别活动及设施中心、学生健康服务中心、学生住宿部、学生纪念活动中心、休闲体育中心、学生咨询服务中心等。在学生咨询服务中心中又设有学生心理咨询室、学生法律咨询室、酗酒和药物咨询室等。每个学生事务部门专门从事某一项教育或服务，职责相对单一，专业素质要求高，因此，每个学生事务部门都是一个天然的辅导员实践共同体。所有学生事务部门与学校的其他部门既相互独立，又相互配合，而且各部门在权责划分以及工作目标上都是十分明确的。

但是，在国外高校，学生事务工作者更多的是承担服务功能，我国辅导员更多的是承担思想政治教育功能。校、院两级管理模式在明确工作主体责任、维护办学和校园的安全稳定方面确实发挥了积极的作用，但也存在与辅导员专业化要求相背离、职责不清、难以满足辅导员职业发展需要等弊端。

北京邮电大学 2008 年至 2014 年对专职辅导员采用"由学生工作部（处）集中管理，作为机关工作人员，统一集中办公、统一工资待遇、统一考核标准、统一委派岗位"的管理政策。"当时辅导员分成 5 个科，1 科、2 科、3 科、4 科及研究生科，研究生科有 12 个辅导员，其他科平均也有 10 多个辅导员，平时辅导员在学生处办公，有事情就和对口学院的学生工作书记

联系。"然而后来出于辅导员思想政治教育职能与维稳职能的考虑，又实行校、院两级管理。

提出借鉴西方学生事务管理者的组织结构模式的学者，只考虑到该模式对辅导员专业化的积极影响，却没有考虑到我国辅导员职能的特殊性。如果单从思想政治教育职能与维稳职能角度考虑，高校辅导员校、院两级管理模式确有可取之处，然而从本书第三章第二节的分析来看，这种模式确实不利于辅导员职业认同的建构与职业的发展。综合上述各方面的考虑，研究者认为，目前我国高校可行的辅导员组织管理办法是在校、院两级管理模式基础上，另外建立辅导员实践共同体，这样既可以保障辅导员思想政治教育职能与维稳职能的充分发挥，又可以弥补校、院两级管理模式存在的问题。因此，本章主要从辅导员实践共同体的建构与现有辅导员实践共同体的优化两个角度对如何提升辅导员职业认同进行讨论。

第一节 高校辅导员实践共同体的建构

实践共同体理论对认同的解释是，在共同体中，人们对各种所属关系的投资，以及在其场景下，实施意义协商之间的张力基础上得以构建，认同建构具有的社会性在这种张力中得到了体现。[1] 所有个体的认同，都是基于其在世界的经历得以构建的，在不同层次的共同体中，个人能动者在实践中经过协商与认同两个过程彼此作用而实现的。通过上述分析能够得出，基于实践共同体理论下定义的职业认同是处于动态发展之中的，强调的是在实践共同体中，个体和社会结构在其中的各种关系中彼此互动与互构的过程。实践共同体理论，不但能够对我们的行为方式进行充分的刻画，还能够对社会系统中，我们对他人以及自我所实施的行为进行解释。[2]

基于实践共同体层面来分析职业认同，其主要特征如下。一是具有社会性。在该框架下理解的职业认同，更加侧重的是在实践共同体各种关系中，个体和社会结构之间进行的互动。故此，个人和他人间的关系构成了

---

[1] 李欧：《基于实践共同体视角的警察职业认同研究》，《湖南警察学院学报》2013年第1期。

[2] E. Wenger, *Communities of Practice: Learning, Meaning, and Identity* (New York: Cambridge University Press, 1998), p. 11.

认同的形成根源，在某种程度上可将认同理解为在实践共同体中，职业主体和他人之间联系发生的过程中逐步形成的。二是具有能动性。职业主体在实践共同体参与过程中，会将自己具有的个人知识以及意义与外界进行协商，在此基础上开展学习，使自身在该领域中的专业技能水平得以提升。在该过程中，职业主体是具有意义协商能力的主体，并不是消极、被动的。而且每位职业主体都能够实现其个性化的职业认同。三是具有发展性。认同是处于动态变化之中的，是保持持续发展的，而且会随着所参与实践共同体的变化发生变化，或者是随着时间推进而发展变化。职业认同的过程是对知识、经验等不断重新解释的过程，由此也可理解为该过程等同于终身学习的过程。四是具有多元性。职业主体能够在不同共同体中通过协商、认同获取意义，得到的这些意义彼此可能存在矛盾，也可能是统一的，对自身职业发展也可能是积极促进的，也可能是阻碍的，但彼此之间密切相关，互相影响，并在共同作用下，实现对职业主体职业认同的构建。

辅导员实践共同体是基于共同的目标愿景，由各级组织或辅导员发起，利用相近或者相似的兴趣、价值理念使辅导员会聚起来，以实现推动辅导员个体以及其职业发展为出发点与归宿的辅导员团体组织，秉持自愿参与的原则，并以合作协助、开放包容、完善自我为其组织理念。辅导员实践共同体，在共同的职业追求下，综合具有不同学科背景的成员，开展系统的学习、研究以及创造活动，使辅导员职业发展中所遇问题能够依靠集体力量得以解决，并使其职业综合素质水平得以及时提升，同时使辅导员的职业归属感以及认同感得以有效提升，并为其实现从职业化向专业化的发展提供路径。

整体来讲，目前高校辅导员实践共同体建设尚处于一种自发阶段，不仅共同体的组成成员比较复杂，而且价值取向不够清晰，对工作理念也未形成清楚的界定，导致共同体成员缺乏充分的身份认同，归属感也不够强烈。因此，加强高校辅导员共同体建设已成为当务之急。

对辅导员而言，实体实践共同体与虚拟实践共同体都对其职业认同具有比较显著的影响。职业认同的建构，也就是在各层次的共同体实践中，个体能动者通过认同过程以及协商过程来实现的。认同过程，即基于主体和某共同体的关系而进行的在物质以及经验等方面的投资；协商过程，指的则是主体就其投资意义的操作过程。

一 高校辅导员实践共同体建构的基础

（一）成员有必要的参与时间保障

任何团体的组建和团队活动的组织均需要花费一定的时间，辅导员定期参与是确保共同体能够持续运作的重要条件。但是，辅导员岗位的基层性和多部门管理状态使辅导员工作呈现"上面千条线，下面一根针"的特点，从而使其工作任务繁杂，甚至占用了大量的业余时间。许多高校规定辅导员必须全天候住在校内，并且连续在岗3~5年。此外，由辅导员外出学习、培训、考察等活动造成的缺岗往往因为无人顶替而使得大量工作任务堆积，留待辅导员返岗后继续完成。这就使辅导员外出参加活动成为其工作的新增负担，让辅导员更无暇关注业余活动。因此，辅导员共同体的建设要求辅导员具有必要的参与时间，"如果条件允许，应当由政府或高校制定辅导员参加业余活动权利与时间的保障机制"。[①]

（二）实践共同体具有指导辅导员职业发展的职能

在辅导员队伍建设中，整个推进过程的实现主要依靠的是自上而下的制度性因素，包括相关文件政策的出台及高校围绕辅导员建立的考核与选聘机制等。当然辅导员队伍的职业化发展以及当前发展成果的取得，制度性因素的作用是不容忽视的。但是，在职业化发展中，依旧面临很多难题亟待解决，包括难以明确界定辅导员的职位、职责，辅导员职业倦怠问题凸显，辅导员整体职业流动性太大以及专业化见效缓慢等。为了有效突破这些瓶颈，仅仅依靠制度性因素是比较难的，要求重视并且充分发挥辅导员自身的作用，实践共同体就是一项基于该观点而进行的积极尝试，辅导员基于对其自身的审视以及评价，寻找与自己具有共同发展愿景并适合自身专业发展的群体，在该群体中不断成长，这有助于从内部使辅导员专业能力及综合素质都得到提升，并使辅导员队伍的稳定性得以增强，同时，使制度性因素更加符合辅导员自身的发展需求并最终推动辅导员队伍的专业化发展。

当前，尽管我国已经建立了很多相关的辅导员工作协会，比如毕业生就业指导分会、学生工作研究分会以及思想政治教育研究分会等，但从类型上

[①] 黄大周：《高校辅导员共同体建设研究》，《求知导刊》2015年第4期。

分析，以辅导员工作室为参照，大部分是基于学生角度而设立的，对辅导员自身作为工作对象的实践共同体发展是相对忽视的。

美国高校学生工作专业协会对学生事务工作者专业发展发挥着十分重要的指导作用。经过多年的发展实践，目前在美国高校中，仅加入高等教育标准促进委员会的就已达 35 个。在各个协会中，利用专业性会刊以及各种研讨会加深成员对当今问题的认识与理解，同时，对其专业技能提高以及职业发展规划进行指导，打造了一种非常浓厚的学术研究与专业学习氛围，这种氛围在潜移默化中影响着其成员的职业发展。

（三）实践共同体的建构需要相关政策的支持

实践共同体从其建构到其成长，都要求成员积极主动地参与其中，并彼此合作。而辅导员的主动参与需要相关政策的引导和辅导员所在高校的积极支持。这种支持，一方面，体现为在物质方面应当给予必要支持，相关政府部门以及高校组织应当为辅导员实践共同体的建立和发展提供必要的资金支持，使其能够获得足够的设备、技术等；另一方面，体现为在政策制定方面应当提供支持，所制定的政策应当引导、鼓励辅导员更加积极地参与到实践共同体中，可设立与之相关的项目或者是奖项。此外，还应当建立贡献评价机制，以对共同体成员所做出的贡献进行评价，同时，还应当将其贡献程度与辅导员的职务晋升及考评联系起来，组织给予的肯定、鼓励对共同体成员积极性的提高具有重要意义。

为了推动辅导员实践共同体的更好发展和建设，还应当结合辅导员的工作特征以及年龄结构，实施更加高效的管理制度，以使辅导员具有更强的自我发展意识，形成一种支持性的环境氛围，在确保制度约束的同时，充分彰显人文关怀。一方面，为了确保各项工作能够顺利开展，应当形成一种刚性考核机制，为工作开展提供保障。这种考核机制的建立，需要设计专门的静态与动态指标，不仅要求充分关注辅导员工作结果，还需要对工作开展的细节与过程给予充分的关注。不仅需要充分审视辅导员在当下的现实表现，还需要注重个体潜能的发挥。另一方面，应当形成与刚性制度相对的柔性激励机制，以使辅导员个体具有更强的归属感。形成多种激励方式相结合的激励机制，包括情感激励、荣誉激励等，确保不同个性特质辅导员面临的发展需求都能够得到满足；利用层次化的科研平台、充足的科研基金支持以及弹性化的工作时间，激发辅导员的科研热情，推动其科研工作的开展。在两种考核机制中，刚性体现了基础，而柔性体现的是人文关怀，能够从内心深处激发辅导员自我发展的欲望。

(四) 实践共同体活动要有一定标准和规范

不管是何种组织或团体,为了实现积极健康的发展都需要建立必要的约束机制,以实现对群体成员无意识行为的有效约束和规范,使群体成员能够自觉、主动地去维护、遵守所定的规约。

对于高校辅导员实践共同体来讲也是如此,为了确保其有序运行,适当的约束机制是必需的。本书中所涉及的约束机制,指的并不是进行强制的控制,而是整个的辅导员实践共同体成员彼此经过协商而共同形成的运行准则,是全体成员在成立之初,通过讨论协商确定的涉及成员的权利、义务,学习活动的安排,成员准入、退出等方面的规定。唯有形成规范的约束机制,才可确保共同体成员在行为、思想上具有一致性,群策群力,为共同体发展、进步提供足够强大的动力。①

此外,每次共同体活动的开展,都需要明确各成员的具体分工,包括组长的指定、小组成员的确定、活动记录人员的安排以及其他人员的角色分工等。为使各成员之间的权责划分明确以及活动流程清晰,还需要制定与活动相关的共同准则,并要求全部成员积极遵守。

规范不仅为成员行为提供了标准,提供了重要的参考准绳,还为共同体提供了对成员行为或认可或不认可的评价标准。特别是借助互联网信息平台建构的实践共同体,为了减少成员不合法行为的发生,必须制定十分严格、详细的规范标准。"对虚拟学习社区而言,通常是以社区章程或协议来明确共同体的基本规范,这些协议的内容在用户注册时就会被告知,而更细化的规范与标准,用户注册后将会知晓。故此,在虚拟实践共同体中,规范同样发挥着作用。"②

(五) 实践共同体应以培育团体文化与认同归属为内核

当组织或团体形成了自己的文化内核,那么该团体中的成员将会具有更强的情感联系,在价值及理论方面的认同水平也随之提高。辅导员实践共同体文化的培育,要求能够融合全部成员参与学习的动机、信仰及理念,并进

---

① 王东明:《高校辅导员学习共同体构建策略探讨》,《高校辅导员学刊》2016 年第 2 期。
② 宜丹平:《生态取向下高校辅导员虚拟实践共同体培育研究》,硕士学位论文,浙江师范大学,2012,第 37 页。

行提炼从中得到某种精神特质，再将这种特质以文字、语言、图形或者是其他方式表现出来，外显成一种有形文化。这种共同体文化，能够使共同体具有的社会影响力以及熟知度得到提高，从而有助于其得到外部社会的认可与肯定。同时，共同体文化的培育还有助于实现成员的自治管理，使其共同的价值基础得以塑造，并使成员之间具有的向心力和自豪感得以提升，最终使辅导员对共同体的归属感得以增强。基于共同发展愿景与共同意志的融合所形成的共同体文化能够实现对辅导员团体行为的有效规范，使其利益、观念进一步趋同，并使其职业行为和心理发生转化，形成推动团体前进以及自身发展的动力，从而使团体活动具有更加扎实的精神基础以及文化基础。

Everett Hughes 提出，如果一组人形成了一点共同的生活，和他人有了距离，当他们占据社会某个共同角落，并产生了共同的问题，抑或是产生了共同的敌人，此时便推动了文化的形成。① 文化的生成有助于提高辅导员实践共同体的稳定性，从而对辅导员职业认同建构具有更为积极的作用。

二 高校辅导员实践共同体建构的原则

（一）平等、合作的原则

在实践共同体内，不管是党委领导还是学工部领导，不管是一线辅导员还是理论专家，都是独立、平等的个体，对每个人的话语权都应当同样尊重。不管是在实践工作中还是在虚拟平台上，都应确保形成一种平等、宽松、自由的氛围，并打造真诚互助的良好成员关系。

专家人员在参与辅导员学习共同体的建设过程中，首先，应当注意其身份的转换，以往其扮演的角色更多的是单一的诠释者或顾问，现在需要转变成为共同体实践活动的参与者、合作者以及探索者，要求能够和辅导员站在同一起点，加强合作和交流，对学习和工作中遇到的问题进行积极的探索，以寻求问题的解决方式。其次，应当由以往的管理者与设计者，逐步转变成为服务者与引领者，特别是需要增强服务意识，为共同体提供更优质的资源，使辅导员能够从中得到更加高效的信息服务，从而使其专业引领的作用得以充分发挥。此外，对于共同体成员中存在的不足以及其闪光点也应当及时发现并进行处理，使辅导员能够更有信心面对学习和工作中的不足，从而

---

① 〔美〕伯顿·R. 克拉克：《高等教育系统——学术组织的跨国研究》，王承绪、徐辉译，杭州大学出版社，1994，第 83 页。

使共同体能够向着积极健康的方向发展。

如果在实践共同体中形成了一种行政领导形式，那么必然会使工作的平等性、公平性受到较大影响，对共同体的建立极为不利。故此，为了推动辅导员实践共同体的更好构建，要求打造的对话平台必须以平等为基础。

（二）主体性原则

高校辅导员作为实践活动主体来自不同地区、不同高校、不同学院，具有的专业背景也不尽相同，在共同的发展目标引领下走到一起，他们既是教育者又是学习者，具有一定的教育经验，但又希望通过实践共同体活动发展更多的学生工作经验性知识，提高自己的工作水平。辅导员参与实践共同体是自愿的，所参与的实践活动也是主动的，而非上级命令式的。因此，主体性原则是辅导员实践共同体建构的基础。另外，辅导员参与实践共同体后，实践共同体有促进辅导员主体性进一步提升、实践能力进一步提高的责任，只有辅导员成为实践共同体建设责任和成果享用的真正主体，才能达到优化辅导员群体，提升辅导员共同体建设的质量的效果。

（三）满足需要原则

需要指的是在某种东西缺失时，主体形成的一种主观意向，即就某事物产生的依赖心理或者说摄取状态。主体接受活动是具有目的性的，在这种目的性下开展的认识活动、实践活动，和一定的需要之间是具有紧密联系的，如果不存在需要那么接受活动也不会产生。人们的生理和社会需求在其头脑中的反映即构成了需要，如果存在某些条件能够使其需要得以满足，那么此时将会形成一种满足该需要的动机，在这种动机的驱动下，相应的行为随之产生。故此，主体行为实施的根源或者是基础就是需要，驱动主体实施某项行为的直接原因则是动机。分析高校学生工作体系与辅导员个性差异，辅导员具有的需要在强度、层次、指向等方面都是不同的。通常来讲，具有越强烈的需要，那么其接受活动将会具有越强的自觉性；相反，如果需要较为薄弱，那么接受活动的自觉性就会较差，还会出现拒绝接受等问题。个体个性、主体性得以发挥的重要内在源泉就是其需要。研究者调查发现，"得到个人的职业生涯发展"与"利益诉求得以表达"是辅导员对实践共同体的最大期望。因此，实践共同体的建构应实现满足辅导员"得到个人的职业生涯发展"与"利益诉求得以表达"的需要。

（四）层次性原则

基于认知心理学的观点，认知活动的发展是基于某种顺序阶段而得到的结构。主体具有的认知结构差异，导致了即便是对于同一事物形成的认识也是不同的。辅导员实践共同体的主要作用是使主体能够增强对学习主题的关注，由此引发其关注认识上的不足，进而引导主体开展积极的探索。故此，为了实现辅导员实践共同体的构建，必须认真分析辅导员的认知结构，且分析不应是抽象的，而应是具体的、多方面的，将辅导员的经验、情感、学习动机等涵盖其中。同时，还需结合辅导员具有的知识结构、技能水平、年龄特征、心理发展特征等因素。综合分析各种因素之后，积极探索实现学习主题与辅导员认知结构高度结合，并与辅导员认识发展规律相符的，同时符合辅导员个体发展特征的实践共同体建构。

> 青少年研究中心会发布课题啊，课题申请之后，有些课题会邀请一些辅导员来参加，参加之后，会定期开推进会，这些是为学校的实际工作服务的课题……但有的人愿意参加，有的理工科不喜欢，这个跟学科背景有关……复旦还有另外一种辅导员组织形式，叫工作室，不是以研究为主，这种工作室的话，主要是根据职能划分的，比如党建工作室、社会实践工作室、学习能力辅导工作室，理工科的辅导员可以参加这些，这个就是实践性的。（辅导员 FDDX：B）

（五）共同发展原则

实践共同体不只是关注个体的学习、发展，对共同体的发展也要关注，最终是为了使个体和共同体能够实现共同发展。

三 高校辅导员实践共同体建构的主要环节

任何一个实践共同体都具有完整的生命周期，温格等认为共同体和其他具有生命的事物是一样的，是需要经过出生、成长、死亡这些阶段的，也就是从其出生到其最终状态是自然循环过程。[①] 刘淼提出实践共同体的构建过

---

① 〔美〕埃蒂纳·温格、理查德·麦克德马、威廉姆·M. 施奈德：《实践社团：学习型组织知识管理指南》，边婧译，机械工业出版社，2003，第 55~94 页。

程分为"初始萌芽、形成发展、深入交互、螺旋上升"① 四阶段。Pratt 等认为不管是实体还是虚拟的共同体，其整个生命阶段可划分为如下几个阶段，即"形成、规范、强化、成熟和灭亡"。② 陈俊翰则将其生命阶段划分如下："潜伏、联合、行动、分散和纪念。"③ 张丽划分共同体周期为："形成、发展、成熟、转变。"④ 朱燕娟将实践共同体发展过程分为"萌芽期、发展期、成熟期、转变期"四个阶段。⑤ 结合学者们已有的研究成果，在本书中对实践共同体进行了如下阶段的划分：规划阶段、培育初期、培育中期、培育后期。而且各阶段都对应着各自的培育环节，详细内容如下。

（一）实践共同体的规划阶段

规划是建构实践共同体的首要环节，之所以进行规划是为了能够更好地实现对共同体的建构。规划将围绕实践领域的确立、成员身份的确定、共同体规则的制定、共同体的投入分析等方面进行。

1. 实践领域的确立

先明确共同体所属或所关注的领域，这是实践共同体培育的基础。⑥ 领域使人们会聚起来，能够为人们的学习提供指导，也是实践共同体能够存在的根本原因。而且领域还就社团身份、地位、社会成就等方面对成员以及他人具有的价值进行了定义。⑦ 共同领域是成员之间能够形成共同理解的基础，基于共同领域，成员才能形成一种对知识、对实践的责任意识，以及对整个共同体的责任意识。故此，明确共同体的实践领域是实践共同体建构准备阶段的紧要任务。

领域的确立需要遵循一定的原则。首先，实践共同体的领域应是多数成员感兴趣的领域。故此，实践共同体的实践领域应当能够使多数成员具有的

---

① 刘淼：《基于实践共同体的干部在线培训模式研究》，硕士学位论文，华东师范大学，2011，第 43 页。
② 张丽：《在线实践共同体生命周期及培育策略研究》，《现代教育技术》2011 年第 10 期。
③ 陈俊翰：《研究生科研训练共同体的培育实践研究》，硕士学位论文，东北师范大学，2014，第 13 期。
④ 张丽：《在线实践共同体生命周期及培育策略研究》，《现代教育技术》2011 年第 10 期。
⑤ 朱燕娟：《在线实践共同体的非正式学习研究——以"SCORM 标准讨论"QQ 群为个案》，硕士学位论文，南京大学，2012，第 60 页。
⑥ 宣丹平：《生态取向下高校辅导员虚拟实践共同体培育研究》，硕士学位论文，浙江师范大学，2012，第 38 页。
⑦ 〔美〕埃蒂纳·温格、理查德·麦克德马、威廉姆·M. 施奈德：《实践社团：学习型组织知识管理指南》，边婧译，机械工业出版社，2003，第 23~26 页。

共同兴趣或者说共同关注的主题等得以体现。其次，领域的范围要适中。领域的范围太大难以体现大多数成员的共同关注点，领域的范围太小又不能产生广泛的、足够多的新思路。最后，领域的设置要有弹性。随着时间推进，领域范围也应变化，或者是其范围不断拓宽，抑或是其领域得到了重新定义，还有可能是其范围缩小。如复旦大学青少年研究中心以大学生思想政治教育研究为领域，而复旦大学各辅导员工作室则以大学生思想政治教育实践为领域。

2. 成员身份的确定

在实践共同体建构的准备阶段，还需要明确成员身份。"一个成功的实践共同体主要有发起者、协调者、核心成员、支持成员与普通成员等。"[1] 部分成员的身份是十分明确的，比如核心成员、发起者，但是还有部分成员其角色比较模糊，如支持成员与普通成员。有一些兼任成员，如发起者同时兼任协调者，核心成员也可能兼任支持成员。

发起者作为启动者，一般情况下，也属于当前阶段的核心成员与协调者，其不仅自发承担实践共同体的启动与发展职责，而且对实践共同体当前的基本状况十分了解，对当前成员面临的实践需要以及知识需要也能够有效识别，其不仅具有十分丰富的领域实践经验，还具有雄厚的技术胜任能力。[2] 该阶段，其对应的主要职责是对实践共同体的建构进行规划。具体任务包括界定实践共同体领域以及具体范围，明确成员具有的共同的实践需要以及知识需要，进行共同体基本规则以及协议的制定与协商，进行核心成员的招募等。[3]

在实践共同体中，核心成员属于其中的最早成员与最热心人员，这些成员不仅对共同话题非常关注，而且能够基于默认的规则进行学习，也明确应当如何进行知识和经验的分享。[4] 早期成员构成了该阶段的核心成员，也将是共同体培育初期、培育中期甚至是培育后期的潜在核心成员。普通成员在实践共同体规划阶段是不明确的，甚至在共同体培育初期也并不是很明确。

---

[1] 张丽：《在线实践共同体培育策略研究》，博士学位论文，华东师范大学，2011，第72页。
[2] Bette Gray, "Informal Learning in an Online Community of Practice," *Journal of Distance Education* 19, 1 (2004): 20–35.
[3] 张丽：《在线实践共同体培育策略研究》，博士学位论文，华东师范大学，2011，第72页。
[4] 张丽：《在线实践共同体培育策略研究》，博士学位论文，华东师范大学，2011，第72页。

因为在培育初期的共同体也只具有较低的知名度，普通成员合法边缘参与者是比较少的，只是偶尔进行交流，更多的只是进行关注。

发起者在实践共同体建构准备阶段的主要任务是确定领域专家（或领域某个主题专家）、协调者、技术支持成员等。领域专家主要承担"传授知识经验、指导学习活动、解决疑难问题以及评价学习成果等方面的职责",[①] 同时也承担知识管理的职责，因此领域专家一定要领域知识渊博、实践经验丰富。协调者主要承担共同体的协调事宜，包括协调发展目标、组织活动、定期交流、征募新人、知识管理等，因此协调者一定要实践经验丰富、成员联系广泛、交流能力较强。技术支持成员承担实践共同体内部架构的完善，学习平台的改进，技术、工具运用的取舍及对实践共同体的价值展示进行支持等职责。因此，对虚拟实践共同体来说，技术支持成员一定要熟悉网络平台的设计与实施；对实体实践共同体来说，技术支持成员一定要有相关的学习平台架构、学习技术使用及学习活动设计的经验与能力。

3. 共同体规则的制定

规则是成员采取某种行为的标准或行动的准则。实践共同体建构的准备阶段就要制定适合本实践共同体的规则。当然准备阶段的规则可以是简单的、笼统的。随着实践共同体的发展，这些规则要求不断地进行改进与完善，确保成员能够理解并进行正确的行为。在成员最初加入组织时，共同体的相关规范和准则就应当及时告知，明确说明。

4. 共同体的投入分析

共同体的培育需要投入各种资源，包括资金、人力、时间及技术等。为了实现投入和产出的有效平衡，并使共同体价值能够达到最大，要求对资源投入进行全面的分析与评估。早期需要进行的资金投入主要包括建设学习平台、咨询有关专家、进行内容管理以及人员招聘、采购技术工具等；需要进行的人力投入涉及了发起者、核心成员及技术支持成员等；需要投入的时间包括开发学习平台、管理学习内容、学习技术支持以及对相关问题的交互协商等；技术投入方面则包含了学习技术使用、在线学习支持、数据库支持以及平台架构等方面。[②] 投入分析是实践共同体规划的一部分，也是实践共同体建构的基础，分析越科学、越合理，共同体的培育工作也会越顺利。

[①] 卫园利：《基于 Sakai 的幼儿教师实践共同体设计与应用》，硕士学位论文，西南大学，2014，第32页。

[②] 张丽：《在线实践共同体培育策略研究》，博士学位论文，华东师范大学，2011，第77页。

（二）实践共同体的培育初期

培育初期，实践共同体不具有稳定性，成员关系与组织结构也较为松散，并且对于身份、领域、实践等的界定还需要进一步明确。同时，该阶段共同体因为其人员数量较为有限，进行的知识交流也是断断续续的，此外，还可能存在技术支撑有限，成员也缺乏较强的共同体意识等问题。但是在实践共同体的整个生命发展阶段，培育初期阶段是十分重要且非常关键的阶段。在该阶段需要解决的主要问题是利用技术来实现对共同体学习平台的有效完善，利用技术积累来使共同体价值得以初步展现，以将更多的成员吸引到其中，并鼓励其积极参与到培育过程。

培育初期，共同体成员将会对比其内心的价值追求和共同体具有的目标追求之间的异同，在对比的基础上进行协商、微调与匹配，同时该过程也伴随着共同体目标的不断调整与聚焦。[1] 该阶段，所有成员发挥的作用也都在不断地调整与聚焦。对发起者来讲，经过该阶段有可能向着领域专家的方向转化，抑或是成为协调者，还可能成为技术支持成员。协调者负责整个实践共同体发展策略的制定与实施，包括发展目标的协调、标准与规范的完善、对成员行为进行监控、组织各类人员进行学习平台的完善以及推动共同体价值展现等。[2] 领域专家主要负责共同体学习中的交互工作，并为其他共同体成员提供问题解决方面的帮助，推动知识交流的更好实现，指引辅导员专业发展之路；同时，进行共同体知识领域界定与知识管理，以便使共同体成员能够获得更加丰富的专家总结信息。技术支持成员在共同体培育初期的职责也很重要，他们负责与学习相关的全部技术支持。

在这一阶段，一般共同体成员人数会不断增多，这类成员属于合法的边缘参与者，他们或者是能够积极主动参与交流，并就自己的经验进行分享；或者只是为了咨询；抑或只是为了获得某些材料。实践共同体在不断发展，一般共同体成员中某些人可能会成长为核心成员，而有的则将会选择离开共同体。

因此，在培育初期，首先，培育者一定要注重共同体学习平台的完善及共同体价值的展示，而这两方面又是以高质量的实践活动来支撑的。在这一

---

[1] 张丽：《在线实践共同体培育策略研究》，博士学位论文，华东师范大学，2011，第51页。

[2] 张丽：《在线实践共同体培育策略研究》，博士学位论文，华东师范大学，2011，第80页。

阶段，如何有效厘清、把握不同辅导员的发展需求，不仅直接关系到实践共同体活动能否聚集一批自觉参与的辅导员，而且还影响到活动开展之后能否持续的问题。通常情况下，培育者可以通过座谈访问、问卷调查、开放性意见征询等方式了解辅导员的需求，并在了解辅导员个体需求的基础上把握团队需求的本质，进而将需求转化为实践共同体活动主题设计。其次，培育者在对辅导员需求调查分析的基础上，还应了解、把握辅导员的工作现实环境、面临的最大问题及辅导员专业成长需要关注的核心能力和技能要求，并以此作为实践共同体活动主题策划的重要依据。最后，根据实践活动目标和内容确定活动形式，如学术沙龙、论坛、讲座抑或线上与线下的互动、结合等，要使辅导员真正融入实践活动，需要在活动载体和形式上进行精心的选择。增强实践活动对辅导员的吸引力，才能增强实践共同体对辅导员的吸引力。

在培育初期，培育者除了要注重共同体学习平台的完善及共同体价值的展示外，还应建构一种良好的合作氛围及给"非核心成员"足够的参与机会。实践共同体在培育平台上围绕某一问题展开讨论的基本前提是，在共同体成员之间应具有平等、自由的对话机制。故此，不管是一线辅导员还是理论专家抑或是学工系统的领导，参与人员都是平等的，所有人的话语权都应当得到保障。无论在实体实践共同体环境中，还是在虚拟实践共同体平台上，都需要打造平等、自由的氛围，形成合作互助的成员关系，使普通辅导员有身份发生转化的更多机会，即逐渐由"合法的边缘性参与"一步步转化为共同体中的核心成员，才能吸引更多的普通辅导员参与实践共同体。

（三）实践共同体的培育中期

当共同体成功渡过培育初期的种种不确定与坎坷之后就意味着培育中期的到来。进入培育中期后，共同体已经形成了明确的发展目标，技术支持比较稳定，整个学习环境也比较成熟，并且成员之间、成员与共同体之间也形成了较为牢固的信任关系，可以说共同体已经步入了成熟期。这一阶段是共同体知识共享与经验分享最繁荣的阶段，保持共同体的朝气和活力是实践共同体在这一阶段存在更为长久的关键，故此，对于该阶段来讲，其一，要求对不断丰富的共同体知识进行管理；其二，要求能够很好地平衡组织信任与日益增长的成员数量之间的关系；其三，充分体现共同事业与价值；其四，与其他实践共同体合作，实现知识联盟；其五，既能实现领域的稳定发展，又能做到有计划地拓展;① 其六，对共同体实践活动及辅导员自身发展定期进行评价。

1. 实践共同体知识的维护

对于辅导员职业知识进行管理，不仅是辅导员实践共同体重要基础设施建设的一部分，也是辅导员知识学习、应用等系列活动开展的重要资源平台建设的内容之一。如果只存在学习过程，那么在整个共同体知识系统中，知识资源依旧是十分零散的，无法形成所需的共同知识，因此知识资源的管理是辅导员进行实践共同体活动的关键，要避免实践共同体内知识分类单一、知识存储冗余、知识搜索复杂等问题，做到共同体内部职业知识的充分共享，使组织共同学习和发展的效果得到极大增强，必须加强实践共同体内的知识管理工作。"假如社团实践处于动态变化中，那么其中的成员很快就会发现，为了确保实践资料是最新的或者是说随时更新的，成员必须不断进行资料收集、整理以及评估，以便为从业者提供更优质的资料。一般情况下，协调员需要负责该任务，如果社团所需处理的信息量很大，即协调员承担较大的工作量，那么此时可选聘一名图书管理员来协助开展此项工作。"②

(1) 职业知识的收集工作

辅导员职业知识主要分为显性知识和隐性知识，职业知识的收集工作也相应地分为显性知识的收集工作和隐性知识的收集工作。辅导员的知识体系中，很多属于显性知识，包括基础知识、法规知识以及专业知识等。实践性知识则属于最富创造性的知识，这部分知识也是随着辅导员职业成长而得到的个体性知识，是通过自我构建得到的一种特殊知识形态。③ 故此，在其实践性知识中，大部分是隐性知识。

收集显性知识是比较容易实现的，但是隐性知识主要来自具体的工作实践，来自辅导员以及管理者的实际工作。故此，收集难度较大。然而隐性知识对辅导员做好大学生思想政治教育、事务管理工作等具有非常重要的指导意义，同时，在帮助辅导员提升其综合素质水平方面具有的实际效能也非常突出，所以，隐性知识的收集也是辅导员进行知识收集所必须做好的工作。

以下为辅导员隐性知识的主要形式："各层级学生工作管理者以及辅导

---

① 张丽:《在线实践共同体培育策略研究》，博士学位论文，华东师范大学，2011，第52页。
② 〔美〕埃蒂纳·温格、理查德·麦克德马、威廉姆·M.施奈德:《实践社团:学习型组织知识管理指南》，边婧译，机械工业出版社，2003，第88页。
③ 杨艳玲:《高校辅导员实践性知识初探》，《国家教育行政学院学报》2010年第11期。

员在其工作实践中积累的经验；围绕学生工作进行的具体部署与规划；辅导员进行的日常工作记录；辅导员关于工作会议的相关记录；辅导员专家对具体问题的看法和解决措施。"① 辅导员隐性知识收集的基础是实践共同体内成员之间的知识共享。而知识共享又是以知识贡献和知识收集两个维度来衡量的。"知识贡献是与他人分享自己所拥有知识的行为，知识收集则是向他人咨询以获取知识的行为。"② 知识贡献是一种分享与付出行为，需要耗费贡献者的时间、精力甚至财富，另外，成员可能存在为了维持竞争优势而隐藏知识、不与他人分享的本能，这也是导致知识共享困境的重要原因；知识收集属于一种请求行为，而且成员对知识收集并不具有天然动力。知识收集动力不足可能也会影响辅导员知识共享，因此实践共同体应采取相应的激励办法促使辅导员进行知识共享。

（2）职业知识的整理工作

辅导员职业相关知识收集完成后，就应该总体考虑着手进行知识整理工作。知识整理工作需要既掌握系统扎实的知识管理技术，又对辅导员职业知识有全面深入的了解。可依据《高等学校辅导员职业能力标准（暂行）》对辅导员显性职业知识进行整理、分类，另外还应当依据知识的类别整理收集到的辅导员职业知识。辅导员隐性职业知识的整理可结合各年级对应的工作要求、基本内容与原则、工作流程、相关方法与措施等来开展；还可依据辅导员教育、管理、服务三种职能的基本内容，把辅导员隐性职业知识整理为三大块内容：大学生思想政治教育工作知识、日常事务管理工作知识、心理健康教育及就业指导知识。职业知识的整理能使辅导员明确、便捷地找到相关学习内容，使有关知识资源对辅导员的具体学习和工作所遇到的实际问题的解决形成有效的指导。

（3）职业知识的存储与更新工作

在知识管理中，职业知识的存储与更新是非常重要的。为了丰富共同体知识积累，解决知识流失问题，辅导员实践共同体应当构建知识网络以及数据库。

知识网络或数据库作为知识存储与更新的基础设施，其一，确保职业知

---

① 韩泽春：《基于高校辅导员专业化的教育知识管理研究》，博士学位论文，东北师范大学，2015，第101页。

② B. van den Hooff and F. de Leeuw van Weenen., "Committed to Share: Commitment and CMC Use as Antecedents of Knowledge Sharing," *Knowledge and Process Management* 11, 1 (2004): 13 – 24.

识在实践共同体成员中的传播安全，并且稳定有序；其二，能为辅导员及时提供信息，有效服务辅导员工作更好开展、快速促进辅导员知识素质提升；其三，方便职业知识的更新，提高辅导员的工作效率。此外，还要建立外部知识网络链接，如与其他辅导员实践共同体知识网络建立链接，以实现对内部资源的及时补充，同时使外部知识的利用达到最大化，使辅导员在共同体内外都能获得良好的资源支持，方便不同类别、不同需要的辅导员的学习、工作和发展。

职业知识管理的各个环节都不容忽视，唯有如此，才可保障共同体具有丰富的知识来源，并确保其来源的真实性以及有效性。高质量的知识资源，是保障辅导员职业学习价值实现最大化以及整个知识管理系统高效运转的前提。

2. 共同体成员信任关系建立

在该阶段，协调员需要更多负责对日益丰富的共同体知识进行管理，领域专家及技术支持人员在原有职责的基础上还需要帮助协调员进行领域拓展与知识管理，他们之间已形成相对稳定的合作关系；其他成员之间也已形成了比较稳定的信任关系；此外，成员对共同体也具有相对较高的信任感，同时还形成了非常强烈的共同体意识。对于共同体成员来讲，参与实践共同体已经成为其必不可少的社会活动；向新成员宣传或者告知新成员共同体有关的行为规范已成为其自觉行动，向新成员进行共同体目标的描述已成为其主动行动；能够进行经验以及知识的自愿分享，并能够积极主动地为其他成员服务。最后，成员共同参与实践共同体的组织、管理与决策，在参与的过程中增强自我效能感，获得自身身份认同感，同时，培养共同决策的责任意识，把实践共同体塑造成辅导员获得尊严与职业归属感的大家庭，在强烈的认同感与归属感下为完成共同的事业不懈努力。

3. 共同的事业与价值建立并充分体现

共同的理想、共同的价值取向以及共同的奋斗目标，是共同体得以存在、维系及发展的内在精神纽带。① 为此，在培育中期阶段，共同体价值的充分体现尤其重要。在该阶段，共同体积累的案例、知识等已经十分丰富，对于其存在的价值能够通过案例库、数据库以及专家库等得到证明和体现，进而吸引更多的人员加入。另外，共同体成员能够基于各个方面，包括知识

---

① 余小茵：《"教学做合一"式小学教师学习共同体的建构与实践——广州市八一希望学校的个案研究》，硕士学位论文，广州大学，2011，第24页。

积累、能力提升、问题解决以及职业发展等来寻求共同体参与的意义所在。为了使学习参与动机得到维持,成员能够始终积极参与其中,必须确保共同体的价值得到持续培育与积极维护。

"共同的事业"是所有成员自愿达到的目标或实现的理想的总和的抽象,① 并不是由核心参与者来决定的,而是在对成员兴趣以及问题的观察和分析,并加以总结的基础上,由成员围绕这些问题展开积极的协商和讨论,最终才得以确立的。同时,共同体的价值也并不是单个核心成员创造得到的,是所有的共同体成员对整个共同体具有的贡献和积累的总和。

4. 与其他实践共同体合作,实现知识联盟

知识联盟在实践共同体发展中也是十分必要的,指的是共同体需要和其他相近、相同领域共同体开展积极的合作。如果某个实践共同体很少接触、联系其他的知识组织,那么该实践共同体在拒绝外来意见的同时,也使自我发展能力逐步丧失,它此时会变得近视,② 会将目标停留在当前已有的知识、领域、技术水平上。故此,对于处在培育中期的实践共同体来讲,必须进行知识联盟,促成学习形式以及学习内容的有效互享以及积极互补;同时所选择的合作对象应当是同领域或相近领域的专业知识团队或官方组织,③ 以推动实现领域知识的不断创新和发展。

5. 维持领域稳定又有计划地拓展

在实践共同体中,从成员到结构再到成员的兴趣等是不断变化的,因此,共同体结构是处于演化、发展之中的。在维持领域相对稳定的同时,必须能够对领域拓展进行合理的规划,以实现对共同体活力的有效维护和保持。领域拓展主要体现在对领域的细化、重组以及重新界定边界等方面,④ 使其更加符合共同体发展的架构,实现领域知识的极大丰富,从而使成员能够从中获得足够的知识营养。

6. 对共同体实践活动及辅导员自身发展定期进行评价

在培育中期,对共同体实践活动及辅导员自身发展定期进行评价对共同

---

① 余小茵:《"教学做合一"式小学教师学习共同体的建构与实践——广州市八一希望学校的个案研究》,硕士学位论文,广州大学,2011,第24页。
② 张丽:《在线实践共同体培育策略研究》,博士学位论文,华东师范大学,2011,第101页。
③ 张丽:《在线实践共同体培育策略研究》,博士学位论文,华东师范大学,2011,第101页。
④ 张丽:《在线实践共同体培育策略研究》,博士学位论文,华东师范大学,2011,第99页。

体活力的保持至关重要。高校辅导员共同体实践活动的评价是基于共同体实践活动对辅导员职业成长的影响进行的。评价主要包括对学习引导的评价、知识共同建构的评价、知识管理及外部支持的评价、文化认同的评价等。评价是对共同体实践活动开展情况的一个反思，对增强下一阶段实践共同体活动参与的积极性以及保持参与的持续性具有非常大的意义。如果能引导辅导员定期进行积极评价，那么将有利于活动参与的良性循环。

辅导员实践共同体是辅导员基于自身成长的需要，自愿组织和参与的特殊学习形态，不是行政硬性规定的活动，所以没有明确的评价制度。没有既定的评价制度，不利于参与者准确地认识自身变化，不能准确地看到自身的发展，不利于调动辅导员参与活动的积极性，从而不能很好地实现辅导员的职业发展，辅导员通过实践共同体获得职业发展或共同体内身份认同，都是与共同体成员职业实践密切联系在一起的，很难一一进行量化，所以可以运用形成性评价对辅导员在共同体中的发展定期进行阐述。

张兰主张运用教师成长档案袋的办法记录教师在实践共同体活动中的成长轨迹。档案袋"主要就教师在共同体活动中的表现进行记录，其中包括教师的言行、情感变化等方面，同时对其发表的观点以及其行为给予评价；在收集信息上，采用专门的记录员记录与活动后访谈等收集形式相结合的方式"。[①]因此，研究者主张借鉴张兰关于教师实践共同体实践活动的评价办法，建立辅导员职业成长档案袋。辅导员职业成长档案袋可以记录辅导员在实践共同体活动参与中发展的每个脚步，有利于辅导员了解自身在实践共同体活动中的变化。因此，档案袋的构建不仅使辅导员能够更准确地定位自己，了解自己的优缺点、克服缺点、发扬优点来实现自身的专业发展，同时，辅导员可以分别从情感、态度、价值观、能力和知识水平等层面去考查实践共同体活动是否合理实现了自己职业发展的既定目标，通过对实践共同体活动促进自己职业成长满意度的评价，进而实现对实践共同体活动目标是否合理达成进行评价，为下一阶段目标的设置提供参照，最终使实践共同体活动更加符合辅导员职业发展的需求。

（四）实践共同体的培育后期

进入培育后期，实践共同体的制度化特征越来越突出，共同体也越来越趋于保守，成员数量开始有所下降，具有的支持技术也开始逐步僵化，并且

[①] 张兰：《教师实践共同体建构研究》，硕士学位论文，西南大学，2010，第38页。

该阶段也不再进行领域知识的拓展，同时，成员具有的共同体意识也开始逐步减弱。为此，共同体培育进入后期以后，其发展面临如下三种结局："专家"或一些成员将资源库转移"基地"，实践共同体解散或消失；实践共同体分解为若干个新的实践共同体；老的共同体解散，新的共同体基于原有领域，结合以往的经验教训，做出适当调整，确定新的目标，进入新一轮的循环过程。[1]

在共同体培育后期，协调者、领域专家、支持成员的压力逐渐变大。部分核心成员虽对共同体始终保持关注，然而其参与实践的激情已经消退；部分核心成员关注点或实践领域发生转移，最终可能会选择加入其他的共同体；还有部分核心成员不甘于实践共同体的退化，始终秉承自己的职责，为了使共同体继续充满生命力或在原有共同体基础上孕育并诞生新的共同体而尽心竭力。对于普通成员来讲，也面临十分矛盾的选择，部分老成员对已有的共同体制度、领域与规范已十分习惯，不愿做出改变；面对新成员的加入带来的新经验、新观点，新旧成员之间产生冲突；另外还有些老成员只有在共同体主题、领域及规范等的转变与其实践和需求相关或与其关注的价值相关时，才接受转变。[2]

对于一个往昔取得辉煌成就的共同体来讲，分解为若干个新的实践共同体或基于原有领域，做出适当调整，从而开始新一轮的培育过程，这两个结局比较可取。为此，共同体培育后期，为了实现新共同体的诞生，核心成员需要付出极大的努力。然而旧实践共同体到新实践共同体的转变并不是十分容易就能实现的，转变阶段需要对领域、成员、社区、技术、价值等进行反思和总结，[3] 从而进行相关方面的调整。

反思和总结包括：需要反思领域或主题的界定和成员需要是否彼此适应；反思交流模式是否灵活；反思新成员能否获得足够的参与机会；反思管理和协调能力是否足够；反思是否实现了对共同体成员学习动机的有效激发；反思技术支持作用是否充分；等等。[4] 简而言之，为避免共同体的过早

---

[1] 朱燕娟：《在线实践共同体的非正式学习研究——以"SCORM标准讨论"QQ群为个案》，硕士学位论文，南京大学，2012，第63页。
[2] 张丽：《在线实践共同体培育策略研究》，博士学位论文，华东师范大学，2011，第107页。
[3] 张丽：《在线实践共同体培育策略研究》，博士学位论文，华东师范大学，2011，第108页。
[4] 张丽：《在线实践共同体培育策略研究》，博士学位论文，华东师范大学，2011，第108页。

消亡及生命周期循环的中断，要求共同体成员进行积极的实践探索，从而使共同体在调整中继续充满活力或新的实践共同体在原有共同体转变中诞生。

四 高校辅导员实践共同体建构的基本模式

高校辅导员实践共同体建构的基本模式主要有官方倡导模式、自发组织模式、项目模式、导师制模式，而这四种模式中又以官方倡导模式、自发组织模式为主。

（一）官方倡导模式

1. 官方倡导的辅导员实体实践共同体

目前，绝大多数辅导员实体实践共同体都是官方倡导的，这种模式主要是在教育部相关部门、省市相关部门、各高校的规划与提议下，组织辅导员所建立的辅导员实体实践共同体。全国性的辅导员实体实践共同体如全国高等学校思想政治教育研究会、全国高校辅导员工作研究会、教育部建立的辅导员培训和研修基地；各省、市建立的辅导员行业协会如江苏省高校辅导员工作研究会、河南省高等学校学生工作研究会、辽宁省高等学校辅导员协会等；各省、市建立的辅导员工作室如广东省名辅导员李敏负责的"李敏工作室"、首都师范大学白向宁老师负责的"'景行'传统文化教育工作室"等。

官方倡导的校级辅导员实体实践共同体中，上海各高校校级辅导员实体实践共同体建设起步较早，但由于辅导员在参与方面的时间有限，发展速度受到影响；目前北京部分高校及山西几乎所有高校都没有官方倡导的辅导员校级实体实践共同体。官方倡导的省市级辅导员实体实践共同体中，北京市教工委2016年"设立10个'辅导员工作室'和5个'辅导员工作室'培育项目"。[①] 2017年设立第二批北京高校"辅导员工作室"建设项目12个。[②] 上海除了2012年建立的洪汉英工作室和包涵工作室外，2014年又建立了6个上海高校辅导员工作室，[③] 而山西没有相应的省级辅导员实体实践共同体。

[①] 中共北京市委教育工作委员会：《关于公示首批北京高校"辅导员工作室"及培育项目名单的通知》，http：//xjc. bjedu. gov. cn/ tabid/215/InfoID/27752/frtid/222/Default. aspx。

[②] 《我校获评教工委第二批北京高校"辅导员工作室"建设项目》，http：//news. uibe. edu. cn/info/1381/33670. htm。

[③] 《上海市教育委员会关于设立上海高校辅导员工作室（2013—2016年）的通知》，https：//hk. lexiscn. com/law/law－chinese－1－2326634. html。

2. 官方倡导的辅导员虚拟实践共同体

官方倡导的辅导员虚拟实践共同体一般为相关部门办的辅导员网站。如各高校学生处网站的辅导员专栏或教育部辅导员培训基地建立的辅导员网站。教育部第一批 21 个辅导员培训和研修基地中，建有网站的基地数占总数的 76.19%，共有 16 个基地建有相应网站。"其中 11 个辅导员培训与研修基地已经建立独立的网站，有 3 个基地选择挂靠马克思主义学院或学生处网站的方式，还有 2 个基地网站无法正常打开。在众多网站对应的站名中，大部分都是以'教育部高校辅导员培训和研修基地'加上其依托的学校名称来命名。"① 官方倡导的辅导员虚拟实践共同体主要板块一般包括"基地概况、培训研修动态、政策法规（相关资料）、辅导员工作、在线教学、科学研究、友情链接"等。这些虚拟实践共同体提供的内容能够满足成员基本的信息需求。另外，仅有极少数基地网站，辅导员能够从中获得关于个人发展的方向性的信息指导，辅助其进行职业生涯的相关规划。

3. 官方倡导的辅导员实践共同体优、劣势分析

在优势方面，首先，官方倡导的辅导员实践共同体，有相应的政策、资金支持，因此辅导员实践共同体的延续性、发展性有保障。如前文所提到的全国、省市、各高校所建立的辅导员实体实践共同体，都是在相关部门下发相应的文件后，高校组织辅导员进行申报，经过层层筛选最终立项；官方倡导的辅导员虚拟实践共同体则是实体实践共同体在网络上的延伸，因此实体实践共同体有保障，也就意味着虚拟实践共同体有保障。如全国高校辅导员工作研究会的经费来源就有 7 项：①山东大学拨付专项经费 50 万元作为启动经费；②会费（团体会员会费为 1000 元/年）；③捐赠；④政府资助；⑤基于核准范围进行服务、活动得到的收入；⑥利息；⑦其他的合法收入。其次，官方倡导的辅导员实践共同体，无论实体实践共同体还是虚拟实践共同体，其资料、信息的真实性、可靠性、权威性有保障。学术信息是较为特殊的一类信息，对信息内容的真实性、严谨性、有效性有更高的要求。因此，其可信度较普通信息来说更为重要。官方倡导的辅导员实践共同体在资料、信息的把关上较严，再加上其信源本身就来自官方，因此资料、信息的真实性、可靠性、权威性有保障。

在劣势方面，第一，官方倡导的辅导员实体实践共同体数量有限，因此

---

① 卜谦祥：《高校辅导员培训与研修基地网站建设现状与思考——以第一批教育部高校辅导员培训和研修基地为例》，《高校辅导员学刊》2013 年第 6 期。

普通辅导员的参与受到限制。目前全国性的辅导员实体实践共同体只有2个，北京的辅导员工作室及辅导员工作室培育项目、建设项目仅有27个，上海也仅有8个市级辅导员工作室，而山西没有相应的省级辅导员实体实践共同体。研究者通过访谈发现，很多辅导员是愿意参与辅导员实体实践共同体活动的，然而身边既找不到这样的组织也不知道如何加入这样的组织。以全国高校辅导员工作研究会为例，从会员入会的程序来看，成为会员首先要提交入会申请书；其次要经理事会讨论通过。其举办的活动主要为全国高校学生思想政治教育高层论坛、学生工作部长论坛、研究生工作部长论坛、辅导员工作创新论坛，这些交流活动不是普通辅导员想参与就能参与的。因此普通辅导员参与官方倡导的辅导员实体实践共同体受到限制。第二，官方倡导的辅导员虚拟实践共同体，辅导员之间互动性弱。Web 2.0时代，以用户创造内容和深度交互为特征。交互能使辅导员具有更加通畅的表达渠道，使相关部门对辅导员的需求能够更好地进行了解，为增强实践共同体知识供给的针对性奠定基础。然而研究者通过对官方倡导的辅导员虚拟实践共同体的检视发现，无论是教育部高校辅导员培训和研修基地网站还是中国大学生在线等网站平台，辅导员之间的互动并不是很好：首先，互动的次数少；其次，互动深度不够。互动可分为三个层次："第一层是浅层次讨论，讨论是相互分离，与其他人的帖子不相关的；第二层是渐进的讨论，讨论是基于经验的；第三层是深度讨论，讨论是基于理论的。"[①] 目前来看，官方倡导的辅导员虚拟实践共同体，辅导员的互动处于浅层次讨论。

（二）自发组织模式

自发组织模式指辅导员实践共同体的建立并不是在外部行政力量作用下实现的，而是各个辅导员个体在相互吸引与默契达成的过程中逐步形成的。如2006年安徽师范大学路丙辉创办的"中国辅导员网"、首都师范大学辅导员毛佳鹏建立的微信公众号"毛导观察"、原武汉交通职业学院辅导员凌杰（2019年5月调入武汉纺织大学）2017年3月创建的辅导员学术科研微信群、研究者所在高校辅导员建立的QQ群/微信群（"形势与政策群""学工群"）以及一些辅导员组成的学习小组等，这些都是辅导员实践共同体的自发模式。该模式强调辅导员实践共同体形成与发展的自发性、自觉性与自愿

[①] 缪静霞：《促进在线实践共同体深度互动的策略研究——以师范生实习支持平台为例》，硕士学位论文，上海师范大学，2010，第6页。

性，要求辅导员具备主动学习的动机，具有积极探究的相关知识与技能。强烈的动机驱使能够使辅导员更加积极地投入实践共同体活动中，而相关知识和技能，则是辅导员收集和分析资料、提出研究问题、设计研究计划、与其他辅导员交流分享学习资源等顺利进行实践活动的保障。

自发组织的辅导员实践共同体的优势在于以下两个方面。第一，辅导员参与较为方便、自由。首先，成为实践共同体的成员较为容易，很多自发组织的辅导员实践共同体，进行注册后就可以成为成员，享受应有的权利，履行相应的义务。其次，辅导员可以根据自己的时间安排，定期或不定期参与实践共同体活动，促进辅导员相关职业知识的学习。最后，利用多种网络信息平台，比如微信、微博、QQ等都可开展学术交流，辅导员可利用其碎片化时间开展科研讨论，进行思考。第二，相对官方倡导的辅导员实践共同体，自发组织的辅导员实践共同体互动性要好，主要表现在具有较多的互动次数，而且互动频率也比较高。利用实践共同体辅导员之间不仅能够进行信息传递，而且还能就某些信息进行及时的反馈与沟通。如辅导员学术科研微信群，无论是问题咨询还是资料需求，成员的回应、回复非常及时，成员之间的互动也非常活跃。从这一角度上可以看出，自发组织的辅导员实践共同体交互性、互动性更好。尤其自发组织的辅导员虚拟实践共同体能贴合网络社会信息具有的流动性特征，不再采取以往的单一灌输方式，而是充分利用网络媒介具有的多向度、多层面信息传递优势，确保能够实现点对点以及点对面的信息交互。

自发组织的辅导员实践共同体的劣势在于以下三个方面。第一，缺乏政策的支持与资金的保障。如2006年8月，安徽师范大学路丙辉创办了"中国辅导员网"，并开设了"丙辉漫谈"专栏，后因资金问题陷入困境，改为由安徽师范大学主办，但仍保留了"丙辉专栏"。第二，存在单一的知识分类、冗余的知识存储以及复杂的知识搜索机制等弊端。知识的有效管理是避免以上问题的关键。知识管理主要就知识获得、共享、存储、应用以及创新等过程来实施管理，高效的知识管理不仅能够保障在最需要的时间将最需要的知识传递给最需要的人，还能使知识不断积累与创新。自发组织的辅导员实践共同体在知识管理上的欠缺，会影响实践共同体对成员的吸引力。第三，自发组织的辅导员实践共同体尤其是辅导员虚拟实践共同体资料的严谨性、权威性难以保障。由于辅导员参与虚拟实践共同体较为方便、自由，而自发组织的共同体的把关相对没有官方倡导的共同体严格，所以辅导员分享的资料的严谨性、权威性有待学习者或研究者进一步甄别。

（三）项目模式

访谈过程中，研究者发现有个别辅导员加入其他专职教师的课题项目组，形成科研实践共同体。通常科研组项目负责人以及其他成员构成了科研实践共同体。负责人多数是具有丰富经验，科研能力较强，能够就整个课题进行统筹掌控的教师；课题组成员通常是对研究项目所涉领域十分感兴趣，从而申请加入或由项目组负责人邀请加入，共同参与到课题研究以及创新活动中，彼此之间互相信任，互利合作。

该模式建设的基本前提是团队具有共同愿景，并且对于团队成员来讲，不存在行政束缚，能够以一种自愿形式实现组合，为共同的研究课题付出努力。对于负责人和成员来讲，彼此并不存在领导与被领导关系，只有分工的差别，可以说团队结构处于层次扁平化、结构开放化状态。

> 我们办公室有个辅导员就加入本校一个老师的课题项目组，课题申下来了，课题组负责人通知今天下午碰头，这个小伙子今天下午不就去课题讨论去了嘛。（辅导员 SDSF：A）

以项目模式存在的科研实践共同体，能够鼓励与引导辅导员进行研究课题申报，实践也证明了其效果十分显著。在这种潜移默化的科研氛围熏陶下，辅导员科研素质的培养得以加强，辅导员队伍科研课题选题、申报、研究、结题等具体能力得以提高，科研工作信心增强，申报课题的成功率得到提高。

以项目模式存在的科研实践共同体不足之处在于共同体的生命周期相对较短，一般会随着科研项目的结束而结束。Levin 和 Gervantes 将项目模式共同体生命周期划分为如下阶段：建议（proposal）、细化（refinement）、组织（organizational）、实施（pursuit）、总结（wrap‐up）、发布（publication）等。① 因此，随着项目的发布，辅导员的共同体实践活动也终结。

（四）导师制模式

导师制模式是英国高校率先运用的一种教学制度，后在美国推广并盛

---

① J. Levin and R. Cervantes, "Understanding the Life Cycles of Network‐based Learning Communities," in K. Renninger and Shumar, eds., *Building Virtual Communities: Learning and Change* (Cambridge, UK: Cambridge University Press, 2002), pp. 269–292.

行，20世纪90年代开始，我国高校将这种制度应用于青年教师的培养，其成为促进青年教师成长的有效途径之一。学校按照一定的标准和程序，遴选一批有事业心、有责任感、学术水平高、教学经验丰富的名师，采用"结对"方式进行一对一指导，全方位地指导青年教师成为"有理想信念、有道德情操、有扎实知识、有仁爱之心"的优秀教师。

浙江大学导师制模式，较早建立和实施了"辅导员学术导师制度"，每年聘请校内思想政治教育领域专家和学者成为新入职辅导员的学术导师。导师以学术研究为起点，全方位地对年轻辅导员进行理论指导和职业引导。[①]"导师制"以学术研究为起点，由思政领域专家对辅导员进行专业指导与职业发展方面的引领，可认为是由导师与年轻辅导员组成的实践共同体。一个成功的导师制包含一套合理的制度设计、一种有效的支持关系、一个教学相长的指导过程以及一种团结的合作文化。

对比专业教师，受到专业背景以及其日常事务性工作的限制，辅导员在理论提升、专业发展和学术研究等方面更加迫切需要这种职业指导。因此，导师制对于推动辅导员队伍专业化成长、增加辅导员学科知识储备和提升其专业工作水平是非常重要的。

第二节　高校辅导员实践共同体的优化

一　现有实体实践共同体的形式、存在问题与改进措施

（一）辅导员实体实践共同体的主要形式

实体实践共同体指的是辅导员这一职业主体所在的各职业实体组织机构。在辅导员职业认同构建中，实体实践共同体发挥着十分重要的作用。这种作用不仅体现在物理意义上，更体现在社会心理场域意义上，是个体形成归属感的心理基础。

实体组织是辅导员实践共同体能够建立并顺利运行的重要依托。其可以由政府相关部门进行规划设计形成，也可以自发形成。第一种方式指的是通

[①] 楼艳、叶文：《基于导师制的团队合作辅导员专业化发展模式探索》，《思想理论教育》2017年第1期。

过相关部门对辅导员的工作领域实施分组而形成，第二种方式主要依靠辅导员的个人爱好与兴趣自发形成。

辅导员实践共同体能够将辅导员个体经验上升并转化为团体经验，进而逐步发展成为专业理论，以实现对实践更好的指导。应在教育部、各省市教委、高校领导下成立不同层次的辅导员实体职业组织或自发实体职业组织，通过这类实体实践共同体组织，引导辅导员进行自我管理，开展积极的自我教育，实现自我服务，促进个人综合素质水平的提高，从而使辅导员具有更强的职业归属感。图 5-1 展示了高校辅导员实践共同体结构。

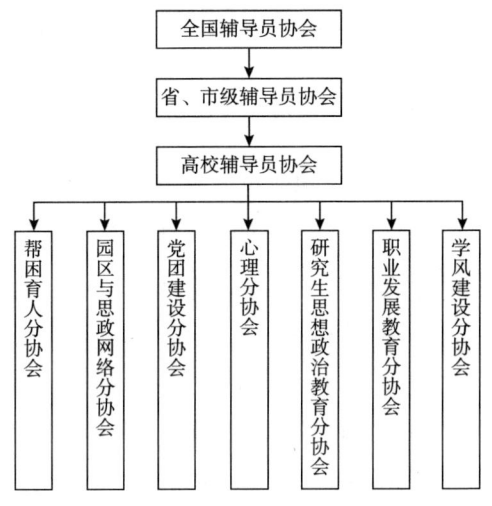

图 5-1　高校辅导员实践共同体结构

1. 校级层面辅导员实体共同体

我国高校辅导员采取的是校、院两级管理模式，由于受到地点、环境等诸多因素的限制，不同院系之间的辅导员平时很少进行沟通，因此辅导员对于其他院系队伍建设中的相关信息或者是先进工作成果无法及时获得，造成辅导员"散兵式"的工作局面，以及辅导员基层实体实践共同体的缺失。

> 辅导员属于各个学院，一个学院可能只有三两个辅导员，有时专业和研究兴趣也不一样，形不成气候……如果学校能把零散的辅导员整合起来，成立一些机构，集中力量进行实务研究与探讨，可以促进大家业务水平不断提升。（辅导员 TYLG：B）

> 我们整个学院一共就 4 个辅导员，在整个学院的教师队伍中是非常不起眼的，而且也没有人基于我们的角度为我们发声，在我看来，不存

在组织关怀，只是被人领导。（辅导员 ZBDX：B）

近年来，上海、北京各高校面对辅导员校、院两级管理造成的辅导员基层共同体的缺失，采取积极的补救和弥补措施，设立辅导员协会、辅导员工作室或者研究中心等。2005 年，复旦大学成立全国首个高校辅导员协会，后来辅导员协会运行状况不好，2013 年，又成立了十多个校级辅导员工作室，工作室的性质偏实践性。此外，为搭建一个青年研究的交流平台，复旦大学还成立青年研究中心，青年研究中心性质偏学术性。后来其他高校也竞相成立校级辅导员协会，东华大学辅导员协会还有各种分协会。北京、南京等地高校辅导员共同体起步稍晚，2015 年，北京工业大学通过辅导员自愿申报、工作室负责人答辩、专家考核等程序，建立了第一批校级辅导员工作室，共 7 个；2019 年，南京中医药大学也成立了校级辅导员协会。

> 就觉得如果能有这么个组织挺好的，第一，给大家提供一起切磋也好，交流也好，这么一个平台；第二，通过这个平台，维护辅导员的权益，提高辅导员的待遇。（辅导员 ZGZF：A）

辅导员协会、分协会或工作室是校级层面上为辅导员提供的学习、交流平台。立足其职业发展方向建立了"辅导员—辅导员工作室（分协会）—校级辅导员协会（德育中心）"这样的组织体系，使得全校辅导员具有紧密的职业发展联系。在该组织体系中，最为关键的是分协会，分协会发挥着基层共同体的作用，将会使以往散兵式的作战状态得以改变，打造稳定的实践团队。"在共同体这一群体关系中，成员彼此具有相同身份与特征，并且共同体又具有共同事物特质，是基于自然基础上实现的历史和思想的积淀的联合，是人们就某种共同关系具有的心理反应，是一种和睦共处的、直接自愿的、更具有意义的平等互助关系的表现。"[1]

协会、分协会或工作室是基于辅导员具有的共同职业发展愿景以及其专业化发展而逐步形成的实践共同体。主要作用是形成比较稳定的同伴互助团队，使辅导员在专业化发展中获得同伴的陪伴与督导，形成一种资源共享、合作协助的机制，最终形成团队合力。[2]

---

[1] 〔德〕菲迪南·滕尼斯：《共同体与社会——纯粹社会学的基本概念》，林荣远译，商务印书馆，1999，第 2~3 页。

[2] 李凡：《高校辅导员专业化发展评估与分析——基于上海 10 所本科院校辅导员的抽样调查》，《思想理论教育》2016 年第 10 期。

校级辅导员协会或德育中心是比各分协会或工作室高一层级的辅导员共同体，校级辅导员协会或德育中心对各分协会或工作室的相关工作进行督导、协调、考核，并为分协会或工作室开展工作交流提供平台，总结各分协会或工作室工作中的好的做法和经验，促进各分协会或工作室之间的取长补短。

校级辅导员共同体可实现对本校辅导员最新成果、课题进展、学习资料以及最新资讯等相关内容的及时展示，使辅导员专业技能学习的针对性得到增强，明确自身发展存在的不足，实现对学习的充分认识和准确把握，还使个体对本校整个辅导员队伍的发展形成更加全面的认识，并获得职业发展平台的归属依托。

2. 省、市级层面辅导员实体共同体

省、市级辅导员共同体是比校级辅导员共同体高一层次的辅导员共同体组织，目前，高校辅导员工作主要围绕思政工作来开展，从其校外行政归属管理分析，各地省、市委高校工作委员会负责对其进行行政管理，但是因为很多高校工委和教育行政部门的工作交叉重合较大，行政事务又非常繁多，配备的人员又相对有限，这就导致了无法为辅导员职业发展的巨大需求提供足够的力量，同时，整个管理体系又具有十分浓重的行政干预色彩，而对于辅导员职业的专业化指导和关注却是较低的，这就导致了辅导员无法从中感受到组织关怀。

目前，各省、市级高校辅导员行业协会组织属于政府和高校之间的一个中介组织，辅导员能够从中获得专业关怀，作为一个区域性的辅导员群体组织，对推动区域辅导员职业发展及区域辅导员职业资源整合具有重要的价值。

复旦大学成立辅导员协会后，2005年，上海市科教党委、市教委也开始筹划建立市级高校辅导员协会，并希望能够使该组织成为行业管理组织。协会建设的基本宗旨是为辅导员提供服务，使其综合素质水平与职业能力都得以提升，促进实现工作方法的积极改变，推动实现工作的规范化建设与专业化发展。[①] 但由于缺乏职业主体的推动和参与，此事便不了了之。

之后，其他省级的辅导员行业协会也相继成立，如江苏省高校辅导员工作研究会、河南省高等学校学生工作研究会、辽宁省高等学校辅导员协会等，这些都是为辅导员提供自我管理、进行自我教育与服务的平台。

[①] 《上海拟建高校辅导员协会》，《思想·理论·教育》2005年第19期。

近年来，又开启建立省、市级辅导员工作室的热潮。"上海在 2012 年首个建立了洪汉英工作室以及包涵工作室。2014 年，又先后建立了 6 个辅导员工作室。"① 2014 年，广东省高等学校名辅导员"李敏工作室"成立，"李敏工作室"由李敏担任主持人并负责，成员单位为广东省有新疆少数民族学生 30 人以上的高校，人员组成包括成员高校中带 10 名以上新疆少数民族大学生的辅导员。2016 年 1 月，北京市教委也公示首批北京高校"辅导员工作室"及培育项目名单，"拟设立 10 个'辅导员工作室'和 5 个'辅导员工作室'培育项目"。②

省、市级高校辅导员行业协会组织的建设目的是使优秀辅导员具有的先锋示范作用能够得到充分发挥，并推动本区域辅导员专业化水平的有效提高，通过发挥辅导员工作室等组织的带头作用、示范作用和辐射作用，吸收本区域高校辅导员参与，建立工作团队，组织辅导员工作研讨和交流活动，为区域高校学生教育与管理工作做出积极的贡献。

3. 全国层面辅导员实体共同体

（1）全国高校辅导员工作研究会（协会）

依据我国 2006 年关于辅导员建设工作会议的相关要求，2008 年，我国设立了全国高校辅导员工作研究会，由中国高等教育学会负责管理，研究会的定位为"全国高校辅导员的精神家园、锻炼培养人才的摇篮和研究探索大学生思想政治工作的创新平台"，这是当前全国最大的辅导员实践共同体，该组织的成立，积极回应了各地自发建立辅导员协会的行为，不仅有助于推动实现辅导员协会的有效整合，也有助于推动实现辅导员实践共同体建设从自发到自觉的发展。

（2）全国高等学校思想政治教育研究会

1984 年，我国建立了全国高等学校思想政治教育研究会，中宣部、国家教委等负责研究会的领导工作。研究会要求坚持马列主义、毛泽东思想，坚持中国特色社会主义理论，秉承理论和实践相结合的基本原则，坚持百家争鸣的基本方针，使广大高校思想政治教育工作者能够团结起来，对于新时期高校思想政治教育面临的理论问题和实际问题进行积极研究，促进思想政治教育学科的积极发展。与辅导员工作协会不同之处在于，全国高等学校思想

---

① 陈秀兰等：《专家型高校辅导员培养模式下辅导员工作室建设标准研究——以上海高校洪汉英工作室建设为例》，《课程教育研究》2015 年第 26 期。
② 中共北京市委教育工作委员会：《关于公示首批北京高校"辅导员工作室"及培育项目名单的通知》，http://xjc.bjedu.gov.cn/tabid/215/InfoID/27752/frtid/222/Default.aspx。

政治教育研究会涉及的工作内容更为广泛，故此，设立了五个专题研究组以及党校工作联络组。基于这种小组分类能够看出，在整个研究会中，大学生思想政治教育作为高校辅导员工作的主要内容被包含其中。

形成全国、省、市、校相关的辅导员实践共同体，打造层次分明、联系紧密的组织网络，为辅导员职业建设提供助力，是辅导员职业发展的客观需求，同时也是当前辅导员主体自我完善的重要发展契机。一方面，高校辅导员实践共同体能够使辅导员获得沟通交流的平台；另一方面，能够对辅导员与国家、地方及高校等在资源分配方面的问题进行协助处理，比如职级改革制度、职称评定以及工资补贴等。此外，共同体还能为辅导员争取专业自主相关方面的权益，同时，专业的组织活动还使辅导员获得社会荣誉的机会大大增多，而且辅导员这一职业对职业主体自身产生的影响也得到了更大关注。另外，利用科研活动，比如组织理论研讨或出版相关专业性刊物，为上级进行相关政策的制定提供依据。最终，辅导员能够凭借共同体及其实践活动获得更多的权益，进而推动其职业认同水平的提高。

（二）高校辅导员实体实践共同体存在的问题

1. 辅导员职业协会对各高校的约束力较差

尽管行业协会已经就辅导员职业规范问题做了很多工作，并制定了相关规章制度，但一方面各地区、各高校在辅导员工作进展上存在较大差异，另一方面有关辅导员职业发展的规章制度尚未形成共同的认识，规章制度的执行更是缺乏统一的标准。此外，目前基于理事单位结构的行业协会与高校的关系是比较松散的，无法实现对各高校的有效约束，面对行业协会的建议，高校的反应更是不尽相同，这就导致了很多政策建议的落实效果存在差别，致使行业协会无法就辅导员职称评定、职务晋升以及经济待遇等方面的兑现采取有力的措施。因此，目前的情况是，各高校都建立了自己的独立运行模式，不仅对辅导员的管理千差万别，还不能为辅导员职业发展制定统一的要求与标准，使得辅导员在职称、职务晋升等方面缺乏同一性，导致其职业认同度低，缺乏职业认同感。为此，多数辅导员认为，辅导员职业协会在辅导员群体利益维护上发挥的作用甚微。

2. 辅导员实体实践共同体易受行政干扰

辅导员实体实践共同体大部分是政府相关部门主导的，需要接受教育行政部门的管理和监督，行政干预和立法规范的味道浓厚，行业协会独特的作用发挥有限。

你不能只限于讲座，搞点其他的小沙龙啊什么的……比较务实的活动还是比较少……我更希望辅导员的交流不带任何"政治色彩"，这样反而更好一些，更自然些，就是有一种平等开放的学习环境，就像有些时候，他的职别比我高，可能我就放不开是吧，这个场合就这样，但是，这种非正式的活动，可能会更容易被接受，然后大家会更快地熟悉起来……通过什么样的方式能够让彼此之间打破学院的隔阂，打破校区的隔阂，更有助于学生工作的开展和辅导员职业的发展很重要。（辅导员BJLG：B）

通过上述分析，能够发现我国大部分的辅导员专业组织，不管是基于哪一层次建立的，都应当加强专业性建设，"提升其专业责任意识，增强对辅导员权力的积极维护，鼓励成员积极参与到组织活动中，产生向心力，以使辅导员的职业归属感得到增强"。①"分析西方国家，绝大多数的学生事务管理专业协会已经形成了自己的基金会，包括团体会员以及个人会员，会员需要缴纳一定的费用，协会负责进行专业研究成果的传播以及学术指导，还提供专业培训，并进行专业标准制定，使得从业人员的权益能够得到充分维护，此外，还会就相关专业问题的解决和处理提供帮助，由此使得从业人员具有更强的职业归属感以及认同感。"②可见，相比国外的学生事务管理专业组织，国内的辅导员共同体专业自主性很弱。

3. 辅导员实体实践共同体的建立和发展地区差异大

在辅导员实体实践共同体建设方面，上海、北京等发达地区比较领先，山西等地辅导员实体实践共同体的建设尚未起步，无论是省级层面的还是各高校校级层面的辅导员行业协会组织都不存在，高校辅导员管理在校内归口于学生工作部（处）和院系，其校外行政归属管理基本属于各地省委高校工作委员会，辅导员的交流、沟通平台少，职业发展的指导有限，导致高校辅导员往往很难从中感受到来自组织的支持。

4. 国家级层面和省、市级层面辅导员实体实践共同体对辅导员的影响非常有限

国家级层面和省、市级层面高校辅导员行业协会组织在进行相关工作时，多数是基于高校抑或是地区性协会为工作对象来进行的，并不直接针对辅导员群体，同时其性质主要是进行工作指导或者是工作建议，为此，辅导

---

① 左娟娟：《高校辅导员专业化建设研究》，硕士学位论文，河北大学，2015，第33页。
② 郑金鹏：《组织支持视角下高校辅导员行业协会发展现状与职业认同研究》，《重庆与世界》（学术版）2014年第10期。

员无法从中感受到直接的上级关怀。而且，受到资金等方面的限制，组织协会很少开展如联谊、交流等活动，致使辅导员对行业协会的感觉比较陌生。最后，行业协会对于辅导员表彰以及奖励等工作也多数是把名额分配到相关地区或高校，也无法使辅导员感受到直接鼓励，不能产生认同感。

5. 辅导员参与实体实践共同体的条件差

首先，辅导员参与实体实践共同体缺乏时间保障。对比高校行政人员以及专任教师，辅导员需要承担的工作面广、工作压力大，并且是全天候的。其次，辅导员实体实践共同体缺乏有序运行的保障。完善的制度规范，对于辅导员实体实践共同体的建设是具有重要意义的，整套的制度规范要求涵盖辅导员准入机制、部门协同建设机制、人员配备机制、日常管理制度、经费使用以及考核评价制度等，否则，任何一个环节出现问题都会导致辅导员实体实践共同体的发展受到影响，甚至解体。最后，辅导员实体实践共同体缺乏相应的激励机制。辅导员实体实践共同体的发展需要明确的成果进行衡量和检验，如相关实践活动中成绩突出，在研究领域获得省、市级或者国家级课题，或者是发表论文等，需要在探索中明确应当采用的激励机制，以及其具体实现形式，并对此进行详细的规定。

> 复旦大学是全国第一个成立辅导员协会的高校……后来慢慢地就没有做，不提了。然后上海市当时也准备筹建一个市级的辅导员协会，现在也不知道了，平时也没人去参加这个协会……复旦大学还有个青年研究中心，原来它的诞生不只是为了辅导员的职业发展，只是搭建一个青年研究的交流平台，除了有辅导员之外，还有一些专业教师和一些博士，组成这样一个平台……现在那个中心还在，但没有固定的刊物，最近也是在改革，可能也是遇到一些瓶颈。最近几年没有什么特别的成果，原来成果很多。（辅导员 FDDX：B）

（三）高校辅导员实体实践共同体的改进措施

1. 增强辅导员实体实践共同体的专业自主性和对各高校的约束力

专业组织（professional organization）指的是"由具有共同专业知识、专业能力、专业精神的专业人员组成的自我管理组织"。[①] 其中专业化强调的

[①] A. Ornstein and D. Levine, *An Introduction to the Foundations of Education* (Boston: Houghton Mifflin Company, 1985), pp. 38 - 39.

是，使专业组织掌握权力，而非行政管理人员掌握权力，所谓专业组织涵盖如学会（society）、联盟（federation）、协会（association）、委员会（council）等。①

从功能来说，辅导员实体实践共同体应是专业的辅导员组织，要求其能够实现对辅导员权益的有效保护；实现对辅导员意见的有效整合；实现对辅导员争议的仲裁；能够作为辅导员的代言人为其发言。

辅导员实体实践共同体需要得到制度保障与政策支持，因为制度与政策是推动其健康发展的重要条件。然而，我国当前的辅导员实体实践共同体对制度、对行政管理部门存在过度依赖的弊病，这就导致其陷入了发展困境之中。一方面，从定位上进行分析，如果不再局限于以往的以执行任务为定位，共同体在目标发展与定位方面存在的主要难题是无法实现自我主动定位，一般需要管理部门来进行行政性定位，在这种定位下履行对应职责，导致负责人对自身角色十分困惑；另一方面，从运行状况来分析，辅导员实体实践共同体希望能够更多依靠相关部门的各项资源来开展工作，导致其在资源整合以及自主运行等方面的能力较为薄弱，这不仅使其发展的自主性被大大削弱，而且在一定程度上使其沦为传统工作模式的一种附属品。

故此，在辅导员专业化成长中，辅导员实体实践共同体的作用并未得到充分发挥。"通过分析国外关于学生工作协会的发展经验，为了使辅导员具有更高的职业归属感，应当增强对辅导员的专业性指导。"② 当前，辅导员实体实践共同体的主要任务就是培养其自主定位的能力，提高其自主制定发展规划、自主管理以及运行的能力；利用外部的政策推动以及共同体内部具有的自觉性，使发展自主性水平得到提高。

辅导员实体实践共同体应该尽快对辅导员的职业标准、职业内容、工作职责以及其他相关规范做出明确的规定，并用统一的衡量标准规范、约束高校的辅导员工作。

2. 改善辅导员实体实践共同体地区之间、各高校之间发展不平衡的现状

辅导员的成长过程不但是自身建设问题，也是一个不断利用外部资源和条件，进行有效积累的过程。辅导员实体实践共同体尤其是校级层面的辅导员实体实践共同体对辅导员职业发展至关重要，校级层面的辅导员实体实践共同体是辅导员工作的近身环境，是辅导员的专业生活小区。辅导员在这里

---

① 熊华军、李伟：《创造理性规定的近代大学学术职业》，《现代大学教育》2012 年第 2 期。
② 张炳武：《高校辅导员职业认同分析》，《合肥工业大学学报》（社会科学版）2008 年第 6 期。

交往、讨论问题、传递信息、交流思想，它不仅体现着辅导员直接的人际关系，还会对辅导员的工作情绪以及心境产生决定性影响，也是建构职业认同的培养基。故此，缺失校级层面辅导员实体实践共同体的高校，辅导员职业发展很难，职业认同的建构更难。

上海无论在辅导员校级层面还是市级层面的实体实践共同体建设方面都要领先，北京在市级层面的辅导员实体实践共同体建设方面值得肯定，然而，在校级层面辅导员实体实践共同体建设方面差别很大，有些高校建立了各种辅导员工作室、协会等，有的高校并没有这些相关的组织，而山西无论是省级层面的还是各高校校级层面的辅导员行业协会组织都不存在，辅导员的交流、沟通平台很少，故此，对于尚未形成辅导员实体实践共同体的地区、高校，必须结合其他已建地区或高校的成功经验，尽快建设自己的辅导员实体实践共同体，为辅导员职业交流、研究提供平台，为辅导员职业认同的建构提供培养基。

3. 加强国家级层面和省、市级层面辅导员实体实践共同体对辅导员的直接影响力

国家级层面和省、市级层面辅导员实体实践共同体的基本运行模式仍然属于传统的科层制的垂直管理模式，发出活动通知，进行省、市级或部属高校间名额分配，省、市级高校管理组织再对相关区域高校的参与名额进行二次分配，部属高校可以直接根据本校院系情况进行名额分配，地方高校分配到名额后再根据各院系情况进行第三次分配，因此辅导员与国家级层面和省、市级层面辅导员实体实践共同体缺乏互动，这些实体实践共同体也无法对辅导员产生直接影响。

以全国高校辅导员研究会为例，全国高校辅导员研究会定期组织"全国高校辅导员年度人物"评选、全国高校辅导员素质能力大赛、全国高校辅导员工作创新论坛、辅导员国内交流等多项活动，但这些活动没有一项与普通辅导员直接发生联系。"全国高校辅导员年度人物"评选先由辅导员所在各学院组织本院辅导员进行报名，并在本院范围内组织初评，确定符合评选条件的辅导员报送学生处，学生处对各学院报送的辅导员进行第二次筛选，确定人选报送省级教育工作部门，省级教育工作部门再对全省各高校报送的辅导员进行第三次筛选，确定人选报送全国高校辅导员研究会进行最后评选。全国高校辅导员职业能力大赛 2018 年以前要经过初赛、复赛和决赛三个阶段；2018 年起改为全国高校辅导员素质能力大赛，分为省（区、市）初赛、全国决赛两个环节，参加全国高校辅导员素质能力大赛的辅导员要经过层层

选拔，通过参加院级、校级、省级比赛，再依据本地区高校数量按比例择优推荐选手参加全国决赛。初赛由各省级教育工作部门负责，决赛才由全国高校辅导员工作研究会承办，有关高校协办。全国高校辅导员工作现场会参会者主要为全国高校辅导员年度人物及全国高校辅导员素质能力大赛的获奖者。大学生思想政治教育工作研讨会主要与会对象为教育部直属高校、部分部委直属高校、部分省属高校党委学工部/研工部等有关负责人，主要目的是进行工作部署。全国高校辅导员工作优秀论文评选活动不仅申报名额有限，而且要经过学校和省、市级主管教育工作部门的层层筛选、审核、协调。全国高校辅导员工作创新论坛参与者为全国高校辅导员工作优秀论文评选活动的优胜者及各省（区、市）教育工作部门推荐的辅导员骨干。辅导员国内高校交流活动名额有限，以第二十期（2019年）辅导员国内高校交流活动岗位为例，全国总共提供了277个岗位，又需派出高校、接收高校协商确定，大多数高校由于本身辅导员岗位的配比紧张，不愿意派出辅导员进行交流，另外，即使辅导员被派到接收高校，但很多情况下，还得参与派出高校的很多相关的工作，工作压力影响了交流效果，两方面原因造成辅导员国内交流的不顺利，一般院校的辅导员也觉得辅导员国内高校交流离自己很远。

美国高校学生事务管理领域中，全国性的最大专业协会主要有两个，即"全美学生人事管理者协会"（National Association of Student Personnel Administrators）和"美国大学人事协会"（American College Personnel Association），这两个协会在美国高校学生事务管理中发挥着十分重要的作用，体现在负责纲领性文件以及行业标准的制定，进行专业研究与成果出版，推动实现会员的专业化发展；涵盖了人才培养以及人才选聘，入职教育以及在职培训，监督管理以及绩效评价等工作，可以说这两大协会几乎参与了高校学生事务领域人力资源管理的全过程。[1] 由此可见，美国高校学生事务管理专业协会对学生事务管理领域的人员不仅有宏观层面的指导，更有微观层面的服务，并且这两大协会会员来源多样，"几乎不设入会标准，只要是高校学生事务管理领域的人员，无论是学习者、研究者还是实践者，只要热爱这一领域、拥有使命感和乐于奉献的精神，同时再缴纳一定的会费，均可加入成为会员"。[2] 美国高校学生事务管理专业协会不仅积极影响政府的决策，而且强调

---

[1] 李湘萍、洪成文：《美国高校学生事务管理专业协会：历史、结构及功能》，《高等教育研究》2012年第8期。

[2] 李湘萍、洪成文：《美国高校学生事务管理专业协会：历史、结构及功能》，《高等教育研究》2012年第8期。

为高校提供咨询和服务，同时通过各种活动直接作用于高校学生事务管理领域人员。

目前，我国国家级和省、市级层面的辅导员专业协会过于强调政府部门的指导作用，忽略了对政府部门的决策影响和建议职能，也忽略了对高校的服务职能，更忽略了对辅导员职业发展的指导和直接影响作用，致使辅导员对国家级层面和省、市级层面辅导员实体实践共同体的感觉比较陌生，组织支持和专业支持感差，对实践共同体的认同感也差。

国家级层面和省、市级层面辅导员实体实践共同体对辅导员职业发展的作用不仅要体现在宏观层面，也要体现在微观层面；不仅通过高校或区域性组织作为中介与辅导员互动，而且要与辅导员直接互动；不仅应当对其职业能力进行考察，还需要重视辅导员职业发展的指导，否则辅导员实体实践共同体只能变相成为政府部门的延展工作机构，而非真正的辅导员实体实践共同体。

二 现有虚拟实践共同体的形式、存在问题与改进措施

（一）辅导员虚拟实践共同体的主要形式

实践共同体在网络上的延伸，构成了虚拟实践共同体，是由拥有共同话题或目标的共同体成员构成的彼此交互的、协作的关于学习的团体。"在虚拟实践共同体中，各成员能够通过网络来实现信息交流，进行课题研讨，从而达到其知识共享与创新的目标。"[1] 团体成员在虚拟实践共同体中通过讨论、对话等交换知识、分享感情。根据调查、访谈，辅导员现有的几种虚拟实践共同体组织方式如下。

1. QQ 群

QQ 群为多人交流提供了平台，具有共性的小群体能够依靠该平台实现交流，可进行群聊、私聊，还可进行文件传输与共享，这种信息交互工具具有很强的实时性和交互性特征，又十分便捷，因此很多高校辅导员建立了相关的 QQ 群。以山西 H 高校为例进行分析，该校已经就辅导员工作建立了三个群，即学工群（107 人）、就业指导群（17 人）、资助管理群（56 人）。QQ 群一般是工作性质的，全校各个学院的辅导员以及相关部门的人员，如

---

[1] 宣丹平：《生态取向下高校辅导员虚拟实践共同体培育研究》，硕士学位论文，浙江师范大学，2012，第1页。

就业指导中心、学生处等的人员全部涵盖其中。

QQ群的普及性和即时沟通的便捷性受到广大辅导员的青睐,吸引了很多辅导员加入,具有很强的凝聚力,这对虚拟实践共同体的建设具有重要的借鉴和参考意义。

2. 辅导员博客

随着网络信息的高度发展,博客(blog)作为一种网络文化现象正在崛起,博客即指的是在网络上通过文字、图片及影像等方式来实现信息共享,以传递思想和观念的一种交流方式。辅导员博客作为网络思想政治教育的一种手段,同样也引起了高校日常思想政治教育者的广泛关注。尤其在教育部开展的"全国辅导员博客大赛"、全国高校辅导员素质能力大赛"网文写作"的推动下,开始兴起了辅导员博客、网文,当前如辅导员博客、博客社群已经从初期的尝试——自发的、个体的阶段,向着普及、区域性方向发展。

从高校辅导员博客的平台建设来分析,"设立在如人人网等SNS网站的辅导员博客占比为41.3%,有38.8%的则是在中国大学生在线上设立的,还有2.5%的是依托高校自有平台建立的,剩余的高校辅导员则是利用搜狐、新浪等网站设立的。通过上述数据能够得出,大部分高校辅导员都选择了一些具有较大影响力的网站,然而,整体来讲,辅导员博客平台的建设还是比较分散,并缺乏稳定性,目前尚未形成统一的建设平台"。[①]

除了可通过博客来开展思政教育,还可利用博客平台使辅导员事业感认同得以增强,并且从增加博客特色逐渐发展为进行自己事业平台的有意识构建。[②]

很多辅导员在博客建设中,会查找相关资料,吸收、学习相关知识,经过思考后,以博文形式体现出来,抑或是利用自己的博客将自己的生活感悟、工作经验表达出来,为此,该过程实质上是辅导员的自我提升过程。此外,辅导员博客还为辅导员之间基于共同目标进行探讨和交流提供了场所,辅导员可通过博客留言、回复、链接等方式实现经验交流及知识共享,为辅导员解决实际问题提供思路和借鉴。并在此基础上组建辅导员博客团队,实现优势互补和资源共享。

3. 微信公众平台

随着互联网技术尤其是移动通信技术的快速发展,自媒体的应用日趋普

---

① 李娜:《思想政治教育视域下的高校辅导员博客建设研究——以武汉地区高校为例》,硕士学位论文,华中农业大学,2013,第22页。
② 钱静峰:《论博客对辅导员工作的拓展作用》,《思想理论教育导刊》2009年第7期。

及。作为自媒体的新产物，微信以其新颖的功能和强烈的互动性，逐渐成为人们获取信息、展示自我和相互交流的主要方式。微信公众平台2012年被腾讯公司正式推出，个人和组织都可利用公众号来实施媒体性行为，可以群发文字、图片、语音、视频、图文消息五个类别的内容。

微信公众平台的运行成本是非常低的，公众号的获得也十分容易，只需要注册即可实现。教育机构、辅导员、理论专家都可利用公众号来进行相关学习内容的推送。对于学习者来讲，只需要利用手机或者是其他终端设备即可实现对平台内容的学习，而只需要付出流量费用即可。另外，辅导员通过这种双向互动平台能够及时就自己的问题向相关专家进行咨询，为此平台对实现高校辅导员个性化与多样化的学习需求的及时满足具有重要意义。"而且在前期，可利用平台用户管理功能来对关注人群进行分组，对于学习者可依据性别或者是高校级别来进行划分，并向不同层次的学习者推送特定的学习内容。在后期，还可结合平台的数据统计信息以及读者留言、信息回复等进一步了解当前辅导员最为关注的内容，并对辅导员的学习、工作以及生活现状等进行分析，在此基础上使得推送的内容更具针对性、更具个性化。"[1]

高校辅导员联盟是为全国辅导员专门提供服务的微信公众号，其目标是为辅导员成长提供支撑。该公众号通过"辅导员专栏""致辅导员""工作案例""辅导员工作漫谈"四个板块推送相关研究成果与经验使辅导员专业化水平得到提高。

4. 辅导员机构办的辅导员网站

辅导员网站包括教育部等各级机构主办的辅导员网站，如教育部主办、高等教育出版社承办的中国大学生在线、教育部思想政治工作司与国家教育行政学院共同建设的高校辅导员网络学院等。中国大学生在线虽然开设"辅导员"栏目，栏目下设网络培训、培训公告、编辑推荐、品牌活动、思政大讲堂、对话倾听、辅导员工作室、投稿指南等模块，然而，辅导员之间相互交流的内容是非常少的，大部分是通知、公告，辅导员发给大学生的简短感悟、体验，育人经验展示，辅导员工作室介绍等，内容多从学生角度出发而设，忽略了以辅导员本身为工作对象的需求。高校辅导员网络学院开设栏目包括政策文件、培训项目、课程资源、专家方阵、数字图书馆等，该网站致力于高校辅导员培训，在研究、咨询、交流等功能上欠缺。

---

[1] 宋文秀、黄洁：《浅议高校辅导员继续教育中微信公众平台的应用尝试》，《教育观察》2016年第11期。

5. 辅导员微信群

辅导员可以利用微信平台的优势建立微信群进行工作经验交流与知识分享，目前全国性的自发组织的辅导员微信群有辅导员学术科研微信群等。辅导员学术科研微信群由原武汉交通职业学院辅导员凌杰（2019年5月调入武汉纺织大学）创建于2017年3月，是高校从事学生工作的人员自发组建的，分为辅导员沙龙、日常工作交流、（学术前沿、经典）文献传输、读书札记四个模块。该群的理念是"输出和开放，才是最好的知识管理；共商、共建、共享、共进，思想的交流碰撞"。宗旨是"交流学生工作理论研究与实践经验，关注学生工作重点、难点、疑点问题，推广相关特色工作经验和技巧，展示辅导员风采"。入群的标准除了会考虑院校分布结构外（一般每校群内人员不超过2人），主要包括：①有省部级课题、项目、获奖或发表核心论文者优先，或在其他领域表现突出、积极获群友们广泛认可的；②热爱辅导员工作，用心思考，积极主动，并乐于分享和付出思想与成果；③遵守群规，认可"共商、共建、共享"的群理念；④他荐或自荐形式吸纳群友。他荐由群友推荐，自荐由个人发送成果清单（含所获项目、课题、奖项名称及级别，研究所聚焦领域），经群友审核（会考虑院校分布问题）通过，即可快速入群。辅导员学术科研微信群实行淘汰制，动态循环，竞争定位，淘汰标准为：①群昵称不规范，经多次提醒仍未修改到位的；②进群后一个半月以上未就群内相关话题思考发言或就自己工作、科研过程中的问题、所思所悟进行交流分享的；③进群后无进步，无进步体现在不敢主动发问、不敢主动交流，不积极申报、参与所在学校、省、国家的相关课题或活动；④进群目的与群理念不符的，表现在为名为利，"投机倒把"，只潜水获取群资料等。

目前，四个模块中，除了日常工作交流、（学术前沿、经典）文献传输外，其他两个模块不太活跃，辅导员沙龙模块做到2020年2月23日第41期"如何打造辅导员个人成长IP"之后就暂停了；读书札记模块一直不活跃。虽然该群面向全国高校辅导员开放，但由于严格的入群标准与淘汰制再加上一般每校群内人员不超过2人，辅导员学术科研微信群的人数一直控制在400人左右，截至2022年2月3日，该群共有426名成员。

（二）现有高校辅导员虚拟实践共同体存在的问题

1. 主要满足行政驱动的事务通知和处理的需要

关于辅导员实践共同体的职能，首先，是进行学习资源分享与对话沟通，通过对情感、体验等的交流以及学习任务的共同完成、活动的共同参与，形成彼此促进、彼此影响的人际关系，以使辅导员具有更强的组织认同感以及归属感。其次，应当注重对辅导员职业利益的积极维护，共同体的建立应当使职业个人在遭受不幸时，能够获得充分的资源支持，从而使个体具有更强的同命运斗争的能力。"这些条件对于我们每个人来讲都是必需的，即利用这些条件，在和生活挑战的斗争中我们将具有更大的控制权。然而，就大部分人来讲，这种控制权的获得必须是以集体行动方式才可得到。"① 最后，注重辅导员专业化水平的提高，为辅导员提供职业发展规划的指导。故此，就辅导员实践共同体而言，不仅需要围绕群体发展展开研究，确保能够提供有针对性的服务，还需要帮助辅导员制定更加积极的职业发展规划。此外，实践共同体还应当进行职业道德规范的制定，以实现对群体成员职业行为的有效约束，同时，辅导员实践共同体还要引领这一职业的发展，制定职业长远的发展规划和发展目标。

> 对于工作中遇到的问题，在群里询问之后，很多事务性工作能够及时解决，在日常办公中工作群发挥的作用越来越突出，然而，群只能够交流基本信息，深度互动方面依旧是缺失的，所以功能还是相对有限的。（辅导员 TYLG：A）

然而对现有辅导员虚拟实践共同体进行观察和分析发现，其已然成为行政事务通知和处理的助手，学习资源共享的职能担当有限，维护辅导员职业利益和帮助辅导员职业发展的职能近乎处于缺失状态。

2. 共享资源匮乏

虚拟实践共同体的建立，最初是为了实现对实际工作中问题、困惑的及时解决，故此，在共同体平台上应当对一些常见难题如何解决提供明确的指导方案，包括心理危机干预、学风建设等，虚拟实践共同体应该用丰富、实用的资源吸引个体加入共同体。

辅导员职业资源从内容上分析，应当涵盖如下内容：其一，辅导员自身的相关资源，比如个人的基本情况、工作经验、从业经历以及研究方向等；其二，院系以及高校资源，即高校辅导员基本状况、工作典型材料、发展经验以及学生工作部门相关工作材料等。

一方面，因为辅导员将其精力主要用于日常事务性工作，无法和专业教

---

① 〔英〕齐格蒙特·鲍曼：《共同体》，欧阳景根译，江苏人民出版社，2003，第186页。

师一样抽出相当宽松的时间用于学习材料的整理；另一方面，由于缺乏相应的激励机制，辅导员主动参与虚拟实践共同体、分享职业资源的主动性、积极性受限。

> 假如网上能够聚拢更多的信息，形成一种良好的学习氛围，抑或是能够将这些工作归入工作量中，那么对于网上学习也是非常愿意的。（辅导员 TYKJ：C）

从现有的辅导员虚拟实践共同体发布和交流内容来看，大多数是日常通知、文件，还有一些简短的感悟，有价值的信息和资源不多。

3. 浅层次交流多，深层次交流少

浅层次交流是共同体成员将遇到的工作案例处理方法在成员间分享，共同诊断教育行为，以提高自己的职业认识；采用对自己身边的故事进行记录的方式，共同体成员基于相似或相同的问题展开交流与分析，使学生在学习、求职、人际等方面遇到的各种问题和疑惑能够得到及时解决；此外，还可与成员共同分享学习兴趣，体验成长的喜悦。

深层次交流是交流作为公开的反思方式呈现在网络平台上，或者被认为是一种研究性的交流。这种交流要求辅导员转变自身的角色定位，由传统的知识传授者和思想政治教育工作者转变为学习的参与者、引导者和合作者；辅导员应当结合自身的专业背景，以及其兴趣方向，对自己的研究视界进行整合，立足实际工作中遇到的困难以及学生关注的主要问题、社会的热点问题等展开积极的探索，对于不同的研究主题可利用不同的形式，比如"讲座式、师徒式、论文式、自由式等形式，体现出研究具有的自由性以及其思想性"。[①] 工作核心是利用网络信息交流或者网络学术沙龙等方式改善研究认知，使专业水平与研究能力得到不断提高。

> 很多事务性方面的工作利用工作群都能够得到解决，而且在日常办公中工作群的作用也是日益突出的，然而，工作群能够进行交流的也只是基本信息层面的，深度互动方面的功能是相对有限的，整个信息体系是非常乱的，有时部分信息和其工作领域并不匹配，还有的时候因为工作过于繁忙，就会疏于信息规整与梳理，甚至对有用信息未能及时兼

---

① 罗尧成、朱永东：《学术沙龙：一种研究生教育课程实施形式》，《学位与研究生教育》2006年第4期。

顾。(辅导员 ZBDX：A)

从目前辅导员虚拟实践共同体的交流内容来看，大部分围绕的是在学生工作中所面临的实际问题，来进行工作经验的阐述，停留在简单的工作交流或感悟分享，缺乏深层次的互动和研究性的交流。为改善深层次交流少的状况，辅导员学术科研微信群一直反对只学习不碰撞，只获得不付出思想或劳动成果，反对为寻找存在感而无意识点赞刷屏，支持带有思考性、启发性的碰撞。

(三) 现有高校辅导员虚拟实践共同体的改进措施

1. 鼓励辅导员虚拟实践共同体中成员的资源共享

在虚拟实践共同体中，成员之间利用网络技术开展学习活动和协作活动，故此，要求共同体能够充分利用网络提供各种资源，提供有力的交互工具，确保实践共同体成员的情感交流需求以及合作学习需求能够及时得到满足，从而使成员具有更强的团队归属感。因为辅导员具有一致的职业发展目标，很多材料可以共享，故此，为了使辅导员从共同体中获得足够的动、静态资源，以便为个人成长提供帮助，虚拟实践共同体建设必须能够汇聚丰富、实用的实践资源，为此，共同体需实现对辅导员群体力量的充分调动，以使各项材料能够在平台上实现共享。这也是辅导员学术科研微信群一直反对只听不说或只转存资料不思考交流的群友，希望成员都能在交流开放中共同成长的原因。

对于高校和各管理部门来讲，应当不断完善相关的激励机制，鼓励、引导辅导员充分利用网络平台进行信息沟通，并及时传递自身的先进工作经验与工作方法，实现成员之间的优势互补，同时依据资源质量给予个体一定的奖励，激发辅导员资源共享的积极性。

2. 注重虚拟和实体实践共同体的互动

辅导员实践共同体的建设还要注重虚拟和实体实践共同体的互动，可采取线上、线下互补的范式，比如对于同一所高校却分属不同院系的辅导员或者同一个地区却分属不同高校的辅导员甚至不同地区不同高校的辅导员可以定期举行面对面的交流或研讨活动，然后再把辅导员实体实践共同体提出的议题进行整理，之后在网络平台上进行展示，使辅导员能够继续在线上进行交流，实现线上对线下的补充，完成对线下交流成果的深化，才能让线下平台的作用得以更充分的发挥；同时针对辅导员虚拟实践共同体中的议题，实体实践共同体也可以组织辅导员进行专题讲座、集中培训、学术沙龙、素质拓展等活动，虚实互动，共同推进辅导员实践共同体的发展。

3. 引入辅导员参与虚拟实践共同体建设的奖励机制

结合访谈结果能够发现，因为辅导员将其主要精力用于事务性工作，不太愿意专门为微博、微信等虚拟实践共同体付出时间。如果能引入辅导员参与虚拟实践共同体建设的奖励机制，辅导员的参与热情与主动性将会提高。"评价机制的引入，表示主管部门对虚拟实践共同体相关活动的肯定和支持态度，这对于成员参与的积极性具有重要的调动作用。"①

> 网络上孤军奋战很不容易……我曾在本校校园网以及人人网专门设立过博客，最初具有很大的热情，后面因为工作原因以及个人因素，对博客建设逐渐缺乏动力了。有时候好多天，甚至几个月都懒得更新。
> （辅导员 DHDX：A）

学工部门可结合共同体在线时长、资源上传等因素，设置对应的经验值，将其作为辅导员期末考核的重要依据。另外，关于辅导员的职务、职称晋升，可参照其在共同体建设中做出的贡献程度与参与程度；抑或是依据贡献水平，对成员权限进行分别设定；对于具有较大贡献以及较高活跃度的成员，可使其具有小组创建权限，通过这种方式来对共同体建设中具有贡献的个体进行奖励。

本章小结

一 高校辅导员实践共同体在组织层面为辅导员职业认同的提高提供保障

当前，我国高校辅导员队伍整体缺乏稳定性，具体体现在如下几点。首先，基于管理归属角度分析，辅导员在高校教职工队伍中是特殊群体，处于学工处、学院等多头管理中，即对其采取校、院两重管理模式，此外，辅导员如若专业对口，还会面临专业归属管理方面的问题。其次，从工作内容上

---

① 宣丹平：《生态取向下高校辅导员虚拟实践共同体培育研究》，硕士学位论文，浙江师范大学，2012，第48页。

分析，辅导员需要处理的工作内容十分繁多，不仅担负学生日常思想政治教育的工作，还需要为学生的日常管理、心理健康、求职就业等方面负责。最后，就职责权限方面来分析，高校辅导员在岗位设定上虽比较单一，但却需要履行多个职能，同时还要面临缺乏合理分工与科学管理的尴尬。这些现状使辅导员将事务性工作作为其主要工作内容，大部分的时间也被这些内容所占据，不仅缺乏思想政治教育时间，更缺乏科研时间与精力，在专业技术职务评定特别是高级专业技术职务的评定方面较为困难。为自身的前途考虑，辅导员会产生较大的失落感，进而使工作热情以及积极性都受到影响，由此便把自身职业定位为过渡性职业，造成其较低的职业认同。在实践共同体中，辅导员之间相互学习与帮助的生态系统得以建立，该系统的建立一方面能够帮助辅导员找到个人成长之路，使辅导员在多头管理中依旧保持清醒的认识，避免方向迷失，从而使其职业安全感与心理归属感都得以增强；另一方面能够帮助辅导员更好地解决工作中遇到的问题，推动工作效率的提高。此外，在共同体中，辅导员通过彼此交流、共同研讨，不仅有助于碰撞出思想火花，产生科研思路，还能帮助其思考、总结与研究习惯的逐渐养成；同时，也有利于其发现工作的乐趣及更加科学的研究方法，通过工作与共同体内的活动促使辅导员科研水平得到提高，进而实现其专业技术职务评定等问题的有效解决，最终将会推动其职业认同水平的提高。表5-1呈现了辅导员实践共同体形成前后工作状态比较。

表5-1 辅导员实践共同体形成前后工作状态比较

	辅导员实践共同体形成前	辅导员实践共同体形成后
工作状态	淡漠的人际关系氛围 个人经验与感受是封闭的 信息接收是被动的 目标不清或者个人化 缺乏合作与支持 个体单独发展	成员间彼此信任，人际关系良好 个人经验与感受是相对公开的 能够进行信息交流和共享 有共同愿景 重视合作，在相互支持中学习成长 群体共同发展

资料来源：刘秀娟：《高校辅导员学习共同体构建探究》，《高校辅导员》2012年第5期。

二 高校辅导员实践共同体建设改进建议

在本章，结合调查结果以及相关研究成果，分析了当前在高校辅导员实践共同体建设中存在的问题并提出改进意见,还针对各高校的情况提出如下建议。

第一,对于缺失高校辅导员实体实践共同体的省份、高校来说,应积极参照已经建立辅导员实体实践共同体的省份、高校的经验并根据本地区、本校特色建立具有自己特色的高校辅导员实体实践共同体;已建立高校辅导员实体实践共同体的省、市相关部门、高校应对存在的问题加以改进。

第二,高校辅导员虚拟实践共同体地区、高校之间的发展水平没有高校辅导员实体实践共同体的差异那么大,更多是共性问题,对共性问题的改进,使辅导员虚拟实践共同体的优势更加充分发挥,在成本最低的情况下,确保辅导员工作能够顺利、高效地完成,同时使辅导员队伍功能得以拓展,并为推动辅导员队伍的健康发展提供平台。

第三,高校辅导员实践共同体要开展高质量的实践活动,增强实践共同体对辅导员的吸引力。

第六章 倡导自我努力,内化高校辅导员职业认同

辅导员职业认同的建构不仅要求注重外在环境的改善,也需要职业主体的自我努力,个人是职业认同建构的主体,个体因素在辅导员职业认同建构中发挥着基础性作用,故此,为了能够打破当前的认同困境,除了政策体制及组织结构的改善外,还需辅导员自身不断努力。因此,本章主要从辅导员个体角度出发,就如何实现职业认同建构提出针对性策略。

第一节 高校辅导员自我职业认同建构的主体基础

在辅导员的职业发展中,职业认同产生的影响非常重要,反过来如果辅导员能够以一种主动积极的态度来追求自我主体性职业发展,又能够提高其职业认同程度,故此,辅导员自身便成为提高职业认同的关键所在。在教师职业认同构建中,教师的自我认同构建,是基本前提也是核心所在。故此,为了形成健康、积极的职业认同,教师对于自身的职业发展,应当形成一种积极、主动的态度,以推动自身专业素养的不断提高,使自我认识不断完善,这在教师职业认同程度提高中极为重要,发挥着主导性作用。[1] 辅导员作为高校教师队伍的重要组成部分,理应以一种主动的态度来寻求自我主体性职业发展,使自我认识及素质能力得到持续提高和不断完善,以实现职业自我认同的积极构建。但是,结合实际情况不难发现,多数辅导员处于一种过渡主体的状态,但职业自我认同的建构,要求是"真正意义上的主体",如果不能坚持这一基本前提,那么辅导员内化职业认同努力效果将会受到很

---

[1] 蒋晓虹:《教师职业认同程度和教师职业发展》,《东北师大学报》(哲学社会科学版) 2012 年第 1 期。

大影响,故此,本节主要就辅导员自我职业认同建构的主体基础从外塑和内塑两方面进行论述。

一 高校辅导员职业主体的外塑

(一)设立高校辅导员专业,做好职业主体的职前培养

1. 高校辅导员职前培养的必要性

长期以来,高校辅导员的整个队伍体系十分复杂,辅导员队伍的学科背景也比较多样化,很多辅导员在入职之前,并没有学习过相关的职业知识,一般都是由高校对其进行简单培训后便开始工作。还有部分辅导员曾经的专业是思想政治教育,然而,与辅导员岗位的工作需求也并不是完全相符的,主要是因为思想政治教育专业与辅导员专业并不完全一致。近年来,辅导员工作范围与职能都在不断扩展,对高校辅导员来讲,给予学生的引导不仅包括思想政治方面,还要求能够对学生就业、学习、心理等方面给予指导。如果仅仅具备思想政治教育专业的知识是无法满足这些需求的,故此,结合高校学生工作的实际需求,应当在高校专业中设立专门的高校辅导员专业,以此提高从业人员的专业水平。[①]《高等学校辅导员职业能力标准(暂行)》中明确规定"建立辅导员职业相对独立的知识和理论体系",这里的知识体系不仅仅反映在思想政治教育方面的专业性上,还要求辅导员对包括哲学、心理学、社会学以及教育学等在内的很多学科的基本知识都应有所了解。

美国将高校学生工作视为学生事务,而且也形成了十分完善的职前培养机制。很多大学设立了专门的学生事务专业。"1918年之后,在美国全国范围内,学生事务管理专业已获得了较大认同,并且其专业地位也得到了确认,职业影响也进一步扩大。美国大学人事协会统计信息显示,在1994年,全国合计有83个关于学生管理专业的硕博项目,该领域已经形成了比较系统且完善的体系,职能更加多样化,理论体系也更加健全。"[②] "对于想要从事学生事务工作的人员来讲,申请人员需要具备多个领域的知识,包括学生事务以及职业指导等,同时要求达到硕士学位,如果想要获得中层管理职位,这些人员必须具备相关专业领域的博士学位,另外如果以前曾经从事过

---

① 左娟娟:《高校辅导员专业化建设研究》,硕士学位论文,河北大学,2015,第24页。
② 路楠:《高校辅导员专业化建设研究》,硕士学位论文,沈阳航空大学,2010,第6页。

学生事务相关的工作,那么将有助于其获得高级职务。"[①]

此外,在美国学生事务管理工作已经形成了十分规范、标准的工作体系,关于学生事务的相关职责也进行了十分详细的说明和规定。在工作说明中,主要涉及工作内容、工作时间、行为标准,以及工作人员需要具备的基本技能以及专业知识等。[②]

在国内,山东大学已经开创先河,为了培养专职辅导员,在硕士研究生阶段开设高校学生发展指导与学生事务管理专业,不仅接收统招研究生,而且在校保资辅导员也要求继续攻读该专业硕士学位,如表6-1所示,反映的即为在2016年该校对外发布高校学生发展指导与学生事务管理专业的招生目录,但在山东大学2017年至2022年硕士研究生招生专业目录中没有出现该专业,说明高校学生发展指导与学生事务管理专业的招生存在时间上的断裂。

表6-1 山东大学马克思主义学院2016年硕士研究生招生专业目录

专业代码、名称及研究方向	招生人数	考试科目	备注
0305Z1 高校学生发展指导与学生事务管理 01 学生事务管理与发展指导的理论与方法研究 02 大学生人格培育体系的科学构建 03 大学生心理行为与择业问题的研究与指导	2	① 101 思想政治理论 ② 201 英语一或 202 俄语或 203 日语或 244 德语(外) ③ 616 马克思主义基本原理 ④ 812 中国化马克思主义	同等学力加试: 1. 马克思主义哲学 2. 马克思主义政治经济学

山东大学专门在研究生阶段设立了高校学生发展指导与学生事务管理专业,是培养专职辅导员的积极尝试,目前对专职辅导员的培养不仅没有本科生阶段的专业教育,而且在博士阶段也没有进行衔接。教育部从2008年开始"高校辅导员在职攻读思想政治教育专业博士学位计划"试点工作,《教育部思想政治工作司关于做好2016年高校辅导员在职攻读博士学位招生工作的通知》(教思政司函〔2015〕49号)强调,从2016年开始,将该计划正式更

[①] 蔡国春:《中美高校学生事务管理模式比较及启示》,《高等工程教育研究》2000年第3期。

[②] Margaret J. Barr and Mary K. Desler, *The Handbook of Student Affairs Administration* (San Francisco: Jossey-Bass, 2000), p. 136.

名为"高校辅导员在职攻读博士学位专项计划",而且还专门设立了管理学、心理学专业。2018年,教思政司函〔2018〕2号文件将"高校辅导员在职攻读博士学位专项计划"再次调整为"高校思想政治工作骨干在职攻读博士学位专项计划",扩大培养对象范围及培养规模,增加招生单位与招生专业,培养学科包括马克思主义理论、党史党建、心理学、管理学、国家安全学等。以往高校辅导员博士专项计划,不管其原来的专业是什么,能够攻读的专业只能是思想政治教育专业,而现在扩展到了管理学、心理学、党史党建、国家安全学等专业。这种方式,虽然使得辅导员博士培养口径进一步扩大,但同时也使得辅导员博士学科支持大大弱化。区别于其他的专业博士,对于辅导员的博士培养具有的职业指向性应更加突出,不仅要重视其学术性,还应将辅导员的职业性充分考虑到其中,故此,上述种种也使得辅导员学科归属不够明确。[1]

通过上述分析能够得出,目前我国关于辅导员职业主体培养的相关研究与实践依旧处于摸索时期。因为辅导员职业具有特殊性,对比心理学、管理学及思想政治教育等专业学位的授予标准与要求,其生源的性质、整个培养过程、标准等还存在很大差距,为了能够实现对这一问题的有效解决,辅导员培养必须单独列出来,即设立专门的专业代码,进行招生培养。

如列宁的观点:"没有革命的理论,就不会有革命的运动。"[2] 假如不能形成科学的学科体系,那么辅导员工作是很难避免经验型、事务性问题的,而且有可能使盲目性问题更加突出。结合实际情况能够发现,部分辅导员在工作中,往往是结合已有经验来进行工作,工作中没有科学、明确的理论指导,所得到的结果并未达到预期,此外,因为辅导员工作缺少专业知识以及理论的支撑,也增加了辅导员心理上的不稳定性。

> 我们所要的东西……从我的角度来说,全国没有一个真正的学生工作方面的专家,所有的专家都是思政方面的专家,其实他讲的东西怎么说……他讲政策、方针,他解决不了你现在的一些问题,解决不了辅导员工作的实际问题,所以我不相信这种东西,不相信他们讲的一些东西,因为都是理论上边提出来的,你真的对着学生试试看,不是这样的,而且,我刚才也讲了一些问题,讲的是个案,你可能换一个个案,

---

[1] 张正光:《辅导员博士培养的现状、困境及对策分析》,《高校辅导员学刊》2016年第3期。

[2] 《列宁选集》(第1卷),人民出版社,2012,第311页。

就完全又是两样了。(辅导员 FDDX：B)

2. 建构高校辅导员独特的学科体系，为高校辅导员专业建设提供依托

尽管辅导员能够从思想政治教育学科获得工作上的指导，然而，思想政治教育与学生工作之间并不是完全等同的，对于辅导员来讲，能够给予学生的指导和帮助也不仅仅是在思想政治教育方面，心理、就业、生活等方面的指导也是十分必要的，而仅仅具备思想政治学科知识是难以获得这些专业技能的，必须要求辅导员具备其他相关专业知识，故此，未来辅导员的学科发展，要求不断完善专门学科的建设。①

李晓娟就"辅导员工作学科建构"进行了研究，提出，辅导员工作是在思想政治教育学科的基础上发展起来的，是后者的拓展与延伸，可以将其视为一种微观层面的思想政治教育。而且还从多个角度就辅导员工作学基本框架进行了重构。② 此外，还有很多学者认为可将辅导员工作视为一种具有较强应用性、综合性的学科，认为应当立足相关工作理论，对辅导员实践工作给予必要的指导。如果从大学生发展需求的角度出发，可以将辅导员工作学科体系的相关理论主要内容做如下概述：其一是大学生成长的相关理论；其二是有关辅导员工作本质的理论；其三是学生工作规律方面的理论；其四是学生工作管理方面的理论；其五则是辅导员工作比较研究的相关理论。③

当前，高校辅导员工作队伍不断壮大，社会各界对这一工作的认识也在不断加深，教育部也专门就辅导员队伍建设问题出台了大量相关文件；相关领域的学者也对此进行了研究，出版了很多论著，包括张再兴等的《高校辅导员队伍建设理论与实践》、曲建武等主编的《高校辅导员工作学》等；不仅兴办了专门围绕高校辅导员工作内容的学术刊物，如《高校辅导员》等，而且也已经在全国形成了专门的辅导员工作研究会。故此，从外部环境以及内在价值角度分析，高校辅导员工作学的建构已经获得了一定的内外环境基础。

研究者认为，建立高校辅导员学科，是辅导员工作实践推进的必然要求。为此，应当基于思想政治教育学科相关内容来建构高校辅导员工作学，

---

① 赵海丰：《高校员制度的演进与发展趋势研究》，博士学位论文，辽宁大学，2014，第110页。
② 李晓娟：《高校辅导员工作学基本问题研究》，博士学位论文，西南大学，2012，第31页。
③ 曲建武、熊晓梅、张伯威主编《高校辅导员工作学》，辽宁大学出版社，2007，第243页。

在此基础上，对于其他学科有用的理论营养也应当充分吸收，同时以丰富的实践为来源，不断揭示新规律、开辟新途径、创造新方法；另外，创立一门学科仅仅依靠一个或者几个人是很难实现的，而且仅凭某部著作也是无法作为学科建立标志的，为了实现高校辅导员学科创生，要求相关学科的学者就高校辅导员工作进行专门的研究。

（二）通过辅导员招聘途径选拔好职业主体

1. 把握好待选职业主体的专业门槛和专业结构

21世纪之前，辅导员被视为本校学生留校任教所经历的一种过渡，现在其主要就业人群成为硕士研究生，然而，目前在选拔高校辅导员时，并没有形成系统完善、合理的评价标准，很多时候是以主观因素为标准，而缺乏更具操作性的客观性标准，即实际中，辅导员职业尚未形成科学的准入标准。

目前，很多高校辅导员对外公开的招聘标准中，基本上都是要求硕士学历，对专业不做要求，要求为中共党员，而且曾经担任过学生干部，具有熟练的计算机操作技能及较强的组织管理、教育引导及语言表达能力等。但是该标准是否合理、科学，尚没有明确的依据。

这种对待选职业主体无专业要求的做法一定程度上否认了辅导员工作的专业性，与当前辅导员高学历的要求标准是相悖的，不仅导致了人才资源的浪费，而且对于目前因为队伍体系不稳定，以及承继性缺失等而导致的辅导员整体工作效率低下问题也无法得到有效的解决，这与辅导员专业化、专家化的发展也是不相符的。此外，因为目前对辅导员选留并没有形成专业的标准体系，不仅使辅导员整体专业素质水平较低，也使辅导员专业训练面临的挑战和压力不断增大，"尤其是对理工科专业背景的辅导员来讲，实现向思政专业的转型，难度是非常大的"。[1]

对待选职业主体无专业要求的做法，很可能造成辅导员队伍整体形成缺乏合理性的专业结构，与此同时，整个社会对大学生思想政治教育水平提出了更高的要求。因此，为实现对辅导员整体专业结构的改善，应提高具有思想政治教育等相关专业背景的辅导员的比例。

陈勇、朱平认为，高校在进行辅导员选聘时，应当将与学生工作相关的专业作为主要专业选择依据，而且不主张选择与所带学生具有相同专业的人

---

[1] 虞晓东、李建伟、胡凌燕、张康德：《辅导员专业化发展的质性研究》，《山东省青年管理干部学院学报》2010年第1期。

选，这是因为仅仅从学业方面予以指导是远远不能够满足辅导员工作需求的，而且这一职责是可通过其他方式来实现的。如果仅考虑辅导学生的专业，那么有可能无法有效兼顾其他方面的标准，进而影响到辅导员专业化水平的提高，对其职业发展也是极为不利的。[1]

> 去年学校发了一个要招10个博士做辅导员的招聘启事，而且要思政专业博士，但是没有什么人报名，最后听说好像是有3个人报名，但这3个人都不是思政专业，只是理工科的3个博士报名，院级的领导呀什么的大家都在考虑招聘辅导员时用不用规定辅导员的专业背景……（辅导员 SXDX：A）

研究者不主张对待选职业主体无专业要求的做法，主张在当代大学生对辅导员的职业期望调查的基础上，综合考虑有利于本校辅导员可持续发展的原则及辅导员职业化、专业化、专家化的趋势，确定待选职业主体的专业门槛，做好本校辅导员群体的整体专业结构规划。

另外，还要注重辅导员队伍的优化组合。辅导员的角色日益多元化，而对于任何个人来讲，是很难在多个领域中都取得突出成就的。故此，在实际工作中，团队工作是必不可少的，比如部分辅导员可能对学生心理辅导工作更加擅长，还有的对职业发展方面更有心得，对于高校来讲，在招聘辅导员时，必须将这些因素考虑到其中，设定一定的搭配标准，从而选择所需的辅导员人才，辅导员的招聘才会有的放矢。

目前高校辅导员入职的条件十分宽松，而这对后期职业认同的建构，以及入职之后的管理是不利的。为了实现对这一状况的有效改变，要求政府教育部门尽快制定更具可行性的辅导员职业准入标准，而非一些模糊的如相关学科背景这类缺乏指导作用的话语，并通过制度和行政手段加以规范和推动。

2. 加强对待选职业主体入职动机的考察

个人对所从事职业是否感兴趣，也将会对职业认同产生较大影响。邵利明考察不同入职动机对辅导员职业认同的影响程度，研究结果发现，对比其他动机的辅导员，"具有'自我价值实现的需要'这种职业动机的辅导员，

---

[1] 陈勇、朱平：《高校辅导员需要什么样的专业背景？——辅导员专业背景观辨析》，《思想理论教育导刊》2014年第11期。

具有相对较高的职业认同程度"。①

考虑到辅导员所需处理的工作内容很多,面临的工作压力比较大,需要投入很多的精力以及付出大量的情感,因而,就辅导员而言,为了能够更好地完成工作,不仅要求具有十分扎实的专业技能,还要求其内心对辅导员工作十分热爱,充满激情,因此要求待选职业主体对辅导员职业具有浓厚的兴趣,这是基本的心理基础。但毕业生面临的就业压力越来越大,很多毕业生选择辅导员职业并不是出于自身的喜欢,大部分是因为就业压力,② 还有的则是将其视为一个跳板或者是过渡,并没有将其视为终身职业。

高校对辅导员的选拔完全忽视了对候选者的动机进行考察,而这就使很多高校辅导员并没有在工作中呈现预期效果。而且,基于"就业压力"等外在职业动机进行的职业选择,也使辅导员对自身工作缺乏责任感,继而很多问题由此产生,包括工作效率低、出现问题互相推诿等,同时面临高强度的工作压力,辅导员很容易产生职业倦怠;另外,还造成辅导员职业态度不积极,对待工作敷衍了事、得过且过,而立德树人工作的完成,要求职业主体以一种积极热情的姿态投入其中,才能够为大学生成长、成才提供更好的指导。

在选拔辅导员时,应当甄别其工作动机,因为在后期的工作中,工作动机的影响十分深远,如果入职之前就有十分良好的动机,那么入职后将会具有更强的职业归属感。如果职业主体的职业选择并不是出自其兴趣,也不是出自其专业,而是简单地将职业选择作为权宜之策,那么在工作中,一旦发现自身发展与辅导员工作要求不匹配,就会将转岗作为其选择,故此,必须重视辅导员的入职动机考察。

(三) 促进现有辅导员职业主体职业意识的觉醒

对辅导员职业意识可做如下理解,即在辅导员的职业活动中,就自身职业的认知、评价等形成的理性自觉,职业意识反映了从内心深处,辅导员就该职业具有的认知,而且通过职业意识,还能够体现出辅导员具有的主体意识。③ 辅导员的主体意识通过职业意识才能得以表现,并且职业意识属于十分重要的职业化内容,在其职业意识中,最为核心的是辅导员形成的职业自

---

① 邵利明:《当前高校辅导员职业认同现状调查与研究》,《教育教学论坛》2012 年第 36 期。
② 王利:《高校辅导员胜任力现状与影响因素调查研究》,《中国农业教育》2013 年第 3 期。
③ 魏利、黄李琴:《高校辅导员职业意识初探》,《安徽警官职业学院学报》2009 年第 3 期。

觉与自律。

钱广荣提出，"专业与学科意识、发展与规划意识、传承与创新意识"，[1]是高校辅导员所应具备的基本职业意识。首先，目前高校大部分辅导员缺乏相关的学科意识，在工作实践中也缺乏专业的学科支持，只需要能够严格按照上级要求来执行任务就可以。其次，缺乏发展与规划意识，很多辅导员一心想着转岗，没有制定与个人情况相契合的职业发展规划，这方面意识的缺乏，使得个人与职业发展都陷入被动、盲目之中。最后，前两种意识的缺乏，还会使辅导员无法将创新与传承有效结合，最终难以形成积极的职业意识。

要建构辅导员职业认同，促进辅导员职业意识的觉醒非常关键，"培养和树立高校辅导员的职业意识，能够帮助辅导员队伍整体专业化水平得到提高，此外能够帮助辅导员提高职业认同，有助于实现其自我价值、社会价值以及职业价值的高度统一"。[2] 辅导员的"双重"身份及"双线"晋升通道造成了几方面的严重影响：首先，辅导员处于一种双重摇摆之中，即不仅是"教师"还是"行政人员"，很难明确自身的未来发展方向；其次，辅导员对自己"教师"和"行政人员"双重身份具有充分认识，但是对于自身"辅导员"的这一身份缺乏认识，辅导员缺乏职业意识，其职业认同也受到了很大影响，使得辅导员队伍存在十分严重的人才流失问题。

在辅导员队伍发展中，职业意识发展是非常重要的问题，关系到整个队伍的整体自觉，但群体职业意识必须依托组织才可形成与发展，对于高校辅导员来讲，其职业意识的发展依托的组织基础是高校组织体系，因此，高校及相关教育主管部门应从以下几个方面做好辅导员职业意识的培育。

1. 通过辅导员誓词加强辅导员职业意识教育

现代社会，在很多对专业性具有较高要求的职业中，为了使在职人员具有更强的职业认同感，并且使本职业具有更强的影响力，开始探索建立职业宣誓制度，比如警察、医生等。目前西方十分流行的《希波克拉底誓言》，医护工作人员在正式入职前必须进行宣誓；而且在我国也有类似的《医学生誓词》，对于医科院校来讲，在一些比较重要的场所，比如毕业典礼上，要求学生被诵读誓词。

---

[1] 钱广荣：《高校辅导员应具备三种职业意识》，《思想理论教育》2008年第21期。
[2] 王群星、刘佳：《高校辅导员职业意识的内涵与培育》，《高校辅导员学刊》2016年第5期。

2013年5月,第六届全国高校辅导员工作创新论坛会议上诞生了《高校辅导员誓词》:"我志愿成为一名高校辅导员,拥护党的领导,献身教育事业,恪守职业规范,提升专业素养,情系学生成长,做好良师益友,为培养社会主义合格建设者和可靠接班人而努力奋斗。"因为誓词在某种程度上是具有排他性的,辅导员誓词是在辅导员共性基础上逐步形成的,辅导员具有的职业精神实质能够从中展现,故此,应当认识到不可将辅导员誓词仅仅作为一种职业要求,或者是行动准则,还要求将其作为该职业领域的文化内核,是宣誓者对自身的警示与追求,是需要长期遵守的承诺与誓言。《高校辅导员誓词》中彰显了高校辅导员的职业价值及其基本意义,从中揭示了辅导员工作的内容实质,在整个团队的文化建设中属于核心因素。

这种宣誓机制的建立和完善,能够提高辅导员的情感认同水平,唤醒辅导员的职业意识,而且也能够引导宣誓者加强自我反思,从誓词中得到鼓舞,不断前进,并把这种感动内化为自身的专业发展、职业发展动力。

2. 通过辅导员培训增强辅导员职业意识

在辅导员职业意识的培养与发展过程中,高校组织机构必要的培训工作是十分关键的。在辅导员整个职业生涯中,科学、系统的培训工作有助于其职业意识的培养与增强,有助于其职业操守的不断提高。

目前已有的辅导员培训体系中,培训内容主要是基于学校规章或是相关政策文件进行的,还有的则更加注重辅导员的实践能力,而对深入分析辅导员专业知识、岗位技能等方面的内容较少,关于辅导员个体的自我调整能力以及职业发展规划等有关职业意识的培训更是未得到应有的重视。

培训将重点放在工作职责方面,那么将会使辅导员主体地位被忽视,也使辅导员对其工作出发点无法形成清楚的认识,不知不觉地陷入盲目与被动的状态。"作为一种十分重要的现代社会意识,辅导员职业意识能够反映出辅导员工作具有的目的性,包括主体所需要做的内容以及如何去做,不仅辅导员的价值准则从中得以体现,而且关于主体的规范性要求也得以彰显。"[1]故此,"高校应当重视辅导员职业意识的培养,而且要求辅导员能够在思想层面上明确其工作出发点,使其形成为社会培养人才的理念和使命感"[2]。

在辅导员职业化发展中,职业意识作为职业素养的关键要素,是不容忽

---

[1] 魏利、黄李琴:《高校辅导员职业意识初探》,《安徽警官职业学院学报》2009年第3期。
[2] 田兆臣、张乐方:《新时期高校辅导员的自我认同与价值定位思考》,《高校辅导员》2013年第4期。

视的。不管是基于何种层面进行的教育活动，职业意识教育都占据着基础性作用，而且基于职业意识进行的教育工作应当涵盖职业规范、态度、价值理念、精神、理想等内容。此外，应当使辅导员参与培训方案、计划以及培训内容的设计或者对辅导员进行深入的调查，了解他们的真正需求，再进行培训方面的安排，从培训过程的参与上激发辅导员的职业意识。杨晓慧曾提出，为了使辅导员能够从应然主体转变成为实际主体，要求其主体意识觉醒，以更强的责任意识参与到职业活动中。①

3. 建立激励制度

辅导员的职业意识需要激励来强化，还要有具体的激励措施，即正向的奖励与反向的惩罚。建立相关制度，对通过科学方式评选出的大家公认的职业意识强的辅导员给予物质与精神奖励，鼓励更多的辅导员树立职业意识，履行应尽之责，做好分内之事；同时，也要对那些得过且过、不求上进的辅导员给予适当的惩罚。

二 高校辅导员职业主体的内塑

（一）改变自我职业偏见

1. 改变重职务晋升，轻业务发展的思想

高校辅导员职业身份和教师与管理人员身份是有显著区别的，是一种具有其独特性的学术职位。②

高校辅导员主要负责学生思想政治教育以及学生事务管理工作，比如日常思想教育、政治教育、学术事务指导、心理辅导、就业咨询与职业规划等，这些要求职业主体具有一定的学术知识并具备相关的专业技能，能够为大学生的全面发展提供更加专业化的服务。因此，提高专业化程度和专业服务水平才是辅导员职业发展的指向。

当前，整体来讲，辅导员专业化发展的外部环境有所改善，在培训方面，教育主管部门与高校对辅导员的专项培训都比较重视；在辅导员学历提升方面，设立相关硕士点与博士点；在职称评聘方面，很多高校已把辅导员职称评聘单列；在科研平台建设方面，教育部、省市甚至很多高校为辅导员

---

① 杨晓慧：《高校辅导员主体论探析》，《东北师大学报》2010 年第 6 期。
② 徐家林：《身份·领域·标准——高校辅导员队伍职业化建设"三要义"》，《河南教育》（高校版）2009 年第 1 期。

设立了专门的思想政治教育研究项目予以资助。

面对良好的外部发展环境，高校辅导员必须主动学习，以寻求更大的岗位发展空间，谋求更好的发展。但是，辅导员存在专业性发展意识缺失的问题。

> 虽然评职称也可以，也是条出路，但我可能往这上面想得还不算太多啊，我只是按部就班地在走这条路，因为这是条比较常规的路，会走，但这条路就是按部就班地走，我也会按部就班该发文章就发文章，到时候了该评就评。（辅导员 SHJT：B）

> 我觉得关于职业生涯规划的目标呢，那个时候肯定又是相对……我们更多的愿望，是要把工作做好，保质保量地完成好我们的工作，具体到我想要怎么样，当然，职务的晋升肯定是我期待的一个方面，就像说，做副书记或者是竞聘到其他的岗位上对吧，这个我是有期待的……我之前确实竞聘过好几次，都不是副书记的岗位。（辅导员 SDSF：A）

> 不能说因为我们辅导员职业化，我们自己就在辅导员的岗位上做一辈子，不排除有这样的人，但是我觉得，既然有机会让这个年轻人有更多的发展，可能有必要说让他走，不能说就是强行地让他来做。每个人的追求不一样，有些人就会觉得一直做辅导员非常好，但是有些人会觉得一直做辅导员没出息，人会怎么看你是吧，做一辈子辅导员没上去，还有舆论的东西在里边。（辅导员 BJLG：B）

一方面来自高校的整体环境，部分管理人员并未将辅导员视为终身职业，更谈不上从专业性的角度来认识辅导员职业的重要性；另一方面则来自辅导员自身，即一些辅导员并没有把辅导员作为长期从事的职业的意识，仅仅是将其作为向专业教师或者管理干部过渡的跳板。

在很多高校，辅导员属于十分重要的管理队伍人才来源，很多优秀的辅导员进入党政管理体系中，因此，大多数辅导员对职务晋升方面的"期待"远远超过业务发展方面的"期待"，工作的重心主要围绕"职务晋升"而展开，而不是"业务发展"而展开。

辅导员重职务晋升、轻业务发展的思想，导致这支队伍处于流动性非常高、稳定性非常低的局面，整体都是新手在开展工作。而这种高流动性，使思想政治教育工作无法积累丰富的经验，很多比较好的做法也无法延续、继承下去，相关工作的开展更加困难，这种现实状况与高校辅导员的学术职业特征，以及其必须遵守的相关规律是相悖的，与辅导员的专业化发展也是相冲突的。

当前高校辅导员职称评聘单列以及高校辅导员职业化、专业化、专家化建设的趋势使辅导员职业已演变为一个可以长期从事的职业。从业者必须注重自身专业能力的提高，并就如何使工作顺利开展进行研究，而不是仅仅把自己定位在"管理干部"的身份上，一味追求职务方面的晋升，而疏于业务方面的提升。辅导员自觉进行专业方面的发展要有做好三个转型的意识："事务型向研究型转变的意识，即要有善于在烦琐的事务性工作中合理利用时间进行学习和研究的意识；分散型向集中型转变的意识，即辅导员要有团队意识，注重团队优势的发挥，使以往分散型的工作模式逐步转变形成一种集中型发展的模式；经验型向专家型转变的意识，即辅导员不仅要有积累丰富实践经验的意识，更要有加强学科研究，提升科研能力的意识。"①

2. 改变辅导员职业是青春饭的思想

李凡对上海 10 所本科院校 427 名辅导员调查发现，"30 岁及以下占 45.2%，31～40 岁占 49.1%，41～50 岁占 5.0%，51 岁及以上占 0.7%；工作年限 1 年以下占 14.1%，1～5 年占 44.5%，6～10 年占 26.9%，11～15 年占 12.7%，16～20 年占 1.4%，21 年及以上占 0.4%"。② 可见，辅导员年轻化、从业年限短是其职业队伍的特点。

尽管在最新的辅导员制度中，教育部对辅导员专业化建设十分重视，而且也明确了必须进行长期规划，逐步打造能够使辅导员成为终身从事的职业的体制机制。然而，长期以来，这种将辅导员职业定位为过渡性职业的文化认识是很难在短期内改变的，故此，新制度的确立和实施都面临较大的阻力，"这是由于如果正式制度与整个社会的意识形态是一致的，那么此时正式制度的推行也是十分容易实现的，而如果两者之间是存在冲突的，那么即便正式制度再好，但是其作用也是难以充分发挥的"。③

嗯……其实我觉得，我挺赞同青春饭这个观点的，为什么呢？我现在明显地感觉到，我是 2013 年留校的，是 2006 级的本科生，我发现我跟不上现在的本科生了，有时候会去良乡跟大一的同学聊，你会发现是

---

① 吴冰：《基于"自我更新"发展理念的高校辅导员职业价值探讨》，《学校党建与思想教育》2009 年第 14 期。
② 李凡：《高校辅导员专业化发展评估与分析——基于上海 10 所本科院校辅导员的抽样调查》，《思想理论教育》2016 年第 10 期。
③ 王跃生：《没有规矩不成方圆》，三联书店，2000，第 16 页。

有很明显代沟的，而且一旦拉开这个年龄，其实是拉开了距离，比方说我现在跟他们聊，他们就会觉得我跟他们家人没什么区别，就很难打动他们……那些低年级的同学，哎呀哎呀……他们就很不认同你，就反而说年轻化并不是说会对辅导员的工作造成什么样的冲击，但是更多的我觉得也是有优势的，就是会让辅导员更加容易跟同学们交流。当然，年龄大的辅导员，有威严，还有经验，这也是优势，但是其实从客观上来讲，我可能以前解决一个问题，要花一个小时，我现在解决可能花一个半小时或者两个小时，他都不理解我的心思，每一届同学都有每一届同学的特点，但是我觉得年轻挺好的，保资这个政策就挺好的。（辅导员 BJLG：B）

辅导员终身化这个事情不太可能。辅导员和学生之间不能相差太大，相差大了之后，代沟是确确实实存在的，根本没办法交流。而且，我们到一定年龄之后没有那么多精力了，还有其他方面一些琐碎的事情要做，会分散我们的精力。（辅导员 ZBDX：C）

上述访谈资料代表相当一部分 40 岁以下辅导员的想法，认为辅导员职业是年轻人做的，年龄大了之后，会和学生有代沟，另外，时间、体力和精力不允许他们做这个工作，使他们未能长久规划自己的职业生涯。然而，研究者访谈对象中还有两位年龄较大的一线专职辅导员：辅导员 HDSF：A，69岁，副教授，退休之后被学校返聘回来，不仅做辅导员督导，而且还直接带班；辅导员 ZGZF：A，54 岁，2012 年评上教授。在他们看来，和学生的代沟是可以通过不断学习来克服的。

辅导员 HDSF：A 曾两次获得上海市优秀辅导员荣誉，而且在 2010 年华东师范大学第二十四届学生思想政治教育工作理论研讨会上因从事学生工作满 20 周年被授予钻石奖，2015 年华东师范大学举行首届辅导员文化节，辅导员 HDSF：A 和另外一位老辅导员被学校返聘为学生工作督导，负责辅导员业务指导和就业工作，但辅导员 HDSF：A 仍坚持带班，访谈时，辅导员 HDSF：A 说："自己就是喜欢学生工作，我对自己在学生工作方面的要求，一般辅导员是做不到的……我快 70 岁的人了，虽然退休了被返聘，但在工作量上我觉得和退休前差别不大。"

有力政策的保障及管理者的重视，为辅导员将本职工作作为终身工作提供了基本前提，那么此时最为关键的问题就是辅导员自身观念如何进行转变。

> 我 50 多岁的人了，自己不觉得跟学生有多大的代沟，或者是因为有代沟，我不愿意跟学生沟通，或者觉得跟学生沟通不畅，没有出现这样的情况……因为我从始至终都很注意这个问题，我把跟学生沟通或者是跟别人沟通，作为辅导员的核心能力的问题。所以这个问题不是我的主要问题，我觉得只要注意一些，不断地学习，这个代沟会很小，尽量最小化。所以我就经常会问他们打什么游戏呀，看什么书啊，这学期上的什么课呀，因为要对他们有一个了解，哪怕跟他们八卦也能八卦到一块儿，不让他们觉得我老了，跟我说这些东西没用，反正我也听不懂。（辅导员 ZGZF：A）

辅导员 ZGZF：A 虽然也谈到这两年感觉精力上有点跟不上，但自己还是想在辅导员职业上一直干到退休，辅导员 ZGZF：A 作为教授级的辅导员在工作职责上应与年轻辅导员有所不同，可以通过制度的设计，让辅导员 ZGZF：A 有更多的选择，更多的弹性时间，发挥其教授级辅导员应发挥的作用。

当前，部分高校管理者甚至辅导员提出辅导员队伍必须年轻化，受该思想的影响，辅导员队伍的流动性比较大，缺乏明确的思想政治工作管理目标，导致辅导员工作的延续性与连续性十分欠缺，辅导员工作断层；而各院系为了维持正常的管理秩序，只会更加重视对学生思想政治工作的维持性管理，即仅追求平稳、常规的工作状态，这对辅导员工作经验的积累产生十分消极的影响，不仅阻碍了辅导员工作水平的提高，对其职业认同建构也极为不利，同时也与辅导员职业化、专业化、专家化方向背道而驰。

（二）强化自我职业主体意识

高校辅导员自我职业主体意识指的是在其工作中，对于自身工作职责、角色以及价值形成的一种自觉意识，以及在此基础上，就工作环境，以及自身自觉认识形成的一种意识。自我职业主体意识在辅导员职业化发展中具有十分重要的作用，是辅导员职业认同建构的基本前提。职业主体意识的强化能够调动辅导员内在潜能，激发其主动性与积极性，推动辅导员个体综合素质的提高，从而带动辅导员队伍整体素养的提升。

1. 强化主动改造职业环境的意识

首先，强化积极改造政策环境的意识。目前，高校辅导员实行双重身份、双线晋升的职业发展政策。身份的双重性，必然产生工作任务的双重性甚至多重性，晋升的双重性必然导致更大的工作压力，最终造成辅导员职务、职称晋升都很艰难。造成这种局面的原因在于高校辅导员职业政策还需完善，高校对辅导员职业政策的执行不力。另外，任晓康在《我国高校辅导员队伍建设政策研究》中指出，目前政策制定的主体是缺失的，而且还未确立政策核心价值体系，很多与高校辅导员相关的人员并没有参与到政策制定过程中。① 因此，作为职业主体的高校辅导员不能仅仅被动等待职业政策的出台或者通过职业流动"逃离"辅导员职业，"迫使"政策制定者改善辅导员职业发展政策，而应该在政策制定、执行中发出声音，积极维护职业群体的利益，主动推动职业政策的改善。

其次，强化积极改造组织环境的意识。当前，我国高校辅导员实行校、院两级管理，不仅工作量和工作压力过大，而且这样的管理模式不利于辅导员在横向层面的交流、培养。大部分情况下，各院校都有一套相对独立的运行机制，在辅导员培养方面具有的差异性十分突出，而且在其职业发展方面也未形成统一的标准，使得辅导员职称、职务晋升缺乏同一性。另外，这种管理模式也造成高校辅导员群体的松散状态，群体意识淡漠，群体的凝聚力不够，职业归属感不强，缺乏职业认同感。因此，积极改造组织环境，其一，高校辅导员要加强与学生工作部、院系交流和沟通的意识，争取工作条件的改善，尤其工作遇到挫折时，积极寻求来自组织的支持和承诺；其二，根据职业兴趣，自觉建立辅导员实践共同体，主动维护群体权益，并实现专业发展。

最后，强化积极改造学术环境的意识。改造学术环境，还需通过辅导员自身的努力。其一，对于辅导员来讲，自身主体必须具备较强的科研意识，不仅能够结合研究兴趣就相关文献资料展开分析和研究，以使自身的专业知识结构不断完善，为学术研究奠定扎实的基础，而且能够在实践中不断思考、不断反思，并就如何解决实际工作问题展开思考，最终达到从学术层面探索存在的问题以及对应的解决之道。其二，依靠实践共同体营造浓郁的科研氛围。营造浓郁的科研氛围关键在于辅导员对科研的重视和参与，辅导员要切实将科学研究作为开展好大学生思想政治教育工作的一项重要内容来看待，并积极参与学生工作相关的科研，达到"工作学习化、学习问题化、问题研究化、研究课题化、课题成果化"这种状态。此外，要求辅导员加强对各种资源的利用，包括期刊及各种研讨会等的利用，以使自身科研能力得到

---

① 任晓康：《我国高校辅导员队伍建设政策研究》，硕士学位论文，四川师范大学，2012，第40页。

提高，外界的认可度得到提升。

2. 强化制定合理职业生涯规划的意识

当一个人选择并且从事一种职业时，其职业生涯就意味着开始。影响辅导员职业发展的因素是多方面的，社会、政策、组织、个人因素交互作用。在职业发展中掌握主动权，是辅导员进行潜能开发的基本前提。辅导员职业具有其特殊性，为了确保职业生涯能够成功，在辅导员成长道路上，必须进行积极的职业生涯规划，以使自己能够向着规划的职业发展目标，不断追求、不断实现，而且辅导员自我职业成长的过程，也是推动整个辅导员职业发展的过程，如果自我不成长，那么所谓的专业化、专家化就会成为一句空话。

> 嗯……作为一个副书记，我得经常提醒我的辅导员无论是职称的还是职务的目标实现。那么对比职称，我会告诉辅导员应该要储备论文，储备科研成果，为晋升做准备，只有自己准备好了，才有晋升的可能性，职称晋升完全靠自己，基本上是个人努力更多一点。然后职务晋升呢，靠工作业绩吧，我会鼓励我的辅导员在工作中能够有特色地工作，然后能够积累很好的口碑，为自己营造很好的晋升条件，机会来了，就试试看嘛，如果暂时没有职务晋升这条线，因为毕竟岗位有限嘛，那么就评职称，如果我们晋升了，也很了不起。嗯……我会鼓励辅导员向这个可能性去看看。（辅导员 SDSF：A）

为推动高校辅导员职业发展，上海市高校和北京市部分高校实行了高校辅导员职称评聘体系单列政策，然而，研究者对上海与北京的部分高校辅导员访谈发现，很多辅导员被大量繁杂的事务性工作拖累，而疏忽了职称评聘条件的准备。上述访谈资料便是一名副书记对很多辅导员没有很好地借助职业发展机会，推动自我成长的提醒。

> 它需要长期的这样一些在一线工作的辅导员，然后，我觉得，其实它树立 1~2 个标杆，这样会直接一点，哎，我看到有这样的案例在这，然后发展得很好，那可能会对其他的辅导员起一个榜样的作用，但是现在来看的话，并没有一个典型的榜样在那，所以就是，可能更多的是，哎，辅导员当好了出去挂职了，哎……当公务员了。可能这方面的榜样多一些，可能它这边没有考虑到，就是专业化方面的这种标杆比较少，其实有，以前有七八年的这种辅导员，但是后来也转岗了。（辅导员 BJLG：B）

辅导员职业的成长，不仅需要良好的制度保障，还需要辅导员自觉能动作用的充分发挥。然而目前的情况是许多辅导员认为辅导员工作仅是一个过渡性工作，或者只是敲门砖，如果有机会会选择转岗。结合上述访谈资料能够发现，辅导员队伍结构具有较大的流动性，即在当前的人员构成中，多数都是缺乏相关经验的成员，而这就导致了整个工作缺乏连续性，这种恶性循环更造成了辅导员不愿将自我发展与辅导员职业发展相结合，也很难有合理的职业生涯规划意识。

> 我觉得就是人呢，需要靠一技之长来获得安身立命的本领，那么这个话怎么解释呢？就是结合我们的工作，我当然希望自己能够成为某一领域的专家。这个是职称序列上面一以贯之的问题，因为你成为专家了，你的科研产出可能就多了，对吧？这个是我想过的一个问题，然后具体说，职务方面，那个，我觉得因为要看合适的机遇或者是怎么样，我没有一个明确的目标说必须当到什么级别的干部，这个我没有……我觉得如果以一个专家的样子出现在学生面前，认同感会更强，对吧？这个是我想过的问题。（辅导员 SDSF：A）

辅导员要把握自身成长的规律，制符合自身发展的、长期的职业规划，确定自己的职业发展方向。辅导员 SDSF：A 认为必须使自我发展与职业发展高度契合，唯有如此，才能够在自我成长中推动职业发展，在职业发展中推动自我成长，才能获得自我与职业发展的双赢，提高辅导员的职业认同。

3. 强化自我整合的意识

职业认同危机几乎是辅导员职业群体的一种普遍的存在，尤其是辅导员职业发展停滞时间较长时，这样一种内在的职业心理状态会困扰着辅导员，当遇到转岗机会时，辅导员要么选择转岗，脱离辅导员职业，从而解决了职业认同危机，要么加大自我与职业的整合力度，化解危机，重构职业认同。"危机已不再含有灾祸临头的意思。在很多时候被视为转折点，视为一个十分重要的时刻，在该时刻，发展方向或者是发生改变，或者是继续前进，并对生长、分化的各项资源进行安排。"[1]

> 事务性的工作量又是只增不减，量大，重复性很强，所以你有

---

[1] 赵炜：《军队综合大学本科学员自我同一性研究》，硕士学位论文，国防科学技术大学，2008，第6页。

的时候会很困惑会怎么样。而且那个时候，嗯，双线晋升的这种可能性，可能由于个人的原因，你没有把握得太清楚，比如说那个时候啊，也没有读博，然后也没有其他的晋升机会啊，所以可能会觉得，哎呀哎呀，这样就是重复性很强。但是因为那段时间刚好，我不是讲了嘛，在我出现比如职业倦怠期的时候，我被借调到中组部，然后其实也给了我一个机会，去验证不同类型工作对我的影响，然后我还是比较坚定，认为现在的工作适合我。（辅导员 SDSF：A）

其实我可以转岗当老师，这不我没转。前年，马院的那个德育教研室的主任想要我，我们关系也不错，当时让我去当老师代思修课，但是，第一，博士学位证没拿下来；第二，这个科研压力也挺大；第三，当时也没评上副教授，如果转了之后到那个院子里边去评副教授更难。后来，就想了半天也没转，因为又想当辅导员，评上副教授，反正还得10多年退休，怎么样也能熬上教授。马院那边，积压了一大批副教授，但是那个名额一年就一个，还需要发表论文，所以就没转。（辅导员 ZG-ZF：B）

埃里克森主张用自我整合来建构认同克服认同危机。"自我同一性（self–identity）是个体在过去、现在和未来时空中对自己内在的一致性和连续性的主观感觉和体验，以及他人所知觉到的个体的一致性和连续性，是个体在特定环境中的自我整合。"[1] 面对职业认同危机，在访谈中研究者注意到，大部分辅导员会选择脱离辅导员职业，上述两位辅导员采用职业自我整合的办法来化解职业认同危机，通过对职业以及自我的分析，两位辅导员觉得现在的职业对自己来说是合适的。"只有通过对生命来说是合适的内在联系，生命才能是完整的"[2]，在此基础上的自我认同也才是完整的。此外，并不能够将完整视为完美，其本质是对各种因素的调和，包括美与丑、黑与白。

"在特定环境下，个体进行的自我整合是其在内在一致性以及持续性寻求中体现出的能力，即关于相关问题表现出的连贯意识，比如'我是谁'，

---

[1] 〔美〕埃里克·H. 埃里克森：《同一性：青少年与危机》，孙名之译，浙江教育出版社，1998，第22~26页。
[2] 〔德〕雅斯贝尔斯：《什么是教育》，邹进译，三联书店，1991，第37页。

'自身未来的发展方向'等。"① 面对职业认同危机，自我整合能否成功，关键在于有无自我整合的意识以及自我整合意识的强弱。自我整合意识强，自我整合成功的可能性就大，职业主体解构的可能性就小，那么职业认同就会在危机后得以重构。

第二节 高校辅导员自我职业认同建构的途径

一 高校辅导员职业认知的自我提升

第二章第一节谈到职业认知是职业认同的基础，会强化认同以及指引认同的方向。正确、积极的职业认知也是成功的职业生涯的前提和必要条件。故此，辅导员职业认同的提高，首先应加强职业认知的提升，然而组织对辅导员进行的教育与培养，总是具有一定的局限性，唯有辅导员在工作、学习中自觉提升其职业认知，才能有更好的效果。

（一）增强自我教育意识

高校辅导员自我教育是辅导员把自身作为认识和改造的对象，进行自我改造、自我提升。自我教育是高校辅导员主体性的表现。毛泽东重点强调，应当重视教育者的先受教育问题，"因为他们是教育者，是当先生的，他们就有一个先受教育的任务"。② 辅导员要有效地促进大学生的成长、成才，首先要把自己作为教育的对象，"唯有自己获得了较好的发展，才可获得足够的真理与人格力量，满足受教育者的需要"。③

处于不同职业发展阶段的辅导员都需要进行更高层次与水平的自我教育，将对职业素质的培养看作工作与生活的一部分，持续不断地完备职业知识、提升职业技能、完善职业意识与职业精神。

> 学习是很必要的，就是无论是长期的学习，比如说学位的晋升，还是短期的培训，比如专题性的培训啊。我认为这是学习，是很重要的途

---

① 袁亚兵：《大学生自我同一性、核心自我评价与主观幸福感的关系研究》，《社会心理科学》2010年第Z2期。
② 《毛泽东文集》（第7卷），人民出版社，1999，第270页。
③ 张彦：《思想政治教育主体性研究》，广东人民出版社，2006，第82页。

径之一，但是自学，就是有能动性的自学，不是别人灌输给你的这种，我觉得学的东西都会有帮助啊。（辅导员 SDSF：A）

  我觉得还是需要更多的平台和机会，当然所有的这些东西，最后还是取决于辅导员自身，他有这个欲望去提高这方面，就像我前面说到的那些，我其实就是有惰性的，如果说我自己想学的话，你管学校里头提不提供条件，你知道有那个机会了，人家虽然没有说是派你去，但是我可以问一下我们能不能去，他总不会说你们不能去，他不会这样说的，可能会说是你们想旁听去吧，其实这是自身自觉的一个东西。（辅导员 SXDX：A）

在以往设计的培训体系中，将重点放在了当前工作需求方面，即强调的是针对性，因此，内容上注重某单一技能的掌握，形式上偏重利用制度规范来约束、管理辅导员以及被动式的灌输。整个过程是一种外在的"给定"状态，而没有将学习者的内在发展需求考虑其中，学习者的积极性并未充分调动，因此扼杀了辅导员自我教育意识的培养，上述访谈资料很具有代表性。

辅导员自身的职业困惑会成为调动辅导员受教育主动性的主要契机，这时辅导员不再是被动地接受教育，而是更容易实现学思结合，学行结合。因此，辅导员自我教育意识的培养要抓住这样的契机，从自身条件出发，加强学习、善于学习，丰富自己的知识体系，不断提高自身素质，进行深层次的"学习"。

  真正去带学生的时候，有过困惑，那个时候嘛，我觉得一个是身边有资历比较深的老师的帮助，另外一个是我自己也在寻求解决办法，然后那个时候，我觉得也是一个比较正确的选择吧，因为我毕竟学理工的，你要做这种思想政治工作，尤其面临问题学生的时候，有时我会束手无策，我当时自己去学了心理学，当然现在这个思政工作也没有专门要求，我自己学了，我觉得学了对工作开展还是比较好的，所以那个时候算是又比较开心地做下去了吧，包括现在自己也在不断学习。（辅导员 SHJT：B）

  2009年，我决定考教育部思政专项的博士，第一，我的职业发展需要一个长期的规划啊，这个规划的目标里边需要有这样一个学历或者学位的提升；第二，我觉得在整个高等教育的框架和体系里边，高等院校的老师其实具有博士学位，还是一个相对比较重要的条件，这是大环境的影响；第三，我是觉得，学习这个事对我来说还挺重要的，就找个时

间学一些自己之前不太擅长，或者是没有储备太多的东西嘛，也是个好事。（辅导员 SDSF：A）

保持自身的先进性、树立"终身学习"的理念要求辅导员必须把自我教育作为终身的课题。因此，辅导员不仅必须强化学习意识，而且还应当注意其学习观念的更新，不断提高自己的角色素质与胜任能力。

> 我利用我的寒暑假，如果有机会我就去学习，2015年的暑假，我去的是威海学习创业教育，现在大学生的创业教育这块……当然从2020年有了疫情后就没有再出去学习。但是，我没有家庭这方面的负担，孩子大了，我就可以，比如周末学习学习看看书，比如床头堆一堆杂志啊什么的，就是《高校辅导员》之类的，正好来了个闺蜜说你还看这书呢，这不专业嘛，你还用看吗，职称都评上了……那也得看。年轻人的世界，永远都是变化的。我更应该跟得上年轻人的语言，或者怎么说呢，他们的思想，虽说现在岁数大了，也得看，也得学。（辅导员 ZGZF：A）

目前，就高校辅导员队伍而言，存在理论水平欠缺、人员结构不合理、工作定位不明、岗位职责不清等诸多问题。通过自我教育意识的增强，有助于辅导员理论水平的提高，不仅其业务水平会随之得到提升，而且职业认同水平也会相应提高。

（二）坚持自我学习，扩展职业认知

1. 注重文本知识的学习

考虑到辅导员的工作性质与对象，其工作涉及十分广泛的领域，工作对象在不断呈现新特点，辅导员必然要不断更新其知识与观念，因此文本知识的学习对高校辅导员知识结构的改善和职业认同的提高至关重要。文本知识是对人类认识结果的整合，压缩了人类对知识的探索过程和思维过程，文本知识内化为人的思想和观念，转化为人的能力和技巧，进而提升人的精神境界，引导人们思考和行动，最终对外界的物质世界产生影响。

《高等学校辅导员职业能力标准（暂行）》（教思政〔2014〕2号）对高校辅导员的职业知识进行了说明："基础知识、专业知识、法律法规知识。"如教育学、哲学、伦理学等相关学科的基础知识、理论都属于基础知识部分；如思想政治教育工作相关的理论、方法等都属于专业知识；法律法规知识指的则是关于大学生思想政治教育方面的法律、法规内容。但

是就当前来讲，辅导员队伍组成人员所学专业各异，学科知识结构不合理，导致职业实践之前缺乏文本知识的指导，造成业务能力和业务水平不高，即使思想政治教育专业出身的辅导员在实际工作中也同样面临很多困难和挑战。

然而上述提及的辅导员三项职业知识都是文本知识，而这类知识是高度组织化、抽象化的符号知识体系，很难靠观察、模仿的方式去获得，为了获得这些知识，必须进行大量的阅读，可以说在诸多方法中最为直接、经济的方法就是读书，这不仅是实现自我教育的基本途径，也是提升职业认知的基本途径。

2. 坚持从实践中学习，注重实践经验的积累

"教师个体的实践知识，指的是在实际经验中逐步建构的个人实践知识，这对职业认同建构是十分重要的。"① 故此，辅导员的个人实践经验与其背景知识彼此相互交织、相互作用，影响着辅导员职业认同的形成。

> 我觉得从辅导员这种能力的提升来看，积极的实践吧，我觉得在工作中人才能进步和成长，你让一个工作三年的辅导员和一个工作十年的辅导员做比较，会发现在经验的积累上会有非常大的差距，有很多事情只有我们面对过了，就是我们经历过了，在工作中才能习得很多实践的这种经验。我认为这种积极的实践也是提高辅导员职业认知的另外一个重要的渠道，要提倡工作的积累，特别是我们也可以用一些固化的成果把工作经验固定下来，比如说推广啊，或者是什么的，实践是第二个方面啊。（辅导员 SDSF：A）

> 学习除了向书本学习，可能更多的就是在实践工作过程中一边实践，一边总结，自我提高，在这方面只能是这样子，因为除了出去培训，在学校里能够给我指导的，除了领导给一些高屋建瓴的指引之外，具体的细节那还得自己事无巨细地去总结。（辅导员 ZGZF：A）

高校辅导员的知识分为"理论性知识"和"实践性知识"两类。只是从理论性知识得到工作的一些指导性原则，属于辅导员职业认知中重要的提升部分，但是不能够将其视为提升的全部内容。在实际工作中，即学生事务的管理和思想政治教育中，逐步呈现出来的，行动性及实践感突出的知识构成

---

① 张敏：《国外教师职业认同与专业发展研究述评》，《比较教育研究》2006 年第 2 期。

了实践性知识。① 故此，这部分知识依靠言传是无法获得的，需要结合工作实践才能够获得，随着具体问题的分析、解决而逐步形成，同时也是基于辅导员对自我、环境等因素的高度认知而逐步形成的。这部分知识是隐藏在实践工作中的，和辅导员的思想、行为之间具有一种特殊关联性，将会在思想政治教育情境中得到体现。② 因而，积极的实践是辅导员深化职业学习、提升职业认识的又一途径。

3. 通过职业交流活动积极主动向他人学习

高校内部有时会举办"辅导员沙龙"活动，为辅导员构建开放性、学术性、研究性的学习交流平台。另外有些高校也通过多种方式，比如组织专题研讨会或者是进现场观摩等，使辅导员在相互交流中启迪思维，探索问题，分享经验。辅导员应抓住这些机会通过交流，向经验丰富的优秀辅导员学习，为自己的实践工作开展提供指导，这样不仅有利于实际问题的解决，而且也使自己的实践工作更加高效。因此，辅导员之间的交流是扩展辅导员自我职业学习，提升职业知识和综合素质的途径之一。

> 然后第三个方面，我觉得同行之间的交流吧，我认为也是能够起到作用的啊。当然，同行的交流会有很多形式，比如论坛啊，或者是这种喝喝下午茶呀，可以活泼一点啊，也没关系。（辅导员 SDSF：A）

2013 年，教育部专门出台了《普通高等学校辅导员培训规划（2013—2017 年）》，随后关于辅导员的培训活动以及相关赛事被大量推出，全国高校辅导员示范培训班、高校辅导员国内外访问学者计划、辅导员国内高校交流活动等活动为辅导员的交流提供了更广阔的平台。由于每个学校的环境不同，辅导员的工作方法有所不同，成效也不一样。有的学校思想政治工作做得好，有的学校学生组织建设做得好，各有特色，这就增加了交流的必要性，取长补短，共同进步，这样在扩展辅导员职业自我学习的同时，也促进了高等学校思想政治工作的发展。

（三）通过科研延伸职业认知

教育部高校辅导员研究专项课题申报、辅导员工作精品项目与高校辅导

---

① 胡友志：《论高校辅导员的实践性知识——兼论知识层面的高校辅导员专业化》，《当代教育论坛》2009 年第 2 期。
② 梁广东：《职业能力提升视角下高校辅导员实践智慧探析》，《河北农业大学学报》（农林教育版）2016 年第 2 期。

员工作优秀论文评选等活动的推行为辅导员科研工作提供了契机。

随着各种课题项目的先后实施，辅导员有更多机会参与其中，推动其工作经验上升到理论层次，并加以推广实施。科学研究延伸辅导员职业学习的同时，为职称晋升做准备。

> 科研这个有必要，为什么呢？第一，能够动员辅导员的思考能力，把经验总结一下；第二，对他们的发展有好处，比如评职称，但是最重要的就是能够给他们一种动力和压力，写文章挺好的。其实各个学校学工部门都应该考虑。（辅导员 ZGZF：B）

> 因为辅导员本身，你现在又是给教师这样一个定位，适当地一边工作一边总结，相互提高，然后你再写一些论文，不管是从调研中来的，还是总结出来的，还是有必要的。（辅导员 ZGZF：A）

然而很多辅导员并未意识到对学生工作进行科学研究的重要意义，而且对科研工作也缺乏积极性与主动性，在这种状况下，面对学生事务管理中遇到的新问题无法得到及时解决，思维观念也难以及时转变，在问题实质把握方面也存在不足，这就导致工作难以有效、深入开展，学生很难产生高度信服感。

辅导员的工作职责，决定辅导员必须具有研究意识，利用科研活动将实践与理论学习结合起来，通过对实践活动的思考来实现经验积累，以逐步形成自我职业理念，完成科研论文的撰写；同时辅导员对相关课题也要积极参加，通过参与课题，更好地提炼相关理论，以实现对新问题、新状况的有力应对。

（四）通过创新发展职业认知

为了确保思想政治工作富有活力，就要坚持创新。在高校思想政治工作中，辅导员发挥着主体作用，因此，对于辅导员来讲，其生命力的体现依旧是创新。就我国而言，目前改革开放正在逐步深化，经济体制、社会结构都处于调整之中，社会思想观念也发生了较大改变。各种思想文化开始彼此作用，互相影响，大学生受到的思想冲击很大，高校思想政治工作面临严峻考验，可以说辅导员面临的工作压力十分巨大，为了对学生形成正确的引导，使学生思想问题能够得到有效的解决，辅导员必须与时俱进，运用创新思维解决实际问题。

> 我带学院 2000 级学生的时候，600 人那个队伍，我就发现它的分化

已经很明显,就是家境好一点爱跟家境好一点的搓堆了,这个贫困生们爱跟贫困生们搓堆了。他们就出现自动分类的情况了,通过观察,我就觉得,不同的人得用不同的办法,所以就开始探索分类指导,一次我们学工口开会,当时的书记问我:"你们年级的情况怎么样?你的工作怎么抓的?理念上,怎么抓的?"我就说:"有些学生家里条件可能是挺好,有一些同学就可能经济条件比较差,有的呢,甚至学习上有障碍,他怎么跟也跟不上。"反正我就提出了能飞的飞,能跑的跑,能爬的爬,爬都爬不动的,还得"肘",这种分类指导思想,领导一听挺好。从2002年开始,我就坚持分类指导,然后写的一些论文也是从这开始入手,就指导工作,所谓的动脑子、想办法是在自己的工作当中,慢慢摸索,通过摸索能够发现,也真是能发现规律,能发现一些方法。到现在我觉得学生的差异性越来越大,可能多元化的东西也越来越多,我觉得我在延续原来的分类指导思想的基础上,总在填充新的东西。(辅导员 ZGZF:A)

对于辅导员工作,创新的实现要求能够立足学生实际来开展工作,确保理论与实际的高度结合,确保主观与客观是相符的,在此基础上就新问题、新状况进行研究和分析,从中对经验、教训等进行总结与提炼,以此使工作具有更强的实效性。面对21世纪学生出现的新情况,辅导员 ZGZF:A 通过对学生的观察和分析,提出分类指导的理念与方法,经过近20年的实践,取得了比较好的教育效果,同时,通过对工作理念、方法的创新,辅导员 ZG-ZF:A 加深了对学生工作规律的认识,因此,创新是辅导员提升工作的意义与境界,促进辅导员自我学习的又一途径。

(五)进行自我反思,深化职业认知

辅导员职业状态的改变,不可能仅由外在因素的改变而达成,更本质的层面上需要辅导员进行自我反思,使自身内在主体力量能够被激发、唤醒,通过反思能够帮助辅导员实现自我提高,这是职业主体发展的内在需求,也是其职业成长中的必然要求。

自我反思要求辅导员重点反思自身的育德过程,即利用多种方式,包括教育监控或者是教育体验等来理性分析,积极修正发现的问题,推动教育实践的有效改进,以此使自身获得成长。[1]

---

[1] 柳文:《教育反思理论与高校青年教师发展路径分析》,《河南社会科学》2009年第4期。

自我反思的实现方式是多样化的，包括案例分析、工作日志等，而且还可借助各种信息平台如微信公众号等来进行表达，通过这些方式可以就工作内容、方法等进行反思，此外还可反思职业主体自我的存在状态及存在意义。

1. 进行职业发展的反思

"人们普遍认为辅导员在理论上是可视为专业性职业，然而，在实际中，高达72.5%的人认为是缺乏专业性。"[1] 研究者的访谈也发现，辅导员普遍没有专业归属感，不仅社会普遍没有认可辅导员职业的专业性，辅导员也对自己职业的专业性存在质疑。

回顾辅导员制度在我国的发展，随着相关制度的建立和完善，对应的职业定位也在不断调整，整体来讲，辅导员的角色在不断演变，其职能也在不断变化，最初是思政教育为主，而后开始将管理职能加入其中，现在已经是管理、教育、服务三种职能的高度结合。故此，不管是辅导员还是相关学者都指出，不能够将辅导员专业与思政教育专业完全等同起来，有些学者与辅导员甚至产生不知"辅导员的专业性在哪里"的困惑。

> 辅导员真的应该有专业性，但是它的专业性在哪里，我也在思考，我也没有想出它的专业性应该在哪……应该是一个职业，真的做成这个职业，做好这个职业，还是很难的。它有思政的一部分东西，这个怎么说呢？因为政法大学的辅导员队伍，从建校就有这个岗位，它的全称原来叫政治思想辅导员，真的就只管政治思想，比如90年代党务工作还是重头戏，党员发展、党的活动、团的活动，这样的工作多一些，而学生其他生活上或者纪律上的工作则是副业；现在有点反过来了，我们现在做的这个工作，应该是事务性的东西越来越多。（辅导员 ZGZF：A）

ZGZF：A老师通过对自己从事辅导员职业28年的反思，认为辅导员的专业性越来越不好，20世纪90年代及以前，思政教育依旧是辅导员职业的重点所在，但是现在，辅导员需要从事的事务性工作不断增多，专业性建设难度逐步增大，这就使得辅导员职业是缺乏不可替代性的，辅导员的专业自主意识也被进一步模糊，其专业提升动力大大下降；在这种环境下，辅导员不具有与之相匹配的专业声誉，从而导致了较低的职业认同。基于辅导员ZGZF：A的观点，目前对于辅导员职业发展问题的解决，最为关键的就是辅

---

[1] 史仁民：《高校辅导员专业发展研究》，博士学位论文，辽宁师范大学，2014，第60页。

导员专业体系的构建，从而实现对专业归属问题的有效解决。进一步明确其专业归属，才能丰富其理论知识的构成，实现对当前辅导员工作琐碎化、复杂化与专业化建设需求两者之间矛盾的有效解决，并推动辅导员工作的进一步发展。

为了实现专业化建设，辅导员作为主体首先必须具有高度的专业发展自觉性，要不断开阔其专业视野，提升其专业内涵。然而，目前我国大部分高校辅导员缺乏明确的专业建设主体意识，很多情况下依靠经验来开展各种职业活动，而且面对业已形成的统一性和标准化职业内容的一系列政策，尽管认为不太合理，但却习惯于接受并承认，甚至更加注重"规范化""制度化"的发展，缺乏必要的思考。

因此，辅导员应不断强化职业发展中自身的主体地位，使内在驱动力的作用能够充分发挥，进而进入专业建设的"自为"阶段。专业发展效应的体现，要求辅导员不再是被动遵守，而是一种主动寻求，即更加主动地进行各种尝试。

> 我一直也在问自己教育的功能，教育能够改变人多少，这也真是我一直在琢磨的一个问题，甚至有的时候也跟同事谈，到底我们能不能把有些人矫正过来，或者是教育过来，教育到底是什么，你想矫正到什么程度，就一定能够达到目标吗？达不到，甚至有时候想尤其辅导员这个职业，它是一个挫折教育，每天看的都是受挫的那种情况，辅导员，你想说用什么样的绩效来考核，这个真的没有很客观、公正的一个标准。你能说就像我们几年前那次在上海开一个学术会，有个清华的老师说，这一年我们清华没有出现一个自杀的，但是心里这么想，说都不敢说出来，更不敢写在工作总结里，就怕一说就跟你说啥就被打嘴打脸似的，所以辅导员这个岗位到底应该怎么来衡量，不能用那种绩效考核的方式，我觉得人的事情都是特别复杂的。（辅导员ZGZF：A）

相较于专业教师，辅导员所处的专业场景更加复杂，而且更具多变性。另外，教育工作具有明显的缓显性，这一点，在辅导员工作中更为凸显。[①]因此，有关推动辅导员职业发展的专业性建设问题，以及考核问题，都要求辅导员充分发挥其主体性，不断实践—反思—实践来解决，单纯依靠自上而

---

① 史仁民：《高校辅导员专业发展研究》，博士学位论文，辽宁师范大学，2014，第61页。

下的政策，只会把辅导员变为职业活动中的工具，而非主体。其专业自主权要想得到充分发挥，就必须自觉推动专业建设的发展和职业政策的完善，而不是被动接受和适应职业政策的"被发展"客体。

2. 进行职业政策的自我反思

"辅导员深度辅导工作"是 2009 年中共北京市委教育工作委员会提出的，在大学生思政教育中重点督查的内容，该举措旨在推动辅导员工作能力的提高。深度辅导要求"以学生为本、科学指导、全员辅导"。然而，马俊对首都高校深度辅导工作开展情况调查的结果显示"认为深度辅导的认知与要求完全一致的辅导员只有 38.9%，认为理解存在较大差距的占比为 51.5%，还有 6.9% 的则认为存在很大的理解差距，剩余的 2.7% 无法对此说明"①。这说明，关于辅导员深度辅导的政策要求是存在疑问的。

> 按照国外的这种心理辅导来说，就是学生有问题了，才会找老师去辅导，"深度辅导怎么理解，到底要做到多深的叫深度辅导"，没有一个人给我回答这个问题，那我就先一对一吧，我完成到什么程度，我先把一对一完成了，那有的学生就不想和我谈，学生可能是对我有抵触，也可能还真的就啥都没想过，那我没办法辅导人家。然后深度，那你们没人给我标准，我也不知道有什么标准。那这个政策你说制定得有问题，我就觉得它问题在深度这一块，到底多深叫深度，只要一对一我就完成了深度呢，还是说，真的挖地三尺到那个深度辅导。（辅导员 ZGZF：A）

目前，要求每 200 名大学生配备一名辅导员，如果采取谈话—记录—后续跟踪回馈这种模式，那么每次"深度谈话"所需的时间至少为一个小时。考虑到辅导员还需处理大量的事务性工作，而深度辅导工作要求投入大量的时间，并且内容也十分繁杂，这就使得辅导员承担的压力较大，此外，深度辅导工作致力于实现对学生问题的有效解决，有些学生无论在学业、交往、恋爱还是就业等方面自我调节得都很好，学生觉得没有让辅导员可辅导的，辅导员找其谈话，他觉得对他干预过多，辅导员 ZGZF：A 通过对深度辅导政策的反思，认为该政策是有问题的，这也是对北京高校辅导员的访谈中，很多辅导员反映的普遍问题。

职业主体对职业政策的反思不仅是自觉规范思想行为和职业行为的过

---

① 马俊：《首都高校深度辅导工作开展情况调查研究》，《北京教育》（德育）2013 年第 11 期。

程，也是反思发现职业政策是否存在问题，建议有关部门加以改进的过程，对职业政策的反思不仅为职业群体创造更加美好的职业环境，而且能够推动职业发展。

3. 进行自我工作模式反思

在高校学生管理与思想教育方面，辅导员的工作模式和方法将直接影响到学生的学习、生活态度，因此，在创新工作模式的同时，也要反思这个模式是否适应当代高校学生，以及原有的工作模式的扬弃问题。自我意识的觉醒将会引发自我反思，只有当自己对实践感到困惑时才可体验到自我意识的觉醒，因此唯有结合自己在教育实践中遇到的问题，反思活动才是有力量的，最终效果也才能凸显。[①]

> 你在这样一个新的媒介环境下，比如说网络这块，那你可以开展一些创新……但其实，做思想工作，做人的工作，一些老的方法也很有效的，也很好，比如说年轻人都通过网络这种方式，是不是网络就能够代替原来密切联系群众、深入群众那样一种方式？你经常要下宿舍，经常深入学生中间，是不是能够被取代？我觉得不能取代，人和人之间还是要见面的。（辅导员 ZGZF：A）

辅导员 ZGZF：A 发现现在年轻辅导员过分注重利用新媒体对学生进行思想政治教育，经常下宿舍以及与学生面对面的交流越来越少。辅导员 ZGZF：A 根据自己 28 年的辅导员工作经验与工作实践，反思了新媒体思想政治教育中存在的不足，提出尽管互联网是辅导员进行思想政治教育的十分便捷又有效的途径，然而，基于网络进行的思想政治教育也仅仅是其中的一种教育模式，其他形式的教育活动也是必需的，前者是不可完全取代后者的。而且在网上所反映出的各种问题，都要求辅导员结合实际情况进行认真分析，并在现实中一个一个地解决。只有通过线上、线下的高度结合，联动互补，才能确保在互联网发展环境下，高校思政教育工作的顺利推进并取得较好的效果，通过反思，辅导员 ZGZF：A 认为传统的思想政治教育方法不能丢。

通过对工作模式的反思，能够使自身教育活动处于一种自我意识监控之中，以此来实现对自身教育行为的观察，从而发现预定目标与实际效果之间的偏差，教育过程中的得失与优劣。在这一反思过程中，辅导员不仅是执行

[①] 王枬等：《教师发展：从自在走向自为》，广西师范大学出版社，2007，第 200 页。

者还是评价者，通过自我评价的实施，能够帮助辅导员进行自我突破，并推动其教育行为进入更高层次，进而整体的教育水平也将不断提高，在此过程中，辅导员具有的专业自主性也将大大提高。

4. 进行自我发展反思

辅导员反思，所针对的不仅仅是思政教育的内容，也不单单是专业发展途径，或者是教育效果的改进手段，最为重要的是，需要结合反思来加深辅导员对自身角色的理解，对作为主体自我的存在姿态与存在意义的理解。反思能够达成一种改变的内在动力机制，在自觉而深入的反思中，辅导员能够以更为积极和理性的态度面对自己对于个体自我及职业使命的价值担当。从而改变精神层面上的压抑或分裂状态，实现自我的同一与完整，进而从本质上提升辅导员的职业生活。

> 我做了28年辅导员，我觉得我实现了我的价值，我对自己的能力有多高，有什么，我还觉得有个清醒的认识吧，能力也没多强，我自己能够真的到社会上有所作为的话，我也不可能像我同学能做到这个区里的书记啊，什么检察长啊，觉得自己人生追求目标，跟人又不一样，自己做一个小人物，就觉得挺好的。当时我就说，不管我工作伟大不伟大，别人怎么看，我自己认为我这双手托着几百个家庭幸福，哪个孩子出事，那都是他全家的不幸，甚至有可能是几个家庭的不幸，所以我跟他们也说，我说可能有的时候我絮絮叨叨地要求你们，甚至讲你们，做错事骂你们，但是我所付出的，我认为我在托着几百个家庭的幸福，你们看看你们任何一个同学出点什么事情，你的家庭将遭受什么样的灾难，所以他们学生也挺认同，每当我要求学生做什么的时候，或者要求学生干部做什么，他有为难情绪的时候，我这么跟他们说，他们都能够对我的工作给予理解，更给予支持。（辅导员ZG-ZF：A）

辅导员就其职业活动进行客观、公正审视时，也就意味着将自己完全敞开在世界面前，将会在内心深处准备好空地，并将反思引发的情感融入其中。随着实践工作的推进与反思的深入，辅导员对职业的理解也将不断加深，也更能体悟到职业的价值。辅导员进行反思，主要的目标是使思想政治教育能够与个人发展高度结合起来，随着两者的高度结合，当辅导员在思想政治教育活动中融入其研究成果时，其行为内涵将会更加理性。

二 高校辅导员职业情感的自我培育

(一) 化解消极的职业情感

职业情感是在其职业活动中所形成的情绪、情感体验,这种体验或者说感受可能是积极的,也可能是消极的,在辅导员的职业认同中,情感体验发挥的作用是不容忽视的。如果这种情感体验是积极的,那么在职业认同形成中将会发生推动和促进作用;如果是消极的,产生的影响将会是负面的。

辅导员的工作性质决定了该职业需要投入大量的情感,辅导员长时间直接面对学生开展工作,需要付出巨大的情绪劳动,与此同时,社会各界以及家长等对辅导员形成了过高的期望值,但是在实际中,辅导员能够从高校中得到的权限是相对有限的,这就导致辅导员承担着较重的工作压力与负担,再加上辅导员所获得的物质收入与其工作付出之间存在严重不对等性,又缺乏社会认可性和个人存在感,辅导员容易出现情绪麻木和疲倦感,最终会出现消极的情绪状态。

> 我今年可能有一方面是接了个新班,另一方面是怀孕了,然后突然就对这个工作产生过那么一段时间负面情绪,我给你诉说了一些事情,也听你说了一些其他辅导员的故事,觉得自己真的宽慰了不少,我觉得可能是因为特殊时期,然后会对学生这个事情有点抱怨。(辅导员 SX-DX:A)

> 当领导说你就在辅导员的岗位上,教师这岗位,人都有了,编制没有了,等等,跟我谈的时候,嗯……稍微有那么一丝不愉悦吧,其他的都没有,回到这岗位上就觉得投入进来,在这个工作岗位上,自己真的是问自己说:"这个职业对我来讲有前途吗?""不知道。"那时候真的觉得辅导员这个岗位可能没有前途,但是也问自己内心:"我在这岗位上,我快乐吗?"我觉得特别肯定的是,天天都跟学生在一起,最后就追逐这样一个目标"快乐"。(辅导员 ZGZF:A)

如果选择过分压抑,只会加大情绪困扰,将这种不良情绪适当地释放出来,才能使自己以愉悦的情绪状态去工作。辅导员 SXDX:A 采用对研究者的宣泄来调节自己的不良情绪,而辅导员 ZGZF:A 则选择了自我安慰法来实现自我调节。在工作中遇到挫折时,辅导员为了能尽快地调节自己,摆脱消极情绪困扰，需要利用一种恰当的方法来安慰、调节自己，以此冲淡内心的不安与痛苦，保持情绪的安宁和稳定。情绪调节的方法不仅仅是宣泄、倾诉等，还可利用其他方式，比如运动、写日记等，恰当的调节方法能够使辅导员负面情绪有效消除，正面情绪得以产生。"这样不仅对辅导员的身心健康有帮助，还能够帮助其树立积极的职业信念。"[1]

（二）积极寻求职业支持感

思想政治工作不仅是一项整体性、系统性工作，而且其复杂性也是十分突出的。因此，仅依靠辅导员个体是很难完成相应任务的，也无法实现工作创新与突破，所以，在实践中，必须善于"借力"。本书第二章通过访谈发现，辅导员的职业支持感时好时坏，但对辅导员来说，只有主动寻求支持，外界才知道你需要帮助，才能为你提供帮助。

从相关部门以及上级领导层面争取支持和配合，从班主任以及各专业老师层面争取帮助，同时还应当注重学生团体、党支部等的作用，最后还可以求助于家人。通过合理借力，形成一种合力，才能进一步推动工作的顺利开展。故此，对于辅导员来讲，必须重视人际关系的维护，以使自己与同事、上级、家人等之间的关系得到妥善处理，形成和谐的工作氛围，这不仅是教育工作顺利开展的前提，而且也是师生健康成长的基础。良好的人际关系对培育辅导员的职业情感具有积极的促进作用。

首先，寻求同事的支持。辅导员在面临一些棘手问题，心理压力较大时，应该主动寻求同事支持，为自己出谋划策，解决困难，同事之间应互帮互助，各发所长，共同参与学生问题的解决。研究结果显示，"来自同事的支持能降低压力以及人格解体水平，提高个人的成就与工作表现。这些支持包括：信息支持、实践支持以及情绪性社会支持"。[2]

> 我们办公室大家还是融合得比较好的，一般遇到什么问题，大家都会相互一起，就包括你出去参加个竞赛，大家都会给你出谋划策一下。比如说你去评个奖，大家都会帮你提提意见，就把自己当个评委来给你提一提意见。互助这一块，在我们办公室还是做得比较好的。（辅导员 DHDX：A）

---

[1] 张意忠：《论教师职业情感的生成与培育》，《高等教育研究》2010 年第 5 期。
[2] Esther R. Greenglass, "The Impact of Social Support on the Development of Burnout in Teachers: Examination of a Model," *Work and Stress* 11, 3 (1997): 267 - 278.

> 渡过难关,更多是和同事一块努力嘛,毕竟还有团队。除了副书记以外,团委书记还有辅导员,大家一块努力,其实我们院系的领导也很支持我们。书记啊,院长啊,也很配合我们的工作,大家共同面对,然后你自己进行心理调适,基本上我觉得迄今为止我们的一些个案都还处理得挺顺畅,最后的结果都是好的。(辅导员 SDSF:A)

群体里同事间在工作上的协同、相处上的和谐,有助于工作效能感的提高,而且同事的理解与支持,也使个体能够获得充分的援助力量,从而减少其孤立感,与此同时,工作压力也能够得到极大缓解。同时遇到恼心事时,同事间的交流也能很好地缓解工作中的不良情绪。

其次,寻求上级的支持。对于组织代理人的上级来讲,不仅承担员工评价的职责,并且还承担着传达组织价值观及组织目标的职能,因此员工会将上级的对待方式视为组织支持与否的表现。Eisenberger 等通过元分析验证了,"领导支持是影响员工组织支持感三种因素中第二强的因素"。[1] 假如能够从上级处得到较好的待遇,那么员工对组织的支持感将会增强;相反,如果无法得到良好的待遇,则这种组织支持感将会大大降低。

> 我感觉处理这件事情的时候,第一件大事是一个孩子失踪,另外一个就是心理咨询师打电话告诉我,一个孩子要自杀了,他现在情况很严重,要尽快找到这个孩子,他已有自杀的想法,那处理这两件事情的时候,我觉得没有说是很不知所措的,一个就是有经验丰富的领导,他是处级干部,在背后会给你一些支持,另外一个就是学校,综合办有专门负责安全稳定问题的老师,还有那个学指委,学指委里面有一个处长,是专门做安全工作的,会陪你一起来处理这个事情。(辅导员 SHJT:B)

> 我这个职称 2010 年就能评,到 2015 年才评上。过程是非常痛苦的,为什么痛苦呢?因为我认为我是政法大学做得最好的辅导员,但是就没评上,一年又一年被刷下来了,特别苦闷。然后找我们领导,聊了半天,不理解为什么,明明看着那些做工作不怎么样的辅导员能评上,而我没评上,这都是很大的心理不平衡,找领导,领导最后也不好意思了。……他帮我跟评委介绍,跟学校沟通。然后第二个呢,遇到学生心

---

[1] Eisenberger, Robert, Armeli, Stephen, Rexwinkel, Barbara, Lynch, Patrick D., and Rhoades, Linda, "Reciprocation of Perceived Organizational Support," *Journal of Applied Psychology* 86, 1 (2001): 42.

理有问题的事，我们学校的领导是这么说的，遇到这些小孩，你必须把工作的过程、内容都写好，你付出了，做好了，真的出事了，也不会追究到你的身上，这是我们学校的领导跟我们说的，所以说我们遇到这些问题时，都会做好记录，然后及时向学校的校院领导汇报，跟他说，有时候我们就是小辅导员，我们能做啥，说白了做的就是贯彻学校的规定，然后呢，做好学生的思想工作，有很多东西，我们自己真的做不了，所以说呢，有问题的话我会跟领导说，寻求领导的帮助。（辅导员ZGZF：B）

上级对辅导员的支持一方面是在工作上，上级能提出明确的目标和方向，关注下属的工作进步，另一方面，为个体知识技能的提升提供空间，并对个体参与决策制定给予肯定与支持。当个体因为工作遇到问题而感到受挫、沮丧时，上级的关心与鼓励能使个体获得情感上的支持与满足。上述访谈中，上级对辅导员 SHJT：B 的帮助就属于这种。但更多的是辅导员在遇到问题时，应主动向上级寻求帮助和支持，以为其问题的解决提供指导。辅导员 ZGZF：B 就属于这种，无论在自己评职称时还是遇到自己解决不了的学生问题时都主动寻求上级的支持。"上级支持感的提升与员工工作倦怠显著负相关，也就是说如果组织员工能够从上级获得较多的信息或者是资源，那么将有助于其工作热情的提高，工作倦怠产生的可能性也会大大降低。"[1] 因此，辅导员主动寻求上级支持的过程也是积极培养职业情感的过程。

再次，寻求学生的支持。在开展各项工作时，辅导员需要引导学生开展自我教育、自我管理以及自我服务，同时要重视利用班级建设、学生团体建设等平台来实现工作目标。利用班委管理、服务、教育班级；利用学生会、学生团体管理、服务、教育学生；利用每个学生管理、服务、教育自己。学生综合能力提高的同时，辅导员工作效率也会得到极大提高。

大学生是高校辅导员的主要工作对象，其主要的工作内容是学生的日常管理、思想政治教育、就业服务、资助服务等。面对 1：200 的配备比例，一个高校辅导员没有足够的精力去跟踪每个学生的各种动态，因此高校辅导员必须发挥大学生的主观能动性，培养一支自主性强、主动性高的学生干部队伍，辅助自己的学生教育、管理、服务工作，既锻炼了学生的组织管理能力

---

[1] Mark C. Eastburc, Mike Williamson, Richard Gorsuch, and Charles Ridley, "Social Support, Personality, and Burnout in Nurses," *Journal of Applied Social Psychology* 24, 14（1994）: 1233 – 1250.

和团队协作能力，使学生干部能够获得健康成长，也锻炼了辅导员的把关、引导与监督能力。

最后，寻求家人的支持。在辅导员家庭-工作冲突问题中，"与工作对家庭产生的冲突相比，家庭对工作产生的冲突较小"。[①] 因此，在高校辅导员的工作中，家庭发挥着十分重要的支持作用，如果能够形成一个相对温馨的家庭环境，辅导员会感受到家庭的温暖与支持，对其工作也将形成积极的鼓励。

> 我一般是，遇到什么事，在饭桌上，和老婆孩子，我们三人去讨论，说半天……包括我晚上加班，我爱人也抱怨不多，因为她也是一个喜欢，怎么说吧，就是看学生在健康成长的人，所以说我们一般呢，就是有什么事情都在家一块商量，包括我原来遇见那个心理不健康的女生，我爱人有时候也去帮忙做工作。（辅导员 ZGZF：B）

辅导员应当积极寻求家人支持。辅导员对自己的家庭成员要有清楚、深入的了解，并且明确家庭成员的需求，以使家庭成员之间能够形成共同愿景，同时自己在家庭中被期望的角色必须扮演好，以此来获得家庭成员的认可。唯有个人有效处理个人、工作以及家庭之间的关系，工作产生的家庭冲突问题才能够有效避免，或者是大大削弱，家庭成员才能给予辅导员更加积极、肯定的支持，而这些都是辅导员开展工作的有力后盾。

支持源提供支持的情况也能够在一定程度上对另一方是否寻求支持进行反映。对于主动寻求支持的人，支持源更加愿意提供帮助。故此，辅导员必须对社会支持的重要性形成清楚的认识，在陷入困境时，能够积极、主动寻求帮助。

三 高校辅导员良好职业行为习惯的自我养成

高校辅导员职业认同中，职业行为是十分重要的结构维度，职业行为的改善必然能促进职业认同的提高，因此辅导员良好的职业行为习惯的养成不仅能够帮助辅导员职业成长，而且有助于思想政治教育质量的不断提高。

[①] 杨君：《高校教师"工作-家庭"平衡研究》，硕士学位论文，燕山大学，2014，第33页。

（一）树立职业行为目标

思想的高度，决定行为的远度。目标引领是行为举止的关键，要消除盲目服从、被动安排的职业行为状态，就应树立明确的职业行为目标。没有清晰的职业行为目标，工作便会处于被动应付的状态。因此，高校思想政治教育行为必须是在思政教育目标引导下实施的，而作为思想政治教育的主体之一，辅导员的职业行为也应有目标的指引。

高校思想政治教育目标的制定需要层层分解才能实现，首先，由高校的管理者结合党和国家的相关方针、政策，以及高校自身所处的内外环境，明确在一段时间内，学校应当实现的思政教育总目标；其次，关于高校各职能部门，特别是负责思想政治教育工作的部门，必须明确其工作目标，在此基础上确定组织成员的小目标。辅导员虽然是高校思想政治教育目标管理的最后一个环节，但却是最为关键的一个环节。因为，正确清晰的职业行为目标，是良好职业行为习惯形成的基本前提，假如辅导员没有形成明确的思想政治教育长期目标和阶段性目标，只是被动接受各部门或上级的工作安排或者只以"所代学生不出事""学生安全、稳定"为职业行为目标，那么不仅工作侧重点不明确，思想政治教育工作做不到位，甚至还会出现职业行为的错位、越位与缺位。

对高校辅导员来说，在进行分目标设计时，必须基于服务对象当前的思想道德水平及其所处的思想层次，并遵循学生思想政治教育发展的规律，同时确保与学校总发展目标一致，在此前提下来设计分目标。另外，还可结合大学生思政教育内容模块来对分目标进行设计，主要内容如下：使大学生树立正确的"三观"；加强思想品德教育；坚持以爱国主义为核心，开展民族精神教育，同时牢牢把握改革创新这一核心，开展时代教育；开展形势政策教育；开展职业生涯规划以及心理健康方面的教育。最后，还可就各个年级的学生特征，来制定各年级的思想政治教育目标："大一新生将目标定位于帮助学生尽快适应其学生角色，尽快适应当前的学习环境，提升自学技能，培养其主动学习的意识和习惯，明确并且遵守校规内容，培养其爱国主义与集体主义精神；大二阶段，应当注重学生实践问题分析与解决能力的培养，并引导其在自我发展目标明确的前提下不断拓展自身的兴趣爱好，同时使其思想道德品质不断提高；对于大三学生，因为其直接面临着就业与继续深造的选择问题，故此，引导学生对人生和社会发展之间的关系形成正确的认识，而且确保其能够对自己的人生之路形成正确认识；在大四，将职业规划教育作为重点，使学生能够形成正确的职业理念，此外，职业道德等也属于侧重教育内容，使学生能够以一种积极、正确的心态加入社会中，为社会发展提供更好的服务。"① 正确清晰的职业行为目标的设立，能够对高校辅导员职业行为形成自觉自我约束意识，有助于辅导员良好职业行为习惯的养成，推动思政工作的更好开展。

（二）处理好职业行为之间的关系

1. 处理好教育、管理、服务的关系

当前，学界对辅导员工作职能的探究基本确立了三项职能，即教育、管理、服务。"如果从历时性角度进行分析，各职能的发展历史为：20 世纪 50 年代至 70 年代末，思想政治教育工作占据主导地位；80 年代至 90 年代中后期，将管理职能加入其中；从 90 年代开始，服务功能开始被强调，自此三种职能基本内涵得以形成。"② 教育主要承担包括马列主义、毛泽东思想、邓小平理论、"三个代表"重要思想、科学发展观、习近平新时代中国特色社会主义思想等指导思想、素质教育、学校规范教育、道德教育、时事政治教育和理想信念教育等在内的思想政治教育；管理主要是党、团、班组织队伍管理、学生信息管理以及日常规范管理等学生具体事务的管理；而服务主要包含学习辅导、心理咨询、职业生涯辅导等辅导咨询服务。

辅导员需要处理的工作十分烦琐，然而，这些工作之间并不是等量重要的关系，有的工作自身就能够实现其目的，而有的工作则是为某些目的的达成提供服务的，服务、管理学生都属于重要的手段，目的是教育学生，故此，辅导员就学生展开的管理与企业对员工展开的管理具有较大不同，同时其所提供的服务与后勤、物业之类的服务也是十分不同的。通常来讲，对比手段，目的所处的价值层次要更高。

在辅导员职能履行过程中，如果未能够有效把握服务、管理及教育之间的关系，那么不仅会出现无法兼顾的问题，还会使教育职能淡化，扭曲辅导员工作的本质；没有教育的管理，管理就会失去方向；缺失教育的服务，服务就会沦为劳务，而辅导员也会沦为"服务员"。

在辅导员职业行为中，教育是核心，要突出教育职能，故而，不管是管

---

① 梁迪：《论大学生思想政治教育的目标管理》，《广西医科大学学报》2004 年第 21 期。
② 刘鸽：《辅导员"教育、管理、服务"三项职能关系初探》，《重庆电子工程职业学院学报》2013 年第 1 期。

理还是服务，都属于十分重要的手段，是为这一目标的实现提供服务的，是需要立足教育来开展的；实现管理的优化，杜绝为管而管、"管"而不"理"甚至以管代教的情况；提升服务的质量，服务不是事无巨细，事事亲力亲为，服务的精髓要求学生感受到关爱，辅导员要用服务为学生成长提供养分，故此，服务并不是简单地满足学生的所有需求，而是使学生解决问题的能力得到提高，才干得到增长。

2. 处理好日常工作、教学、科研的关系

《普通高等学校辅导员队伍建设规定》（教育部令第43号）中明确提出，辅导员不仅需要负责思想政治教育、管理以及服务工作，在第四章第十五条还规定了"鼓励辅导员承担思想政治理论课等相关课程的教学工作"以及支持辅导员结合大学生思想政治教育的工作实践和思想政治教育学科的发展开展研究"。因此，辅导员还应处理好日常工作、教学、科研的关系。

在辅导员职业行为中，日常工作是核心，而教学、科研都应是为辅导员的日常思想政治教育、管理和服务而服务的。为了教学、科研而使日常工作受到影响，那辅导员的职业行为就会异化；缺失了教学、科研，那么辅导员的日常工作也会失去深度和向前推进的基础，而流于表面，而且长此以往，还会造成辅导员缺乏方向感和目标，也很难产生自我成就感。

> 教学基本上都是晚上，然后科研只能利用自己的业余时间，平常的工作时间特别忙，确实没有时间。而且现在科研，说实话，压力还是蛮大的，因为包括各方面，去做问卷方面的压力还是非常大的。（辅导员DHDX：A）

> 领导开会的时候也会叮嘱，有些问题，我们帮你们解决不了，一个就是你们的职称问题，这个问题是你们自己没有东西，领导帮你解决不了的，就是你自己的时间要规划好。……我自己的规划是一年一篇论文，今年写了还没投呢，然后我自己也会参与一些课题，主要是学校的课题。（辅导员SHJT：B）

> 一个成熟的优秀的辅导员，我觉得他首先要进行的是时间管理，高效地工作。对我个人而言，我的要求就是我尽可能在工作的时间高效地完成我的工作任务。工作时间不能完成，我可以投入时间来做，但我绝不把自己拖入一个疲惫的泥潭，我觉得时间管理特别重要。（辅导员SDSF：A）

研究者在访谈中发现，很多辅导员不能进行有效的时间管理，完成日常工作都很勉强，因此，放弃了教学、科研；有些辅导员为了评自身专业的职称，影响了日常工作；还有些辅导员认为组织在自己晋升过程中缺少公平，因此"专注于教学，代课越多越好"，这些职业行为都是扭曲的，辅导员职业行为的调整不仅要靠制度、政策，还要靠辅导员的自觉与努力。上述访谈的 3 位辅导员，相对来说，是对日常工作、教学、科研处理得比较好的辅导员。辅导员的日常工作、教学、科研是有机结合的，也是相辅相成的，处理得当，辅导员的学科归属感将会大大增强，并且辅导员也能够从中体验到成就感，从而使辅导员队伍的稳定性大大增强。

3. 处理好辅导性工作和事务性工作的关系

从专业化发展的视角来看，辅导员工作可分为辅导性工作与事务性工作。事务性工作又划分为如下三类：第一类，指的是与职能部门相关的工作，主要围绕学业工作需要辅导员配合完成的如引导学生依据学校招生处、学籍管理处要求完成学籍管理等工作；第二类，指的是生活管理，比如校风校纪以及宿舍管理；第三类，则为奖勤助贷这方面的工作。而如思想政治教育、党团建设以及心理、就业咨询等则属于辅导性工作，这类工作是基于专业化发展进行的分类。

因为在辅导员的日常工作中，事务性工作的占比是较大的，导致辅导员从事辅导性工作的精力不够，时间不足，更重要的是辅导员专业发展受到了阻碍。研究者认为，在实际工作中，辅导员除了运用好新技术高效地处理好事务性工作，从而增加辅导性工作的时间外，还可以发动学生让其参与部分事务性工作，以便把辅导员从直接的、繁杂的事务性工作中解放出来，更好地完成辅导性工作任务。如浙江工业大学之江学院经贸管理分院专门设立了"学生事务中心"。该中心的全部员工都是学生，很多原来由辅导员从事的工作，比如会议通知、校务咨询等都是学生负担的，实现了自主管理。[①]

（三）做好自我评价与职业行为调节

自我评价与职业行为调节指辅导员根据制定的职业行为目标，评价一个周期内的职业行为，在此基础上对职业行为养成过程进行调节，从而使其在下一个周期中具有更好的职业行为习惯，逐步达到职业行为目标的实现。

辅导员对自己的职业行为进行评价所需的具体指标体系，可结合职业行

---

① 《除了家长会还有啥？高校还有啥管理妙招》，http://www.cnnb.com.cn/new-gb/jy/system/2008/03/28/005529839.shtml。

为目标以及行为规范的具体要求来设定并进行评价。通过进行自我评价，能够使辅导员更加清楚地感受到自身成果，从而受到鼓励，并激励其不断努力；如果发现在当前的职业行为中存在不足，可以及时调整自己的行为，以此来实现效果强化，逐步养成更加良好的职业行为习惯。

在完成了上一阶段的行为调整后，要求辅导员能够在最佳行为模式下，开始下一个周期的行为训练。这种职业行为自我训练不可能一蹴而就，需要自觉反复地进行，反复进行是训练本身就内含的性质，唯有通过反复强化，才能够不断加固良好职业行为的坚持，使之形成习惯，即形成稳固的、自动的行为模式。

四　高校辅导员职业意志的自我培养

职业意志是辅导员职业行为的一种坚持的精神力量，是克服行为中各种困难的内部动力，因此职业意志的培养对辅导员职业认同的形成至关重要，然而从第二章对辅导员职业认同现状进行的调查结果来分析，在职业认同维度中，职业意志是最低的，即辅导员职业意志薄弱。辅导员职业意志的培养除了政策、高校组织等外部因素的作用外，辅导员自我努力也是不可或缺的。

（一）加强自我职业承诺

职业或专业承诺是指"由于个人对职业或专业的认同和情感依赖，对职业或专业的投入和对社会规范的内化而导致的不愿变更职业或专业的程度"。[1]"职业承诺能够很好地预测人们对职业的忠诚以及更换职业的行为和工作绩效。"[2] 因此，辅导员职业意志的培养还得从加强自我职业承诺开始。如果辅导员具有低职业承诺，不仅会对学生工作效果产生影响，而且还会导致辅导员职业寿命非常短暂。如果辅导员具有高职业承诺，那么将该职业视为毕生职业的可能性将会更大，也愿意为学生工作投入更多的精力与时间，同时对自己职业能力的提高也更加热衷，并希望能够从中取得较高的成就。

将来也不打算转岗，我觉得就平稳过渡到退休就行了，因为之前为转岗，经过两次思想斗争，早都想通了，不再纠结了……（辅导员ZG-

---

[1] 龙立荣、方俐洛、凌文铨、李晔:《职业承诺的理论与测量》,《心理学动态》2000年第4期。
[2] John P. Meyer and Natalie J. Alien, "A Three–component Conceptualization of Organizational Commitment," *Human Resource Management Review* 1, 1 (1991): 61–89.

ZF：A）

目前，辅导员职业承诺非常低，研究者在访谈中发现，27 名辅导员，除了一名退休返聘的辅导员和一名 50 多岁的教授辅导员外，其他辅导员暂且都没做好终身从事辅导员职业的准备。"铁打的高校，流水的辅导员"，这一话语生动地反映了当前辅导员职业承诺低的现状。上述所分析的职业承诺资料来自这名 50 多岁的教授辅导员的访谈记录。"高职业承诺的员工将会投入更多的时间在其技能提高方面，并且对其职业更加喜爱。"[①] 因此辅导员职业自我承诺的加强，不仅有助于辅导员职业技能水平的提高，而且最重要的是能够培养辅导员的职业意志。

（二）做好自我调适，提升工作满意度

工作满意度是"人们因为感觉到工作本身可以满足或者有助于满足自己的工作价值观需要而产生的一种愉悦的感觉"。[②] "工作满意度与离职倾向呈负相关，即工作满意度越高，离职倾向越低。"[③] 因此，提升自我工作满意度，是辅导员培养职业意志的重要途径。

> 其实我觉得也得让辅导员开发一些自己的兴趣爱好，找到除了干这个工作之外，你的一些兴趣点，这样的话你在工作的时候，有一个自我疏导的渠道，除去上面以及学校的政策之外，你怎么样去调节你的生活，达到一种自我满足感。其实有时候自我满足感充足了，你的归属感也强了。（辅导员 ZBDX：B）

> 我们院里面也有辅导员不累的，人一天上班，跟那边就看着电脑，学生也不认识，什么事也不做，学生也没出事。也有一个老师，身体稍微有点不适，就不上班。有时候心理不平衡，但是你还得想，他和我又没有什么交集，对不对？人身体不好，人不来，人把自己的工作做好和我有什么关系，我只需要做好我的就行了，我能对得起学生就行了，关键就是你怎么去调整这种心态，如果好，他不来，我也不来。累不累，

---

① S. Aryee and K. Tan, "Antecedents and Outcomes of Career Commitment," *Journal of Vocational Behavior* 40（1992）：288 - 305.

② T. A. Judge, J. E. Bono, and E. A. Locke, "Personality and Job Satisfaction：The Mediating Role of Job Characteristics," *Journal of Applied Psychology* 85，2（2000）：237 - 249.

③ 杨艳、张敏、冯婷、胡雪慧、苏景宽：《临床护士核心自我评价、工作满意度和离职倾向的关系》，《中国健康心理学杂志》2014 年第 4 期。

对不对？（辅导员 ZGZF：B）

评价太多了，刚开始就说，那个不是学校的主流，就说辅导员没有技术含量啊，就是一群大妈呀，或者是，甚至有的说吃喝卡要的都有，这些负面的，我觉得自己做好自己就行了，管那么多干吗，我觉得就是说到社会上也看了看各项工作，适合不适合自己，想来想去，还觉得辅导员适合自己，就做自己的就行了。（辅导员 ZGZF：A）

工作满意度指的是面对工作完成情况所具有的情绪状态，能够反映出个体对其工作的热爱与满意程度。"辅导员对工作越满意，对工作的归属感就越强。"[①] 为了提高辅导员的工作满意度，不仅要求政府、高校加快辅导员队伍激励和保障机制的完善，辅导员的自我调适也非常重要，上述访谈资料，辅导员 ZBDX：B 主要运用兴趣点来进行自我调适；辅导员 ZGZF：B 主要利用树立正确的职业观、道德观来调节自己内心的不平衡；辅导员 ZGZF：A 则通过认真分析在实际工作中自身的不足与优势，形成对自我的正确认识与评价，在此基础上肯定并且接纳自我，最终达到自我调适的目的。辅导员进行自我调适，不仅能保证辅导员拥有健康的心理，而且通过自我调适能提高工作满意度，培养职业意志。

五 高校辅导员职业价值观的自我统一

第二章第一节谈到高校辅导员职业价值认知矛盾，辅导员总体上认同职业的社会价值，难以认同职业的自我价值。而本章之所以把高校辅导员职业价值观的自我统一从职业认知中单独列出，是因为其对高校辅导员职业认同的提升至关重要。

（一）辅导员职业价值观自我统一的目标

1. 个人价值与社会价值相统一

职业主体价值由两部分组成，即个人价值和社会价值，社会主义核心价值观倡导个人价值与社会价值保持一致。然而，面对职业价值，不少辅导员却违背了社会主义核心价值观所倡导的理念，将社会价值与个人价值进行分

[①] 徐文雄、蒲伟、彭正霞：《高校辅导员工作满意度与归属感的关系研究》，《思想理论教育》2009 年第 5 期。

离，甚至认为个人价值才重要，社会价值可忽略，最终导致了个人价值与社会价值不统一，不协调。因此，辅导员必须从根本上转变观念，正视个人价值和社会价值的关系，对于职业主体来说，个人价值与社会价值始终相辅相成，只有实现了社会价值，才能实现个人价值。个人是社会中的一分子，每个人都不可能脱离社会而存在，个体的发展离不开集体力量的支持，满足社会需要是满足个人需要的前提。无可否认，实现社会价值离不开个体自身的努力，但个人的力量是有限的，推动社会发展需要每个人的共同努力。职业主体只有树立正确的职业观，将个人价值与社会价值紧密联系在一起，将自我完善与社会需求相统一，才能积极主动工作，为社会的发展贡献自己的力量，在岗位上谋求更大的职业发展。因此，辅导员要端正自身的职业价值观，必须确立个人价值与社会价值相统一的职业价值目标。

2. 个人利益与社会利益相统一

高校辅导员职业不是要求辅导员单纯对大学生给予或奉献，更不是辅导员的单纯索取与收获。然而从辅导员入职动机可以看出，辅导员存在职业价值目标功利化、职业价值评价标准功利化的问题，在职业价值取向上以自我为中心，个人主义倾向明显，甚至有些辅导员认为自我利益比社会利益更为重要，忽略了集体主义的必要性以及服务奉献意识的重要性。为了转变这种局面，辅导员应将集体利益放在首位，先考虑社会利益，再考虑个体利益，先考虑学校利益与学生利益，再考虑个人利益。如果个人利益与社会利益、集体利益存在冲突，要以社会利益、集体利益为重。个体是社会的一分子，个体利益与社会利益相辅相成，实现社会利益是实现个体利益的前提，以集体利益为主并非否定个人利益的重要性，辅导员为社会发展付出个人劳动，也必然会获得回报。由此可见，辅导员在集体中实现个人利益，恰恰体现了个人利益与社会利益的统一。因此，辅导员应当将自我利益的实现与国家高等教育事业的发展与需要以及大学生的利益协调统一，在确立个人职业价值目标时，统筹兼顾国家、集体、个人三者的利益，促进自我个体职业价值取向转变为集体价值取向，增进社会、集体利益的基础上，实现个人利益。

（二）辅导员职业价值观自我统一的途径

1. 以社会为本位进行职业价值评价

基于辅导员职业角色的特殊性，辅导员对其自身职业价值进行评价更应立足于社会本位，而不是仅仅考虑自我需要及个人职业发展。作为一名辅导员，必须认清自身的责任与使命，将个人价值与社会价值紧密联系起来，而不仅仅是关注工作本身的经济报酬、职位高低，甚至以此作为评价自我职业价值的标准与尺度，辅导员要明确，作为"学生成长成才的人生导师"，其职业价值及意义不仅仅在于满足自身的需要，更在于对社会与学生所尽的责任与所做的贡献。

2. 提高政治素养

高校辅导员职业具有十分突出的政治性属性。其所进行的思想政治教育的目的性也十分突出，具体来讲，是为政党、阶层的利益提供服务的。为此，辅导员只有提高自身的政治素养，才能更好认识与实现其职业的社会价值，也才能更好认识与实现职业的个人价值。伴随着我国市场经济的快速发展以及精神文明、政治文明程度的不断提高，高校思想政治教育的内容也在更新、发展。另外，大学生接触到的信息不断丰富，视野也随之开阔，而这些都使得高校辅导员在工作中遇到的新问题、新状况越来越多，故此，辅导员必须重视自身政治素养的提高，确保在实际工作中能够将政治性要求充分落实，并贯彻到自我言行举止中，从而实现职业社会价值与个人价值的统一。

首先，提高政治素养，要加强政治理论学习。一是要加强马克思主义中国化相关理论、党的重要思想及中央重要讲话等的学习，能够运用马克思主义相关理论实现对现实问题的充分观察和分析，在此基础上提升问题解决的能力；二是增进对党的教育方针政策的学习和理解，深入把握立德树人的内在含义，增强使命感以及责任感。

其次，提高政治素养，要参与社会实践活动。如果辅导员的政治视野比较狭隘，那么其自身的政治素养也是较低的。社会实践是开阔政治视野，提升政治素养的重要环节。为了使政治视野更加开阔，辅导员必须参与各种社会实践，增强对校内外社会环境与国内外文化的了解和认识。社会实践，不仅能够加深辅导员领会所学的理论知识，而且能检验辅导员思想、观念、决策、方法等是否正确，还能使辅导员正确认识中国的发展历程，自觉坚定中国特色社会主义道路自信、理论自信、制度自信、文化自信。

最后，提高政治素养，要关注社会现实，增强政治敏锐性。从国际环境来看，西方敌对势力加紧对我国实施西化、分化的政治图谋，特别是在意识形态领域，各种思想文化相互激荡。结合我国的发展实际，目前改革开放处于不断深入中，整个社会不管是经济成分还是组织形式等都日益多样化，高校辅导员思想政治工作的开展面临的形势更加复杂。因此，辅导员必须具备政治敏锐性，能够对当前的发展形势形成清楚的认识，对多元意识形态的出现要给予高度关注。

3. 坚定理想信念

习近平强调"做好老师，要有理想信念"。① 高校辅导员由于其自身职业的特殊性，更应该树立坚定的理想信念。职业理想信念是辅导员职业价值观自我统一的思想基础，因此坚定职业理想信念是辅导员自身职业建设的首要任务。辅导员职业理想信念主要包括如下四个部分。

在辅导员整个理想信念体系中，马克思主义信仰是理论源泉或者说指导思想。马克思主义理论能够正确揭示和反映人类社会历史发展的基本规律，并具有与时俱进的特征，在当前的社会仍富有强大生命力。故此，对于高校辅导员来讲，首先是坚定的马克思主义者，在此基础上才可能逐步成长为优秀的大学生人生导师。

在信念体系中，共产主义远大理想指明了方向与目标，而且也体现了个人理想与社会理想。共产主义远大理想是基于马克思主义理论提出的一个远大社会理想，是共产党人的社会政治理想。它顺应了社会化大生产的要求，克服了社会化大生产与生产资料资本主义私人占有之间的矛盾；它不是基于某种美好的想象，而是依据社会规律进行的逻辑推演。共产主义远大理想，不单单是从共产党人身份对辅导员提出的基本要求，也是基于个人道德修养所提出的要求。

社会主义共同理想与实践具有高度结合性，也是理想信念体系中关于中国社会发展状态的理想。对于社会主义共同理想，不应当将其简单地视为理想目标，还应当将与之相关的制度、道路等涵盖其中。坚定中国特色社会主义共同理想，指的是必须坚持中国共产党的领导，必须坚持中国特色的社会主义道路，两者缺一不可。唯有如此，辅导员的斗志才能够被真正激发，才能够将社会主义建设的外在需求转化成为人民服务的内在需求，使个人发展能够与祖国建设紧密联系起来。

高校辅导员职业理想还体现了信念体系中的个人理想部分，包括了立德树人、全身心地为学生提供服务的理想和辅导员自我发展理想。坚定的职业理想，不仅是辅导员思想政治教育工作的精神动力，而且是辅导员实现幸福的职业主体生存状态的基础。辅导员的职业理想首先来源于其工作岗位的使命感，其次，职业理想还必然要包括个体价值的实现。现代社会，职业分化

---

① 习近平：《做党和人民满意的好老师——同北京师范大学师生代表座谈时的讲话》，人民出版社，2014，第4页。

现象日益突出，对于任何个人来讲，在进行职业选择时，重要的并不是在一生只从事自己最理想的工作，而是要求不管从事何种工作都能够将其视为最理想的工作，并为之努力和奋斗，以达到理想境界。对于辅导员来讲，应当将其职业视为终生事业。另外，还应当将职业理想进行分解，形成一个个阶段性目标，并基于自我评价、职业生涯目标、环境分析等方面进行长期或短期的职业生涯规划。基于此，辅导员的职业理想才能够进一步坚定，而后逐步实现。

4. 加强职业道德建设

社会道德在某一职业领域的具体化体现就表现为职业道德，其对于职业活动的有序实施极为重要。

在高校思想政治教育工作中，辅导员发挥着骨干作用，其职业的特殊性决定了社会对高校辅导员具有更高的职业素养要求。辅导员自身的素质水平，不仅会对工作效果产生直接的影响，而且也会直接影响到大学生的思想水平以及行为。对于辅导员来讲，具备良好的职业道德素养，才能使其具有的思想引导、榜样示范等作用得到充分发挥，因此职业道德建设是辅导员职业价值观自我统一的基本前提，也是重要保障。

首先，加强职业道德建设，要求辅导员爱岗敬业。爱岗敬业是所有职业道德的基本前提或者说是基础所在，如果不存在这一基础，那么诚信、创新等更无从实现。所谓爱岗是指热爱自己的工作岗位，热爱自己的本职工作，并且以一种积极的态度来对待其职业劳动，对自己从事的工作不仅具有荣誉感，而且具有幸福感。敬业，指的是对待自己的工作必须是极端严肃、认真的态度，且能够尽忠尽责。爱岗和敬业在精神上是具有相通性的，是彼此相连的。敬业是以爱岗为基础的，而爱岗通过敬业得以体现。如果不爱岗则更妄论敬业，反之，不敬业也很难说这是真正的爱岗。对于高校辅导员来讲，爱岗敬业指的是对于自身所从事的职业必须有清楚、全面的认识，对于其重要性也应当非常了解，在此基础上能够对自我物质需求以及精神需求之间的关系进行客观分析，从而在内心培养对学生工作岗位的热爱，并将全部身心都投入思政工作中，做到尊重学生人格，理解学生的思想与行为，关注学生成长。

辅导员爱岗敬业需做到三个方面：一是要敬业，二是要精业，三是要勤业。敬业，就是要对所从事的职业、岗位有敬畏之心；精业，就是要对自己所从事的工作精益求精；勤业，就是说对工作要兢兢业业，一丝不苟。只有把这三方面做到做好了，高校辅导员才能够尽心投入工作中，才能够对工作中遇到的问题进行积极的探索和解决，才能够在其工作岗位上取得成功。

其次，加强职业道德建设，辅导员对其职业必须持以主动积极的态度。辅导员职业态度构成了职业道德的重要组成部分，也可以将其理解为劳动工作态度。可以将职业态度划分为两种：其一，主动积极的；其二，消极怠工的。如果辅导员具有主动积极的职业态度，那么在工作中辅导员就能够保持充沛的精力、饱满的情绪迎接挑战；能够真心对待每个学生，做好教育工作；能够认真贯彻上级指令，确保各项任务顺利完成并力争做到最好。具有消极怠工职业态度的辅导员总感到学生状态较差，工作缺乏动力，甚至不确定自己要做什么和想要做什么，以一种应付、敷衍的态度来对待工作。故此，辅导员职业道德建设，需要解决的首要问题就是工作态度以及行为方式的改进。主动积极的职业态度，一是更多地鼓舞学生、激励学生、善待学生、爱护学生、保护学生，二是积极主动学习，积极创造条件推动辅导员职业的健康发展。

最后，强化职业道德建设，要求辅导员有乐于奉献的精神。高校辅导员应当具备将毕生精力都投入学生工作事业的精神。相关部门与高校对辅导员工作重要性的认识在不断提高，相应的辅导员的职业待遇也在不断改善，然而，对比辅导员在工作中付出的巨大努力及辛勤劳动，这些物质回报是远远不够的。此外，受诸多因素的影响，学生思政教育工作需要付出较多的精力，但在短期内很难看到成效。如果不发扬奉献精神，没有从事该职业的执着与信念，是很难长时间持续该职业的，故此，辅导员应当以"立德树人"为目标，以培养学生成才为己任，不计报酬，不图名利，乐于奉献。只有具备无私奉献的精神，才能克服各种困难，全心全意在学生思想政治工作岗位上不断努力奋斗。

5. 脚踏实地地工作

辅导员必须摒弃"过渡性职业"的错误理念，对其职业形成更加准确、清楚的定位，秉承为教育事业献身以及"干一行，专一行，爱一行，精一行"的职业精神，热爱自己所从事的职业，并基于可持续发展角度，就职业发展方向与路径进行积极的探索；其次，辅导员应该立足本职，干好工作、多做贡献，而对于晋升、换岗、待遇和分工等都应该静心平和地对待，把精力和干劲放在学习和工作上，脚踏实地地履行职责。唯有脚踏实地工作，辅导员才能将职业社会价值与自我价值的统一落到实处。

本章小结

一 高校辅导员职业主体的自我努力是辅导员职业认同建构的内在因素

辅导员职业认同建构是辅导员结合自身的职业实践经验与个人成长经历，通过不断追问和反思"我是谁""我何以属于辅导员群体"等根本性问题所体认到的自我。辅导员自我认同是作为"人"的辅导员和作为"辅导员"的人二者之间的和谐统一，积极的自我同一性有利于辅导员个体在职业生涯中找到自我归属感，实现自我价值和自我意义。

二 高校辅导员个体层面职业认同建构的主体基础与途径

高校辅导员职业自我认同建构的主体应首先是"真正意义上的主体"而不是"过渡主体"，这是进行职业自我认同建构的基础，否则辅导员内化职业认同的努力会受到影响，目前来看，辅导员缺少"真正意义上的职业主体"。因此，通过职业主体的外塑与内塑，实现辅导员由"过渡主体"向"真正意义上的职业主体"的转变。在此基础上，还需要辅导员通过提升职业认知，深化职业情感，养成良好的职业行为习惯，培养职业意志，统一职业价值观等途径内化职业认同。

结　语

　　高校辅导员职业认同程度与研究的时间节点有很大的关系。大连海事大学博士生导师曲建武认为目前"辅导员的春天还没到来，现在只能说辅导员的春风更'猛烈'了"。关于职业认同的程度，目前多数研究者认为辅导员职业认同水平低。本通过对京、晋、沪三地辅导员的访谈以及参与式观察等发现，辅导员职业认同整体呈现游移、脆弱的现状。从参与本研究的 27 名重点受访对象实际情况来看，研究者从 2015 年初开始访谈至 2020 年 12 月访谈结束，五年多的时间已有 12 名辅导员转岗或离职。

　　从宏观方面看，当前，我国辅导员职业发展仍然处于一种自上而下的模式中，而这种模式却是外在于辅导员的模式。在这种发展模式下，教育行政部门和各高校形成了一整套评估评价机制来认定辅导员的职业发展情况，辅导员只是缺乏主体意识的被动"存在"与缺乏自主性的被动接受和被动参与，辅导员对现有职业环境的反应是"这是一个职业要求更多、职业内容不断扩充、职能不断拓展的时代"。从微观方面看，辅导员职称评聘单列（上海 2007 年开始、首都师范大学 2005 年开始）、辅导员职级制（上海大学 2004 年开始）都是 21 世纪初才实行的，无论职称的评聘还是职级的晋升都需要很长时间才能见效，更何况宏观环境与微观环境还有不相容的地方，即"职责定位模糊、职业内容庞杂"，难以为"职称的评聘、职级的晋升"提供保障。虽然教育部在 2017 年 10 月对《普通高等学校辅导员队伍建设规定》进行了修改，但修改后的政策执行情况还有待观察。当前情况下，辅导员仍然面临专业与职业之间抉择的艰难，个人发展与职业发展分离的矛盾，职级上去了、职务与职称没有上去的不平，职务上去了职称还没上去的不甘。

　　关于辅导员队伍的建设问题，研究者认为应从两个维度展开：一是优化高校辅导员职业发展环境，为辅导员职业发展提供切实保障和支持；二是提升高校辅导员实现发展的自觉性，改变其在职业发展中被动存在、被动接受、被动参与的局面，使辅导员自觉发展的力量能够得到充分、集中的表达与展示。

高校辅导员职业发展环境的优化主要是政策环境的优化与组织环境的优化。政策环境的优化绝非只是既没有执行辅导员职级制又没有执行辅导员职称评聘单列的高校按照教育部"高校专职辅导员职务（职称）晋升单列计划、单设标准、单独评审"的要求尽快执行辅导员职级制或辅导员职称评聘单列政策，还包括已执行辅导员职级制或已执行辅导员职称评聘单列的高校尽快对存在的问题进行修正，辅导员职级制之间、辅导员职级制与辅导员职称评聘单列政策之间优劣的对比与取舍的问题，辅导员职级制与辅导员职称评聘单列政策如何保障与延伸的问题。因此，当前辅导员政策环境优化的关键是如何保障辅导员职级制以及辅导员职称评聘单列政策实现得更好，甚至是辅导员职级制、辅导员职称评聘单列政策哪个更可取的问题。

高校辅导员组织环境的优化也绝不能如有些学者提出的直接借鉴西方高校对学生事务工作者的管理模式，执行一级管理和条状运行机制，因为我国高校辅导员与西方国家学生事务工作者有本质的区别，我国高校辅导员职业的核心是思想政治教育，西方国家学生事务工作者的工作重心在于学生服务。目前我国高校可行的辅导员组织管理办法是在校、院两级管理模式基础上，另外建立辅导员实践共同体。高校辅导员组织环境的优化，对于缺失高校辅导员实体实践共同体的省份、高校来说，应积极建立自己的辅导员实体实践共同体；对于已建立高校辅导员实体实践共同体的省、市相关部门、高校来说，应对存在的问题加以改进；对于已建立辅导员虚拟实践共同体的省、市相关部门、高校来说，应对自身存在问题进行改进。

另外，在辅导员职业发展的问题上，研究者强调职业环境优化不可回避性，指出社会性的问题不能由辅导员来承担，但绝不是环境决定论者。相反，研究者将作为职业主体的辅导员个体与群体的自身努力，自觉与切实的行动，视为辅导员职业发展最终能否实现的决定性因素。不仅因为再好的环境也不会自动转换为辅导员的发展，还因为即使在存在再多问题的环境中，追求发展的辅导员总能找到可能发展的空间，自觉努力的辅导员总会拓展出更大的可能性。这一点在实现自身发展的优秀辅导员的事迹中已得到证明。

面对当前职业环境的挑战，辅导员更应以主动、积极的姿态迎接，而不是消极、无奈地应付。作为职业主体的高校辅导员不能仅仅被动等待职业政策的出台或者通过职业流动"逃离"辅导员职业，"迫使"政策制定者改善辅导员职业发展政策，而应该在政策制定、执行中发出声音，积极维护职业群体的利益，主动推动职业政策环境、组织环境、学术环境的改善。研究者强调提升辅导员发展的自觉性，目的不只是造就一批优秀的辅导员，而是使每个辅导员都能够认识到在自己的职业生涯发展中，自己具有的主体地位，只要付出努力就可实现自我更新，就能开辟一条适合自己的道路，在成就学生、成就自己、成就职业中感受应有的快乐，享受辅导员职业本该有的尊严。

在现有辅导员"双重身份、双线晋升"的总政策下，京、晋、沪三地各高校辅导员职业政策差别很大，有的高校执行辅导员职称评聘单列政策，有的高校执行辅导员职级制，有的高校虽然让辅导员参与职称评聘，但各方面条件与专职教师要求一致，还有的既不让辅导员参与职称评聘，也没有执行职级制。虽然研究者在研究中，尽量对这几种政策下辅导员职业认同的状况加以区别，但正如研究者所说的，辅导员职业认同程度与研究的时间节点有很大的关系，从目前的情况来看，虽然这几种政策下辅导员职业认同程度还难有质的差别，然而研究者却看到量的差别，从量变到质变需要很长的过程，相信随着时间的推移以及辅导员职称评聘单列政策的优化，辅导员队伍高级职称人数的不断增多，辅导员对职业地位的认知、职业自我价值的认知会有质的变化；辅导员职业意志水平会有很大的提高；辅导员的职业情感稳定性与积极因素会增加；辅导员职业行为也会更为专业。

参考文献

一 文献类

冯刚、沈壮海主编《中华人民共和国学校德育编年史》，中国人民大学出版社，2010。

《关于培育和践行社会主义核心价值观的意见》，人民出版社，2013。

何东昌主编《中华人民共和国重要教育文献（1976~1990）》，海南出版社，1998。

何东昌主编《中华人民共和国重要教育文献 1949~1975》，海南大学出版社，1998。

教育部思想政治工作司组编《加强和改进大学生思想政治教育重要文献选编（1978—2008）》，中国人民大学出版社，2008。

《列宁选集》（第1卷），人民出版社，2012。

《马克思恩格斯文集》（第1卷），人民出版社，2009。

《马克思恩格斯选集》（1~4卷），人民出版社，2012。

习近平：《决胜全面建成小康社会 夺取新时代中国特色社会主义伟大胜利——在中国共产党第十九次全国代表大会上的报告》，人民出版社，2017。

习近平：《做党和人民满意的好老师——同北京师范大学师生代表座谈时的讲话》，人民出版社，2014。

《习近平主持召开学校思想政治理论课教师座谈会强调 用新时代中国特色社会主义思想铸魂育人》，人民出版社，2019。

中共中央文献研究室编《建国以来重要文献选编》（第一册），中央文献出版社，1992。

二 工具类

车文博主编《心理咨询大百科全书》，浙江科学技术出版社，2001。

教育大辞典编纂委员会编《教育大词典》，上海教育出版社，1990。

时蓉华主编《社会心理学词典》，四川人民出版社，1988。

宋希仁、陈劳志、赵仁光主编《伦理学大辞典》，吉林人民出版社，1989。

朱智贤主编《心理学大词典》，北京师范大学出版社，1989。

三　著作类

〔美〕埃里克·H. 埃里克森：《同一性：青少年与危机》，孙名之译，浙江教育出版社，1998。

〔英〕安东尼·吉登斯：《现代性与自我认同》，赵旭东、方文译，三联书店，1998。

〔美〕R. A. 巴伦、D. 伯恩：《社会心理学》（第十版），杨中芳等译，华东师范大学出版社，2004。

〔美〕伯顿·R. 克拉克：《高等教育系统——学术组织的跨国研究》，王承绪、徐辉译，杭州大学出版社，1994。

蔡辰梅：《教师职业生活中的自我认同危机》，中国社会科学出版社，2016。

〔加〕查尔斯·泰勒：《自我的根源：现代认同的形成》，韩震等译，译林出版社，2001。

陈秉公：《思想政治教育学原理》，高等教育出版社，2006。

陈向明：《质的研究方法与社会科学研究》，教育科学出版社，1999。

陈新汉：《自我评价论》，上海人民出版社，2011。

褚宏启、杨海燕等：《走向校长专业化》，上海教育出版社，2009。

〔美〕戴维·波普诺：《社会学》，李强等译，中国人民大学出版社，1999。

〔德〕菲迪南·滕尼斯：《共同体与社会》，林荣远译，商务印书馆，1999。

〔德〕哈贝马斯：《后形而上学思想》，曹卫东、付德根译，译林出版社，2001。

〔美〕哈罗德·D. 拉斯韦尔、亚伯拉罕·卡普兰：《权力与社会：一项政治研究的框架》，王菲易译，上海世纪出版集团，2012。

〔美〕J. 莱夫、E. 温格：《情景学习：合法的边缘性参与》，王文静译，华东师范大学出版社，2004。

李辉：《现代思想政治教育环境研究》，广东人民出版社，2005。

李明明：《超越与同一：欧盟的集体认同研究》，上海人民出版社，2009。

李德顺：《价值论》，中国人民大学出版社，2007。

林丽：《职业身份认同赋能员工主动性行为机理研究》，中国社会科学出版社，2021。

林娜：《新世纪高校辅导员工作重点难点问题探析》，广西师范大学出版社，2007。

刘熠：《叙事视角下的大学公共英语教师职业认同建构研究》，外语教学与研究出版社，2011。

〔美〕罗洛·梅：《人寻找自己》，冯川、陈刚译，贵州人民出版社，1991。

马一波、钟华：《叙事心理学》，上海教育出版社，2006。

〔澳〕迈克尔·A. 豪格、〔英〕多米尼克·阿布拉姆斯：《社会认同过程》，高明华译，中国人民大学出版社，2011。

孟东方：《高校辅导员学》，人民出版社，2019。

〔美〕诺曼·K. 邓金：《解释性交往行动主义：个人经历的叙事、倾听与理解》，周勇译，重庆大学出版社，2004。

〔英〕齐格蒙特·鲍曼：《共同体》，欧阳景根译，江苏人民出版社，2007。

〔美〕乔治·H. 米德：《心灵、自我与社会》，赵月瑟译，上海译文出版社，2005。

曲建武、熊晓梅、张伯威：《辅导员工作学》，辽宁大学出版社，2007。

阮成武：《主体性教师学》，安徽大学出版社，2005。

沙莲香主编《社会心理学》，中国人民大学出版社，2002。

沈壮海：《思想政治教育有效性研究》（第二版），武汉大学出版社，2008。

孙其昂：《思想政治教育学前沿研究》，人民出版社，2013。

王成兵：《当代认同危机的人学解读》，中国社会科学出版社，2004。

王枬等：《教师发展：从自在走向自为》，广西师范大学出版社，2009。

王若水：《在哲学战线上》，人民出版社，1980。

王跃生：《没有规矩不成方圆》，三联书店，2000。

〔俄〕雅科布松：《情感心理学》，王玉琴译，黑龙江人民出版社，1988。

〔德〕雅斯贝尔斯：《什么是教育》，邹进译，三联书店，1991。

杨国荣：《理性与价值——智慧的历程》，三联书店，1998。

杨芷英、王希永：《思想政治教育心理学》，首都师范大学出版社，1999。

俞可平：《社群主义》，中国社会科学出版社，1998。

〔美〕约翰·杜威：《确定性的寻求：关于知行关系的研究》，傅统先译，上海人民出版社，2005。

〔澳〕约翰·特纳：《自我归类论》，杨宜音等译，中国人民大学出版社，2011。

张宏：《大学生职业价值观教育体系研究》，黑龙江大学出版社，2015。

张彦：《思想政治教育主体性研究》，广东人民出版社，2006。

张耀灿、徐志远：《现代思想政治教育学科论》，湖北人民出版社，2003。

张耀灿、郑永廷、吴潜涛、骆郁廷等：《现代思想政治教育学》，人民出版社，2006。

张再兴等：《高校辅导员队伍建设理论与实践》，人民出版社，2010。

郑杭生主编《社会学概论新修》（第三版），中国人民大学出版社，2003。

周晓虹主编《中国中产阶层调查》，社会科学文献出版社，2004。

邹进：《现代德国文化教育学》，山西教育出版社，1992。

四 学位论文类

薄艳玲：《高师生教师职业认同研究——以广西师范大学思想政治教育专业为例》，硕士学位论文，广西师范大学，2008。

陈筱云：《高校辅导员职业能力培养研究——以 S 高校为例》，硕士学位论文，江西师范大学，2015。

单丹丹：《城市流动儿童社会身份认同及其对心理健康的影响》，硕士学位论文，陕西师范大学，2011。

丁淑兰：《高校辅导员工作压力、组织支持感、职业承诺的关系研究》，硕士学位论文，浙江大学，2010。

杜娟：《高校辅导员职业行为能力现状分析及对策研究》，硕士学位论文，西南大学，2008。

付幸幸：《员工职业期望影响因素及作用效果研究》，硕士学位论文，山东大学，2014。

耿品：《高校专职辅导员角色冲突与调适研究》，博士学位论文，北京科技大学，2020。

宫淑燕：《新生代知识员工自我认同对组织行为的作用机理研究》，博士学位论文，西北工业大学，2015。

李静：《现代性视域下的自我认同研究》，硕士学位论文，山西大学，2014。

李晓娟：《高校辅导员工作学基本问题研究》，博士学位论文，西南大学，2012。

李彦花：《中学教师专业认同研究》，博士学位论文，西南大学，2009。

李媛：《高校辅导员职业生涯管理的问题与对策》，硕士学位论文，湖南师范大学，2012。

刘世勇：《高校辅导员职业认同研究》，博士学位论文，中国地质大学，2014。

刘颖：《区域教师虚拟实践共同体支持平台研究》，硕士学位论文，西南大学，2013。

路楠：《高校辅导员专业化建设研究》，硕士学位论文，沈阳航空大学，2010。

吕晓兰：《职业流动视角下的收入决定研究》，博士学位论文，浙江大学，2014。

马静华：《从Z校中学教师的职业体验看学校管理——一种"下位"视角的教师人性管理研究》，硕士学位论文，华东师范大学，2003。

潘杨：《高校教师职业认同、组织认同与创新行为研究》，博士学位论文，西南财经大学，2014。

史洪波：《社会工作者的职业流动研究》，硕士学位论文，华中农业大学，2013。

史仁民：《高校辅导员专业发展研究》，博士学位论文，辽宁师范大学，2014。

苏丽萍：《江苏省高校教师职业认同现状及影响因素研究》，硕士学位论文，苏州大学，2010。

孙丽娟：《高校辅导员博士生的培养研究——基于就读经验的调查》，硕士学位论文，南京师范大学，2014。

王凤佐：《员工对上级的社会支持的感知及其对工作压力感的影响》，硕士学位论文，大连理工大学，2004。

王慧英：《我国高校教师流动政策研究——基于制度分析的视角》，博士学位论文，东北师范大学，2012。

王珊：《高校辅导员职业价值观研究》，硕士学位论文，大连理工大学，2010。

王杨：《高校青年辅导员的职业体验研究》，硕士学位论文，华东师范大学，2008。

王莹：《辅导员学习共同体建设研究》，硕士学位论文，浙江工业大学，2012。

王玉华：《非英语专业大学生自我认同变化与其英语学习策略选择的相关研究》，硕士学位论文，湖北大学，2006。

韦岚：《社会转型视域下的个体自我认同研究》，博士学位论文，上海大学，2013。

魏伟：《论高校辅导员职业认同》，硕士学位论文，西南大学，2009。

向伟：《新时代高校辅导员素质及提升策略研究》，博士学位论文，湖南师范大学，2020。

谢谦宇：《民办社会工作机构社会工作者职业认同过程研究——基于扎根理论研究方法的应用》，硕士学位论文，首都师范大学，2013。

徐晓宁：《中小学教师职业压力、社会支持与职业倦怠的关系》，硕士学位论文，东北师范大学，2005。

徐艳国：《思想政治教育政策环境论》，博士学位论文，中南大学，2010。

宣丹平：《生态取向下高校辅导员虚拟实践共同体培育研究》，硕士学位论文，浙江师范大学，2012。

薛晓晨：《小学班主任成就感的特点及影响因素的研究》，硕士学位论文，南京师范大学，2014。

严玉梅：《高校教师职业认同、工作满意度与离职意向的关系研究》，硕士学位论文，湖南师范大学，2008。

杨铎：《高校辅导员职业路径拓展研究》，硕士学位论文，天津科技大学，2014。

杨志超：《关于职业认知技能训练的教学系统化设计模型研究与应用》，硕士学位论文，四川大学，2007。

叶绍灿：《高校辅导员职业生涯规划研究》，博士学位论文，合肥工业大学，2015。

张兰：《教师实践共同体建构研究》，硕士学位论文，西南大学，2010。

张立鹏：《应然·实然·适然：我国高校辅导员角色的三维考量》，博士学位论文，河北师范大学，2015。

张淑梅：《高校辅导员职业认同研究》，硕士学位论文，华东师范大学，2011。

张文浩：《中国高校辅导员职业化问题研究》，硕士学位论文，吉林大学，2014。

张元强：《发展前景与辅导员职业价值观的关系研究》，硕士学位论文，湖南师范大学，2015。

赵翠兰：《精神追寻：农民工子女的语言与自我认同》，博士学位论文，南京师范大学，2011。

赵海丰：《高校辅导员制度的演进与发展趋势研究》，博士学位论文，辽宁大学，2014。

赵健：《学习共同体——关于学习的社会文化分析》，博士学位论文，华东师范大学，2005。

赵猛：《社会工作者的职业认同现状及影响因素研究》，硕士学位论文，山东大学，2013。

赵炜：《军队综合大学本科学员自我同一性研究》，硕士学位论文，国防科学技术大学，2008。

赵岩：《高校辅导员职业认同、职业自我概念和职业倦怠的关系研究》，硕士学位论文，哈尔滨师范大学，2013。

赵志飞：《江苏省高中体育教师自我职业认同现状与影响因素调查分析》，硕士学位论文，扬州大学，2011。

周嘉楠：《职业共同体视角下的高校辅导员职业化发展研究》，硕士学位论文，华东政法大学，2010。

周珂：《中学体育教师职业认同研究》，博士学位论文，河南大学，2010。

朱影影：《民办高校辅导员归属感培养研究》，硕士学位论文，郑州大学，2013。

左娟娟：《高校辅导员专业化建设研究》，硕士学位论文，河北大学，2015。

五　期刊论文类

安秋玲：《社会工作者自我职业认同的影响因素》，《华东理工大学学报》（社会科学版）2010年第2期。

贝格尔：《社会流动性之一：个人流动性现代外国哲学》，《社会科学文摘》1965年第11期。

蔡辰梅、刘岩：《变革社会中教师自我认同的资本困境及其突破》，《教师教育研究》2014年第4期。

巢传宣：《辅导员职业认同的应为、难为与有为》，《中国职业技术教育》2010年第10期。

陈祥丽、张乐华、杨昭宁：《护士职业认同量表的编制》，《中国健康心理学杂志》2007年第12期。

陈向明、王富伟：《高等学校辅导员双线晋升悖论——一项基于扎根理论的研究》，《教育研究》2021年第2期。

陈永进、张昊、江雪、曹晶：《特殊教育教师反思对职业倦怠的影响——以四川、重庆部分特殊教育教师为例》，《中国特殊教育》2014年第6期。

陈勇、朱平：《高校辅导员需要什么样的专业背景？——辅导员专业背景观辨析》，《思想理论教育导刊》2014年第11期。

陈勇、朱平、李永山：《论高校辅导员日常思想政治教育能力标准的完善——基于〈高等学校辅导员职业能力标准（暂行）〉的思考》，《思想理论教育》2019年第7期。

储兆晶、王冰洁：《高校辅导员职业认同研究》，《河南理工大学学报》（社会科学版）2020年第1期。

崔新建：《文化认同及其根源》，《北京师范大学学报》2004年第4期。

杜建政、夏冰丽：《自豪的结构、测量、表达与识别》，《心理科学进展》2009年第4期。

方宏建：《关于推进高校辅导员队伍职业化、专业化建设的几点思考》，《高校辅导员》2011年第1期。

冯帮、王曼：《社会阶层化背景下幼儿教师职业地位分析》，《国家行政学院学报》2006年第1期。

冯刚、王鹏云：《新时代高校辅导员职业文化建设的价值意蕴及实现路径》，《西北工业大学学报》（社会科学版）2019年第2期。

高玖伟：《论高校辅导员职业化进程中的职业能力开发》，《学校党建与思想教育》2009年第26期。

龚伟、张正光：《高校辅导员职业认同机制建构——基于施恩职业发展运动形式理论的视角》，《思想理论教育》2017年第2期。

郭金山：《西方心理学自我同一性概念的解析》，《心理科学进展》2003年第11期。

郭小艳、王振宏：《积极情绪的概念、功能与意义》，《心理科学进展》2007年第5期。

韩春红：《增强新时期高校辅导员职业认同感的对策研究》，《洛阳大学学报》2007年第3期。

韩震：《现代性与认同问题的思考》，《学习与探索》2004年第6期。

何春华、张梦丽、陈辉：《大学生就业专业不对口的现状与分析》，《人力资源管理》2011年第6期。

胡建新：《关于高校辅导员专业发展的若干思考》，《教育研究》2009年第10期。

胡萨：《反思：作为一种意识》，《教育研究》2010年第1期。

胡小爱：《高校辅导员职业认同研究述评》，《济南职业学院学报》2015年第4期。

胡燕生：《高校辅导员职业情感的生成与培育》，《湖北师范学院学报》（哲学社会科学版）2013年第1期。

胡友志：《论高校辅导员的实践性知识——兼论知识层面的高校辅导员专业化》，《当代教育论坛》2009年第2期。

黄大周：《高校辅导员共同体建设研究》，《求知导刊》2015年第4期。

黄菊、黄祥嘉：《试论高校辅导员的职业认同与专家化》，《学校党建与思想教育》2008年第12期。

蒋美、曾志嵘：《优秀辅导员群体的职业认知现状与思考》，《教育探索》2014年第2期。

蒋晓虹：《教师职业认同程度和教师职业发展》，《东北师大学报》（哲学社会科学版）2012年第1期。

雷洪、朱岭：《国营大中型企业工程技术人员劳动组织归属感及其相关因素分析》，《社会学研究》1995年第3期。

李春英、丛培江：《中小学教师的职业认同与社会认同及其关联》，《教育探索》2011年第3期。

李凡：《高校辅导员专业化发展评估与分析——基于上海10所本科院校辅导员的抽样调查》，《思想理论教育》2016年第10期。

李慧敏、雷庆：《由"教化"到"内生"的教育——探求安东尼·吉登斯自我认同理论的教育意义》，《教育研究与实验》2006年第1期。

李金荣、孙境蔚：《新时代高校辅导员情绪劳动与主观幸福感关系研究》，《南京理工大学学报》（社会科学版）2019年第6期。

李琳琳、陆树程：《人本主义教育思想观照下高校辅导员素质能力提升探究》，《学校党建与思想教育》2021年第23期。

李茂荣：《实践共同体概念的转化与反思：基于文本的分析》，《教育学术月刊》2015年第7期。

李欧：《基于实践共同体视角的警察职业认同研究》，《湖南警察学院学报》2013年第1期。

李双贵：《面子：从中国传统等级观念看高校辅导员职业化发展》，《黑龙江高教研究》2009年第9期。

李湘萍、洪成文：《美国高校学生事务管理专业协会：历史、结构及功能》，《高等教育研究》2012年第8期。

梁广东：《职业能力提升视角下高校辅导员实践智慧探析》，《河北农业大学学报》（农林教育版）2016年第2期。

廖根深：《当代青年职业流动周期的研究——兼论当代中国青年职业发展的三个阶段》，《中国青年研究》2010年第1期。

刘刚、王秀阁：《高校辅导员主体意识的缺失与强化》，《学校党建与思想教育》2015年第4期。

刘鹤：《辅导员"教育、管理、服务"三项职能关系初探》，《重庆电子工程职业学院学报》2013年第1期。

刘健康：《高校辅导员职称评审需要平衡三对矛盾冲突》，《高校辅导员》2020年第5期。

龙春莉：《高校辅导员职业认同现状与对策分析》，《教育教学论坛》2015年第4期。

楼艳、韩宇瑄：《高校辅导员的职业发展需要与价值实现》，《高校辅导员学刊》2020年第4期。

罗尧成、朱永东：《学术沙龙：一种研究生教育课程实施形式》，《学位与研究生教育》2006年第4期。

马进：《社会认同是怎样进行的——种社会认同理论》，《甘肃理论学刊》2014年第1期。

马俊：《首都高校深度辅导工作开展情况调查研究》，《北京教育》（德育）2013年第11期。

马小红：《高校辅导员职业能力大赛的现状与提升策略》，《高校辅导员学刊》2015年第3期。

毛亚庆、鱼霞：《反思：教师职业生涯可持续发展的基础》，《天津师范大学学报》（基础教育版）2005年第1期。

钱广荣：《高校辅导员应具备三种职业意识》，《思想理论教育》2008年第21期。

任为新：《对杭州高校辅导员职业情绪的调查分析》，《杭州师范学院学报》（自然科学版）2006 年第 3 期。

邵会：《当代认同危机及其重建》，《北京师范大学学报》（社会科学版）2004 年第 4 期。

邵会、王坤庆：《现代性视域下教师自我认同的两难困境及其超越路径》，《贵州师范学院学报》2015 年第 5 期。

邵利明：《当前高校辅导员职业认同现状调查与研究》，《教育教学论坛》2012 年第 36 期。

施文辉：《浅论高校辅导员个体工作的错位与回归》，《学校党建与思想教育》2014 年第 3 期。

宋广文、魏淑华：《影响教师职业认同的相关因素分析》，《心理教育与发展》2006 年第 1 期。

孙海霞：《在劳动中实现自我认同——读〈1844 年经济学哲学手稿〉札记》，《山西农业大学学报》2013 年第 7 期。

孙利虎：《弗鲁姆期望理论视域下的教师激励现状分析》，《教学与管理》2011 年第 9 期。

汤国杰：《普通高校体育教师职业认同理论模型构建与实证研究》，《北京体育大学学报》2009 年第 3 期。

汪信砚：《全球化中的价值认同与价值观冲突》，《哲学研究》2002 年第 11 期。

王爱祥：《高校辅导员职业发展评估与分析——基于 E 校 2005—2015 年辅导员流动的实证研究》，《思想理论教育》2016 年第 3 期。

王德军：《人的自我及其实现》，《浙江社会科学》2006 年第 6 期。

王东明：《高校辅导员学习共同体构建策略探讨》，《高校辅导员学刊》2016 年第 2 期。

王刚山：《割裂与融合：高校辅导员日常思想政治教育与事务管理的困境与出路》，《昆明理工大学学报》（社会科学版）2021 年第 6 期。

王利：《高校辅导员胜任力现状与影响因素调查研究》，《中国农业教育》2013 年第 3 期。

王沛、刘峰：《社会认同理论视野下的社会认同威胁》，《心理科学进展》2007 年第 5 期。

王群星、刘佳：《高校辅导员职业意识的内涵与培育》，《高校辅导员学刊》2016 年第 5 期。

魏利、黄李琴：《高校辅导员职业意识初探》，《安徽警官职业学院学报》

2009 年第 3 期。

魏淑华：《影响教师职业认同的相关因素分析》，《心理发展与教育》2006 年第 1 期。

魏淑华、宋广文：《教师职业认同与离职意向：工作满意度的中介作用》，《心理学探新》2012 年第 6 期。

温艳红：《成人高校教师职业认同现状调查与分析》，《继续教育研究》2009 年第 1 期。

闻海平、张闻海：《职业价值观、职业自我效能与大学生择业意向的关系研究》，《中国成人教育》2009 年第 1 期。

吴冰：《基于"自我更新"发展理念的高校辅导员职业价值探讨》，《学校党建与思想教育》2009 年第 14 期。

吴建章、徐娅囡：《高校辅导员职业认同问题探析》，《高教论坛》2015 年第 11 期。

熊华军、李伟：《创造理性规定的近代大学学术职业》，《现代大学教育》2012 年第 2 期。

徐文雄、蒲伟、彭正霞：《高校辅导员工作满意度与归属感的关系研究》，《思想理论教育》2009 年第 5 期。

杨建义：《高校辅导员身份定位与建构》，《思想教育研究》2011 年第 1 期。

杨谨、季宜敬：《高校辅导员职业倦怠现象分析与对策》，《辽宁行政学院学报》2010 年第 1 期。

杨同卫、张新庆：《我国护士成就感调查分析》，《劳动保障世界》（理论版）2011 年第 1 期。

杨晓慧：《高校辅导员主体论探析》，《东北师大学报》2010 年第 6 期。

杨艳、张敏、冯婷、胡雪慧、苏景宽：《临床护士核心自我评价、工作满意度和离职倾向的关系》，《中国健康心理学杂志》2014 年第 4 期。

杨宜音：《"社会认同的理论与经验研究"工作坊召开研讨会》，《社会学研究》2005 年第 4 期。

姚上海、罗高峰：《结构化理论视角下的自我认同研究》，《理论月刊》2011 年第 3 期。

袁祖社：《"人是谁？"抑或"我们是谁？"——全球化与主体自我认同的逻辑》，《马克思主义与现实》2010 年第 2 期。

张炳武：《高校辅导员职业认同分析》，《合肥工业大学学报》（社会科学版）2008 年第 6 期。

张军凤：《教师的专业身份认同》，《教育发展研究》2007 年第 7 期。

张丽：《高校辅导员自我职业认同度研究》，《当代教育理论与实践》2014 年第 1 期。

张丽萍、陈京军、刘艳辉：《教师职业认同的内涵与结构》，《湖南师范大学教育科学学报》2012 年第 3 期。

张敏：《国外教师职业认同与专业发展研究述评》，《比较教育研究》2006 年第 2 期。

张艳萍、杨雪：《提升高校辅导员科研能力的对策研究》，《思想理论教育》2015 年第 11 期。

张意忠：《论教师职业情感的生成与培育》，《高等教育研究》2010 年第 5 期。

张莹瑞、佐斌：《社会认同理论及其发展》，《心理科学进展》2006 年第 3 期。

张永：《基于自我认同的职业认同研究取向》，《外国教育研究》2010 年第 4 期。

张正光：《辅导员博士培养的现状、困境及对策分析》，《高校辅导员学刊》2016 年第 3 期。

赵伟：《职业认同理论文献综述》，《合作经济与科技》2013 年第 17 期。

赵志裕、温静、谭俭邦：《社会认同的基本心理历程——香港回归中国的研究范例》，《社会学研究》2005 年第 5 期。

郑金鹏：《组织支持视角下高校辅导员行业协会发展现状与职业认同研究》，《重庆与世界》（学术版）2014 年第 10 期。

郑炯雯、郑全全：《在社会比较和时间比较中的自我认识》，《心理科学进展》2004 年第 2 期。

郑育琛：《高校辅导员职业认同与路径选择的质性研究》，《思想理论教育》2016 年第 11 期。

钟慧珍、周生江：《职业认同、工作压力与高校辅导员工作倦怠的关系》，《中国社会医学杂志》2012 年第 5 期。

周慧莲：《高校辅导员职业发展存在的问题及对策》，《学校党建与思想教育》2014 年第 17 期。

周继栋：《农村初中教师成就感缺失的成因与对策》，《吉林教育》2012 年第 1 期。

朱伏平、张宁俊:《职业认同与组织认同关系研究》,《商业研究》2010年第1期。

邹国振:《高校辅导员职业认同感培养的路径选择》,《高校辅导员学刊》2011年第5期。

邹积英:《高校辅导员职业认同的困境》,《辽宁师范大学学报》(社会科学版)2014年第5期。

六 英文著作类

Alan Thornton, *Artist, Researcher, Teacher: A Study of Professional Identity in Art and Education* (Bristol: Intellect, 2013), pp. 31, 135.

Clare Brooks, *Teacher Subject Identity in Professional Practice: Teaching with a Professional Compass* (New York, NY: Routledge, Taylor & Francis Group, 2016), pp. 128-130.

David Evans, *Occupational Identity and Welfare Reform: A Study of Caseworkers in the Cook County Department of Public Aid* (Ann Arbor, Mich.: UMI, 1976), pp. 16-19.

Katharina Glas, *Teaching English in Chile: A Study of Teacher Perceptions of Their Professional Identity, Student Motivation and Pertinent Learning Contents* (Frankfurtam Main: Peter Lang Edition, 2013), pp. 138-139.

Ling Li, *Constructing Teacher's Professional Identity in China and Canada: Life Stories in Context* (Saarbrücken: VDM Verlag Dr. Müller, 2008), p. 20.

Margaret J. Barr and Mary K. Desler, *The Handbook of Student Affairs Administration* (San Francisco: Jossey-Bass, 2000), p. 136.

S. B. Merriam, *Qualitative Research and Case Study Applications in Education* (San Francisco: Jossey-Bass. 1997), p. 216.

Ronnie Davey, *The Professional Identity of Teacher Educators: Career on the Cusp* (Abingdon, Oxon New York: Routledge, c2013), pp. 31-32, 38-39.

E. Wenger, *Communities of Practice: Learning, Meaning, and Identity* (New York: Cambridge University Press. 1998), p. 11, 145.

七 英文学术期刊类

D. Allen, L. Shore Rodger, and R. Griffeth, "The Role of Perceived Organizational Support and Supportive Human Resource Practices in the Turnover Process," *Journal of Management* 29, 1(2003): 99 -118.

Anna Reid, Dahlgren Lars Owe, Petocz Peter, and Dahlgren Madeleine Abrandt, "Identity and Engagement for Professional Formation," *Studies in Higher Education* 33, 6(2008): 729 -742.

Anne, M., Mara, C., Gaia, G. et al., "Sexual Harassment Under Social Identity Threat: The Computer Harassment Paradigm," *Journal of Personality and Social Psychology* 85, 5(2003): 853 -870.

S. Aryee and K. Tan, "Antecedents and Outcomes of Career Commitment," *Journal of Vocational Behavior* 40(1992): 288 -305.

Bartels, J., Peters, O., de Jong, M. et al., "Horizontal and Vertical Communication as Determinants of Professional and Organizational Identification," *Personnel Review* 39, 2(2010): 210 -226.

D. Beijaard, P. C. Meijer, and N. Verloop, "Reconsidering Research on Teachers' Professional Identity," *Teaching and Teacher Education* 20, 2(2004): 107 -128.

N. R. Branscombe, R. Spears, N. Ellemers, and B. Doosje, "Intragroup and Intergroup Evaluation Effects on Group Behavior," *Personality and Social Psychology Bulletin*, 28, 6(2002): 744.

Gretchen E. Brooke, "My Personal Journey Toward Professionalism," *Young Children* 49, 6(1994): 69 -71.

John Coldron and Robin Smith, "Active Location in Teachers' Construction of Their Professional Identity," *Journal of Curriculum Studies* 31, 6(1999): 711 -726.

S. Daan and E. Naomi, "When the Pressure Is up: The Assessment of Social Identity Threat in Low and High Status Groups," *Journal of Experimental Social Psychology* 41, 2(2005): 192 -200.

J. A. Dillabough, "Gender Politics and Conceptions of The Modern Teacher: Women, Identity and Professionalism," *British Journal of Sociology of Education* 20, 3 (1999): 373 -394.

Doug Hamman, Kevin Gosselin, Jacqueline Romano et al. , "Using Possible-selves Theory to Underst and the Identity Development of New Teachers, "*Teaching and Teacher Education* 26, (2010): 1349 −1361.

J. E. Dutton , J. M. Dukerich , C. V. Harquail, "Organizational Images and Member Identification, "*Administrative Science Quarterly* 39, 2(1994): 239 − 263.

Eisenberger, Robert, Armeli, Stephen, Rexwinkel, Barbara, Lynch, Patrick D. , and Rhoades, Linda, "Reciprocation of Perceived Organizational Support, " *Journal of Applied Psychology* 86, 1(2001): 42.

Eisenberger, R. , Huntington, R. , Hutchison, S. , Sowa, D. , "Perceived Organizational Support, "*Journal of Applied Psychology* 71, 2(1986): 500 −507.

Ellemers, N. , Spears, R. , Doosje, B. , "Self and Social Identity, " *Annual Review of Psychology* 53, 1(2002): 161 −186.

Ellemers, N. , "The Influence of Socio-structural Variables on Identity Management Strategies, "*European Review of Social Psychology* 4, 1(1993): 27 −57.

Fisher, R. J. and Wake, Field K. , "Factors Leading to Group Identification: A Field Study of Winners and Losers, "*Psychology and Marketing* 15, 1(1998): 23 −40.

Fugate, M. , Kinicki, A. J. , and Ashforth, B. E. , "Employability: A Psycho-social Construct, Its Dimensions, and Applications, " *Journal of Vocational Behavior* 65, 1(2004): 14 −38.

Gaziel, H. H. , "Sabbatical Leave, Job Burnout and Turnover Intentions among Teachers, " *International Journal of Lifelong Education* 14, 4(1995): 331 −338.

I. F. Goodson and A. L. Cole, " Exploring the Teacher's Professional Knowledge: Constructing Identity and Community, " *Teacher Education Quarterly* 21, 1(1994): 85 −105.

Hackman, J. R. and Oldham, G. R. , "Motivation Through the Design of Work: Test of a Theory, " *Organizational Behavior and Human Performance* 16(1976): 250 −279.

Haim H. Gaziel, "Sabbatical Leave, Job Burnout and Turnover Intentions among Teachers, " *International Journal of Lifelong Education* 14, 4(1995): 331 −338.

Hall, D. T. and Chandler, D. E. , "Psychological Success: When the Career Is a Calling, " *Journal of Organizational Behavior* 26, 2(2005): 155 −176.

Hogg, M. A. , van Knippenberg, D. , and Rast Ⅲ, D. E. , "The Social Identity Theory of Leadership: Theoretical Origins, Research Findings, and Conceptual

Developments," *European Review of Social Psychology* 23,1(2012):258 -304.

Holland, J. L. , Gottfredson, D. C. , and Power, P. G. , "Some Diagnostic Scales for Research in Decision Making and Personality: Dentity, Information, and Barriers, " *Journal of Personality and Social Psychology* 39(1980):1191 -1200.

Holland, John L. , Johnston, Joseph A. , Asama, N. Francis, "The Vocational Identity Scale: A Diagnostic and Treatment Tool, " *Journal of Career Assessment* 1,1 (1993):1 -12.

Inge Timostsuk and Aino Ugaste, "Student Teachers' Professional Identity, " *Teaching and Teacher Education* 26,8(2010): 1563 -1570.

Jennifer L. Cohen, "That's Not Treating You as a Professional: Teachers Constructing Complex Professional Identities Through Talk, " *Teachers and Teaching: Theory and Practice* 14,2(2008):79 -93.

Tajfel, H. , "Social Psychology of Intergroup Relations, " *Annual Review of Psychology* 33,1(1982):1 -39.

Tajfel, H. and Turner, J. C. , "An Integrative Theory of Intergroup Conflict, " *The Social Psychology of Intergroup Relations* 33,47(1979):33 -47.

Turner, J. C. , "Social Categorization and the Self – concept: A Social Cognitive Theory of Group Behavior, " *Advances in Group Processes* 2,2(1985):77 -122.

附 录

附录1　辅导员职业认同访谈提纲

我的研究课题是高校辅导员职业认同。这次访谈也主要围绕高校辅导员职业认同的相关问题展开，您的回答没有对错之分，真诚希望您能就自己的真实工作经历与感受和我一同分享。我本人也是一名辅导员，深刻理解您作为一名高校辅导员的辛苦与忙碌，非常感谢您在百忙之中抽出时间接受我的访谈。通过讲述学生工作方面的故事，您或许对自身的职业认同发展能有更深刻的理解，我也非常愿意和您成为朋友，交流学生工作方面的体会。在整个研究过程中，我会严格遵守学术道德规范，保守秘密，不泄露您的真实姓名与身份，研究报告将使用虚拟的人名。谢谢！

一　职业认知部分

1. 您做辅导员之前对辅导员有什么印象，当初您找工作时，对将要选择的工作单位的性质有什么要求？对将要选择的职业有什么要求？为什么会选择辅导员作为您的职业呢？您经过了哪些程序被聘为辅导员？

2. 您是怎么逐渐熟悉辅导员业务的？现在对辅导员的印象又是什么？

3. 您认为自己在辅导员实际工作中扮演什么样的角色？为什么？您对自己的权利与义务清楚吗？为什么？

4. 您能谈谈辅导员的职业特点吗？您觉得辅导员和高校其他群体的区别在哪里？

5. 您认为辅导员工作包括哪些内容？这些工作内容间的关系是什么？辅导员最核心的工作是什么？

6. 您认为自己适合当辅导员吗？您做辅导员的最大优势和不足是什么？您能谈谈一名合格的辅导员需要掌握哪些知识和技能吗？您对《高等学校辅导员职业能力标准（暂行）》怎么理解？您现在的知识结构和能力能满足辅导员工作的需要吗？您认为提高辅导员自身素质和能力的有效途径有哪些？

7. 您认为在高校与专业教师、行政管理人员相比，辅导员的地位如何？为什么会是这样？

8. 您对辅导员职业道德怎么理解？

9. 您觉得辅导员工作的价值是什么？当辅导员能够实现您自身的价值吗？为什么？

二　职业情感部分

1. 按照现有的管理体制，辅导员需要接受多个不同部门的领导和管理，同时还要承担学院给辅导员安排的行政事务及日常事务，考核一般在学生处，评职称一般要在本人专业所在学院，职务上的晋升又有可能在别的部门，作为辅导员，您有归属感吗？归属感在哪里？为什么？

2. 工作遇到困难或感到苦恼时，最想获得谁的帮助？您乐意和同事们就工作中的问题进行交流与探讨吗？为什么？学院其他辅导员对您工作的理解和支持程度如何？您的直接领导平时会分配什么样的任务给您？您的直接领导尊重辅导员提出的不同意见与异议吗？您能说出一两件具体事例吗？学院其他职能部门的老师支持您的工作吗？

3. 在人际交往中，您会因为自己在大学工作而感到自豪吗？您是以大学老师还是辅导员的身份介绍自己？为什么？您会把自己的发展和辅导员职业的发展结合起来吗？为什么？

4. 您工作中有成就感吗？来自哪里？

5. 除了前面您已经提到的，您还能谈谈您现在对这份职业的综合感受和体验吗？

三　职业意志部分

1. 当您工作不顺利时，您会怎么办？遇到挫折时您会后悔选择辅导员这个职业吗？

2. 与您同年入职辅导员的同事升职了，而您却还在原来的位置上，您认为原因是什么？您有什么感受？对您继续从事辅导员有什么影响？

3. 与您同年进学校的辅导员有转岗的吗？他们转岗对您继续从事辅导员有什么影响？

4. 您校有辅导员转岗的相关政策吗？辅导员们转岗一般的途径是什么？您能谈谈贵校辅导员的转岗情况吗？

5. 如果有机会，您会考虑换一个工作岗位吗？您最希望转到本校哪一类型岗位？您为转岗做准备了吗？如果本校转岗不成，您会考虑离开本校另找工作单位吗？为什么？

四　职业行为部分

1. 您日常工作有目标吗？是什么？您平时的职业行为都围绕着什么样的指标进行？您认为自己是指令性的职业行为多还是主动的职业行为多？为什么？

2. 贵校要求的辅导员职业行为有哪些？您都能做到吗？学校、直属领导交给的任务您都能按时完成吗？哪项工作花费您的工作时间最多？为什么？对您来说现有工作量是否合适？如果工作量超载您会怎么办？有人称辅导员为"保姆"，那么学生的所有事情您都要亲力亲为吗？是什么导致的？

3. 有人认为"辅导员有很多工作做与不做或做多与做少，是看不出的"，您周围辅导员对具有"显性特点的"工作和"隐性特点的"工作一般是如何处理的？

4. 学生工作有的方面虽然学校要求了，但没有办法量化考核，在工作中您怎么处理量化考核内容与非量化考核内容的关系？

5. 您怎么理解职业反思？您通过什么途径进行职业反思？

6. 贵校为辅导员提供的业务培训有哪些？您乐意参加这些业务学习吗？其他辅导员呢？为什么？您能谈谈最近三年参加培训的情况吗？您从中有什么收获吗？

7. 您对辅导员素质能力大赛有什么看法？您愿意参加吗？其他辅导员呢？为什么？

8. 您平时阅读与学生工作或辅导员相关的文章或书吗？都在什么情况下阅读？为什么？

9. 您参加过和辅导员相关的职业资格证书（心理咨询师资格证、职业指导师资格证）的培训吗？您获取了哪些资格证？您是主动获取的还是学校要求的？您获取的目的是什么？

10. 您怎么处理辅导员日常工作、教学、科研三方面的关系？您从事辅导员工作期间发表过多少篇学术论文？什么专业方面的？什么级别的？在什么情况下发的？其他同事呢？出现这种状况的原因是什么？那么您对申请学术课题感兴趣吗？其他同事呢？为什么？

11. 在学生工作中，您会积极创新自己的工作方法或工作模式吗？为什么？

12. 您知道哪些辅导员职业组织？贵校有这些组织吗？您参加过任何官方或非官方的辅导员职业组织（协会、工作室）吗？为什么？

附录 2　基本信息调查问卷

姓名：

性别：

年龄：

工作单位：

教育背景：

从事辅导员工作年限：

职称：

职务或职级：

分管学生人数：

所获奖励：

您的联系方式：

电子邮件：

电话：

附录3 《首都师范大学关于申报专职学生思想政治教育高级职务基本条件的规定》

关于印发《首都师范大学关于申报专职学生思想政治教育高级职务基本条件的规定》的通知

各分党委、党总支、直属党支部、党委各职能部门：

《首都师范大学关于申报专职学生思想政治教育高级职务基本条件的规定》经党委常委第125次会议讨论通过，现予以印发，请遵照执行。

中共首都师范大学委员会
2005年6月30日

首都师范大学关于申报专职学生思想政治教育高级职务基本条件的规定

申报专职学生思想政治教育教授基本条件

本基本条件适用于在职在岗的专职学生思想政治教育教师。具体范围包括：院、系专职学生工作干部，学校主管学生思想政治工作等部门（学生处、团委、研究生部）中专职从事学生思想政治教育的人员。

一、热爱教育事业，具有良好的思想政治素质和职业道德，遵纪守法，履行岗位职责，历年考核合格。

二、具备《教师职务试行条例》规定的副教授任职年限，履行学生思想政治教育副教授职责；评聘所规定的外语、教育技术考试成绩合格。1960年1月1日后出生的教师应具有硕士学位。

三、具有较高的政治理论水平和思想道德素质，具备较强的思想政治教育理论知识及实践经验，胜任党团、学生思想政治教育、学生日常管理、招生、就业等工作。

四、承担学生思想政治教育等方面课程的教学或主持辅导工作，效果良好。

五、在核心刊物上发表论文6篇（其中结合本职工作的论文2篇），并获得与此相当的其他形式的科研成果。

六、上述规定中论文计算"独立完成"或"第一作者"，其中1篇权威核心期刊论文可折合成2篇核心期刊论文计算。

七、上述各条均应为任现职以来所完成。

申报专职学生思想政治教育副教授基本条件

本基本条件适用于在职在岗的专职学生思想政治教育教师。具体范围包括：院、系专职学生工作干部，学校主管学生思想政治工作等部门（学生处、团委、研究生部）中专职从事学生思想政治教育的人员。

一、热爱教育事业，具有良好的思想政治素质和职业道德，遵纪守法，履行岗位职责，历年考核合格。

二、具备《教师职务试行条例》规定的讲师任职年限，履行学生思想政治教育讲师职责；评聘所规定的外语、教育技术考试成绩合格。1960年1月1日后出生的教师应具有硕士学位。

三、具有较高的政治理论水平和思想道德素质，具有较强的学生思想政治教育理论知识及实践经验，胜任党团、学生思想政治教育、学生日常管理、招生、就业等工作。

四、承担学生思想政治教育等方面课程的讲授或辅导工作，效果良好。

五、公开发表论文不少于5篇（其中核心刊物上发表的论文不少于2篇，结合本职工作发表的论文2篇）。

六、上述规定中论文计算"独立完成"或"第一作者"，其中1篇权威核心期刊论文可折合成2篇核心期刊论文计算。

七、上述各条均应为任现职以来所完成。

本规定自公布之日起施行，由人事处负责解释。其中有关科研类项目、奖励的认定由科技处负责解释；有关教学类项目、奖励的认定由教务处负责解释。

主题词：党委　教师　职务　规定　通知

主送：校党政领导，各分党委，党总支，直属党支部。

抄报：中共北京市委办公厅，中共北京市委教育工委，北京市教委。

首都师范大学学校办公室
2005年6月30日印发

附录4 东华大学2015年学生思想政治教育教师正高级职务聘任申报材料一览表

序号	部门	姓名	最高学历	最后学位（授予时间）	任中级时间	外语证书	计算机证书	奖励、考核情况
1	管理学院	×××	博士研究生	博士（2011年6月）	2002年10月	博士研究生毕业免	已获副高级职称免	个人所获奖励： 2004 上海市精神文明建设优秀组织者 所带团体所获奖励： 2008年：东华大学学生处获上海市教育系统巾帼文明示范岗（100个）； 2009年：东华大学研究生党员自我教育与管理中心获上海市教卫党委系统基层党建优秀创新三等奖； 2010年：获2项东华大学教学成果二等奖； 2011年：《坚持六个并举，深入开展"十个一"活动，提升研究生综合素质》获教育部高校校园文化建设优秀成果二等奖 考核情况： 2003年：优秀； 2004年：优秀； 2005年：优秀； 2006年：优秀； 2007~2008学年：合格；

续表

序号	部门	姓名	最高学历	最后学位（授予时间）	任中级时间	外语证书	计算机证书	奖励、考核情况
								2008~2009 学年：合格；
								2009~2010 学年：合格；
								2010~2011 学年：合格；
								2011~2012 学年：合格；
								2012~2013 学年：合格；
								2013~2014 学年：合格；
								2014~2015 学年：合格

发表论文、科研项目

论文：

2007 年 11 月　论文《实施"研究生德育关怀工程"的实践探索》（第一作者）发表于《中国高等教育》；

2009 年 9 月　论文《大学生民族宗教政策教育现状分析及对策研究》（第一作者）发表于《思想理论教育》；

2009 年 11 月　论文《抓队伍建设促德育实效——东华大学研究生思想政治教育实践与探索》（第一作者）发表于《思想教育研究》；

2009 年 12 月　论文《构建研究生职业发展教育体系的实践与探索》（第二作者）发表于《学位与研究生教育》；

2009 年 12 月　论文《充分发挥研究生"三助"的德育功能》（第二作者）发表于《思想教育研究》；

2010 年 7 月　论文《"人的全面发展"视域下的高校帮困育人体系创新》（第一作者）发表于《思想教育研究》；

2010 年 10 月　论文《加强大学生党组织建设的路径探索》（第一作者）发表于《学校党建与思想教育》；

2010 年 12 月　论文《导师对研究生的思想教育工作探索》（第一作者）发表于《黑龙江高教研究》；

2011 年 5 月　论文《"双引工程"在研究生思想政治教育中的应用研究》（第一作者）发表于《思想理论教育》；

2011 年 6 月　论文《高校帮困助学中义利观教育研究》（第一作者）发表于《学校党建与思想教育》；

续表

序号	部门	姓名	最高学历	最后学位（授予时间）	任中级时间	外语证书	计算机证书	奖励、考核情况
								课题： 2007年6月至2008年12月　主持上海学校德育决策咨询课题：研究生思想政治教育有效性和针对性研究（排名第一）； 2008年6月至2008年12月　参与上海市科教党委、教委重大德育决策咨询课题：新形势下对大学生进行民族宗教政策教育思路研究（排名第二）； 2009年4月至2009年12月　参与上海学校德育实践咨询课题：大学生宗教政策教育策略研究（排名第二）； 2009年11月至2010年1月　主持上海学校德育实践研究课题：融人文利观教育的三维帮困育人模式（排名第一）； 2009年12月至2010年3月　主持上海市学生德育发展中心"德育创新发展"系列重点委托研究课题："双引工程"的机制化选择与研究生思想政治教育（排名第一）； 2010年3月至2010年12月　主持上海学校德育实践研究课题：全人教育理念下的大学生创业教育研究（排名第一）； 2010年7月至2012年6月　参与上海市阳光计划课题：培养机制改革下研究生协同研究（排名第二）； 2014年5月至2014年12月　主持上海市教卫党委系统党建研究课题：创新高校二级学院服务型党组织建设载体的研究（排名第一）。 主要编撰： 2009年8月　《步人大学——大学生学习、生活、职业发展指导》（第十二版），上海交通大学出版社（第三主编）； 2010年5月　《探索·实践·创新——东华大学思想政治教育工作案例选编》，东华大学出版社（副主编）； 2010年8月　《步人大学——大学生学习、生活、职业发展指导》（第十三版），上海交通大学出版社（第二主编）； 2015年8月　《大学生创新教育价值研究》，东华大学出版社（独立著作者） 科研奖励： 2007年《建立研究生党员教育与管理长效机制的实践》获第三届上海高校学生辅导员论坛研究成果二等奖（排名第一）； 2009年《新形势下对大学生进行民族宗教政策教育策略研究》获高校德育创新发展研究成果（2009年）二等奖（排名第二）； 2009年《大学生民族宗教政策教育现状分析及对策研究》获第五届上海高校学生辅导员论坛征文二等奖（排名第二）； 2010年《大学生宗教政策教育策略研究》获高校德育创新发展研究成果（2010年）二等奖（排名第二）； 2010年《"双引工程"的机制化选择与研究生思想政治教育》获高校德育创新发展研究成果（2010年）三等奖、首届全国"研究生思想政治教育工作研究"征文特等奖（排名第一）

附录 5　太原理工大学辅导员职级制待遇与职级认定办法

第十三条　实行辅导员岗位职级制，共分五级，一级为最高级，其中四级到一级分设两档（见表1）。校内岗位津贴，五级对应管理岗位六级二档，四级二档对应管理岗位六级一档，此后每档级差为五千元。住房等福利待遇参照行政（管理岗）六至二级相应职级执行。

表1　辅导员岗位职级设置、年限和晋升条件

职级	五级	四级		三级		二级		一级	
档次		Ⅱ档	Ⅰ档	Ⅱ档	Ⅰ档	Ⅱ档	Ⅰ档	Ⅱ档	Ⅰ档
晋级年限	3	2	2	3	3	3	3	3	
晋升条件	1次优秀	1次优秀	1次优秀	1次优秀	2次优秀	1次优秀	2次优秀	2次优秀	两年1次优秀

第十四条　辅导员职级认定办法：

一、连续从事辅导员工作满3年、7年、13年、19年，考核符合相应要求（晋升条件）可分别进入四级、三级、二级、一级辅导员岗位的Ⅱ档；在本级Ⅱ档连续工作分别满2年、3年、3年、3年，考核符合相应要求（晋升条件）的可进入Ⅰ档。

不满足晋升条件的可顺延，顺延年度考核达到晋升条件的可晋档或晋级。顺延3年仍达不到晋升条件，且考核成绩平均不达优良的，降低一档使用；职级达到一级Ⅰ档后，须每两年考核成绩有一次优秀或考核平均成绩达到优良，不符合要求则降低一档使用。

学校另行制度辅导员考核方法，考核工作由学工部（处）、人事处会同学院共同完成。

二、新聘毕业研究生辅导员试用期为一年，试用期间职级为五级；试用期满，考核成绩合格的硕士、博士研究生可分别晋升为四级、三级的Ⅱ档。此后按本条第一款有关规定执行。

三、学校鼓励教师、干部从事辅导员工作。符合任职资格，从学校其他岗位转到辅导员岗位的，科员（工作满一年）进入辅导员五级岗位，副科/助教、正科/讲师、副处/副教授、正处/教授，分别对应进入辅导员职

级的四级、三级、二级、一级岗位Ⅱ档。工作满一年，考核成绩达优良及以上的晋升一档。此后，按本条第一款有关规定执行。

四、正、副处级调研员欲从事辅导员工作，经本人申请，学习批准后分别进入一级Ⅱ档、二级Ⅱ档岗位，工作满一年，考核成绩达优良及以上的可分别进入一级Ⅰ档、二级Ⅰ档。此后，按本条第一款有关规定执行。

第十五条　调离辅导员岗位的，从调离的下一个月起不再享受辅导员职级待遇。

后 记

　　本书是在本人博士学位论文及教育部人文社会科学研究专项任务项目（高校辅导员研究）"高校辅导员抗逆力提升研究"基础上修改形成的。我非常幸运能有读博和作为教育部人文社会科学研究专项任务项目（高校辅导员研究）负责人的机会。然而，对于拖家带口又有工作的我，读博过程曲折艰辛，记得读博最后一年，由于身体虚弱，每天都处于皮肤过敏状态，过敏药喝到无奈，那段时间，那种感觉，记忆犹新。

　　但博士阶段的学习不光是体会艰辛、曲折的过程，其中的收获没有经历过是很难体会的。收获之一，我遇见了我的导师田国秀老师，她引导我用社会学的理论、方法研究思想政治教育现象，拓宽了我的学术视野。田老师为我的论文倾注了极大的耐心与精力，从博士学位论文选题到框架设计再到最后的完稿，不厌其烦多次指导，田老师的收徒之恩与教诲之情，我此生难忘！此外，我家里事多，身体不好，又有工作干扰，博士学位论文写作困难重重，田老师温暖的关怀与适时的鼓励助我面对困难与挫折继续前行。在此，无法形容对田老师的感激之情！

　　收获之二，在我求学路上，母校王淑芹老师、杨芷英老师、高峰老师、沈永福老师、聂月岩老师等给予无私的指点与帮助，感谢他们在开题、预答辩、答辩时给予的建设性意见！此外，领略了王树荫老师、刘建军老师、张润枝老师、王易老师、陈勇老师等思想政治教育界名师的学术风采，感谢这些老师在论文开题、预答辩、答辩时给我提出的宝贵意见！

　　收获之三，勇敢地探索。记得论文开题后，我曾想过要换题，我非常害怕论文难以完成。原因之一是要调研北京、山西、上海三个地方的辅导员，工作量与难度一眼可见；原因之二是我初次接触质性研究的方法，能不能用好，我心里没底；原因之三是关于职业认同的建构理论，我梳理了好长时间都没理顺，我想跳出别人以前的研究圈子，不炒别人的冷饭，我没有自信；原因之四是我自身愚钝，家里事多，又没人能帮上忙，对论文写作我没有把握。在这种种面前，我退缩了，整整半年，我身体不好，论文工作也放了半年。我曾多次想过放弃，最终坚持下来得益于田老师的鼓励、家人的支持以及心中那份不灭的求学热情。半年之后，我看书、梳理文献，开始访谈辅导员，收获越来越多，这时关于职业认同的建构理论也使我茅塞顿开，所以勇敢地探索、勇敢地面对是博士学位论文写作的又一收获。

收获之四，我在访谈时结识了很多辅导员朋友，他们是我的良师益友，如果我不做这方面的研究或不用质性研究方法，可能这辈子我和他们无缘相识，感谢他们的配合，否则也不会成就我的博士学位论文及教育部人文社会科学研究专项任务项目（高校辅导员研究）。

收获之五，我在博士学位论文研究基础上，申报成功并完成了教育部人文社会科学研究专项任务项目（高校辅导员研究）"高校辅导员抗逆力提升研究"。

感谢首都师范大学马克思主义学院、政法学院所有任课教师和行政老师的热情帮助！

感谢高淑琴博士、李丽娜博士、李娅娌博士、薛颖博士、蔡萍博士等对我毕业论文的指导和帮助！

感谢我的爱人刘荣臻博士，他陪我东奔西跑到处调研，让我不再一个人面对论文调研的艰难；感谢我太原科技大学的同事们，他们为了我能在北京、山西、上海找到合适的访谈对象，动用各种人际关系；感谢我的父母，他们让我感到温暖；感谢我的儿子，他常用甜言蜜语逗我开心。

攻读博士学位是一件非常不容易的事情，在老师、家人、同学、朋友、同事的陪伴与帮助下，我终于走完了这不算太短却很艰难的求学旅程，在今后的日子里唯有勤勉为学、踏实做事、诚恳为人来回馈老师们的教诲与亲朋好友的情义。

图书在版编目（CIP）数据

高校辅导员职业认同研究：基于京、晋、沪三地高校辅导员的访谈调查／樊艳丽著．--北京：社会科学文献出版社，2022.12
　ISBN 978-7-5228-1282-3

Ⅰ.①高… Ⅱ.①樊… Ⅲ.①高等学校-辅导员-工作-研究 Ⅳ.①G645.1

中国版本图书馆CIP数据核字（2022）第247790号

高校辅导员职业认同研究
——基于京、晋、沪三地高校辅导员的访谈调查

著　　者／樊艳丽

出 版 人／王利民
责任编辑／吴　超
文稿编辑／张真真
责任印制／王京美

出　　版／社会科学文献出版社·人文分社（010）59367215
　　　　　地址：北京市北三环中路甲29号院华龙大厦　邮编：100029
　　　　　网址：www.ssap.com.cn

发　　行／社会科学文献出版社（010）59367028
印　　装／三河市龙林印务有限公司

规　　格／开　本：787mm×1092mm　1/16
　　　　　印　张：29.75　字　数：532千字
版　　次／2022年12月第1版　2022年12月第1次印刷
书　　号／ISBN 978-7-5228-1282-3
定　　价／198.00元

读者服务电话：4008918866

版权所有 翻印必究